MANUAL DO ARRENDAMENTO URBANO

JORGE HENRIQUE DA CRUZ PINTO FURTADO
JUIZ JUBILADO DO SUPREMO TRIBUNAL DE JUSTIÇA
PROFESSOR CATEDRÁTICO DA UNIVERSIDADE LUSÍADA DE LISBOA
DOUTOR EM DIREITO

MANUAL DO ARRENDAMENTO URBANO

VOLUME II

5ª EDIÇÃO
ACTUALIZADA

ALMEDINA

MANUAL DO ARRENDAMENTO URBANO

AUTOR
JORGE HENRIQUE DA CRUZ PINTO FURTADO

EDITOR
EDIÇÕES ALMEDINA, SA
Av. Fernão Magalhães, n.º 584, 5.º Andar
3000-174 Coimbra
Tel.: 239 851 904
Fax: 239 851 901
www.almedina.net
editora@almedina.net

DESIGN DE CAPA
FBA.

PRÉ-IMPRESSÃO | IMPRESSÃO | ACABAMENTO
G.C. – GRÁFICA DE COIMBRA, LDA.
Palheira – Assafarge
3001-453 Coimbra
producao@graficadecoimbra.pt

Janeiro, 2011

DEPÓSITO LEGAL
294099/09

Biblioteca Nacional de Portugal – Catalogação na Publicação

FURTADO, Jorge Henrique da Cruz Pinto

Manual do arrendamento urbano. – 5ª ed.
actualiz. – 2 v. - (Manuais universitários)
2º v. : p. - ISBN 978-972-40-4305-0

CDU 347
378

NOTA PRÉVIA

Já se esgotou há algum tempo a edição anterior, mas precisei de dar espaço para concluir a revisão constante e aturada a que sempre incansavelmente submeto cada nova publicação das minhas obras, antes de as trazer a lume.

Aqui vem esta, pois, finalmente, com a legislação actualizada, a doutrina revista e um pouco mais gorda do que o tomo anterior, tal como já acontecera com o I volume, da 4ª para a 5ª edição.

Não cesso nunca de encontrar novos problemas no tema aliciante do arrendamento urbano, e não posso, portanto, deixar de os ir revelando aos meus leitores, desvendando-lhes prontamente o que vou descobrindo, na ânsia permanente de ir sempre e sempre mais longe, alongando a cada novo passo a dimensão anterior.

Quando comecei esta obra, então com o título faiscante de *Manual dos Arrendamentos Vinculísticos*, atingia apenas 526 páginas de tipo bem mais grosso do que o actual.

Agora, já vamos em mais de o dobro, em nada mais nada menos do que nas cerca de 1200 páginas, ultrapassando folgadamente a extensão e desenvolvimento do clássico e notável *Tratado da locação*, de Pinto Loureiro.

Ainda assim, conservo-lhe o título de *Manual* que, para mim, mais se ajusta à leveza do estilo que lhe tenho querido imprimir e a que mais me afeiçoo.

Lisboa, Novembro de 2010

PINTO FURTADO

Capítulo VII

MODIFICAÇÃO DA RELAÇÃO DE ARRENDAMENTO URBANO

70. Premissa introdutória

Como qualquer relação jurídica, é a *relação de arrendamento* igualmente susceptível de sofrer, antes de cessar, *modificações* em algum dos seus elementos constitutivos, sem se produzir *novação*.

As *modificações* que, durante a sua vigência, poderão eventualmente afectá-la reconduzem-se a duas categorias fundamentais: as que se verificam no plano dos *sujeitos* (*modificações subjectivas*) e as que incidem sobre o *conteúdo* do contrato (*modificações objectivas*).

Entre as primeiras, pode ainda ocorrer, naturalmente, que respeitem ao *senhorio,* ou antes ao *arrendatário*.

Relativamente àquele, valerá a pena determo-nos no caso de *sucessão* na sua *posição contratual.*

No tocante ao *arrendatário*, convirá começar por salientar um aspecto a que já nos temos referido e que parece muito importante nesta matéria: a *relação locatícia* (e, portanto, mais ainda a *arrendatícia*) é dominada, quanto a este sujeito, pelo *intuitus personæ*, que impõe, como regra, a *intransmissibilidade do direito de locatário*, a qual constitui, assim, um obstáculo liminar às *modificações subjectivas* deste pólo da *relação arrendatícia.*

Semelhante *intransmissibilidade*, porém, nem é definitiva nem é *absoluta*.

Não é *definitiva*, porque, como resulta das normas legais que tutelam este *intuitus personæ* (art. 1059 CC e al. *f)* do art. 1038 CC) a *transmissão* será lícita quando *autorizada* ou *reconhecida* pelo *senhorio*; e não é *absoluta* porque, nalguns casos excepcionais, a própria lei a admite, independentemente dessa *autorização* ou *reconhecimento* pessoal.

Com os olhos sempre postos neste aspecto básico do tema, iremos então debruçar-nos, quanto ao *arrendatário*, sobre as hipóteses de transmissão da posição contratual, por *morte* (ou *extinção* da *pessoa colectiva*); de *transmissão da posição contratual do arrendatário para habitação, em caso de divórcio ou de separação judicial de pessoas e bens;* de simples *cessão da posição contratual;* de *subarrendamento;* de *trespasse de estabelecimento comercial ou industrial;* de *transmissão da posição de arrendatário de profissão liberal* (*ou de sociedade profissional*) e, por último, de *sub-rogação do arrendatário pelo subarrendatário, por vontade do senhorio.*

Relativamente a estes concretos pontos, irá, portanto, incidir a análise que se segue e que, a concluir, versará ainda as *modificações objectivas* do *contrato de arrendamento urbano* — as quais, de resto, são por vezes resultantes das *modificações subjectivas*.

Introdutoriamente, advertimos que, nalguns pontos, na transição do RAU para a Lei n.º 6/2006, ocorreram modificações assinaláveis que nos levarão a ter de analisar o tema à luz dos dois regimes pois, em certa perspectiva — e como adiante o analisaremos mais de perto — parece de crer que subsistirão esses dois regimes lado a lado, um para os arrendamentos anteriores, e outro para os celebrados depois da entrada em vigor da Lei.

71. Sucessão na posição contratual de senhorio

Durante os trabalhos preparatórios do Código Civil[1] e depois, na doutrina[2], tem vindo a sustentar-se, entre nós, que só pode a *posição contratual* do *locador* transmitir-se quando se aliene o direito com base no qual foi possível celebrar o contrato.

Este entendimento, que surgira também já na Itália, tem sido aí, ultimamente, sujeito a revisão, com base em razões que parecem válidas igualmente à face da nossa ordem jurídica.

Com efeito, se a *cessão da posição contratual* é admitida genericamente para todos os contratos (art. 424 CC) e se, por outro lado, como já se referiu, é perfeitamente admissível a *locação de coisa alheia*, não se vê razão plausível para não se reconhecer a susceptibilidade de transmissão da posição contratual de *locador*, por si só, independentemente da transmissão do próprio direito com base no qual se fez o *arrendamento*[3]. É uma hipótese perfeitamente admissível.

Outra é, a mais vulgar, de o *senhorio* transmitir a coisa locada, impondo-se então determinar como se regulará a relação entre este novo titular da coisa e o *arrendatário* dela.

A alienação da coisa fará cessar o *arrendamento?* Não o fazendo, que tipos de obrigações e direitos concretos serão oponíveis ao adquirente?

O nosso Código Civil adoptou, a este respeito, uma posição muito precisa e directa.

---

[1] Inocêncio Galvão Telles, *Contratos Civis* (*BMJ* n.º 83, p. 154).

[2] Pires de Lima/Antunes Varela, *Código Civil Anotado*, 2.º, 4ª ed., Coimbra Editora, 1997, pp. 400-401.

[3] Para este entendimento, em Itália, ver Antonio Guarino, *Locazione* (*Trattato di diritto civile* diretto da Giuseppe Grosso e Francesco Santoro-Passarelli), Casa Editrice Dr. Francesco Vallardi, Milano, 1965, p. 42, nota 76; Mirabelli, *La locazione* (Tratado de Vassalli), UTET-Torino, 1972, p. 575, aceitando a crítica que lhe fora feita por ter sustentado a solução contrária.

I — Referimo-nos à regra estatuída no seu art. 1057, a qual é do teor seguinte:

"O adquirente do direito com base no qual foi celebrado o contrato sucede nos direitos e obrigações do locador, sem prejuízo das regras do registo".

Como se vê — e já o referimos (cf. *supra*, n.º 8, vol. I) — aqui se consagra abertamente o princípio expresso no conhecido brocardo *emptio non tollit locatum*. A transmissão não faz cessar o *arrendamento*, pois o *accipiens* da coisa locada *sucede ex lege* na posição do *senhorio* (fenómeno jurídico também dito de *sub-rogação legal no contrato*).

A expressão "direito com base no qual foi celebrado o contrato" deve ser entendida em termos amplos. Se o *senhorio* dá em *arrendamento* o prédio ou fracção com base no seu *direito de propriedade* sobre o bem locado e, depois, o dá em *usufruto* a terceiro, parece que sucederá *ex lege* o *usufrutuário*, nos termos deste artigo, nos direitos e obrigações do *locador*.

A não se entender assim, ou se manteria o *senhorio* primitivo na respectiva posição contratual, sem embargo da constituição do *usufruto,* ou teria de recorrer-se também aqui à figura da *cessão da posição contratual* (art. 424 CC) e, com ela, de obter-se o *consentimento do arrendatário* para esta modificação subjectiva — o que seria inconveniente.

Sustentamos abertamente, portanto, que, se a alienação da coisa locada se faz separando por diferentes titulares a *nua propriedade* e o *usufruto,* é o *usufrutuário* que sucederá, *ex lege,* na *posição contratual* do *senhorio,* como tem sido acentuado, aliás, na doutrina estrangeira, pois o gozo da coisa respeita ao *usufrutuário*[4].

---

[4] Neste sentido, a jurisprudência italiana citada por MIRABELLI, *La locazione* (Tratado de VASSALLI), UTET-Torino, 1972, p. 616, nota 10; GIOVANNI PUGLIESE, *Usufruto: uso e abbitazione* (*Trattato di diritto civile italiano,* FILIPPO VASSALLI), UTET-Torino, p. 332; ANDREA TABET, *La locazione--conduzione,* (*Trattato di diritto civile e commerciale,* de ANTÓNIO CICU/

Referimo-nos, claro está, ao *usufrutuário do prédio locado*, não ao *usufrutuário de uma renda vitalícia* (art. 1463 CC) constituída pelo rendimento ilíquido de prédio dado de arrendamento — uma curiosa hipótese que é tratada no ac. do SUPREMO, de 3-3-1988 (*BMJ* n.º 375, p. 375).

Se, pelo contrário, se aliena unicamente a *nua propriedade*, persistirá sem alteração a *posição contratual* de *senhorio*

II — A transmissão por disposição da lei, constante do art. 1057 CC, atenta a ressalva final do preceito, *não afasta as regras do registo*.

Deste modo, se o *arrendamento* estava sujeito a *registo*, porque celebrado por mais de seis anos e *não foi registado antes da transmissão* operada pelo *senhorio*, o *arrendatário* só poderá opô-lo ao *accipiens* na sua duração até aos seis anos (art. 7.º-2, a*)*, RAU; arts. 2.º-1, m*)*, e 5.º-5 [aditado pela Lei n.º 6/2006] CódRP) — questão que, naturalmente, só ganhará relevante interesse prático se não se tratar de *arrendamento* sujeito a *prorrogação forçada*.

III — Não se tem equacionado o tema da oponibilidade ou inoponibilidade ao *accipiens* de um *arrendamento urbano* destituído de *forma legal*.

Aqui teremos de distinguir várias situações, consoante o regime de forma em vigor à data da ocupação do prédio sem obediência à *forma legal*.

Nos contratos que vierem a celebrar-se no domínio da Lei n.º 6/2006, o *accipiens* poderá certamente desconhecer todos os destituídos de *forma legal*.

Outro tanto nos parece de dizer relativamente aos celebrados após a entrada em vigor do RAU, sendo então certo que,

---

/FRANCESCO MESSINEO), Giuffrè — Milano, 1972, p. 190, e RENATO MICCIO, *La locazione*, 2ª ed. rev., UTET-Torino, 1980, p. 388.

para os *destinados a habitação*, a *forma escrita,* poderia ser suprida, como vimos, pela exibição de *recibo de renda* e convertidos em *arrendamento de renda condicionada* (art. 7.º-3 RAU).

Este é um *regime de renda* que lhe não é favorável, em princípio, e, por isso, será certamente da sua conveniência certificar-se, ao adquirir o imóvel, de que não poderá vir a ser confrontado com algum *arrendatário habitacional*, sem título, mas ocupante posterior à entrada em vigor do RAU e portador de *recibos de rendas.*

Mais difícil será o caso dos contratos celebrados anteriormente a essa data. Quanto a esses, como se viu (*supra* n.os 44 e 45-IV, vol. I), o *vício de forma* é *imputável ao locador* — e a solução dependerá então da ideia que se perfilhe quanto à susceptibilidade que ele tenha (ou não tenha) de ilidir a presunção legal estabelecida contra si.

Quando se entenda tal presunção como *absoluta*, parece que não terá o *accipiens* meio, em princípio, de não reconhecer o *arrendamento* celebrado sem observância da *forma legal,* e que poderá o *arrendatário* opor-lho *por qualquer meio de prova* — mas, ainda aí, supomos que, tratando-se de *arrendamento sujeito a registo*, o *arrendatário* sem contrato titulado não poderá opô-lo ao *accipiens* senão para o período máximo em que, sem exigência de *registo*, o poderia ser.

Quando se perfilhe a tese — que nos parece a mais conforme à lei — de a imputabilidade do *vício de forma* ao *senhorio* constituir uma presunção *tantum iuris*, a solução deverá depender da concepção que se tenha quanto à questão de saber se o *accipiens* sucede *ex lege* na posição contratual do *senhorio* apenas *para o futuro,* ou também nos direitos e obrigações *anteriores à transmissão* — pois, nesta hipótese, ele poderá deixar de reconhecer como *arrendatário* qualquer ocupante a quem possa imputar a inobservância da *forma legal.*

Vamos ver já de seguida que sucede apenas *para o futuro* e, portanto, não terá legitimidade para ilidir a presunção que impendia contra o anterior titular do imóvel adquirido.

IV — Com efeito, ao estatuir que, nas suas palavras, o *adquirente* "sucede nos direitos e obrigações do locador", o art. 1057 CC sugere fortemente que ele ficará encabeçado nos direitos e obrigações *existentes à data da transmissão*[5] — e este é, ainda, o normal sentido do conceito de *sucessão a título particular*, e o alcance que também se atribui à *cessão da posição contratual* no art. 426 CC.

Não deve, pois, ser outro o da sucessão *ex lege* do adquirente na *posição contratual* de *locador*.

Semelhante conclusão é também confirmada pela estatuição contida no art. 1058 CC, segundo a qual a liberação ou cessão de *rendas não vencidas* "é inoponível ao sucessor entre vivos do locador", quando tais rendas "respeitem a período de tempo não decorrido à data da sucessão".

Assenta este comando, nitidamente, no critério do *facto passado*, que foi adoptado para presidir à sucessão das leis no art. 12 CC[6] — e, nesta conformidade, as normas reguladoras da *aplicação das leis no tempo* ajudarão preciosamente a resolver os casos duvidosos dos direitos e obrigações que, do *tradens*, devem passar ao *sucessor ex lege*.

Deste modo, tal como se tem entendido em outras ordens jurídicas perante disposições semelhantes às que ficaram referidas, também entre nós parece de considerar que poderá o novo *senhorio* accionar o *arrendatário* para obter a indemnização de danos produzidos anteriormente à transmissão de coisa locada, mas que ainda subsistam; que poderá prosseguir a *acção de despejo* em curso, intentada pelo anterior *senhorio*; mas lhe

---

[5] Como também o admite F. M. PEREIRA COELHO, *Arrendamento* (ed. dactilografada), 1980-1981, pp. 171-173 e 1984, pp. 187-189; 1988, pp. 211-212.

[6] Na Itália, perante análogas disposições, sustenta nesta mesma ordem de ideias MIRABELLI que "não pode recorrer-se a outro critério que não seja o do `facto passado`"(*La locazione* [Tratado de VASSALLI], UTET--Torino, 1972, p. 614).

não será legítimo pedir a *resolução do contrato* com fundamento em factos anteriores à data da transmissão e já exauridos nessa data[7].

V — Dir-se-á que, sendo assim, ficará em crise a natureza jurídica de *prestação unitária* que se atribuiu à *renda*, quanto à qual, como referimos, nem por dever ser *fraccionável*, deixará de consistir numa *prestação unitária repartida*, não devendo ser encarada como uma *prestação de trato continuado*, ou *periódica* (v. *supra*, n.º 7-I-**B**, vol. I).

Esta conclusão, que é perfilhada pela generalidade da doutrina italiana, insiste em proclamar que se forma o crédito do *senhorio* à retribuição arrendatícia *com a conclusão do contrato de arrendamento*, com a natureza de um *crédito actual*, embora sujeito a *prazos de exigibilidade*, convencionados pelas partes ou estabelecidos na lei — não podendo, pois, tal *crédito* ser entendido como uma *prestação continuada* nem pôr-se em relação *sinalagmática directa* com o período de gozo a que a *renda* se refere[8].

Ora, na verdade, a esta construção já se opôs, também na doutrina italiana, que, se a *renda* é um *fruto civil* que se adquire "dia a dia na razão em que dura o direito", como se declara no art. 821 do Código italiano, esta norma, "uma vez que reconduz a aquisição do crédito ao decurso do tempo, impõe... a conclusão de que o direito do locador se completa com o decurso do tempo ao qual se refere a retribuição"[9].

Ao estabelecer-se aliás, na lei ou no contrato, a *antecipação* da prestação do *locatário*, esta qualificação não pode deixar de

---

[7] Para a jurisprudência sobre estes casos, em Itália, veja-se MIRABELLI, *La locazione* (Tratado de VASSALLI), UTET-Torino, 1972, p. 614, nota 7.

[8] MIRABELLI, *La locazione* (Tratado de VASSALLI), UTET-Torino, 1972, pp. 492-493.

[9] CARMELO LAZZARA, *Il contratto di locazione*, Giuffrè — Milano, 1961, p. 97.

aludir ao facto de o pagamento respeitar, afinal, à *retribuição do gozo futuro* — e, no mesmo rumo de pensamento, seria de ponderar ainda que, se o *crédito de renda* nasce e se completa com a própria celebração do contrato, não se compreenderia que tivesse o *arrendatário*, como resulta da lei, de efectuar um novo cumprimento ao terceiro, titular do bem, não obstante a existência de um precedente pagamento efectuado ao *locador* segundo as cláusulas do contrato[10].

O vício desta doutrina está, como se tem notado, em não se distinguir a essência da questão da oponibilidade a terceiros.

Entre as partes, o *crédito* surge *no momento da celebração do contrato*, com as antecipações e os prazos de exigibilidade que forem fixados. O *amadurecimento* dos *frutos civis* — como claramente o denuncia a própria epígrafe do nosso art. 213 CC (*Partilha dos frutos*) — bem como a repartição da *renda* antecipada respeitam à *inoponibilidade a terceiros*.

Esta *inoponibilidade* justifica-se em face da solução específica da *locação*, configurada na sucessão *ex lege*, a que fica atido o adquirente do bem. Aquele que ascende à posição de *locador* tem interesse em receber a *retribuição* que se encontra atribuída a outros, o que justifica que se lhe tornem inoponíveis as antecipações e cessões que, doutro modo, o onerariam como parte que entra para a relação[11].

Em resumo, o *crédito de renda* fica perfeito com a conclusão do contrato, como um *crédito unitário*; logo, não se lhe aplicam as regras postas para as *prestações periódicas*. São, porém, *inoponíveis* ao adquirente, pelo *arrendatário*, as *antecipações de renda* satisfeitas ao anterior titular, relativamente a períodos de *gozo* compreendidos após a aquisição do bem.

---

[10] CARMELO LAZZARA, *Il contratto di locazione*, Giuffrè — Milano, 1961, pp. 96 e 97.

[11] MIRABELLI, *La locazione* (Tratado de VASSALLI), UTET-Torino, 1972, p. 491.

VI — Debateu-se, entre nós, se o adquirente poderia obter o despejo do *arrendatário* com fundamento na *falta de pagamento de rendas* anteriores à data da aquisição.

A Relação de Lisboa consagrou a solução negativa[12]. PIRES DE LIMA/ANTUNES VARELA aprovaram esta jurisprudência[13] e, em face do que acabámos de referir, esta é a boa solução.

O sucessor *ex lege* não é, com efeito, um *herdeiro* do *tradens*: subroga-se na posição dele *unicamente desde a data da aquisição* e "sem prejuízo das regras do registo", como se diz no art. 1057 CC.

VII — Na *sucessão universal mortis causa,* ocorre, pelo contrário, uma simples substituição da pessoa do *locador* falecido pelas dos *herdeiros* que lhe sucedem, não chegando, no mais, a conformar-se uma verdadeira situação de *modificação* da *relação de arrendamento.*

Tudo fica como estava, agora com os *herdeiros*, colocados, para todos os efeitos, na *posição contratual* do *de cuius.*

VIII — Não assim, se a sucessão *mortis causa* no prédio arrendado se faz a *título particular* (*legado*).

O *legatário*, ao invés do *sucessor universal*, fica sujeito ao regime jurídico dos arts. 1057 e 1058 CC e é, verdadeiramente, um mero *sucessor ex lege* na posição de *locador*.

Daí, que, se ocorrer por efeito de tal disciplina que não possa o *arrendamento* opor-se ao *legatário*, como *sucessor ex lege,* o poderá ser todavia aos *herdeiros universais,* que entram na

---

[12] Ac. de 27-3-1968 (*Rev. Trib.,* 87.°, p. 238). Ulteriormente, a Relação de Coimbra, no seu ac. de 23-5-1989 (*Colectânea*, XIV-3, p. 71) enfileirou por esta jurisprudência.

[13] *Código Civil Anotado*, II, 4ª ed. rev. e act., Coimbra Editora, 1997, p. 401, onde se não dá conta, ainda, de que tínhamos modificado a nossa primitiva posição já na 1ªed. desta obra.

relação arrendatícia como continuadores da posição subjectiva do *de cuius*[14].

IX — Se o adquirente do prédio for o próprio *arrendatário*, extingue-se naturalmente a relação de arrendamento, por *confusão*, visto reunirem-se então na mesma pessoa as qualidades de *credor* e *devedor* (art. 868 CC)[15].

72. Transmissão da posição de arrendatário por morte ou extinção deste

A *morte do locatário*, ou a sua *extinção*, sendo *pessoa colectiva*, determinam, em regra, a *caducidade do contrato*, como se proclama na alínea d) do art. 1051-1 CC — mas esta norma é apenas *supletiva*, pois pode ser afastada por *convenção escrita* em contrário.

Como se declara no art. 1059-1 CC, "a posição contratual do locatário *é transmissível* por morte dele ou, tratando-se de *pessoa colectiva*, pela extinção desta, *se assim se tiver convencionado por escrito*" [*grifados, nossos, evidentemente*].

Este é o princípio para a *locação*.

Ocorrem, todavia, algumas particularidades quanto aos regimes próprios do *arrendamento urbano*.

---

[14] Andrea Tabet, *Locazione (Novis Dig. It.,* 1963, IX, p. 1032) e *La locazione-conduzione*, (*Trattato di diritto civile e commerciale*, de António Cicu/ /Francesco Messineo), Giuffrè — Milano, 1972, p. 661; Antonio Guarino, *Locazione* (*Trattato di diritto civile* diretto da Giuseppe Grosso e Francesco Santoro-Passarelli), Casa Editrice Dr. Francesco Vallardi, Milano, 1965, pp. 44-45 e nota 88-91; Giuseppe Mirabelli, *La locazione*, UTET, Torino, 1972, p. 599, nota 1.

[15] Assim se entende também, nomeadamente, no Direito italiano: Renato Miccio, *La locazione*, UTET, Torino, 1980, p. 388.

Analisemo-las, primeiro, relativamente ao caso de *morte* e, depois, ao de *extinção* do *arrendatário*.

I — No *arrendamento urbano para habitação* — ocorrem diversidades assinaláveis entre o regime legal anterior e o estabelecido com a Lei n.º 6/2006, de 27 de Fevereiro.

Há, inclusivamente, diferenças para o regime transitório determinado por esta Lei para os contratos existentes à data da sua entrada em vigor, em 28 de Junho.

Temos de os analisar sucessivamente.

A — No domínio do RAU, nos *arrendamentos para habitação primária*, quer os clássicos, de *renovação forçada*, quer os admitidos pelo RAU *com prazo de duração efectiva* (cf. art. 98-2 RAU, *a contrario*) — a nossa lei enunciava ainda a *regra geral da caducidade* por *morte do arrendatário* (art. 83 RAU), a que, todavia, logo consignava as excepções do art. 85 RAU.

Que excepções?

Segundo se preceituava no art. 85-1 RAU, "o arrendamento para habitação não caduca por morte do primitivo arrendatário ou daquele a quem tiver sido cedida a sua posição contratual, se lhe sobreviver:

a) Cônjuge não separado judicialmente de pessoas e bens ou de facto;

b) Descendente com menos de 1 ano de idade ou que com ele convivesse há mais de 1 ano;

c) Pessoa que com ele viva [vivesse] em união de facto há mais de dois anos, quando o arrendatário não seja casado ou esteja separado judicialmente de pessoas e bens;

d) Ascendente que com ele convivesse há mais de 1 ano;

e) Afim na linha recta, nas condições referidas nas alíneas b) e c) [al. d)][16];

---

[16] Na redacção que foi dada a este art. 85 pelo art. 5.º da Lei n.º 7/ /2001, de 11 de Maio, deixou-se intocada, por lapso, a anterior referência

f) Pessoas que com ele vivessem em economia comum há mais de dois anos.

Esse n.º 1 do art. 85 RAU (e os restantes) tiveram por fonte imediata a última versão do antigo art. 1111 CC, preceito que, por sua vez, remontava ao art. 46 da Lei n.º 2:030, de que conservou a traça fundamental e algumas expressões concretas, acrescentando todavia o RAU à lista o caso de vida "há mais de cinco anos em condições análogas às dos cônjuges".

Esta hipótese, depois de reduzida para a exigência temporal por mais de dois anos, pela Lei n.º 195/99, de 28 de Agosto, veio a ser substituída por "pessoa em união de facto", da al. c) (Lei n.º 7/2001, de 11 de Maio), tendo sido na mesma data aditado à lista o caso de pessoas "em economia comum", da al. f) (Lei n.º 6/2001, de 11 de Maio).

As hipóteses de *não caducidade*, acabadas de referir, haviam de ocorrer, de acordo com o *caput* desse número:

a) Por morte do primitivo arrendatário;

b) Ou daquele a quem tivesse sido cedida a sua posição contratual.

O segundo destes dois casos referia-se à *cessão* contemplada no art. 424 CC — hipótese que não precisava, sequer, de ser prevista, pois é óbvio que qualquer pessoa a quem, com autorização do senhorio (art. 424-1 CC, referido ao art. 1059-2 CC), tivesse sido *cedida* a *posição contratual* de *arrendatário,* em primeira, segunda, terceira ou mais mãos, ficaria sempre com os direitos e obrigações que semelhante *posição contratual* comportasse.

O *primitivo arrendatário,* aí referido, não seria pois, necessariamente, o *primeiro arrendatário* do prédio considerado, mas apenas aquele que se tornou *arrendatário* através de um *contrato de arrendamento* — o qual emparelhava, assim, com o *arrendatário* por mera *cessão da posição contratual*, nos termos dos arts.

à al. c) quando, com as alterações, esta alínea tinha passado a ser a al. d); é para ela que deve considerar-se feita a remissão.

424 ss CC. A ambos se aplicavam por inteiro as diferentes hipóteses de *não caducidade* enumeradas nas diferentes alíneas do art. 85-1 RAU.

Falava-se de *primitivo arrendatário* para exprimir que, em função das sobrevivências enumeradas nas alíneas, a *não caducidade* só operava, em princípio, *em um grau*, isto é, para o *arrendatário* (por directo arrendamento ou por cessão da posição contratual) *primeiro falecido*.

Aquele que fosse *arrendatário*, por ter *sucedido a este em função de uma das alíneas*, quando por sua vez falecesse, já não abriria margem à *não caducidade* das hipóteses nelas contempladas, excepto se se tratasse do seu *cônjuge sobrevivo*, pois esta situação estava expressamente ressalvada no n.º 4 do art. 85 RAU.

Efectivamente, como se dispunha nesse número, "a transmissão a favor dos parentes ou afins também se verifica por morte do cônjuge sobrevivo quando, nos termos deste artigo, lhe tenha sido transmitido o direito ao arrendamento".

Em suma, o real sentido do preceito era apenas este: se morresse o *primitivo arrendatário*, (por *contrato de arrendamento* ou por *cessão inter vivos da posição contratual de arrendatário*), qualquer dos *sobreviventes* constantes das alíneas do n.º 1, verificadas as respectivas condições e nos termos do preceito, poderia obstar à *caducidade*; se, por morte dele, a *posição contratual* de *arrendatário* passasse a um desses *sobreviventes*, o processo não podia, depois, repetir-se com a morte desse sobrevivente, excepto se tivesse sido ele o *cônjuge* do *arrendatário primeiro falecido*, caso em que só poderia a *posição contratual* de *arrendatário*, no entanto, transmitir-se aos *parentes ou afins* nas condições requeridas.

Obviamente, as seis hipóteses legais não se cumulavam: excluíam-se *sucessivamente*, formando uma ordem de precedências que na lei se disciplinava concretamente, organizando uma cascata de devoluções da *posição contratual de arrendatário* consoante as situações possíveis.

Em síntese, podemos pois sistematizar o regime legal do preceito em poucas palavras.

Em princípio, à face do RAU, a *morte* do *arrendatário* produzia a *caducidade* do contrato — mas esta não se verificaria se ele fosse *casado,* e não estivesse *separado judicialmente de pessoas e bens* nem houvesse *separação de facto.*

Decidiu-se então:

— A alínea a) do número 1 do artigo 85 RAU deve ser interpretada restritivamente, naqueles casos em que o cônjuge arrendatário abandone o arrendado, continuando a viver neste o cônjuge sobrevivo, após a separação de facto — Relação de Lisboa, 24-2-2000 (*Colectânea*, XXV-I, p. 126).

Afigurava-se-nos todavia muito duvidoso, *de lege lata*, este entendimento, como logo o considerou PEREIRA COELHO, ao ponderá-lo, ainda à luz do art. 1111-1 CC, que se reproduziu no citado preceito do RAU[17].

---

[17] O Ilustre Professor aventa, é certo, na nota de rodapé da sua jurisprudência crítica, a interpretação restritiva, consagrada pela Relação de Lisboa — mas, em texto, ao considerar tal solução "a mais razoável", não deixou de registar que "a respectiva fundamentação levanta dificuldades se o direito ao arrendamento se considerar próprio do marido, como acontece no direito vigente".

Anotando outros malefícios que, em seu entender, resultariam do sistema de *incomunicabilidade* do *direito de arrendatário habitacional* consagrado na nossa lei, chegou a afirmar que "só terão remédio se em futura legislação for alterado o disposto na 1ª parte do n.º 1 do art. 1110 do Código Civil" (*Rev.Leg.Jurs.*, 122.º, p. 142), o que, como se sabe, não foi perfilhado pelo legislador do RAU que, muito pelo contrário, reproduziu o princípio da *incomunicabilidade* no seu art. 83.

Nesta base, mais difícil de sobraçar se nos afigurava a tese de PAIS DE SOUSA/CARDONA FERREIRA/LEMOS JORGE (*Arrendamento Urbano — Notas práticas*, Editora Rei dos Livros, 1996, p. 53) da interpretação restritiva, por "se manterem as mesmas razões": a insistência do legislador em consagrar a regra da *incomunicabilidade* militava, a nosso ver, precisamente no sentido oposto. Como se referiu (*supra*, n.º 37-IV), estabelecido o princípio, todos os casos dignos de tutela foram excepcionados pelo legislador, não parecendo de boa hermenêutica acrescentar o intérprete às excepções legais outras, de sua conta, que no fundo é o que sucede com a eufemisticamente chamada *interpretação restritiva.*

O *cônjuge* ocuparia nesse caso a *posição contratual* do *arrendatário falecido*, preterindo todas as restantes hipóteses, acima apontadas.

Não havendo *cônjuge*, ou ocorrendo uma situação de *separação judicial de pessoas e bens* ou mera *separação de facto*, a *posição contratual de arrendatário* deferir-se-á sucessivamente às outras pessoas, pela ordem das respectivas alíneas.

O requisito da *convivência* suscitou, na prática, algumas dificuldades de aplicação: apenas dormir, na casa arrendada, já será *convivência* para os efeitos das respectivas alíneas[18]?

A transmissão a favor do *parente* ou *afim* (do *arrendatário pré-defunto*, entenda-se)[19], poderia ainda decerto ocorrer por *morte* do *cônjuge sobrevivo*, quando lhe tivesse sido transmitido o *direito de arrendatário* (art. 85-4 RAU).

A norma era clara em significar que, portanto, se o *cônjuge* do *arrendatário pré-defunto*, encabeçado na posição contratual *ex vi* da al. a) do art. 85-1 RAU, voltasse a casar, não se transmi-

---

JANUÁRIO GOMES, *propendeu* a admitir esta interpretação (*Arrendamentos para habitação*, 2ª ed., Almedina, Coimbra, 1996, p. 174) mas, no sentido oposto, pode registar-se: Relação de Évora, 29-2-1996 (*BMJ* n.º 454, p. 817).

[18] Como se entendeu no ac. da Relação do Porto, de 10-5-1994 (*Colectânea*, XIX-III, p. 198).

[19] É a boa doutrina, que pode dizer-se quase pacífica a tal respeito. São neste sentido: *Rev. Trib.*, 87.º, p. 115; RUI MILLER, *Arrendamento Urbano*, Almedina, Coimbra, 1967, p. 208; Relação de Lisboa, 10-1-1972 (*BMJ* n.º 213, p. 273).

O requisito da residência há, pelo menos, 1 ano, imposto no n.º 1 do preceito, é que será algo duvidoso que funcione só em relação ao *arrendatário pré-defunto*, como já se contestava no domínio da Lei n.º 2:030 (cf. *Rev. Trib.*, 66.º, p. 229, e 87.º, p. 131).

Parece excessivo, na verdade, exigir que ele exista já, à data da morte do *primitivo arrendatário* e tenha de ocorrer ainda, num segundo momento, em relação ao *cônjuge transmissário*, à data da morte deste. Só neste segundo momento deverá então ser exigido — como louvavelmente se decidiu no ac. do SUPREMO, de 22-11-1994 (*ColSTJ*, II-III, p. 150)..

tiria, por sua morte, a posição ao novo *cônjuge* — nem, decerto, à pessoa com quem, em vez de casado, tivesse passado a viver "em união de facto".

Como se vê, no regime do RAU, a *morte* do *arrendatário para habitação* só num caso específico comportava o máximo de uma *dupla transmissão*: o da sucessão para o *cônjuge* e, depois, para o *parente ou afim na linha recta* que estivesse nas condições — não se transmitindo o *arrendamento* a mais ninguém, à morte destes.

Não parece, portanto aceitável a tese do ac. da Relação de Lisboa, de 15-10-2009 (535/07.4TVLSB.L1-8) quando decidiu o seguinte:

— Na redacção inicial do art. 1111 do Código Civil retomada em 1981, só há transmissão de arrendamento duas vezes: do primitivo arrendatário e daquele a quem tiver cedido a sua posição contratual, enquanto na redacção que esteve em vigor entre 1977 e 1981, as transmissões não tinham limite porque qualquer arrendatário, fosse o primitivo, fosse um arrendatário que já tivesse sucedido naquela posição, poderia, por morte, transmitir o arrendamento.

A intenção do legislador foi limitar de novo, as transmissões do arrendamento a duas: do primitivo arrendatário para o cônjuge sobrevivo (no caso dos autos) e deste para o cônjuge não separado judicialmente de pessoas e bens.

Não é assim. A redacção do art. 1111 CC, antes de 1977 como depois de 1981, era clara em significar que uma segunda transmissão não se dava de novo para um eventual *segundo cônjuge*, que o acórdão tirou da cartola, mas para os parentes e conviventes seguintes na lista de transmissários.

Relativamente ao *descendente*, era de entender que se aplicava o preceito igualmente ao *filho adoptivo*, mesmo no caso de *adopção restrita*, visto o disposto nos arts. 1586 e 1999 CC[20].

---

[20] A jurisprudência, no domínio do Direito anterior, favorecia já este entendimento: cf. Relação do Porto, 20-9-1988 (*Colectânea*, XIII-4, p. 175).

No mesmo sentido se pronunciou também Aragão Seia, *Arrendamento Urbano Anotado e Comentado*, 7ª ed., Almedina, 2003, anotação ao art. 85. Pereira Coelho duvida quanto à *adopção restrita* (*Rev.Leg.Jurs.*, 131.º, p. 232).

Por outro lado, não havendo *cônjuge* não *separado judicialmente* de pessoas e bens, ou *de facto,* nem *parente* nas condições acabadas de referir (ou não pretendendo este a transmissão — art. 85-2 RAU), a posição do *arrendatário falecido* seria ocupada por aquele que, no momento da sua morte, vivesse com ele em *união de facto*.

O primeiro diploma a adoptar institucionalmente providências de protecção das *uniões de facto* foi a Lei n.º 135/99, de 28 de Agosto, que restringiu expressamente o seu campo de aplicação às uniões de "pessoas de sexo diferente" (art. 1.º-1), excluindo assim da transmissão da *posição de arrendatário* em favor da *convivência homossexual.*

Três anos depois, porém, foi-se mais longe e, com a Lei n.º 7/2001, de 11 de Maio, alterou-se esta orientação estendendo expressamente a protecção legal à "situação jurídica de duas pessoas, independentemente do sexo, que vivam em união de facto há mais de dois anos" (art. 1.º-1).

Excluíram-se, naturalmente da protecção legal desta "união de facto", como da anterior, os casos de *impedimentos* homólogos dos estabelecidos para o *casamento*, incluindo a existência deste, salvo se tiver sido decretada *separação judicial de pessoas e bens* (art. 2.º).

Em contrapartida, enquanto o *cônjuge* não separado preferia — e muito bem — ao seu *descendente* (comum ao falecido), que neste caso só entraria a disputar a posição contratual de *arrendatário* após a morte daquele (n.º 3 do art. 85 RAU), o *companheiro*, quando tivesse ficado *descendente comum*, era (injustamente, em nossa opinião) preterido por ele, no sistema do RAU e, depois (Lei n.º 7/2001, de 11 de Maio), só pela morte dele poderia ascender à situação de *arrendatário* — como anteriormente tínhamos propugnado.

B — Para este caso específico da *morte* do *arrendatário habitacional* e relativamente aos *contratos que subsistiam à data da* *sua entrada em vigor*, em 28 de Junho de 2006, editou a Lei n.º 6/2006, de 27 de Fevereiro (NRAU), no art. 57, referido ao seu art. 26-2, um *regime transitório* muito específico, que contempla algumas alterações relativamente ao que se encontrava em vigor.

Quando tudo indicaria que, em relação aos contratos antigos, já que para eles se conserva o *vinculismo*, só restaria manter o regime de *transmissão por morte do arrendatário habitacional* consagrado no RAU, preferiu o legislador estabelecer um novo *regime transitório*, a pautar-se pelo disposto no citado art. 57, para introduzir algumas alterações, umas delas felizes, e outras não tanto.

Para esses contratos, a cascata de devoluções do *direito de arrendatário* passou então a ser a seguinte, ainda em relação ao "primitivo arrendatário":

a) Cônjuge com residência no locado;

b) Pessoa que com ele vivesse em união de facto, com residência no locado;

c) Ascendente que com ele convivesse há mais de 1 ano;

d) Filho ou enteado com menos de 1 ano de idade ou que com ele convivesse há mais de 1 ano e seja "menor de idade" ou, tendo idade inferior a vinte e seis anos, frequente o 11.º ou 12.º ano de escolaridade ou estabelecimento ensino médio ou superior;

e) Filho ou enteado "maior de idade"[21], que com ele convivesse há mais de 1 ano, portador de deficiência com grau comprovado de incapacidade superior a 60%.

Estes casos constituem uma *ordem de transmissão* do *direito de arrendatário*, preferindo — naturalmente em relação às alíneas onde possa situar-se mais de uma pessoa "em igualdade de

[21] O novo artigo utiliza as expressões "menor de idade" e "maior de idade", da linguagem vulgar, sem atender à terminologia que se adoptava no CC até aqui, usando sempre os simples termos *menor* e *maior*, com a função de substantivo ou a de adjectivo, consoante o contexto.

condições" — sucessivamente, "o ascendente, filho ou enteado mais velho" (art. 57-2).

Quando ao *arrendatário* sobreviva mais de um *ascendente*, "há transmissão por morte entre eles" (art. 57-3).

Por fim, segundo se dispõe no n.º 4 deste art. 57, "a transmissão a favor dos filhos ou enteados do primitivo arrendatário, nos termos dos números anteriores, verifica-se ainda por morte daquele a quem tenha sido transmitido o direito ao arrendamento nos termos das alíneas a), b) e c) do número 1 ou nos termos do número anterior".

Como se vê, o regime de *transmissão por morte do arrendatário*, nos antigos *arrendamentos para habitação*, sofreu alterações significativas, relativamente àquele a que se encontravam sujeitos anteriormente ao NRAU.

Assim, na linha de transmissão, o *ascendente sobe um grau na escala*, trocando a sua posição com o *descendente* (agora restrito ao *filho* ou *enteado*), o qual sucedia, até então, imediatamente ao *cônjuge do primitivo arrendatário* (não separado judicialmente de pessoas e bens ou de facto).

Mais. Havendo dois *ascendentes* que sobrevivam ao *primitivo arrendatário*, (*primitivo arrendatário* é aquele que dá origem à cascata de devoluções) o decesso de um destes abre agora sucessão ao supérstite, e só com a morte dele se passa ao *filho* ou *enteado* — do *primitivo arrendatário*, entenda-se.

A transmissão num máximo de dois graus, que era tradicional entre nós, ao longo de todo o *vinculismo*, passou assim, em Direito transitório, a agravar-se em mais um ou dois graus, consoante haja um ou dois *ascendentes* que sobrevivam ao *primitivo arrendatário*: *cônjuge* (1.º grau); *ascendente mais velho* (2.º grau); *ascendente supérstite* (3.º grau); *filho* ou *enteado do primitivo arrendatário* (4.º grau).

Em relação ao *cônjuge*, deixou de se exigir que não estivesse *separado judicialmente de pessoas e bens* ou *de facto* (al. *a)* do art. 85-1 RAU), substituindo-se este requisito pela simples "residência no locado" (al. *a)* do art. 57-1 NRAU), que não coincide inteiramente com a anterior; o *cônjuge* podia, com efeito, apesar de estar *separado judicialmente de pessoas e bens*, continuar a viver na casa arrendada, conjuntamente com o *arrendatário*.

Não estava, assim, *separado de facto*, mas continuava, segundo o claro regime legal anterior, por estar *separado judicialmente de pessoas e bens*, a não poder entrar na cascata de devoluções do *direito de arrendamento* por *morte do arrendatário*.

A omissão do NRAU não será doutrinalmente aceitável, até porque, com o processo de *separação judicial de pessoas e bens*, a atribuição da *casa de morada da família* deveria ter sido regulada e, por suposto, encabeçada então no *cônjuge* entretanto falecido (art. 1407 CPC) — mas parece que, sem que se vejam razões válidas para a mudança, tem de passar a admitir-se como incluído na categoria enunciada na al. a) do art. 57-1 NRAU o *cônjuge separado judicialmente*, que esteja a viver na casa arrendada que lhe não foi atribuída[22].

No tocante à pessoa que vivia com o *arrendatário* em *união de facto*, deixou de se referir quer o requisito da *vivência por mais de dois anos* quer o de o *arrendatário* não ser então *casado* ou *separado judicialmente de pessoas e bens*.

A exigência de *dois anos*, propriamente quanto à duração da *união de facto*, não precisava, na verdade, de ser aqui enunciada, pois é já requerida na Lei n.º 7/2001, de 11 de Maio, para se configurar o instituto (art. 1.º-1).

A duração da vivência da *união de facto* na casa arrendada, para se preencher o direito à transmissão do arrendamento por *morte do arrendatário habitacional*, é que tradicionalmente se punha.

A al. c) do art. 85-1 RAU fixava-a em "mais de dois anos", aliás em termos não de todo inequívocos: não se especificava se estes *mais de dois anos* se reportavam à duração da *união de*

---

[22] Censurando igualmente esta alteração: Soares Machado/Regina Santos Pereira, *Arrendamento Urbano*, 2ª ed., Livraria Petrony, 2007, p. 280.

facto ou à sua vivência no prédio arrendado, parecendo que seria precisamente esta vivência que se tinha em vista.

Agora, não se refere nada — e se, quanto à duração da *união de facto*, ela não faz falta visto o disposto na Lei n.º 7//2001, que para a configuração dela exigia uma duração de dois anos, como se disse, já para a *residência no espaço arrendado* do *casal de facto* seria importante referi-la.

Deverá entender-se, perante a omissão, que deixou de se requerer qualquer mínimo de *residência* no prédio ou fracção arrendada?

Parece que não.

Para os *arrendamentos novos*, estabeleceu-se um mínimo de 1 ano de residência no espaço arrendado (al. *a)*, *in fine*, do art. 1106-1 CC), que tem aliás suscitado alguma controvérsia a que daqui a pouco aludiremos.

Salientaremos aqui, apenas, que a solução de Direito transitório deve ser idêntica à aí determinada para tais casos (v. *infra*, **C-b**).

No tocante ao requisito negativo de o *arrendatário* em *união de facto* — não estar *separado judicialmente de pessoas e bens* — a omissão parece explicar-se pela circunstância de a Lei n.º 7//2001 considerar que não é impeditiva da produção de efeitos da *união de facto* a circunstância de haver um *casamento não dissolvido*, desde que tenha sido "decretada a separação judicial de pessoas e bens" (al. c*)* do art. 2.º).

À face desta disposição, supomos ser de recusar o que por vezes se entendia anteriormente, na doutrina, ao sustentar-se que a *separação judicial de pessoas e bens* não excluía a subsistência do *dever de fidelidade conjugal*.

Na linha de transmissão, passou a referir-se concretamente o *enteado* do *primitivo arrendatário* e no mesmo patamar do seu *filho*, quando antes só aparecia em escalão mais abaixo deste.

É todavia de assinalar, pelo invés, em relação ao *f*[illegible] (ou *enteado*) com vinte e seis ou mais anos de idade qu[illegible]a a sair da linha de transmissão em que se encontrava, à sombra do RAU (al. *c)* do art. 57-1 da Lei n.º 6/2006).

De salientar é ainda, relativamente à *união de facto*, a sua subida na escala de transmissões, antepondo-se aos próprios *ascendentes* e ao *filho* ou *enteado* do *primitivo arrendatário*.

Em edições anteriores, rebelámo-nos contra a preterição do *paracônjuge* pelo seu próprio *filho, comum ao primitivo arrendatário* — mas agora o legislador emendou a mão, e só há que louvá-lo por isso.

Por último, e muito bem, desapareceram da lista de transmissões por *morte do arrendatário para habitação*, as pessoas que com ele vivessem em *economia comum* há mais de dois anos — e, bem assim, os descendentes de grau superior a filho, que, no RAU, se contemplavam.

Às *comunicações* dos transmissários destes contratos ou *falta de comunicação*, aplicam-se as normas do novo art. 1107 CC e do art. 9.º-1 NRAU, adiante referidas (**C-d**).

C — Para os contratos celebrados posteriormente a 27 de Junho de 2006[23], estabeleceu-se, como largamente vimos (cf. *supra* n.º 34-IV, vol. I, pp. 350-360), o polémico princípio da *comunicabilidade conjugal*, "nos termos gerais e de acordo com o regime de bens vigente", para todo o *arrendamento de prédios urbanos*, no novo art. 1068 CC.

Desconcertantemente, porém, no novo art. 1106 CC, para o caso de "morte do arrendatário" e sob a epígrafe "transmissão por morte", continua, à imagem do Direito anterior, a estabelecer-se uma cascata de *transmissões* do *arrendamento habitacional*, como se a *incomunicabilidade conjugal* ainda regesse nessa matéria.

[23] E só para estes, dentro do *arrendamento urbano*. Para outros arrendamentos, v. n. 302 da p. 351 do vol. I desta obra, e lugares aí citados.

Dispõe-se, com efeito, no n.º 1 do aludido preceito, que *não caduca* o *arrendamento para habitação*, por *morte do arrendatário*, quando lhe sobreviva:

a) *Cônjuge* com residência no locado ou pessoa que com o *arrendatário* nele vivesse em *união de facto* e há mais de 1 ano;

b) Pessoa que com ele residisse em *economia comum* e há mais de 1 ano.

A seguir, o n.º 2 acrescenta que, no caso de *morte*, "a posição do arrendatário transmite-se, em igualdade de circunstâncias, sucessivamente para o cônjuge sobrevivo ou pessoa que com o falecido vivesse em união de facto, para o parente ou afim mais próximo ou de entre estes para o mais velho, ou para o mais velho de entre as pessoas que com ele residissem em economia comum há mais de 1 ano".

De caminho, note-se que a técnica legislativa praticada neste artigo deixa a desejar, não parecendo aceitável descreverem-se vários patamares de devolução no n.º 2, em discurso corrido, depois de, no n.º 1, se ter limitado a enunciar dois deles claramente destacados por sucessivas alíneas.

Uma boa técnica impunha, à semelhança do que se praticava no Direito anterior, que todo o rol de transmissões fosse exaurido logo no n.º 1, em sucessivas alíneas.

Independentemente porém deste aspecto, impõe-se salientar, em nossa opinião, que, pela simples circunstância de se declarar logo no começo da disposição que, por *morte do arrendatário*, o arrendamento *não caduca*, já se está a pressupor que não há *comunicabilidade*, embora esta tenha sido afirmada como um princípio geral arrendatício, "nos termos gerais e de acordo com o regime de bens vigente".

Só para a *união de facto* ou para a *economia comum* — independentemente dos casos excepcionais em que, de acordo com o regime de bens, não houvesse realmente *comunicabilidade* — seria adequada a afirmação de *não caducidade*.

Mal se compreende, portanto, que, tendo sido afastada a *incomunicabilidade* antes expressamente declarada na lei, se tenha, apesar disso, estabelecido agora, incluindo o *cônjuge*, um rol de sucessivas *transmissões*, por *morte do arrendatário habitacional*, numa estranha réplica da legislação anterior, em que liminarmente se repudiava a *comunicabilidade* resultante do *regime de bens*.

A um simples relance, tal normativo faz tábua rasa da *comunicabilidade* do *direito de arrendatário* proclamada na disposição geral do art. 1068 CC.

Na verdade:

a) Sobrevivendo *cônjuge*, a *posição do arrendatário transmite-se-lhe* (é o termo que concretamente se usa no artigo) (n.º 2: "transmite-se sucessivamente para o cônjuge sobrevivo...") — quando a *comunicabilidade* já lhe teria dado *meação* nesse direito, se assim o impusesse o respectivo *regime de bens*, e só a outra *meação* se transferiria, e não a si, exclusivamente, mas *em partilha com os outros sucessores*;

b) Sobrevivendo, em vez disso, pessoa que com o falecido *arrendatário* vivesse em *união de facto*, transmite-se-lhe a *posição de arrendatário* — como é natural, por não se verificar, neste caso, *comunicabilidade*;

c) A pessoa em *união de facto* prefere ao *parente* mais próximo do *cônjuge pré-defunto* — parente que, situando-se na linha sucessória do *arrendatário*, por aí, sucederia no seu direito, preterindo o *paracônjuge*;

d) Não havendo pessoa em *união de facto*, a *posição de arrendatário* transmite-se ao *parente* mais próximo *mais velho* — em detrimento da partilha que deveria fazer-se em termos sucessórios;

e) Por último, o *direito de arrendatário* ainda será atribuído a quem, à data da morte do *arrendatário*, com ele vivesse há mais de 1 ano em *economia comum* (ou há mais de *dois anos?* — v. *infra*, **b** deste mesmo I–**C**) — caso em que, nos termos gerais, não haveria qualquer transmissão sucessória do *direito de arrendatário*.

Que é feito, afinal, do princípio da *comunicabilidade conjugal* do *direito de arrendatário* tão enfaticamente proclamado, em termos genéricos, no novo art. 1068 CC?

Para nós, o primeiro problema que deverá abrir-se ao intérprete descomprometido será o de apurar se o art. 1106 CC é exaustivo, isto é, se tem realmente por objecto toda a situação de *morte do arrendatário habitacional* — ou se apenas se dirige àqueles casos em que não se verifique, em vida dele e pelo respectivo *regime de bens*, a *comunicação* ao *cônjuge* do *direito de arrendatário*.

É que, se não for exaustivo, o preceito compreender-se-á intuitivamente. Nos casos em que não ocorreu a *comunicabilidade do direito de arrendatário*, já faz todo o sentido e torna-se mesmo necessário o art. 1106 CC.

Nesta perspectiva, os âmbitos de aplicação dos dois preceitos delimitavam-se perfeitamente, aplicando-se cada um deles ao respectivo objecto, sem contradições recíprocas: se, "nos termos gerais e de acordo com o regime de bens vigente", tivesse havido *comunicação* do *direito de arrendatário*, ambos os *cônjuges* tornavam-se *arrendatários*, em comum, e, pela morte de um deles, a par da *meação* do supérstite surgia a herança da outra metade, a repartir pelos *herdeiros*, à semelhança do que acontecia, e ainda acontece em parte, com os *arrendamentos não habitacionais* (art. 1113 CC)[24].

Temos de convir em que seria esta a solução formalmente mais lógica, harmonizando entre si os campos de aplicação dos novos arts. 1068 e 1106 CC.

Por mais aliciante, porém, que seja esta conclusão, não nos parece que tenha sido ela a construção arquitectada pelo legislador.

O que se pretendeu, se bem nos parece, foi exactamente, apesar de proclamada a *comunicabilidade*, atribuir ao *cônjuge*

---

[24] Ou, como referiram, em tempos, muito claramente, José Pinto Loureiro, *Tratado da locação*, Coimbra Editora, 1947, 2.° vol., p. 159 e José Alberto dos Reis, *Transmissão do arrendamento* (*Rev.Leg.Jurs.*, 79.°, p. 390), a outra meação transmitir-se-ia aos filhos que vivessem com o pai há mais de seis meses.

supérstite residente no espaço arrendado, após a *morte do arrendatário*, a situação de directo e único titular do *direito* deste.

Era isso que, no fundo, sustentava PEREIRA COELHO quando defendia a sua preferência pela tese da *comunicabilidade*[25]. O regime devolutivo *post mortem* do *arrendatário habitacional* continuaria a considerar-se o melhor, e a manter-se, sem prejuízo da *comunicabilidade* operada em vida.

Com isso, salvaguardar-se-iam importantes vantagens:

a) Justificava-se a responsabilidade de ambos os cônjuges pelas dívidas de rendas, que resulta do disposto na al. b) do art. 1691-1 CC;

b) Daria solução fácil à recusa do *despejo* quando o *arrendatário* abandonasse a residência da família mas o outro cônjuge e os filhos aí permanecessem;

c) Se, falecendo o *arrendatário* que se encontrasse *separado de facto*, o *arrendamento* não caducaria, transmitindo-se ao outro *cônjuge*;

d) A indemnização devida ao *arrendatário* por desocupação do prédio em caso de *denúncia*, pelo *senhorio*, de arrendamento vinculístico deixaria de pertencer exclusivamente ao *arrendatário*;

e) A idade de 65 anos do *cônjuge* impediria a *denúncia* do *arrendamento vinculístico* do mesmo modo que a do *arrendatário*;

f) O *direito de preferência* do *arrendatário* na *venda* ou *dação em cumprimento* do prédio arrendado deixaria de lhe caber, em exclusivo, para ser também do *cônjuge*;

---

[25] Como afirmou então, à luz da primitiva formulação arrendatícia do CC: "um regime especial como o que está hoje previsto nos n.os 2 e 4 do artigo 1110 do Código Civil continuaria, por isso, a ter plena justificação. E não se vê como a comunicação do direito de arrendamento impossibilitasse ou dificultasse o estabelecimento desse regime. Se a lei permite ao juiz *expropriar* ao cônjuge arrendatário o seu direito de arrendamento para o atribuir ao outro cônjuge, como acontece no regime actual, *por maioria de razão* poderia permitir-lhe atribuir a qualquer dos cônjuges o direito de arrendamento que fosse *comum*"(*Rev.Leg.Jurs.*, 122.º, p. 141).

g) O *cônjuge* passaria a ter recurso aos meios possessórios de que não poderia lançar mão, sem a *comunicabilidade*, por não ter *posse* ou *composse* derivada do *contrato de arrendamento*[26].

Na nossa perspectiva, grande parte destas ditas vantagens, ou não seriam dignas de tutela, ou já eram reconhecidas pela lei ou, em todo o caso, derivavam mais rectamente da protecção dispensada à *casa de morada da família* do que da *comunicabilidade* ao outro *cônjuge* do *direito de arrendatário* — que, por vezes, nem sequer podia resultar do concreto de *regime de bens* do casal.

Na verdade, a responsabilização pelas *rendas* da *casa de morada da família*, resultante do disposto na al. b) do art. 1691-1 CC, justifica-se, não por efeito da *comunicabilidade* própria do *regime de bens* respectivo, como acontece com as dívidas contempladas no art. 1693-2 CC, mas por constituírem um *encargo normal da vida familiar*; como tal, incide sobre ambos os *cônjuges*, seja qual for o *regime de bens*, isto é, mesmo que se trate de um *casamento com separação de bens*.

Por outro lado, já quando se consagrava na lei a *incomunicabilidade* do *direito de arrendatário*, concomitantemente se estabelecia que não era aplicável a *causa de resolução* fundada na *desabitação* ou na *falta de residência* quando permanecessem no prédio, o *cônjuge*, *parentes em linha recta* ou outros *familiares* do *arrendatário* que com ele tivessem vivido durante mais de 1 ano (al. c*)* do art. 64-2 RAU); logo, não se vê por que seria para aqui chamada a *comunicabilidade* resultante do *regime de bens*, quando já antes era sustada a causa de resolução, e até mesmo quanto aos *parentes em linha recta* e quanto aos *familiares* do *arrendatário*.

No tocante à justificação para a conservação da casa pelo *viúvo* que se encontrasse em *separação de facto*, este desiderato era em si tão politicamente injustificável que foi expressamente

---

[26] F. M. Pereira Coelho, *Rev.Leg.Jurs.*, 122.°, p. 142.

afastado pelo legislador, na al. a) do art. 85-1 RAU, na al. a) do art. 57 da Lei n.º 6/2006 e na al. a) do novo art. 1106-1 CC.

Relativamente à atribuição cumulativa ao *cônjuge* da indemnização por *denúncia do arrendamento vinculístico*, ela teria de resultar directamente do concreto *regime bens* em causa, e não, reflexa e inviamente, da *comunicação* do *direito de arrendatário* — e outro tanto deveria, em nossa opinião, dizer-*se do direito de preferência do arrendatário na venda ou dação* em cumprimento do prédio arrendado.

A idade de mais de 65 anos, do *cônjuge*, para impedir a *denúncia* continua a não ser atendida na lei (art. 26-4, al. a*)* da Lei n.º 6/2006).

Por último, não deixará de parecer de escasso interesse poder o *cônjuge não arrendatário*, por força da *comunicabilidade* derivada do *regime de bens*, usar dos *meios possessórios* próprios de *arrendatário* de que já dispõe o outro *cônjuge*.

Em suma, escalpelizadas as razões aduzidas em prol da *comunicabilidade* do *direito de arrendatário*, "nos termos gerais e de acordo com o regime de bens vigente", a esta conclusão se chega, se bem nos parece: *a tutela legal arrendatícia, por morte do arrendatário habitacional, radica directamente na protecção à casa de morada da família — transcende e alheia-se do mero efeito da comunicabilidade do direito de arrendatário derivada do regime de bens*.

Transcende-a, aplicando-se aos próprios casos em que não há *comunicabilidade* derivada do concreto *regime de bens do casal*. Transcende-a, ainda, porque se estende a quem nem sequer é *cônjuge*, como o *paracônjuge*, o *filho*, o *enteado*, os *parentes* ou *afins* — e até mesmo, as pessoas que simplesmente viviam *em economia comum* com o *arrendatário* (novo art. 1106 CC).

Alheia-se desse efeito pois, afirmado agora o princípio da *comunicabilidade* do *direito de arrendatário habitacional* e *não habitacional* (novo art. 1068 CC), quando este morre, na casa arrendada *para habitação*, associa-se a esse direito um regime que soberanamente põe de parte e mesmo contraria aquele princípio (novo art. 1106 CC).

Este é, quanto a nós, o real sentido sistemático da nossa lei actual.

Não há duas vertentes a considerar — um regime para a *comunicabilidade* quando ela se conformasse, e outro para a não *comunicabilidade*, mas um regime único, pormenorizadamente regulado no art. 1106 CC, que se sobrepõe a ela, relegando-a à condição de um simples ornamento político, porventura não isento de algum preconceito ideológico contra a tese da *incomunicabilidade* (cf. *supra* n.º 34-IV)[27].

De nada serve, contra esta conclusão, o recurso semântico à utilização dos vocábulos *transmissão* e *concentração* nas expressões do art. 1107-1 CC (como, também, no art. 1105-3 CC) "transmissão do arrendamento" e "concentração no cônjuge", para sugerir, com a última das duas expressões, a *comunicabilidade*; nesta, não haveria propriamente *transmissão*, mas uma *concentração* obrigatória no *cônjuge supérstite*.

Cremos, porém, que nem mesmo por esta via terminológica se fugirá à objecção que contra ela lançamos.

O que decide não é a nomenclatura, mas o regime — e este não é o da *comunicação*. Se fosse, o *direito de arrendatário* não se *concentrava* no *cônjuge supérstite*, mas permanecia, em parte, como *meação*, e transmitia-se noutra parte para os herdeiros.

A *concentração*, descoberta pela *Reforma de 2006*, é, pois, bem vistas as coisas, uma ideia falhada e sem sentido.

---

[27] Sobre o ponto, v. RITA LOBO XAVIER, *O Regime dos Novos Arrendamentos Urbanos e a perspectiva do Direito da Família* (*O Direito*, 136.º, II-III [2004], pp. 322-329), fundamentalmente, e ANTÓNIO MENEZES CORDEIRO, *O novo regime do arrendamento urbano* (*O Direito*, 137.º-II [2005], p. 332); Soares Machado/Regina Santos Pereira, *Arrendamento Urbano*, 2ª ed., Livraria Petrony, 2007, pp. 84-87 e LUÍS MANUEL TELES DE MENEZES LEITÃO, *Arrendamento Urbano*, 3ª ed., Almedina, Coimbra, 2007, pp. 81-83.

a — Relativamente ao *cônjuge supérstite*, reincide-se, na al. a) do art. 1106-1 CC, na omissão de referência à separação judicial de pessoas e bens que, como vimos há pouco (cf. *supra*, I-**A**), constava do RAU.

Tem pois, neste caso, também de se entender que, mesmo que *separado judicialmente de pessoas e bens*, o *cônjuge superalite*, desde que viva no locado, sucede no *direito de arrendamento*, como passou a acontecer para os contratos antigos, à luz do art. 57 NRAU (cf. *supra*, I-**B**).

b — Referimos acima que, no art. 1106-1, quando não sobreviva *cônjuge* "com residência no locado", a pessoa que se situa no patamar seguinte de possíveis transmissões por morte é aquela que com o *arrendatário* vivesse na casa arrendada em *união de facto* "e há mais de 1 ano" (al. *a)* do art. 1106-1 CC).

Aqui, ao invés do que acontece para o *regime transitório* dos arrendamentos antigos, que há pouco estudámos (v. *supra*, **B**), exprimiu-se na lei, como se vê, um requisito temporal: "há mais de 1 ano".

Tem, no entanto, sido suscitada alguma controvérsia quanto a saber se este requisito respeita à *vivência na casa arrendada*, ou se apenas se refere à *duração da união de facto*

Segundo uns, o requisito temporal abrange ambos os casos: a *união de facto* tem de durar mais de 1 ano e também durante mais desse tempo tem se centrar na casa arrendada[28].

Para outros, se assim fosse, haveria uma grave discrepância entre a pessoa que vivesse em *união de facto* e aquela que vivesse em *economia comum* — pois, para esta, "resulta claramente da alínea b) que o prazo de 1 ano se refere ao tempo de vivência em economia comum, não se fazendo nenhuma refe-

---

[28] Neste sentido: Fernando Augusto Cunha de Sá/Leonor Coutinho, *Arrendamento 2006-Novo Regime do Arrendamento Urbano*, Almedina, Coimbra, 2006, p. 103.

rência ao local arrendado, pelo que a convivência poderia ter-se iniciado numa residência anterior"[29].

De facto, a solução deve ser a mesma para a *união de facto* e para a *economia comum* — mas o que nos parece, antes de mais, inaceitável é que se tenha como resultando claramente da letra da al. b) que se refere aí a *duração* da *economia comum*, e não a *vivência* desta no prédio arrendado.

Se do que se está a tratar é da *não caducidade* do *arrendamento* por *morte do arrendatário habitacional*, será decerto irrelevante a vivência em outro local em *economia comum*, em *união de facto* ou com o *cônjuge*.

Aquilo que naturalmente está directamente em causa é a ocupação da casa arrendada pelos sujeitos dessas situações e a *transmissão ex lege* do respectivo *direito de arrendatário*. Seria decerto aberrante que a lei, para este efeito, viesse exigir uma duração da *união de facto* ou da *economia comum* — em outro espaço.

Simplesmente, ocorreu que este apressado legislador, ao reduzir o anterior requisito temporal de dois para 1 ano, se esqueceu de que tanto para a *união de facto* (art. 1.º-1 da Lei n.º 7/2001, de 11 de Maio) como para a *economia comum* (art. 2.º-1 da Lei n.º 6/2001, de 11 de Maio) não ficou tal *requisito de vivência* de harmonia com o que se exige, temporalmente, para que qualquer destas situações paraconjugais se consolide, com existência e relevância jurídica.

Vimos com efeito há pouco que, no primeiro caso, se considera como tal "a situação jurídica de duas pessoas, independentemente do sexo, que vivam em união de facto há mais de dois anos".

---

[29] MARIA OLINDA GARCIA, *A nova disciplina do arrendamento urbano*, Coimbra Editora, 2006, p. 399. No mesmo sentido: LUÍS MANUEL TELES DE MENEZES LEITÃO, *Arrendamento Urbano*, Almedina, Coimbra, 2006, p. 73, n. 78.

Analogamente, dispõe-se para o segundo: "entende-se por economia comum a situação de pessoas que vivam em comunhão de mesa e habitação há mais de dois anos e tenham estabelecido uma vivência em comum de entreajuda ou partilha de recursos".

Como poderiam, pois, a *união de facto* ou a *economia em comum* necessitar de *dois anos* para serem reconhecidas como tais e, sem ainda estarem completadas, já servirem para a sucessão no *direito de arrendatário?*

Quanto a nós, qualquer que seja a solução para o quebra-cabeças criado pela ligeireza do legislador de 2006 terá sempre de se respeitar a imposição legal de que não se configuram nem *uniões de facto* nem *economias comuns* sem uma consolidação de dois anos.

Nesta conformidade, o mínimo que se pode exigir é que, *quando elas se tenham iniciado em outra residência*, terão, ao menos, de, *dentro dos dois anos*, somar 1 ano na do *arrendatário* pré-defunto[30].

c — Tratando-se de *contrato de prazo certo* cuja duração termine em data situada a menos de seis meses do falecimento do *arrendatário*, o *transmissário* tem o direito de permanecer na *casa de habitação* por período não inferior a seis meses a contar da *data* do decesso (novo art. 1106-3 CC).

Este preceito estabelece tal período com impropriedade de linguagem mandando contar *do decesso* o prolongamento do contrato, em vez de *da data* deste, como preferimos referir.

d — A *morte* do *arrendatário* deverá ser comunicada ao *senhorio*, "com cópia dos documentos comprovativos, no prazo

[30] Será exagero, supomos, requerer-se, como também já tem sido sustentado, que perdurem dois anos fora mais 1 ano na residência *de qua agitur*, como é o caso de SOARES MACHADO/REGINA SANTOS PEREIRA, *Arrendamento Urbano*, 2ª ed., Livraria Petrony, Lisboa, 2007, pp. 175-177.

de três meses, após a ocorrência", por carta registada e com aviso de recepção (arts. 1107-1 CC e 9.º NRAU).

A *falta de comunicação* obrigará o faltoso a indemnizar "por todos os danos derivados da omissão" (novo art. 1107-2 CC).

Que *danos* serão esses?

Parece indiscutível que se tratará, aqui, de uma *responsabilidade por factos ilícitos* (arts. 483 ss CC), não se vendo contudo, hoje em dia, quais os efectivos *danos* que serão ressarcíveis.

e — A transmissão que se realiza nos termos citados não envolve, decerto, uma *devolução* no quadro da *sucessão universal* do *arrendatário*.

No antigo art. 1111-1 CC ainda se chamava *sucessores* aos *transmissários* do *direito de arrendatário para habitação*, em caso de *morte* deste — mas, apesar disso, já nessa altura sustentava a nossa doutrina, em geral, dever tal direito considerar-se excluído do fenómeno sucessório[31], não tendo que ser relacionado pelo *cabeça de casal,* em *processo de inventário* nem entrar em *partilha*, na sucessão respectiva — e este entendimento foi depois corroborado pelo facto de o RAU, no seu art. 89, ter sabiamente evitado empregar tal termo, aludindo unicamente aos *transmissários*, como agora igualmente se refere (no singular) no novo art. 1106-3 CC.

É uma transmissão automática, que se verifica *ipsa vi legis,* com o simples facto do decesso do *arrendatário* (ou, depois, do seu *cônjuge* ou *companheiro*), sendo totalmente irrelevante, para o efeito, uma eventual vontade do *senhorio* em sentido contrário.

Este só poderá deduzir oposição contra ela, impugnando a adequação da concreta situação de facto ao *Tatbestand* do novo art. 1106 CC.

[31] José de Oliveira Ascensão, *Direito Civil — Sucessões*, Almedina, Coimbra, 1981, pp. 51-52.

Diversa é a posição do Direito francês, que submete a *morte* do arrendatário ou até o seu *abandono do bem locado* às regras da *sucessão.*

À semelhança do que se definiu para o caso do adquirente do direito com base no qual o *locador* celebrou a *locação,* também aqui, não havendo *caducidade*, se verificará, portanto, o que então designámos de *sucessão ex lege* para traduzir o fenómeno da transmissão em apreço (*supra*, n.os 8, vol. I, e 71-I deste volume).

II — Ao contrário do que sucedia com o *arrendamento urbano para habitação*, nos para *comércio ou indústria*, ou para *exercício de profissão liberal*, vigorava a regra de que eles não caducavam por *morte* do *arrendatário*.

Declarava-se, com efeito, no art. 112-1 RAU que não caducava o *arrendamento comercial ou industrial* "por morte do arrendatário", alargando-se por outro lado, no art. 121 RAU, esta disposição também aos *arrendamentos para exercício de profissão liberal*.

Ora, ao proclamar que tais *arrendamentos* não caducavam por *morte do arrendatário*, não definia a lei, para eles, qualquer regime específico de transmissão do *direito do arrendatário* aos seus *sucessores*, limitando-se aquele preceito a disciplinar a *comunicação* por estes, ao *senhorio*, da morte do *arrendatário* — que devia fazer-se no prazo de *cento e oitenta dias*, com a junção dos *documentos autênticos e autenticados* que comprovassem o direito dos *sucessores* — e que estes podiam renunciar ao *arrendamento*, comunicando *a renúncia* no *prazo de trinta dias*.

Devia, portanto, entender-se que, nestes casos, já o *direito de arrendatário* obedeceria ao regime geral do *fenómeno sucessório*[32].

A — Actualmente, o mesmo entendimento será de subscrever, por maioria de razão, para os futuros contratos, pois se proclama a *comunicabilidade* na disposição geral do novo art.

---

[32] *Sic*: José de Oliveira Ascensão, *Direito Civil — Sucessões*, 5ª ed. rev., Coimbra Editora, 2000, pp. 250-251.

1068 CC, "nos termos gerais e de acordo com o regime de bens vigente" — e, na senda do Direito anterior, igualmente se preceitua no novo art. 1113 CC, para os *arrendamentos não habitacionais*, que não caduca o *arrendamento* por *morte do arrendatário*, "mas os sucessores [frise-se "os sucessores"] podem renunciar à transmissão, comunicando a renúncia ao senhorio no prazo de três meses, com cópia dos documentos comprovativos da ocorrência".

Assim, os *sucessores* do *arrendatário* falecido entram na titularidade do respectivo direito, como representantes do *de cuius*, não havendo aqui, propriamente, uma *modificação da relação de arrendamento* — e não se põe, de modo algum, a necessidade de os *sucessores* do *arrendatário* carecerem do *consentimento do senhorio* para ingressarem na posição contratual de *arrendatários*[33].

Por outro lado, como facto submetido ao *Direito sucessório*, ocorre que, ao contrário do que se passa com o *arrendamento para habitação*, aqui, pode o *arrendatário* dispor *mortis causa* do seu direito e, com o seu decesso, poderá certamente aparecer em presença do *senhorio* um *sucessor testamentário*, em vez dos *sucessores legais*.

A lei não especifica, nem se vê por que deveria especificar só estes, pois não há razão para excluir os *sucessores testamentários*. Só os *legatários* de um *estabelecimento*, sem mais, estarão afastados desta *sucessão*, pois surgiriam aqui como *trespassários mortis causa*, quando só o *trespasse entre vivos* é admitido (art. 1112 CC).

O *sucessível* não é naturalmente obrigado a aceitar a *sucessão*.

Aceitando-a, deverá observar o disposto no novo art. 1107 CC, comunicando a *morte do arrendatário* ao *senhorio* no prazo de *três meses* a contar da ocorrência.

---

[33] Em sentido diferente, sem razão, em nosso parecer: Pessoa Jorge, *Transmissão do arrendamento comercial por efeito da incorporação da sociedade locatária* (o direito, 122.º-II [1990], p. 470); Januário Gomes, *Arrendamentos comerciais*, Almedina, Coimbra,1991, p. 272.

O termo *renúncia*, agora no prazo de *três meses*, utilizado pelo actual art. 1113-1 CC, à imagem do antigo art. 1113 CC), não será tecnicamente o mais rigoroso.

Diz-se *renúncia* o *negócio jurídico unilateral pelo qual o respectivo titular abdica do seu direito, faculdade ou qualidade jurídica*.

Nesta acepção ampla, ainda se poderia falar de *renúncia*, se a declaração do *sucessível* se fizesse antes da morte do autor da herança (aliás, invalidamente, art. 2028 CC), porque, depois dela, o termo técnico mais rigoroso para designar tal realidade seria o de *repúdio* (cf. arts. 2062 e 2067 CC).

Esta *comunicação*, a que alude a lei, encerra pois, rigorosamente, um *repúdio*.

Com a *comunicação* da *transmissão por morte do arrendatário não habitacional*, que deve igualmente fazer-se no *prazo de três meses*, com cópia dos documentos comprovativos (art. 1107-1 CC, referido ao art. 1113-1 CC), o *sucessível* tornar-se-á então *sucessor*, nos termos gerais.

Se, porém, não cumpriu os deveres correspondentes, no prazo respectivo, responderá pelos *danos* que com esse comportamento omissivo acarretar ao *senhorio* (arts. 1113-2 CC e 1107-2 CC).

B — Para os *arrendamentos não habitacionais* anteriores à entrada em vigor da Lei n.º 6/2006 e *sem duração limitada*, estabelece-se um regime transitório, no art. 58 desta Lei, nos termos seguintes.

A regra tradicional da sua *sucessibilidade hereditária* cessa, para eles, se o decesso ocorrer em 28 de Junho de 2006, ou depois disso — mas este princípio de não sucessibilidade tem uma pronta excepção: a de existir um seu *sucessor* que, "há mais de três anos, explore em comum, com o arrendatário primitivo, estabelecimento a funcionar no local" (art. 58-1 da Lei).

O texto não prima pela clareza, mas parece querer significar, num primeiro momento, o seguinte: a *cessação do arrenda-*

mento não ocorrerá se houver um *sucessor*, isto é um *herdeiro do arrendatário* que com ele explore *em comum* o *estabelecimento*, há mais de três anos.

Só, pois, quem tenha a qualidade de *herdeiro* e cumulativamente explore o *estabelecimento, em comum, há mais de três anos*, ingressará no *direito de arrendamento* do espaço arrendado; não assim, qualquer parente que não seja seu *herdeiro*.

A doutrina tem estranhado, por vezes, esta exigência, que é nova em relação à lei anterior, e não se requer, no art. 1113-1 CC, para os novos arrendamentos[34].

Pensamos que, com esta disposição, se teve em vista o louvável propósito, que já se manifestara no art. 26-6 da Lei n.º 6/2006, de restringir a sucessão dos *arrendamentos vinculísticos não habitacionais*, mitigando de alguma forma a vetustez em que a maior parte deles caíram.

Propriamente quanto à *exploração em comum*, não se trata de uma posição derivada de anterior *locação do estabelecimento*, que era até possível sem *autorização do senhorio*, mas de *colaboração* ou *participação* na actividade a que está afectado o *estabelecimento*, não envolvendo a titularidade dele[35].

Um colaborador, com *mais de três anos*, que não detenha a qualidade de *herdeiro*[36] e um *herdeiro* que não tenha *colaboração* no *estabelecimento*, isto é, não *trabalhe regularmente* com o *arrendatário* na *exploração do estabelecimento*, não poderá aceder ao

---

[34] Luís Manuel Teles de Menezes Leitão, *Arrendamento Urbano*, Almedina, Coimbra, 3ª ed., 2007, p. 134.

[35] Maria Olinda Garcia parece envolver neste caso a *contitularidade do estabelecimento* (*Arrendamentos para comércio*, Coimbra Editora, 2006, p. 74), mas importa atentar em que, quem seja *contitular do estabelecimento*, já será *co-arrendatário*.

[36] Não basta, pois, ser *familiar*. Contra, segundo parece, mas simplesmente de passagem, Manteigas Martins/A. Raposo Subtil/Luís Filipe Carvalho, *O novo regime do arrendamento urbano* (*Vida Económica*, 2006, p. 72).

direito de arrendamento que, nestes casos, terminará com a *morte do arrendatário*[37].

Por outras palavras: a expressão legal "explore em comum com o arrendatário", que a doutrina em geral tem interpretado — e bem — em *sentido lato*, não vai a ponto de requerer que necessariamente exista um *contrato de trabalho* nem que tenha o sucessor de estar permanentemente sediado no *estabelecimento* ou aí trabalhe *a tempo inteiro*, mas apenas que, da sua parte, haja *uma colaboração, não meramente episódica, com carácter de certa regularidade e constância, ao longo de mais de três anos, em tarefa ou tarefas da gestão*[38].

---

[37] Já se tem pretendido estender a *sucessão por morte*, nestes contratos, a todos os que retirem *vantagens* do estabelecimento e, portanto, ao próprio *cônjuge*, mesmo quando ele não o explore efectivamente (FERNANDO GRAVATO MORAIS, *Novo Regime do Arrendamento Comercial*, Almedina, 2006, p. 52) — mas, salvo melhor opinião, a tese em presença será incontornavelmente contrária à lei.

[38] Sensivelmente no mesmo sentido, MENEZES LEITÃO exprime-se nestes termos: "A nosso ver, esta disposição apenas exige que o sucessor trabalhe no estabelecimento a funcionar no locado, independentemente da natureza do vínculo que o liga a esse estabelecimento" — LUÍS MANUEL TELES DE MENEZES LEITÃO, *Arrendamento Urbano*, 3ª ed., Almedina, 2007, p. 135.

No mesmo entendimento fundamental, é de salientar que se pronunciam também MARIA OLINDA GARCIA e MANTEIGAS MARTINS/A. RAPOSO SUBTIL/LUÍS FILIPE CARVALHO. A primeira sustenta, em síntese: "Deverá compreender-se aqui qualquer modo de participação regular na exploração da actividade económica desenvolvida no local arrendado. O facto de entre o arrendatário e o seu sucessor (por exemplo, um filho) existir um vínculo laboral (estabelecido eventualmente por razões de conveniência contabilística ou fiscal) não desvirtua a 'exploração em comum'" (*Arrendamentos para comércio e fins equiparados*, Coimbra Editora, 2006, p. 74). Os segundos defendem que a expressão legal seja entendida com o alcance de abranger os familiares do arrendatário que, com ou sem remuneração, trabalhavam no estabelecimento e dele retiravam o seu sustento (*O novo regime do arrendamento urbano*, Vida Económica — Lisboa, 2006, p. 72). Quanto aos últimos, convirá, em nossa opinião e salvo o devido respeito,

O *sucessor* com direito à transmissão comunica ao *senhorio*, nos três meses posteriores ao decesso, a vontade de continuar na exploração (art. 58-2 da Lei), obedecendo, quanto à sua forma e processo, ao preceituado no art. 9.º da Lei n.º 6/2006.

Deve dizer-se que *semelhante transmissão só se dá em um grau*. Neste ponto, o preceito é muito claro, quando expressamente alude à transmissão do *primitivo arrendatário*.

Um segundo aspecto merece ponderação. É o de saber se este regime transitório também se aplica ao *arrendamento não habitacional para exercício de profissão liberal*.

A dúvida suscita-se porque, muito embora o art. 58 da Lei, na respectiva epígrafe, aluda aos *arrendamentos não habitacionais*, em geral, depois, na descrição da hipótese legal, reporta-se estritamente ao "estabelecimento a funcionar no local", sugerindo assim a restrição do comando aos *arrendamentos comerciais ou industriais* e que deixaria de fora os que não lidam com um *estabelecimento comercial ou industrial*.

Pela nossa parte, não vemos razão plausível para excluir deste regime legal os restantes *arrendamentos não habitacionais*, nem essa seria a lição do Direito comparado.

Na nossa tradição legislativa, a situação era comum ao escritório, consultório oficina ou sala de trabalho de um *arrendamento para exercício de profissão liberal*, onde continuasse a praticar-se a mesma profissão.

---

esclarecer: o termo "familiares" só poderá abranger quem *é sucessor* ou se inscreva entre os *sucessores* do *arrendatário*. A lei é muito clara a esse respeito.

Por outro lado, quanto ao requisito de tirarem da colaboração *o seu sustento*, isto afigura-se-nos dito de modo excessivo e decerto não querido. Em parte alguma impõe a lei que a *exploração* do *sucessor do arrendatário*, há mais de três anos, constitua *o seu sustento*: pode, perfeitamente, aquilo que daí receba não passar de um mero complemento dos seus ganhos — ou, até, nem receber remuneração específica, por se determinar pelo objectivo de ajudar gratamente a manter e assegurar uma fonte de rendimento que, na ordem natural, um dia virá a ser sua. É uma situação que merece ser tutelada.

Cremos que, neste sentido amplo deverá entender-se o texto actual.

Na verdade, a epígrafe do art. 58 da Lei reporta-se expressamente, sem mais, aos *arrendamentos não habitacionais.*

Além disso, o n.º 1 do artigo começa por estabelecer, genericamente, o seguinte princípio: "O arrendamento para fins não habitacionais termina com a morte do arrendatário".

Parece, pois, que *todos os arrendamentos não habitacionais* (e, portanto, quer sejam *comerciais ou industriais*, quer sejam *para exercício de profissão liberal* ou para *outro fim não habitacional*), anteriores ao RAU ou ao Decreto-Lei n.º 257/95, *terminam com a morte do arrendatário.*

Não repugnará, todavia, estender-lhes a ressalva da segunda parte do preceito, e admitir, assim, que não se verificará a cessação se, no espaço arrendado, mesmo não constituindo propriamente um *estabelecimento*, em sentido técnico, aí trabalhasse na mesma profissão e em comunhão com o *primitivo arrendatário*, há mais de três anos, um seu *sucessor.*

III — *Quid iuris*, se o *arrendatário*, em vez de *pessoa singular*, for uma *pessoa colectiva*?

É precisamente em relação ao *arrendatário pessoa colectiva* que, na al. d) do art. 1051 CC, se fala de *caducidade da locação.*

No nosso entendimento, também para o *arrendamento urbano* a *extinção*, em sentido técnico, do *arrendatário pessoa colectiva* determinará, em princípio, a *caducidade* do contrato — e, sendo assim, é na secção respeitante à *caducidade* que este ponto deverá ter, como terá, o desenvolvimento adequado (v. *infra*, n.º 83-II).

Nesta altura, em termos de *modificações da relação de arrendamento,* importará salientar apenas que, tal aliás como ocorre com a *morte* do *arrendatário pessoa física*, também para o *arrendatário pessoa colectiva* pode ser afastado o efeito caducante da *extinção* — como na dita alínea se refere — mediante "convenção escrita em contrário".

Em semelhante hipótese, extinta a *pessoa colectiva*, sem *caducidade* contratual, ingressará na relação como *arrendatário*, naturalmente, quem para o efeito seja designado na cláusula excludente da *caducidade* — ou mesmo posteriormente, em tempo útil.

Tendo afastado as partes a *caducidade*, por uma cláusula escrita nesse sentido, é óbvio que não prosseguirá o contrato na sua eficácia, para além da *extinção* do *arrendatário pessoa colectiva*.

73. Transmissão da posição de arrendatário para habitação, em caso de divórcio ou separação judicial de pessoas e bens

A substituição do sistema da *incomunicabilidade* do *direito de arrendatário* pelo da *comunicabilidade*, "nos termos gerais e de acordo com o regime de bens vigente", operada pelo novo art. 1068 CC, também não resolve, só por si, o destino a dar à *casa de morada da família* em virtude de *divórcio* ou de *separação judicial de pessoas e bens*.

A necessidade, neste caso, de uma tutela específica dos *ex-cônjuges* quanto a esse direito continua naturalmente a suscitar-se — e, assim, o novo art. 1105 CC veio disciplinar a hipótese, aliás, em termos análogos aos anteriores.

Em princípio, esse destino será "decidido por acordo dos cônjuges, podendo estes optar pela transmissão ou pela concentração a favor de um deles" (novo art. 1105-1 CC).

A referência aos dois vocábulos vem já da frustrada *Reforma de 2004*, à luz da qual RITA LOBO XAVIER, considerando-a um "preciosismo, sem grande rigor técnico-jurídico, nem qualquer utilidade prática", propôs, sem êxito, a sua substituição por alguma das expressões neutras já consagradas na lei, como "destino da casa de morada da família" (do art. 272-1, al. *f)*,

CRC), "utilização da casa de morada da família" (do art. 1407 CPC) ou "atribuição da casa de morada da família" (do art. 1413 CPC)[39].

Realmente, a expressão literal deste passo não será propriamente um preciosismo, mas um enigma de difícil decifração.

Se a lei não tivesse decretado a *comunicabilidade* arrendatícia, "de acordo com o regime de bens vigente", dir-se-ia que poderiam os *cônjuges* acordar no encabeçamento da titularidade do *direito de arrendatário* em quem já a tinha — ou, pelo contrário, naquele que não figurara no contrato como parte.

No primeiro caso, tal direito *mantinha-se* nesse *ex-cônjuge*; no segundo, *transmitia-se* para o outro a posição do contratante.

A lei actual, baseando-se na *comunicabilidade* "de acordo com o regime de bens vigente" — e que, portanto, poderá não se verificar no caso concreto em face do regime respectivo e da data do *contrato de arrendamento* — parece, no entanto, ter pretendido afinar a terminologia em função da regra geral da *comunicabilidade*.

Estabeleceu, com efeito, no citado art. 1105-1 CC que, no caso de *divórcio* ou de *separação judicial de pessoas e bens*, incidindo o *arrendamento* sobre a *casa de morada da família*, o destino desta será decidido por *acordo dos cônjuges* podendo estes optar "pela transmissão ou pela concentração a favor de um deles".

No n.º 3 do mesmo artigo, insiste na mesma terminologia, quando se declara que "a concentração ou transmissão acordadas" serão homologadas e notificadas ao *senhorio*.

Esta nova nomenclatura não será, porém, como se disse, isenta de dificuldades.

O que parece mais intuitivo é que se pretenderá referir por *concentração* a atribuição da *morada da família* àquele *ex-cônjuge*

---

[39] Cf. *O Regime dos Novos Arrendamentos Urbanos e a perspectiva do Direito da Família* (*O Direito*, 136.º [2004], II-III, p. 330).

que firmou o *contrato de arrendamento*, e, por *transmissão*, o encabeçamento no outro.

Simplesmente, nem esta repartição de designações parece ajustada quanto à *concentração* nem, por outro lado, se conforma com uma real existência de *comunicação* do *direito de arrendatário*.

Com efeito, sendo este um *bem comum do casal*, se ele é, pelo *acordo dos cônjuges* ou por *decisão do tribunal* ou do *conservador*, aformalado por inteiro a um deles, não poderá rigorosamente dizer-se que se *concentra* nesse *cônjuge*, pois o que verdadeiramente se verifica é uma *transmissão* da *meação do cônjuge não contratante* e a consequente *aquisição* pelo beneficiário.

Ainda, porém, que queira denominar-se de *concentração* a cumulação no *cônjuge contratante* das duas *meações*, logo a seguir desmente-se esta qualificação e a propalada *comunicabilidade* ao designar-se por *transmissão* aquilo que também não passaria de uma concentração de meações no outro *cônjuge*; não, a *transmissão* para ele.

Não tendo havido *acordo*, caberá ao tribunal decidir, no próprio *processo de divórcio* ou *de separação*, "tendo em conta a necessidade de cada um, os interesses dos filhos e outros factores relevantes" (novo art. 1105-2 CC)[40].

Naturalmente, este encabeçamento da *posição contratual*, estabelecido directamente para o *arrendamento*, é extensível ao *subarrendamento*[41].

---

[40] Para um desenvolvido enunciado de "razões atendíveis" — que constituía a fórmula homóloga, no Direito anterior, dos actuais "outros factores relevantes" — v., na doutrina, referindo-se ainda ao primitivo art. 1110-3 CC, textualmente reproduzido pelo art. 84-2 RAU, Pires de Lima/Antunes Varela, *Código Civil Anotado*, II, 1981, p. 550, e II, 1986, pp. 626-627 e, reportando-se ao RAU, Pereira Coelho, *Rev.Leg.Jurs.*, 122.º, pp. 120 ss.

Na jurisprudência: SUPREMO, 2-4-1987 (*BMJ* n.º 366, p. 502).

[41] Sobre o ponto, no Direito anterior: Relação do Porto, 19-1-1989 (*Colectânea*, XIV-1, p. 182).

II — A tutela dos interesses dos *cônjuges* em caso de *crise do casamento*, de forma a garantirem-se direitos relativos à ocupação do alojamento familiar e aos móveis respectivos, tem preocupado o legislador comunitário.

Com este objecto, foi adoptada em 16 de Outubro de 1981 e endereçada ao Conselho da Europa a Recomendação n.º R (81) 15, do *Comité de Ministros*.

III — Os traços processuais mais salientes do nosso Direito positivo da atribuição da *casa de morada da família* são os que passam a referir-se.

a) *Separação ou divórcio por mútuo consentimento* — o requerimento inicial, assinado por ambos os *cônjuges*, a que se refere o art. 1419 CPC, deverá ser instruído, entre outros documentos, com o acordo sobre o destino da *casa de morada da família* (al. *f)* do art. 1419-1 CPC).

Convocada a conferência a que se refere o art. 1776 CC (art. 1420 CPC) e realizada esta, cumprirá ao juiz ou ao conservador do registo civil (art. 1773-2 CC), se não conseguir uma conciliação, apreciar os diversos acordos apresentados com o requerimento, convidando os *cônjuges* a alterá-los, se esses acordos não acautelarem suficientemente os interesses de algum deles ou dos filhos[42].

Entre os acordos a apreciar, inclui-se, naturalmente, o relativo à *morada de família*, sobre o qual se exarará também em acta o resultado a que se chegar (arts. 1775-2 CC; 1776-2 CC e 1421-2 CPC).

---

[42] O poder do juiz quanto à alteração dos acordos vai ao ponto de, "se os cônjuges persistirem no seu propósito" de não alteração (art. 1776-3 CC), o pedido de divórcio ou de separação por mútuo consentimento ser indeferido (arts. 1778 e 1794 CC).

b) *Acção de separação ou divórcio litigioso* — na tentativa de conciliação que se segue à *petição* (art. 1407-1 CPC), procurará o juiz obter o *acordo dos cônjuges* quanto à utilização da *casa de morada de família* durante o período de pendência do processo, se for caso disso (art. 1407-2 CPC).

Estabelecido o *acordo*, seguem-se os restantes termos do processo, tornando-se a final definitivo.

Não havendo acordo, o juiz poderá, em qualquer altura do processo, fixar um regime provisório quanto à utilização da *casa de morada da família* (1407-7 CPC).

Se esta utilização for controvertida no processo, a *sentença* deverá naturalmente decidi-la, sob pena de *nulidade* (al. *d)* do art. 668-1 CPC).

Se o não for, integrar-se-á uma situação de acordo quanto à manutenção do *statu quo*, não tendo o tribunal de pronunciar-se sobre ela na *sentença*.

Tendo, porém, de se organizar o *poder paternal*, há-de extrair-se certidão da *sentença* para o tribunal competente adoptar aí as providências adequadas (art. 174-3 OTM), em que se incluirá a atribuição da *morada da família*, se for caso disso.

— O incidente de atribuição de casa de morada da família é atípico ou inominado, devendo ser deduzido após o termo normal do processo e sendo-lhe aplicáveis as regras genéricas dos arts. 302 a 304 do Código de Processo civil — Relação de Coimbra, 20-1-1995 (*BMJ* n.º 448, p. 446).

IV — Sobre a regulação do *direito de arrendatário*, a lei actual continua a referir-se, exclusivamente, ao *divórcio* e à separação *judicial*.

Para a *separação de facto* ou, no caso de *família natural*, no interesse dos filhos dela nascidos, nada se disciplina.

Deverá entender-se *a contrario* que, nestas hipóteses, não é aplicável a norma constante do art. 1105 CC — ou, ao invés, que há uma lacuna a integrar com a aplicação analógica deste preceito?

Num caso de *família natural*, em que se regulava o poder paternal quanto ao filho ante a separação dos pais, a Relação de Lisboa, premida por uma profunda exigência da vida real (não propriamente, como veio a qualificar a Conselheira ASSUNÇÃO ESTEVES, movida por uma *jurisprudência de sentimento*), julgou, em aresto por nós relatado na altura, que, por aplicação analógica das normas constantes do antigo art. 1110 CC (reproduzidas pelos arts. 83 e 84 RAU, sem alterações de fundo) para o casamento legitimamente constituído, que não tinham carácter *especial*, também para as *uniões de facto* devia o tribunal, quanto ao arrendamento celebrado em nome do pai, determinar a sua transferência em favor da mãe, no interesse do filho (ac. de 2-6-1981 [*Colectânea*, VI-3, p. 61]).

Esta jurisprudência, porém, não obteve uniformidade, vindo ulteriormente a ser proferido um *assento*, a fixar que "as normas dos n.ºs 2, 3 e 4 do art. 1110 CC não são aplicáveis às uniões de facto, mesmo que destas haja filhos menores" [43].

O argumento fulcral do *assento* baseava-se em que tais normas representavam "um verdadeiro regime de excepção ao regime geral traçado na lei (arts. 424, n.º 1 e 1059, n.º 2) para a cessão da posição contratual", acrescendo que a regra do n.º 2 do antigo art. 1111 CC (reproduzida, então, na al. *e)* do art. 85-1 RAU, homóloga da actual al. *a)* do novo art. 1106-1 CC), a prever a não caducidade do arrendamento quando, à data da morte do arrendatário, com ele vivesse na casa alguém em condições análogas às dos cônjuges, há mais de 5 anos, constituía apenas "mais um dos casos em que, contra a regra estabelecida na 2ª parte do n.º 1 do art. 1110", onde se previa a caducidade do arrendamento por morte do arrendatário, o arrendamento não caducava.

A sua tese também, por seu turno, não logrou unanimidade, tendo-lhe sido oposto, além duma breve declaração, dois importantes votos de vencido.

Na doutrina, PEREIRA COELHO manifestou prontamente a sua discordância à corrente vencedora[44].

A questão não era fácil[45] — mas também não deixámos de ter então uma palavra de discordância, relativamente à tese do *assento,* reconhecendo

---

[43] *Assento* de 23-4-1987 (*D.ºR.ª*, de 28-5-1987).

[44] Na *Rev.Leg.Jurs.*, 120.º, p. 81, nota 6. Ver ainda, do mesmo A., *Temas de Direito da Família,* 1986, p. 17.

[45] Como logo o salientou, ao ser publicado o sumário do ac. da Relação de Lisboa, de 2-6-1981, que veio a ser revogado pelo *assento*, o Saudoso Professor JOÃO DE CASTRO MENDES, ao pedir-nos, por carta, notícia do teor integral do aresto da Relação, pelo interesse que a tese nele

embora que estava muito bem fundamentado o acórdão, honrando especialmente o seu Relator, o Conselheiro FERNANDES FUGAS, e explicando amplamente a confortável maioria que conseguiu alcançar.

Aí se salientava o propósito expresso pelo legislador da Reforma de 77, de ser "intencionalmente pouco arrojado", a fim de "não estimular as uniões de facto" e focava a questão sob todos os seus ângulos, numa análise exaustiva da matéria.

A nós, o que mais nos chocava, na tese do *assento* era que ela não tinha em conta *os valores* em jogo, acabando por traduzir-se num simples exercício de justiça formal — o que parecia tanto mais grave quanto era certo que se encontrava o ac. da Relação de Lisboa, de 2-6-1981, que exautorou, no domínio dos *processos de jurisdição voluntária* e, portanto, não atido a *critérios de legalidade estrita,* como justamente o tinha assinalado, no seu voto de vencido, o Cons. LIMA CLUNY e já tinha sido ponderado pela Relação.

Acentuávamos assim que, numa época de brutal disparidade fáctica entre os arrendatários de rendas antigas e as pessoas que não dispõem de casa, o *assento*, para falarmos cruamente, mandava para a rua a mãe abandonada pelo companheiro, com um filho de ambos, de tenra idade.

Quer dizer: deu, reflexamente, ao filho "ilegítimo", um tratamento que, decerto, ele não teria se fosse "legítimo".

A infracção do comando dos arts. 13-2 e 36-4 da Constituição parecia-nos, pois, evidente — e contra isso de nada valia ponderar que não quis o legislador (ordinário) equiparar as *uniões de facto* ao *casamento*, que ele não devia "estimular as uniões de facto" e que estas não podiam ser "impostas" ao *senhorio*, quando o *arrendatário* abandonasse a casa.

Se bem nos parecia, o raciocínio estava às avessas: não era a *lei ordinária* que ditava à Constituição a observância de situações arbitrariamente diferenciadas entre filhos nascidos no ou fora do matrimónio; era a Constituição que proibia terminantemente e com toda a legitimidade, ao legislador ordinário, a promulgação de leis díspares para as duas situações e, ao intérprete, que as entendesse e aplicasse com o efeito discriminatório manifestamente consagrado pelo *assento* — o que, portanto, no nosso entendimento, não podia deixar de o ferir de *inconstitucionalidade*[46].

---

consagrada lhe tinha despertado, saudando-a como "ousada e aberta", embora, como prontamente não deixou de acrescentar, não teria, *a priori*, "a certeza de a perfilhar"...

[46] Já a Relação, de resto, admitira esta hipótese — e também PEREIRA COELHO doutrinara inclinando-se a *crer* que enfermava o *assento* desse vício (*Rev.Leg.Jurs.*, 120.°, p. 81, nota 6), secundando o voto de vencido do Cons. LIMA CLUNY nesse sentido.

No plano formal, parecia ainda de ponderar que não estava em causa a extensão analógica ao *concubinato* de normas postas excepcionalmente para o divórcio ou separação judicial nos n.ºs 2 a 4 do antigo art. 1110 (depois integradas no art. 84 RAU): ninguém sustentava que seriam aplicáveis essas normas ao companheiro sem filhos do arrendatário.

Defendia-se, isso sim, que, estabelecendo o n.° 3 daquele artigo (depois, no n.° 2 do art. 84 RAU) que, desfazendo-se a vida em comum do casal, a posição contratual de *arrendatário*, não acordada conciliatoriamente, seria regulada pelo tribunal, *também no interesse dos filhos* — e impondo a Constituição que tal interesse não pode ser tutelado com discriminação relativamente aos nascidos fora do casamento, teria ele de ser constitucionalmente aplicável, por igual, também a estes.

O *assento* foi publicado em O DIREITO, 121.°, pp. 131-138, com anotação concordante de ERIDANO DE ABREU (pp. 139-146). No seu domínio de aplicação, ainda veio a ser julgado:

— Havendo simples separação de facto dos cônjuges, não é permitida a transmissão forçada de posição de arrendatário da casa de morada da família para o que não tem aquela qualidade — Relação de Coimbra, 26-2-1991 (*Colectânea*, XVI-I, p. 85).

Contra a solução que veio a prevalecer, levantou-se ultimamente ANTUNES VARELA (PIRES DE LIMA/ANTUNES VARELA, *Código Civil Anotado*, 1997, II (4ª ed.), p. 652), a sustentar, categoricamente, não ter ela "o menor fundamento" e a acusá-la de ter incorrido numa "absurda" equiparação entre o divórcio ou separação "e o *arrufo* de amantes entre pessoas ligadas pelos frágeis laços duma *união de facto*... que, *de facto, se desfaz*".

Para quem todavia teve, como nós, de julgar este dramático conflito humano, o *absurdo* não está numa simples *equiparação* (que é diferente de *identificação*) da *união de facto* ao *casamento*, que a própria lei descrevia como vida em "condições análogas às dos cônjuges" mas, salvo o devido respeito, em qualificar-se de mero *arrufo* anódino e indigno de tutela a angustiosa situação para que a tese oposta lançava uma criança de tenra idade, à qual não estaria sujeita se o seu pai fosse casado — e isto mesmo depois de se reconhecer, como reconhece o Ilustre Professor, que, para atribuir a *casa de morada da família* se deve atender primacialmente ao interesse dos filhos.

Contra isto, nem venham os corifeus extremes e nefelibatas do racionalismo puro e duro lançar-lhe o anátema da *jurisprudência de emoção*, porque não estamos em presença de uma pieguice pateta, mas da avaliação atenta de uma situação humana em crise, quanto á qual não pode a jurisprudência tornar-se florentina e escamotear o velho principio de HERMOGENEANO segundo o qual *hominum causa omne ius constitutum est.*

A solução do *assento,* porém, não era efectivamente a melhor — e isso mesmo veio, afinal, a ser reconhecido pelo Tribunal Constitucional que, no seu douto ac. de 9-7-1991, repristinando a tese do ac. da Relação de Lisboa, o declarou *inconstitucional*, com força obrigatória geral, por "violação do princípio da não discriminação dos filhos, contido no art. 36, n.º 4 da Constituição" (*D.ºR.ª* de 15-10-1991; *BMJ* n.º 409, p. 170).

Esta decisão foi ainda publicada na *Rev.Leg.Jurs.*, 124.º, pp. 294-318, com anotação concordante de J. J. GOMES CANOTILHO, pp. 318-327), concordância que lhe é igualmente outorgada por JORGE MIRANDA (*O DIREITO*, 124.º-IV, pp. 660-663).

74. Cessão da posição contratual de arrendatário

Foi só o Código Civil de 66 que acabou com a equiparação que se fazia, no Direito pregresso, da *cessão da posição contratual de arrendatário* ao *subarrendamento* (§ único do art. 31 do Decreto n.º 5:411, de 19-4-1919), ao consagrá-la e discipliná-la nos seus primitivos arts. 1059-2, 1118 e 1120. O primeiro respeita à *locação*, em geral, e está ainda em vigor nos seus precisos termos — e os dois últimos encontram-se hoje substituídos pelo novo art. 1112-1 CC.

Trata-se, na verdade, de figuras distintas.

I — Pela primeira — que é regulada com feição geral nos arts. 424 ss. CC — quando o contrato envolver prestações recíprocas, terá qualquer das partes a faculdade de transmitir a terceiro a sua *posição contratual*, se o outro contraente, antes ou depois da celebração do contrato consentir na transmissão (art. 424-1 CC).

Nela há, portanto, uma *sucessão a título particular*, importando a substituição de um sujeito da primitiva relação pelo *accipiens* e, assim, o *arrendatário*, cedendo a sua *posição contratual* através de um negócio jurídico a isso endereçado, desaparece da relação arrendatícia, deixando o *cessionário* no seu lugar.

Pela segunda, situamo-nos antes no âmbito do *subcontrato*, isto é, de um segundo contrato que se constitui com terceira pessoa, ao lado do primeiro, por um dos contraentes deste, o qual, sem deixar a sua primitiva *posição contratual*, investe o *sub-contraente* no exercício de faculdades dela resultantes. Aqui, já não há *sucessão a título particular*, mas o surgimento de uma nova relação, ao lado da primeira, de modo que, com um *subarrendamento*, o *arrendatário*, conservando embora perante o *locador* a sua *posição contratual* de *arrendatário*, com ela todavia acumula ainda a posição de *senhorio*, perante o *subarrendatário*.

Com razão, disciplina pois a nossa lei as duas figuras em lugares diferentes.

II — Quanto à *cessão da posição de arrendatário*, limita-se o art. 1059-2 CC a estabelecer, a propósito da *locação,* que esta se encontra, em princípio, sujeita ao regime geral dos arts. 424 ss CC.

Antes de mais, tal como o *arrendamento urbano por mais de seis meses*, também ela, quando isoladamente celebrada, em si, está sujeita à *forma escrita* (art. 425, referido ao art. 1069 CC).

Depois, depende, em princípio, do *consentimento* do *senhorio* (art. 424-1 CC)[47].

Se o *consentimento* for anterior à *cessão,* esta só produzirá efeitos desde a sua *notificação* ao *senhorio* ou do *reconhecimento* que ele venha a prestar-lhe (art. 424-2 CC).

A notificação não obedece a formalidades especiais, retirando-se da disposição constante da al. g) do art. 1038 CC que consistirá numa simples *comunicação,* a fazer por qualquer meio idóneo para dar conhecimento do facto ao *senhorio*.

Como se viu (cf. *supra*, n.º 61 — vol. I), a *comunicação* deverá ser feita peremptoriamente no prazo de *quinze dias*, ou

---

[47] "Claro que deve exigir-se sempre o consentimento do senhorio. Não se lhe pode impor um arrendatário que lhe não agrade ..." (Parecer da Câmara Corporativa, n.º 1, de 6 de Abril de 1961 [n.º 52]).

não será relevante, a menos que haja então *reconhecimento* dela pelo *senhorio*.

Na verdade, a nossa lei admite a plena eficácia de *cessão* não antecipadamente autorizada, *consentida* (art. 424-1 CC) ou *reconhecida* (art. 424-2 CC) pelo outro contraente.

Consentir na transmissão significa *dar-lhe acordo* — que, reportando-se a um contrato celebrado por pessoas distintas do sujeito que manifesta tal acordo, se exprime por uma declaração de *concordância* ("concordo com a cessão constante deste contrato").

Assim, o *consentimento* pode ser anterior, contemporâneo ou posterior à *cessão da posição contratual*, posto que a *declaração de concordância* poderá, de modo relevante, produzir-se em qualquer desses momentos.

O *reconhecimento*, pelo contrário, só pode verificar-se posteriormente à celebração da *cessão*, e consistirá num acto de admissão desta, revelando uma *vontade abdicativa*.

Há, portanto, *consentimento* da *cessão da posição de arrendatário* se o *senhorio* tiver um comportamento activo de *concordância* (prestação de acordo) anterior, contemporâneo ou posterior ao *contrato de cessão*.

Haverá *reconhecimento* quando, em vez disso, venha a remeter-se a uma *abdicação* para com o acto realizado à sua revelia.

O *reconhecimento* pode, assim, sanar não só a ausência de *consentimento* como também a própria falta de *comunicação* que deve seguir-se obrigatoriamente à *cessão* previamente consentida.

Daí que, em ambos os casos, havendo *reconhecimento* do *senhorio*, perderá este o direito de *resolução do contrato de arrendamento,* que lhe assistia perante qualquer das duas violações do *arrendatário* (art. 1049 CC).

O carácter necessariamente abdicativo que atribuímos ao *reconhecimento* demonstra e realça que não bastará o mero *conhecimento* da *cessão*: importa que ocorra um comportamento demonstrativo da abdicação[48].

III — A *cessão da posição de arrendatário* que se fizer *sem consentimento do senhorio* será eivada de *ineficácia* em relação a ele *(inoponibilidade)*, aliás como aquela que, *consentida* embora anteriormente à *cessão*, não venha a ser oportunamente *notificada*, como resultará, além do mais, do disposto na al. e) do novo art. 1083-2 CC — e integrará, *em ambos os casos*, o fundamento de *resolução* do *contrato de arrendamento* que nessa alínea exemplificativamente se contempla.

O *reconhecimento*, porém, como se disse, faz *caducar* semelhante *facto resolutivo* (art. 1049 CC).

IV — Mandando aplicar à *cessão da posição de locatário* o regime geral da *cessão da posição contratual*, a nossa lei (art. 1059-2 CC) exceptua expressamente, no entanto, as disposições especiais do capítulo respeitante à *locação.*

As normas respeitantes à *cessão da posição contratual* que na ressalva final do art. 1059-2 se tem em vista são as de dispensa de *autorização* do *locador*, como as respeitantes às transmissões da posição de *arrendatário* que se contemplam hoje nos novos arts. 1109 e 1112 CC, em caso de *locação* ou de *trespasse* de *estabelecimento comercial ou industrial*, e de *cessão de posição de arrendatário para o exercício da mesma profissão liberal*, de que nos ocuparemos oportunamente (cf. *infra*, n.º 77-II-III).

---

[48] Estamos, por isso, plenamente de acordo com PIRES DE LIMA/ /ANTUNES VARELA quando, omitindo embora a nota abdicativa que realçamos no texto, referem muito justamente que não basta ter conhecimento da *cessão*, sendo ainda necessário que "o locador aceite o beneficiário da *cedência como tal*, recebendo dele, por exemplo, as rendas e alugueres" (*Código Civil Anotado*, II, 4ª ed., Coimbra Editora, 1997, p. 387).

Na jurisprudência foi considerado um caso curioso de desnecessidade de autorização da *cessão de posição contratual* de *arrendatário*:

— A cessão da posição jurídica de arrendatário, como fundamento de resolução do contrato, só é ilícita quando feita a terceiro que não tenha já a qualidade de arrendatário. Daí que a cessão que um co-arrendatário faz a outro co-arrendatário seja lícita — Relação do Porto, 27-1-1983 (*Colectânca*, VIII-1, p. 217).

75. Subarrendamento

Da noção legal posta para a *sublocação* (art. 1060 CC), pode retirar-se uma definição simples e expressiva de *subarrendamento*: o *arrendamento* diz-se *subarrendamento* quando quem o presta o celebra com base no *direito de arrendatário* que lhe advém de um precedente *contrato de arrendamento*.

I — Como a *cessão da posição contratual*, também o *subarrendamento* está sujeito a *consentimento do senhorio* (al. *f)* do art. 1038 CC e novo art. 1088 CC) e também como na *cessão* terá de lhe ser comunicado, no prazo de quinze dias, se o *consentimento* for anterior (al. *g)* do art. 1038 CC).

O princípio, nesta matéria, é portanto o de o *subarrendamento* ter de ser expressamente consentido, pelo *senhorio*, não podendo considerar-se legítimo pela simples falta da sua proibição.

O *consentimento* deverá ser prestado *por escrito* (novo art. 1088-1 CC).

II — O *subarrendamento*, como a locação, em geral, só produz efeitos em relação ao *senhorio* ou a terceiros mesmo que anteriormente *consentido*, desde a data da *comunicação* ou do *reconhecimento* (art. 1061 CC).

Este ratifica o *subarrendamento* não consentido (novo art. 1088-2 CC) e faz caducar o *fundamento de resolução* de que dispõe o *senhorio* em caso de *subarrendamento* não consentido (art. 1049 CC).

III — O *subarrendamento* pode ser *total* ou *parcial*, consoante obrigue a transferir para o *subarrendatário* a totalidade ou só uma parte do prédio arrendado.

No primeiro caso, o *senhorio* pode substituir-se ao *arrendatário*, mediante *notificação avulsa*, passando o *subarrendatário* a *arrendatário* (novo art. 1090-1 CC), como daqui a pouco veremos de modo um tanto mais circunstanciado (cf. *infra*, n.º 76).

Por outro lado, o *arrendatário* nunca poderá cobrar do *subarrendatário* renda superior ou proporcionalmente superior à que é devida pelo *contrato de arrendamento*, aumentada de 20%, salvo se outra coisa tiver sido convencionada (art. 1062 CC)[49].

A violação deste limite integra, tradicionalmente, a favor do *senhorio*, um *fundamento de resolução* do *contrato de arrendamento* (al. *g)* do antigo art. 1093-1 CC e do art. 64-1-RAU) e, apesar de não constar da enumeração exemplificativa do novo art. 1083-2 CC, deve continuar a considerar-se como tal (novo art. 1083-2, *in principio*).

IV — Como espécie do género *subcontrato*, o *subarrendamento* é influenciado no seu regime e subsistência pelo *contrato base* — o *contrato de arrendamento* — por cuja disciplina fundamental se pautará, naquilo em que a lei for omissa especificamente quanto ao *subarrendamento*.

Não poderá, todavia, influir o *subarrendamento* sobre o próprio *arrendamento* de que depende.

---

[49] Sobre o ponto, veja-se RUI DE ALARCÃO, *A limitação da renda no subarrendamento* (*B.F.D.*, Coimbra, vol. XXXVIII).

Parece irrepreensível, portanto, a jurisprudência a tal respeito firmada, a propósito do *subarrendatário para habitação*:

— O disposto no n.º 3 do art. 1110 CC [actual art. 1105-2 CC] é também aplicável quando a morada conjugal se encontrava instalada numa habitação de que um dos ex-cônjuges era sublocatário — Relação do Porto, 19-1-1989 (*Colectânea*, XIV-I, p. 182).

Semelhante pormenor, que parece de uma importância fundamental para a compreensão do instituto, tem sido muito descurado entre nós, mas é justamente salientado sobretudo na doutrina italiana.

Daí vem que, na falta de específica regulamentação do Direito positivo para o *subarrendamento*, serão aplicáveis os princípios próprios do *subcontrato*[50].

Ora sendo este dependente do *contrato base,* o *caso julgado* formado entre *senhorio* e *arrendatário* sobre o *contrato de arrendamento* é, naturalmente, oponível ao *subarrendatário*[51] mas, em virtude de o *subcontrato* apresentar *autonomia* perante o *contrato base,* já o caso julgado entre *arrendatário* e *subarrendatário,* acerca da sua relação, é *res inter alios acta* para o *senhorio,* e não poderá ser por ele invocado.

A dependência do *subarrendamento* relativamente ao *arrendamento* está bem marcada, de resto, na circunstância assinalada na nossa lei (novo art. 1089 CC) de *caducar* com a extinção, "por qualquer causa", do *contrato de arrendamento.*

Também, não sendo permitido o *subarrendamento*, é óbvio que, perante a sua celebração contrária à estipulação contratual ou à falta dela, o *senhorio* poderá resolver o *contrato de arrendamento* (como expressamente se previa na al. *f)* do antigo art. 1093-1 CC e do art. 64-1 RAU, e resulta agora menos claramente do novo art. 1083-1 CC, *in principio*) e obter a entrega do prédio (novo art. 930 CPC).

---

[50] Neste sentido: MIRABELLI, *La locazione* (Tratado de VASSALLI), UTET, Torino, 1972, p. 578.

[51] É expresso neste sentido o art. 1595-3 do Código Civil italiano.

Aqui, ele invoca o próprio *contrato de arrendamento*, que se sobrepõe ao *contrato subordinado*.

Relativamente ao *subcontrato*, porém, a sua dependência do *contrato base* não lhe rouba autonomia de conteúdo e efeitos, a que só terá acesso o *senhorio* nas acções directas *senhorio subarrendatário* que tenham sido concretamente previstas na lei.

Assim, sendo total o *subarrendamento*, é-lhe admitido substituir-se ao *arrendatário*, "mediante notificação judicial", considerando-se "resolvido" desta forma "o primitivo arrendamento e passando o subarrendatário a arrendatário directo" (novo art. 1090-1 CC). Idêntico efeito final é reconhecido ao facto de, *depois de extinto o arrendamento, o senhorio* receber alguma renda do *subarrendatário* (novo art. 1090-2 CC).

Fora disso, porém, não caberá acção do *senhorio* contra este. Assim, se este não pagar a *sub-renda* ao *arrendatário*, não poderá o *senhorio* intentar contra ele, em substituição do *arrendatário,* a correspondente acção de *resolução* do *subarrendamento* por *falta de pagamento de rendas*, visto não ser sujeito deste contrato e atenta a autonomia, *hoc sensu*, do *subcontrato* perante o *contrato base*.

Muito menos, pois o *subcontrato*, constitui uma realidade *a se*, ao lado do *contrato base*, poderá o *senhorio*, falecido o *arrendatário*, habilitar-se a prosseguir aquela acção, por ele intentada em vida contra o *subarrendatário* ou obter execução do despejo eventualmente decretado na acção, e não executado pelo *arrendatário* ou seu *sucessor*.

Em semelhante hipótese extrema, parece-nos bem que nem poderá sequer o *senhorio*, obviamente, vir a intentar uma *acção de reivindicação* contra o *subarrendatário*, fundada na falta de título deste para ocupar o prédio, porque a *sentença de resolução* entre *arrendatário* e *subarrendatário* é *res inter alios acta* para o *senhorio*, de acordo com a *autonomia na dependência*, característica dos *subcontratos,* e, não podendo o *senhorio* prevalecer-se da *resolução,* que lhe não diz respeito, fica o *subcontrato* de pé, perante ele.

Tendo, aliás, o *subarrendatário* entrado para o prédio validamente, não poderá ser dele afastado compulsivamente senão por execução de uma *sentença de despejo.*

O *senhorio* terá neste caso, isso sim, é o direito, nos *arrendamentos* para *fins não habitacionais*, em que tenham os *sucessores* do *arrendatário* renunciado à transmissão sem desocupação do imóvel (novo art. 1113 CC), de propor *acção de despejo* contra o *subarrendatário*, fundada na *caducidade* do *contrato base* e na consequente *caducidade* do *subarrendamento* (novo art. 1089 CC).

No *arrendamento para habitação*, não era assim no Direito anterior, pois o *senhorio*, não sobrando *sucessores ex lege* do *arrendatário*, era ainda assim obrigado a celebrar *novo contrato de arrendamento* com o *subarrendatário* (al. *b)* do art. 90-1 RAU) — a menos, claro está, que se verificasse algum dos casos em que excepcionalmente se excluísse esse direito ao *novo contrato* (art. 93 RAU)[52].

Estas normas não foram reproduzidas na nova versão arrendatícia do Código Civil, sendo pois de estender ao *subarrendatário* de *arrendamento habitacional*, com as devidas adaptações, o exposto para os *arrendamentos não habitacionais*.

V — O *subarrendamento,* segundo expressamente se dispõe, na nossa lei, *caduca* com a extinção, "por qualquer causa", do *contrato de arrendamento*, "sem prejuízo da responsabilidade do sublocador para com o sublocatário, quando o motivo da extinção lhe seja imputável" (novo art. 1089 CC).

---

[52] Além das obras de âmbito geral, podem ver-se com interesse para o tema do *subarrendamento*: Rui de Alarcão, *A sublocação de prédios urbanos (Alguns aspectos e seu regime)*, 1953; Estilita de Mendonça, *Sublocação (*Sc.*Ivr.,* I, p. 158 e II, p. 42) e *Da sublocação (RDES,* IX, p. 218); J.C. Brandão Proença, *Sublocação como fundamento de despejo (ROA*, 43.º-1, p. 179); Carlos Lima, *Acção de despejo. reconhecimento do sublocatário (ROA*, 44.º — III, p. 655).

Não observou este princípio, que vem já do Direito anterior (cf. o antigo art. 1102 CC, reproduzido pelo art. 45 RAU), a jurisprudência firmada nessa altura pela Relação de Lisboa, segundo a qual a aquisição pelo *arrendatário* da fracção arrendada não faz extinguir, por *confusão*, o *contrato de arrendamento*, no caso de *subarrendamento total*, e, sendo assim, também não produzirá a *caducidade* do *subarrendamento* (cf. acs. da Relação de Lisboa, de 22-3-1961 [*Jurs.Rels.*, 7.º-2, p. 259], e de 23-6--1988 [*Colectânea*, XIII-3, p. 163]).

A *caducidade* do *subarrendamento*, em face da aquisição da fracção locada pelo *arrendatário-subsenhorio*, era inevitável, como veremos mais desenvolvidamente quando tratarmos desta forma de *cessação* do *contrato de arrendamento*.

O que na hipótese ocorre é antes, em nossa opinião, o caso da parte final do preceito, se o adquirente vier a desalojar o *subarrendatário*: a "responsabilidade do sublocador para com o sublocatário".

76. Sub-rogação do arrendatário pelo subarrendatário, por vontade do senhorio

Mais uma palavra, no entanto, em referência à "resolução" do *subarrendamento total* por vontade do *senhorio*, a que temos vindo a aludir.

Dispõe-se, com efeito, no novo art. 1090-1 CC, reproduzindo o art. 46-1 RAU (que por sua vez reproduzia o anterior art. 1103-1 CC) que, "sendo total o subarrendamento, o senhorio pode substituir-se ao arrendatário, mediante notificação judicial, considerando-se resolvido o primitivo arrendamento e passando o subarrendatário a arrendatário directo".

Esta curiosa hipótese, que entrou para o nosso Direito positivo com a Lei n.º 2:030, parece aludir assim a uma nova e muito particular espécie de *resolução* do *contrato de arrendamento*, a acrescer às enumeradas exemplificativamente, hoje, no art. 1083-2 CC, que estudaremos adiante.

O contrato *resolvido* seria então o primitivamente estabelecido com o *arrendatário*, sendo substituído por um *contrato de arrendamento* directo entre o *senhorio* e o *subarrendatário*.

Na verdade, a hipótese legal não nos coloca efectivamente, se bem nos parece, ante um novo contrato com o antigo *subarrendatário*, mas perante o primitivo contrato, com a particularidade de passar a ter o *subarrendatário* como seu novo sujeito, no lugar do *arrendatário* anterior.

O que realmente acontece, pois, neste caso, não é um fenómeno de *extinção* da relação arrendatícia, como a linguagem legal sugere, mas uma hipótese, mais, de *modificação subjectiva* de tal relação.

Esta opera-se por vontade do *senhorio*, manifestada através de *comunicação* ao *arrendatário* e ao *subarrendatário* em que se refira a opção adoptada e seu fundamento legal.

O contrato quanto ao qual o primitivo *arrendatário* é subrogado pelo *subarrendatário* transmite-se para este na sua identidade inicial, mantendo-se o mesmo, para todos os efeitos não pessoais e, portanto, inclusivamente com a própria data de celebração que já tinha e pela qual continuarão a aferir-se as actualizações anuais de renda.

77. Trespasse de estabelecimento comercial ou industrial, locação de estabelecimento e cessão da posição de arrendatário de profissão liberal

O nosso Direito positivo contempla ainda três excepções legais à regra da *intransmissibilidade do mero gozo do prédio arrendado* ou do próprio *direito de locatário*, que vamos tratar agora conjuntamente, pelas afinidades que ligam estes três casos: o "trespasse do estabelecimento comercial ou industrial", que se disciplina no art. 1112-2 CC; a "transferência temporária e onerosa de estabelecimento instalado em local arrendado", regulada no art. 1109-2 CC; e a transmissão, por *acto entre vivos*, da *posição de arrendatário*, "a pessoa que no prédio arrendado continue a exercer a mesma profissão liberal, ou a sociedade profissional de objecto equivalente", tratada actualmente na al. b) do art. 1112-1 CC.

I — Comecemos pelo *trespasse*[53].

---

[53] Sobre o tema do *trespasse* é abundantíssima a nossa bibliografia. Decerto com omissões e não mencionando os ensaios de direito fiscal, ocorre-nos citar: AZEVEDO E SILVA, *A propriedade de estabelecimentos comerciais* (*Gaz.Ass.Adv.Lxª*, 4.º [1906], pp.); FERNANDO TAVARES DE CARVALHO, *Da figura do trespasse no direito comercial português* (*Gaz.Dir.Notarial*, 1.º, pp. 41, 49, 57, 81) e *Arrendamento de estabelecimentos comerciais e industriais — trespasse e o seu regime fiscal* (*Gaz.Dir.Notarial*, 2.º, pp. 2, 21, 41, 61, 81 101, 121, 139, 153 e 161); REIS MAIA, *Arrendamento de estabelecimentos comerciais e industriais — trespasse e seu regime fiscal* (*Gaz.Jud.*, 2.º, pp. 2, 21, 41, 61, 81, 101, e 121); BARBOSA DE MAGALHÃES, (*Gaz.Rel.Lxª*, 34.º, [1920/21], p. 283) e *Do estabelecimento comercial*, Edições Ática, Lisboa, 1951, pp. 211-297; LUIZ DA CUNHA GONÇALVES, *Tratado de Direito Civil*, vol., VIII, Coimbra Edi-tora, 1934, pp. 655-663; TITO ARANTES, *Trespasses em processo de falência* (*Gaz.Rel.Lxª*, 44.º, [1930/31], pp. 3 ss); VÍTOR AUGUSTO PEREIRA NUNES, *Do fundo de comércio ou indústria*, Tipografia Mesquita, Cacilhas, 1935, pp. 89-113 e 449-458; ANTÓNIO PINTO DE MESQUITA, *Os direitos do senhorio no caso de trespasse de estabelecimentos comerciais* (*ROA*, n.ºs 1 e 2 [1942], pp. 154-160); INOCÊNCIO GALVÃO TELLES, *Arrendamento* (lições publicadas pelos alunos BENTO GARCIA DOMINGUES e MANUEL A. RIBEIRO), Pro Domo, Lisboa, 1944-45, pp. 228-231; J. G. PINTO COELHO, *O trespasse do estabelecimento e a transmissão de letras*, (Separata do *Bol.Fac.Dir.*, Supl. XXV), 1946; JOSÉ PINTO LOUREIRO, *Tratado da Locação*, III, Coimbra Editora, 1947, pp. 139-233; VASCO TABORDA FERREIRA, *Sublocação e trespasse; elementos para a definição de trespasse* (*RDES*, 1956, p. 96 ss); ORLANDO DE CARVALHO, *Critério e estrutura do estabelecimento comercial–O problema da empresa como objecto de negócios*, I, Coimbra, 1967, pp. 593 e 602-603, *Estabelecimento, trespasse e mudança de destino* (*Rev.Leg.Jurs.*, 110.º [1977/78] e *Alguns aspectos da negociação do estabelecimento* (*Rev.Leg.Jurs.*, 114.º [1981/82], p. 360, 115.º [1982/83], pp. 9, 164, 231 e 297, e 117.º [1984/85], pp. 233 e 329); ISIDRO

Que vem a ser *trespasse*? Não há, no nosso Direito positivo, uma definição legal deste instituto.

O termo *trespasse* (etimologicamente, *passar além de*) usa-se na linguagem comum em diferentes acepções, como a de *jejum* da Semana Santa, *dor profunda, transmissão, falecimento,* ou outras que se registam nos dicionários — e pode ainda ser grafado como *trespasso,* ou em formas de sabor arcaico tais como *trespassamento, traspasse* (a usada no art. 1595 do CC SEABRA, no art. 64-2 da Lei n.º 2:030, de 22-6-1948, no Decreto n.º 43:525, de 7-3-1961, que disciplina os *arrendamentos vinculísticos* em

---

MATOS, *Arrendamento e aluguer*, 1968, pp. 309-323; RUI DE ALARCÃO, *Sobre a transferência da posição do arrendatário no caso de trespasse* (Separata do *Bol.Fac.Dir.,* XVII), 1971; JOÃO FERNANDO VARELA PINTO, *Transmissão de estabelecimento comercial* (*ROA*, 45.º [1985], II, pp. 549-555); MÁRIO FROTA, *Arrendamento urbano* (com colaboração de J. P. CUNHA), Coimbra Editora, 1987, pp. 502-522; F. M. PEREIRA COELHO, *Arrendamento* (ed. pol.), 1988, pp. 213-217; SANTOS JÚNIOR, *Sobre o trespasse e a cessão da exploração do estabelecimento comercial* (*As operações comerciais*, 1988, pp. 397-463); PESSOA JORGE, *Transmissão do arrendamento comercial por efeito da incorporação da sociedade locatária* (O DIREITO, 122.º [1990], pp. 463-480); M. JANUÁRIO GOMES, *Arrendamentos comerciais*, 2ª ed., 1991, pp. 162-194; MENDES DE ALMEIDA/ /AMÂNDIO CANHA, *Negociação e reivindicação do estabelecimento comercial*, 1993, pp. 23-25; JORGE MANUEL COUTINHO DE ABREU, *Da empresarialidade–As empresas no Direito*, Almedina, 1996, *maxime*, pp. 324-341 e *Curso de Direito Comercial*, I, 7ªed., Almedina, 2009, pp. 288-321; PIRES DE LIMA//ANTUNES VARELA, *Código Civil Anotado*, Coimbra Editora, II,1997, 4ª ed., p. 710-716; ANTÓNIO PAIS DE SOUSA, *Anotações ao Regime do Arrendamento Urbano*, 6ª ed., Editora Reis dos Livros, 2001, pp. 331-335; JORGE ALBERTO ARAGÃO SEIA, *Arrendamento Urbano Anotado e Comentado*, 7ª ed., Almedina, 2003, notas aos arts. 115 e 116; J. SOUSA RIBEIRO, *O novo regime do arrendamento urbano: contributos para uma análise*, *Cadernos de Direito Privado*, n.º 14, 2006; JOSÉ ANTÓNIO RIBEIRO, *Arrendamento Urbano*, Quid Juris, 2006, p. 188; LAURINDA GEMAS/ALBERTINA PEDROSO/JOÃO CALDEIRA JORGE, *Arrendamento* Urbano, Quid Juris, 2ª reimp., 2006, pp. 260-263; SOARES MACHADO/ REGINA SANTOS PEREIRA, *Arrendamento Urbano*, 2ª ed., Livraria Petrony, Lisboa, 2007, pp. 188-190; MARIA OLINDA GARCIA, *A nova disciplina do arrendamento urbano*, Coimbra Editora, 2006, pp. 43-45; FERNANDO GRAVATO DE MORAIS, *Novo Regime de Arrendamento Comercial*, Almedina, 2006, reimp., pp. 143-153.

Macau, e no art. 70 do Decreto n.º 48:547, de 27-8-1968, que regula o *traspasse* de farmácias) e *traspasso*.

Em sentido jurídico, há vestígios antigos da sua utilização entre nós. É, sem dúvida, a um conceito jurídico de *trespasse* (embora numa formulação literária) que se reporta MANUEL BERNARDES, no seguinte passo do seu *Estímulo Prático*: "... salvo quisesse admitir algum partido honrado e haver *trespassado* legitimamente o dito domínio e posse" (XX, 161).

Já nas *Lendas da Índia*, aliás, GASPAR CORREIA empregara o vocábulo *trespassamento*, para exprimir igualmente um conceito jurídico: "na culpa dos *trespassamentos* que mando fazer, e dou licença, dos ofícios, e vendas, o consentia porque os passavam a outros" (I, p. 905).

Também o *Projecto de Regimento da Companhia das Índias*, de 1693, aludia à "trespassação de qualquer cabedal ou parte dele".

Posteriormente, o Alvará de 16 de Dezembro de 1757 empregou a palavra *traspasso*, no que pode dizer-se a primeira fonte de direito positivo a ocupar-se do instituto. O Código de SEABRA, na definição de *locação*, usou a flexão verbal "traspassa" na acepção de *transfere* ou *transmite*, não num sentido técnico-jurídico rigoroso: "dá-se contrato de locação quando alguém traspassa a outrem..." (art. 1595).

No Código Civil vigente fala-se ainda, a propósito do *usufruto*, na possibilidade de o *usufrutuário* o "trespassar" (art. 1444-1 CC) e, a respeito do *direito de uso e habitação*, na impossibilidade de o usuário ou o morador "trespassar" o seu direito (art. 1488 CC) — mas é evidente que, nestes casos, que nada têm a ver com um *estabelecimento comercial* ou *industrial*, se adopta o termo numa acepção diferente. Diz-se, numa opção decerto discutível, que, estando aqui em causa um *direito real*, se fugiu ao emprego do termo *cessão*, mais ligado aos *direitos de crédito*, preferindo-se o termo *trespassar*, por "ser mais genérico e menos comprometido"[54].

A sua disciplina legal, na estrutura que hoje o caracteriza, pode dizer-se que é, compreensivelmente, de data recente. Depois da iniciativa de um frustrado projecto de lei sobre o "traspasse de estabelecimentos comerciais", ensaiado ainda no século XIX pelo Deputado PEREIRA DE MIRANDA[55], veio o

[54] PIRES DE LIMA/ANTUNES VARELA, *Código Civil Anotado*, III, Coimbra Editora, 1972, nota 2 ao art. 1444.

[55] Pode ser consultado no *Diário das Sessões da Câmara dos Pares*, 1888, pp. 392 ss.

Decreto de 12-11-1910 (diploma de "orientação socialista", como o qualificou BARBOSA DE MAGALHÃES[56], publicado escassas cinco semanas sobre a proclamação da República), estabelecer, no § 4.º do seu art. 33, o seguinte:

"*Os prédios e estabelecimentos a que se refere este artigo* [aqueles em que "por facto do arrendatário, em virtude da clientela por ele alcançada, a casa arrendada se encontre em circunstâncias de valer mais renda do que valia ao tempo em que se fez o arrendamento"] *podem ser sublocados sem autorização do senhorio, mas só em caso de trespasse do mesmo negócio, passando então para o sublocatário os direitos do arrendatário, e ficando este solidariamente adstrito às suas obrigações*".

Como se vê, o *trespasse* é aqui nebulosamente configurado como uma *sublocação* que envolve, conjuntamente com a fruição do espaço arrendado, uma transmissão do *estabelecimento* que, pela clientela alcançada por *facto do arrendatário*, veio a produzir mais-valia da *renda*. O *trespassante* continua, solidariamente com o *trespassário*, adstrito às obrigações de *arrendatário*.

A seguir, o Decreto n.º 4:499, de 27-6-1918, estabeleceu, no § único do seu art. 32:

"§ Único. *Tratando-se de sublocação de casa onde exista algum estabelecimento comercial ou industrial ou de prédio nele compreendido, não poderá o senhorio recusar a autorização quando haja trespasse do mesmo negócio, com tudo que a este diga respeito*".

Mais tarde, o Decreto n.º 5:411, de 17-4-1919, pegou no mesmo instituto, e para tratá-lo assim: "*Em caso de trespasse de*

---

[56] Em *Do estabelecimento comercial*, Edições Ática, Lisboa, 1951, p. 44. No *Parecer e projecto do antigo relator da Comissão de Legislação Civil e Comercial da Câmara dos Deputados*, chamou-lhe entusiasticamente "lei verdadeiramente republicana, e de carácter socialista", sem embargo de, logo de seguida, ter reconhecido que, relativamente ao arrendamento de *estabelecimentos comerciais*, "manteve a tradição do nosso direito, que o Cód. Civ., com a sua orientação acentuadamente individualista, indevidamente interrompera" (*Gaz.Rel.Lx*[a], 31.º [1917/18], p. 243).

estabelecimento comercial ou industrial, considera-se nele compreendida a sublocação do prédio ou parte do prédio em que esse estabelecimento esteja instalado, sem necessidade de autorização do senhorio".

Deste diploma, passou a disciplina do *trespasse* para a Lei n.º 2:030, de 22-6-1948, que, no n.º 1 do seu art. 64, pela vez primeira no nosso direito positivo, veio contemplar, paralelamente, a *cessão da posição de arrendatário para exercício de profissão liberal*. Quanto ao *trespasse*, fê-lo deste modo, no n.º 2 do mesmo artigo:

"2 — *A cessão do direito ao arrendamento comercial ou industrial sem autorização escrita do senhorio só pode verificar-se no caso de trâspasse.*

Entende-se que há sublocação ou cessão do direito ao arrendamento:

a) Quando no local passar a exercer-se outro ramo de comércio ou indústria e, em geral, se lhe for dado novo destino;

b) Se a transmissão do local não for acompanhada da transferência, em conjunto, das instalações, utensílios, mercadorias ou outros elementos que caracterizam o estabelecimento".

Aqui, na sequência, aliás, de ponderação feita durante os trabalhos preparatórios, a que adiante aludiremos mais detidamente, há uma nota nova, na evolução legislativa: o *trespasse*, que até então fora concebido como uma *sublocação* do prédio arrendado, acoplada à transmissão do *estabelecimento*, passou a ser abertamente destacado desta, como era efectivamente rigoroso no plano dogmático: a lei afirma quando autoriza o *trespasse*, mas acrescenta, logo a seguir, que ele não se identifica com uma *sublocação*, que poderá, na prática, pretender mascarar, não sendo então verdadeiro *trespasse*.

Veio, a seguir, o Código Civil, que acrescentou às duas contempladas na Lei n.º 2:030 uma terceira figura e, assim, tratou do *trespasse* (art. 1118), ocupou-se da *cessão da exploração do estabelecimento comercial* (art. 1085) e regulou, por fim, a *cessão da posição de arrendatário para exercício de profissão liberal* (art. 1120).

No que respeita ao *trespasse*, proclamou o seguinte:

"1 — *É permitida a transmissão por acto entre vivos da posição do arrendatário, sem dependência de autorização do senhorio, em caso de trespasse do estabelecimento comercial ou industrial.*

2 — *Não há trespasse:*

a) Quando, transmitida a fruição do prédio, passe a exercer-se nele outro ramo de comércio ou indústria, ou quando, de um modo geral, lhe seja dado outro destino;

b) Quando a transmissão não seja acompanhada de transferência, em conjunto, das instalações, utensílios, mercadorias ou outros elementos que integram o estabelecimento."

Depois, o *Regime do Arrendamento Urbano* retomou esta disciplina, reproduzindo o preceito do Código Civil quase integralmente.

Inverteu, todavia, a ordem das alíneas — a al. a) passou a al. b), e a al. b) passou a al. a) — quando, como veremos, melhor teria sido eliminar, pura e simplesmente, a actual al. b), e não apenas relegá-la para segundo lugar; e substituiu o termo *fruição* por *gozo*, alegadamente para corrigir um "manifesto lapso em que incorreu o legislador do Código Civil"[57].

Nesta ordem de ideias, foi o seguinte o teor dos n.os 1 e 2 do art. 115 RAU:

"1 — *É permitida a transmissão por acto entre vivos da posição do arrendatário, sem dependência de autorização do senhorio, em caso de trespasse do estabelecimento comercial ou industrial.*

2 — *Não há trespasse:*

---

[57] António Menezes Cordeiro/Francisco Castro Fraga, *Novo Regime do Arrendamento Urbano Anotado*, Almedina, Coimbra, 1990, p. 152.

Em rigor, parece que não haveria lapso do legislador do Código Civil. Se *gozo*, como se viu (cf. *supra*, n.º 5-II), é um conceito amplo que se desdobra em *uso* ou em *fruição*, o *gozo* de um espaço destinado a *comércio* ou *indústria* é necessariamente uma *fruição*, como bem, salvo melhor opinião, lhe tinha chamado o Código Civil.

a) Quando a transmissão não seja acompanhada de transferência, em conjunto, das instalações, utensílios, mercadorias ou outros elementos que integram o estabelecimento;

b) Quando, transmitido o gozo do prédio, passe a exercer-se nele outro ramo de comércio ou indústria, ou quando, de um modo geral, lhe seja dado outro destino."

Por último, a Lei n.º 6/2006, de 27 de Fevereiro, retomou o tema, no novo art. 1112 CC, a propósito dos *arrendamentos não habitacionais*, estatuindo o seguinte, sob a epígrafe *Transmissão da posição de arrendatário*:

"*1 — É permitida a transmissão por acto entre vivos da posição de arrendatário, sem dependência de autorização do senhorio:*

a) No caso de trespasse de estabelecimento comercial ou industrial;

b) A pessoa que no prédio arrendado continue a exercer a mesma profissão liberal, ou a sociedade profissional de objecto equivalente.

2 — Não há trespasse.

a) Quando a transmissão não seja acompanhada de transferência, em conjunto, das instalações, utensílios, mercadorias ou outros elementos que integram o estabelecimento;

b) Quando a transmissão vise o exercício, no prédio, de outro ramos de comércio ou indústria ou, de um modo geral, a sua afectação a outro destino.

3 — A transmissão deve ser celebrada por escrito e comunicada ao senhorio.

4 — O senhorio tem direito de preferência no trespasse por venda ou dação em cumprimento, salvo convenção em contrário.

5 — Quando, após a transmissão, seja dado outro destino ao prédio, ou o transmissário não continue o exercício da mesma profissão liberal, o senhorio pode resolver o contrato."

Cedo se tinha preocupado o nosso legislador, também, com a tributação do *trespasse*, e, nesta via, editou disposições de Direito Fiscal contendo descrições legais que não coincidiam inteiramente com o conceito de direito privado e vieram provocar uma grande vacilação na jurisprudência e assinalável desencontro na doutrina acerca do rigoroso recorte do instituto[58].

Foi I. GALVÃO TELLES, segundo supomos, o primeiro autor que, abandonando ao Direito fiscal o conceito que nesse domínio se pretendesse estruturar, esboçou uma noção restrita, rigorosa, própria do Direito privado.

Distinguiu nessa altura uma acepção ampla e de fronteiras mal definidas, perfilhada pelo sector tributário, e um sentido técnico e restrito, comum, válido para a generalidade dos efeitos. Neste domínio, concebeu-o como "a transmissão 'inter vivos' voluntária e onerosa de um estabelecimento comercial ou industrial"[59].

Se, com isso, pôs alguma ordem na matéria, não exprimiu, porém, os fundamentos em que assentou os diferentes passos da definição que, como logo se vê, exorbita do âmbito do *arrendamento* para projectar-se amplamente no campo da negociação do *estabelecimento comercial ou industrial*, independentemente de qualquer ligação a um *prédio arrendado*.

Esta ideia fundamental acentuou-se com os estudos de ORLANDO DE CARVALHO e tornou-se praticamente consensual, na doutrina que, divergindo frequentemente quanto a outros aspectos, tem invariavelmente construído a ideia de *trespasse* sobre a transmissão da titularidade de *estabelecimento comercial ou industrial*, independentemente de se relacionar, ou não, com um *prédio arrendado*.

Semelhante concepção, a que também começámos por aderir, pareceu-nos depois, porém, claramente divorciada da

---

[58] Ainda em 1973, FERRER CORREIA afirmava (*Lições de Direito Comercial* [ed. *offset*], 1973, I, p. 232, v. *Reprint*, Lex, 1994, p. 134), com razão e em palavras que poderiam repetir-se hoje em dia inteiramente, que, "na nossa literatura jurídica lavra a maior confusão sobre a definição de trespasse", citando no mesmo sentido RUI DE ALARCÃO.

[59] *Arrendamento* (lições publicadas pelos alunos BENTO GARCIA DOMINGUES e MANUEL A. RIBEIRO), Pró Domo, Lisboa, 1944-45, p. 230.

realidade esculpida pela disciplina do instituto no nosso Direito positivo, como vamos ver.

A — Realmente, o escorço histórico acabado de traçar prontamente nos revela, à viva luz, o âmbito e função do *trespasse*, na nossa ordem jurídica: ele constitui uma excepção à intransmissibilidade, de princípio, do *direito de locatário* (dominado, como é, pelo *intuitus personæ*), excepção essa que, portanto, só se perfilará quando associada à transmissão de um "estabelecimento comercial ou industrial" — e é para determinar que tal operação se faz "sem dependência de autorização do senhorio" (novo art. 1112-1 CC) que vem a nossa legislação contemplando tal figura, desde o aludido diploma dos primeiros tempos da República.

Esta ponderação não pode, em nosso parecer, considerar-se um *truísmo*[60], porque serve para alicerçar duas fundamentais considerações liminares.

Antes de mais, a *transmissão* de um *estabelecimento comercial ou industrial localizado em espaço não arrendado* não se reconduzirá ao instituto do *trespasse*, pois não se tornaria então necessária a imposição do seu efeito jurídico específico — a desnecessidade de *autorização do senhorio* para a *fruição* desse espaço[61].

---

[60] Segundo o estrangeirismo adoptado por ORLANDO CARVALHO para qualificar semelhante perspectiva do *trespasse* (*Alguns aspectos da negociação do estabelecimento/Rev.Leg.Jurs.*, 115.°, [1982], p. 168).

[61] Com razão, proclamava já PINTO LOUREIRO (*Tratado da Locação*, Coimbra Editora Limitada, 1947, III, p. 152) que "onde não houver arrendamento não poderá, ao menos no conceito jurídico comum, haver trespasse".

Repudiámos este entendimento, na 1ª edição, no seguimento de doutrina oposta, sobraçada por autores como RUI DE ALARCÃO, *Sobre a transferência da posição do arrendatário no caso de trespasse* (*Bol.Fac.Dir.*, XVII, p. 43) e ORLANDO DE CARVALHO, *Alguns aspectos da negociação dos estabelecimentos* (*Rev.Leg.Jurs.* 115.°, p. 166) — mas uma reflexão mais detida do tema tem-nos levado ultimamente a considerar que, neste passo, a razão estava antes

Chegou a julgar-se, no ac. SUPREMO, de 17-4-1980, assim sumariado, na parte que nos interessa:

— É nulo o negócio jurídico realizado com a escritura do trespasse quando o transmitente não é o titular do direito ao arrendamento respectivo (*BMJ* n.º 296, p. 298).

Em nossa opinião, o *estabelecimento comercial* ou *industrial que não respeite a um prédio arrendado* poderá, certamente, ser objecto de negociação; poderá, por exemplo, ser *vendido*, *doado*, *penhorado*, dado em *locação*, em *usufruto* ou em *comodato* — mas, destes actos jurídicos, nem mesmo os que envolvam a transferência da titularidade se traduzirão num *trespasse*, pois não estão compreendidos nas *facti species* do art. 1112 CC e *não redundam no efeito jurídico nuclear e tradicional da figura — a excepção à necessidade de autorização do senhorio*, efeito que, aliás, não havendo *arrendamento*, nem sequer chegará a perfilar-se no horizonte.

Não vai contra isto a circunstância de o nosso Direito positivo apresentar hoje em dia, em vários diplomas, referências a *trespasses* de *estabelecimentos comerciais* que podem não ter nada a ver com um prédio arrendado, de que salientaremos como ilustrações mais importantes o caso da al. d) do art. 152-2 CSC ("... proceder ao *trespasse* do estabelecimento da sociedade...") e o do art. 100 do CDADC (o editor pode, sem consentimento do autor, transferir direitos seus, emergentes do contrato de edição, "se a transferência resultar de trespasse do seu estabelecimento").

O termo é, nestes passos, empregado numa acepção amplíssima de *toda a transmissão* do *estabelecimento comercial ou industrial*, e que só verdadeiramente coincidirá com o conceito de *trespasse*, nascido e construído no âmbito do arrendatício, se respeitar a um prédio arrendado e envolver o *direito de arrendatário*.

Note-se inclusivamente que, no art. 145 CDADC, se chega a configurar uma hipótese de "trespasse de estabelecimento, nomeadamente por

---

do lado do Ilustre Tratadista, embora continuemos a não aceitar o conceito de *trespasse* em que então ele se baseava para o afirmar: consistir ele "fundamentalmente na transferência a título oneroso do direito ao arrendamento". Na verdade, o *trespasse* não pode ser, *fundamentalmente*, a transmissão do *direito ao arrendamento*, como se vai ver.

cisão", que escapa ao rigoroso conceito técnico-jurídico de *trespasse*. Como é sabido, a *cisão de sociedades* não envolve um *trespasse* do *estabelecimento* da sociedade ou sociedades primitivas para as sociedades resultantes mas, nas palavras da Directiva 90/434/CEE, uma "transformação da sociedade contribuidora em estabelecimento estável da sociedade(s) beneficiária(s)".

Fora, pois, do elemento arrendatício a que se prende aquele preceito, nenhuma *transmissão* da titularidade do *estabelecimento* constituirá verdadeiro e próprio *trespasse*, não servindo então este vocábulo — eventualmente usado pela lei, noutro contexto, ou acaso eleito pelas partes — para designar mais do que a vulgar e difusa ideia de *transmissão*, *transferência* ou *alienação*, e certo sempre será, se bem nos parece, que só ocasional, e nunca institucionalmente, poderá porventura resultar algum interesse prático específico de se ter chamado *trespasse* a semelhante transferência do *estabelecimento*.

Mais do que isso, nem nos parece concebível, sequer, por insusceptibilidade de eficácia prática ou, ao menos, por *alteração anormal das circunstâncias*, a realização de uma *transmissão de estabelecimento* incorporado em determinado imóvel, *dissociada da alienação do gozo do espaço predial respectivo*.

a — Exemplo curiosíssimo em que chegou a querer ver-se uma atribuição coetânea da *titularidade do prédio* a determinada pessoa, e da *titularidade do estabelecimento comercial* nele *hospedado* a outra é o caso decidido pelo SUPREMO em 1979 e estudado por ORLANDO DE CARVALHO (*Rev.Leg.Jurs.*, 115.°, pp. 164 ss), de uma doação testamentária da *propriedade do prédio* a determinado legatário e do *estabelecimento* instalado no mesmo prédio a outro legatário.

O SUPREMO, no citado aresto, relatado pelo magistrado distintíssimo que foi OLIVEIRA CARVALHO, concluiu que a deixa realizada nestes termos envolveu o *usufruto do prédio*, na parte relativa ao *estabelecimento comercial*, confirmando a interpretação firmada pela 1ª instância, e recusando a da Relação, que vira antes nesta deixa uma doação testamentária, em propriedade plena, do rés-do-chão.

A decisão do SUPREMO foi assim sumariada:

— Se o testador deixou a A um prédio e legou a B o seu estabelecimento comercial instalado no rés-do-chão, deve entender-se que o testador atribuiu a B o usufruto do rés-do-chão — SUPREMO, 19-4-1979 (*BMJ* n.º 286, p. 265).

O Ilustre Professor de Coimbra, porém, criticou severamente o acórdão, em termos que se nos afiguram excessivos e injustos, acusando-o de ter querido "arrumar" a questão unicamente pelo apuramento da *voluntas testatoris* e de ter concluído pela indissociabilidade entre o *estabelecimento* e o *imóvel*, quando é certo que nem os estabelecimentos *de quartier* têm tal característica (*Rev.Leg.Jurs.*, 115.º, pp. 164 ss) — mas parece nos que sem razão.

Tanto o *estabelecimento* era inseparável do rés-do-chão onde se alojava, que acabou o douto Professor por concluir que a deixa, nos termos em que foi formulada, atribuía à legatária do *estabelecimento* o direito "a concluir um arrendamento do rés-do-chão com a legatária do imóvel, segundo as regras da equidade e da boa fé" (*Rev.Leg.Jurs.*, 115.º, p. 301) — o que, incontestavelmente, nem está, afinal, de harmonia com a premissa da separabilidade dos próprios estabelecimentos *de quartier* nem é menos forçado e arbitrário do que a tese do *usufruto*.

Não era, na nossa perspectiva, a separabilidade abstracta da ideia de *estabelecimento* da *de uso de um prédio urbano* — visto que, no caso, a inseparabilidade era real — que se opunha à conclusão tirada pelo SUPREMO, mas a inadequação do *usufruto*, como um gozo real e pleno, *salva rerum substantia*, com o destinado à *exploração própria do estabelecimento*. Reconhecido o *usufruto* do rés-do-chão, a legatária acabou por ficar com direito a desactivar o *estabelecimento* e a aplicar essa parte do prédio a outro destino.

A interpretação fixada pela Relação parecia, por isso, a mais plausível, pois o testador não era um jurista e, na linguagem comum, é frequente, como tem sido justamente salientado pela doutrina, falar-se de *estabelecimento* significando a *universalidade* e o *imóvel* como um todo. O ponto vulnerável deste entendimento era o de o prédio não estar dividido em *propriedade horizontal*, e a deixa de parte especificada dele, imporia essa operação; caso que, convenhamos, sempre era certamente menos artificioso do que a escapatória idealizada por ORLANDO DE CARVALHO.

b — Outra hipótese, não menos curiosa, foi a tratada mais recentemente no ac. do SUPREMO, de 06-04-1998 — inédito à data em que escrevemos (Revista 7/98) — de um *estabelecimento comercial* situado em prédio arrendado e obtido mediante *trespasse* por dois irmãos, em 30-8--1973, que passaram a explorá-lo.

Um dos contitulares casou, em 11 de Setembro de 1977, em regime de *comunhão de adquiridos* e, depois de ter passado a titular único do *estabelecimento*, em 1979, adquiriu o prédio em que este se aninhava, em 31-12-1981, comunicando-se de tal modo ao seu *cônjuge* a propriedade do prédio.

Desde esta data, deixou o dono do *estabelecimento* de pagar rendas mas, em 4-7-1984, foi decretado o *divórcio* do casal e, no seguimento deste, foi atribuído o prédio ao seu *ex-cônjuge*, que intentou obter a entrega do imóvel, discutindo-se então se essa entrega envolveria a expulsão do próprio *estabelecimento*, por se ter extinguido o *arrendamento* com a aquisição do prédio.

As instâncias e o SUPREMO resolveram o ponto desta forma singela: "a existência do estabelecimento não sai afectada pela entrega do prédio... *seja qual for a amplitude da diligência.* É que o estabelecimento comercial, enquanto tal, pode ser transferido de um local para outro sem que isso afecte a sua identidade" — e, assente este postulado, proclamou o SUPREMO que tinha o arrendamento cessado, por *confusão*, nos termos do art. 868 CC, visto que, no regime da *comunhão de adquiridos*, faz parte da comunhão o produto do trabalho dos *cônjuges* e, assim, os rendimentos do *estabelecimento comercial*, durante a constância do casamento, comunicaram-se ao outro *cônjuge*, do mesmo modo que as rendas a pagar seriam da responsabilidade dos dois *cônjuges*, já que têm "como causa a percepção dos respectivos rendimentos".

Em nossa opinião e salvo o devido respeito, é inexacto o postulado em que assentou o aresto de que a existência do estabelecimento *não sai afectada pela sua transferência para outro local*, podendo fazer-se a sua mudança de um local para outro "sem que isso afecte a sua identidade".

Confundiu-se o *estabelecimento* com as suas *mercadorias*, que são apenas uma parte da *universalidade* que ele integra.

É elementar que um dos elementos constitutivos de um *estabelecimento comercial*, em sentido jurídico, *é o próprio local em que ele está instalado* — que coincidirá, essencialmente, com o chamado *achalandage*, dos franceses, ou o *ponto* dos brasileiros; a sua mudança pode ser fatal à exploração a que está afectado.

Passar por cima disto é pôr seriamente em risco a equidade da solução conceptual, é como impor ao proprietário do ovo que livremente o leve para onde quiser, mas deixe ficar a casca.

Quando na doutrina se sustenta, por vezes, a ideia contrária, afirmando a verificação quotidiana de *mudanças de estabelecimento* para outros locais, confunde-se, como adiante desenvolvidamente se verá, com a simples translação do *estabelecimento*, aquilo que realmente consiste na transferência (que seja possível e adaptável) *da existência* do *estabelecimento* anterior para *um novo estabelecimento*, toma-se a nuvem por Juno.

Os móveis e utensílios têm de ser adaptados; o *direito ao arrendamento* — que, segundo informam os especialistas, frequentemente, é o fim único do trespassário — perde-se; abandona-se o valor de clientela do *local*, que pode ser insubstituível.

Como poderá então pretender-se que a instalação predial do *estabelecimento*, que incorpora componentes tão importantes, por vezes mesmo insubstituíveis do *estabelecimento comercial ou industrial*, em sentido jurídico, poderá ser *sic et simpliciter* destacada da parte restante, contrariamente à vontade do titular e sem atenção ao dano que produz?

Segundo ponto. O acórdão limitou-se a apurar, aliás muitíssimo bem, o regime das dívidas de renda — mas, salvo melhor opinião, logo de seguida incorreu num salto lógico: como as rendas estavam inegavelmente extintas por *confusão*, nos termos do art. 868 CC, considerou extinto o próprio *contrato de arrendamento*.

Ora a verdade é que:

a) A extinção da *dívida de rendas* não determina, *ipso facto*, a extinção *do contrato*; se assim fosse, o *pagamento*, como se sabe, também a extingue, e é evidente que, através do pagamento da renda, não cessa o contrato de arrendamento;

b) Extinguir-se-iam, nessa base, as rendas vencidas, não as actuais; o arrendamento teriam então vivido um período em que, uma de duas:

1) Ou cada renda, mês a mês, foi sendo extinta por *confusão*, tal como se, por ex., tivesse sido paga, nesse momento;

2) Ou ter-se-á transformado o *arrendamento* num *comodato*.

Nunca, portanto, decorreria daqui o direito de expulsão do *estabelecimento* para outro local, que veio a ser reconhecido.

A cessação do *contrato de arrendamento*, nesta perspectiva, não ocorre, pois, em virtude da extinção da *obrigação de pagamento da renda*, mas — e há que fazer esta precisão porque é uma realidade diferente — pela reunião, na mesma pessoa, das *posições de senhorio e de arrendatário*.

Para isto ocorrer, porém, como adiante se verá (cf. *infra*, n.º 91), é preciso que haja *perfeita correspondência quantitativa* entre os direitos e deveres recíprocos.

Não pode, pois, extinguir-se o *contrato de arrendamento* pela reunião da *posição de arrendatário* com a de, apenas, *co-senhorio* do prédio, como era o caso: ao contrário do que se decidiu, o disposto no art. 872 CC, em nossa opinião, era pois efectivamente aplicável.

A segunda ideia que devemos fixar é que, se não for efectivamente realizada uma *transmissão*, "em conjunto", dos elementos que integram o "estabelecimento comercial ou industrial" ligado a um *prédio arrendado*, faltará o pressuposto essencial a semelhante excepção, e não poderá, portanto, considerar-se configurado um *trespasse*.

A tutela legal do *trespasse* tem sido tradicionalmente justificada pelo objectivo de política económica de, com a *circulação* de tal *universalidade*, se aproveitar o trabalho incorporado na sua constituição e o valor económico que representará, ao serviço de outro empresário nela interessado, em vez de a deixar estiolar, pelas dificuldades opostas à sua transmissão, nas mãos de quem já não tenha interesse nela ou já não poderá aproveitá-la eficazmente.

Supomos no entanto que, se fosse esse o verdadeiro fundamento da tutela dispensada pela lei, não se compreenderia a consagração (art. 1112-4 CC) da *preferência legal* do *senhorio*, com poder de resgate e, portanto, de liquidação e extinção do *estabelecimento*.

Aquilo que, pois, nos parece constituir o fundamento primordial da tutela legal dispensada ao *trespasse* é antes o reconhecimento de que, com a instituição da *universalidade*, *o arrendatário acrescentou um valor económico à simples soma dos valores das unidades que a compõem, e seria injusto, assim, privá-lo da negociação dessa mais-valia, sacrificando-a ao direito de locador*. Se, por conseguinte, se não transmite globalmente "o conjunto" que incorpore a *mais-valia*, não haverá fundamento para dispensar a *autorização* do *senhorio*.

Já se tem afirmado, na nossa mais importante doutrina, que não terá o conceito de *trespasse* paralelo na nomenclatura legal de qualquer país.

Aqui mesmo ao lado, porém, em Espanha, já na *Ley de arrendamientos urbanos*, de 1964, se empregava precisamente o vocábulo *traspaso*, relativamente aos *locales de negocio*, para exprimir, na definição legal, "a cessão mediante preço de tais locais, sem existência, feita pelo *arrendatário* a um terceiro, o qual ficará sub-rogado nos direitos e obrigações nascidos do contrato de arrendamento" (art. 29 dessa *ley*).

Na sua forma pura, o *traspaso*, que era largamente disciplinado na *Ley* (arts. 29 a 42) e tratado na doutrina[62], compreendia, assim, a transmissão do lugar (vazio) do *estabelecimento*.

---

[62] Entre outros: SOTO NIETO, *El traspaso de los locales de negocios*, Barcelona, s. data; COSSIO, *El arrendamiento de l0ocales de negocio* (*Anuario de*

Ele podia, contudo, também ser realizado cumulativamente com a venda de *existência*, mercadorias, móveis e utensílios ou instalações da propriedade do arrendatário, devendo neste caso o preço do *traspaso* do *lugar* ser expresso na escritura separadamente daquele que correspondesse aos restantes bens (art. 41-1 LAU de 1964)[63].

A Ley 29/1994 manteve o art. 32 da LAU anterior, mas introduziu significativas modificações no regime do *traspaso*.

Como temos referido, este diploma liberalizou os *arrendamentos urbanos* para *fins diferentes do de habitação*; continuou a admitir a legitimidade do *traspaso* do *local de negocio* situado em prédio arrendado, mas apenas se o *arrendatário* explorar o *estabelecimento*, ininterruptamente, há mais de 1 ano, e se o adquirente contrair a obrigação de explorá-lo pelo período de outro ano, exercendo um negócio da mesma classe.

O *arrendamento* incorporado nos novos *trespasses*, porém, passou a ser *temporário* — com uma duração mínima de 5 anos; o relativo a *trespasses* anteriores durarão por mais 20 anos, a contar da data da aprovação da Ley 29/1994, excepto se tiverem sido celebrados nos 10 anos anteriores a esta aprovação, porque, neste caso, durarão mais 25 anos (n.º 3 da 3ª Disposição Transitória).

Em França, por seu turno, também o tema não é desconhecido, sendo encarado na perspectiva da negociação do *fonds de commerce* ou, como também se diz em sinonímia, do *fonds de boutique*.

Aí, o *Code de commerce*, na sua versão primitiva, não usava qualquer destas expressões e, ainda hoje, nenhuma lei as define, embora elas fossem conhecidas desde longa data para designar as mercadorias e o material do comerciante.

Foi sobretudo a prática de comércio do século XIX que descobriu o valor e a importância dos elementos ditos *incorporales* do negócio, como a *clientèle* ou o *achalandage*[64], o *nome comercial*, a *insígnia*, o *direito ao arrenda-*

Derecho Civil, 1948, pp. 1290 ss.); Aparicio Ramos, *Traspaso de locales de negocio* (*Rev.Fac.Der.Oviedo,* 1953, pp. 71 ss.); Martin-Retortillo, *El traspaso de locales de negocio (Rev.Der.Privado,* 1955, pp. 549 ss.); Iliescas Ortiz, *El arrendamiento de local de negocio,* Madrid, 1978.

[63] *Sic*: Rodrigo Urìa (com a colaboração de Mª Luísa Aparício), *Derecho mercantil,* Marcial Pons, Madrid, 28ª ed., 2001, pp. 38-41.

[64] Geralmente considerados como sinónimos, mas que certos autores autonomizam e distinguem, designando como *clientèle* o conjunto das pessoas que tratam com o *comerciante atraídas especialmente pela simpatia pessoal e trato* deste, e como *achalandage* o núcleo de fregueses que são atraídos fundamentalmente pela *localização do negócio*.

mento do lugar ou os *direitos de propriedade industrial, literária ou artística* de que dispunha o *comerciante*, e passou a utilizar este conjunto unificado como um instrumento de obtenção de crédito ou na sua negociação, vendendo-o, locando-o, dando-o de penhor, ou pondo-o em sociedade, como *entrada*, convertendo-se deste modo o *fonds de commerce*, pouco a pouco, na *universalidade* em que actualmente é tido.

Nos finais do século, começaram a surgir, esparsas e breves, algumas disposições relativas à sua transmissão, até que, com a Lei de 17-3-1909, se promulgou a primeira importante e desenvolvida providência legal na matéria, que se mantém ainda hoje como o diploma básico de disciplina da *venda* e *dação em garantia (nantissement)* do *fonds de commerce* como o conjunto de bens móveis afectados ao exercício de actividades comerciais.

Dele não participam nem os *bens imóveis*[65] nem os *créditos* ou *débitos* do negócio: "é o conjunto de móveis de exploração da empresa"[66] que forma, segundo o entendimento da doutrina, uma *universalidade*, um bem distinto dos elementos de que é composto, uma *coisa móvel incorpórea*, em suma, sobre que incidirá um *direito de propriedade comercial* do seu titular[67] — e é este direito específico que pode ser objecto de negociação, em si, reconhecendo-se geralmente que ele é passível das mais variadas espécies de negócios.

Duas grandes categorias, no entanto, são mais comuns, e por isso têm sido estudadas mais desenvolvidamente: a *venda* (por vezes dita *location-vente*) e a *location-gérance*.

Através da primeira, o *direito de propriedade comercial* sobre o *fonds de commerce* é pura e simplesmente alienado, em contrapartida de um preço.

Com a segunda, na definição da Lei de 20-3-1956, "o proprietário ou o titular da exploração de um *fonds de commerce* ou de um estabelecimento artesanal dá-o parcial ou totalmente em locação a um gerente que o explora a risco próprio" *(à ses risques et périls)*. Daí, o chamar-se-lhe antes *gerência livre*.

---

[65] É debatido se os imóveis por *destinação* poderão fazer parte dele — o que têm os tribunais recusado, em jurisprudência constante.

[66] DIDIER, *Droit Commercial,* pp. 630-631. A ideia é consensual também em França; no mesmo sentido: ALFRED JAUFFRET/JACQUES MESTRE, *Droit commercial*, LGDJ, Paris, 1989, p. 380; MICHEL PÉDAMON, *Droit commercial*, Dalloz, Paris, 1994, p. 192; G. RIPERT/R. ROBLOT/MICHEL GERMAIN/ /LOUIS VOGEL, *Traité de droit commercial*, I, LGDJ, Paris, 17ª ed., 1998, p. 422.

[67] RIPERT/ROBLOT, *Traité Élémentaire de Droit Commercial*, Dalloz, Paris, 1980, I, pp. 374 ss; JAUFFRET, *Fonds de commerce* (*Enc. Dalloz — Répértoire de Droit Comercial,* 2ª ed., 1974), 1973, p. 14.

Esta dicotomia comanda, no essencial, o regime da negociação do *fonds de commerce* — que é, assim, basicamente, um regime dual.

Relativamente aos incorporados em *prédios arrendados*, o Decreto de 30-9-1953 (art. 35-1, modificado pela Lei de 16-7-1971) considera *nula* a cláusula contratual proibitiva da *cessão* do direito de locatário no caso de *venda* do *fonds de commerce* — ao passo que, por outro lado, proíbe a *sublocação*, salvo estipulação em contrário do contrato de arrendamento, ou se existir *autorização do senhorio* (al. 1.ª) do art. 21)[68].

Aquela providência dá origem à *propriedade comercial,* que permite ao proprietário do *fundo de comércio* transmitir, com a *venda* do *fundo*, o *direito de arrendamento* do *lugar* e dar direito a indemnização pelo *senhorio*, pela sua não renovação no seu termo.

A última, 0porém, suscita uma grave dificuldade de interpretação para a hipótese da *locação-gerência.* Discute-se se esta, quando não autorizada pelo senhorio, não irá contra a proibição de *sublocação,* constante do Decreto de 1953.

A jurisprudência nega-o, afirmando que a *location-gérance* "não constitui uma sublocação, mas a locação de um imóvel incorpóreo"[69] — e uma parte da doutrina acompanha-a neste raciocínio[70].

Com mais razão, porém, sustentam outros autores que a situação do *locatário-gerente* é perfeitamente assimilável à do proprietário do *fundo de comércio* quanto ao gozo do imóvel[71].

Do mesmo modo, o direito italiano (e só referiremos mais este caso) não tem ficado insensível à problemática da negociação do *estabelecimento* (*azienda*) incorporado em prédio arrendado.

O art. 2558 do *Codice Civile* estabeleceu o ingresso automático do adquirente da *azienda* nos contratos estipulados em relação a ela, "que não tenham carácter pessoal".

Esta restrição final conduziu a um verdadeiro divórcio entre a doutrina e a jurisprudência, defendendo a primeira não ser necessária a autorização

---

[68] Cf. Ripert/Roblot, *Traité de Droit Commercial,* Dalloz, Paris, 1980, I, n.os 293-394.

[69] *Ob. cit.*, n.º 569 e Derrida, *Location-gérance des fonds de commerce* (*Enc. Dalloz–Répértoire de Droit Commercial,* 2ª ed., 1974), 1973, p. 22.

[70] Mesmo que se veja na *location-gérance* um *contrato de locação*, a solução da jurisprudência — afirma Derrida — deve ser aprovada: o arrendamento respeita a um lugar, e a locação-gerência de um fundo de comércio a um bem móvel incorpóreo (*ob. e lug. cits.*).

[71] Ripert/Roblot, *Traité Élémentaire de Droit Commercial*, Dalloz, Paris, 1980, I, n.º 569 e p. 401.

do *senhorio* para com a alienação da *azienda* se poder transmitir o *direito de locatário* ao *lugar*, enquanto a segunda abraçava a solução oposta.

Surgiu assim a Lei n.º 19, de 27-1-1963[72].

Da alienação do *estabelecimento* distinguem-se, por outro lado, a sua *locação* — o *affitto dell'azienda* — e o seu *usufruto*, que se disciplinam no *Codice civile,* aquele, fundamentalmente, por extensão das regras postas para este (art. 2563).

B — Importará, em face do exposto, começar então por aferir que realidade encerrará a denominação legal de "estabelecimento comercial ou industrial".

Na linguagem vulgar (e até em alguns diplomas legais menos recentes) usa-se esta expressão, ou só a palavra *estabelecimento*, para designar o próprio *edifício* ou *prédio* onde se realiza a actividade comercial ou industrial, havendo assima em tal modo de dizer como que uma metonímia, a referir o *conteúdo* pelo *continente* — mas o conceito jurídico de *estabelecimento* exclui liminarmente da sua composição os *bens imóveis* (cf. art. 206-1 CC), pelo que só poderá compreender, não um prédio mas, eventualmente, o direito ao uso daquele a que, por hipótese, esteja ligado e, além disso, os *utensílios*, as *máquinas* e *mercadorias*, *marcas* e *insígnias* — em suma, todas as *coisas corpóreas móveis*, as *incorpóreas* e os *direitos* que formem o *conjunto unitário teleologicamente composto para a realização de determinado fim*.

Para o definirmos, convirá no entanto desembaraçarmo-nos, antes de mais, de uma ambiguidade terminológica em que, na nossa perspectiva, incorrem aqueles autores que empregam o termo *estabelecimento* em sinonímia com *empresa*, considerando que *estabelecimento* e *empresa* designam a mesma

[72] É um diploma de tutela global do *avviamento,* fundada em três coordenadas principais: *preferência do titular da azienda* na transmissão do prédio, indemnização por quebra do *avviamento* e *transumância da relação locativa* (TABET, *La tutela dell' avviamento commerciale nel contratto di locazione*, 1963, p. 37).

realidade — a qual não carecerá, assim, de destrinça nem justificará o recurso a uma acepção particular para cada um dos vocábulos[73].

É verdade que não se facilita, no nosso Direito positivo, este objectivo esclarecedor, pois se encontram nele numerosos exemplos do emprego de cada um dos dois termos em sentidos diferentes.

Particularmente quanto à ideia de *empresa*, há realmente um grupo de diplomas legais que utilizam a palavra num significado amplo, de *operador económico dotado de organização.* É o caso do Regime Geral das Instituições de Crédito e Sociedades Financeiras, no seu Título X-A, aditado pelo art. 2.º do Decreto-Lei n.º 232/96, de 5 de Dezembro (cuja epígrafe, à data em que escrevemos, é a que lhe foi dada pelo Decreto-Lei n.º 252/2003, de 17 de Outubro) — entre tantos outros que poderiam ser também citados.

Fala-se então de *empresa* (não de *estabelecimento*) para designar um *operador económico*, um *sujeito*, portanto, de relações jurídicas — acepção que é, naturalmente, aceitável no próprio plano doutrinal.

Neste plano, adopta-se, no entanto, ainda a mesma palavra para designar uma realidade mais restrita: a *organização*, em si, isto é, o *elemento pessoal ou subjectivo que, organizado em diferentes posições hierárquicas e funcionais, realiza determinada actividade económica.* É a noção *institucional* de *empresa*, que não a equipara já a um *sujeito* da relação jurídica, mas à *organização do pessoal* que assiste ao *empresário.*

---

[73] J. G. Pinto Coelho, *Lições de Direito Comercial*, 1957, 3ª ed. rev., pp. 82 e 86; Orlando de Carvalho, *Critério e estrutura do estabelecimento comercial*, 1967, I, pp. 7-11, nota 3; Ferrer Correia, *Lições de Direito Comercial* (ed. policopiada, com a colaboração de Manuel Henrique Mesquita e António Caeiro), 1973, I, 201; Jorge Manuel Coutinho de Abreu, *Da empresarialidade–As empresas no Direito*, Almedina, 1996, p. 5-10.

Será antes esta noção de *empresa*, como logo se vê, que se encontrará efectivamente mais próxima da ideia de *estabelecimento* — embora também com ela se não possa afinal identificar, quando a cotejarmos com o alcance que a este é assinalado nos passos mais notórios da nossa legislação que se lhe referem.

Assim:

a) É utilizada a denominação *estabelecimento* para se designar o *lugar* onde é exercida a actividade comercial ou fabril, p. ex., nos arts. 95, n.º 2[74], e 263, § único, CCom[75] — ideia que, aliás, era a abertamente exprimida na definição que se consagrava no art. 52 do Decreto n.º 5:411[76];

b) A mesma designação serve também para referir todo o conjunto das *coisas corpóreas* (*res quæ cerni vel tangi esse possunt*) e respectivas instalações, de que dispõe o *empresário* para o exercício das sua actividade, como as máquinas, utensílios, móveis e edifícios que formam a sua parte material e instrumental — e, neste sentido, é o termo empregado no art. 425 CCom[77];

---

[74] "Consideram-se como armazéns ou lojas de vendas abertos ao público:

....

2.º Os que estabelecem os comerciantes não matriculados, toda a vez que tais estabelecimentos se conservem abertos ao público por 8 dias consecutivos, ou hajam sido anunciados por meio de avisos avulsos ou nos jornais, ou tenham os respectivos letreiros usuais".

[75] "O caixeiro despedido terá direito ao salário correspondente a esse mês, e o patrão não será obrigado a conservá-lo no estabelecimento nem no exercício das suas funções".

[76] "Considera-se estabelecimento comercial ou industrial, para os efeitos desta lei, todo o prédio urbano, ou parte dele, que o comerciante ou industrial tome de arrendamento para o exercício da sua profissão".

[77] "Todos os seguros, com excepção dos mútuos, serão comerciais a respeito do segurador, qualquer que seja o objecto; e relativamente aos contraentes, quando recaírem sobre géneros ou mercadorias destinados a qualquer acto de comércio, ou sobre estabelecimento comercial".

c) Ou para referir uma *universalidade* formada pelo conjunto de elementos que compõem o activo e o passivo contabilizado, como constava da disposição, hoje revogada, do art. 603, al. i), CPC[78];

d) Ou ainda, na expressão "estabelecimento individual de responsabilidade limitada", para designar o *património autónomo* formado por um *comerciante em nome individual* para o exercício da sua actividade mercantil (Decreto-Lei n.º 248/86, de 25 de Agosto);

e) Ou, por fim, como ocorria no anterior Código da Propriedade Industrial (aprovado pelo Decreto n.º 30 679, de 24-8-1940), onde, para efeitos de transmissão de *marcas registadas* independentemente do *estabelecimento*, este era definido como "a universalidade constituída por loja, armazém, fábrica, adega ou local de exploração de qualquer indústria ou comércio e todo o seu activo e passivo, inclusive direito à locação, chave, nome, insígnia, clientela e outros valores" (§ 3.º do seu art. 118).

Esta noção do nosso Direito positivo, não reproduzida, aliás, no actual Código da Propriedade Industrial, aprovado pelo Decreto-Lei n.º 36/2003, de 5 de Março, tem de considerar-se, em certo sentido, já ultrapassada — pois inclui, no acervo de bens que podem compor um *estabelecimento*, coisas *imóveis* que, como se retira hoje do disposto no art. 206-1 CC, não poderão participar das *coisas compostas* ou *universalidades*.

As outras noções, tirante a do sentido da linguagem comum que a legislação mais antiga assimilou e o caso particular do

---

[78] "Na determinação do valor dos bens observar-se-á o seguinte:

....

i) O valor do estabelecimento comercial ou industrial, considerado como universalidade que compreende tanto o activo como o passivo, é determinado segundo o último balanço e também de harmonia com este se determina o valor das partes ou quotas em sociedades que não sejam por acções".

estabelecimento individual de responsabilidade limitada (que de *estabelecimento* só tem o nome, porque, na nossa perspectiva, de verdadeiro *estabelecimento* não se trata) limitam-se, em regra, a realçar aspectos parcelares de um conceito jurídico fundamental, que podemos então definir como um *complexo objectivo e unificado de bens patrimoniais, móveis, congregados pelo operador económico para a realização da sua actividade.*

Complexo de bens que, pois, envolverá não apenas as coisas *materiais* ou *corpóreas móveis*, mas também as *coisas imateriais* ou *incorpóreas*, com valor económico, que lhes dão agilidade instrumental como, designadamente, o *aviamento* — que está para o *estabelecimento comercial* como a fertilidade do solo está para uma *exploração agrícola*[79] — ou como o *nome* ou *insígnia* do *estabelecimento* (arts. 284-285 CPI)[80].

Parece-nos, assim, inaceitável a proposição do ac. do SUPREMO, de 21-11-1996 (*BMJ* n.º 461, p. 451) segundo a qual a "clientela" não é

[79] Nesta concepção, nem repugnaria, em princípio, falar de *estabelecimento* para referir a unidade instrumental posta ao serviço da realização duma actividade exercida como profissão liberal, embora o nosso Código Civil tenha reservado o termo apenas para a *empresa comercial ou industrial.*

[80] Algumas aplicações práticas:

— É *estabelecimento comercial,* susceptível de trespasse, o conjunto de elementos que compõem o que vulgarmente se denomina de *tabacaria* — SUPREMO, 8-4-1949 (*BMJ*, n.º 12, p. 329).

— Uma *farmácia* é susceptível de *trespasse* — SUPREMO, 16-10-1979 (*BMJ,* n.º 290, p. 374). Admite-o, de resto, expressamente, o art. 70 do Decreto-Lei n.º 48:547 de 27-8-1968, que expressamente o disciplina e condiciona.

Não tem havido unanimidade quanto ao *estabelecimento de ensino privado* (cf. Relação do Porto, 30-11-1982 / *Colectânea,* VII-5, p. 219 — que tem um voto de vencido e não parece, aliás, ter acolhido a melhor solução.

— Uma *boite* é susceptível de trespasse — SUPREMO, 16-1-1986 (*BMJ,* n.º 353, p. 469).

Adiante, a propósito da *cessão de exploração de estabelecimento*, apontaremos outros exemplos práticos.

elemento constitutivo do estabelecimento. O aresto funda-se na circunstância de não ser concebível, num sistema de livre concorrência, um "direito sobre a clientela"[81].

Trata-se de um equívoco manifesto. Não está em causa, obviamente, a venda autónoma e isolada de um *direito de clientela*, mas a valorização que ela poderá emprestar ao preço do universo global e que, como adiante se desenvolverá, é contabilizável e deve ser contabilizado.

Nesta base, cremos que ninguém contesta e não será discutível que a *clientela*, o *achalandage*, o *goodwill*, o *avviamento* ou, como quer que se lhe chame, seja um elemento integrante do *estabelecimento comercial* e que lhe pode aumentar significativamente o valor de mercado. A circunstância de ser "movediça" não obsta à sua comercialidade, nesta base, constituindo, como se informa na literatura francesa, um *direito de propriedade comercial*.

É por isso que, também, se não pode aceitar, nos termos absolutos em que é formulada, a proposição do mesmo acórdão de acordo com a qual "o trespasse não impede, sem mais, que o trespassante abra outro estabelecimento onde comercialize produtos idênticos àqueles que comercializava no estabelecimento trespassado" (*BMJ cit.*, p. 454). Se o *trespasse* envolver no seu preço um montante correspondente à *clientela*, é claro que não pode abrir, pouco depois, outro estabelecimento susceptível de a captar.

Coisa distinta é não ter o *estabelecimento* um *goodwill* significativo. Em síntese, a *clientela* é um elemento constitutivo *normal* do *estabelecimento comercial*, embora possa, em casos específicos, ter escasso ou nenhum valor.

Trata-se, portanto, como se vê, de uma realidade prevista e disciplinada para certos efeitos no direito positivo, a qual é substancialmente distinta das duas noções de *empresa*, acima referidas, e é bom por isso que, em benefício da clareza e do rigor jurídico, as duas grandes ideias — uma de índole *subjectiva* e outra situada no âmbito do *objecto* da relação jurídica — se não designem, indiferentemente, por ambas as denominações,

[81] Também Carlos Olavo sustentou que não são o *aviamento* e a *organização* bens autónomos, susceptíveis de ser objecto de um direito — e "o mesmo se diga da clientela, insusceptível, num sistema de livre concorrência, de ser objecto de um direito" (*Propriedade Industrial*, 1997, p. 151). O problema, como referimos no texto, não é esse, mas o de, num contexto global, se ter recebido um preço, por vezes significativo, a título de *clientela*.

reservando-se antes para a primeira a palavra *empresa* e, para a segunda, o termo *estabelecimento*, como desde sempre temos sustentado e pode dizer-se que é hoje o entendimento quase consensual[82] e está bem patente na feliz *facti species* do art. 2555

[82] Importa, a este respeito, esclarecer uma nota de COUTINHO DE ABREU (*Da empresarialidade–As empresas no Direito*, Almedina, 1996, nota 3 à p. 4) em que, citando os defensores da tese do emprego específico das designações *empresa* e *estabelecimento* do seguinte modo — "v. g., A. PEREIRA DE ALMEIDA, *Direito comercial*, I, Lisboa, 1976/77, p. 116; J. OLIVEIRA ASCENSÃO, *Estabelecimento comercial e estabelecimento individual de responsabilidade limitada*, *ROA*, 1987, I, p. 13; J. PINTO FURTADO, *Curso de direito dos arrendamentos vinculísticos*, 2ª ed., 1988, pp. 376-377 (arrogando papel pioneiro nesta via — p. 377, n. (79))..." — poderá, eventualmente, suscitar no espírito do leitor desprevenido a ideia de que nos arrogámos papel pioneiro numa via em que, afinal... surgimos apenas em terceiro lugar.

A nota da nossa obra em que COUTINHO DE ABREU vislumbra a arrogação que salienta é do teor seguinte: "esta distinção, por cuja utilidade vimos pugnando há alguns anos, começa finalmente a penetrar na doutrina portuguesa. Sustenta-a agora JOSÉ DE OLIVEIRA ASCENSÃO, salientando serem expressivas as palavras de designação dos dois conceitos, 'uma vez que empresa acorda logo a ideia de uma actividade, enquanto que o estabelecimento corresponde ao que está, é estático, e melhor serve para designar a estrutura objectiva em que a empresa assenta' (*Estabelecimento...*)".

Como se vê, objectivamente, a nossa nota apenas reivindicará precedência relativamente ao trabalho de OLIVEIRA ASCENSÃO — e essa é incontestável, uma vez que, anteriormente ao notável artigo deste Ilustre Professor, já tínhamos nós desenvolvidamente sustentado a tese da vantagem no emprego diferenciado das palavras *empresa* e *estabelecimento*, na 2ª ed. do *Curso de direito das sociedades*, Almedina, 1986, pp. 231-233, n. 3, em que citámos no mesmo sentido por nós defendido os trabalhos anteriores de FERNANDO OLAVO e de BRITO CORREIA, que a referida nota de COUTINHO DE ABREU omite); na 1ª ed. do *Curso de direito dos arrendamentos vinculísticos*, Almedina, 1984, pp. 356-357 e na 1ª ed. do *Curso de direito das sociedades*, Almedina, 1983, pp. 226-227, nota 2.

Aproveitamos gostosamente o ensejo para acrescentar agora à lista a edição policopiada de ANTÓNIO PEREIRA DE ALMEIDA, nosso querido Amigo (*Direito Comercial*, I, 1976/1977, p. 116), com a qual, pelo carácter restrito da publicação, na época em que começámos a sustentar este entendimento, ainda nos não tínhamos familiarizado, e a tese de Mestrado, já mais

do Código Civil italiano, quando proclama: "o estabelecimento [*azienda*] é o complexo dos bens organizados pelo empresário para o exercício da empresa [*impresa*]".

A doutrina oposta está hoje circunscrita, segundo cremos, fundamentalmente a dois autores: ORLANDO DE CARVALHO e COUTINHO DE ABREU[83]. Quanto ao primeiro, a afirmação de legitimidade do emprego dos dois termos em *sinonímia* é, para nós, porém, motivo de grande perplexidade, ao considerar essa *sinonímia* "útil para a realidade em questão, visto que o uso alternativo de 'estabelecimento' e 'empresa' nos permite não apenas manter os vários sentidos em que se oferece semelhante realidade, mas também a possível contradição ou tensão que se afigura existir entre os mesmos"[84]. Cabe perguntar: *sinonímia* com *vários sentidos*, que será? As *contradição* e *tensão* dos dois termos poderão definir a sua *sinonímia* — ou, pelo contrário, a *deuterossemia* que há entre eles?

Quanto ao segundo, parece, por seu turno, não pôr grande convicção na defesa da tese da *sinonímia*, uma vez que, embora afirmando-a, não deixa de realçar que, na doutrina italiana, a tese oposta é praticamente consensual — e a isto apenas retorque não ver "boas razões para importarmos este produto transalpino"; salienta, a seguir que, em França, o panorama é análogo ao italiano, limitando-se a comentar que, "pese embora a

---

recente, de FERNANDO CARDOSO, *Reflexões sobre o estabelecimento comercial ou industrial e respectivo contrato de aluguer*, 1991, pp. 28-29. É ainda de referir que BARBOSA DE MAGALHÃES também dava nota da destrinça de acepções correspondentes aos termos *empresa* e *estabelecimento*, sem contudo assumir uma posição sobre o tema (*Do estabelecimento comercial*, 1951, pp. 9-10, n. 1).

[83] Na verdade, FERRER CORREIA, admitindo, embora, a susceptibilidade de sinonímia, não a praticou, nas suas *lições* (cf. *Lições de Direito Comercial*, ed. pol., com a colaboração de MANUEL HENRIQUE MESQUITA, 1965, I, pp. 217 e ss; v. *Reprint*, Lex, 1994, pp. 117 ss). Exceptuado, portanto, algum autor, mais, que de momento não ocorra, citar-se-á unicamente, ainda no mesmo sentido, o trabalho de Mestrado de PAULO DE TARSO DOMINGUES, *A locação de estabelecimento* (*RDE*, XV-XIX [1990-1993], p. 541, nota), onde, aliás, as repetidas alusões à locação *de empresa* e ao trespasse *de empresa* — quando tanto a primitiva formulação do Código Civil como o RAU e a formulação arrendatícia actual do Código Civil referem sempre a locação *do estabelecimento* e o trespasse *do estabelecimento* — destoam da terminologia legal.

[84] *Nótulas de direito das empresas*, ed. pol., s/d, pp. 13-14.

nossa velha costela francófila — deixemos para os Franceses essa especializada construção"; passando à Alemanha, dá conta do emprego, nesse país, de várias designações com usos preferenciais em que umas (*Gewerbe* e *Gewerbebetrieb*) evocam mais o perfil subjectivo, enquanto outras (*Geschäft* e *Handelsgeschäft*) o objectivo; referindo a Espanha, defende que as coisas não estarão aí muito claras porque, por um lado, GARRIGUES nega a ideia da identificação de *establecimiento* com *empresa*, ao passo que BROSETA PONT empregará o termo *empresa* "polivalentemente" e CHULIÀ escreve "que conviene denominar de manera también distinta" (*empresa* e *establecimiento mercantil*)[85]; aludindo, por último, ao Brasil, informa que este país se prepara, de há muito, para consagrar a distinção empresa/estabelecimento.

Perante semelhante discurso, ocorrerá perguntar, salvo o devido respeito, se será ele mais eficaz para captar adesões à tese da *sinonímia* — ou se, ao invés, para reforçar a opinião contrária.

C — Pressuposto que, desde a primitiva formulação arrendatícia do Código Civil até à actual, passando pelo RAU (art. 115), o legislador foi feliz, como nos parece, na escolha do termo *estabelecimento* (em vez de *empresa*) para designar o objecto mediato do *trespasse*, e formulada, que foi, a noção de *estabelecimento* como um *complexo objectivo e unificado de bens patrimoniais, móveis, congregados por determinado operador económico para a realização da sua actividade*, convirá apurar agora qual a natureza jurídica desta figura.

---

[85] O I. A. não teve, decerto, o propósito de apresentar uma análise exaustiva, mas apenas uma amostra significativa do panorama espanhol. Deve, no entanto, assinalar-se nela a omissão de alguns dos nomes mais importantes da comercialística do país irmão, como o de RODRIGO URÌA que, por sinal, combate incisivamente a tese da *sinonímia*, denunciando "el peligro de identificación de los conceptos de empresa y de establecimiento mercantil o industrial, que responden, sin embargo, a dos realidades distintas e inconfundibles" (*Derecho mercantil*, 1985, 13ª ed., p. 33) e de SANCHEZ CALERO que, referindo o uso indiscriminado dos dois termos por algumas leis especiais e autores, considera a eleição de palavras diferentes "el camino más conveniente", parecendo-lhe no entanto preferível utilizar a designação de *negócio* em vez de *establecimiento* (*Instituciones de derecho mercantil*, 1985, 11ª ed., p. 46).

Não seria cabido descermos aqui à desenvolvida análise do tema, do qual, portanto, daremos apenas os tópicos da nossa concepção.

Em épocas mais recuadas, chegou a configurar-se o *estabelecimento* como uma *pessoa jurídica*, entendimento que pode dizer-se hoje praticamente abandonado. Noutra concepção, atribuiu-se-lhe a natureza de um *património autónomo* — mas, se este se define como uma massa de bens patrimoniais afectados a determinada finalidade (e, por isso também costuma designar-se por *património de afectação*), bens esses que respondem preferentemente pelas dívidas decorrentes da actividade a que se endereça, parecerá bem de ver que semelhante figura corresponderá antes, mais propriamente, ao *estabelecimento individual de responsabilidade limitada*.

Deve, por conseguinte, abraçar-se a doutrina — actualmente pacífica, pode dizer-se — que vê no *estabelecimento* uma *universalidade*.

Na nossa ordem jurídica, milita em favor de semelhante conclusão a norma constante do art. 206-1 CC, quando dispõe que "é havida como coisa composta, ou universalidade de facto, a pluralidade de coisas móveis que, pertencendo à mesma pessoa, têm um destino unitário".

Certos autores atribuem ao *estabelecimento*, entre nós, a natureza jurídica de uma *universalidade de facto*. Porque não, a de uma *universalidade de direito* ? Que diferença fará uma da outra? Porque não, uma coisa e outra[86]?

A destrinça entre *universalidade de facto* e *universalidade de direito* não tem relevância prática; é meramente conceptual. Em princípio, visto que toda a *universalidade* é uma globalização reconhecida pelo direito, que a trata como *uma coisa só*,

---

[86] Como pretende OLIVEIRA ASCENSÃO (*Lições de Direito Comercial*, ed. pol., 1986/87, I, pp. 527-528).

incorpórea, dir-se-ia só existirem *universalidades de direito*, mas parece preferível admitir a dicotomia, desde que fundada na composição respectiva: *universalidade de direito* será, nesta base, a que compreende não apenas as *coisas corpóreas* mas ainda as *incorpóreas* e os *direitos patrimoniais* — distinguindo-se então da *universalidade de facto* e das *coisas compostas*, que são formadas apenas por *coisas móveis corpóreas*, globalizadas segundo o *critério teleológico* ou *funcional* do seu titular.

Como é conhecido, a destrinça entre *coisas compostas* e *universalidades* entronca na velha distinção que se fazia no direito romano entre coisas compostas *ex cohærentibus* (isto é, que, apesar de distintas entre si, se aderem, como um edifício, um navio, um armário) e coisas compostas *ex distantibus* (que, distintas, também, estão separadas [*ex distantibus*] mas sujeitas a um mesmo conjunto [*uni nomini subiecta* — D. 41.3.30], como o povo, a legião, o rebanho). De certo modo, parece que a sinonímia entre *coisas compostas* e *universalidade*, do nosso art. 206-1 CC, é tributária, ainda, da diferenciação a que aludia o *Digesto*.

Nesta ordem de ideias, o *estabelecimento*, visto que compreende, além de *coisas móveis corpóreas*, *coisas incorpóreas*, como uma *marca*, *insígnia*, *nome de estabelecimento*, e *direitos*, como o *direito de locatário*, deverá ter-se como uma *universalidade de direito*[87].

Semelhante conclusão concilia-se, de resto, facilmente com a definição constante do art. 206-1 CC ("é havida como coisa composta, ou *universalidade de facto*, a pluralidade de coisas móveis que, pertencendo à mesma pessoa, têm destino unitário") porque, como logo se verá, não alude aos *direitos*, deixando caminho livre à elaboração doutrinal para admitir, a seu lado, uma noção de *universalidade de direito*.

[87] Neste sentido: Guilherme Braga da Cruz, *Capacidade patrimonial dos cônjuges* (*BMJ* n.º 69, pp. 371-372); Manuel de Andrade, *Teoria geral da relação jurídica*, 1960, I, pp. 264-265, nota; Fernando Cardoso, *Reflexões sobre o estabelecimento comercial ou industrial e respectivo contrato de aluguer*, 1991, pp. 117-122.

Não nos parece aceitável, por outro lado, a ideia de o *estabelecimento* ser uma *universalidade de facto* quando encarado como um *conjunto unitário de bens*, e uma *universalidade de direito* na sua perspectiva de *conjunto de situações jurídicas*, resultante do *estabelecimento em actividade*[88].

Na nossa perspectiva, se o *estabelecimento*, como pacificamente é reconhecido constitui uma *realidade estática* (do próprio significado etimológico decorre isso mesmo, pois *estabelecimento* é algo que *está*), não fará sentido concebê-lo, simultaneamente, como uma *actividade*, mas apenas como instrumento técnico desta — e constituindo, por outro lado, uma *coisa*, obviamente não poderá compreender, em si, as *situações jurídicas*: ou bem que uma dada realidade é *coisa*, ou bem que é *situação* ou *relação jurídica*.

Quando, pois, numa linguagem pretensamente descomprometida, se estabelece no art. 285-1 CT[1]/2009 que "em caso de transmissão, por qualquer título, da titularidade de empresa, ou estabelecimento ou ainda de parte de empresa ou estabelecimento que constitua uma unidade económica, transmitem-se para o adquirente a posição do empregador nos contratos de trabalho dos respectivos trabalhadores, bem como a responsabilidade pelo pagamento de coima aplicada pela prática de contra-ordenação laboral" (v., no mesmo sentido, o art. 9.º DL n.º 519-C[1]/99, de 29 de Dezembro, e o art. 38-1 LCT), não se está a *coisificar* as *situações jurídicas laborais* e a incluí-las entre os elementos constitutivos do *estabelecimento*.

Aquilo que, em rigor, se consagra neste preceito, tutelando os justos interesses dos trabalhadores que têm num dado *estabelecimento* o dificilmente substituível instrumento do seu posto de trabalho, é antes, na nossa perspectiva, uma simples *subrogação legal* (figura que ainda há pouco vimos consagrada no

---

[88] É a construção erguida, entre nós, por OLIVEIRA ASCENSÃO (*Lições de Direito Comercial* [ed. policopiada], 1986/87, I, pp. 526-528).

nosso art. 1057 CC para o adquirente do direito com base no qual foi celebrada a *locação*) da entidade patronal *tradens* pela entidade patronal *accipiens* — não uma incorporação das *situações jurídicas* no cavername do *estabelecimento*, a viajar nele para a esfera jurídica do adquirente.

Em suma, *estabelecimento* é pois, definitivamente, apenas *um conjunto de coisas móveis, teleologicamente unificadas numa coisa só* — e sempre, já que pode estar também ligado a *direitos*, uma *universalidade de direito*.

D — Ao *trespasse* prende-se, porém, não qualquer *estabelecimento*, mas unicamente, nas palavras do novo art. 1112-1 CC, o *estabelecimento comercial ou industrial*.

Não definindo o preceito estas qualidades, terão elas de ser entendidas de acordo com a natureza da actividade para o serviço da qual o *empresário* as congregou instrumentalmente em *universalidade*.

Nesta base, e na perspectiva mais próxima da concepção que informa o nosso Código Comercial, diremos que é *comercial* o *estabelecimento* ligado à actividade formada pelos *actos de comércio* implicitamente enumerados no art. 2.º CCom, em síntese, os que integram a *distribuição*, de que é arquétipo a *compra e venda mercantil*; a *actividade de serviços*, quer os *financeiros* (*instituições de crédito* e *sociedades financeiras* — cf. o *Regime Geral das Instituições de Crédito e Sociedades Financeiras*, aprovado pelo Decreto-Lei n.º 298/92, de 31 de Dezembro, e com significativas alterações e aditamentos sucessivamente introduzidos pelos Decretos-Leis n.ºs 232/96, de 5 de Dezembro, 250/2000; de 13 de Outubro; 285/2001, de 3 de Novembro; 201/2002, de 26 de Setembro; 319/2002, de 28 de Dezembro, 252/2003, de 17 de Outubro, e 357-A/2007, de 31 de Outubro) quer os de *seguros* (arts. 425-462 CCom) — e que é *estabelecimento industrial* o ligado ao que no art. 230 CCom se arrola como *empresas comerciais*: a *indústria transformadora* (*item* 1.º), por um lado, e, por outro, os *serviços*, como o *fornecimento continuado* (*item* 2.º), a *actividade leiloeira* (*item* 3.º), a *exploração de espectáculos* (*item* 4.º), a *edição* de obra literária, científica ou artística (*item* 5.º), a *construção civil* (*item* 6.º) e os *transportes* (*item* 7.º).

Assim, quando a lei em algum passo aluda a *trespasse* de um *estabelecimento que não seja comercial ou industrial*, teremos prontamente de entender que não contemplará, então, o instituto do *trespasse*, no seu efectivo alcance jurídico, e se limitará afinal a utilizar aí a palavra para exprimir a simples ideia de *transmissão* ou *alienação* da linguagem comum; não a emprega em sentido técnico rigoroso. Sábio foi, na verdade, o legislador do Código Civil quando, para a *transmissão definitiva* do "estabelecimento" localizado em espaço arrendado a um profissional de *profissão liberal*, recusou empregar o termo *trespasse* para, a seu respeito, aludir apenas a "cessão da posição de arrendatário" (epígrafe do primitivo art. 1120 CC — que muito bem se reproduziu no art. 122 RAU e, agora, na epígrafe e no n.º 1 do novo art. 1112-1 CC)[89].

E — Fixado o *objecto mediato* do *trespasse*, importa atentar agora em que acto se traduz a sua realização.

Enuncia-o, primeiro, o novo art. 1112-1 CC, no passo em que refere "a transmissão por acto entre vivos"; desenvolve-o e esclarece-o, depois, a al. a) do n.º 2 do mesmo artigo.

---

[89] Sustentando ainda ser legítima a utilização sinonímica dos dois vocábulos, Coutinho de Abreu parece, no entanto, vir fazendo modernamente algumas concessões à concepção contrária, que já considera hoje dominante, chegando a ponto de, a dado passo, afirmar, "como distinguível bem jurídico nos aparece o estabelecimento", sobre o qual depois disserta amplamente, culminando embora ainda com uma definição de "empresa ou estabelecimento comercial (em sentido objectivo)" como "*uma unidade jurídica fundada em organização de meios que constitui um instrumento de exercício relativamente estável e autónomo de uma actividade comercial*" (*Curso de Direito Comercial*, I, 7ª ed., Almedina, 2009, pp. 225 e 252).

Trata-se, na verdade, de uma questão meramente terminológica, mas importa não esquecer que só será claro e linear o discurso jurídico em que se atribua a cada instituto um único e preciso nome, ainda que esse instituto seja passível de diversas acepções.

Deixemos para mais tarde a interpretação da al. b) deste número que, apesar da sua expressão formal, não serve, em nossa opinião e como vamos ver, para excluir a natureza de *trespasse* à hipótese que descreve.

Restringindo-nos, pois, à al. a) do n.º 2 do preceito, declara-se aí que *não há trespasse*:

"a) *Quando a transmissão não seja acompanhada de transferência, em conjunto, das instalações, utensílios, mercadorias ou outros elementos que integram o estabelecimento*".

Conjugada esta *facti species* legal com a do n.º 1, parece portanto de concluir, relativamente aos elementos caracterizadores da figura do *trespasse*:

a) Que consistirá numa *transmissão*;

b) Transmissão que se diz ser *entre vivos*;

b) Que terá, finalmente, de abranger *o conjunto* dos elementos que compõem o *estabelecimento comercial ou industrial.*

Parece isto muito simples e intuitivo — mas são muitas as dúvidas e divergências de opinião que têm sido levantadas ao longo da vigência dos preceitos anteriores onde o mesmo normativo tem sido formulado.

a — Antes de mais, a *transmissão* a que se reporta a nossa lei é, como consensualmente vem sendo entendido e como decorre elementarmente do teor literal das disposições legais que se lhe referem, a da *titularidade* do *estabelecimento comercial ou industrial*; não, a da simples *exploração* de que seja instrumento. É o que pode portanto dizer-se, *hoc sensu*, uma transmissão *definitiva*.

A mera transmissão *pro tempore* não forma um *trespasse* — acepção que parece seguramente confirmada pela destrinça que se estabelece entre o *trespasse*, referido no art. 1112 CC, e a *locação de estabelecimento* que se contempla no art. 1109 CC.

b — A *transmissão* não tem de ser *voluntária*, como começou por defini-la GALVÃO TELLES, na noção que transcrevemos há pouco, e como, ainda, por vezes, se tem admitido na doutrina[90].

A ser assim, não poderia aceitar-se a prática corrente, tradicionalmente sancionada pela jurisprudência, com o apoio da doutrina, de se proceder, numa *acção de execução*, à *venda* do *estabelecimento comercial ou industrial*, envolvendo nessa transmissão o *direito de arrendatário*, pois, para isso, faltaria a *autorização do senhorio* — que, só havendo *trespasse*, será dispensada pela lei.

É certo que, com a formulação do Código de Processo Civil, adoptada pelo Decreto-Lei n.º 303/2007, de 24 de Agosto, poderia, à primeira vista, supor-se que esta prática tradicional teria sido afastada — pois, determinando-se na redacção do art. 823-2 CPC, que passou a vigorar com o aludido diploma, estarem *isentos de penhora* os *instrumentos de trabalho* e os *objectos indispensáveis ao exercício da actividade* ou *formação profissional* do *executado*, por si não nomeados, ou que não se destinem a pagar o preço da sua aquisição ou reparação, *salvo os elementos corpóreos de um estabelecimento comercial* (al. c*)* deste n.º 2), dir-se-ia que seriam *impenhoráveis* os *elementos incorpóreos* deste, se não se destinassem àqueles pagamentos nem tivessem sido nomeados por si — e não haveria uma *transmissão global* do *estabelecimento*, susceptível de ser tida como um *trespasse*.

Parece, todavia, comparando o disposto neste n.º 2 com o que se regulou no art. 862-A CPC, a respeito da *penhora do estabelecimento comercial*, que não será efectivamente assim, pois o legislador só terá considerado objectos indispensáveis ao exercício da actividade profissional as *coisas corpóreas*.

---

[90] Como é o caso de FERNANDO PESSOA JORGE, *Transmissão do arrendamento comercial por efeito de incorporação de sociedade locatária* (O DIREITO, 122.º [1990], n.º II, p. 479).

Uma *patente*, ou *marca*, um *nome de estabelecimento*, ou um *direito de arrendamento* não terão sido, portanto, encarados como *instrumentos de trabalho*, ou como *objectos* indispensáveis ao exercício da actividade ou formação profissional; logo, já de antemão não entravam, sequer, na determinação de *impenhorabilidade* constante do corpo do n.º 2 do art. 823 CPC, que a tais *instrumentos* ou *objectos* se reporta, e, por conseguinte, não tinham que ser contemplados nas ressalvas das alíneas desse n.º 2.

A *transmissão forçada do estabelecimento*, como *unidade global* dos seus elementos corpóreos e incorpóreos, continua pois, a poder fazer-se mediante a *penhora* — e ficou até reforçada a sua possibilidade, pois, por expressa disposição da al. c) do art. 823-2 CPC, não será excluída dos elementos *corpóreos* que constituam instrumentos indispensáveis ao exercício da actividade ou formação profissional.

Atenção, porém. A mera *penhora* ou um *arresto* de *estabelecimento comercial ou industrial* não preenchem ainda, evidentemente, um *trespasse* — pois, como é sabido, não envolvem uma *transmissão,* mas apenas a *apreensão judicial e afectação* do *estabelecimento* aos fins da *execução* ou do *procedimento cautelar.*

Saliente-se que não é propriamente o *direito de arrendatário* que poderá ser directamente objecto de *penhora* ou de *arresto*, mas o *estabelecimento comercial* ou *industrial* em que esse direito se inclui. O *estabelecimento* é que é especificamente penhorado ou arrestado. O *direito de arrendatário* do titular do *estabelecimento* é abrangido pela *penhora* ou *arresto*, digamos — apenas *por arrastamento*.

Na verdade, o *direito de arrendatário,* em si, isoladamente considerado, é *impenhorável,* porque, como resulta do estabelecido na al. a) do art. 822 CPC, só são *penhoráveis* os bens *alienáveis* e, em geral, o *arrendatário* não pode transmitir a sua posição sem consentimento do *locador* (al. *f)* do art. 1038 CC).

Não é, portanto, tecnicamente correcto admitir-se, como no ac. Relação de Évora, de 31-10-1996 (*Colectânea*, XXI-IV, p. 290), a *penhora* "do direito ao trespasse e arrendamento" nem sequer, como a dado passo do acórdão se declara, que "apenas incidiu sobre o direito que a executada tem na qualidade de locatária no arrendamento" (p. 291). A *penhora* só pode incidir, isso sim, é sobre o *estabelecimento comercial ou industrial* de cuja *universalidade* participava um *direito de arrendamento* indissociável da transmissão do *estabelecimento*.

No caso de *penhora do estabelecimento* (como também no de *arresto*, de *apreensão* em virtude de *insolvência* ou de uma providência de *recuperação da empresa*), a inclusão do *direito de arrendatário* ocorre unicamente porque, no art. 1112-1 CC, expressamente se faculta a transmissão da *posição de arrendatário*, sem dependência de autorização do *senhorio*.

Uma questão, no entanto, se suscita: se a *penhora* não envolve ainda a transmissão do *direito de arrendatário*, qual é a posição do *depositário judicial* e a do *arrendatário penhorado,* até ao termo da execução?

O problema tem sido pouco tratado entre nós. Tradicionalmente, parecia, no entanto, fácil de solucionar, à luz dos poderes que a cada um ficam pertencendo, no *processo de execução*, após a *penhora*. O *executado*, como assinala Alberto dos Reis (*Processo de execução*, 1954, 2.°, p. 138), "embora continue a ser dono dos bens penhorados, perde a livre fruição e a livre disposição desses bens; se os detém a título de depositário, há-de guardá-los e administrá-los à ordem do tribunal, como faria qualquer outro depositário". Ao *depositário*, por outro lado, além dos deveres gerais constantes do art. 1187 CC, passa a incumbir "o dever de administrar os bens, com a diligência e zelo de um bom pai de família e com a obrigação de prestar contas" (art. 843-1 CPC).

Transpondo estes princípios para o *arrendatário executado*, é evidente que ele perderá, com a *penhora* do *estabelecimento*, o poder de gozo de arrendatário; o *senhorio*, por seu turno, deixará de ter *legitimidade* para prestar *arrendamento*, a terceiro, do prédio em que se encontra incorporado o *estabelecimento*, no caso de ele vir a vagar[91].

É ao *depositário* que incumbe *administrar o estabelecimento* e, portanto, também o dever de zelar, como um bom pai de família, pela conservação do próprio *direito de arrendamento* incluído na *penhora*, *arresto* ou *apreensão*.

Impunha-se portanto ao *depositário* manter o *estabelecimento* aberto ao público, sob pena de incorrer no fundamento de *resolução* pelo *senhorio*,

---

[91] O que é, aliás, salientado, entre nós, já desde a mais antiga doutrina: Correia Telles, *Digesto Português*, vol. 3.°, art. 739; José Pinto Loureiro, *Tratado da Locação*, 1.°, Coimbra Editora Limitada, 1946, pp. 313-314. A jurisprudência no mesmo sentido remontará, segundo cremos, ao ac. do SUPREMO, de 13-11-1903 (*Col.Of.*, 1903-1904, p. 118).

previsto na al. d) do art. 1083-2 CC, respondendo por essa omissão perante o *exequente*. Nesta conformidade, se for caso de o *senhorio* recorrer à *acção de despejo*, com tal fundamento, parecia que deveria propô-la contra o *depositário*, não contra o *arrendatário*.

A actual disciplina particular da *penhora de estabelecimento comercial*, introduzida no Código de Processo Civil através do Decreto-Lei n.º 329-A/95, de 12 de Dezembro, e alterada pelo Decreto-Lei n.º 38/2003, de 8 de Março, passou a ser tratada no art. 862-A CPC — e, nos seus termos, essa *penhora* "faz-se por auto, no qual se relacionam os bens que essencialmente o integram".

Rigorosamente, a *penhora* não se *faz por auto*; neste, é ela apenas *documentada*.

Quando possa, então, prosseguir, não sofre dúvida de que deverá o *estabelecimento*, em princípio, continuar a desempenhar a sua função instrumental da actividade económica a que se encontrava afectado, mas *sob gestão do executado*, "nomeando-se, sempre que necessário, quem a fiscalize, ao qual se aplicam, com as necessárias adaptações, os preceitos referentes ao depositário" (n.º 2 do art. 862-A CPC), mas o exequente poderá opor-se fundadamente a que seja o executado o gestor, designando-se neste caso um administrador "com poderes para proceder à respectiva gestão ordinária" (n.º 3 do artigo).

Só se estiver paralisada ou dever ser suspensa a actividade realizada através do *estabelecimento* é que deverá ser nomeado *depositário*, "para a mera administração dos bens nele compreendidos" (n.º 4 do mencionado artigo). Neste caso, porém, há-de ter-se presente que, passado um ano sobre o encerramento, criar-se-á, na esfera jurídica do senhorio, como ficou referido, o *direito de resolução* do arrendamento.

Jurisprudência importante.

— Um estabelecimento comercial pode ser objecto de penhora, no seu conjunto, como unidade económica ou universalidade jurídica, mas nada impede, em princípio, que sejam penhorados, isoladamente, alguns dos bens ou direitos que o integram. O "alvará" para concessão de direito de exploração de estabelecimento comercial é, apenas, o documento comprovativo dessa exploração. "O direito ao alvará", entendido como direito a essa exploração, não pode, em princípio, ser objecto de penhora autónoma, dada a sua inseparabilidade do próprio estabelecimento — SUPREMO, 8-4-1997 (*ColSTJ*, V-II, p. 37).

c — Tem sido também por vezes, salientado que a *transmissão*, já que imprescindivelmente se reporta ao *estabelecimento* entendido como uma *universalidade*, é uma transmissão *a título singular*[92].

É verdade que a previsão legal do art. 1112-1, al. a), CC incide claramente sobre a transmissão *uti singula*, como resulta claramente da expressão "no caso de trespasse do estabelecimento comercial ou industrial" que encerra este número — mas certo é que se não têm esboçado outros desenvolvimentos que confirmem a asserção.

Nós supomos que tem de se equacionar o tema em confronto com a *liquidação de patrimónios*. Constituindo esta uma *execução universal* do património do *insolvente*, o *estabelecimento comercial ou industrial* ligado a um *direito de arrendamento*, eventualmente nele compreendido, será arrolável para a *massa insolvente* e susceptível de liquidação em benefício dos credores?

De acordo com o disposto no art. 108-1 CIRE, a *declaração de insolvência* não suspende o contrato de locação em que seja locatário o insolvente e, assim, o *direito de arrendatário* não é afectado pela *declaração de insolvência*; logo, só poderá ser negociado pelos credores nos termos gerais, pois não poderão ter eles mais direitos do que aqueles que tinha o *insolvente*.

Nesta ordem de ideias, só poderá ser feita a transmissão do *direito ao arrendamento* integrado num *estabelecimento comercial ou industrial*, ou seja, como *trespasse*.

Se, por hipótese, o *administrador* liquidasse todas as mercadorias e elementos constitutivos do *estabelecimento* e depois pretendesse negociar, isoladamente o *direito de arrendamento* em "só paredes", pensamos que não o poderia fazer sem *autorização do senhorio*.

Teremos, portanto, de concluir que, não obstante a apreensão global do património do *insolvente*, só poderá configurar-se

---

[92] Neste sentido: FERNANDO PESSOA JORGE, *Transmissão do arrendamento comercial por efeito da incorporação da sociedade locatária* (O DIREITO, 122.º [1990], n.º II, p. 479, texto e nota 2).

um *trespasse* na transmissão *uti singula* do *estabelecimento* do *insolvente* que se tenha eventualmente processado no âmbito ulterior da liquidação dos bens apreendidos. O *trespasse* é pois, sempre e se bem nos parece, constituído por uma transmissão *a título singular.*

d — Não tem sido consensual que se possa fazer a *transmissão* da *titularidade* do *estabelecimento comercial ou industrial* tanto a *título oneroso* como a *título gratuito.*

Primitivamente, começou por se considerar essencial ao conceito legal de *trespasse* que ele consistisse numa *transmissão onerosa*[93]. A ideia vinha, segundo supomos, de se declarar, no art. 9.º da Lei n.º 1 662, que deveria a escritura *especificar o preço do trespasse.*

A referência não se mantinha nem no n.º 3 do art. 115 RAU nem na lei actual (cf. art. 1112-3 CC) e pode considerar-se agora geralmente aceito, na doutrina, não ser essencial ao *trespasse* a *onerosidade* — embora se não apresente justificação para o entendimento[94].

A verdade é que, se o *trespasse* constitui, como nos parece, uma excepção legal ao princípio da indisponibilidade do *direito de arrendamento*, fundada na circunstância de o *arrendatário*

---

[93] Inocêncio Galvão Telles, *Arrendamento* (lições publicadas pelos alunos Bento Garcia Domingues e Manuel A. Ribeiro), Pro Domo, Lisboa, 1944-45, p. 230; J. G. Pinto Coelho, *Lições de Direito Comercial*, 1957, 3ª ed. rev., p. 86;

[94] Coutinho de Abreu, perfilhando uma solução eclética (para alguns efeitos, o *trespasse* traduz-se em negócios jurídicos necessariamente onerosos, mas assim não é em outros casos), justifica a figura nos casos não onerosos pela circunstância de outras normas, para além dos arts. 115 e 116 RAU [actual art. 1112 CC], valerem tanto para as transmissões onerosas como para as gratuitas — sendo esta asserção ainda confortada com o disposto no art. 118 CPI, hoje revogado, e no art. 100-1 CDA (*Da empresarialidade–As empresas no Direito*, 1996, p. 326, texto, e nota 850; *Curso de Direito Comercial*, I, 7ª ed., Almedina, 2009, p. 290).

ter criado uma riqueza de cuja negociação seria injusto privá--lo, dificilmente poderá conceber-se que se legitime a própria disposição gratuita.

Com esta, ele privaria o *senhorio* do exercício do seu *direito de preferência* e estaria então a fazer uma *liberalidade* em que não afectava apenas a sua riqueza mas, em boa parte, também a do *senhorio*.

Não nos parecendo admissível um *trespasse* que deixaria de o ser restritamente ao *direito de preferência* pois, no plano dogmático, não se nos afigura correcto falar de categorias que são tais para uns efeitos e que deixam de o ser para outros — o que poderia haver, seria então um *trespasse* em que não se configuraria o *direito de preferência* — parecerá mais razoável não o admitir para nenhum efeito e concluir, assim, que a doutrina tradicional tinha afinal razão em considerar essencial ao *trespasse* a ocorrência de uma transmissão *a título oneroso*.

Em todo o caso, há jurisprudência a admitir o trespasse a título gratuito. — I — Não existe disposição legal que exclua a possibilidade de incluir na doação do estabelecimento comercial um dos seus elementos integrantes: o direito de arrendamento do prédio onde é ercercida a actividade comercial que se transmite. II — A transmissibilidade do estabelecimento por trespasse pode assumir a forma de doação, sendo o seu elemento primordial a transmissão integral e definitiva do estabelecimento, para ser continuada a sua exploração pelo adquirente. III — Os interesses do senhorio continuam acautelados em virtude do imperativo da comunicação da trnsmissão — Relação de Lisboa, 02-08-2008 (*Colectânea* n.º 210, p. 114).

Se, porém, isto parece ser muito claro e objectivo, a respeito das *transmissões entre vivos*, já por outro lado, quando pensarmos naquelas que se verificam *causa mortis*, uma coisa não poderá negar-se: é que, preceituando o art. 1113-1 CC que não caduca o *arrendamento* por *morte do arrendatário*, embora os *sucessores* possam repudiar a transmissão, numa *herança* contendo um *estabelecimento comercial ou industrial* em prédio arrendado entre o seu acervo, ou o seu *legado*, consubstanciar-se-á, decerto, a sua transferência a *título gratuito*.

Restará portanto saber se tais transmissões constituem verdadeiros *trespasses* — e é o que vamos deslindar no desenvolvimento seguinte.

e — O novo art. 1112 CC, ao preceituar ser permitida a transferência *por acto entre vivos* da posição de arrendatário "no caso de trespasse", circunscreve literalmente esta figura à transmissão *entre vivos* — e, realmente, a doutrina dominante, em face da mesma expressão legal, contida em preceitos anteriores, atribui-lhe apodicticamente esse carácter[95].

Alguns autores, porém, não concluíram do mesmo modo e estenderam o *trespasse* às transmissões *mortis causa*, argumentando por identidade de razão[96] — e também nós já assim o julgámos.

Desde que se admita a susceptibilidade de um *trespasse* através de *doação inter vivos*, não se vislumbraria qualquer elemento que pudesse constituir obstáculo ao seu enquadramento no *trespasse* na circunstância de a *doação* de um *estabelecimento comercial ou industrial*, ligado a um prédio arrendado, só dever ter eficácia depois da morte do doador.

---

[95] Situam-se claramente nesta corrente: ORLANDO DE CARVALHO, *Critério e estrutura do estabelecimento comercial*, 1967, I, p. 599, nota 285; ISIDRO MATOS, *Arrendamento e aluguer*, 1968, p. 313; FERRER CORREIA, *Sobre a reforma da legislação comercial portuguesa* (*ROA*, 44.º [1984], I, p. 32); JORGE MANUEL COUTINHO DE ABREU, *Da empresarialidade–As empresas no Direito*, 1996, p. 327 e *Curso de Direito Comercial*, I, 7ª ed., 2009, p. 290; JORGE ALBERTO ARAGÃO SEIA, *Arrendamento Urbano Anotado e Comentado*, 7ª ed., Almedina, 2003, nota ao art. 115.

[96] *Sic*: PEREIRA COELHO, *Arrendamento* (ed. pol.), 1980-81, p. 175, nota 1; 1984, p. 191, nota 1, e 1988, p. 214, nota 1. Na mesma linha de orientação se tinha situado já BARBOSA DE MAGALHÃES (*Do estabelecimento comercial*, 1950, pp. 219, 235 e 241). Também assim já se julgou: SUPREMO, 24-1-1950 (*BMJ*, n.º 17, p. 281).

O teor literal da lei nem constituiria um obstáculo intransponível a tal entendimento, pois a simples circunstância de nela se declarar unicamente que é permitida a "transmissão entre vivos", não seria bastante para que, sem mais, da mesma simples afirmação se fizesse um entendimento *a contrario*.

A objecção mais importante, porém, que vimos ser levantada a esta ideia de alargamento do *trespasse* à transmissão *mortis causa* foi, por sinal, em nossa opinião, suscitada num trabalho escolar de um Aluno nosso.

Argumentou assim. Se o *arrendamento* não caduca por morte do *arrendatário comercial* e, de acordo com a lei, se transmite aos seus *sucessores*, estes não precisam de ser dispensados de *autorização do senhorio* para serem encabeçados no *direito de arrendatário* porque "... mesmo que o complexo [o *estabelecimento comercial ou industrial*] esteja instalado em prédio arrendado, jamais terá aplicação o art. 115 [actual art. 1112-1 CC], uma vez que a transmissão já se opera pelo art. 112 [actual art. 1113 CC]". A referência a *sucessores*, deste preceito — afirmava ainda — é suficientemente ampla para compreender em tal *dispensa de autorização*, à luz do art. 2:030 CC, tanto os *herdeiros* como os *legatários*[97].

No nosso entendimento, a pedra de toque para a solução do problema estará em saber, já que, como temos referido, nem toda a alienação da titularidade de um *estabelecimento* encerra um *trespasse*, se a *facti species* do art. 1113-1 CC o inclui, ou se, pelo contrário, passa ao lado dele.

Se se considerar que, dispondo directamente para o *arrendamento* o preceito consagra a transmissibilidade pura e simples, por morte, do *direito de arrendatário*, parece que não poderá verse nele uma aplicação do princípio do *trespasse* às transmissões

[97] NUNO MARCELO NÓBREGA DOS SANTOS FREITAS ARAÚJO, *Estabelecimento e cessão de exploração* (trabalho impresso por computador, apresentado na Cadeira de Direito Civil–II do 5.º ano), 1996, pp. 9-10.

mortis causa, desde que este seja configurado — segundo nos parece preferível e temos vindo a referir — como uma transmissão do *estabelecimento* integrada e inseparável do *direito de arrendatário*.

Se, pelo contrário, se entender que esse alcance seria excessivo e o art. 1113-1 CC só admitiria a *não caducidade* do *arrendamento* por *morte* do *arrendatário* inseparavelmente da transmissão do *estabelecimento* respectivo, então teria de ver-se no preceito unicamente uma aplicação particular do princípio do *trespasse*, estabelecido no art. 1112 CC, às transmissões *mortis causa* — e faria sentido concluir que tanto poderia o *trespasse* compreender-se numa transmissão *entre vivos*, tal como é referida nesta disposição legal, como numa transmissão *por morte*, como decorreria do estatuído naquela.

Embora, das duas, fosse esta, decerto, a solução preferível, *de iure condendo*, tudo leva a supor que foi a primeira a solução que se quis consagrar.

O art. 1113-1 CC estabelece, realmente, a transmissibilidade por *morte* do *direito de arrendatário*; logo, não se compreende nele um *trespasse*, mesmo que esteja o direito integrado, como é natural que aconteça, num *estabelecimento comercial ou industrial*.

Não poderá então dizer-se que há *trespasse* pois o *direito de arrendatário* é, neste entendimento do art. 1112-1 CC, cindível do *estabelecimento* — e, em semelhante ordem de ideias, o *trespasse* circunscrever-se-á aos *actos entre vivos* e, portanto, só aos *onerosos*, como se viu.

f — A análise que fizemos até aqui desenvolveu-se essencialmente em torno das disposições dos arts. 1112-1 e 1113-1 CC — mas antes da síntese conclusiva a que nos habilita o seu percurso, afigura-se-nos que poderá enriquecer e aperfeiçoar a nossa ideia de *trespasse* lançar ainda um relance esclarecedor à vertente contabilística do conceito.

É este o momento próprio para o fazer.

Ora o *Plano Oficial de Contabilidade* (POC), aprovado pelo Decreto-Lei n.º 410/89, de 21 de Novembro, contemplava, no seu quadro de contas, uma rubrica subordinada precisamente à epígrafe "Trespasses". Era a *conta* a que correspondia o código 434, a inscrever no *imobilizado* do *activo*, entre as restantes verbas de *imobilizações incorpóreas*.

O Decreto-Lei n.º 158/2009, de 13 de Julho, revogou-o, porém, substituindo-o pelo Sistema de Normalização Contabilística (SNC), na sequência do qual foi publicada a Portaria n.º 1011/2009, de 9 de Setembro, que aprovou o Código de Contas.

Neste, a rubrica "Trespasses" foi substituída pela denominação "Goodwill" que passou a constituir a conta 441 dos Activos intangíveis.

Nas *notas explicativas* anexas ao POC, não existia qualquer referência a esta *conta* "Trespasses" que, por isso, foi objecto da Directriz Contabilística n.º 12, de 28-1-1993, da Comissão de Normalização Contabilística.

Nela se esclareceu que tal realidade correspondia "ao que na literatura internacional da especialidade se designa, nomeadamente, por 'goodwill', 'fonds de commerce' ou 'avviamento'".

Na verdade, nas versões em língua estrangeira da 4ª Directiva CEE (à qual se quis ajustar o POC, como se referia no seu diploma de aprovação) encontramos, para a *conta* em apreço (art. 9.º-C-I.3), as designações de *fonds de commerce*, no texto francês; *fondo de comercio*, no espanhol; *goodwill*, no inglês; *avviamento*, no italiano; e *Geschäft* no alemão — vocábulos estes de significado algo difuso, mas que poderá, com apreciável aproximação, traduzir-se pelo *valor acrescentado, por efeito da sua agregação em universalidade, à simples soma dos relativos aos elementos constitutivos do estabelecimento*.

Não parecia, portanto, muito feliz dar a esta ideia a designação de *trespasse*.

À falta de melhor, o Sistema de Normalização Contabilística substituiu-a por *goodwill*, à inglesa.

Assente, porém, que a *conta* com esta designação se destina a registar a aludida *mais-valia*, importará apurar de que modo ou por que expressão quantitativa poderá concretizar-se ela em determinada cifra contabilística.

Dizem os especialistas a este respeito ser pressuposto essencial que *tenha ocorrido uma aquisição*; sem esta, não podia abrir-se a *conta* "Trespasses".

A *aquisição* tanto pode, porém, ter por objecto um *estabelecimento comercial ou industrial* ligado a um *prédio arrendado* como, noutros casos, respeitar a um *estabelecimento* sem esta característica ou dirigir-se à obtenção do domínio de certa *sociedade*, mediante a aquisição das respectivas *participações sociais*.

O objecto da *conta* revela, por conseguinte, através do termo *goodwill*, um âmbito mais vasto do que, decerto, o conceito jurídico de *trespasse*, que fomos recortando acima.

Por outro lado, mesmo quando, como mais frequentemente ocorre, a *conta* respeite a um *estabelecimento com um direito de arrendatário integrado*, não se exprimirá, como à primeira vista seríamos tentados a supor, pelo preço pago (juridicamente, o *preço do trespasse*) mas, unicamente, pela referida *mais-valia*, definindo-se, deste modo, como *a diferença positiva entre o valor que se paga e o valor dos activos e passivos identificáveis* — o que, na terminologia do Sistema de Normalização Contabilística, podemos antes definir como "o excesso do custo da concentração das actividades empresariais, quando comparado com o justo valor líquido dos activos, passivos e passivos contingentes identificáveis"[98].

Assim, se a aquisição se fizer por 1 000, e o valor dos *activos, passivos e passivos contingentes identificáveis* apresentar um saldo positivo de 100, o valor contabilístico do *trespasse* será de 900.

---

[98] Rui M. P. Almeida & Outros, *SNC Explicado*, p. 265.

Uma simples operação aritmética ditará portanto a cifra a inscrever no *balanço* como valor do *trespasse*.

A ideia de contabilizar o valor da *mais-valia* (*avviamento*, *fonds de commerce*, *fondo de comercio*, *goodwill*, *Mehrwert* ou *Geschäftswert*) vem de trás, encontrando-se já legalmente consagrada no antigo art. 2427 do Código Civil italiano ("o aviamento pode ser inscrito no activo do balanço somente quando tenha sido paga uma soma a esse título na aquisição do estabelecimento ao qual se refere e por uma importância não superior ao preço pago", e agora substituído, no art. 2424, *5)*, da Reforma de 2003) e no § 153, (5), do *Aktiengesetz* alemão ("Não pode inscrever-se qualquer verba no activo para o valor do estabelecimento ou da firma. No entanto, se a contra-prestação efectuada na aquisição de uma empresa exceder os valores da cada uma das verbas do activo imobilizado dessa empresa, na altura da aquisição, a diferença pode figurar entre as verbas do activo imobilizado. O montante respectivo deve ser indicado à parte e deve ser diminuído de pelo menos, um quinto, em cada exercício seguinte, por via de amortização"[99]).

Já Ferrer Correia tinha chamado a atenção para este ponto, embora numa concepção sincrética do *aviamento* que não surpreendia nele, ainda, o valor do *direito de arrendamento* — afinal, geralmente a sua parte mais substancial, quando não a única relevante[100].

Numa perspectiva mais actual e mais focada, como determinar, porém, a base em que poderá apoiar-se o adquirente para pagar uma tão avultada diferença de preço (como o é ela, por vezes) sobre os *valores dos activos, passivos e passivos contingentes identificáveis*?

A este respeito, debatem-se duas correntes fundamentais: a dos *matemáticos*, que acreditam na susceptibilidade de se alcançar uma conclusão satisfatória pelo jogo de valores essenciais ao *estabelecimento*, como a *duração do arrendamento*, o *benefício eventual*, a *evolução do benefício no futuro*, a *taxa de juro do capital investido* ou o *valor de substituição do equipamento*, que sintetizam em fórmulas algébricas determinativas do valor; e a dos *empiristas*, que consideram estes métodos falíveis. Na prática, segundo revela uma notável equipa de especialistas franceses, "as partes fixam discricionariamente a

---

[99] Segundo a tradução de Alberto Pimenta (*BMJ* n.º 176, pp. 254-255).

[100] Cf. *Lições de Direito Comercial* (com a colaboração de Manuel Henrique Mesquita e António A. Caeiro), I, imp. *offsete* de 1973, pp. 208-209, n.; v. *Reprint*, Lex, 1994, pp. 120-121, n.4. Sobre o ponto, v. ainda Manuel de Andrade, *Sobre as cláusulas de liquidação pelo último balanço* (*Rev.Leg.Jurs.*, 86.º 87.º, p.).

mais-valia (*la valeur du fonds de commerce*) sob a aparência de um cálculo científico. Utilizarão, pura e simplesmente, a avaliação por comparação, para estabelecer o valor"[101].

Em suma, o conceito contabilístico de *trespasse* a inscrever na rubrica *Goodwill* do Código de Contas, consubstancia-se no referido *valor acrescentado* à mera soma dos respeitantes aos elementos constitutivos do *estabelecimento*, pela sua agregação em *universalidade* — salientando geralmente os escritores da especialidade que é, muitas vezes, o *direito de arrendamento* o elemento mais importante deste valor[102].

Nesta ordem de ideias, tem-se definido contabilisticamente o valor do *direito de arrendamento* como "o que deverá corresponder ao valor presente (actual ou descontado, como se queira) da diferença entre os fluxos das rendas avaliadas de acordo com o mercado e o fluxo das rendas a pagar durante o prazo do contrato transmitido"[103].

De acordo com esta orientação, é apresentada a seguinte fórmula matemática, para o cálculo do valor do *direito de arrendamento*:

$$DA = \frac{R}{td+tr-tc}$$

em que:

R = diferença anual entre a renda de mercado e a renda paga
td = taxa de juro do mercado (p. ex., a dos títulos de dívida pública)
tr = taxa de risco
tc = taxa de correcção[104].

---

[101] JEAN PAILLUSSEAU/JEAN-JACQUES CAUSSAIN/HENRY LAZARSKI/PHILIPPE PEYRAMAURE, *La cession d'entreprise*, 3ª ed., 1993, p. 131.

[102] Cf., neste sentido, em França: JEAN PAILLUSSEAU/JEAN-JACQUES CAUSSAIN/HENRY LAZARSKI/PHILIPPE PEYRAMAURE, *La cession d'entreprise*, 3ª ed., 1993, p. 132: "*le bail est parfois l'élément plus important du fonds de commerce*" [*itálico dos autores*].

[103] OCTÁVIO GASTAMBIDE FERNANDES, *Tratamento contabilístico do trespasse previsto no POC* (*Jornal de Contabilidade*, n.º 173, Agosto de 1991, p. 191).

[104] CARLOS BAPTISTA DA COSTA/GABRIEL CORREIA ALVES, *Contabilidade financeira*, 3ª ed., 1997.

Note-se que esta fórmula não considera nem o tempo de duração do contrato nem o de amortização.

No tocante, por outro lado, à *taxa de risco* a considerar, pondera um autor da especialidade que "a prudência e a prática recomendarão que se utilizem taxas de risco elevadas, pois a actual tendência política é a de progressiva redução do citado desfasamento, a caminho da liberalização"[105] — o que, em nosso parecer, traduz certamente uma visão desfocada da realidade jurídica em presença.

O autor escrevia em 1991, pouco após a publicação do *Regime do Arrendamento Urbano* que, como tem sido referido e é notório, conservou, para os *arrendamentos comerciais ou industriais antigos*, o *coeficiente de correcção extraordinária* posto em execução em 1986 e que, nominalmente, se destinava a recuperar, progressiva e paulatinamente, a degradação das rendas provocada pelo longo *bloqueio absoluto* a que tinham estado sujeitas — o que, volvidos vinte anos sobre esta aplicação, se traduz ainda num desfasamento brutal.

Só com a Reforma de 2006 se encontrou uma fórmula que veio efectivamente retirar aos novos *trespasses* (e só a esses) o carácter malsão que tinham, permitindo-se ao *senhorio*, perante um novo *trespasse*, que denuncie desde logo o contrato para daí a cinco anos (art. 26-6, al. *a)*, NRAU e 1101, al. *c)*, CC).

Como referem Carlos Baptista da Costa/Manuel Correia Alves, "... acontece com frequência efectuarem-se trespasses com o fim único... de se obter... a transmissão do direito ao arrendamento"[106].

Sem, naturalmente, que estes I.I. A.A. tenham dado por isso, tal afirmação, constantemente repetida, aliás, em obras da especialidade, é testemunho qualificado da frequência prática de uma fraude.

Se a lei só excepciona o princípio da intransmissibilidade não autorizada pelo *senhorio* quando integrada na transmissão do *estabelecimento comercial ou industrial*, porque este acrescenta

---

105 Octávio Gastambide Fernandes, *Tratamento contabilístico do trespasse previsto no POC* (*Jornal de Contabilidade*, n.º 173, Agosto de 1991, 191).

106 Carlos Baptista da Costa/Gabriel Correia Alves, *Contabilidade financeira*, 3ª ed., 1997, p. 632.

um valor económico criado pelo *arrendatário*, cuja circulação não é justo que seja impedida ou entravada pelo *senhorio*, será incontestavelmente contrária ao espírito da lei — e portanto *ilícita* — a transmissão cujo valor primacial seja constituído pelo *direito de arrendatário* e, muito mais claramente ainda, a que tenha tido esse valor por "fim único".

Uma transmissão nessa base não poderá constituir, na perspectiva legal, verdadeiro *trespasse*, e envolve mesmo, decerto, relativamente aos contratos anteriores a 15 de Novembro de 1990 — em que é imposto o vínculo de uma indefinida *prorrogação forçada*, como se sabe — *enriquecimento sem causa*, um indecoroso locupletamento à custa do *senhorio*, pois o valor transferido não foi criado pelo *arrendatário*, mas pelo *locador*.

Assim chegámos a uma conclusão que, com a rigorosa precisão dos números, nos demonstra a que cúmulos nos levavam os *trespasses* até à Reforma de 2006.

g — Esboçando uma síntese conclusiva dos resultados a que a nossa análise conduziu, podemos então afirmar que, na ordem jurídico-positiva nacional, o *trespasse* consiste na *transmissão voluntária ou forçada, entre vivos e onerosa, da titularidade de um estabelecimento comercial ou industrial, integrada do respectivo direito de arrendatário*.

Uma transmissão com semelhante versatilidade é necessariamente ampla (não tanto como a generalidade da doutrina a configura ao identificar o *trespasse* com toda a alienação do *estabelecimento*), e pode alojar-se em diferentes figuras jurídicas susceptíveis de a realizar ou iniciar (*venda*, *arresto*, *penhora*, *apreensão falencial*, etc.) — e, com isso as qualifica e lhes aduz as particularidades de regime que a sua presença acarreta.

A visão tradicional da doutrina portuguesa, identificando-o com toda a alienação do *estabelecimento*, esteja ou não alojado num edifício e, neste caso, arrendado ou não, vai naturalmente muito mais longe na referência a semelhante carácter difuso e heterogéneo do *trespasse* assim configurado afirmando então que não estaríamos aqui ante uma *noção rígida* ou sequer *quase rígida*, mas perante "uma súmula, naturalmente variável, de fenómenos diversos"[107], ou, por outras palavras, de que nos encontraríamos em face duma designação unitária de transmissão, é certo, mas *sem qualquer unidade*, formando "um conjunto de figuras jurídicas diversas"[108] — ou ainda e finalmente, em presença duma *noção variável, elástica* ou *plástica*, susceptível de vários *subconceitos* de um *conceito base*[109].

Na nossa concepção do problema, semelhante conclusão é o natural corolário de se ter pretendido erigir em figura *a se* a mera e indiscriminada alienação da titularidade do *estabelecimento* a que não fez o Direito positivo corresponder um regime específico.

Este só ocorre, na verdade, quando o *estabelecimento* se aloja num *prédio arrendado*. Fora disso, que adiantará utilizar a denominação de *trespasse*, se a realidade legal em presença não comportar um acto *sui generis*, mas puras transmissões (as *transmissões*, *transferências*, *alienações*, *sucessões* ou *cessões* de *estabelecimento* a que, em sinonímia, ORLANDO DE CARVALHO o faz corresponder[110]) simplesmente enquadráveis na espécie preenchida em concreto? Nessa perspectiva, que mais poderá ser o *trespasse*, afinal, senão um conjunto heterogéneo de figuras jurídicas diversas, sem qualquer unidade?

h — O *trespasse* reconduz-se, em suma, à transmissão de uma *unidade global* — da *universalidade* constituída pelo *estabe-*

---

[107] ORLANDO DE CARVALHO, *Critério e estrutura do estabelecimento comercial*, 1967, p. 603.

[108] FERRER CORREIA, *Sobre a reforma da legislação comercial portuguesa* (*ROA*, 44.º [1984], I, pp. 31-32).

[109] RUI DE ALARCÃO, *Sobre a transferência da posição do arrendamento no caso de trespasse* (Separata do *B.F.D.C.*, XL VII), 1971, p. 8.

[110] *Critério e estrutura do estabelecimento comercial*, 1966, I, p. 602.

lecimento comercial ou industrial, nos estritos termos que ficaram demarcados[111].

Semelhante ideia é particularmente realçada na al. a) do art. 1112-2 CC, ao afirmar-se, aí, que *não há trespasse* "quando a transmissão não seja acompanhada de transferência, em *conjunto* [*grifado, nosso*], das instalações, utensílios, mercadorias ou outros elementos que integrem o estabelecimento".

Tem sido, todavia, questionado se um *estabelecimento* ainda apenas *em formação* (*in fieri*) já será passível de *trespasse* ou, formado ele, se não será possível à autonomia privada excluir da transmissão, sem descaracterizar o *trespasse*, alguma fracção do complexo de bens que assiste ao *empresário*.

Quanto à segunda interrogação, se atentarmos em que, como parece incontestável, o *estabelecimento* de um operador comercial ou industrial em actividade é algo de conteúdo em constante mutação, fluente como o curso de um rio, logo concluiremos que a resposta afirmativa será inteiramente razoável.

Tem-se sustentado pacificamente, na verdade, que, sendo embora o *trespasse*, por essência, a transmissão de uma realidade global, *de um conjunto*, não deixará de ser lícito às partes excluírem dessa globalidade certos bens, certas relações contratuais, certas unidades globais menores — tudo, desde que a parte remanescente seja ainda bastante para não descaracterizar o *estabelecimento* e poder continuar a identificá-lo como tal[112].

---

[111] Para um *trespasse* de *estabelecimento comercial*, coligado com um *arrendamento para habitação*, v. SUPREMO, 4-10-1984 (*BMJ* n.º 340, p. 375).

[112] Assim o sustentam, entre nós, BARBOSA DE MAGALHÃES, *Do estabelecimento comercial*, 1951, p. 222; J. G. PINTO COELHO, *O trespasse do estabelecimento e a transmissão de letras* (*Bol.Fac.Dir.*, Supl. XXV), pp. 4 e 24-25; ORLANDO DE CARVALHO, *Critério e estrutura do estabelecimento comercial*, 1967, I, p. 479, nota 133 e p. 434, nota 138; RUI DE ALARCÃO, *Sobre a transferência da posição do arrendatário no caso de trespasse* (*Bol.Fac.Dir.*, XLVII, pp. 34-36); M. JANUÁRIO GOMES, *Arrendamentos comerciais*, 1991, p. 171.

O *punctum prurens* estará em saber — e aí é que divergem as respostas — qual o estádio exacto em que, a montante, a *crisálida* já é *estabelecimento* susceptível de ser trespassado, não obstante não ser ainda *insecto perfeito*, ou, a jusante, *que fracção residual* pode continuar a considerar-se ainda *estabelecimento*, para o efeito de ser trespassada?

As questões fundamentais que a este respeito têm sido levantadas podem resumir-se às seguintes:

a) Se um espaço predial, dito "só paredes", destinado a servir de invólucro a um *estabelecimento*, já poderá, em si, constituir objecto de um *trespasse*, como o afirmam alguns conceituados autores;

b) Se, transmitido *o conjunto* dos elementos constitutivos de um *estabelecimento comercial ou industrial*, haverá apenas uma presunção de *trespasse*, e poderá demonstrar-se ainda que, afinal, o não houve pois, apesar disso, o *estabelecimento* não foi efectivamente transmitido — ou, na ordem inversa, se, transmitida uma parte que não forma o *conjunto* dos elementos constitutivos de um *estabelecimento*, se poderá vir a ilidir a presunção de *não trespasse*, e provar-se que, ao cabo de contas, com a transmissão dos elementos considerados, já houve uma efectiva transmissão do *estabelecimento*, logo, um *trespasse*.

Estas questões estão interligadas, relacionando-se com a especial interpretação que parte da doutrina faz da norma hoje reproduzida no art. 1112-2 CC.

O preceito enuncia literalmente, nas suas duas alíneas, os casos típicos em que "não há trespasse".

Na al. a), afirma que *não o há*, "quando a transmissão não seja acompanhada de transferência, em conjunto, das instalações, utensílios, mercadorias ou outros elementos que integram o *estabelecimento*".

Na al. b), as formulações anteriores declaravam que *não o há* "quando, transmitida a fruição do prédio, passe a exercer-se nele outro ramo de comércio ou indústria, ou quando, de um modo geral, lhe seja dado outro destino".

Esta hipótese traduzia aquilo que costumava exprimir-se, na prática, através da afirmação segundo a qual o *arrendatário* tinha primeiro de conseguir mudar o ramo, para depois poder fazer um *trespasse* a salvo da reacção negativa do *senhorio*.

Pois bem.

Segundo certa corrente de opinião, formada em seguida ao tratamento do *trespasse* pela Lei n.º 2:030 e depois repetida axiomaticamente por vários autores, as duas alíneas conteriam meras *presunções iuris tantum* da inexistência de *trespasse*, não passando assim do que, com assinalável tautologia, já chegou a designar-se como os *índices semióticos* da não ocorrência da figura[113].

[113] A ideia inspirou-se, de algum modo, nos trabalhos preparatórios da lei, mais concretamente no Parecer da Câmara Corporativa relatado por Pires de Lima, onde se escreveu que um "suposto trespasse" seguido de aplicação a um fim diferente pelo *accipiens* demonstraria que "um acto aparentemente correcto envolvia uma fraude".

Ainda assim, só muitos anos depois da entrada em vigor da Lei n.º 2:030 surgiu Ferrer Correia, em 1969, a proclamar que "a circunstância de o trespassário passar a exercer no prédio outro ramo de comércio ou indústria só fará *presumir* (*presunção relativa, portanto*) [*grifado, nosso*] que a intenção das partes ao celebrar o contrato foi a de a de realizar, não um autêntico trespasse, mas um simples subarrendamento" (*Reivindicação do estabelecimento comercial como unidade jurídica/Estudos Jurídicos*, 1969, II, pp. 267-268 nota — afirmação aliás, que não constava ainda da primeira publicação deste ensaio, em 1957).

Bastante depois disso, Orlando de Carvalho — que em 1966 tinha estudado ampla e profundamente o tema sem aflorar sequer semelhante entendimento — veio, em 1977, desenvolver este ponto configurando então as duas alíneas como "índices meramente semióticos da inexistência efectiva da transmissão do complexo" (*Rev.Leg.Jurs.,* 110.º, pp. 111); um pouco adiante, não utilizando expressamente o termo *presunção*, não deixa de o sugerir, na frase "embora a alínea b) [actual al. a)] *pressuponha* [*grifado, nosso*] que não existe trespasse..." (p. 112), ou quando qualifica a ulterior mudança de destino, contemplada na outra alínea como constituindo "simplesmente um indício" (p. 113).

Mais tarde, Pereira Coelho aderiu circunstanciadamente ao mesmo entendimento, referindo: "Trata-se, segundo a melhor interpretação do

Na nossa perspectiva, o elemento histórico não favorecia este entendimento.

Como é sabido, os antecedentes legislativos das delimitações negativas de *trespasse*, constantes, por fim, do art. 115-2 RAU — e que reproduziam, com pouco mais do que a alteração da ordem das alíneas, o que constava do art. 1118-2 CC — remontavam à Lei n.º 2:030.

Anteriormente, aludia-se tão-somente ao "trespasse do mesmo negócio" (§ 4.º do art. 33 do Decreto de 12-11-1910[114]), ao "trespasse do mesmo negócio, com tudo o que a este diz respeito" (§ único do art. 32

---

preceito [cf. sobretudo O. Carvalho, *Rev.Leg.Jurs.*, 110.º, pp 102 ss], de dois *índices* que constituem, tecnicamente, *presunções* de inexistência de trespasse..." — e, um pouco adiante, "...como os 'índices do art. 1118, n.º 2 [actual art. 1112-2] constituem simples presunções *iuris tantum* de inexistência de trespasse...'" (cf. *Arrendamento* (eds. pols.), 1980-81, pp. 176-177; 1984, pp. 192-193 e 1988, pp. 215-216).

No mesmo sentido, v. ainda: M. Januário Gomes, *Arrendamentos Comerciais*, 1986, pp. 66-67 e 1991, (2ª ed.), p. 171 ("Pese embora a redacção utilizada... estamos perante *meras presunções de inexistência de trespasse*... ou, como diz Orlando de Carvalho... perante *índices semióticos* de não transmissão do estabelecimento"); Mário Frota, *Arrendamento urbano comentado e anotado* (com a colaboração de J. Paulo Moreira da Cunha), 1987, p. 506, n.º 12 ("A lei estabelece, neste passo, meras presunções ilidíveis de inexistência de trespasse").

Coutinho de Abreu, referindo embora, a respeito da *facti species* da al. a), que, "havendo estabelecimento e sendo transferidos (ao menos) os bens constituintes do âmbito essencial da entrega, não há como infirmar, por aí, o trespasse", conclui, em síntese, quanto às duas alíneas, analogamente aos AA anteriormente citados, não significarem elas mais do que "*indícios ou sinais da inexistência de transmissão do estabelecimento.indícios ou sinais da existência da simulação de trespasse*"— mas repudia categoricamente que se lhe impute que qualifique tais *indícios* ou *sinais* como *presunções iuris tantum*, como primeiro que todos os qualificou, com a sua incontestável autoridade e como acabou de se ver, Pereira Coelho (*Curso de Direito Comercial*, I, Almedina, 2004, 5ª ed., pp. 303-304 e n. 275 à p. 305)".

[114] "§ 4.º Os prédios ou estabelecimentos a que se refere este artigo podem ser sublocados sem autorização do senhorio, mas só em caso de trespasse do mesmo negócio, passando então para o sublocatário os direitos do arrendatário, e ficando este solidariamente adstrito às suas obrigações."

do Decreto n.º 4:449, de 27-6-1918[115]) ou, simplesmente, ao "trespasse de estabelecimento comercial ou industrial" (art. 55 do Decreto n.º 5:411, de 17-4-1919[116]).

Foi com a proposta que veio a converter-se na Lei n.º 2:030 que se principiou por afirmar, na respectiva base XXXIV-3, dever ser "*considerado como sublocação ilegal:*

a) O trespasse do local de um estabelecimento comercial ou industrial independentemente das mercadorias ou utensílios que constituem a existência do estabelecimento;

b) O trespasse de estabelecimento comercial ou industrial sem autorização do senhorio para diferente ramo de negócio ou indústria".

Este preceito era tecnicamente bastante incorrecto, primeiro porque não pode identificar-se com *sublocação* uma *transmissão do direito de arrendatário*: o *sublocador* não cede a sua posição contratual, apenas celebra um *subcontrato*; depois, porque chamava *trespasse*, nas alíneas, a algo que na verdade o não era, porque não passava de uma simulação dele.

A Câmara Corporativa, tentando aperfeiçoar tecnicamente a disposição legal projectada, ainda sugeriu, entre outras correcções, que se dissesse que, no caso das hipóteses legais previstas nas alíneas, "não há trespasse", mas o texto proposto acabou apenas por constituir o art. 64-2 da Lei n.º 2:030, concebido nos termos seguintes:

"*2. A cessão do direito ao arrendamento comercial ou industrial, sem autorização escrita do senhorio, só pode verificar-se no caso de traspasse.*

Entende-se que há sublocação ou cessão do direito ao arrendamento:

a) Quando no local passar a exercer-se outro ramo de comércio ou indústria e, em geral, se lhe for dado outro destino;

b) Se a transmissão do local não for acompanhada da transferência, em conjunto, das instalações, utensílios, mercadorias ou outros elementos que caracterizem o estabelecimento".

O propósito legislativo que ressaltava da disposição e estava ínsito nos trabalhos preparatórios era o de descrever duas hipóteses de *simulação de trespasse* pelo arrendatário, declarando, sem restrições, que as previsões

---

[115] "§ único. Tratando-se de sublocação de casa onde exista algum estabelecimento comercial ou industrial ou de prédio nele compreendido, não poderá o senhorio recusar a autorização quando haja trespasse do mesmo negócio, com tudo que a este diga respeito."

[116] "Artigo 55. Em caso de trespasse de estabelecimento comercial ou industrial, considera-se nele compreendida a sublocação do prédio ou parte do prédio em que esse estabelecimento esteja instalado, sem necessidade de autorização do senhorio."

legais descritas constituíam *sublocação* ou *cessão do arrendamento* — não, que seriam *presunções de não haver trespasse*.

A própria linguagem adoptada era clara e incisiva: "*entende-se que há* sublocação ou cessão do direito ao arrendamento". Isto, em perfeito e esclarecedor contraste com a declaração que se continha imediatamente antes, no art. 63-1 da mesma Lei: "*presume-se* que há sublocação...".

Quando este texto passou ao Código Civil, a modificação mais importante nele introduzida foi a afirmação (aliás já proposta na Câmara Corporativa por PIRES DE LIMA, que depois veio a ter papel relevante na redacção deste passo do Código) de que, nas mesmas hipóteses, "não há trespasse".

Assim foi dado o último passo da evolução, deixando o legislador, desde aí, de amarrar as hipóteses descritas nas alíneas a casos de *sublocação* (ou de *cessão do direito de arrendatário*) para proclamá-las como previsões legais em que, pura e simplesmente, *não há trespasse*.

Na perspectiva da mencionada corrente de opinião, porém, verificando-se alguma das hipóteses das referidas alíneas, o *senhorio* teria a seu favor, contra a transmissão do *lugar*, não autorizada, a *presunção* de que a transferência, embora mascarada com o rótulo de *trespasse*, não integraria este, efectivamente, como o indiciaria a circunstância de o "trespassário" ter mudado de ramo de negócio ou dado ao prédio destino diverso (al. *a)* do primitivo art. 1118-2 CC, reproduzida como al. b*)* do art. 115-2 RAU), ou de não ter sido acompanhada de transmissão em conjunto das instalações (al. *b)* do primeiro e al. a*)*do segundo artigo) — mas, sendo só uma *presunção tantum iuris*, o *arrendatário* poderia ilidi-la, provando que, apesar de as circunstâncias fazerem supor o contrário, a operação envolveu, realmente, uma efectiva transmissão do *estabelecimento* e, portanto, um verdadeiro *trespasse*.

Por outro lado, tratando-se de puras *presunções legais*, ficaria unicamente salva ao *senhorio* a faculdade de, *não se demonstrando o contrário*, firmar-se no regime de uma transmissão do lugar *sem trespasse*.

É que, segundo esta construção, os *índices* que as duas alíneas descreviam não podiam realmente valer senão enquanto subvertessem a "efectiva transmissão do complexo".

Assim, de acordo com este entendimento, a alteração do destino revelada pelo exercício ulterior do adquirente, não excluiria, só por si, o *trespasse*, sendo indispensável, além disso, que se provasse "que a alteração interferiu no próprio acto que se pôs em movimento, impedindo o trespasse da organização do alienante"; era preciso, numa palavra, que se provasse que as partes não quiseram transferir o *estabelecimento* e realmente não o transferiram.

Do mesmo modo, a circunstância de não se transferirem em conjunto as instalações, utensílios, mercadorias e outros elementos que integram o *estabelecimento* não seria decisiva, por si, para excluir o *trespasse*, pois "só o âmbito necessário ou mínimo do que pode chamar-se o património da empresa é que tem de transferir-se juntamente com ela" e "o puro elenco dos bens não é critério decisivo do estabelecimento ou empresa, pois o estabelecimento ou empresa é que é critério dele"[117].

Em suma, o adquirente poderia sempre demonstrar que, "apesar de o trespassário, após o trespasse, ter passado a exercer no local outro ramo de comércio ou indústria... ou que apesar de a transmissão não ter sido acompanhada da transferência, em conjunto, das instalações, utensílios, mercadorias ou outros elementos que normalmente integram o estabelecimento, a qualificação de 'trespasse' correspondeu à realidade do contrato, pois, efectivamente, o bem transmitido ao trespassário foi o próprio estabelecimento comercial ou fabril"[118].

Fundando-se nesta construção, chegaram alguns dos seus defensores a sustentar ser perfeitamente admissível provar o adquirente a verificação de um *trespasse* na transmissão pura e simples da *clientela,* ou de um *estabelecimento* que "ainda estava *em formação*, não sendo integrado por quaisquer outros elementos além do prédio em que iria funcionar"[119].

Se, nesta base, a questão de haver ou não haver *trespasse* dependeria de haver ou não haver *transmissão de estabelecimento*, ficava assim lançada a ponte para, em última instância, se determinar quando poderia, afinal, dizer-se que a realidade transmitida já era, ou ainda era, um *estabelecimento*, ou quando, pelo

---

[117] ORLANDO DE CARVALHO (*Rev.Leg.Jurs.*, 110.°, pp. 111 e 112). Esta anotação foi também publicada em *separata*, subordinada ao título *Estabelecimento, trespasse e mudança de destino*, Coimbra Editora L.^{da}, 1977.

[118] PEREIRA COELHO, *Arrendamento,* (ed. pol.), 1988, p. 216.

[119] PEREIRA COELHO, *Arrendamento,* (ed. pol.), 1988, p. 216, nota 1.

contrário, o não seria — e deste modo acabávamos por desembocar no tremendo quebra-cabeças em que a doutrina se tem, entre nós, enredado: a determinação do seu *âmbito necessário* ou *mínimo*[120].

Em que poderá afinal consistir, objectivamente, o *âmbito mínimo* — ou *necessário* — de um *estabelecimento?*

De uma parte, tem sido afirmado que se verificará com a transmissão que envolva bens "susceptíveis de 'aprisionarem' a imagem do todo", isto é, quando "*espelharem* essa mesma imagem aos olhos do público.

O público acredita, em presença desses bens, que ali está e subsiste determinado estabelecimento". O conjunto de bens que se tem identificado com essa susceptibilidade é, segundo se diz, aquilo que "a doutrina, com mais ou menos felicidade, designa lá fora por *achalandage* e (ou) *clientèle*, ou por *avviamento*, ou por *Chancen*, ou por *good-will of business* ou *good-will of trade* — mas conjunto que não tem, considerado em abstracto, de incluir forçosamente um certo elemento e não outro"[121].

Doutro lado, tem-se apelado antes ao critério da *aptidão funcional.*

Se o conjunto, como base de uma função produtiva, tem um significado diferente do assinalável aos elementos de que se compõe, há um *estabelecimento*, ainda que ele não possa operar imediatamente, por falta de algum elemento que participe dele e o complete.

O *estabelecimento incompleto* poderá então, desde que disponha de *aptidão funcional*, ser já (ou ainda) tratado como *estabelecimento*[122].

---

[120] ORLANDO DE CARVALHO, *Critério e estrutura do estabelecimento comercial*, I, Coimbra, 1967, pp. 476-488 e *Alguns aspectos da negociação do estabelecimento* (*Rev.Leg.Jurs.*, 115.°, p. 167). No mesmo sentido: COUTINHO DE ABREU, *Curso de Direito Comercial*, I, 7ª ed., Almedina, 2009, pp. 237-239.

[121] ORLANDO DE CARVALHO (*Rev.Leg.Jurs.*, 115.°, pp. 167-168).

[122] JOSÉ OLIVEIRA ASCENSÃO, *Lições de Direito Comercial* (ed. pol.), I, 1986/87, pp. 509-510.

Pela nossa parte, pensamos que, tanto nesta variante como na anterior, o entendimento em questão não foca nem valora com precisão um elemento tão importante como o *direito de arrendamento*, acabando por traduzir-se numa imagem desfocada da realidade.

Os critérios propugnados, essencialmente centrados em avaliações subjectivas pautadas por juízos predominantemente especulativos, conduzem assim a uma forte incerteza e insegurança na qualificação ou, pelo contrário, na recusa de configuração de determinado acto dispositivo como verdadeiro *trespasse*.

Onde, precisamente, começa ou onde acaba a *aptidão funcional?* Quando, objectivamente, se poderá dizer, na prática, que certa realidade — que afinal, nesses critérios, se não vê nem se mede — constitui o *goodwill* que *espelha* ou *projecta* no público a imagem *do todo* de um *estabelecimento?*

Tão pouco significativos e aplicáveis são estes critérios que, mesmo quando os tribunais enfaticamente os enunciam e afirmam entusiástica adesão a eles, acabam involuntariamente por desprezá-los, na ulterior aplicação ao caso concreto, pois servem-se antes de raciocínios empíricos que não os têm minimamente em consideração.

Temos um claro exemplo disso no seguinte acórdão paradigmático do SUPREMO Tribunal de Justiça, publicado pela *Actualidade Jurídica*:

— O estabelecimento comercial, enquanto objecto de negócio, é um complexo de elementos ou meios em que o mesmo radica e o tornam reconhecível — SUPREMO, 28-5-1997 (*Act.Jur.*, I, n.º 8, p. 12).

Como se vê, este sumário denuncia abertamente a adesão do aresto ao critério de ORLANDO DE CARVALHO de determinação do *estabelecimento* pelo *espelho por que se projecta no público da sua imagem* — mas como se fez afinal a sua aplicação prática ao caso concretamente submetido ao pretório?

Tratava-se de um *estabelecimento industrial de oficina de reparações automóveis e estação de serviço* despojada de uma parte dos seus utensílios, entre eles o macaco hidráulico, mas acompanhada do escritório onde um empregado se encarregava do expediente empresarial e do atendimento telefónico.

Perscrutou o SUPREMO se o que foi objecto de transferência *espelhava no público* a ideia de *estabelecimento?* Parece-nos que não. Limitou-se a ponderar, a respeito do escritório, que ele era apenas um elemento do *estabelecimento*, não o *estabelecimento*, e que não representava o "mínimo de funcionalidade para que se possa dizer que, com a transferência... se procurou a transferência do próprio estabelecimento comercial". Aludindo conclusivamente à ideia de *reconhecimento do público*, recorreu afinal ao critério do *mínimo de funcionalidade*, mas *aferido unicamente pelo escritório*, e esquecendo que, a par desta transferência, tinha transitado também a *oficina*, embora despojada do macaco hidráulico e de outros utensílios não identificados nem quantificados.

Não é, aliás, seguro que aquilo que se transferiu não tivesse *funcionalidade* para o exercício da mesma actividade. Tanto a tinha que a *trespassária*, segundo se deu também por provado, *reactivou o complexo*, que *estava em funcionamento*.

Além disso, porém, o acórdão ainda fez funcionar as alíneas do antigo art. 1118-2 CC, correspondentes às do ulterior art. 115-2 RAU, racionando assim: no caso, verificavam-se as *presunções de não trespasse* e não se ilidiu a presunção, para desse modo se provar que, "com a transmissão dos escritórios se transmitiram os elementos caracterizadores da sua empresa". A não transferência do *estabelecimento*, ou seja, de uma organização concreta de factores de produtivos de posição no mercado "é índice de que com a transmissão dos escritórios, tão-somente houve cessão da posição de arrendatária".

Parece, salvo o devido respeito, que *só de uma* presunção do art. 1118-2 CC se podia falar, visto que, quanto à outra, a *trespassária* (ou pretensa trespassária) *continuou a aplicar o espaço arrendado ao fim contratado.*

O que será, tão-só, discutível é se foi feita uma transmissão *do conjunto* dos elementos constitutivos do *estabelecimento*, uma vez que a parte relativa às oficinas e estação de serviço tinham sido despojadas de grande parte dos seus utensílios de laboração.

Ora, sobre isso, não dá o acórdão uma ideia segura. Não se sabe se o que foi transferido podia configurar-se como o *mínimo de estabelecimento trespassável.*

Perdoar-se-nos-á, ainda, que tenhamos alguma dificuldade em considerar, como o acórdão considerou, que a falta de transmissão do *estabelecimento* seja um simples *índice* de que se operou a cessão da posição de arrendatária: esta não foi apenas *indiciária*, mas *efectiva*.

O que, porém, sobretudo nos parece de realçar neste aresto é que, como se vê, ele é exemplar na ilustração da marcada tendência jurisprudencial que, invocando as teses da Escola de Coimbra e abonando-se largamente na explanação teórica dos seus fundamentos, acaba por não fazer a sua aplicação prática, e por se determinar por outros critérios.

i — Independentemente disso — e deixando para depois a previsão legal da antiga al. b) do art. 115-2 RAU que, na nossa perspectiva, efectivamente não se destinava a descaracterizar o *trespasse*, pois contemplava um *eventual acontecimento ulterior* à transmissão (a aplicação do *estabelecimento*, pelo *trespassário*, a *fim diferente* do que delimita o *direito de arrendamento*) — a verdade é que, relativamente à previsão legal constante da al. a), reproduzida *ipsis verbis* no actual art. 1112-2 CC, *a tese da presunção ilidível* (ou, se se preferir, do simples sinal, índice ou *indício* de *não transmissão* ou de *simulação*) *não condiz com o Direito positivo.*

Com efeito, na referida alínea, proclama-se categoricamente que *não há trespasse* "quando a transmissão não seja acompanhada de transferência, em conjunto, das instalações, utensílios, mercadorias ou outros elementos que integrem o estabelecimento".

Há-de assim convir-se em que, pois, uma afirmação deste teor — "não há trespasse" — não será, realmente, a mais consentânea com a ideia de uma simples *presunção tantum iuris*, visto que, desse modo, se admitiria afinal vir a provar-se que *há trespasse* onde peremptoriamente se afirmou que *não o há.*

Isto, por um lado.

Por outro, há-de igualmente concordar-se com o princípio de que a hipótese contida na al. a) *não descreve um facto indiciário; dá, sim, uma delimitação negativa da noção legal de trespasse*, referindo que *não o é* a transmissão "que não seja acompanhada da transferência, em conjunto, das instalações, utensílios, mercadorias ou outros elementos que integram o estabelecimento".

Na verdade, ela não reflectia, nem reflecte, um simples *sinal, índice* ou *presunção* de *não trespasse* — dado que, se este se funda, como é bem de ver, numa transmissão *global* do complexo objectivo de bens que constitui o *estabelecimento*, não poderá, logicamente, configurar-se quando, sob a sua capa, não tenha havido efectiva transmissão, em *conjunto*, isto é, *em bloco*, das instalações, utensílios, mercadorias *ou outros bens* que de facto o compõem.

Não tendo a *transmissão* estes atributos, pura e simplesmente *não há trespasse*[123]; portanto, nem o *senhorio* tem a seu favor uma simples *presunção* da sua inexistência nem o *arrendatário* poderá vir a provar que, não obstante a falta dos requisitos postos na alínea, ele ainda se configura[124].

Pretender, em presença de tão claro preceito, que, não obstante ter ocorrido uma transmissão do *conjunto* das *instalações*, dos *utensílios*, das *mercadorias* e, nas próprias palavras da lei, *dos outros elementos que integram o estabelecimento*, se poderá vir a provar que não houve *trespasse* porque, apesar disso, o verdadeiro *estabelecimento* não foi transferido é, em nossa opinião, fazer tábua rasa da lei.

Perante esta norma legal e sem tergiversações possíveis, o *estabelecimento* cuja transferência constitui *trespasse* só pode ser *esse conjunto*.

A demonstração, em determinado litígio, de não ter a concreta transferência compreendido *o conjunto dos elementos que integram o estabelecimento comercial ou industrial* nem ilide nenhuma

---

[123] Não quer isto dizer que seja *nulo* o contrato fundamental de transmissão, ou que se configure um *trespasse nulo*, como já foi julgado (Rel.Lxª, 20-11-1974/*BMJ* n.º 241, p. 340): pura e simplesmente, *não há trespasse*; logo, não é associável ao negócio fundamental de transmissão o efeito deste — e de tudo resulta ser totalmente inaceitável, em tais hipóteses, declarar a *nulidade* do contrato e restituir o "*trespassante*" à fruição da *loja,* como, igualmente sem razão, se julgou ainda no ac. do SUPREMO, de 24-6-1975 (*BMJ* n.º 248, p. 439).

[124] Cremos que a mesma ideia se revela também no pensamento do Prof. MENEZES LEITÃO, quando refere que as situações das alíneas do n.º 2 do novo art. 1112 CC "descaracterizam o negócio" (cf. LUÍS MANUEL TELES DE MENEZES LEITÃO, *Arrendamento Urbano,* 3ª ed., Almedina, Coimbra, 2007, p. 79).

presunção, índice ou sinal de *trespasse* — o qual, até aí, foi apenas *um nome*, uma *aparência* ostentada pelas partes — nem poderá deixar de conduzir à procedência da acção, a pretexto de que, apesar da disposição legal, não foi transmitido algo de tão nebuloso e insusceptível de um objectivo acertamento judicial como o *goodwill*.

Independentemente da *vexata quæstio* da inegociabilidade ou da negociabilidade deste valor, *a se*, o que, portanto, parece razoável e esclarecedor, decididamente, é começar por não se confundir *trespasse* com a negociação, em geral, do *estabelecimento comercial ou industrial* — identificando-o com ela, e vendo em toda ela sempre um *trespasse*.

As duas águas têm de ser perfeitamente separadas — e cremos bem que, feito isto, facilmente se chegará, aliás, à conclusão de que a problemática da negociação do *estabelecimento comercial* só terá real relevância jurídica no *trespasse*, com vista à negociação do *direito de arrendatário* e à *preferência legal* do *senhorio*.

Fora disso, saber se o que se transmitiu é *estabelecimento* ou outra realidade, se é uma parte ou todo o *estabelecimento*, pode servir para delimitar *in casu* o objecto concreto da negociação; não levanta consequências jurídicas específicas importantes para qualquer das opções. Não merecerá, na nossa perspectiva, atenção de maior.

No plano da figura legal do *trespasse* é que, como começámos por advertir (cf. *supra*, **A**), interessará apurar se o valor patrimonial transmitido efectivamente envolve *o conjunto* de um *estabelecimento comercial ou industrial* que incorpore um *direito de arrendatário*, porque só quando a transmissão deste direito se faça *conjuntamente* com os *restantes elementos constitutivos* de tal *universalidade* fará a lei desencadear o regime jurídico que lhe reserva e que se resume a dispensar a *autorização* do *senhorio* para a legitimidade da transmissão arrendatícia e a reconhecer ao *senhorio preferência legal* na aquisição do *estabelecimento*.

Seguramente, não será, pois, legítimo ver um *trespasse* na alienação que, dos elementos integrantes de um *estabelecimento comercial ou industrial*, envolva unicamente o *direito de arrendatário*.

Semelhante transmissão será pura *cessão da posição contratual*, aliás ilícita, se destituída de *autorização* do senhorio; não um *trespasse*.

Nesta ordem de ideias, a tese de recondução ao *trespasse* da alienação de um *estabelecimento em formação*, não integrado por outros elementos além do prédio ("só paredes", como costuma dizer-se na linguagem comum) em que deverá funcionar, será, para nós, completamente inaceitável.

Que parte do *estabelecimento*, além do *direito de arrendatário*, é efectivamente transmitida neste caso?

Nenhuma; logo, não pode haver *trespasse*, pois este, nas palavras da al. a) do art. 115-2 RAU, como agora nas da mesma alínea do novo art. 1112-2 CC, tem de ser acompanhado *dos outros elementos* que formam *o conjunto* do *estabelecimento*.

Mais. Se, além do *direito de arrendatário*, se transmitirem, conjuntamente, outros elementos componentes da *universalidade*, mas *de valor inferior* ao daquele direito, também parece que não poderá ver-se aí um *trespasse*.

Porquê? Porque, como é certo, o fundamento da lei, na excepção ao princípio da *indisponibilidade do direito de arrendatário* que institui com o *trespasse*, como já referimos (cf. *supra*, **A** e **E-f**), é o reconhecimento de que, com a instituição e funcionamento do *estabelecimento comercial ou industrial*, o *arrendatário* criou, anexo ao *direito de arrendatário*, um valor económico cuja circulação, *respeitando a uma riqueza fundamentalmente por si produzida*, não deverá, em boas contas, poder ser entravada pelo *senhorio*.

A tutela da circulabilidade do *estabelecimento*, só por si, não pode servir para fundamentar o *trespasse*, visto que, em princípio, o *arrendatário* não pode transmitir o seu direito sem autorização do *senhorio* (al. *f)* do art. 1038 CC).

Apenas a riqueza criada pelo *arrendatário* com a constituição do seu *estabelecimento* poderá, pois, fundamentar o *trespasse*.

É este o *valor justiça* tutelado pela ordem jurídica: preservar, através da respectiva circulação, o aproveitamento pelo *arrendatário* da riqueza económica por ele produzida com a formação do seu *estabelecimento* — e é bem evidente que semelhante *valor* não releva numa transmissão em que a riqueza circulada é imputável primacial ou unicamente ao *direito de arrendamento*, que corresponde a uma riqueza criada pelo *senhorio*.

Numa bem entendida *jurisprudência dos valores*, cessando o *valor* tutelado, cessará a tutela jurídica.

É assim que, na nossa concepção, emancipados dos critérios, de preponderante subjectivismo, da *aptidão funcional do estabelecimento incompleto* ou do *âmbito mínimo revelado pela imagem do todo aos olhos do público*, insusceptíveis de proporcionar à jurisprudência uma directriz clara e objectiva, eficaz contra as frequentes fraudes que neste capítulo têm ocorrido na prática, e da entenebrecedora identificação do limitado instituto do *trespasse* com a vasta *negociação do estabelecimento*, numa perspectiva rigorosa de tutela dos valores que se pretendeu preservar, poderemos finalmente chegar a um rigoroso critério técnico, objectivo, e de fácil aplicação prática.

É — como o designamos — o *critério económico*.

Funciona com grande rigor e podemos enunciá-lo assim: há *estabelecimento incompleto* ou *âmbito mínimo*, indispensável à configuração de *trespasse*, quando *a diferença do valor dos activos e passivos identificáveis para o preço pago seja superior ao valor do direito de arrendamento.*

Numa fórmula algébrica:

$$P\text{-}V_{api} > D_a$$

P = preço pago
V_{api} = valor dos activos e passivos identificados
D_a = direito de arrendamento

Sendo o valor do *direito de arrendamento* tecnicamente exprimido pela diferença entre o valor da renda de mercado e o das rendas a pagar ao longo da duração do contrato, poderemos representar o critério pela seguinte inequação.

$$P\text{-}V_{api} > \frac{R}{j+r-tc}$$

P = preço da transmissão
V_{api} = valor dos activos e passivos identificados
R = diferença entre a renda de mercado e a renda contratual durante o tempo garantido
j = taxa de juro
r = taxa de risco
tc = taxa de correcção

Quem entenda que poderá o *trespasse* inserir-se ainda num *acto dispositivo* a *título gratuito* (tese que, como demonstrámos, não é a melhor) obtemperará, porventura, que perderá o nosso *critério económico* uma parte importante do seu rigor, por faltar então o *preço* que constitui o *valor de referência* reconhecido pelo adquirente que se arroga à qualidade de *trespassário.*

Mesmo nesse caso, porém, parece-nos que não deixará de ser mais expressivo ou revelador do *âmbito mínimo* do *estabelecimento* do que, decerto, os métodos que classicamente têm sido apresentados: a diferença positiva entre o valor do *direito de arrendamento* e o dos *activos e passivos identificáveis* será denunciadora de que não há *âmbito mínimo* de *estabelecimento*, que este se reconduzirá, essencialmente, ao *direito de arrendamento* — e não é, por isso, legalmente passível de *trespasse.*

Nas hipóteses limite, até dentro dessa concepção que não perfilhamos, não haveria outro remédio senão recorrer a uma *avaliação* do *estabelecimento*, com discriminação dos seus elementos constitutivos, comparativamente com o valor imputável ao *direito de arrendamento*[125].

Fora disto, cairemos em divagações especulativas que não oferecem a menor garantia contra as mais gritantes injustiças.

Podemos ilustrar com um ou dois exemplos, tirados da vida real, encarados na perspectiva dos critérios clássicos — e vistos depois através do nosso *critério económico* de revelação do *âmbito mínimo* de *estabelecimento comercial ou industrial*, para efeitos de *trespasse*.

α — Seja o caso ocorrido tempos atrás com um *estabelecimento* de *sapataria*, situado no bairro de Benfica da cidade de Lisboa, cujo titular começou a ter atrasos nos seus pagamentos, levando a que um credor o tivesse executado, penhorando-lhe o *estabelecimento*. No momento da *penhora*, estava ele em funcionamento, e foi então arrematado em hasta pública, anteriormente à entrada em vigor do actual Código de Processo Civil e ainda em moeda antiga, por 7 mil contos. Valor dos *activos e passivos identificáveis*: 200 contos.

Estávamos aqui em presença de uma transmissão do conjunto dos elementos constitutivos do *estabelecimento*, enquadráveis no conceito legal de *trespasse*?

Apliquemos os critérios clássicos, que têm sido formulados na doutrina.

Aptidão funcional: positiva. O *estabelecimento*, embora encabeçado num titular muito descapitalizado, estava a funcionar, e os elementos transmitidos (mercadoria, prateleiras, expositores, banquetas para os empregados, calçadeiras, formas, etc.) permitiam, manifestamente, o prosseguimento da actividade de venda de sapatos. A *aptidão funcional* estava intacta.

Passemos à outra variante — a imagem *do todo* aos olhos do público: apontava no mesmo sentido. Podemos perfeitamente admitir, embora esse quesito não tenha sido posto à prova, que *se espelhava*, plausivelmente, no complexo de bens adquiridos pelo arrematante que ele tinha recebido *o*

---

[125] Nesta orientação, embora reportando-se apenas ao *aviamento*, já Manuel de Andrade, *Sobre as cláusulas de liquidação pelo último balanço* (*Rev.Leg.Jurs.*, 86.º 87.º, pp. 80 ss) e Ferrer Correia, *Lições de Direito Comercial* (com a colaboração de Manuel Henrique Mesquita e António A. Caeiro), I, imp. *offset*, 1973, pp. 208-209, n., apelavam para a necessidade de um balanço especial com vista a determinar aquele valor no caso de saída ou morte de um sócio que confira o direito, a ele ou aos seus herdeiros, de receber o valor económico da posição respectiva.

todo daquele *estabelecimento* que era o instrumento da actividade comercial do executado. Quando se estranhe a aquisição, por 7 mil, de um bem que, em *activos identificáveis*, só valia 2 centos, poderá naturalmente responder-se, em semelhante critério, que nessa diferença residiria precisamente aquilo a que "a doutrina, com mais ou menos felicidade, designa lá fora por *achalandage* e (ou) *clientèle*, ou por *avviamento*, ou por *Chancen*, ou por *good-will of business* ou *good-will of trade*". Notoriamente, tinha-se pois transmitido o "âmbito mínimo", configurando-se claramente um *trespasse*.

Foi efectivamente assim que por todos foi entendido.

O nosso *critério económico* irá revelar, porém, como esta concepção da realidade é desfocada. Nos elementos arrolados, não se reflectiu nem sombra de um valor contabilisticamente identificável: o do *direito do arrendamento*. Ora pondo o foco à imagem da realidade, surpreenderemos com perfeita nitidez que a renda do local do *estabelecimento*, de contrato *sem duração limitada*, era de 60 contos mensais, enquanto o preço de mercado a ter em conta, no local e na época (fixável, por defeito, em 2 500$00/m.q.), ascenderia a um mínimo de 360 contos mensais.

Estabelecendo então o valor deste direito, adquirido pelo arrematante, teremos para (360 000$00 – 60 000$00) × 12 = 3 600 000$00:

$$Da = \frac{R}{j+r\text{-}tc} = \frac{3\ 600\ 000\$}{6\%+0\text{-}0{,}91\%} = \frac{3\ 600\ 000\$ \times 100}{5{,}09} = \frac{360\ 000\ 000\$}{5{,}09} = 70\ 726\ 915\$00$$

Em síntese, a diferença do *activo identificável* de 200 contos para o preço pago de 7 mil contos, cifrava-se na mais-valia para o valor real de 70 mil contos ou, mais precisamente, de 69 800 contos, inteiramente cobertos pelo valor do *direito de arrendamento*, com que se locupletou o arrematante, não sobrando nem 1 avo para um eventual *valor de clientela*, *Chancen* ou *goodwill*.

A insofismável verdade — como o nosso *critério económico* o denuncia mas os critérios clássicos não conseguem revelar — é que se verificou afinal, neste caso paradigmático, aquele fenómeno largamente testemunhado pelos especialistas segundo o qual, em regra, o *direito de arrendamento é o valor mais importante que as transmissões ditas de trespasse envolvem*.

Deste modo, o bem patrimonial que fundamentalmente satisfez o credor exequente não foi a riqueza criada pelo devedor, justificativa da *dispensa da autorização* do *senhorio* e essencial ao *trespasse* — e pelo caminho ainda ficou o enriquecimento do credor exequente, ao conseguir reaver todo o seu crédito, não pelo património do seu devedor mas pelo do *senhorio*, e o locupletamento do arrematante, que pagou a dívida do executado e frutificou com a operação o rendimento equivalente a um capital de 72 mil contos, porque a pobre da *senhoria,* como ocorre com muita frequência na prática, não teve liquidez para preferir, no lanço de 7 mil contos.

β — Outro caso. Seja a hipótese lançada em tempos por Coutinho de Abreu, do pavilhão industrial com o *nome de estabelecimento* afixado na fachada principal do edifício, *Coefina–Alcatifas*, já dotado de todo um vasto complexo de utensílios necessários à sua laboração, apesar de lhe faltar ainda uma cortadora ou de não estarem contratados todos os indispensáveis trabalhadores. Para o I. A., a unidade em presença não estará ainda completada, mas os elementos reunidos "já conseguem projectar no público a imagem de um bem novo, de algo que não se reduz a um mero somatório de bens singulares". Já possui *aviamento-organização*. Em suma, poderá pois ser negociado como um todo, designadamente, ser objecto de uma *cessão de exploração*, "não ficando, portanto, o prédio sujeito ao regime 'vinculístico' do arrendamento, não tendo de se negociar separadamente o mobiliário, as máquinas, o nome, etc."[126].

A hipótese, assim encarada à luz do entendimento tradicional, serve bem para ilustrar como são profundas as diferenças que separam este critério da nossa concepção.

Também nos parece perfeitamente aceitável que, embora o complexo ainda não tenha começado a funcionar, se negocie, em primeira mão, a *locação* dos elementos objectivos enunciados, no quadro de uma *universalidade* — mas, se bem pensamos, nem por isso podemos cair no equívoco de supor que ficará o gozo *do prédio* com isso isento do direito de arrendamento a que está sujeito.

Na nossa concepção, a *Coefina–Alcatifas* pode ser negociada, parcelar ou globalmente, sem que interesse apurar, para qualquer efeito jurídico relevante, se ela é já *estabelecimento*, ou ainda não. Se, porém, o *espaço predial* dessa unidade industrial for ocupado através de um *contrato de arrendamento* e se se pretender negociá-lo como um *estabelecimento* e no quadro de um *trespasse*, este apenas poderá configurar-se quando o valor criado com a *universalidade*, expresso pelo preço respectivo, deduzido do valor dos *activos e passivos identificáveis*, seja superior ao do *direito de arrendamento*, ou seja, traduzindo a ideia por uma expressão algébrica, se $P - V_{api} > \frac{R}{j+r-tc}$[127].

[126] Jorge Manuel Coutinho de Abreu, *Da empresarialidade–As empresas no Direito*, Almedina — Colecção Teses, 1996, p. 53-54.

[127] O aproveitamento deste exemplo teve sempre, no nosso espírito, o único propósito de, com o maior respeito e admiração, ilustrar meras consequências práticas resultantes da adopção dos diferentes critérios de caracterização do *estabelecimento mínimo*, não se justificando, agora, prosseguir no desenvolvimento que foi tomando o diálogo com o Ilustre Professor, de edição para edição (*Curso de Direito Comercial*, I, Almedina, 2000,

j — Descaracterizado o *trespasse* à luz da *facti species* da al. a) do novo art. 1112-2 CC, nos termos acabados de expor, o que persiste, na negociação celebrada à sua sombra, é uma violação frontal da *obrigação do arrendatário* de não proporcionar a outrem o gozo do prédio arrendado por meio de uma cessão da sua posição jurídica sem permissão da lei ou autorização do *senhorio*, enunciada na al. f) do art. 1038 CC.

A permissão da lei que se pretendia atingir, constante do novo art. 1112-1, al. a), CC, frustrou-se com a ocorrência da hipótese legal descrita na al. a) do n.º 2 do mesmo artigo — e, então, o *senhorio* terá ao seu alcance o direito de resolver o contrato de arrendamento, socorrendo-se do disposto na al. e) do novo art. 1083-2 CC que descreve a situação com perfeita nitidez.

Este tem sido, aliás, o entendimento tradicional, com referência às als. f), primeiro do primitivo art. 1093-1 CC, e, depois, do art. 64-1 RAU (v., ainda, para o vício de forma do *trespasse*, o que se refere a este respeito *infra*, **J**).

l — É tempo de passarmos à análise da *facti species* que tinha sido integrada ultimamente na alínea b) do art. 115-2 RAU, e foi transferida agora, com significativa mudança de redacção, para a al. b) do novo art. 1112-2 CC.

No RAU, como, de resto, no primitivo art. 1118-2 CC, onde tinha a primazia de constituir a al. a), ela descrevia claramente um *evento posterior* à *transmissão*: "quando, transmitido o gozo do prédio, passe a exercer-se nele..." — e por isso vínhamos defendendo que não retratava, em rigor, um caso de *não trespasse*, pois a ulterior *mudança de ramo* ou do *destino* não excluía uma anterior transmissão global do *estabelecimento comercial* ou *industrial* instalado em prédio arrendado.

2ª ed., p. 209 n. e 2004, 5ª ed., pp. 225-226 n. — e este nosso *Manual*, Almedina, 2001, 3ª ed., pp. 580-582).

Para o *trespasse* se configurar e subsistir como tal, bastaria que ele se transmitisse, definitiva e unitariamente — de modo que, se o *trespassário* aproveitasse depois a mesma *universalidade* para o exercício de *outro ramo de comércio* ou para *outra indústria*, e desse ao prédio destino diverso do que tinha antes e estava autorizado, não deixaria por isso de haver *trespasse* nem cessaria de o ser o que, como tal, tivesse sido realizado.

Ainda poderia admitir-se que, num momento muito embrionário do processo formativo da Lei n.º 2:030, se tivesse imaginado a posterior aplicação do prédio a fim diferente como um evento denunciador de *simulação de trespasse* mas, após as considerações desenvolvidas durante os trabalhos preparatórios, a este respeito, e com a formulação final do articulado legal, tornar-se-ia tal asserção muito difícil de confirmar.

Com efeito, de duas uma: ou a transmissão envolvia, globalmente, o conjunto dos elementos constitutivos do *estabelecimento* — e então a hipótese legal da al. a) já funcionaria a favor da ocorrência de *trespasse*, entrando as duas alíneas em conflito, e a *mudança do fim* só serviria para revelar, não que não houve *trespasse*, mas a ambivalência do *estabelecimento*; ou a alienação não tinha envolvido esse complexo unitário — e, para isso, já funcionava a al. a), a excluir a operação do âmbito de um *trespasse*.

Como entender, então, a, para nós, surpreendente *facti species* legal da primitiva versão do CC e do RAU?

Na nossa concepção, o elemento histórico ajuda-nos a compreendê-la e a explicá-la cabalmente.

Ela surge na proposta de lei, na verdade, para esclarecer que não podia o *arrendatário* entender o *trespasse* como um simples *direito à chave*, desligado do sentido teleológico de *estabelecimento* e do *fim* assinado ao *contrato de arrendamento*, e reportou-se a um momento ulterior à transmissão em virtude de o legislador se ter colocado na perspectiva do *senhorio*, cujo interesse queria, neste passo, assegurar. O *senhorio*, que é alheio ao contrato, só dará normalmente pela *mudança de fim* quando ela venha a revelar-se, através do comportamento do adquirente: foi por esse ângulo que, pois, o legislador prefigurou a mudança concertada entre *arrendatário* e "trespassário".

Dito isto, porém, não deixará a figuração desta hipótese de se nos apresentar ainda como perfeitamente insólita.

Então não é que, havendo mudança do *fim* contratual, não se tinha já aí um fundamento para a *resolução* do contrato pelo *senhorio*? Para que seria preciso associá-la ao *trespasse*?

Quando a Câmara Corporativa se debruçou sobre a matéria desta alínea, consubstanciada então, fundamentalmente, na al. b) da base XXXIV-3 da Proposta de Lei do Governo, pôs logo o dedo na ferida, salientando: "a doutrina da alínea... poderá ser tida por supérflua, uma vez que, dir-se-á, se está em presença de uma infracção de natureza diversa" — a aplicação do prédio a *fim* diverso do contratado.

Simplesmente, como nessa altura a mudança do destino comercial, industrial ou de profissão liberal para o de habitação não constituía fundamento de *despejo imediato* (era o que se inferia do disposto na alínea b*)* do § 7.º do art. 5.º da Lei n.º 1:662), logo se atalhou que a desnecessidade da previsão legal em referência não seria total, e ponderou-se inclusivamente que a hipótese da Proposta, quando relacionada com o *trespasse*, se revestia de "características especiais" que justificavam a providência a inserir.

"Basta figurar — concluiu a Câmara Corporativa — o caso de num arrendamento estar previsto como destino o comércio e a habitação. É evidente que o inquilino, promovendo o trespasse, dispensa a autorização do senhorio: e, assim, se no dia imediato ao suposto trespasse o *novo inquilino* passasse a habitar no prédio, tinha-se verificado na realidade uma sublocação para habitação, contra o princípio do artigo 7.º da Lei n.º 1:662. E, assim, um acto aparentemente correcto envolvia uma fraude"[128].

Foi esta observação que salvou a alínea — mas é bem de ver que se incorreu então num duplo equívoco.

Primeiro equívoco: a hipótese não podia, evidentemente, ser qualificada como *sublocação*, pois configurava a *alienação do direito de arrendatário*, e não um *subcontrato* assente imprescindivelmente na subsistência desse direito. A Câmara já tinha apontado, aliás, essa deficiência técnica à Proposta, mas esqueceu-se disso, e acabou por cair, ela própria, no mesmo erro que tinha começado por denunciar.

Segundo equívoco: o caso prático figurado no Parecer acabava afinal por se enquadrar numa transmissão de *paredes nuas*, para aplicação a *habitação* — e, aí, repetia a hipótese legal contemplada na outra alínea do mesmo preceito.

---

[128] Cf. *Diário das Sessões*, 1948, p. 408 (38).

Assim, ou a providência se reconduzia à descaracterização do *trespasse*, por não envolver uma transmissão global e unitária dos elementos constitutivos do *estabelecimento* (que se contemplava já na outra alínea) ou destinava-se fundamentalmente, com todas as suas insuficiências técnicas, a acrescentar um *fundamento de resolução* pelo *senhorio* ao elenco do § 7.º do art. 5.º da Lei n.º 1:662: a aplicação a *habitação* de um *arrendamento comercial* ou *para exercício de profissão liberal.*

É o último de tais propósitos, em nosso parecer, o que ressalta como objectivo fundamental da providência, como seu único interesse prático.

Ora se, nesta vertente, ainda podia, nessa altura, ter alguma utilidade, há-de convir-se que a perdeu inteiramente com o Código Civil, pois este diploma passou a prever como *caso de resolução* a aplicação a *qualquer* "fim ou ramo de negócio diverso daquele ou daqueles a que se destina" (al. b*)* do art. 1093-1 CC).

A inclusão no Código Civil da providência descaracterizadora do *trespasse* que veio a descrever na al. a) do seu art. 1118-2 é pois, como se vê, uma sobrevivência puramente residual, certamente devida a inconsideração.

As coisas não se ficaram, no entanto, por aqui e, com o *Regime do Arrendamento Urbano*, aprovado pelo Decreto-Lei n.º 321-B/90, de 15 de Outubro, esta hipótese trocou de lugar, invertendo a sua posição relativa com a que descrevia a descaracterização do *trespasse* pela falta de transmissão em conjunto dos elementos constitutivos do *estabelecimento.*

Não dispomos de elementos explicativos desta mudança — mas parece não poder ter outro sentido que não seja o de reconhecer o seu papel "secundário" na descaracterização pretendida. Só não terá havido, pela marcada ausência de sentido inovador do *Regime*, a coragem de se consagrar a consequência lógica deste entendimento e varrer, de vez, do texto legislativo uma hipótese tão anódina como esta.

Ela não descreve, com efeito, um facto verdadeiramente descaracterizador ou apenas indiciário de *não trespasse*, e deve ser considerada perfeitamente supérflua, como a Câmara Corporativa não teria deixado de o verificar, decerto, num contexto legislativo, como o actual, em que qualquer mudança do *destino* contratual é fundamento, sem excepções, de *resolução do contrato* pelo *senhorio.*

A evolução legislativa da previsão legal do art. 1118-2, al. a), CC reproduzida como alínea b) do art. 115-2 RAU, revela-nos, portanto, ter surgido historicamente com a Lei n.º 2:030, com base em notórios equívocos, e quando ainda não era fundamento de *resolução* do contrato pelo *senhorio* a aplicação do prédio arrendado *para comércio, indústria ou exercício de profissão liberal* a um *fim habitacional* — com o claro propósito, revelado nos trabalhos preparatórios, de acrescentar esta mudança do *fim* à lista dos casos de *despejo imediato* então constantes do § 7.º do art. 5.º da Lei n.º 1:662.

Tendo, porém, este caso de *despejo imediato* vindo a ser expressamente consagrado, como fundamento de *resolução do contrato* pelo *senhorio*, na alínea b) do primitivo art. 1093-1 CC (e depois passado a idêntica alínea do art. 64-1 RAU), a sobrevivência legislativa da hipótese legal contemplada na al. b) do art. 115-2 RAU era, quanto a nós, puramente residual, sem outra função admissível que não fosse a de *reiterar* que, verificada ela, ainda que perfazendo um *trespasse*, o *senhorio* ficaria também então com direito a obter a *resolução do arrendamento do prédio*, nos termos da al. b) do art. 64-1 RAU[129].

Tornava-se portanto muito claro, na nossa perspectiva, que, como tivemos ensejo de sugerir, durante os trabalhos preparatórios da frustrada *Reforma de 2004*, deveria "a perturbadora al. b)" ser definitivamente varrida do nosso Direito positivo.

A sugestão não foi, no entanto, acolhida, não sabemos porquê, nem na Proposta final de 2004 nem na ulterior — mas algum recôndito aspecto da nossa objecção parece ter remanescido na mente do legislador, pois, abandonando a redacção

---

[129] *Sic*: FERRER CORREIA, *Reivindicação do estabelecimento* ...(*Estudos Jurídicos*, 1969, II, p. 268, nota); VAZ SERRA (*Rev.Leg.Jurs.*, 100.º, p. 264); RUI DE ALARCÃO, *Sobre a transferência da posição do arrendatário no caso de trespasse* (*Bol.Fac.Dir.*, XLVII [1971], p. 27); PIRES DE LIMA/ANTUNES VARELA, *Código Civil Anotado*, II, 1981, p. 565; 1986, p. 644, e 1997, p. 711.

Na última destas edições, analisando a questão de saber se pode haver *trespasse* para *fim diferente* do utilizado pelo trespassante, igualmente autorizado no contrato, faz-se uma afirmação que de todo em todo não podemos acompanhar. Analisaremos este entendimento um pouco adiante, no texto.

Sobre o tema, veja-se, na jurisprudência, o ac. do SUPREMO, de 24-6-1975 (*BMJ* n.º 248, p. 439 e *Rev.Leg.Jurs.* 109.º, pp. 228 ss).

tradicional da al. b), veio a formulá-la agora assim, no novo art. 1112-2 CC:

"*Quando a transmissão* vise *o exercício, no prédio, de outro ramo de comércio ou indústria ou, de um modo geral, a sua afectação a outro destino*".

Complementarmente, passou a dispor, no n.º 5, do mesmo artigo:

"*Quando, após a transmissão, seja dado outro destino ao prédio...o senhorio pode resolver o contrato*".

Visivelmente, foi impressionado pela ideia, para nós óbvia e que vínhamos incessantemente repetindo em vão, de que, sendo a mudança de destino *posterior ao trespasse*, como expressamente se referia na fórmula legal anterior, não poderia jamais ser entendida como descaracterizadora desse instituto: se ele já se tinha, de facto, *configurado em obediência à facti species legal da al. a)*, como poderia depois deixar, retroactivamente, de se configurar?

Em vez, contudo, de eliminar pura e simplesmente a alínea contraditória, optou por enunciar o mesmo caso, mas doutra forma, ainda (pretensamente) descaracterizadora: a de, com a transmissão, se *ter em vista*, no próprio momento da sua celebração (visar), outro ramo ou outro destino[130].

Com isto, evitou, de facto, a contradição patente da fórmula anterior, mas quedou-se, reverencial, pelo simples retoque de cosmética, acabando por manter, na formulação legal, a mesma ou análoga inutilidade farfalhenta.

[130] Sem embargo desta nova redacção, não falta, na doutrina, como daqui a pouco voltaremos a referir, quem continue a entender como seguro que a (para nós, pretensa) presunção da al. b) "não se coloca no *momento*, no *acto* da *negociação*, não se situando no nível da al. a)" — MANUEL JANUÁRIO COSTA GOMES, *Breves notas sobre as "Disposições especiais do arrendamento para fins não habitacionais no Projecto do NRAU* (O DIREITO, 137.º [2005], II, p. 387).

Se a mudança operada em momento ulterior é, só por si, fundamento de *resolução*, como se declara no n.º 5 deste novo art. 1112 CC e como também resulta do disposto no novo n.º 2 do art. 1083 CC — que importará acrescentar a essa mudança que já tenha ela constituído um objectivo contemporâneo da transmissão?

Se esta compreendeu a alienação da titularidade da *globalidade* das "instalações, utensílios mercadorias ou outros elementos que integram o estabelecimento", o *trespasse* consumou-se, e nem as partes precisavam de o simular, nem este propósito pueril de *fingir o que já é verdadeiro* poderá, sensatamente, descaracterizar ou ilidir a sua verificação

Na doutrina que reluta em admitir a nossa conclusão, figura-se contra ela a hipótese de o adquirente (porventura mancomunado com o transmitente) não pretender realmente continuar a explorar o *estabelecimento* negociado, aproveitando dele apenas o *direito de arrendatário* para o aplicar a uma gestão diferente que passa a realizar.

Aqui se situaria o afloramento de que *não houve o propósito de celebrar nem se celebrou um verdadeiro trespasse* — e seria a *facti species* da al. b) que serviria utilmente para denunciá-lo[131].

Porque é que não aceitamos semelhante ponderação?

Porque, antes de mais, não faz sentido inferir de uma posterior mudança de ramo, ocorrida porventura largo tempo após a celebração do *trespasse*, que essa ideia já se tinha formulado na própria data da negociação e preordenada a ela.

Ainda poderia lobrigar-se um pingo de lógica em tal inferência se, por hipótese, a mudança fosse imediatamente sucessiva ao acto de *trespasse* — mas a verdade é que a al. b)

---

[131] Por exemplo, mas quase sempre repetitivamente e sem detida análise nem perspectiva histórica: Maria Olinda Garcia, *A nova disciplina do arrendamento urbano*, Coimbra Editora, 2006, p. 44; Fernando de Gravato Morais, *Novo Regime de Arrendamento Comercial*, Almedina, 2006, pp. 147-148.

nasceu e tem vivido sempre sem distinguir este aspecto, reportando-se indefinidamente, no tempo, a "quando, transmitido o gozo do prédio, passe a exercer-se nele outro ramo de comércio ou indústria"[132].

Além disso, a ideia, em si, de *descaracterizar* (ou apenas *dessinalar*) o *trespasse*, primeiro pela mera mudança intemporal de ramo, e, agora, pela circunstância de o *trespassário* intimamente a *visar*, no acto, mas só a vir a revelar exteriormente depois de operar tal mudança mais ou menos longínqua, não pode deixar de nos parecer profundamente especulativa e divorciada das realidades práticas da vida.

É elementar que qualquer candidato a *trespassário*, antes de negociar, começará por familiarizar-se com as características e as potencialidades do *estabelecimento*, sem deixar de atentar na existência e nas cláusulas do *contrato de arrendamento* — e se estas não consentem a *mudança de ramo*, é evidente que só lhe interessará o negócio *se o pretender exercer dentro do mesmo ramo* ou, em alternativa, *negociando essa mudança com o senhorio*, como também por vezes acontece na prática.

Só não seria assim quando, historicamente, como vimos, a lei não previa um fundamento autónomo de *resolução* pelo *senhorio* pela simples *mudança de ramo* ou *de destino*.

Desde, porém, que se começou a prever esta *causa de resolução* pelo simples facto da *mudança de ramo* ou *de destino*, haja que não haja *trespasse* e desde que deixou o *trespassário* que faça uso diferente do prédio de estar a salvo da *resolução*, o negócio com semelhante desiderato só interessará a um aventureiro que conte com o desconhecimento da violação contratual pelo *senhorio* em vista da distância da sua residência e falha de controlo.

---

[132] Agudamente, chama a atenção para este pormenor José Antunes Ribeiro, *Arrendamento urbano*, Quid Juris, Lisboa, 2006, p. 188.

Fora disso, de que lhe valerá "simular" a existência de um *trespasse* e aventurar-se a essa posterior mudança que lhe aniquilará o negócio arquitectado?

Para que servirá, então, que efeito útil poderá ter uma construção que pretenda, através da al. b), arvorar a *mudança de ramo* num *índice*, num *sinal*, na *presunção* ou na *descaracterização* do *trespasse*, para desse modo se dar ao *senhorio* um *fundamento de resolução*, que ele afinal já tem?

E, no fundo, que valor indiciário que nexo lógico de inferência poderá lobrigar-se entre a *mudança de ramo* ou de *destino* e a *simulação do trespasse?*

É por isso que, sem embargo dos bons propósitos legislativos que presidiram à sua nova formulação, nos quer parecer que a al. b) estará destinada a ser letra morta — como o foram até aqui as suas antecessoras em toda a jurisprudência.

Cremos, inclusivamente, que a sua redacção actual até veio reforçar o nosso entendimento — pois, apresentando-se este até aqui, convicto mas isolado, no plano doutrinal, certo é que já começa a ser equacionada a sua admissibilidade, questionando-se em Autores de referência, claramente, a necessidade da alínea[133].

---

[133] É o caso de um grande nome da doutrina portuguesa, o Prof. MANUEL JANUÁRIO COSTA GOMES, quando refere o seguinte: "...a mudança de destino poderá ser feita em condições, designadamente de decurso do tempo após o trespasse, que permitam concluir que as partes pretenderam a efectiva negociação do estabelecimento e não simplesmente a negociação do local. De qualquer modo, independentemente da valia da alínea b) do artigo 1112/1 do NRAU/CC como *índice* ou *presunção* da inexistência de trespasse, é de questionar, indo, ao fim e ao cabo, ao encontro da ideia de P.F., se a alínea b) será mesmo necessária. Um ponto é seguro: o índice ou presunção não se coloca no *momento*, no *acto* de negociação, não se situando, portanto, no mesmo nível da alínea a)" — *Breves notas sobre as "Disposições especiais do arrendamento para fins não habitacionais no Projecto do NRAU* (O DIREITO, 137.º [2005], II, p. 387).

m — A propósito desta al. b), há ainda um problema por equacionar e resolver: o da necessidade e alcance do preceituado no n.º 5 do mesmo art. 1112 CC.

Como vimos, nele se estabelece que, "*quando, após a transmissão, seja dado outro destino ao prédio, ou o transmissário não continue o exercício da mesma profissão liberal, o senhorio pode resolver o contrato*".

Ora como também já tivemos ensejo de o dizer, este *fundamento de resolução* do contrato pelo *senhorio* encontra-se genericamente previsto na al. c) do novo art. 1083-2 CC quando permite ao *senhorio* resolver o contrato perante "o uso do prédio para fim diverso daquele a que se destina".

Tradicionalmente, desde que na formulação primitiva do art. 1093 CC foi estabelecido um fundamento geral de *resolução* do contrato pelo *senhorio* constituído pelo *uso do prédio*, pelo *arrendatário* ou por outrem a quem este o consentisse, "para fim ou ramo de negócio diverso daquele ou daqueles a que se destina" (al. *b)* do seu n.º 1), a invocação deste preceito bastava para o *senhorio* opor ao *trespassário* semelhante violação contratual.

Com a nova formulação, além do preceito homólogo desta, da al. c) do novo art. 1083-2 CC, veio inserir-se o referido n.º 5, a estabelecer, afinal, idêntico *fundamento de resolução*.

Com isso, suscitou-se de imediato uma grande perplexidade na doutrina.

Segundo uns, o n.º 5 do novo art. 1112 CC só aparentemente constituiria uma causa específica de *resolução* e, quando o *trespassário* der ao prédio destino diferente, o *senhorio* continuará a poder resolver o contrato com fundamento na al. c) do art. 1083-2, homóloga das anteriores als. b)[134].

---

[134] MANUEL JANUÁRIO COSTA GOMES, *Breves notas sobre as "Disposições especiais do arrendamento para fins não habitacionais no Projecto do NRAU* (O DIREITO, 137.º [2005], II, p. 387).

Outros aceitam o mesmo entendimento fundamental, mas adiantam que existe uma utilidade no n.º 5: uma vez que já não pode o *direito de resolução* aplicar-se à *mudança de profissão liberal*, mediante remissão, como dantes, torna-se claro deste modo que continua ela a poder fazer-se[135].

Outros, ainda, aceitando embora ser criticável a inclusão da norma em apreço no texto legal, defendem que, todavia, ela cria um *fundamento autónomo de resolução*. Assim, se o *trespassário* muda o ramo contratado, revela com isso não ter havido *trespasse* (al. *b)* do art. 1112-2 CC), e o *senhorio* poderá resolver o *arrendamento* com base na al. e) do art. 1083-2 (cessão ilícita), mas poderá também resolvê-lo com fundamento no n.º 5 do art. 1112 — e mais: quando tenha sofrido dano, poderá além disso responsabilizar civilmente os simuladores, nos termos do art. 483-1, 1ª parte, CC pela cessão não autorizada, como *acto ilícito* que é.

Se, apesar da *mudança de ramo*, tiver havido efectivo *trespasse* (contra o indício de simulação que revelava), mas o *contrato de arrendamento* admitia a mudança registada, será exactamente para este caso que funcionará o novo art. 1112-5 CC: o *senhorio* poderá então resolver o contrato, nos termos deste preceito, por se não ter mantido o *estabelecimento*, sem todavia ficar com direito a indemnização[136].

Em nossa opinião, os dois últimos entendimentos não serão de subscrever.

No mesmo sentido: MARIA OLINDA GARCIA, *A nova disciplina do arrendamento urbano*, Coimbra Editora, 2006, p. 44; J. SOUSA RIBEIRO, *O novo regime do arrendamento urbano: contributos para uma análise*, *Cadernos de Direito Privado*, n.º 14, 2006, p. 18.

[135] SOARES MACHADO/REGINA SANTOS PEREIRA, *Arrendamento Urbano — Novo Regime do Arrendamento Urbano Anotado*, 2ª ed., Livraria Petrony, Lisboa, 2007, p. 190.

[136] JORGE MANUEL COUTINHO DE ABREU, *Curso de Direito Comercial*, I, 7ª ed., Almedina, Coimbra, 2007, p. 319.

O primeiro deles parte de uma ideia que não consideramos exacta. No Direito pregresso, a *resolução* pelo *senhorio* do *contrato de arrendamento* pela *cessão da posição de arrendatário para exercício de profissão liberal* em que tivesse o cessionário passado a exercer *profissão diferente* não resultava das remissões do art. 121 RAU e do primitivo art. 1119 CC para as normas do *arrendamento para comércio ou indústria*, mas da *regra geral* constante das als. b) dos arts. 64-1 RAU e primitivo 1093-1 CC, aplicável a todos os tipos arrendatícios, do *habitacional* ao "para outros fins não habitacionais" do art. 123 RAU.

Essa regra tem agora a sua homóloga na al. c) do novo art. 1083-2 CC, a qual serve, certamente, como disposição geral que continua a ser, para qualquer *arrendamento urbano* — dispensando-se, claramente, uma segunda proposição ou comando legal a tornar claro esse *direito de resolução* do *senhorio*.

O segundo e último dos mencionados entendimentos é muito pormenorizado e imaginoso, requerendo uma reflexão mais detida.

À cabeça, o seu enquadramento como *cessão ilícita da posição de arrendatário* parece-nos redutor: *para se chegar à previsão legal da al. b), há-de, primeiro, atravessar-se vitoriosamente o filtro da al. a).*

Na hipótese figurada, a negociação realizada não se resumirá, pois, a uma singela e isolada *cessão da posição de arrendatário*, compreendendo antes, mais ou menos desenvolvidamente, outros elementos do *estabelecimento* com que as partes desenharam o *trespasse.*

Se esses elementos não envolveram em conjunto, as instalações, utensílios e mercadorias ou outros elementos que integram o *estabelecimento*, o *trespasse* não se configurou, *ex vi* da previsão constante da al. a), e — repete-se — não interessará nada, não haverá a menor necessidade de se recorrer à al. b).

Só naquele caso, se justificará o recurso à *resolução* fundada na al. e) do novo art. 1083-2 CC (cf. *supra*, **j**).

De resto, ao referir-se que a hipótese dá igualmente ao *senhorio* a faculdade de obter a *resolução* também com base no preceituado no art. 1112-5 CC, *ipso facto* se reconhece a aplicabilidade deste fundamento — mas como é que poderá ele funcionar cumulativa ou alternativamente com aquela alínea?

Ou bem que se trata de *cessão não permitida ou autorizada* — e então compreender-se-á a aplicação da alínea c) — ou bem que estamos em presença de uma aplicação do espaço a outro destino, operada "após a transmissão" — e só nesse caso, como resulta da respectiva formulação, terá cabimento o apelo ao novo art. 1112-5 CC.

Neste caso, sobra ainda a previsão constante da al. c) do novo art. 1083-2 CC, onde cabe amplamente a do art. 1112-5. Que fazer a ela?

Recusamos ainda a ideia de, sendo o *contrato de arrendamento* permissivo do *ramo de negócio* adoptado pelo *trespassário*, passar o *senhorio* a ter *direito de resolução*, agora com fundamento no novo art. 1112-5 CC, por se não ter mantido o *estabelecimento*.

Para nós, admiti-lo seria sancionar um *venire contra factum proprium*. A que título se justificaria esta *resolução*? Se o *tradens* poderia ter mudado o ramo de negócio, por que não haverá de podê-lo o novo *arrendatário*? O *contrato de arrendamento* não se modificou e o *trespassário* não o violou.

Por último, também não parece aceitável restringir a indemnização com base no art. 483-1 CC à cessão ilícita quando afinal o *incumprimento contratual* também é um *acto ilícito*.

Pretende-se que, por exemplo, quando o *cessionário*, encerrado o prédio durante a negociação, o reabre dois meses depois para um destino diferente, o *senhorio* "não terá especiais dificuldades em resolver o contrato de arrendamento com base em inexistência de trespasse e de consentimento seu para a cessão da posição de arrendatário"[137] — mas, antes de mais e

---

[137] Jorge Manuel Coutinho de Abreu, *Curso de Direito Comercial*, I, 7ª ed., Almedina, Coimbra, 2007, p. 317

salvo o devido respeito, o exemplo apresenta-se-nos como uma hipótese de escola, não se verificará facilmente na prática.

Além disso, parece evidente que terá o *senhorio* muito mais facilidade em fundar-se no facto palpável e patente aos olhos do público da violação do contrato pela *mudança de ramo* do que em embrenhar-se na controvérsia e nas incertezas da *probatio diabolica* de um oculto propósito simulatório.

Em suma, em nosso parecer, o n.º 5, acrescentado ao novo art. 1112 CC, não passa de uma inutilidade farfalhenta sem qualquer sentido útil.

n — Questão distinta da acabada de analisar é a de saber, afinal, quando se declara a transmissão do *estabelecimento comercial*, sem mais, que elementos constitutivos do *estabelecimento* deverão considerar-se envolvidos na transmissão.

É um problema de interpretação do contrato que a nossa doutrina tem estudado, tentando perscrutar, no *estabelecimento comercial ou industrial*, os seus *elementos essenciais* e qual o seu *âmbito natural*.

Estará deslocado do âmbito do nosso interesse pensar em todos os casos de negociação do *estabelecimento*. No plano do *trespasse*, como vimos, só releva aquela que, respeitando a um *estabelecimento* integrado num prédio arrendado, envolva a *cessão da posição de arrendatário*. É, pois, só a negociação respeitante a um *trespasse* que vamos analisar.

Quanto a ela, a expressão verbal do art. 1112-1 CC reflecte claramente a insusceptibilidade de exclusão, no *trespasse*, de tal cessão, uma vez que, para ele, expressamente se estabelece a *permissão da transmissão da posição do arrendatário*.

Já a doutrina anterior ao Código Civil, aliás, sustentava implicar o *trespasse*, por si, a extinção da relação existente entre o *senhorio* e o primeiro *arrendatário* do prédio[138].

[138] *Sic*: BARBOSA DE MAGALHÃES, *Do estabelecimento comercial; elementos para a definição do trespasse* (*RDES*, IX [1956], n.º 2, p. 102).

Se, porém, não pode haver *trespasse* que não transmita a *posição de arrendatário* conjuntamente com o *estabelecimento comercial ou industrial*, sempre restará saber, perante um dado contrato em que tal transmissão seja omissa, se deverá esta considerar incluída implicitamente na transferência do *estabelecimento* associado a um *direito de arrendamento* e, por maioria de razão, quando expressamente se declare que se quer realizar um *trespasse*.

Não falta quem, na doutrina mais recente, rejeite a solução afirmativa. Parece ser o caso de RUI DE ALARCÃO[139].

Segundo o Ilustre Professor, para reputarmos a transmissão do *direito de arrendatário* como um *naturale negotii* do *trespasse*, tornar-se-ia indispensável um preceito legal supletivo que integrasse o silêncio negocial — e não há no nosso Direito positivo nenhuma disposição com este alcance.

A própria disposição do § 3.º do art. 118 do anterior CPI não tinha esse alcance, pois se limitava a enunciar os elementos constitutivos do conceito de *estabelecimento*, neles incluindo o "direito à locação", mas sem pensar em atribuir-lhes carácter integrador[140].

Tinham efectivamente o valor de *naturale negotii* — como o reconheceu — alguns desses elementos, como o *nome do estabelecimento* ou a *insígnia*, (resulta hoje o mesmo do disposto nos arts. 228 e 243 CPI aprovado pelo Decreto-Lei n.º 16/95, de 24 de Janeiro), mas o *direito de locatário* não o teria, neste entendimento.

Temos de admitir que semelhante conclusão — como ainda se sustenta em seu abono — é a que se encontra mais de acordo com a velha prática notarial de fazer os outorgantes

[139] *Sobre a transferência da posição do arrendatário no caso de trespasse* (*Bol.Fac.Dir.*, XLVII [1971], p. 49) e Separata, p. 35.

[140] *Sobre a transferência da posição do arrendatário no caso de trespasse* (*Bol.Fac.Dir.*, XLVII [1971], p. 52, nota 66 e Separata, p. 36, nota 66.

declarar explicitamente na *escritura pública* então exigida por lei a *transferência do arrendamento*[141].

A doutrina dominante defende, no entanto — e bem, segundo hoje em dia se nos afigura — a solução oposta.

Admitimos assim, portanto, que a *cessão da posição de arrendatário* se insere efectivamente no *âmbito natural* do *trespasse*, e *não é indispensável que as partes a mencionem expressamente no documento escrito*, pois deverá resultar já, implicitamente, da mera declaração de *trespasse*[142].

Só assim não acontecerá se, por interpretação do negócio, se mostrar que, não obstante os contraentes terem declarado quererem realizar um *trespasse*, a pretenderam excluir[143] — mas, repare-se, excluindo-a, excluem necessariamente o próprio *trespasse*.

---

[141] FERNANDO TAVARES DE CARVALHO, *Actos dos Notários*, 1957, pp. 918-920, nota 31.

[142] O próprio Prof. RUI DE ALARCÃO não deixou de conceder que "a vontade dirigida à transferência do arrendamento é absorvida ou consumida pelo intento de transmitir a empresa, não representando aquela transferência senão a própria transferência da empresa ao projectar-se sobre um dos elementos (direito ao arrendamento) que concorrem para formar o estabelecimento" (*ob.cit.*, p. 36, n. 67).

A ideia de encarar a transferência da posição de arrendatário envolvida *naturaliter* na eficácia global do trespasse de estabelecimento comercial ou industrial surgiu em CARLOS ALBERTO DA MOTA PINTO (cf. *Cessão da Posição Contratual*, Almedina, Coimbra, 1982, reimpressão, pp. 84-84 e n. 2 à p. 85), depois de JOÃO DE MATOS ANTUNES VARELA ter aventado que, "havendo a intenção de transferir para outrem a titularidade do estabelecimento, também haverá em regra a vontade concomitante de transmitir o gozo do respectivo imóvel" (*Rev.Leg.Jurs.*, 102.°, p. 77).

Com ligeiras variantes, manifesta-se o mesmo pensamento fundamental, designadamente, em FRANCISCO MANUEL PEREIRA COELHO, *Arrendamento*, Coimbra, 1988, p. 214, n. 3; MANUEL JANUÁRIO COSTA GOMES, *Arrendamentos Comerciais*, Almedina, Coimbra, 1991, pp. 167-168 e JORGE MANUEL COUTINHO DE ABREU, *Curso de Direito Comercial*, 7ª ed., Almedina, Coimbra, 2007, pp. 299-300.

[143] FRANCISCO MANUEL PEREIRA COELHO, *Arrendamento*, 1980-81, p. 175, nota 3 e 1984, p. 191, nota 3; 1988, p. 214, nota 3.

A velha prática notarial era prudente e reflectia a forma correcta e inequívoca para a outorga do negócio jurídico celebrado, mas tem de reconhecer-se que não serve para fundamentar que, quando se não tenha adoptado o processo técnico mais perfeito e, como tal recomendado, daí decorra a exclusão da transferência da *posição de arrendatário*.

O caso é um problema de *interpretaçao da declaração negocial* e, nesta perspectiva, decorre prontamente do preceituado no art. 236-1 CC que, sendo o *trespasse* necessariamente acompanhado da *cessão da posição de arrendatário*, um declaratário normal colocado na posição do real declaratário, não a poderia entender desacompanhada da *cessão da posição de arrendatário*.

Esta será ainda a conclusão que resulta da segunda parte do art. 237 CC.

F — O efeito central do *trespasse*, proclamado na nossa lei, é o constante da parte final do art. 1112-1 CC, onde se preceitua, como vimos: "é permitida a transmissão por acto entre vivos da posição do arrendatário, sem dependência de autorização do senhorio".

Havendo *trespasse*, não será, portanto, exigível *autorização do senhorio* para a transmissão da *posição contratual* de *arrendatário*.

Outro efeito é o *direito de preferência do senhorio*, na aquisição do *estabelecimento comercial ou industrial*, contemplado no n.º 4 do artigo.

Tratando-se de tema complexo, será desenvolvido oportunamente (cf. *infra*, n.º 78-VIII).

G — A dispensa de *autorização do senhorio* para a transmissão do uso do *lugar do estabelecimento,* em caso de *trespasse*, tem carácter *injuntivo*, não podendo ser afastada no *contrato de arrendamento*[144].

---

[144] Antunes Varela admitia também a *injuntividade*, embora a restringisse ao caso de o *trespasse* operar a cessão da posição de *arrendatário*; não,

É por isso *nula* qualquer cláusula deste contrato que imponha a necessidade de *autorização do senhorio* para a transmissão do uso do *lugar*, em caso de *trespasse* ou, por maioria de razão, que proíba directamente o próprio *trespasse*.

A jurisprudência assim o tem entendido.

— É nula a proibição de trespasse clausulada em arrendamento comercial, já que a norma do art. 1118 CC é de interesse e ordem pública — Relação do Porto, 23-7-1976 (*Colectânea*, I-3, p. 611).

Ultimamente, porém, surgiu um acórdão do SUPREMO a inflectir nesta irrepreensível jurisprudência, assim:

— III. Não contraria os princípios da boa fé, é consentida pelo entendimento do que é juridicamente um "Shopping Center", e é compatível com a natureza jurídica do contrato celebrado entre a entidade organizadora do centro comercial e o lojista, a cláusula, inserta em tal contrato, em que o lojista se obriga a não ceder, no todo ou em parte, os poderes que lhe foram concedidos nesse contrato sem prévia autorização escrita da entidade organizadora do centro comercial. — IV. Assim, perante tal cláusula, não concedendo a entidade organizadora do centro comercial tal autorização (isto é, não autorizando o trespasse), é inadmissível, em execução proposta contra o lojista, a penhora do estabelecimento por este instalado no centro comercial — SUPREMO, 20-1-1998 (*ColSTJ*, VI-I, p. 15).

Este aresto integra-se no número das últimas decisões do SUPREMO que, denotando escassa informação sobre o tema e numa perspectiva unilateral, aderem à tese da *atipicidade* dos contratos dos titulares de *centros comerciais* com os seus *lojistas*, constituindo uma eloquente ilustração dos extremos a que semelhante qualificação pode conduzir e para que, premonitoriamente, já tínhamos alertado no nosso opúsculo *Os centros comerciais e o seu regime jurídico*.

---

quando o *trespasse* fosse acompanhado de um *subarrendamento* (cf. PIRES DE LIMA/ANTUNES VARELA, *Código Civil Anotado*, II, Coimbra Editora, [4.ªed. rev. e act.], 1997, p. 710). Na nossa concepção actual, não há *trespasse* por *subarrendamento* e, nesta base, estamos plenamente de acordo com o Saudoso Professor quando, para o *subarrendamento*, exige a *autorização do senhorio*. Se, porém, se visse no *subarrendamento* um *trespasse*, não há dúvida de que teria então de ser submetido à regra injuntiva do art. 1112-1 CC. Sobre o ponto, v. ainda ANTUNES VARELA, *Rev.Leg.Jurs.*, 131.°, p. 146, n. 1, col. 1).

O SUPREMO tem decerto razão quando censura a fórmula por que se traduziu a *penhora*, no caso controvertido, ao designá-la como *penhora* "do direito ao trespasse e arrendamento do estabelecimento comercial".

Vimos já, desde a 1ª edição desta obra, a apontar a impropriedade da expressão — mas há-de convir-se que, com ela, embora incorrectamente, é seguro querer-se significar que se abrange na *penhora* o *estabelecimento comercial em todos os elementos de que se compõe*, incluindo o próprio *direito de arrendamento* do espaço em que se contém. A expressão é geralmente adoptada na prática forense (pode dizer-se mesmo corriqueira: ainda há dias, em relação à data em que escrevemos, interviemos como testemunha num processo relacionado com uma execução em que, precisamente com semelhante sentido, se tinha interpretado a nomeação à penhora do direito ao trespasse e arrendamento) e foi inclusivamente já estabelecida com este alcance pelo próprio SUPREMO, no douto acórdão sumariado deste modo:

— O conteúdo da nomeação à penhora do direito ao arrendamento e trespasse de um estabelecimento é o próprio estabelecimento enquanto unidade jurídica — SUPREMO, 3-2-1981 (*Rev.Leg.Jurs.*, 115.º, p. 251).

Tanto assim se entendeu, aliás, no caso que estamos a analisar, que acabou o mesmo SUPREMO por proclamar a inadmissibilidade de *penhora do estabelecimento comercial* instalado no *centro comercial*, não do mero *direito ao trespasse e arrendamento* — deixando incólumes as mercadorias que integravam o recheio do *estabelecimento comercial*[145]. É isto, de resto, o que, no

---

[145] Segundo o geral consenso dos processualistas, a *penhora* é um acto preparatório e cautelar da *expropriação*, e não esta, em si. Na Itália, encara-se geralmente como uma *injunção* do tribunal, dirigida ao executado, impondo-lhe que se abstenha de qualquer acto destinado a subtrair à execução coactiva determinados bens especificamente individualizados e que precisamente serão objecto dessa mesma execução (cf., por todos, UGO ROCCO, *Trattato di diritto processuale civile*, UTET-Torino, IV, 1959, pp. 166 ss; mais recentemente, pode ver-se, no mesmo sentido, a síntese conclusiva de PIETRO TRIMARCHI, *Istituzioni di diritto privato*, Giuffrè, Milano, 11ª ed., 1996, n.º 444, p. 620).

No nosso Direito positivo, a *penhora* só se resume à *injunção* quando a execução se destine a atingir *direitos*, ou *bens corpóreos imóveis*; quando se dirija a *bens móveis corpóreos*, tem verdadeiramente a natureza jurídica que já lhe atribuía PEREIRA E SOUSA, de uma *apreensão material dos bens sobre que incide o direito que se pretende expropriar*. A *penhora* de um *estabelecimento comercial* não consiste, portanto, como se declara no acórdão, em "colocar

acórdão, nos causa a maior perplexidade — pois, de tal modo, a verdade é que foi clamorosamente ofendido o direito dos credores dos *lojistas* que, em conformidade com o preceituado no art. 817 CC, tinham o elementar direito de executar o património do devedor.

Como poderá, então, a entidade credora realizar o seu crédito, se não pode agredir o *estabelecimento* da devedora pelas mercadorias que lhe forneceu? Com que fundamentos se chegou a tão chocante conclusão? Apenas estes: que, não havendo *arrendamento* mas um *contrato atípico*, não se tratava de transmissão imperativamente acompanhada da posição contratual de *lojista* e, assim, adjudicando-se ao arrematante o *estabelecimento comercial* do *lojista* impor-se-ia ao "organizador" do centro comercial (o acórdão insistiu em qualificar a *Carrefour* como "organizadora" do *centro* em causa, quando é público e notório que não o foi, pois se limitou a adquiri-lo à *Euromarché*, que foi quem efectivamente o instituiu e *organizou*) um novo comerciante que "poderia ser... um factor de perturbação e impor-lhe ainda a possibilidade de celebração de um contrato de tipo diferente dos outros celebrados" (cf. *ColSTJ*, VI-I, pp. 18-19 e *Rev.Leg.Jurs.*, 131.°, p. 143).

Com o devido respeito, parece decorrer evidentemente dos princípios que não poderia o arrematante do estabelecimento do *lojista* impor um novo contrato ao *titular do centro comercial*, e era mesmo obrigado, se quisesse continuar a actividade aí exercida, a submeter-se ao regulamento do *centro comercial* e às obrigações a que estava adstrito o seu antecessor. A observação não constitui, portanto, uma justificação aceitável.

Quanto ao segundo fundamento do acórdão, não importará, naturalmente, analisar o receio da *Carrefour* de que pudesse o arrematante vir a ser um fautor de perturbação; tal receio é pueril, não chega a ser um argumento. Como é sobejamente sabido, o titular de *centro comercial* tem meios de acção directa, de segurança privada e de coerção extremamente eficazes de que não dispõe o comum dos mortais.

Tendo em mente estas reflexões, parecerá bem de ver, em conclusão e salvo o devido respeito pelo entendimento contrário, que, ainda que ao invés da doutrina corrente e consensual no direito comparado, se pretenda ver nos contratos de titulares de *centros comerciais* com os seus *lojistas*, não o *arrendamento comercial ou industrial* que todos vêem, mas um *contrato atípico*,

---

à ordem do tribunal, para os fins específicos da execução, a propriedade do estabelecimento", mas em *apreender materialmente as próprias coisas móveis* (cf. art. 862-A CPC) e ordenar aos titulares das *coisas incorpóreas* que compõem essa *universalidade* que se abstenham de qualquer acto tendente a subtraí-las à realização coactiva que sobre elas se pretende concluir.

nenhuma razão séria poderá justificar qualquer oposição por parte do titular de centro à *penhora do estabelecimento* do *lojista*, quando nem mesmo um *senhorio* de *lojista* se pode opor a ela[146]. Por contrato de direito privado que não afecta a titularidade de determinados bens do devedor nem os onera com alguma garantia real não poderão, evidentemente, tornar-se esses bens *impenhoráveis*.

O acórdão nem sequer admitiu, ao menos, que a *penhora* se restringisse, então, às mercadorias que compunham o *recheio* do *estabelecimento do lojista* — e nem se objecte, contra isto, como parece sugerir, numa construção formalista, ANTUNES VARELA — que não o poderia fazer, porque desse modo estaria o SUPREMO a dar ao exequente "coisa diferente do que ele reclamou"[147]: é evidente que, se a *penhora* do *direito ao arrendamento e trespasse* é, no jargão do foro, comummente entendida (e como tal já entendida pelo próprio SUPREMO) como incidindo sobre a total universalidade constituída pelo *estabelecimento comercial ou industrial*, incluindo o direito de arrendamento e outras coisas incorpóreas ou direitos que a integram, é evidente, repetimos, que a restrição da penhora ao recheio ou a certas mercadorias que compõem esse estabelecimento não significa propriamente atribuir *coisa diferente* do que aquilo que se pretendia, mas atender em *quanti minoris* — o que, como se sabe, é perfeitamente legítimo[148].

---

[146] Na perspectiva do contrato atípico, não se vê, sequer, fundamento sério para o dono do *centro comercial* ser notificado da penhora. Se ele não é *senhorio* do *lojista*, não poderá decerto pretender que lhe cabe o *direito de preferência* do art. 116 RAU, como sustenta ANTUNES VARELA (cf. *Rev.Leg.Jurs.*, 131.º, p. 147), e tornar-se, de tal jeito, senhorio *só para o que lhe convém*.

[147] Cf. *Rev.Leg.Jurs.*, 131.º, p. 146.

[148] A propósito, trazemos para aqui o testemunho da nossa longa e intensa experiência judicante. Fartámo-nos de atender o pedido em apenas *quanti minoris*, sem jamais se ter levantado qualquer problema de atendimento em *objecto diferente* do pedido. Contra aquele atendimento, a parte insatisfeita o que pode é reclamar que quer *mais* do que aquilo que lhe foi concedido; não que quer coisa *diferente*.

Repare-se nisto. Se o tribunal atender logo a parte do pedido que considera atendível, em vez de o julgar, sem mais, improcedente, dará imediata satisfação ao que, na sua perspectiva, é legalmente atendível, em vez de remeter sobranceiramente a parte para um novo e penoso processo dirigido a um pedido apenas *formal e especiosamente* diverso.

A fazer carreira esta jurisprudência do SUPREMO, não tardaria que passassem os fornecedores dos *lojistas* a exigir uma prévia responsabilização solidária dos titulares dos *centros comerciais* pelas dívidas desses seus rigorosamente seleccionados *lojistas* — ou colocassem então os nossos tribunais perante a alternativa de penhorarem o próprio *centro comercial* que integrasse tais pretensos *subestabelecimentos, intransmissíveis* e *impenhoráveis*, em si.

Anote-se por fim que, no seguimento do comentário a este aresto, iniciado com a publicação da 2ª edição desta obra, ANTUNES VARELA, colocado perante a incontornável dificuldade da insusceptibilidade de *penhora* sem autorização do titular do *centro comercial*, proclamada pelo tribunal, acabou por optar por uma solução de compromisso: "os credores da lojista... terão o direito de penhorar este estabelecimento (nos termos hoje previstos pelos n.os 1, 2, 4, 5 e 6 do art. 862-A do CPC) e de promover o seu trespasse, mas sempre com a obrigação subjacente de a executada transferir imediatamente para outro local os bens que integram o estabelecimento penhorado" (*Rev.Leg.Jurs.*, 131.°, p. 377).

Fundamentalmente, dá-se, portanto, razão ao que escrevemos. A *penhora* tinha efectivamente de ser decretada. O titular do *centro comercial* não tem poderes para se opor a ela. Simplesmente, teremos de acrescentar que, pela nossa parte, entendemos que a *execução forçada* através do estabelecimento da *lojista* constitui já um efectivo *trespasse* desse estabelecimento, donde não pode ser destacado, decerto, sem a anuência da exequente, o *direito de arrendamento* ou *de ocupação de loja* ou o que quer que se lhe queira chamar, e que a exequente *trespassária* poderá legalmente utilizar obedecendo regulamento do *centro comercial.*

O titular do *centro comercial* poderá, é claro, na prática, opor tantas restrições a esse exercício que inutilize semelhante aquisição — mas também poderá acontecer o contrário. Não é, decisivamente, ao tribunal que incumbe autorizar a continuação da laboração do *estabelecimento* como salientou o Saudoso Professor (p. 378), e nunca esteve em causa.

O que a nosso ver importava fixar, de uma vez por todas, é que a *cláusula de proibição de trespasse*, como este caso soberanamente o ilustra, é *nula*, de pleno direito, por atentar conta uma *norma injuntiva* — e que a proibição judicial da *penhora* infringe clamorosamente a lei.

H — Outro ponto que convém ter presente é o de não ser dispensada a *comunicação* ao *senhorio* da transmissão efectuada, no prazo de *quinze dias*, consoante se exige, em geral (al. *g)* do art. 1038 CC): o art. 1112-1 CC só dispensa a *autorização,* e não deve, como preceito excepcional, que é, ser entendido como afastando também a *comunicação.*

Permanecem pois de pé, impostos pela mencionada alínea, a *necessidade* desta, de uma parte, e *o prazo de quinze dias*, de outra parte — não nos parecendo aceitável a tese defendida por GRAVATO MORAIS de que seria aplicável ao *trespasse* o prazo de 1 mês, estabelecido para a *locação de estabelecimento* no art. 1109 CC[149].

O I.A. tem decerto razão quando afirma que "não faz sentido" haver diferentes prazos nas duas hipóteses.

Não se vê, na verdade, fundamento de política legislativa para a adopção de um prazo diferente e mais curto para a *comunicação do trespasse* do que aquele que especificamente se estabeleceu para a da *locação de estabelecimento* — mas o entendimento que subscreve para evitar esta opção legislativa utiliza a aplicação *analógica* do art. 1109-2, quando a verdade é que *não há lacuna*: a *comunicação* do *trespasse* subsume-se, necessariamente, à disposição genérica da al. g) do art. 1038 CC[150].

Esta — frise-se bem — terá de ser feita ao *senhorio*, não relevando a que se faça a outra pessoa que não tenha essa qualidade no contrato, nem o represente.

A *comunicação* deve, naturalmente, obedecer aos requisitos estabelecidos, hoje, no art. 9.º da Lei n.º 6/2006, de 27 de Fevereiro — e, assim, deve ser dirigida ao *senhorio* para o endereço constante do *contrato de arrendamento* (se não tiver, entretanto, sido alterado), por meio de carta registada e com aviso de recepção, contendo também o endereço completo do subscritor.

---

[149] Cf. *Novo Regime de Arrendamento Comercial*, reimp., Almedina, 2006, p. 151.

[150] A aplicação à *comunicação* do *trespasse* do prazo de *quinze dias*, previsto na al. g) do art. 1038 CC, está aliás generalizadamente radicada na doutrina. Cf., entre outros, JOSÉ ANTÓNIO RIBEIRO, *Arrendamento Urbano*, Quid Juris, 2006, p. 188; SOARES MACHADO/REGINA SANTOS PEREIRA, *Arrendamento Urbano*, 2ª ed., Livraria Petrony, Lisboa, 2007, p. 189; MARIA OLINDA GARCIA, *A nova disciplina do arrendamento urbano*, Coimbra Editora, 2006, p. 44; LAURINDA GEMAS/ALBERTINA PEDROSO/JOÃO CALDEIRA JORGE, *Arrendamento* Urbano, 3ª ed., Quid Juris, 2009, p. 203.

A carta poderá ainda ser entregue em mão, "devendo o destinatário apor em cópia a sua assinatura, com nota de recepção" (art. 9.º-6).

Neste passo, emendamos o que, desactualizadamente, referimos no vol. I (n.º 61, p. 568).

Como o *senhorio*, salvo cláusula em contrário, tem *direito de preferência* no *trespasse por venda ou dação em cumprimento* (art. 1112-4 CC — v. *supra*, **F** e *infra*, 78-VIII), a *comunicação* deve indicar ainda as condições do *trespasse*, incluindo o preço e suas circunstâncias, bem como o nome do *trespassário* (art. 416-1 CC).

Já se julgou o seguinte.

— Estando penhorado o prédio onde se situa o estabelecimento, em processo de execução movido ao locador e nomeado depositário judicial, facto de que o locatário tinha conhecimento, a comunicação de ter sido efectuado o trespasse deve ser feita não ao locador mas àquele depositário — Relação do Porto, de 5-5-1988 (*Colectânea*, XIII-3, p. 213).

É incontestável a justeza desta decisão, uma vez que, com a *penhora*, foi nomeada *depositária do prédio* pessoa distinta do *senhorio*. Ora o *depositário*, pelas suas funções legais, ficou investido na posição de *administrador* do prédio, com o dever de o administrar, em substituição do proprietário senhorio, "com a diligência e zelo de um bom pai de família" (art. 843-1 CPC). Era ele que cobrava as *rendas* e era ele — não o *proprietário senhorio* — que tinha pois, neste caso, legitimidade para receber a *comunicação* do *trespasse*.

Julgou-se também.

— A comunicação ao senhorio por parte do arrendatário, de que vai trespassar o estabelecimento, ainda que indique o nome do outro contraente, a data e local da celebração do contrato e o preço, não se confunde nem substitui a comunicação a que se refere a al. g) do art. 1038 do CC — Relação de Évora, 1-7-97 (*Colectânea*, XXII-IV, p. 265).

Se a obrigação de *comunicação*[151] não for tempestivamente cumprida, terá o *senhorio direito de resolução* do *contrato de*

[151] A *comunicação* tanto pode ser feita pelo *trespassante* como pelo *trespassário*, como o demonstra a parte final do art. 1049 CC.

arrendamento, nos termos da disposição contida na al. e) do art. 1083-2 CC (homóloga da al. *f)* do art. 64-1 RAU) e como decorre ainda do preceituado no art. 1049 CC[152].

Ultimamente, em face do disposto na primeira parte do art. 1083-2 CC surgiu uma construção, suscitada por MARIA OLINDA GARCIA, a entender que não basta terem passado os quinze dias para logo se poder resolver o contrato. "deverá demonstrar-se também o requisito geral previsto no n.º 2 do art. 1082. Assim aquele incumprimento deverá ser de tal modo grave ou as suas consequências deverão ser de tal modo significativas que torne inexigível ao senhorio a manutenção da relação de arrendamento"[153].

No mesmo sentido e carregando um pouco nas cores, COUTINHO DE ABREU vai a ponto de entender que "para conduzir à resolução, não será em geral suficiente uma pequena ultrapassagem do citado prazo de quinze dias. Será suficiente, por exemplo, um atraso de vários meses que tenha impedido o senhorio de, bem mais cedo, denunciar (livremente) o contrato

---

[152] Neste sentido, no domínio da primitiva formulação arrendatícia do Código Civil: PEREIRA COELHO, *Arrendamento*, ed. dact. por JOÃO ABRANTES, 1988, p. 217; M. JANUÁRIO GOMES, *Arrendamentos Comerciais*, Almedina, 1986, p. 64 (confirmada também à luz do RAU, *in* 2ª ed., 1991, p. 169; MÁRIO FROTA, *Arrendamento Urbano Comentado e Anotado* (com a colaboração de J. PAULO MOREIRA DA CUNHA), Coimbra Editora, 1987, p. 505; Relação de Coimbra, 4-12-1974 (*BMJ* n.º 242, p. 363) e 3-1-1975 (*BMJ* n.º 244, p. 322); Relação do Porto, 23-7-1976 (*Colectânea*, I-3, p. 611); Relação de Évora, 1-7-97 (*Colectânea*, XXII-IV, p. 265).

No Direito anterior ao Código Civil, manifestou opinião contrária ORLANDO DE CARVALHO, *Critério e estrutura do estabelecimento comercial*, I, Coimbra,1967, pp. 623-624.

[153] MARIA OLINDA GARCIA, *Arrendamento para comércio e fins equiparados*, Coimbra Editora, 2006, p. 109 e *A nova disciplina do arrendamento urbano*, Coimbra Editora, 2006, p. 44. No mesmo sentido; J. SOUSA RIBEIRO, *O novo regime do arrendamento urbano: contributos para uma análise, CDP, n.º 14, 2006, pp. 20-21.*

de arrendamento (CCiv. arts. 1110, 1, 1101, al. c), e NRAU, arts. 26, 6, a), 28) ou actualizar sem faseamento a renda (art. 56, b), do NRAU)"[154].

Não pensamos assim.

Quando a primeira parte do n.º 2 do art. 1083 CC declara que "é fundamento de resolução o incumprimento que, pela sua gravidade ou consequências, torne inexigível à outra parte a manutenção do arrendamento" estabelece, ao contrário do que antes se exigia, mais um motivo, atípico, para a *resolução.*

Se antes se estabelecia um *numerus clausus* de *causas de resolução*, agora estabeleceu-se um sistema aberto em que qualquer incumprimento que, pela sua gravidade ou consequências, torne inexigível à outra parte a manutenção do arrendamento passou a ser fundamento de *resolução* — e entre eles situam-se exactamente aqueles que nas cinco alíneas seguintes se enumeram.

"Designadamente" esses, declara a lei.

São, todos eles, decerto, fundamentos que, pela sua gravidade ou consequências, tornam, sem mais, inexigível à outra parte a manutenção do *arrendamento* — e no seu número lá se inclui *a cessão, total ou parcial, temporária ou permanente e onerosa ou gratuita, quando ilícita, inválida ou ineficaz* (al. *e)* do citado art. 1083-2).

Ora para que a cessão à revelia do *senhorio*, em que consiste o *trespasse*, afaste a *resolução do contrato* desta alínea, é ainda indispensável, nos termos da al. *g)* do art. 1038 CC, que lhe seja comunicada, não sem qualquer prazo assinado para o efeito, mas expressa e fixamente "dentro de quinze dias".

Estabelece-se deste modo, elementarmente, não o *termo infixo*, que no fundo perfilha o entendimento que combatemos, mas um *prazo cominatório* com uma *dimensão fixa*, exactamente como por outro lado o são as dos arts. 309 e ss. CC, parecendo

[154] Jorge Manuel Coutinho de Abreu, *Curso de Direito Comercial*, I, 7ª ed., Almedina, 2009, pp. 320-321.

então inconcebíbel que venha a considerar-se como *comunicação* eficaz do *trespasse* a que for feita só depois de expirada a *data certa* que para ela se consagrou na lei.

Quanto a nós, a falta de *comunicação* não consente, pois, que passem mais dias do que aqueles que são o máximo marcado na lei para se evitar a *resolução*.

Seria, aliás, muito estranho, que, tendo se estabelecido peremptoriamente esse prazo, se pretenda admitir ainda a dilação de vários meses para a *comunicação* continuar a ser eficaz.

E, mais do que tudo isso, é que não se vê, na prática, o que é que tornaria a falta de *comunicação* da tal modo grave ou as suas consequências de tal modo significativas que só então, e não logo após a expiração do *prazo certo* imposto por lei, se tornasse inexigível ao *senhorio* a manutenção da relação de arrendamento.

Muito menos se verá justificação para a tese de COUTINHO DE ABREU de que não será em geral suficiente uma pequena ultrapassagem do prazo de quinze dias mas antes um atraso de vários meses que tenha impedido o senhorio de, bem mais cedo, *denunciar* (livremente) o *contrato de arrendamento* ou actualizar sem faseamento a renda.

A verdade é que a falta de *comunicação* não serve para nada disso ao *senhorio*, porque aquilo a que a lei lhe dá direito é a resolver o *contrato de arrendamento*, se a *comunicação* não for feita no prazo de quinze dias.

Despejado o *arrendatário*, porque não foi feita a *comunicação* pelo *trespassante*, fica o *trespassário* com direito a ser por este indemnizado.

— I — Em caso de trespasse de estabelecimento comercial é o arrendatário cedente que está vinculado à obrigação de comunicar o trespasse ao senhorio. II — A omissão dessa comunicação responsabiliza-o pelos danos causados ao adquirente do trespasse. — SUPREMO, 25-11-2008 (*ColSTJ*, n.º 211, p. 142).

I — A desnecessidade de *autorização,* em caso de *trespasse,* tinha uma compensação na susceptibilidade aberta ao *senhorio* pelo antigo art. 1105-3 CC, de requerer uma *avaliação fiscal* do prédio, decorrido mais de 1 ano sobre o facto, com vista à correcção do rendimento ilíquido inscrito na matriz e, com base nele, se obter um *aumento de renda.*

Quando cessou o *bloqueio absoluto* e as rendas passaram a comportar *actualizações anuais,* através de *coeficientes objectivos* publicados oficialmente, este direito limitou-se aos casos, muito limitados, de *avaliações fiscais extraordinárias*, que se ressalvaram no art. 9.° do Decreto-Lei n.° 321-B/90, de 15 de Outubro, para os *arrendamentos* existentes à data da entrada em vigor do Decreto-Lei n.° 330/81, de 4 de Dezembro, que não tinham tido actualizações de renda há mais de 1 ano, ou a não tiveram *depois disso.*

A compensação do *senhorio* resumia-se fundamentalmente ao *direito de preferência*, restaurado pelo art. 116 RAU.

Com a nova legislação, este direito manteve-se (art. 1112-4 CC) — mas a inovação mais notável é, certamente, a estabelecida quanto aos antigos *arrendamentos vinculísticos*, no art. 26-6 da Lei n.° 6/2006, de 27 de Fevereiro.

De acordo com este preceito, ocorrido o *trespasse* de *estabelecimentos* sujeitos a *arrendamento vinculístico*, mas realizados após a entrada em vigor da Lei n.° 6/2006, poderá o *senhorio* comunicar imediatamente ao *trespassário* a *denúncia* do contrato, com uma antecedência não inferior a *cinco anos* (al. *c)* do art. 1101 CC, *ex vi* das disposições conjugadas dos n.os 6, al. *a)*, e 4 do art. 26 da Lei n.° 6/2006).

É visível o intuito de liquidação do *vinculismo não habitacional* que preside a este salutar comando, que não se aplica aos *novos arrendamentos*, mas corta pela raiz as até aqui frequentíssimas fraudes de "trespasses" que fundamentalmente se destinavam a negociar, não o estabelecimento criado pelo seu titular, mas as rendas envilecidas pelo *vinculismo*.

A nova lei associou no entanto ainda a esta providência, na al. b) do seu art. 26-6, outra situação: a de, sendo *arrendatária* uma *sociedade*, ocorrer transmissão *inter vivos* de posição ou posições sociais que alterem a titularidade em mais de 50% face à *situação existente quando da sua entrada em vigor.*

O legislador viu nesta hipótese a *dissimulação de um trespasse* e atribuiu-lhe a mesma consequência — mas, tal como está formulada, suscita algumas dificuldades, principalmente tendo em vista certos casos que podem estar muito longe do disfarce fraudulento e serem até úteis à gestão societária.

Vamos estudar este ponto mais adiante, a propósito da *denúncia potestativa do senhorio nos contratos antigos* (v. *infra*, n.º 98-II).

J — Quanto à *forma do trespasse*, dispunha a primitiva redacção do art. 115-3 RAU que só seria válido se fosse "celebrado por escritura pública"[155].

Esta não poderia celebrar-se sem que apresentasse o *trespassante* ao notário certidão da repartição de finanças da residência ou sede (a passar nos cinco dias úteis imediatos ao pedido), comprovativa da inexistência de quaisquer dívidas ao Estado, ou documento comprovativo da *comunicação* à mesma repartição de finanças, feita com uma antecedência mínima de trinta dias e máxima de sessenta, relativamente à data da celebração da escritura (art. 106 CPTribut).

O *vício de forma* integrava, naturalmente, a *nulidade do trespasse* (art. 220 CC) e a sua declaração judicial teria certamente o efeito assinalado no art. 289-1 CC, devendo ser restituído ao "*trespassante*" o seu *estabelecimento.*

---

[155] Sobre o tema podem ver-se o ac. do SUPREMO, de 16-1-1986 (*BMJ* n.º 353, p. 469) e o ac. da Relação de Lisboa, de 17-1-1978 (*Colectânea*, III-I, p. 40).

O próprio *senhorio* poderia, sem dúvida, suscitar a declaração de *nulidade* e obter o *despejo* do prédio fundado no *caso de resolução* da al. f) do art. 64-1 RAU[156].

O Decreto-Lei n.º 64-A/2000, de 22 de Abril, veio imprimir nova redacção ao preceito, afrouxando a exigência formal da lei, que passou a dispor exactamente assim: "O trespasse deve ser celebrado por escrito, sob pena de nulidade".

Parece ter-se derrogado, assim, a imposição constante do Código do Processo Tributário — mas a nova redacção do n.º 3 do art. 115 RAU era expressa e peremptória em estatuir, para a *falta de escrito*, a mesma sanção de *nulidade* que se impunha anteriormente para a omissão de *escritura pública.*

O mesmo parece dever pensar-se agora, *mutatis mutandis*, à luz do n.º 3 do art. 1112 CC, onde se preceitua que "a transmissão [do *direito de arrendatário*] deve ser celebrada por escrito e comunicada ao senhorio".

Importa não confundir a *falta de forma* do *trespasse* com a *invalidade* de que padecerá uma transmissão a que se deu o nome de *trespasse*, embora não passe de uma *cessão da posição de arrendatário* destituída de *autorização do senhorio*.

A jurisprudência já se ocupou de uma hipótese destas onde o *senhorio*, alegando não ter havido efectivo *trespasse*, pediu a declaração da *nulidade* deste.

O caso é curiosíssimo, pois envolverá, segundo cremos, alguns equívocos que valerá a pena deslindar, num aprofundamento do nosso tema.

---

156 Não parecia inteiramente claro o pensamento de MÁRIO FROTA a este respeito. Tínhamo-lo interpretado como implicando unicamente a reversão do trespassante à condição de arrendatário, em face da *nulidade* do *trespasse*, à luz do que afirma na p. 508 do seu *Arrendamento Urbano Comentado e Anotado* (com a colaboração de J. PAULO MOREIRA DA CUNHA), 1987. Anteriormente, porém, como uma nova e mais atenta leitura no-lo revelou, afirma — e importa salientá-lo — que, "se o trespasse se achar ferido de nulidade... ao locador se confere o direito à resolução do contrato de arrendamento comercial ou industrial com fundamento na invalidade da transmissão da posição contratual" (nota 14, p. 507).

Estamos plenamente de acordo com este entendimento do I. A.

Na parte relevante, o acórdão do SUPREMO que lhe respeita foi sumariado como segue.

— *Não há trespasse quando o inquilino comercial transmite a fruição do prédio para um comerciante que nele passa a exercer outro ramo de comércio. Semelhante cessão contratual tem de ser autorizada pelo senhorio, ainda que este haja permitido, ao primitivo inquilino, destinar o prédio a qualquer ramo de comércio. E havendo as partes qualificado o contrato como de trespasse, deve ele ser considerado nulo e de nenhum efeito, entregando-se a loja ao primitivo arrendatário* — SUPREMO, 24-6-1975 (*BMJ* n.º 248, p. 439).

Este aresto foi comentado por ORLANDO DE CARVALHO (*Rev.Leg.Jurs.*, 110.º, pp. 102-115), apenas na perspectiva de a transmissão ter, ou não, envolvido a transferência do *estabelecimento*.

Outros aspectos prendem, no entanto, a nossa atenção.

Primeiro aspecto: incompreensivelmente, o *senhorio* pediu a *declaração da nulidade* do contrato, que foi decretada pelo tribunal, com a consequência da restituição da loja ao primitivo *arrendatário*.

Antes de mais, porém, que interesse teria nisso o *senhorio?* Nada foi debatido a este respeito e, como é sabido, sem que se mostre interesse na *nulidade*, não deve esta ser decretada (art. 286 CC).

De qualquer modo, além da reposição do *statu quo* que, pelos vistos, foi perseguida pelo *senhorio*, este ainda dispunha de outro meio de defesa do seu interesse: a *resolução do contrato de arrendamento*, por aplicação do preceituado na al. f), então do art. 1093-1 CC, depois do art. 64-1 RAU e hoje, como vimos, das disposições conjugadas da al. e) do art. 1083-2 CC (homóloga da al. f) do art. 64-1 RAU) e do art. 1049 CC.

Como bem se decidiu numa decisão mais recente: — I. *Não obstante ter sido declarado nulo, por simulação, o negócio de trespasse de estabelecimento comercial feito pelo arrendatário a outrem, a nulidade daí decorrente e os seus efeitos não são oponíveis ao senhorio.* II. *A esse nível, o negócio simulado tem de ser considerado como tendo existido em termos de ser capaz de preencher uma ilicitude e, como tal, susceptível de constituir causa de resolução do contrato de arrendamento, à luz do art. 64, n.º 1, al. f),* RAU — SUPREMO, 28-4-1998 (*ColSTJ*, VI-II, p. 66).

Segundo aspecto: de acordo com a fundamentação daquele acórdão de 75, verificava-se a *nulidade do trespasse* por não ter havido "transmissão do direito ao arrendamento e fruição da loja", e não a houve porque se não configurou um *trespasse*, visto ter-se aplicado a loja a fim diferente do anteriormente praticado pelo *arrendatário*.

Parece, todavia, difícil de aceitar este raciocínio. Já vimos que, para nós, a *mudança de destino* não descaracterizava o *trespasse*, e menos ainda o descaracterizará em presença da redacção da actual al. b) do art. 1112-2 CC. A *nulidade* deste só poderia supor-se com fundamento numa *simulação relativa* dissimuladora de *cessão de posição contratual*, sem a necessária *autorização*. Ocorre no entanto que, em princípio, o acto *dissimulado* é *válido*, nos termos do preceituado no art. 241-1 CC. A sua *invalidade*, com base na disposição do art. 424-1 CC, dependeria de não ter havido *trespasse* (visto que, se o houvesse, estaria dispensada a *autorização*).

Agora, o *senhorio* poderá, nos mesmos termos, perante *um trespasse* ferido de *nulidade* por *falta de forma*, resolver o contrato com fundamento na disposição da al. e) do novo art. 1083-2 CC.

L — Algumas figuras de aparente *transmissão do estabelecimento*, embora à primeira vista possam sugerir a configuração de um *trespasse*, não o preenchem realmente.

a — Assim, em nosso parecer, não se configura um *trespasse* quando uma sociedade do Código das Sociedades Comerciais *transforma* o seu tipo social, *sem dissolução* (cf. art. 130-3 CSC), pois mantém então a primitiva *personalidade jurídica* — e não envolve, assim, uma transmissão do *estabelecimento*.

b — Do mesmo modo, não se configura um *trespasse* no caso de *fusão* de *sociedades*[157] ou *cisão*[158].

Não deve, na verdade, ver-se nestas operações uma transmissão do *estabelecimento comercial* da *sociedade contribuidora* para

---

[157] Neste sentido: PESSOA JORGE, *Transmissão do arrendamento comercial por efeito da incorporação da sociedade locatária* (O DIREITO, 122.° [1990], pp. 463-480). Para o I.A., não há então *trespasse* porque por ele se opera uma transmissão *voluntária* e a *título singular*, sujeita a *escritura pública* (nessa altura), ao passo que, na *fusão por incorporação,* a transmissão da posição de *arrendatária* tem *fonte legal* e está integrada numa transmissão a *título universal* (p. 479).

Contra: MANUEL HENRIQUE MESQUITA, *Rev.Leg.Jurs.,* 128.°, p. 58.

[158] Como bem se decidiu nos acs. da Relação de Lisboa, de 06-02-2001 (*Colectânea,* XXVI-I, p. 104) e de 18-05-2006 (*Colectânea* n.° 181, p. 96).

a *sociedade beneficiária* mas, como se proclama na Directiva 90/ /434/CEE, uma *transformação* da primeira, *dissolvida na segunda, sem liquidação*, em *estabelecimento estável* desta.

Por outras palavras e como bem se compreenderá, com a *fusão* ou *cisão*, não ocorre uma *alienação do estabelecimento* de A em favor de B, mas uma *dissolução de A em B*, através da qual B incorpora A, em si própria, e se torna numa como que — exclusivamente ou apenas em parte — sua *encarnação*.

Em suma, é de concluir que, com a *fusão* ou *cisão*, não é o *estabelecimento* que *se trespassa*, é o titular que se *transpersonaliza* — e não há pois, nesses casos, uma *transmissão* ou *trespasse do estabelecimento*, mas uma *sub-rogação* da *sociedade contribuidora* pela *sociedade beneficiária*.

— *A transmissão do direito ao arrendamento decorrente de um negócio de fusão de sociedades não necessita de autorização do senhorio nem de lhe ser comunicada* — Relação de Coimbra, 24-6-1997 (*Rev.Leg.Jurs.*, 131.°, p. 147 e *Colectânea*, XXII-III, p. 36 — o sumário que enunciámos não é de nenhum destes lugares, mas da nossa responsabilidade).

A *Revista* publica uma anotação de M. Henrique Mesquita combatendo esta solução com base, fundamentalmente, em que a tese do acórdão de que a *fusão* não implica uma verdadeira extinção das sociedades incorporadas "não tem hoje o menor apoio na lei, onde se consagra uma solução diametralmente oposta", e lembra, a propósito, o disposto no art. 112 CSC.

Pela nossa parte, concordamos plenamente com o decidido pela Relação de Coimbra, como decorre do que ficou dito acima[159].

Outro aresto mais recente:

— A fusão da sociedade arrendatária com outra sociedade não determina a extinção do contrato de arrendamento por caducidade, transmitindo-se este para a sociedade incorporante, sem necessidade de consentimento do senhorio. Contudo, essa transmissão deve ser comunicada ao senhorio — Relação de Lisboa, 18-05-2006 (*Colectânea* n.° 181, p. 96).

---

[159] Para maior desenvolvimento, poderá ver-se ainda o que referimos já no nosso *Código das Sociedades Comerciais*, Livraria Petrony (4ª ed.), 1991, p. 124.

A ideia da necessidade de *comunicação* é, nesta decisão, exclusivamente fundamentada em que no mesmo sentido se pronunciam diversas decisões que cita — mas todas elas referem-se ao caso, diferente, de *locação de estabelecimento*, hoje regulada no novo art. 1109-2 CC.

Para ela, também nós entendemos que será aplicável a *obrigação de comunicação ao senhorio*, imposta na al. g) do art. 1038 CC (cf. *infra*, II)

Aqui é que não faz sentido exigir a *comunicação*, pois a *fusão* não envolve uma *cessão* da *posição de arrendatário*.

I — Dum ponto de vista substancial, que não apenas formal, a extinção das sociedades incorporadas referida no art.112, al. a), CSC não constitui uma verdadeira extinção, mas sim, e apenas, uma transformação dessas sociedades. II — Porque assim é, a fusão não determina a caducidade dos contratos de arrendamento de que as sociedades incorporadas sejam titulares ; e nem também é necessária a anuência do senhorio para a transmissão do arrendamento a que dá lugar, sendo inexigível comunicação prévia da fusão. III — De atender, porém, ao interesse do senhorio de conhecer o negócio que operou a transmissão do arrendamento por forma a permitir-lhe ajuizar da sua legalidade e conhecer a identidade do novo inquilino, é exigível a comunicação prevista na al. g) do art.1038 C.Civ. — SUPREMO, 06-12-2006 (06B3458 Net).

O problema que se suscita a este respeito é se semelhante entendimento não entrou em crise com a hipótese legal advinda com a al. b) do art. 26-6 da Lei n.º 6/2006, de 27 de Fevereiro, segundo a qual o *senhorio* poderá denunciar o contrato logo que, sendo *arrendatária* uma *sociedade*, nesta se verifique uma alteração em mais de 50% da titularidade das *posições sociais*, ocorrida por efeito de uma transmissão *inter vivos*.

c — Outro caso que nos parece não envolver *trespasse* nem exigir, portanto, quer a *autorização* prévia do *senhorio* quer a *comunicação* ulterior é a *conversão do exercício individual em exercício socializado do mesmo ramo de comércio, indústria ou artesanato no estabelecimento alojado em prédio arrendado*.

Vem aqui à colação uma hipótese curiosa, tratada em tempos na Relação do Porto, em acórdão que supomos inédito (de 1987/88, Proc. n.º 242/5ª), de um *arrendamento para exercício de barbearia*, em Viana do

Castelo, aos dois profissionais que exerciam a sua arte numa "loja ampla" da Rua Aurora do Lima, a eles arrendada para o efeito.

Em 23 de Outubro de 1986, comunicaram os *arrendatários* à *senhoria* que deveriam os recibos das rendas passar a ser preenchidos em nome da firma Reis & Barroso Limitada, da sociedade que tinham os dois barbeiros constituído entre si, para exploração do seu ramo.

A *senhoria* recusou, porém, que houvesse neste caso um *trespasse* e intentou a *acção de despejo*, que a Relação julgou procedente, por considerar que a constituição da *sociedade* entre os *co-arrendatários* envolveu um *comodato* da loja, apesar de não ter sido fixado prazo para a sua restituição, porque seria nesse caso aplicável a regra do art. 1137 CC (restituição com o findar do uso), e que houve *cessão da posição contratual* de *arrendatários*, ilícita, porque não consentida.

Na nossa perspectiva, a acção improcedia porque, nos termos em que fora realizada, envolvia o exercício socializado da profissão, até aí realizada a título individual por cada um dos barbeiros, à imagem do caso julgado pela mesma Relação dos *arquitectos* que se constituíram em *sociedade profissional* (v. *infra*, III-**E**).

A questão do trespasse só surgiria, *a simile* do que se dispõe agora no art. 26-6, al. b), da Lei n.° 6/2006, quando depois viesse a verificar-se a transmissão *inter vivos* da posição ou posições sociais em mais de 50% relativamente à situação primitiva.

Outro caso:

I — Há autonomia entre as figuras do comerciante em nome individual e de sociedade unipessoal que advém, entre outras razões, de a última, ao contrário da primeira, ter responsabilidade limitada.

II — O locatário não pode transferir a sua posição contratual fora do condicionalismo do art. 1038, al. f), do CC.

III — Não tendo a cedência sido autorizada pelo senhorio nem obedecido ao formalismo do trespasse, o locador pode resolver o contrato, ao abrigo do art. 64, n.° 1, al. f), do RAU — Relação do Porto, 6-4-2006 (*Colectânea*, n.° 190, p. 184).

O sumário levado à *inter-rede*, foi simplesmente este:

— A substituição ao R. no locado da sociedade unipessoal por ele constituída, sem autorização do A., dá lugar ao despejo, por violação da alínea f) do n.° 1 do art. 64 do RAU.

O último destes arestos foi estudado no Curso de Mestrado em Ciências Jurídicas realizado na Universidade Lusíada de Lisboa durante o ano lectivo de 2006/2007.

No âmbito deste Curso, apresentou a mestranda MÁRCIA PORTELA um importante relatório, profusamente ilustrado com a citação de jurisprudência relacionada com o tema.

Quanto ao fundo da questão, mostrou-se favorável ao decidido pela Relação, sobretudo impressionada pela circunstância de lhe parecer digno de tutela o interesse do *senhorio* que, quando "contrata com uma pessoa singular tem a garantia de que a contraparte só se alterará com o seu consentimento (cf. art. 424, n.º 1 CC), salvos os casos específicos em que o legislador prevê transmissões do arrendamento à revelia da vontade do senhorio"[160].

Certamente que sim — e não somente quando arrenda a uma *pessoa singular* como também quando contrata com *pessoa colectiva*.

O interesse do *senhorio* não pode deixar de estar presente em qualquer caso.

Volvamos, porém, à concreta questão em causa.

Como se infere dos sumários acima transcritos e pode ler-se no texto do acórdão, um *comerciante em nome individual*, com o seu *estabelecimento* instalado em prédio arrendado, constituiu a dada altura uma *sociedade unipessoal de quota*, mediante a qual passou a explorar o mesmo *estabelecimento*

Depois, desconhecedor dos meandros jurídicos e com a mesma ingenuidade e boa fé dos barbeiros de Viana do Castelo, de que falámos há pouco, enviou uma carta registada ao *senhorio*, em 15/11/2004, cujo teor foi fixado no processo nos seguintes precisos termos.

"A firma B, a partir de Janeiro de 2005, passa a ser C, por tal motivo, solicitamos a Vª. Ex.ª que o recibo do próximo mês seja passado com o novo nome cujo n.º de contribuinte é 506916405".

---

[160] Cf. p. 21. Cita, neste sentido JOAQUIM SOUSA RIBEIRO, *O novo regime do arrendamento urbano — contributos para uma análise* (*Cadernos de Direito Privado*, n.º 14, p. 11).

Incontestavelmente, este acto nem envolve um *trespasse* nem dá notícia dele.

O próprio acórdão recusa a sua existência: "nada disso foi sequer alegado".

Em certo passo, porém, parece esta decisão firmar-se na ocorrência de uma *cessão da posição de arrendatário* à *sociedade unipessoal, sem autorização do senhorio*: "...o R. não podia, como fez, transmitir à sociedade unipessoal por quotas por ele constituída a sua posição de arrendatário, sem prévia autorização do senhorio" (cf. citada *Colectânea*, p. 187).

Ora a verdade é que, tal como o *trespasse*, também a *cessão da posição de arrendatário*, isoladamente considerada, em si, não está documentada na referida declaração nem é um negócio implícito e informal, mas necessitaria de ter sido celebrada, expressa e formalmente, por *contrato escrito* (art. 425 CC, conjugado, então, com o art. 7.º RAU, na redacção do Decreto-Lei n.º 64-A/2000, de 22 de Abril).

Assim, não tendo havido nem *trespasse* nem *cessão da posição de arrendatário*, só sobraria, para legitimamente basear o *despejo*, o caso de o *arrendatário* ter proporcionado "a outrem" o *gozo total ou parcial* do prédio por meio de *sublocação, comodato* ou *acto análogo* entre os exemplificativamente enumerados na al. f) do art. 1038 CC, que desenvolve e particulariza a *causa de resolução* por esse tempo contemplada na al. f) do art. 64-1 RAU e, hoje, na al. e) do art. 1083-2 CC (*cf. infra*, n.º 109-II).

E parece que também para esta hipótese propendeu o acórdão quando, mais adiante e depois de salientar que são autónomas as figuras jurídicas de *comerciante em nome individual* e de *sociedade unipessoal*, proclama: "opera a previsão do art. 64-1, al. f), do RAU que confere ao senhorio a possibilidade de resolver o contrato, precisamente nos casos de subarrendamento ou empréstimo, total ou parcial, pelo arrendatário, do prédio arrendado, ou de cedência da sua posição contratual, nos casos em que estes actos são ilícitos, inválidos por falta de forma ou ineficazes em relação ao senhorio, salvo o disposto no art. 1049 do CC, que aqui também se não verifica" (cf. citada *Colectânea,* p. 186).

Em suma, em todo o seu geométrico exercício conceptualista, a decisão em apreço sempre imporia ao *arrendatário* que realizasse uma *transmissão* para a *sociedade unipessoal*, ou isenta de *autorização do senhorio* (*trespasse*) ou previamente munida dessa *autorização* (*cessão da posição contratual*, *subarrendamento*, *empréstimo*, etc.), ou seja — cúmulo dos cúmulos — que celebrasse um *contrato consigo mesmo*.

Incontestavelmente, não teria outra natureza o negócio celebrado pelo até aí *comerciante em nome individual* e agora *sócio único da sociedade unipessoal*, com esta, através do respectivo *gerente* — ou seja, ele mesmo, a um tempo, *arrendatário* e *gerente e sócio único da sociedade*.

Não é esta a nossa visão do tema.

Quanto a nós, o *arrendatário* nem cedeu "a outrem" o *gozo do prédio* nem lhe transmitiu o *direito de arrendatário* ou a titularidade do *estabelecimento comercial*.

Não o fez, não tinha necessidade de o fazer, nem podia sequer tê-lo feito, sob pena de incorrer com isso num *a semet ipse*.

Simplesmente, ele continuou aí, pessoal e materialmente desacompanhado, à mesma, de outras pessoas, utilizando o *estabelecimento comercial* e gerindo a sua *sociedade unipessoal* — mas exercendo agora o seu comércio *sob forma socializada*, à imagem aliás, do que se prevê hoje expressamente para o exercício de *profissão liberal*, na al. b) do art. 1112-1 CC, e já antes a jurisprudência vinha admitindo como legítimo (v. *infra*, III-**E**).

Em semelhante perspectiva, nem cremos sequer que se caia numa *desconsideração da personalidade*. Esta continuará presente em todo o seu exercício, como um atributo da *sociedade unipessoal de quota* — mas nem por isso deixará de ser aquilo que efectivamente é: uma simples fórmula técnica posta pelo Direito ao serviço do seu *sócio*.

Com o devido respeito, aqui, foi portanto a 1ª instância quem se situou no rumo certo[161].

d — Não há *trespasse* na aquisição do activo e passivo de uma *sociedade*.

Não são sinónimas a transmissão do activo do estabelecimento e a transmissão deste como universalidade; e, em nenhuma universalidade como tal, se dá o fenómeno de ficar obrigado a pagar o passivo quem adquirir o activo — SUPREMO, 30-4-1996 (*ColSTJ*, IV-II, p. 42).

M — O ac. do SUPREMO, de 21-11-1996, a que há pouco aludimos, fundando-se na ideia de a *clientela* não ser elemento constitutivo do *estabelecimento* e de não ser concebível sequer, num sistema de *livre concorrência*, um "direito sobre a clientela", decidiu uma questão importante exactamente assim: "*o trespasse não impede, sem mais, que o trespassante abra outro estabelecimento onde comercialize produtos idênticos àqueles que comercializava no estabelecimento trespassado*" (*BMJ* n.º 461, p. 454).

Isto não pode, em nossa opinião, ser admitido em termos absolutos.

A *liberdade de concorrência* não compreende, evidentemente, aquela que é *desleal* — e o Código da Propriedade Industrial, vigente à data do aresto, tornava ilegítimo, nessa base, no seu art. 260, o comportamento do operador que, com a intenção

---

[161] O aresto em análise, para se firmar na necessidade de autorização do *senhorio*, ainda se refugiou no argumento da perda de garantias que para ele representava a substituição de um *arrendatário pessoa física* e, portanto, de *responsabilidade ilimitada*, pela *sociedade unipessoal de quota de responsabilidade limitada* — mas, com todo o respeito, esta consideração não tem o mínimo valor argumentativo. Bastará pensar na susceptibilidade de, em vez de ter recorrido à *sociedade unipessoal*, se ter antes o *arrendatário* socorrido de um *estabelecimento individual de responsabilidade limitada* — ou no caso de um *arrendatário sociedade em nome colectivo* que, a certa altura, se transforma sem dissolução numa *sociedade de quotas*. Que *autorizações* são exigidas para isso?

de causar prejuízo a outrem ou de obter benefício para si ou terceiro, adoptasse um *comportamento concorrencial contrário às normas e usos honestos de qualquer ramo de actividade.*

Sensivelmente nos mesmos termos se exprime o Código actual, aprovado pelo Decreto-Lei n.º 36/2003, de 5 de Março, quando proclama que "constitui concorrência desleal todo o acto de concorrência contrário às normas e usos honestos de qualquer ramo de actividade económica" (art. 317).

Ora, na nossa perspectiva, não é certamente *honesto* que, a seguir ao recebimento de um preço de *trespasse*, de considerável *goodwill*, abra o *trespassante* novo *estabelecimento* do mesmo ramo na mesma área, susceptível de *desnatar o trespassário da clientela por cujo título lhe pagou um valor dito de trespasse.*

A regra é, em nossa opinião, exactamente a contrária do acórdão.

Para, neste caso, haver responsabilidade do *trespassante*, não é precisa uma estipulação nesse sentido; para não a haver, é que será necessária uma cláusula de isenção ou de autorização.

A este respeito, importará chamar a atenção para o acórdão do SUPREMO, de 17-2-1998 (*BMJ* n.º 474, p. 502), subscrito pelos Ilustres Conselheiros TORRES PAULO (Relator), ARAGÃO SEIA e CARDONA FERREIRA, consagrando a tese de que pode configurar-se *concorrência desleal*, em matéria de *trespasse*, não obstante inexistir fixação de prazo para a *obrigação de não concorrência.*

Em nosso modesto parecer, pela erudição, proficiência e acerto de aplicação ao caso concreto, é uma decisão verdadeiramente notável.

N — A figura do *trespasse*, com a *Reforma de 2006*, está destinada a perder a maior parte da sua importância. Já tínhamos feito, aliás, uma breve alusão ao caso (cf. *supra*, n.º 18-II-**D**, vol. I, p.181 e, bem assim, agora, em *supra*, I-**I**).

Figurando até aqui como uma forma de *eternização* dos *arrendamentos não habitacionais* para *comércio ou indústria*, em que, por todos os caminhos, os *arrendatários* negociavam impunemente a exploração de rendas miseradas, para os novos *arrenda-*

mentos urbanos, viram a sua duração limitada ao *prazo certo* do contrato ou, tratando-se de *duração indeterminada*, ficaram atidos à *denúncia potestativa* do al. c) do art. 1101 CC, com o *pré-aviso de cinco anos*.

Para os contratos antigos, porém, o remédio ainda foi mais radical.

Assim, nesses *arrendamentos*, os *trespasses* realizados após a entrada em vigor da Lei n.º 6/2006, ou seja, 28 de Junho de 2006, passam a dar ao respectivo *senhorio* direito à mesma *denúncia potestativa* do citado art. 1101 CC (al. *a)* do art. 26-6 da Lei).

Mais ainda. Quanto a esses *arrendamentos* e após a entrada em vigor da Lei, o mesmo é facultado ao *senhorio*, não apenas com a ocorrência de um *trespasse*, mas pela simples "transmissão *inter vivos* da posição ou posições sociais que determinem a alteração da titularidade em mais de 50% face à situação existente aquando da entrada em vigor da presente lei" (al. *b)* do art. 26-6).

Concluamos, pois, com este *requiem* aos velhos *trespasses* de má memória (sobre o tema, cf., ainda *supra*, neste número, I-**I,** [pp. 742-743] e *infra*, n.º 98).

II — Figura distinta do *trespasse* é a agora denominada *locação de estabelecimento*.

O instituto principiou por se designar, entre nós, de "concessão" ou "*cessão*" da *exploração de estabelecimento comercial*.

Ao ter reproduzido o antigo art. 1105 CC, o RAU alterou-lhe a epígrafe, no seu art. 111, precisamente para "Cessão de exploração do estabelecimento comercial"[162].

[162] Relativamente a esta figura jurídica é abundante a literatura nacional. Sem a pretensão de se ser exaustivo, pode dar-se a seguinte indicação de autores: Reis Maia, *Arrendamento de estabelecimentos comerciais e industriais — trespasse e seu regime fiscal* (*Gaz.Jud.*, 2.º [1930], p. 21); José Pinto Loureiro, *Tratado da locação*, 1946, I, p. 220; Mário de Castro, *Arrendamento*

A sua natureza jurídica estava, no entanto, já claramente modelada no seguinte passo constante daqueles preceitos, quase totalmente reproduzidos no actual art. 1109-1 CC: *contrato pelo qual alguém transfere temporária e onerosamente a outrem, juntamente com o gozo do prédio, a exploração de um estabelecimento comercial ou industrial nele instalado.*

Agora refere-se antes: "*a transferência temporária e onerosa do gozo de um prédio, ou de parte dele, em conjunto com a exploração de um estabelecimento comercial ou industrial nele instalado*".

No n.º 2 do artigo alude-se antes à "transferência temporária e onerosa de estabelecimento instalado em prédio arrendado".

Daqui a pouco, analisaremos o alcance comparado dos dois números da disposição legal.

---

ou Concessão de Exploração Industrial?, 1951; BARBOSA DE MAGALHÃES, *Do estabelecimento comercial*, 1951, pp. 160-168; MANUEL DE ANDRADE, *Arrendamento e não contrato de exploração industrial* (*Sc.Ivr.*, 1.º [1952], pp. 259-265); ADRIANO VAZ SERRA (*Rev.Leg.Jurs.*, 100.º [1968], pp. 262-266); VASCO DA GAMA LOBO XAVIER, *Locação de estabelecimento comercial e arrendamento* (*ROA*, 47.º [1987], pp. 749 ss); PAULO DE TARSO DOMINGUES, *A locação da empresa* (*RDE*, XV-XIX [1990-1993], pp. 541-566); FERNANDO CARDOSO, *Reflexões sobre o estabelecimento comercial ou industrial e respectivo contrato de aluguer*, Livraria Portugal Mundo Editora, 1991; M. JANUÁRIO C. GOMES, *Arrendamentos comerciais*, 1991, 2ª ed., pp. 61-89; ANTÓNIO PAIS DE SOUSA, *Anotações ao Regime do Arrendamento Urbano*, 1997, 5ª ed. act., notas ao art. 111; PIRES DE LIMA/ANTUNES VARELA, *Código Civil Anotado*, II, Coimbra Editora, 1997, 4ª ed. rev. e act., pp. 701-705; JORGE ALBERTO ARAGÃO SEIA, *Arrendamento Urbano Anotado e Comentado*, Almedina, 7ª ed., 2003, notas ao art. 111; J. SOUSA RIBEIRO, *O novo regime do arrendamento urbano: contributos para uma análise*, *Cadernos de Direito Privado*, n.º 14, 2006; JOSÉ ANTÓNIO RIBEIRO, *Arrendamento Urbano*, Quid Juris, 2006, p. 186; LAURINDA GEMAS//ALBERTINA PEDROSO/JOÃO CALDEIRA JORGE, *Arrendamento* Urbano, Quid Juris, 2ª reimp., 2006, pp. 247-255; MARIA OLINDA GARCIA, *A nova disciplina do arrendamento urbano*, Coimbra Editora, 2006, p. 41; FERNANDO GRAVATO DE MORAIS, *Novo Regime de Arrendamento Comercial*, Almedina, 2006, reimp., pp. 154-157; SOARES MACHADO/REGINA SANTOS PEREIRA, *Arrendamento Urbano*, 2ª ed., Livraria Petrony, Lisboa, 2007; pp. 182-183;.

Para já, importará adiantar que nos encontramos basicamente em presença de uma *locação de estabelecimento* (*arrendamiento de negócio*; *location-gérance*; *locazione di azienda* ou *affitto di azienda*; *Pacht eines Handelsgeschäfts*), e com uma utilização prática talvez tão frequente como a do *trespasse*.

Não perde em interesse em relação a ele, embora decerto jamais tenha ganho entre nós a extraordinária divulgação que conseguiu em França, após a II Guerra Mundial, a ponto de se contar, como índice de implantação, aí, que determinado médico da Região Centro chegou a ter nada menos de 40 padarias em regime de *location-gérance*[163].

Só, por conseguinte, um relance menos atento poderá levar a incorrer-se em confusão de *trespasse* com *locação* ou *cessão da exploração do estabelecimento*.

Nesta, com efeito, e como resulta da lei, ocorre:

a) Uma transmissão apenas *temporária*[164] — enquanto, no *trespasse*, a transmissão é necessariamente *definitiva*;

b) *Da exploração* do *estabelecimento* — quando o *trespasse* compreende, não a transmissão da sua *mera fruição,* mas da própria *titularidade* dele.

Note-se, por outro lado, que estes traços caracterizadores da *cessão da exploração do estabelecimento comercial ou industrial* desenham nitidamente a *facti species* da *locação*, corroborando a justeza da denominação de *locação do estabelecimento*, por que também é designada e que, desde o primitivo art. 1682-3 CC aos ulteriores n.º 1 da al. b) do art. 1682-A CC, bem como à e al. c) do n.º 2 do art. 246 CSC, já tinha sido cunhada.

---

[163] F. Derrida, *Location-gérance des fonds de commerce* (*Dalloz–Répértoire de droit commercial*, 1973, p. 2, n.º 4, e 1974, 2ª ed.).

[164] Como, aliás, tem sido já decidido: — Para que a transferência, juntamente com o gozo do prédio, de exploração de um estabelecimento comercial ou industrial não seja tida como arrendamento do prédio é necessário que ela seja temporária — SUPREMO, 2-6-1999 (*ColSTJ*, VI-II, p. 102).

Através desta figura, com efeito, o titular do *estabelecimento* (*cedente*) obriga-se a proporcionar ao *cessionário* a *fruição* deste, *temporariamente* e *mediante retribuição*, assim desenhando a imagem legal dada à *locação* pelo art. 1022 CC.

Em França, chegou a objectar-se à configuração da *location-gérance* como uma verdadeira *locação* que, tendo ela por objecto mediato uma *coisa incorpórea* (uma *universalidade*), não poderia corresponder à noção locatícia do Código Napoleónico, que respeita unicamente aos bens *corpóreos*, móveis ou imóveis — mas a jurisprudência nunca chegou a consagrar este entendimento, reconhecendo-lhe sempre a natureza jurídica duma *locação*, e a doutrina prontamente veio a ponderar, também, que a *exploração* do *estabelecimento* constitui um valor patrimonial susceptível de ser negociado e, portanto, de igualmente ser objecto de *locação*[165].

Não falta, no entanto, quem afirme que a *locação* não explica tudo: as mercadorias cedidas e a repor, no termo do contrato, e o regime de dívidas. Um *locatário* não tem a obrigação de substituir as mercadorias negociadas e um *locador* também não fica normalmente responsável pelas dívidas do *locatário*, como estabelece a lei francesa para a *location-gérance* (v., neste sentido, MARIE-JEANNE CAMPANA, *Location-gérance–Juris Classeur, Contrats Distribution*, *fas.* 500, 1984, p. 4, n.os 12 ss.).

Entre nós, a objecção seria ainda menos plausível perante a definição legal do apontado art. 1022, que visivelmente emprega o termo *coisa*, como objecto do *contrato de locação*, no seu mais amplo sentido e, por conseguinte, compreendendo, sem esforço, um *bem incorpóreo complexo*, uma *universalidade*[166].

---

165 ROBINAUT, *La location-gérance des fonds de commerce*, 1953, n.º 18; DERRIDA, *Location-gérance des fonds de commerce* (*Dalloz–Répértoire de droit commercial*, 2ª ed., 1974), 1973, p. 4, n.º 25.

166 Entre nós, I. GALVÃO TELLES também contesta a admissibilidade da figura da *locação de estabelecimento*, dado que este é uma *universalidade* (*Utili-*

A *cessão da exploração* é, assim, a *locação que tem por objecto mediato um estabelecimento comercial ou industrial instalado em prédio arrendado* e bem avisado andou o legislador de 2006 em designá-la expressamente de *locação de estabelecimento.*

É por isso que, na prática, a caracterização do que seja um *estabelecimento* tem sido entre nós porventura mais numerosa a seu respeito do que, propriamente, a propósito do *trespasse*.

Assim:

— Um restaurante é passível de *cessão de exploração* — SUPREMO, 2-3-1983 (*BMJ*, n.º 325, p. 536).

— Um campo de *golfe* para exploração de actividade económica lucrativa é susceptível de *cessão de exploração* — Relação de Évora, 29-3-1984 (*Colectânea*, IX-2, p. 278). Sobre este tema, v. SUPREMO, 18-7-1985 (*BMJ* n.º 349, p. 471 e *Rev.Leg.Jurs.*, 123.º, p. 130, com anotação de ANTUNES VARELA, a pp. 343 ss e 356-366).

No ac. da Relação do Porto, de 10-2-1987 (*Colectânea*, XII-I, p. 220), doutamente relatado pelo Saudoso Magistrado TATO MARINHO, qualificou-se como *locação de estabelecimento* — e não como simples *arrendamento do lugar*, como tinha sido designado pelas partes — o contrato pelo qual uma

---

zação de espaços nos "shopping centers" [*Colectânea*, XV-II, 1990, p. 29, nota 7]; *O Direito*, 128.º [1996], III-IV, p. 418, nota 2). São dois os argumentos mais importantes em que se estriba: duma *universalidade* podem fazer parte *coisas móveis* e *coisas imóveis*, não se podendo saber, por isso, se seria aplicável o regime do *arrendamento* ou do *aluguer*; por outro lado, no que for omissa a disciplina do art. 1085 CC [actual art. 111 RAU], serão aplicáveis as disposições gerais dos contratos, e daí a inexistência de *prorrogação forçada*.

Parece, contudo, que a doutrina mais recente se endereça geralmente no sentido de que a *universalidade* só é composta por *coisas móveis* — como, aliás, expressamente se dispõe hoje no nosso art. 206-1 CC (cf., sobre o ponto, JOÃO DE CASTRO MENDES, *Teoria Geral do Direito Civil*, ed. revista em 1985, I, p. 407 e AA que cita.

Para a Itália — de que foi o art. 816 do seu *codice civile* a fonte do nosso art. 206 CC — ver, ultimamente, PIETRO TRIMARCHI, *Istituzioni di diritto privato*, Giuffrè, Milano, 1996, p. 107, que reconduz a *locação do estabelecimento* sempre ao que nós chamamos *aluguer* — logo, sem *prorrogação forçada* (art. 1054-1 CC, *a contrario*). As normas da *locação* são, de resto, as mais ajustadas à situação. Pense-se, designadamente, na *acção de desocupação coactiva*.

delas concedeu à outra, por 3 anos sucessivamente renováveis até 10 anos, mediante remuneração, a utilização de uma sala de espectáculos, com a exploração de espectáculos públicos e exibições "da arte cinematográfica".

— A locação de estabelecimento corresponde à cedência temporária do estabelecimento como um todo. Estando o estabelecimento instalado em prédio arrendado, essa cedência implica a transferência da fruição deste. Não é necessária autorização do senhorio para a locação do estabelecimento — Relação de Coimbra, 10-5-1988 (*BMJ* n.º 377, p. 565).

A *locação de estabelecimento* é, com efeito, mais uma das formas de negociação que podem ter por *objecto mediato* específico a *universalidade* formada pelo *estabelecimento.*

Consistindo, como *universalidade*, numa *coisa móvel*, será apropriado e rigoroso qualificá-la, ao cabo de contas, como um *aluguer* — o *aluguer do estabelecimento* — e mesmo quando este se insira no *gozo de um prédio alheio*, não se confunde com o *arrendamento do próprio prédio.*

Tratando-se, pelo contrário, de um *estabelecimento* não agregado a um *lugar* determinado (por exemplo um circo), pode mesmo a sua *locação* fazer-se isoladamente.

Mesmo integrando-se num prédio ou parte dele, já têm sido isolados os dois *gozos*, no plano geral da negociação de um *estabelecimento comercial ou industrial* — o *do prédio* e o consubstanciado *na exploração*, em si, do próprio *estabelecimento* — e considerado, então, que deverá o *gozo do prédio* passar para a esfera jurídica do *locatário do estabelecimento* juntamente com o *aluguer* deste.

O gozo do prédio poderá, aliás, fazer-se a título diferente da própria *locação*, desde que compatível com o *aluguer* do *estabelecimento* como, designadamente, um *comodato* ou um *usufruto.*

Já têm sido admitidas a própria *venda do prédio, em coligação com a locação do estabelecimento comercial ou industrial* nele instalado — desde que, concomitantemente, se estabeleça um *arrendamento do prédio* pelo adquirente *locatário* ao vendedor *locador do estabelecimento* — ou a doação *mortis causa* deste, parcelada da titularidade do prédio legada a outro sujeito[167].

Estas operações constituem negociações do *estabelecimento* que nos levariam a um desenvolvimento que nos distanciaria do objecto fundamental nosso estudo.

Importará pois, apenas, recordar o normativo contido no novo art. 1109 CC.

Reza assim:

"1. *A transferência temporária e onerosa do gozo de um prédio ou de parte dele, em conjunto com a exploração de um estabelecimento comercial ou industrial nele instalado, rege-se pelas regras da presente subsecção, com as necessárias adaptações.*

2. *A transferência temporária e onerosa de estabelecimento instalado em local arrendado não carece de autorização do senhorio.*"

As suas fontes imediatas são o antigo art. 1085 CC, reproduzido pelo art. 111 RAU, adaptado, na respectiva remissão, para o artigo regulador do *trespasse*, e, por último, o art. 1112 CC do projecto do anterior governo.

Proclamava-se, com efeito, na penúltima destas disposições, que *não era havido* "como arrendamento de prédio urbano ou rústico o contrato pelo qual alguém transfere, temporária e onerosamente para outrem, juntamente com a fruição do prédio, a exploração de um estabelecimento comercial ou industrial nele instalado" — mas, como já então tínhamos assinalado em obras sobre o tema, o que se pretendia exprimir com este discurso era que semelhante *locação* se não submetia ao *vinculismo arrendatício*.

O n.º 1 do art. 1109 CC pega no mesmo jeito de expressão das suas fontes, para declarar que tal transferência "rege-se

---

[167] Veja-se, sobre este ponto, a hipótese tratada por ORLANDO DE CARVALHO (*Rev.Leg.Jurs.*, 115.º, *maxime* pp. 164-170, 231-235, 297-301).

pelas regras da presente secção, com as necessárias adaptações".

No *Anteprojecto explicado*, do Projecto da frustrada *Reforma de 2004*, tinha-se anotado que, se antes se pretendia excluir esta locação do *vinculismo*, com a extinção deste só haveria agora que "reconstituir a harmonia do sistema" — e é certamente o mesmo objectivo que preside à disposição ora em vigor, que praticamente o reproduziu com ligeira adaptação.

Para já, convirá precisar o alcance fundamental da disciplina estabelecida no art. 1109 CC.

Pensamos que deverá ter-se em vista uma destrinça basilar.

Serão distintas as *facti species* dos dois números, que tornam o artigo literalmente mais preciso e abrangente.

No n.º 1, se bem pensamos, contempla-se a hipótese de o titular de um prédio, ou parte dele, *o arrendar* a terceiro (transferir temporária e onerosamente o seu gozo, nas palavras do preceito), *em conjunto* com a concessão temporária da fruição do *estabelecimento* que nele vinha explorando.

No n.º 2, trata-se de outra hipótese: a de alguém que, sendo unicamente titular de um *estabelecimento comercial ou industrial*, instalado em prédio ou fracção que para o efeito arrendou, cede *a exploração* desse *estabelecimento* a terceiro.

No primeiro caso, há claramente uma *locação* de duplo objecto mediato de gozo: o *prédio ou fracção*, e o *estabelecimento*.

No respectivo contrato, associam-se, pois, duas figuras: o *arrendamento do prédio ou fracção*, e o *aluguer do estabelecimento*, o qual, constituindo uma *universalidade*, é uma *coisa móvel*.

Podemos, portanto, qualificá-lo como um *contrato misto*, sujeito por lei ao regime jurídico "da presente *secção*, com as necessárias adaptações".

Quanto às adaptações, a que tipo de *adaptações* se quererá referir?

Naturalmente, àquelas que, na prática, possam surgir em função da natureza mista do contrato, e da diversidade dos *objectos mediatos* envolvidos.

Diferente nos parece a *facti species* do n.º 2.

Aqui, estará em causa, unicamente, a transmissão da *exploração* de *estabelecimento comercial ou industrial* instalado em prédio recebido em *arrendamento* pelo transmitente da *exploração*.

O *objecto mediato* do contrato não é complexo, pois constitui a simples *exploração*, que se confere através do mero *aluguer do estabelecimento*.

Este é então prestado pelo *locatário do prédio ou fracção*, que, sendo *locador do estabelecimento*, não perderá, por isso, a sua posição de *locatário* do *prédio ou fracção* — ao passo que, na hipótese legal do n.º 1, o titular predial e, simultaneamente, do *estabelecimento*, presta em *locação* o *conjunto* (*prédio* e *estabelecimento*), ocupando no contrato a posição de *locador* único das duas realidades.

Cremos, pois, que será assim que deverá ser entendida a expressão do n.º 2 do art. 1109 CC[168].

A transferência cingir-se-á, neste caso, à *fruição do estabelecimento*; não anula a *locação do prédio ou fracção* realizada àquele que, por semelhante negociação, se torna apenas no *locador do estabelecimento*.

É por isso que somente neste caso se *dispensa*, na parte final do n.º 2, a *autorização do senhorio*.

Aqui, porém, haverá um ponto a aprofundar. O preceito, na expressão do *Projecto da Reforma* de 2004, referia, nos seus precisos termos, que tal *autorização* era "dispensável".

---

[168] MANUEL JANUÁRIO DA COSTA GOMES não estabelece esta distinção (*Disposições especiais do arrendamento para fins não habitacionais* [O DIREITO, 137.º, 2005, II, p. 377]) — mas parece que, não se tratando de duas distintas hipóteses legais, não se justificaria a distribuição do artigo por dois números, um mandando aplicar as regras da subsecção, e outro dispensando a *autorização* do *senhorio* mas impondo simultaneamente a *comunicação* a este.

Entendemos que seria lícita, à luz desse *Projecto*, a cláusula do *contrato de arrendamento urbano comercial ou industrial* a proibir o *arrendatário do prédio ou fracção* o *aluguer* do seu *estabelecimento*, sem prévia *autorização* escrita do *senhorio*.

A expressão que se lia então, "é dispensável a autorização do senhorio", apontava para a natureza supletiva da norma.

A alteração deste passo, na lei ora em vigor, passando a proclamar-se, quanto à transferência temporária e onerosa do *estabelecimento* instalado no local arrendado, que "não carece de autorização do senhorio", conduzirá — supomos — à conclusão contrária.

A expressão é peremptória e não pode ter outro intuito que não seja o de tornar *injuntiva* a desnecessidade de *autorização do senhorio*.

Assim fica este instituto, em tal aspecto, harmonizado com o que se dispõe, e já se dispunha para o *trespasse*.

A — O *cessionário* — como o *locatário do estabelecimento* — gozará designadamente da *tutela possessória*, por equiparação, concedida no art. 1037-2 CC, tema já debatido nos tribunais, em face do art. 1085-1 CC, e que a formulação verbal pela negativa não ajudava a resolver[169].

Por outro lado, o *cedente* que pretenda expulsar o *cessionário* que, findo o termo contratual, não abra mão do *estabelecimento*, apesar da oportuna *oposição à renovação*, terá ao seu dispor a *execução para entrega de coisa certa*, nos termos conjugados dos arts. 1097 CC e 15-1, al. c), da Lei n.º 6/2006.

---

[169] SUPREMO, 6-2-1979 (*Rev.Leg.Jurs.*, 112.º, p. 186.

No mesmo sentido tinham-se pronunciado, por último, PIRES DE LIMA/ANTUNES VARELA, *Código Civil Anotado*, II, Coimbra Editora, 1981, pp. 492-493; 1986, p. 532; e 1997, p. 704.

B — A transferência do *estabelecimento* configurada no n.º 2 do art. 1109 CC pressupõe, naturalmente, a presença de um *estabelecimento mínimo*, sendo lícito, aqui, recorrer às *presunções, sinais, índices* ou *descaracterização* legalmente previstos para o *trespasse*.

Se, pois, acontecer que passe o *locatário do estabelecimento* a exercer com este outro *ramo de comércio ou indústria* ou que, de um modo geral, lhe dê *outro destino* (art. 1112-5 CC), cessará a tutela da lei à circulação do *estabelecimento* e ficará o *senhorio do prédio* (no caso do art. 1109-2 CC) com direito a *resolver* o seu *contrato de arrendamento*, pondo termo ao *gozo* que se vinha fazendo.

O mesmo direito assistirá ao *senhorio*, se a pretensa transmissão do *gozo do estabelecimento* não for acompanhada de transferência, *em conjunto*, das instalações, utensílios, mercadorias ou outros elementos que constituem o seu acervo (al. a*)* do art. 1112-2 CC).

Deve, porém, entender-se que semelhante hipótese não se verifica, tal como sucede com o *trespasse* e já foi referido, quando apenas se distraiam algumas parcelas que não roubem ao *estabelecimento* a sua identidade.

Tal como no *trespasse*, parece aqui evidente que, não se proporcionando o gozo da *unidade global*, não poderá, na verdade, ver-se na operação um *aluguer de estabelecimento*, mas a *locação*, apenas, de um ou outro elemento constitutivo daquela universalidade: o *aluguer do estabelecimento*, com semelhante locação parcelar, ficou descaracterizado ou, melhor dizendo, não chegou a caracterizar-se.

No Direito pregresso, foi julgado um caso destes que será interessante referir.

Havia no Funchal, na década de 80, uma sociedade que vendia fracções autónomas de prédios urbanos constituídos em *propriedade horizontal* e, simultaneamente com a venda, celebrava com os compradores um contrato pelo qual estes, mediante uma renda mensal então estipulada, lhe *cediam a exploração* da fracção autónoma para passar a exercer nela, que já se encontrava para o efeito devidamente mobilada pela vendedora, a actividade de prestação de *turismo de habitação*, com expressa exclusão da susceptibilidade de *subarrendamento*.

Como este contrato continha cláusulas expressas a declará-lo temporário e denunciável livremente por qualquer das partes, quando depois os compradores vinham exercer a *denúncia*, opunha-lhes a sociedade que se estava em presença, em cada caso, de um *arrendamento urbano*, indenunciável livremente pelo senhorio.

Parecia evidente, uma vez que era da própria sociedade o mobiliário, e que com ele devia ficar no termo de cada contrato, que faltavam aqui os elementos constitutivos de uma *cessão de exploração de estabelecimento*. A dúvida estaria então em saber se não se integrava um verdadeiro *arrendamento comercial ou industrial*, com cláusula nula de *denúncia*.

Foi esta solução que se consagrou no ac. da Relação de Lisboa, de 26-11-1987 (*Colectânea*, XII-5, p. 123: — Um contrato que incide sobre unidades habitacionais preparadas para constituírem um estabelecimento hoteleiro, mas que ainda o não constituem, deve ser havido como arrendamento para indústria e não como cessão de exploração, independentemente das palavras utilizadas pelos contraentes).

A ideia de que se estava antes em presença de um *contrato atípico* foi, no entanto, mais sufragada (Relação de Lisboa, 4-4-1984 [*Colectânea*, IX-3, p. 125]; Relação de Lisboa, 26-4-1990 [O DIREITO, 122.º, p. 747]) e teve o apoio de INOCÊNCIO GALVÃO TELLES (O DIREITO, 122.º, p. 757).

Por fim, a questão veio a ser solucionada com o *assento* de 13-2-1996, a considerar tais contratos como de cessão de exploração de unidades habitacionais nos termos do Decreto Regulamentar n.º 14/78, de 12 de Maio, e não sujeitos às normas limitativas da liberdade contratual próprias do arrendamento (O DIREITO, 128.º, p. 409 — com anotação favorável de INOCÊNCIO GALVÃO TELLES, pp. 415-419, com base em que se trata de contratos típicos, celebrados de acordo com a legislação regional autónoma).

A dificuldade do tema está, para nós, em saber se as Regiões Autónomas poderão legislar nesta matéria, afastando a qualificação de *arrendamento urbano*, que é da competência exclusiva da Assembleia da República[170].

---

[170] Era extremamente curiosa a tendência que vinha revelando o SUPREMO, nos últimos tempos, para sucessivamente subtrair ao âmbito do *arrendamento urbano* determinadas figuras cuja função económica coincidia afinal, substancialmente, com a do *arrendamento para comércio ou indústria*.

Por que haveria de ser *vinculístico* o arrendamento para uma *estalagem* ou *hotel turístico*, e já o não seria o para uma instalação de *turismo de habitação?*

C — A forma exigível, hoje em dia, para a mera *locação de estabelecimento*, bem como para a *transferência temporária e onerosa do gozo de um prédio ou de parte dele, em conjunto com a exploração de um estabelecimento comercial ou industrial*, é simplesmente a *forma escrita* (art. 1069 CC) que, no primeiro caso, à falta de disposição específica, poderá ser discutível mas, seguramente, deverá ser acompanhada de *comunicação ao senhorio*, no *prazo de 1 mês* (art. 1109-2 CC).

Anteriormente, ela era realizada por *escritura pública*, de acordo com o disposto na al. k) do art. 80-1 Código do Notariado aprovado pelo Decreto-Lei n.º 47 619, de 31-3-1967[171] — não sendo então aplicável, nem mesmo aos contratos celebrados anteriormente a 15 de Novembro de 1990, o regime do art. 1029-3 CC (imputação ao *locador* de inobservância de forma e susceptibilidade de unicamente o *locatário* fazer valer o contrato provando-o por qualquer meio de prova), por se tratar de um *vínculo arrendatício* e o vinculismo estar rejeitado em bloco através da fórmula adoptada no art. 111-1 RAU, como se viu[172].

O Código do Notariado actual, aprovado pelo Decreto-Lei n.º 207/95, de 14 de Agosto, e entrado em vigor no dia 15 de Setembro do mesmo ano, tinha mantido a mesma exigência de *forma* para a *cessão de exploração de estabelecimento comercial* ou *industrial*, do Código anterior, de acordo com a rectificação publicada no *Diário da República* de 31-5-1996.

Neste domínio foi julgado:

— O contrato de cessão de exploração de estabelecimento comercial é obrigatoriamente realizado por escritura pública, e a falta de forma legal determina a nulidade, de conhecimento oficioso, e podendo ser invocada a todo o tempo por qualquer interessado. O contrato inválido, por falta de

---

Por que havia de ser livre o arrendamento de uma loja em *centro comercial*, e já o não poderia ser o de uma loja instalada numa rua ou numa praça?

Estas aberturas jurisprudenciais pareciam revelar, finalmente, algum desencanto perante o *vinculismo* nacional — o que, naturalmente, era de saudar.

[171] "Devem celebrar-se por escritura pública, além de outros especialmente previstos na lei:

....

"k) Os negócios de transmissão de propriedade de estabelecimentos comerciais ou industriais, os que tenham por objecto o *gozo destes* ...".

[172] Para o Direito anterior, ver: SUPREMO, 28-10-1975 (*BMJ* n.º 250, p. 159).

forma, não é susceptível de dar origem a qualquer nova relação jurídica, criando obrigações para os intervenientes — SUPREMO, 8-7-1997 (*BMJ* n.º 469, p. 504).

Na verdade, dispunha-se no art. 111-3 RAU o seguinte:

"3 — A cessão de exploração do estabelecimento comercial deve constar de documento escrito, sob pena de nulidade".

Compreende-se mal a dilatação do prazo de *comunicação* para 1 mês, relativamente ao geral, de quinze dias, constante da al. g) do art. 1038 CC, aplicável ao *trespasse*.

Nenhuma razão de política legislativa justifica a imposição de um prazo mais dilatado para a *comunicação ao senhorio* da mera *locação do estabelecimento* do que para a transmissão da sua titularidade que se verifica com o *trespasse*.

Propriamente quanto à necessidade de *comunicação ao senhorio*, a parte final do art. 1109-2 CC, exigindo-a agora expressamente, desautoriza — e bem — a jurisprudência que chegou anteriormente a revelar-se repetidamente em sentido contrário, embora a par de outra que também repetidamente se manifestava no bom sentido.

Claro que, não feita a *comunicação* ao *senhorio* no prazo de trinta dias, este terá o direito de resolver o contrato.

Maria Olinda Garcia e Coutinho de Abreu, à imagem do que sustentam para o *trespasse*, também aqui consideram que só existirá fundamento de *resolução* quando a falta de *comunicação*, "pela sua gravidade ou consequências, tornar inexigível à outra parte a manutenção do arrendamento".[173].

Também aqui não nos parece que seja assim.

Se a lei marca um prazo para a *comunicação*, que deve também aqui ser feita nos termos do art. 9.º NRAU[174], findo esse

[173] Cf., respetivamente, *A nova disciplina do arrendamento urbano*, Coimbra Editora, p. 44 e *Curso de Direito Comercial*, I, 7ª ed., Almedina, 2009, p. 333.

[174] Cf., neste sentido Laurinda Gemas/Albertina Pedroso/João Caldeira Jorge, *Arrendamento Urbano*, 3ª ed., Quid Juris, 2009, p. 508.

prazo, verifica-se a falta do *arrendatário* que é, por si e sem mais, suficientemente grave para tornar inexigível à outra parte a manutenção do *arrendamento*.

Segundo o expressamente disposto no art. 1049 CC, o *senhorio* só não terá direito à *resolução do contrato* "se tiver reconhecido o beneficiário da cedência como tal, ou ainda, no caso da alínea g) [do art. 1038 CC], se a comunicação lhe tiver sido feita por este".

III — Desde a Lei n.º 2:030 e, depois, com o nosso Código Civil e o RAU, vinha sendo regulada e admitida, também independentemente de *autorização do senhorio*, a transmissão do que poderíamos ser tentados a designar como um "*estabelecimento*" *de exercício de profissão liberal* (escritório, consultório, oficina de artista, etc.).

Com efeito, a este propósito, à data da entrada em vigor da Lei n.º 6/2006, dispunha o art. 122 RAU que a posição de *arrendatário* (para o exercício de profissão liberal) era "transmissível por acto entre vivos, sem autorização do senhorio, a pessoas que no prédio arrendado continuem a exercer a mesma profissão" (reprodução integral do art. 1120-1 CC) — e que semelhante "*cessão*", como lhe chamava, devia "ser celebrada por escrito, sob pena de nulidade" (art. 122-2 RAU, segundo a redacção que lhe foi imprimida pelo Decreto-Lei n.º 64-A/2000, de 22 de Abril).

Tínhamos portanto aqui, não a transmissão *da titularidade* do "estabelecimento para exercício duma profissão liberal", (consultório, estúdio, escritório, oficina ou laboratório) nem sequer *da sua exploração* mas, *proprio sensu*, de uma *posição contratual* de contrato com prestações recíprocas (art. 424-1 CC) — a *posição contratual de arrendatário para exercício de profissão liberal*.

Era precisamente essa figura que vinha sendo disciplinada entre nós admitindo-se a sua realização unicamente "por acto entre vivos"; a *cessão mortis causa* não era permitida.

A — Que razões teriam movido o nosso legislador a conferir a este *arrendatário*, à imagem do *arrendatário comercial*, também a dispensa de *autorização do senhorio*, para, em excepção ao disposto no princípio geral do art. 424 CC, alienar livremente a sua *posição contratual*?

ANTUNES VARELA explicava a opção legal fundando-a numa dupla premissa: por um lado, essa transmissão não estava coberta pela figura do *trespasse*; por outro, "considerou-se ser justo conceder ao arrendatário do imóvel com esse fim, ou aos seus sucessores (à semelhança do que sucede com o dono do estabelecimento comercial) a possibilidade de mobilizarem economicamente em seu proveito o *valor locativo* que o locatário tenha conquistado, com o seu trabalho e o prestígio do seu nome, para o imóvel onde a sua profissão foi exercida"[175].

Realmente, não seria concebível, sem disposição legal nesse sentido, vislumbrar-se na transferência de *consultório* ou *escritório de profissão liberal* que, obviamente, não podem ser considerados como *estabelecimento comercial ou industrial*, um *trespasse* — mas o problema, em nossa opinião, não se ficava por aí, pois a equiparação feita pela nossa lei apresentava-se-nos, afinal, como extremamente indecorosa e censurável, no plano ético, por *comercializar uma actividade incomercializável*.

---

[175] PIRES DE LIMA/ANTUNES VARELA, *Código Civil Anotado*, II, 4ª ed., Coimbra Editora, 1997, p. 723. Em comentário aos acs. da Relação de Lisboa, de 18-11-1993 e do SUPREMO, de 12-6-1996, publicado na *Rev.Leg.Jurs.*, 130.°, pp. 218-221, 250-256 e 340-356, ANTUNES VARELA reiterou e desenvolveu esta fundamentação, sublinhando que se deixou o legislador da Lei n.° 2:030 e do Código Civil impressionar pelas hipóteses "frequentíssimas" (p. 351) do advogado, prestes a reformar-se, que pretenderia assegurar ao filho ou parente recém-licenciado um lugar no seu escritório.

Estas hipóteses serviriam para justificar a transmissão *mortis causa* do *arrendamento para exercício de profissão liberal*; não, obviamente, quanto a nós, para negociar com estranhos um *valor da clientela*.

Ofende necessariamente a deontologia de qualquer *profissão liberal* equiparar a *estabelecimento comercial ou industrial* a *universalidade de facto* reunida pelo respectivo titular para o exercício da sua profissão, reconhecendo-se-lhe um valor *mercantil* negociável, como se fora aquilo a que, em França, se chama, para o *arrendamento comercial*, um *direito de propriedade comercial.*

É naturalmente por isso que, até onde nos foi dado investigar, não se encontra no Direito comparado disposição semelhante às nossas.

O próprio Direito espanhol que, segundo cremos, é o que mais especificamente protege o *arrendatário para exercício de profissão liberal*, limita-se a admitir a transmissão *mortis causa* do lugar arrendado ao *cônjuge* ou, na sua falta ou mediante renúncia dele, aos *filhos*, "sempre que aquele ou estes exerçam a mesma profissão do arrendatário falecido e no próprio lugar" (n.º 3 do art. 38 do Decreto 4104/1964, conservado pela Ley 29/1994).

Isto tem um alcance restrito. O disposto na nossa lei era bem diferente, porque contemplava a negociação, *entre vivos*, da *transmissão do arrendamento*, à vista da clientela carreada para aquele lugar — o que nos parece claramente *ofensivo dos bons costumes.*

Para cúmulo, estava a entender-se, entre nós, que não seria sequer de exigir que se transmitissem, com a *cessão*, os elementos instrumentais que compõem a unidade de exercício de *profissão liberal*[176]; bastaria que, no prédio arrendado, continuasse o *cessionário* a exercer a *mesma profissão*. Estrita *negociação de clientela*, portanto.

Não vamos naturalmente ao ponto de impedir o *arrendatário para exercício de profissão liberal* de alienar, isolada ou globalmente,

---

[176] Era a doutrina sustentada, p.ex., por PIRES DE LIMA/ANTUNES VARELA, *Código Civil Anotado*, II, 1981, p. 567, II, 1986, p. 646 e II, 1997, p. 722, e por PEREIRA COELHO, *Arrendamento*, 1980-81, p. 178 e 1988, p. 217.

os bens que constituam os seus instrumentos de trabalho: a aparelhagem do consultório de radiologia ou de dentista, o laboratório de análises clínicas, a oficina de escultor, arquitecto ou pintor, etc.

O que não parece legítimo é encarar a *universalidade de facto* constituída pelo conjunto unitário dos elementos reunidos para o exercício da *profissão liberal* como se fosse um estabelecimento "comercial" susceptível de algo de equivalente a um *trespasse*, nem mesmo quando o *arrendatário* seja uma *sociedade profissional*.

A tese afirmativa chegou, pelo contrário, a ser sustentada, para os casos excepcionais de organização societária de serviços de profissão liberal, por ANTUNES VARELA, pois seriam equiparáveis, segundo o Ilustre Professor, "a um estabelecimento comercial, no sentido usual ou corrente do termo"[177].

O entendimento tinha, todavia, implicações mais complexas do que poderia supor-se.

Uma *sociedade de profissionais de profissão liberal* nunca é nem pode ser vista como uma *sociedade comercial*, à luz dos princípios e em face do preceituado no art. 1.º-2 CSC, ainda que, como censuravelmente está ocorrer entre nós com as sociedades de *médicos* e de *arquitectos*, se constituam *sob forma comercial*.

Serão nesse caso, apenas, *sociedades civis sob forma comercial*; logo, o seu *estabelecimento* não será jamais, juridicamente, um *estabelecimento comercial* e, portanto, não será susceptível de *trespasse*, em sentido técnico.

Nesta ordem de ideias, ao ser-nos dado opinar sobre os trabalhos preparatórios da frustrada *Reforma de 2004*, quando, numa fase embrionária, se propunha um novo art. 1119 para o CC, reproduzindo o art. 122 RAU, manifestámo-nos logo no sentido de se introduzir a desnecessidade de *autorização do senhorio* para a abertura do *profissional liberal* a uma *sociedade profissional* — mas, em contrapartida, que se circunscrevesse a disposição

[177] *Rev.Leg.Jurs.*, 130.º, p. 352, texto e nota 31.

legal à transmissão por morte, e só ao cônjuge ou parente que já exercesse a mesma profissão com o arrendatário[178].

Esta restrição do instituto não foi aceita, mas a referência à *sociedade profissional* veio realmente a ser introduzida em termos que vieram, depois, a ser sufragados pela *Reforma de 2006*, com a sua regulação no mesmo artigo e a par do *trespasse*.

É assim que se dispõe a seu respeito no art. 1112 CC.

"1 — *É permitida a transmissão por acto entre vivos da posição de arrendatário, sem dependência da autorização do senhorio*:

a) . . . .

b) *A pessoa que no prédio arrendado continue a exercer a mesma profissão liberal, ou a sociedade profissional de objecto equivalente.*

2 — . . . .

3 — *A transmissão deve ser celebrada por escrito e comunicada ao senhorio.*

4 — *Quando, após a transmissão...o transmissário não continue o exercício da mesma profissão liberal, o senhorio pode resolver o contrato.*"

B — O preceito dispensa a *autorização* para a transmissibilidade, *por acto entre vivos*, da *posição do arrendatário*.

---

[178] "Penso — escrevemos nós então — que não deve recusar-se a desnecessidade de autorização do senhorio à abertura do profissional liberal a uma sociedade profissional, que poderá constituir um decisivo marco da progressão na carreira digno tutela. Em contrapartida, recusaria a negociação *mortis causa* da posição contratual do arrendatário individual, restringindo a sua sucessão ao cônjuge ou parente que já exercesse aí, em vida dele, a mesma profissão".

Propunha nessa base que se concebesse, em lugar do projectado, um artigo assim estritamente concebido:

"1 — A transmissão da posição de arrendatário para exercício de profissão liberal em favor de uma sociedade profissional por ele constituída, ou de que passe a participar não depende de autorização do senhorio.

2 — Por morte do arrendatário pessoa física para exercício de profissão liberal, a sua posição transmite-se ao cônjuge ou parente que, à data desse falecimento, exercesse com o arrendatário a mesma profissão".

A especificação, no pressuposto da validade do preceito, parece de salientar, e será aplicável só nos seus precisos termos. Não será nunca lícita a cessão *mortis causa* da posição de *arrendatário para exercício de profissão liberal*.

Coordenando estritamente o disposto neste art. 1112 CC com a *sucessão mortis causa* prevista no art. 1113 CC, para os *arrendamentos não habitacionais*, parece de entender que só deverão ser herdeiros de *arrendatário profissional liberal*, em rigor, aqueles que tenham *a mesma profissão*, à semelhança do que se dispõe no Direito espanhol, afigurando-se duvidoso que também o sejam para poderem negociar a *cessão da posição de arrendatário* com terceiros, aptos ao exercício da mesma profissão do *de cuius*.

Afigura-se-nos, por isso, censurável a legitimação de uma negociação deste tipo, realizada pela viúva de um *arquitecto* com os *arquitectos* colaboradores do falecido, constante do ac. Relação do Porto, de 30-5-1985 (*Colectânea*, X-3, p. 251), que mais detidamente analisaremos adiante.

C — Tem sido equacionada entre nós, à luz dos preceitos legais anteriores que, no fundo, são muito semelhantes ao dispositivo actual, a questão da admissibilidade, ou não, da *cessão de exploração* do, por assim dizer, "*estabelecimento profissional*", ou seja, da *locação do seu gozo* para o exercício da mesma profissão, *sem autorização do senhorio*.

Suponha-se o caso do *estomatologista* que instalou em prédio arrendado, para o exercício da sua actividade profissional, um completo sistema da melhor e mais moderna aparelhagem.

Surgindo-lhe um impedimento temporário de aproveitamento deste consultório, poderá ele conceder a *mera fruição* do seu *estabelecimento profissional*, só por certo tempo e mediante retribuição, a um colega da mesma especialidade, sem autorização do seu *senhorio*?

Como se viu, o art. 1109 CC alude expressamente, apenas, ao *estabelecimento comercial ou industrial*, e as *facti species* do art.

1112-1 CC e da sua al. b), contemplando a transmissão da *posição do arrendatário*, não descreve directamente semelhante hipótese.

Cremos dever entender-se que, confinando o preceito especial do art. 1112 CC a desnecessidade de *autorização do senhorio* à *cessão da posição de arrendatário*, por *acto entre vivos*, a pessoas que continuem a exercer *a mesma profissão*, assim excluirá ele, decerto, a susceptibilidade da mera *locação* de um como que "estabelecimento profissional".

Aceitar o contrário é conceber como *estabelecimento comercial ou industrial* a simples *universalidade de facto* constituída pelos instrumentos de trabalho de *profissão liberal*.

Se, como reconhece ANTUNES VARELA, foi necessário, historicamente, editar um preceito novo, pois a figura do *trespasse* não se adaptava ao *arrendamento para exercício de profissão liberal*, também a *locação de estabelecimento comercial* constante do art. 1109 CC não deverá considerar-se aplicável a este tipo arrendatício, por falta de um preceito específico nesse sentido.

D — Uma vez admitida sem mais, como dantes, a transmissibilidade, "por acto entre vivos", da *posição de arrendatário* "a pessoas que no prédio continuem a exercer a mesma profissão", poderá continuar a ser ainda equacionada a legitimidade de uma cessão apenas *parcial*, que, por vezes, vem recebendo até aqui a solução afirmativa.

Nesta perspectiva, o *arrendatário* poderia *ceder* o uso de apenas *uma parte do espaço arrendado* a outros profissionais do mesmo ofício, sem carecer de *autorização do senhorio* para o efeito.

Na mesma ordem de ideias, tem sido inclusivamente considerada legítima e abrangida na *facti species* do preceito a *repartição temporal do uso do prédio,* segundo um horário determinado de fruições distribuídas por profissionais da mesma actividade como, de algum modo, até aqui já foi sancionado pela jurisprudência.

Em nosso parecer, porém, a lei autoriza a *cessão da posição de arrendatário*, não uma *sublocação parcial* ou um *comodato*; admitir estas soluções é interpretar *latamente* um preceito que, sendo objectivamente condenável, deverá, pelo contrário, comportar uma aplicação restritiva (*odiosa restringenda*).

— A *cedência*, por um ou vários médicos, sem autorização do senhorio, dos seus consultórios, para que outros clínicos exerçam regularmente e por conta própria a sua profissão, em certas horas do dia em que os cedentes os não utilizem, pode corresponder a uma sublocação, a um comodato ou a um contrato inominado, de associação ou de comparticipação. Improcede a acção de despejo se não forem provados factos que a permitam caracterizar como comodato ou como locação não autorizados — Relação de Lisboa, 9-1-1985 (*Colectânea*, X-I, p. 137).

Não parece nítida, nesta jurisprudência, a inversão do ónus probatório?

E — A lei actual arruma definitivamente a dúvida que chegou a pôr-se, no domínio da lei anterior da legitimidade de transmissão da *posição de arrendatário* a uma *sociedade profissional*.

A solução negativa fundava-se na circunstância de só se admitir a transmissão a favor de *pessoas* que no prédio continuem a exercer a mesma *profissão* — e só os *indivíduos*, não também as *sociedades*, podem exercer uma *profissão*.

Admitindo o contrário — concluía-se ainda — permitir-se-ia ao *arrendatário* realizar, pela negociação, não apenas o valor que ele criou através do exercício da sua profissão mas, em parte, também o correspondente ao espaço arrendado, e portanto com locupletamento à custa do *senhorio*, nesse ponto[179].

A análise da seguinte jurisprudência não perdeu actualidade, e merece ponderação.

Uma sociedade proprietária de um prédio urbano situado na Rua de Santa Catarina, da cidade do Porto, arrendou a três médicos, para o exer-

---

[179] Manuel Henrique Mesquita, *Cessão da Posição de Arrendamento* — Parecer (*Colectânea*, XI-I, p. 17).

cício das suas profissões liberais, um conjunto de salas que vieram a constituir a fracção B do prédio. Anos mais tarde, por escritura pública de 27 de Junho de 1996, foi constituída uma *sociedade de quotas*, com a denominação *Liga de Saúde Desportiva–Prestação de Serviços Médicos L.*[da] e um capital social de 500 contos, distribuído por cinco sócios, o mais importante dos quais é a *Liga Portuguesa de Futebol Profissional*, com uma quota de 380 contos, sendo seu gerente um conhecido e Ilustre Advogado do Porto.

Na mesma escritura, os *arrendatários* da fracção B cederam a sua *posição contratual* a esta *sociedade*, sem autorização da *senhoria*.

Proposta a respectiva *acção de despejo*, veio a Relação do Porto, pelo seu ac. de 16-2-1998 (*Colectânea*, XXIII-I, p. 217), a julgar a acção improcedente, confirmando a sentença da 1ª instância, com fundamento em não ser *comercial* o objecto da sociedade cessionária e, além disso, não haver razões válidas que possam levar a inflectir a orientação que vem sendo seguida (acs. da Relação de Coimbra, de 30-5-1985 e de 7-10-1997 [acabado de referir]) na jurisprudência, segundo a qual "a expressão pessoas do art. 122 engloba as pessoas colectivas".

Em nossa opinião, ela é seguramente correcta quando equipara a actividade de *sociedades de profissionais liberais* ao *exercício singular da mesma profissão* — mas já não pode, evidentemente, ser aceita em presença de *sociedades* desses profissionais com pessoas não habilitadas ao exercício da mesma profissão[180], ou de *sociedades de quotas* que, contrariamente ao preceito injuntivo do art. 202-1 CSC, envolvam *sócios de indústria*.

78. Direito de preferência do arrendatário na compra e venda ou dação em cumprimento do prédio arrendado, do senhorio relativamente ao trespasse do estabelecimento comercial ou industrial, e do arrendatário cessante em novo arrendamento do mesmo espaço

A iniciativa do *senhorio*, de transmitir o prédio arrendado, não desemboca fatalmente numa *sucessão ex lege* do adquirente, na *posição contratual* do *locador*. Pode ainda, na nossa lei, abrir margem a um *direito de preferência* do *arrendatário*, através do

[180] Cf. *assento* de 09-03-1989.

qual se exclui o adquirente virtual e se impede a aquisição por este projectada.

O *direito de preferência* do *arrendatário de prédios* urbanos está consagrado no novo art. 1091 CC exactamente assim:

"1 — *O arrendatário tem direito de preferência:*

a) Na compra e venda ou dação em cumprimento do local arrendado há mais de três anos;

b) Na celebração de novo contrato de arrendamento, em caso de caducidade do seu contrato de arrendamento, em caso de caducidade do seu contrato por ter cessado o direito ou terem findado os poderes legais de administração com base nos quais o contrato fora celebrado".

A "preferência" referida na al. b) contém, ao invés de algumas disposições de anteriores diplomas, um verdadeiro *direito de preferência*, em sentido técnico, embora não ligado à *venda* ou *dação em cumprimento* do prédio onerado.

Dela trataremos após analisarmos a *preferência legal*, tanto do *arrendatário* como do *senhorio*, associadas a uma *venda* ou *dação em cumprimento*.

Só, portanto, a disposição constante da al. a) nos interessará agora — e, quanto a ela, importará salientar, de começo, que nos parece muito censurável a implantação deste direito relativamente a contratos já libertados do vinculismo, quanto aos quais o próprio RAU expressamente os tinha excluído de semelhante arcaísmo preconceituoso contra o *direito de propriedade* (art. 99-2 RAU)[181].

---

[181] Com inteira razão, MENEZES CORDEIRO condena esta opção da *Reforma de 2006*, que regrediu, aqui, em relação à de 2004, e mal se compreende a respeito dos novos contratos, quanto aos quais "o interessado em comprar *compra*: não arrenda; paralelamente, quem dê de arrendamento quer manter-se proprietário, com a óbvia prerrogativa de vender a quem quiser. A preferência — acrescentou ainda, anteriormente à Lei n.º 6/2006 e acerca do Projecto respectivo — desvaloriza o domínio e mantém vínculos fora da época. Oxalá este ponto ainda possa ser revisto" (cf. *O novo regime do arrendamento urbano*/O DIREITO, 137.º [2005], II, p. 332).

Na doutrina estrangeira ironiza-se, por vezes, esta opção legislativa, lembrando ser o esquema da *preferência do arrendatário* "assaz sedutor, naquilo em que assegure uma feliz conciliação dos interesses em conflito: a espoliação do proprietário é evitada, pois pode obter-se com a venda um preço normal, e o direito à habitação do locatário não é sacrificado, pois lhe é dado o ensejo de adquirir a propriedade do alojamento; será preciso ainda, entretanto, que, ao benefício oferecido pelo legislador, que assim quis encorajar o acesso à propriedade, se junte o dos banqueiros, porque são relativamente pouco numerosos os locatários que tenham os meios financeiros para se poderem tornar adquirentes"[182].

Exercido, porém, este direito pelo seu titular, sai o primitivo *senhorio* da relação arrendatícia, e é substituído pelo *arrendatário* que, tornando-se *senhorio de si próprio*, produz com isso a *cessação do contrato* de *arrendamento urbano*, por *confusão* (art. 868 CC).

A figuração de semelhante hipótese, porém, traz logo outra à lembrança, esta perfeitamente aceitável, no plano da política legislativa, em que a nossa lei confere ainda um *direito de preferência* — desta feita, ao *senhorio,* e concretamente a propósito do *trespasse* através de *venda* ou *dação em cumprimento* do *estabelecimento comercial* ou *industrial,* "salvo convenção em contrário" (novo art. 1112 CC).

Também neste caso, exercido o direito pelo seu titular, extingue-se a primitiva relação arrendatícia, por *confusão* na mesma pessoa das posições contratuais de *senhorio* e de *arrendatário.*

Relativamente a ambas as hipóteses, seria porventura mais asado, portanto, estudá-las na secção dedicada à *cessação do con-*

Não o foi.

Veja-se, quanto ao tema, ainda com actualidade, OLIVEIRA ASCENSÃO, *Subarrendamento e direito de preferência no novo regime do arrendamento urbano* (*ROA*, 51.º -I [1991], pp. 45-73).

[182] JEAN-LUC AUBERT/PHILIPPE BIHR, *La location d'habitation-loi du 6 juillet 1989*, p. 186, nota 101.

trato de *arrendamento urbano,* por *confusão*, como uma particular modalidade determinativa desta figura (cf. *infra*, n.ºs 85 e 86).

Em ambas estas hipóteses, o contrato primitivo extingue-se, mas determinadas pessoas, ligadas de algum modo à relação anterior, vão ocupar o lugar de sujeitos da nova relação criada, justificando-se, portanto, estudar o tema, unitariamente e nesta altura, primeiro reportando-nos ao pólo da relação correspondente ao *arrendatário* e, só depois, ao relativo ao *senhorio*.

I — Em geral, o *direito de preferência* pode ser constituído *convencionalmente*, através daquilo a que, seguindo a terminologia italiana, o nosso Código Civil chama *pactos de preferência* (previstos e disciplinados nos arts. 414 a 432); mas pode, também e pelo contrário, ser instituído unicamente *por lei*, desenhando-se deste modo uma *preferência legal*.

Em tal modalidade é, como se sabe, um direito *sem índole geral* — e que só poderá configurar-se, portanto, nos estritos casos em que a lei especialmente o consagre.

Há uma profunda razão para isso. É que, dificultando a circulação dos bens, o *direito de preferência desvaloriza o direito de propriedade*. Deve, pois, ser concedido na lei com parcimónia, e estritamente para os casos pontuais em que a tutela do interesse do *preferente* deva sobrepor-se à desvalorização em que se traduz.

Deixemos os *pactos de preferência*. É a *preferência legal* que nos interessa, e é dela que nos vamos ocupar de seguida.

Com a *preferência legal*, nos casos em que a estabelece, concede a lei ao respectivo titular o direito de, em *igualdade de circunstâncias*, isto é, *oferecendo prestação em tudo idêntica à do adquirente* (*tanto por tanto*), ocupar a posição de contraparte na *venda de determinado bem* ou na sua *dação em cumprimento*; de um modo muito geral, poderemos, pois, definir *direito de preferência* no modo por que ficou dito.

A *igualdade de circunstâncias* — note-se bem — *reporta-se estritamente à prestação que se propõe o candidato a adquirente realizar*; não à necessidade de uma identidade das circunstâncias ulteriores ao exercício da *preferência*. Esta outra identidade é irrelevante, para a verificação do *direito de preferência* e, obviamente, não tem de existir[183].

Só a *igualdade de circunstâncias em que a prestaçao de adquirente é oferecida* constitui, pois, pressuposto indispensável à configuração do *direito de preferência* — e é nesta ordem de ideias que tem sido salientada, na doutrina, a inadmissibilidade da extensão de tal direito, para além das hipóteses de *venda* ou *dação em cumprimento*, p. ex., à do *escambo* ou *troca*.

— Ao inquilino de prédio urbano não assiste direito de preferir na transmissão do direito de propriedade sobre prédio arrendado feito pelo proprietário e senhorio como entrada social em sociedade comercial — Relação de Lisboa, 05-11-1991 (*Colectânea*, XVI-V, p. 118).

É fácil de entender isto, pois o concreto bem a receber na *troca* terá então, em regra, um interesse diferente do da prestação pecuniária constitutiva do preço ou da mera extinção da dívida, não podendo portanto considerar-se o preferente, esse caso, em *igualdade de circunstâncias* com o terceiro adquirente ou credor[184].

Parece-nos de convir, no entanto, em que estas razões não serão válidas para a hipótese de o objecto a permutar com o prédio arrendado ser constituído por uma ou várias coisas que

---

[183] Sem base legal ou dogmática, portanto, a exigiu o ac. da Relação de Lisboa, de 18-11-1993, (*Colectânea*, XVIII-V, p. 126), que adiante analisaremos mais detidamente.

[184] Ver Pires de Lima/Antunes Varela, *Código Civil Anotado*, 1972, III, p. 344 e autores que citam.

— O direito de preferência conferido pelo art. 1.º da Lei n.º 63/77, de 25 de Agosto, não existe no caso de permuta do prédio arrendado — SUPREMO, 19-6-1986 (*BMJ*, n.º 358, p. 518).

tenham natureza *fungível*, no concreto *escambo* em causa, e em que, portanto, ainda poderá haver *direito de preferência*.

Por outro lado e em perfeita harmonia com tudo quanto acabámos de referir, supomos que não deve o vocábulo *venda* ser entendido em termos tão amplos que compreenda, designadamente, a alienação consistente na *entrada* do prédio locado como *parte*, *quota* ou *acção* de uma *sociedade*, nos termos dos arts. 20, al. a), e 28 CSC — porque, nessa hipótese, não podendo o preferente substituir-se na *posição de sócio*, seria a *entrada em espécie* substituída por *entrada em dinheiro*, não constituindo assim uma prestação em *igualdade de circunstâncias* com a prestação preferida.

A origem da *preferência legal* remonta à época clássica do Direito romano, relacionando-se com a *propriedade familiar*. Ao princípio, a integridade deste património era fortemente defendida, estando interditas as alienações dos contitulares a estranhos. Depois, com o enfraquecimento progressivo da *compropriedade familiar*, começaram a admitir-se tais alienações, mas unicamente quando precedidas da oferta, aos comproprietários, de *preferência* na aquisição dos bens a alienar[185]. Foi este o mais remoto antecedente do *direito de preferência* dos nossos dias, processando-se a oferta de preferência através da *denuntiatio* da época clássica.

No Direito germânico, por seu turno, assinala-se análoga evolução, anteriormente à recepção do Direito romano, afirmando-se que deriva o *direito de preferência*, aí, do Direito germânico medieval. Quando a antiga propriedade colectiva começou a ceder ante a propriedade individual, primeiro concedia-se aos comproprietários um direito de se oporem à alienação (*direito de senhorio negativo*) e, depois, um direito de carácter legal, aos parentes e confinantes (daí o denominar-se *Näherrecht* — direito dos propínquos) de "apartarem" o estranho, e "resgatarem" a coisa das mãos dele (daí, o chamar-se-lhe também *Abtriebrecht*, *Losung*, *Zugrecht*, *Retrachrecht*, *Einstandrecht* e *Beschütung* — vocábulos mais ligados, respectivamente, à ideia de "apartamento", *retracto* e *resgate*). Depois da recepção, só se conservou, no direito comum, o direito do *senhor* feudal e do seu sucessor na venda da coisa pelo *vassalo* mas, nos direitos particulares, permaneceram os

[185] Sobre o ponto, poderá ver-se Lucio Moscarini, *Prelazione* (*Enciclopedia del diritto*, XXXIV [1985], pp. 986-987) e autores que cita.

mais antigos *direitos de preferência* ao lado de outros, novos, que surgiram entretanto[186].

Paralelamente, nos direitos de mais antiga raiz romana, somam-se à primitiva *denuntiatio*, na Idade Média, a *preferência feudal*, a *enfitêutica* e outras formas que, depois de decantadas de algumas das suas espécies, passam à codificação nas modalidades hoje em dia consagradas.

Deste modo, no Direito comparado, o *direito de preferência*, com as especificidades próprias de cada legislação, com mais ou menos amplitude, veio a constituir uma constante das modernas legislações.

Curiosamente, conservou em cada um dos Estados mais próximos de nós pela situação geográfica ou pela cultura uma denominação diferente — e, assim, em Espanha, chamam-lhe, predominantemente, *tanteo*; em França, *préemption*; na Itália, *prelazione*.

A denominação espanhola reflecte a oferta do *tanto por tanto* que se verifica com o exercício do *direito de preferência*.

A denominação francesa deriva do latim: *præ+emptio* = *pré+compra*, designando especificamente o direito do preferente ante a venda a estranho (não familiar, não comproprietário ou não confinante)[187].

A *prelazione* italiana — que deriva do étimo latino *prælatio, prælationis* — é uma denominação que se reconduz historicamente ao *direito de preferência* medieval que tinham os filhos no provimento em cargos que tinham pertencido aos pais.

Na Itália, tem aliás sido distinguida a *prelação*, por um lado, que significa estritamente o *direito de preferir* e, por outro, a *denuntiatio* (oferta ao preferente) e o *resgate* (acção do preferente a quem não foi feita a *denuntiatio*) — o que tem conduzido à configuração da *preferência* ora como uma dicotomia, em que se consubstanciam, por um lado, o *ius prælationis* e, por outro, um *ius retractionis*, como um direito autónomo, embora funcionalmente ligado ao primeiro, ora unitariamente, concebendo-se então o *ius retractionis* como puro instrumento acessório do *ius prælationis* que, segundo uns, se limita a produzir a *sub-rogação legal retroactiva* do preferente no lugar do terceiro adquirente e, segundo outros, será uma simples providência sancionatória do *direito de prelação*[188].

---

[186] MARTIN WOLFF, *Derecho de cosas* (trad. espanhola), BOSCH — Barcelona, 1951, 2.°, § 126, p. 135.

[187] Sobre o ponto, GERARD CORNU, *Vocabulaire juridique*, 2ª ed. rev. e aum., Presses Universitaires de France, 1990, entrada *Préemption*.

[188] LUCIO MOSCARINI, *Prelazione* (*Enciclopedia del diritto*, XXXIV [1985], pp. 986-987) e autores que cita. Sobre o ponto e propriamente quanto à *preferência legal* do *arrendatário para fim diferente do habitacional*, MICIO, *La locazione*, UTET, 1980, pp. 511 ss, *maxime*, p. 516.

Na nossa ordem jurídica, o afloramento mais antigo é o *direito de avoenga* que, de acordo com uma lei de D. Afonso II, provavelmente de 1211, incidiria sobre os bens herdados de antepassados e atribuía aos irmãos preferência na venda desses bens a estranhos, ou na sua penhora. É, como se vê, a reprodução genuína da *preferência* nas alienações da *compropriedade familiar*, nascida na época clássica do direito romano.

A *avoenga* foi renegada nas *Ordenações Afonsinas*, que chegaram a afirmar não ter sido ela nunca usada, "por ser contra o direito comum" (Liv. IV, Tít. 37, §§ 2.º e 5.º). As *Ordenações Manuelinas* não a reconheceram, e as *Ordenações Filipinas* acabaram por expressamente estabelecer que não pode o comproprietário familiar ser obrigado a dar preferência *tanto por tanto* a irmão ou parente (Liv. 4.º, Tít. 11).

Em contrapartida, desde as *Ordenações Afonsinas* se reconhecia ao *senhorio directo* de uma *enfiteuse* o direito de preferir "tanto por tanto", na alienação *domínio útil* que pretendesse o *foreiro* fazer a terceiro (Liv. IV, Tít. 67).

Para se designar este direito, adoptava-se a expressão *direito de opção*, que no Código Civil de SEABRA foi substituída pela designação *direito de preferência*, quer a respeito da alienação a realizar por algum dos *comproprietários* (art. 1566) quer, na *enfiteuse*, relativamente à *venda* ou *dação em pagamento* do *foreiro* ou do *senhorio directo* (art. 1678)[189].

A propósito desta inovação terminológica, escreve DIAS FERREIRA com muita pertinência: "Na velha legislação era rigorosa a phrase '*direito de opção*', visto que este direito só se usava na venda dos predios emprasados, onde o sujeito respectivo tinha a *optar* ou *escolher* entre a acquisição e o laudemio. Como porém aquelle direito, pelas provisões do codigo, se estendeu a outros actos juridicos, em que ao sujeito do direito não é licito optar entre duas cousas, mas unicamente declarar se quer ou não quer adquirir, foi substituida a palavra '*opção*' pela palavra '*preferencia*'"[190].

Foi ainda a expressão *direito de preferência* que passou, depois, para o Código Civil de 1966 e que, na moderna legislação, tem sido entre nós fundamentalmente adoptada.

II — A natureza jurídica da *preferência legal* não obteve ainda pleno consenso na doutrina das diferentes ordens jurídicas.

---

[189] Para um breve escorço do Direito português antigo sobre este ponto, veja-se JOSÉ PINTO LOUREIRO, *Manual dos Direitos de Preferência*, I, Coimbra Editora, 1944, pp. 13-19.

[190] *Codigo Civil Portuguez Annotado*, IV, Imprensa Nacional — Lisboa, 1875, p. 26.

Desde longa data, tem ela, é certo, sido considerada entre nós como um *direito real.* Assim se julgou já, com efeito, no ac. do Supremo Tribunal de Justiça, de 6-12-1918 (*Gaz.Rel.Lx*ª, 33.º, p. 107), e assim foi também sustentado por José Alberto dos Reis (*BMJFac.Dir.*, 3.º, p. 324).

Que nos lembre, apenas, na doutrina menos recente, terá opinado pela sua concepção como um *direito pessoal* José Pinto Loureiro, ponderando que nem sempre há *sequela* na *preferência legal* e que não perde a natureza *obrigatória* o direito que possa fazer-se valer *contra quemcumque possidentis*, como é exemplo disso o *direito de arrendatário*[191].

A situação, porém, que decorre para o *arrendatário* do princípio *emptio non tollit locatum*, consagrado no nosso art. 1057 CC, é bem diferente, pois, segundo o entendimento preferível, envolve uma *sucessão ex lege* do adquirente na posição do alienante.

O *direito de arrendatário* que se opõe ao adquirente da coisa arrendada é o mesmo direito que ele já tinha perante o alienante. O *direito de preferência* que ele opõe ao adquirente é o de preteri-lo na aquisição da coisa arrendada, não um direito que decorra de ele ter sucedido ao senhorio alienante.

Compreende-se bem, por isso, que, na doutrina portuguesa mais recente, seja, por assim dizer, geral a concepção da *preferência legal*, ao invés do que acontece com os *pactos de preferência sem eficácia real* (em que esta, segundo o disposto no art. 421-1 CC, poderá ser convencionada), como um *direito real de aquisição* que se opõe a qualquer adquirente, seguindo portanto a coisa para onde quer que ela vá (*res ubicumque est*) e opondo-se a qualquer adquirente (direito com carácter *absoluto*, que incide directamente sobre a coisa e é dotado de *sequela*)[192].

---

[191] Cf. *Manual dos direitos de preferência*, I, Coimbra Editora, 1944, pp. 63 ss.

[192] Neste sentido: Adriano Vaz Serra (*Rev.Leg.Jurs.*, 103.º, p. 471, nota 1); Antunes Varela (*Rev.Leg.Jurs.*, 103.º, p. 476); Pires de Lima/Antunes

Semelhante concepção parece também corrente na literatura germânica, onde autores como VON THUR e SECKEL proclamam o *direito de preferência* como um *direito real de aquisição*, e MARTIN WOLFF precisa que, mais exactamente, ele "é um direito real que produz um ou vários direitos de aquisição"[193]. Este autor distingue expressamente um *direito de preferência* de carácter *pessoal* e o *direito de preferência* de carácter *real*. Em ambos, "o direito de preferência concede ao titular um *direito condicional de aquisição*"; deste modo, o titular, "mediante uma declaração de vontade (não sujeita a forma) pode conseguir que a contraparte fique obrigada a transmitir-lhe o imóvel" mas, no *direito real de preferência*, a "contraparte (ao invés do que sucede no direito pessoal de preferência) é, não o concedente do direito, mas o proprietário do imóvel"[194].

Na Itália, uma parte considerável da doutrina prefere, porém, ponderar que, na *preferência ex lege*, "o conteúdo intrínseco do direito do preferente caracteriza-se pela sua incidência sobre um sujeito determinado — o alienante — e seria por isso também sempre de adscrever à categoria dos direitos relativos, e no âmbito desta, à espécie dos chamados direitos potestativos".

Como, porém, a disciplina das várias hipóteses de *direito de preferência* apresenta "o traço constante do chamado direito de retracto ou, como impropriamente também se diz, de 'resgate'", terá então de ser admitido como um *direito obrigacional dotado de uma espécie de sequela*, já que, por força dele, o "direito a

---

VARELA (*Código Civil Anotado*, III, Coimbra Editora, 1972, p. 336 e [com a colaboração de MANUEL HENRIQUE MESQUITA], I, Coimbra Editora, 1979, p. 341); OLIVEIRA ASCENSÃO (*Direito Civil–Reais*, 5ª ed., rev. e ampliada, Coimbra Editora, 1993, pp. 574-575).

193 MARTIN WOLFF, *Derecho de Cosas* (trad. espanhola), BOSCH -1951, 2.º, § 126, nota 26, p. 140.

194 MARTIN WOLFF, *Derecho de Cosas* (trad. espanhola), 1951, BOSCH — Barcelona, 2.º, § 126, V, 1, p. 140.

adquirir, de conteúdo ainda substancialmente obrigatório... pode ser feito valer mesmo directamente perante o terceiro adquirente"[195]. Outros, por causa desta mesma característica, chegam a qualificá-lo, rebarbativamente, como um *direito potestativo* "em sentido atécnico"[196].

A questão é, como se vê, de índole essencialmente teórica, devendo por isso deixar-se o seu aprofundamento para a doutrina da especialidade.

III — A hipótese mais antiga do nosso Direito positivo, relativamente ao *arrendamento urbano*, foi a do *direito de preferência* no *arrendamento para comércio ou indústria*, que começou por ser admitido na Lei n.º 1:662, de 4-9-1924 tanto para os *trespasses* de *estabelecimentos comerciais ou industriais* (§ único do art. 9.º) como na *venda do prédio arrendado* (art. 11), e foi posteriormente alargado ao arrendamento *para o exercício de profissão liberal,* pela Lei n.º 2:030, de 22-6-1948 (art. 66), tendo depois passado (com esta amplitude, salvo relativamente à preferência em caso de *trespasse*, que foi abolida) às disposições dos arts. 1117 CC e 1119 CC.

Só muito mais recentemente veio a nossa lei a reconhecer *direito de preferência* ao *arrendatário para habitação*, na *compra e venda* ou *dação em cumprimento* do prédio arrendado.

Foi a Lei n.º 63/77, de 25 de Agosto, que, no seu art. 1.º, o instituiu.

Posteriormente, o art. 6.º do Decreto-Lei n.º 328/81, de 4 de Dezembro, dispondo para o *arrendamento habitacional*, alargou o *direito de preferência* a outras pessoas.

Por fim, o art. 30, da Lei n.º 46/85, de 20 de Setembro, reproduziu, *ipsis verbis*, este art. 6.º — e contemplou ainda o

---

[195] LUCIO MOSCARINI, *Prelazione* (*Enciclopedia del diritto*, XXXIV [1985], pp. 982-983).

[196] BENEDETTI, *Prelazione e riscatto nell'alienazione di fondi rustici* (*Riv.not.*, 1974, p. 906), *apud* autor citado na nota anterior.

direito ao novo arrendamento, por *morte do arrendatário*, reconhecido a certas pessoas (arts. 28 e 29), também como uma "preferência em arrendamento para habitação".

São estes os antecedentes históricos do instituto, no nosso Direito positivo — mas convém atentar em que as diferentes disposições onde se disciplinou não se inspiraram numa orientação uniforme, surgindo profundas divergências de regulamentação que despertaram não poucas dúvidas.

Assim, de acordo com o antigo art. 1117 CC, os *arrendatários* que, no prédio arrendado, *exerciam* o comércio ou indústria *há mais de 1 ano* (portanto, também a *profissão liberal* — art. 1119 CC primitivo) tinham *direito de preferência,* "sucessivamente e por ordem decrescente de rendas", na *venda* ou *dação em cumprimento* do prédio.

Parecia, então, extremamente duvidoso que também gozasse de *direito de preferência* o *subarrendatário*, se o *arrendatário* não quisesse usar esse direito — mas parecia seguro que se aplicava à venda ou dação em cumprimento do inteiro prédio, e não apenas da fracção arrendada, pois a preferência era atribuída genericamente aos *arrendatários*, "sucessivamente e por ordem decrescente de rendas".

Aludindo o preceito, por outro lado, aos *arrendatários* que, no prédio, "exerçam o comércio ou indústria [ou profissão liberal], há mais de 1 ano", queria com isto dizer que, realizado um *subarrendamento, naquele meio tempo em que* já não exerce actividade *o arrendatário* no prédio, e o *subarrendatário* ainda não cumpriu nele esse período, nenhum dos dois teria *direito de preferência na venda* ou *dação em cumprimento* do prédio então ocorrida[197] — o que parecia um tanto caprichoso.

Com a Lei n.º 63/77, não se exigiu, porém, que estivesse o *arrendatário para habitação* a habitar o prédio há mais de 1 ano. Bastava-lhe ser *locatário habitacional*, sem mais: "o locatário habitacional de imóvel urbano tem o direito de preferência na compra e venda ou dação em cumprimento do mesmo" (art. 1.º-1 da Lei n.º 63/77).

Por outro lado, a redacção do preceito suscitava algumas dúvidas.

Perguntava-se se o *direito de preferência* abrangia todos os arrendamentos *para habitação*, ou apenas os *vinculísticos*, excluindo portanto os que, sendo "para habitação", estivessem exceptuados do vinculismo, parecendo então mais correcta a segunda alternativa.

---

[197] *Sic*: PIRES DE LIMA/ANTUNES VARELA, *Código Civil Anotado*, III, Coimbra Editora,1972, p. 563. Em sentido contrário, porém, decidiu-se no ac. do SUPREMO, de 8-11-1988 (*BMJ* n.º 381, p. 670).

Reportando-se o preceito, nas suas palavras, ao "locatário habitacional de imóvel urbano", perguntava-se ainda, com justa razão, se o *direito de preferência* era restrito à *venda* ou *dação em cumprimento* de *prédio urbano,* ou também à de *prédio rústico* em regime de habitação vinculística — parecendo a última a solução coerente[198].

Por último, o Decreto-Lei n.º 328/81, de 4 de Dezembro, veio alargar extraordinariamente o rol dos titulares de *direito de preferência,* "na compra e venda" (a *dação em cumprimento* ficou no tinteiro) de "fogo" ocupado com um *arrendamento para habitação,* atribuindo-o, no seu art. 6.º, também, sucessivamente, às pessoas que viviam em economia comum com o arrendatário há mais de 5 anos e aos subarrendatários — preceito este que, como vimos, o art. 30 da Lei n.º 46/85, de 20 de Setembro, reproduziu.

Foram, pois, fundamentalmente, os textos do art. 1.º da Lei n.º 63/77, do art. 30 da Lei n.º 46/85 e do primitivo art. 1117 CC que nos arts. 47 e 97 RAU se refundiram, estabelecendo-se uma disciplina única para todo o *arrendamento urbano,* e aparando-se as discrepâncias que a anterior regulamentação legal, salteada e movida por princípios orientadores divergentes, apresentava.

A *Reforma de 2006* retomou a disciplina do RAU, reduzindo-a, no entanto, aos dois casos: à *preferência legal do arrendatário* e à *do senhorio* em caso de *trespasse de estabelecimento comercial ou industrial* instalado, por arrendamento, no seu prédio.

IV — No Direito anterior, não sendo *comunicável* o *direito de arrendatário habitacional,* não era considerado *preferente,* nesse tipo arrendatício, o apenas *cônjuge do arrendatário* ou convivente em *economia comum* com este, ou um simples *subarrendatário.*

Apoiámos pois, sem restrições, a jurisprudência firmada então neste sentido, relativamente ao *cônjuge* do *arrendatário habitacional*:

---

[198] — Na hipótese de venda de prédio rústico, não há direito de preferência a favor do locatário habitacional de construção que naquele esteja incorporada — SUPREMO, 11-6-1987 (*BMJ* n.º 368, p. 522).

— O destinatário da comunicação a que se refere o art. 416, n.º 1, do Código Civil é tão-somente o arrendatário e não também o seu cônjuge, dado ser a ele que a lei confere o direito de preferência em resultado, não só da incomunicabilidade do arrendamento — art. 83 do Regime do Arrendamento Urbano — mas também por ser inaplicável ao direito de preferência o disposto quer no n.º 2 do art. 1682-A quer na alínea a) do artigo 1682-B, ambos do Código Civil — SUPREMO, 6-5-1998 (*BMJ* n.º 477, p. 414).

Este aresto julgou ainda, *inter cætera* — mas tal passo já não pudemos nós apoiar — que a *acção de preferência* proposta pelo arrendatário a quem entretanto foi movida uma *acção de despejo*, fundada em facto resolutivo *posterior à venda do prédio*, deve ser suspensa até à decisão do despejo porque, se esta vier a proceder, já não subsistirá o seu *direito de preferência*, visto que este só lhe deve ser reconhecido, à luz da Lei n.º 63/77, enquanto "lhe proporcione continuar a habitar o arrendado, mas agora a título de habitação própria" (*BMJ cit.*, p. 419).

A nós pareceu antes evidente que, se o fundamento resolutivo foi *posterior* à venda, já se tinha antes dele constituído o direito de preferir, que não poderia decerto o eventual *despejo* fazer caducar — e, muito menos, pela condição de continuar a habitar o espaço arrendado, pois, além do mais, é óbvio que, vindo o *arrendatário* a ser despejado, só precisamente o exercício da *preferência* lhe asseguraria a sua continuidade no prédio.

Hoje, encontrando-se estabelecida a *comunicabilidade* a favor de qualquer *arrendatário*, segundo o regime de bens aplicável (art. 1068 CC), esta restrição não faz sentido, relativamente ao *cônjuge*, que passou a participar de tal direito, conjuntamente com o *arrendatário*.

Por outro lado, referindo-se a al. a) do art. 1091-1 CC à *compra e venda* ou *dação em cumprimento* "do local arrendado", parece que compreenderá também o caso de tais operações respeitarem à "fracção autónoma" arrendada de um prédio constituído em *propriedade horizontal*[199].

[199] Já no domínio da legislação anterior, e ainda antes de o RAU ter introduzido expressa referência à *fracção autónoma*, se tinha decidido:

— O arrendatário de fracção em propriedade horizontal tem direito de preferência na venda do prédio pelo valor proporcional à fracção — SUPREMO, 22-3-1984 (*BMJ* n.º 335, p. 274).

V — Caso interessante foi o apreciado pela Relação de Lisboa, no seu douto ac. de 25-02-1993, publicado e anotado por MANUEL HENRIQUE MESQUITA na *Rev.Leg.Jurs.*, 125.°, p. 348, e que era o de saber se o *arrendatário* em que era o *locador* o promitente comprador da fracção locada goza ou não de *direito de preferência* na venda que venha o *promitente vendedor* a fazer ao *locador* em cumprimento da promessa.

Era evidente que não, como decidiu a Relação, no que MANUEL HENRIQUE MESQUITA concordou[200].

A Relação escudou-se num triplo argumento: o legislador pretendeu contemplar a situação onde o *senhorio* é também *proprietário*; por outro lado, a lei, ao referir-se ao *locatário* e ao *alienante*, faz necessariamente pressupor que o *alienante* é também *senhorio*; por último, ao poder o *arrendatário* preferir nessa venda, colocaria o *promitente vendedor* numa situação de incumprimento e de impossibilidade de cumprimento[201]. Partiu, pois, do princípio de que só há preferência quando "o senhorio é também proprietário"

HENRIQUE MESQUITA salientou que "a relação de preferência decorre da relação de arrendamento, vinculando o senhorio a não vender ou dar em cumprimento a coisa arrendada sem proporcionar ao arrendatário mediante notificação para preferir, o exercício do direito de opção"[202].

Em nossa opinião, o raciocínio da Relação está invertido. Em termos mais simples e incisivos, diríamos que, quando a lei dá ao *arrendatário* preferência na "compra e venda" do prédio arrendado (art. 1.°-1 da Lei n.° 63/77, de 25 de Agosto, art. 47-1 RAU, actual al. a) do art. 1091-1 CC) usa uma expressão ampla e equívoca.

O que deveria ter escrito era antes, como no primitivo art. 1117-1 CC e nos arts. 6.° do Decreto-Lei n.° 328/81, de 4 de

---

[200] *Rev.Leg.Jurs.*, 125.°, p. 384.

[201] *Rev.Leg.Jurs.*, 125.°, p. 381, 1ª e 2ª colunas.

[202] *Rev.Leg.Jurs.*, 125.°, p. 384, 2ª coluna.

Dezembro, e 30 da Lei n.º 46/85, de 20 de Setembro, que tinha o *arrendatário* preferência "na venda".

Na verdade, o *arrendatário* não tem preferência na *compra do senhorio*, mas, obviamente, na *venda* que este faça do prédio ou fracção arrendada — e isto é muito simples e fácil de aplicar. O ter de ser o *locador* o *promitente vendedor* e não o promitente comprador, para haver preferência, é um *posterius*, um resultado deste princípio, não um *prius*.

O ac. da Relação de Lisboa, de 06-07-2010 (Processo n.º 3098/ /04.9TBOER.L1-1 www.itij.pt) percutiu a mesma tecla. Segundo o sumário que lhe foi dado, decidiu o seguinte:

— I — É válido o contrato de arrendamento para habitação celebrado entre a promitente-compradora que obteve a tradição da coisa e os apelantes e ao abrigo do qual passaram a habitar naquela fracção autónoma, apesar de não provado o conhecimento e consentimento da proprietária para a celebração desse contrato. II — Só quando coincidem na mesma pessoa as qualidades de proprietário e de senhorio, o locatário habitacional tem preferência na alienação do imóvel ou fracção.

O aresto seguiu à letra o acórdão anteriormente referido, da mesma Relação, fixando-se em idêntica ideia de que só há preferência se coincidirem na mesma pessoa as qualidades de *proprietário* e *senhorio*, quando, quanto a nós, o que na matéria salta logo à lembrança é que o *arrendatário* só tem preferência *na venda*, não *na compra* do seu *senhorio*.

Além disso, saltou por cima de uma importante particularidade que ficou sem referir e, naturalmente, por solucionar.

Aqui, não estava em causa, como naquele acórdão, a alienação feita pelo *promitente vendedor* ao *promitente comprador*, mas uma *venda judicial* operada pelo Estado contra C, segundo parece no processo de insolvência contra este.

C, em 1979, tinha prometido vender a E a fracção autónoma agora alienada, tendo então a promitente compradora pago a totalidade do preço e passado a ocupá-la, arrendando-a por essa altura aos Autores.

Nunca, porém, se chegou a lavrar a escritura de compra e venda da fracção, e foi assim que, já em 2003 e no âmbito da insolvência de C, se veio a aliená-la judicialmente ao adquirente D, como pertencendo àquele.

Não se discutiu nos autos se E não teria ao menos adquirido a propriedade da fracção por *usucapião*.

Neste pressuposto, o primeiro problema que nos parece que deveria ser posto em equação era o de saber se há preferência na *venda judicial*.

Aqui, a resposta não podia deixar de ser afirmativa, como claramente ressalta do disposto no art. 422 CC.

A preferência do *arrendatário* é uma *preferência legal* (arts. 1.º-1 da Lei n.º 63/77, de 25 de Agosto, 47-1 RAU, e actual al. a) do 1091-1 CC); não, *convencional*. Logo, é obviamente oponível em processo de execução, de insolvência, ou casos análogos.

A questão que entretanto se suscitava é que a preferência dos Autores era contra E, e quem alienou através do Estado a fracção arrendada foi C.

Será que, ainda assim, poderiam exercer o seu direito de preferência?

A resposta não nos parece líquida.

A verdade é que, sendo os Autores *arrendatários* e titulares do *direito de preferência legal* há mais de 25 anos, se o *senhorio* não legalizou a sua compra durante todo esse tempo, não podia com isso prejudicá-los.

Cremos, portanto, que os *arrendatários* sempre teriam, em qualquer caso, o direito de se oporem à venda pelo *promitente vendedor*, com base em violação da promessa. Neste caso, seria até proprietário por usucapião, não podendo o Estado vender a fracção como se fosse propriedade do insolvente.

Era isto que os Autores deveriam ter invocado para defender o seu direito.

O tribunal é que não podia, perante semelhante omissão, ter decidido em sentido diferente.

VI — O requisito do *tempo de arrendatário* foi agora, na al. a), subido do primitivo 1 ano, para "mais de três anos".

Só, pois, a *venda* ou *dação em cumprimento* realizada em presença de um *arrendatário* com mais de três anos de *locação* efectiva do prédio ficará onerada pela *preferência legal*.

VII — A nova lei é, no entanto, tão breve e tão vaga, quanto à *preferência legal do arrendatário*, que deixa o intérprete em sério embaraço.

Limita-se a atribuí-la ao *arrendatário* na *compra e venda* ou *dação em cumprimento* "do local arrendado" (citada al. *a)* do art. 1091-1 CC) — quando, até aqui, o art. 47-2 RAU proclamava expressamente que, "sendo dois ou mais os preferentes, abre-se entre eles licitação, revertendo o excesso para o alienante".

Quid iuris, agora, quando se aliene ou dê em cumprimento um prédio urbano indiviso que comporte distintas unidades locadas a diferentes pessoas?

A *preferência* caberá, indistintamente, a cada um dos *arrendatários*, não apenas relativamente à sua *unidade locada*, embora a lei a reporte expressamente ao "local arrendado", mas a todo o prédio?

Cremos que sim, pois esta solução tem já antecedentes históricos no nosso Direito positivo[203] — não obstante ter sido outra a solução do primitivo art. 1117 CC, ao conceder o *direito de preferência* em primeira-mão, sucessivamente e por ordem decrescente das rendas, só admitindo a *licitação*, num segundo momento, para o caso de igualdade de rendas.

— O direito de preferência, tratando-se de prédio urbano indiviso, só pode ser exercido sobre todo o prédio ou sobre uma parte alíquota do mesmo — SUPREMO, 8-10-1992 (*BMJ* n.º 420, p. 502).

Se se apresentar então a preferir apenas um deles, não se levantarão, cremos, dificuldades de maior.

O pior é se se apresentam vários a preferir.

Parece dever estabelecer-se, quanto à *pluralidade de preferentes*, uma distinção preliminar:

a) Os *preferentes* são apenas os dois *cônjuges*, casados em regime da comunhão, que comunicaram entre si o *direito de arrendatário* — temos aqui um caso a que chamaremos de *preferência comum* e que cremos dever considerar-se satisfatoriamente solucionado pelo disposto no art. 1463 CPC: *pode qualquer deles exercer a preferência para o casal.*

b) Os *preferentes* são os diferentes *arrendatários ou casais de arrendatários de um prédio indiviso* — teremos então, para o conjunto dos diferentes *arrendatários* ou *casais de arrendatários*, um caso de *preferências concorrentes*, a respeito das quais é mudo

---

[203] — O art. 47, n.º 1, RAU, interpretado segundo os cânones estabelecidos no art. 9.º CC, não se atendendo apenas ao seu sentido literal, continua a permitir ao arrendatário de prédio urbano não constituído em propriedade horizontal, alienado ou dado em cumprimento, o exercício do direito de preferência, contanto que o faça sobre a totalidade do prédio — Relação do Porto, 24-10-1995 (*BMJ* n.º 450, p. 560).

o novo art. 1091 CC, levantando uma dúvida pertinente: apresentando-se vários *arrendatários* concorrentes a preferir, abrir-se-á *licitação* entre eles, como era a solução anterior, ou deverão antes *preferir em conjunto*, cabendo a cada um deles dar o *tanto por tanto* e receber do inteiro prédio quotas idênticas?

Cremos que, perante o silêncio do legislador de 2006, será, em princípio, sustentável qualquer das duas alternativas.

A favor da ideia de os *preferentes concorrentes* deverem todos ser notificados e, se se apresentar mais de um titular a preferir, será o prédio adjudicado a todos, na proporção das suas quotas, milita o disposto no art. 1464 CPC.

A conclusão de que deverá, pelo contrário, abrir-se *licitação* entre eles é a que se encontra consagrada no art. 896-2 CPC.

A primeira solução será a mais consentânea com o exercício do *direito de preferência*, puro e simples.

A segunda adapta-se, preferivelmente, a um *processo executivo*, em que se justifica rendibilizar ao máximo o *património* do *executado* para pagamento da quantia exequenda.

Não temos, de momento, uma opinião firme sobre este tema, embora nos pareça que obedecerá ao mais rigoroso acatamento do sistema legislativo dar-se cumprimento à primeira alternativa em caso de *venda* voluntária ou *dação em cumprimento*.

Se o *direito de arrendatário* for vendido em *processo de execução*, não vemos como fugir, nesse caso, à *licitação* imposta pelo art. 896-2 CPC.

Em qualquer dos casos, parece dever continuar a considerar-se inaceitável a tese já sustentada[204] durante a vigência da Lei n.º 63/77, de o *direito de preferência* só se configurar se a *venda* (ou *dação em cumprimento*) for feita a um estranho — e não quando ocorra perante um dos *arrendatários*, livremente escolhido pelo *senhorio*.

---

[204] Por M. Henrique Mesquita (*Rev.Leg.Jurs.*, 120.º, p. 201).

Por outro lado, num prédio constituído em *propriedade horizontal*, o problema é muito mais simples. Mesmo que a *alienação* ou *dação em cumprimento*, por acaso, envolva o inteiro edifício, a *preferência* terá de se fazer distintamente em relação a cada *fracção autónoma*, e só nela e apenas o respectivo *arrendatário* poderá preferir[205].

VIII — Pode ainda ocorrer que, além do *arrendatário*, outras pessoas existam com *direito de preferência* na *venda* ou *dação em cumprimento* do prédio arrendado, como, p. ex., um *comproprietário* (art. 1409 e 2130 CC) ou o proprietário de prédio vizinho que lhe dê *servidão legal de passagem* (art. 1555 CC).

Para o caso de existirem estes outros *preferentes*, o art. 1091-3 CC prevê uma hierarquia entre eles, graduando o *arrendatário imediatamente acima* do proprietário do solo no *direito de superfície* — o qual é, por seu turno, graduado em último lugar, na lei geral (art. 1535-1 CC).

O *arrendatário* terá prioridade sobre o *proprietário do solo,* no *direito de superfície*, ficando assim graduado em último lugar, no confronto com qualquer outro *preferente legal.*

O processo a seguir será o determinado no art. 1461 CPC.

IX — Noutro caso se estabeleceu também, um *direito de preferência*: o do *senhorio* no *trespasse* por *venda* ou *dação em cumprimento* do *estabelecimento comercial* (art. 1112-4 CC).

Se, pois, o *senhorio* é um *usufrutuário*, é decerto este, não o *nu proprietário*, o titular do *direito de preferência.*

Como expressamente se restringe no próprio preceito, ele não vale em qualquer caso de *trespasse*, mas unicamente no que se realiza através de *venda* ou de *dação em cumprimento* — e, mesmo assim, "salvo convenção em contrário".

---

[205] Se a venda abranger várias fracções autónomas a vender por um preço global, torna-se aplicável o disposto no art. 417 CC (v., sobre o ponto, ANTUNES VARELA, *ColSTJ*, V-I, pp. 6-11, *maxime*, pp. 8-10).

Não se configura, pois, um *direito de preferência* por parte do *senhorio* do prédio onde está instalado, por *arrendamento*, um *estabelecimento comercial* que seja dado como *entrada em espécie* para a constituição de uma *sociedade*, nos termos das disposições conjugadas da al. a) do art. 20 e do art. 28 CSC.

Nos casos em que se utiliza a *venda* ou *dação em cumprimento* do *estabelecimento*, porém, não será preciso que esteja o *senhorio* habilitado a exercer a própria actividade a que é afectado — pois, como revelava já, à luz do Direito anterior, MENEZES CORDEIRO[206], a *preferência* não lhe é outorgada para se obter a continuidade do negócio, mas para permitir-lhe a recuperação do imóvel, e morigerar as simulações que, através do *trespasse*, costumam ocorrer.

Não perdeu actualidade e interesse a seguinte jurisprudência talhada sobre o Direito pregresso, aliás, não isenta de contestação, e sumariada nos termos seguintes:

— O senhorio do prédio onde está instalada uma farmácia, que não seja farmacêutico, não goza de direito de preferência no seu trespasse — SUPREMO, 15-06-1994 (*ColSTJ*, II-II, p. 146)[207].

De notar, a negligência posta na redacção do sumário deste acórdão.

Logo de entrada, fala-se, com manifesta impropriedade de expressão, em "senhorio do prédio". Não se é senhorio *de um prédio,* mas *num contrato* ou, então, *do arrendatário.*

Bastante mais à frente, afirma-se "... que não seja farmacêutico". Não seja farmacêutico, quem? Decerto, o *senhorio*; mas o termo mais próximo da expressão é "prédio" — e há, assim, que fazer um esforço de compreensão para a reconduzir à palavra mais distante, que é, afinal, a que ela qualifica.

---

[206] ANTÓNIO MENEZES CORDEIRO/FRANCISCO CASTRO FRAGA (com a colaboração de ANA SOUSA BOTELHO e MARIA ESPERANÇA ESPADINHA), *Novo Regime do Arrendamento Urbano Anotado*, Almedina,1990, p. 152.

[207] No mesmo sentido podem ainda citar-se: Relação do Porto, 30-05--1994 (*Colectânea*, XIX-III, p. 227 e SUPREMO, 27-09-1994 (*BMJ* n.º 430, p. 600). No bom sentido, pode já ver-se, porém, embora não propriamente a um caso de trespasse mas à preferência na venda do prédio, SUPREMO, 02-06-1999 (*ColSTJ*, VII-II, p. 132).

Diz-se ainda, porém: "... seu trespasse". Seu, de quem? Não, decerto, do *farmacêutico*, que é a palavra mais próxima, mas da *farmácia*, que surge mais atrás, no discurso.

A linguagem jurídica deve ser um lídimo exercício de clareza, rigor e síntese. Em nossa opinião, podia ter-se redigido o sumário do acórdão simplesmente assim: "O senhorio, não farmacêutico, não goza de direito de preferência no trespasse de farmácia". Dizia-se tudo, com rigor, e sem uma palavra a mais.

Revertendo ao fundo da questão, na nossa perspectiva, o raciocínio adoptado pelo SUPREMO enferma de um salto lógico intransponível: da proibição legal de concessão de *alvará* de exploração de farmácia a quem não é *farmacêutico* (Base II-1 da Lei n.º 2:125, de 20-3-1965) e de celebração de "contratos de transferência e de cessão de exploração" (Base IX-2) saltou para o exercício do *direito de preferência*.

Este direito não depende logicamente de se estar habilitado à continuação da actividade que, quando muito, se reconduziria a uma situação análoga à da sucessão para herdeiro não habilitado ao exercício farmacêutico.

Já se viu, por outro lado, que a mudança de destino não descaracteriza o *trespasse* (*supra*, n.º 77-I-**D** e **I**), e não deve, por outro lado, esquecer-se que nada impedia ao farmacêutico, *obtendo a autorização do senhorio*, de mudar o ramo do seu negócio de farmácia, para qualquer outro que não exija o título de *farmacêutico*, designadamente os mais comuns, de venda de objectos ortopédicos, de perfumaria ou de herbanário. Como não admitir, então, que pudesse o preferente mudá-lo livremente, visto que era o *senhorio?*

Tudo isto, porém, constitui argumentação *ex abundanti*, em face do objectivo legal de *resgate* e de *morigeração de simulações* que informa a concessão do *direito de preferência* ao *senhorio* no caso de *trespasse* — e, nessa base, nem nos pareceu aceitável, sequer, a crítica doutrinal do Prof. JANUÁRIO GOMES que, sustentando embora ser o alcance da lei precisamente aquele que nós, em contrário do aresto citado, também defendemos, verberava o legislador por se ter orientado, segundo afirmou, "por uma filosofia fundiária algo retrógrada, permitindo ao proprietário 'resgatar' a coisa de que é dono, ficando a dúvida sobre se, no plano dos 'trabalhos preparatórios' equacionou alternativas de direito positivo em ordem a salvaguardar os interesses do senhorio, sem comprometer os estabelecimentos"[208].

Salvo o devido respeito, não podíamos concordar nem com uma nem com outra das duas críticas dirigidas à lei pelo Ilustre Professor.

Não nos parecia *retrógrada* a protecção fundiária da nossa lei, senão por defeito: o nosso país admitia, nessa altura, o "resgate" apenas em face das

---

[208] *Arrendamentos comerciais*, Almedina, Coimbra, 1991, pp. 178-179.

alienações, que eventualmente ocorressem, por *trespasse* ou *cessão da posição de arrendatário para exercício de profissão liberal*, quando a generalidade dos países já consagrava o "resgate", inexoravelmente, com o termo de duração do contrato — como entre nós acabou afinal por consagrar-se com a legitimação pelo Decreto-Lei n.º 257/95 (que só pecou por tardia, no âmbito do moderno Direito comparado) dos contratos de *duração limitada* em qualquer tipo de *arrendamento urbano*.

Não havia, por último, que ter medo de *comprometer os estabelecimentos*, pois, naturalmente, o proprietário não quererá obter de volta o seu prédio para, ciosamente e numa ostentação inútil, fazer dele a sua torre de marfim, mas para o rendibilizar segundo as leis de mercado — e, de acordo com os padrões das economias modernas, não é esta rendibilidade que deve ser sacrificada, é a dos arrendatários *aproveitadores*.

No caso de *contitularidade* da *posição contratual* do *senhorio,* ou de o *estabelecimento comercial* trespassado dispor de mais de um *contrato de arrendamento* para as diferentes instalações ocupadas e mais de um titular se apresentar a preferir, suscitam-se, ante a lacuna da nossa lei actual, dúvidas semelhantes às postas há pouco para os *arrendatários preferentes* sobre o mesmo prédio, parecendo deverem ser resolvidas de modo análogo.

X — Já foi debatida, na jurisprudência, a questão de saber se um *direito de preferência legal* poderá ser exercido, não apenas quando haja a transmissão total da coisa sobre que se pode preferir, mas ainda quando esteja unicamente em causa a alienação de uma fracção ou *quota ideal* dessa coisa — e a solução encontrada foi a negativa[209].

Em nossa opinião, nada, porém, justifica semelhante entendimento, que é frontalmente contrariado pela circunstância de a própria lei conferir *direito de preferência* em concretos casos de alienação de *quotas ideais*.

Não se refere claramente, no art. 1409-1 CC que "o comproprietário goza do direito de preferência e tem o primeiro

---

[209] SUPREMO, 22-4-1982 (*Rev.Leg.Jurs.*, 119.º, p. 48); Relação de Lisboa, 18-11-1993 (*Colectânea*, XVIII-V, p. 125).

lugar entre os preferentes legais no caso de venda, ou dação em cumprimento, a estranhos da *quota* de qualquer dos seus consortes"? Não sustentou já ADRIANO VAZ SERRA, em trabalhos preparatórios do nosso Código Civil, que a *preferência legal* existe, inclusivamente, em relação à alienação de, "somente, parte real ou ideal" da coisa, citando doutrina alemã no mesmo sentido[210]?

Nada impede, pois, a configuração do *direito de preferência* na alienação de apenas uma *quota ideal.* Pode é ocorrer, no caso, uma concorrência de direitos, que levará a graduá-los segundo determinada hierarquia.

Assim, na venda da quota do *senhorio*, comproprietário do prédio respectivo, o *arrendatário* não terá *direito de preferência,* pois é preterido pelos restantes *comproprietários*, nos termos conjugados dos preceitos constantes dos arts. 1091-4 e 1409 CC.

Isto é diferente de não haver *direito de preferência* em presença da alienação de uma quota-parte da titularidade do bem respectivo.

XI — Nas *facti species* que se analisaram, o *direito de preferência* reporta-se a uma *venda* ou *dação em cumprimento* do prédio arrendado há mais de três anos ou a um *trespasse.*

Ora, na prática, estas hipóteses, quando relacionadas com um contrato, nem sempre configuram imediatamente um *contrato definitivo*, levando a equacionar o tema igualmente em face da ocorrência eventual de um *contrato-promessa.*

Põe-se então o problema de saber se os promitentes vendedor, dador em cumprimento ou trespassante têm já o dever de oferecer a *preferência* ao respectivo titular ou se, pelo contrário, só ante o *projecto de contrato definitivo* surgirá tal dever.

---

[210] *Pacto de preferência ou de opção* (*BMJ* n.º 76, p. 209, referindo, no mesmo sentido, ENNECCERUS/LEHMANN, § 117 (§ 340), II, 4).

Perguntar-se-á, no reverso da medalha, se o titular tem a obrigação de exercer a sua preferência já em face do *contrato-promessa*, ou só em presença de um projecto de *contrato definitivo*.

O tema tinha sido aflorado no ac. do SUPREMO, de 23-6-1992 (*Rev.Leg.Jurs.*, 126.°, p. 52), que acabou por não assumir posição definida sobre ele, uma vez que, segundo decidiu, a prova dos autos de maneira alguma consentia que a carta de *comunicação* para exercício da preferência traduzisse "mera proposta de contrato-promessa e não que se estivesse em face da comunicação do 'projecto de venda e suas cláusulas', como consta da previsão do n.° 1 do art. 416".

A resposta parece dever ser esta: o *direito de preferência* respeita ao *contrato definitivo,* e será só em presença de um projecto de contrato de tal natureza que terá o titular de pronunciar-se validamente.

A expressão do art. 416-1 CC, "projecto *de venda*", que se adopta a respeito da *comunicação* a fazer ao titular é, de resto, bastante sugestiva neste sentido.

Com razão se tem sustentado pois, na doutrina, dever considerar-se irrelevante ou *ineficaz* uma *notificação para preferência* relativamente a um *projecto* de *contrato-promessa*[211].

Por outro lado e particularmente quanto ao *direito de preferência* do *arrendatário*, se o seu *contrato de arrendamento* for *posterior* a uma *promessa de venda* ou *de dação em cumprimento*, parece fora de toda a dúvida que, no momento da celebração do contrato *definitivo,* terá o *promissário* de se sujeitar ao exercício da *preferência* pelo respectivo titular, visto que a *promessa*, em geral, é apenas obrigatória da celebração de um contrato futuro.

Restar-lhe-á questionar se o *arrendamento* ulterior à *promessa*, envolvendo um *direito de preferência* não integrará um incumprimento da promessa, nos termos que tinham sido acordados.

---

[211] *Sic*: M. HENRIQUE MESQUITA (*Rev.Leg.Jurs.*, 126.°, p. 58) e PIRES DE LIMA/ANTUNES VARELA, *Código Civil Anotado*, III, 2ª ed., rev. e act com a colaboração de M. HENRIQUE MESQUITA, Coimbra Editora, 1987, p. 372.

Outra será a solução, se à *promessa* anterior tiver sido dada *eficácia real* (art. 413 CC) ou, mesmo não tendo sido dada esta eficácia, tenha sido objecto de *registo provisório*, nos termos em que este é admitido pela nossa lei (art. 47-2 CRPred).

O primeiro caso configurar-se-á, naturalmente, quando a *promessa de venda* tenha sido realizada mediante *escritura pública* (art. 413-2 CC) ou *escrito particular* com reconhecimento de assinatura da parte que se vincula ou de ambas (arts. 413-2 e 410-2 CC), onde *expressamente* se declare a atribuição à *promessa* da *eficácia real,* e inscrição no *registo* (art. 413-2 CC e al. *f)* do art. 2.º-1 CRPred).

Que quer dizer *eficácia real*?

Não, certamente, que a *promessa* foi acompanhada de entrega da coisa, como por vezes se tende a supor; e não se especifica, por outro lado, na lei, o que deva entender-se por tal — mas, da análise dos trabalhos preparatórios do Código Civil, depreende-se que se inspirou a nossa lei na *Vormerkung* germânica (*anotação preventiva*), que torna *ineficaz* a disposição ou oneração ulteriores à *Vormerkun*[212].

Quer significar-se, portanto, que ficará o *promissário* protegido contra alienações ou onerações que pelo *promitente* venham a ser realizadas posteriormente à data do *registo.*

Segundo uns, essa protecção consistirá na sanção de *nulidade* dos actos posteriores incompatíveis com a *promessa*[213];

---

[212] Como salientou VAZ SERRA, "com o crédito pessoal à aquisição daquele direito une-se, então, um direito ou titularidade real de aquisição. Em consequência, todas as disposições do proprietário sobre o prédio são ineficazes na medida em que impeçam ou dificultem a pretensão" — *Obrigações — Ideias preliminares gerais* (*BMJ* n.º 77, pp. 27-28).

[213] MÁRIO JÚLIO ALMEIDA COSTA, *Direito das Obrigações*, 8ª ed., rev. e act., Almedina, 2000, 33-G), p. 396 — que, entretanto, terá aderido à tese da *ineficácia*; PEREIRA COELHO, *Arrendamento*, 1988, p. 90, nota 2, para o confronto de uma *promessa de arrendamento* com ulterior arrendamento a terceiro.

segundo outros, cremos que com mais razão, serão esses actos ulteriores simplesmente *inoponíveis* ao *promissário*[214].

De qualquer modo, com a declaração *expressa* de *eficácia real* e competente *registo*, agrega-se, portanto, ao *direito de crédito* do promissário à celebração do contrato prometido, um *direito real de aquisição,* com base no qual poderá ele fazer reverter para si o direito que tenha, entretanto, o promitente transferido para outrem.

Quer isto dizer que não são, assim, *oponíveis* ao *promissário* quaisquer direitos *pessoais* ou *reais* sobre a coisa objecto da *promessa*, registados posteriormente ao *registo* da promessa com *eficácia real* — e, portanto, no caso que nos ocupa, nem é oponível ao *promissário* o próprio *contrato de arrendamento* nessas condições nem, muito menos, o *direito de preferência* de tal "arrendatário".

No tocante, por outro lado, à *promessa* a que não foi expressamente atribuída *eficácia real*, mas se submeteu a *registo*, como pode fazer-se nos termos do art. 47-2 CRPred, o que resultará do *registo provisório*, que lhe corresponde, é, durante o período da sua eficácia (três anos, renováveis — art. 92-3 CRPred), prevalecer sobre qualquer direito ulteriormente inscrito — e, assim, o *arrendatário* de contrato posterior ao registo não poderá exercer *direito de preferência* na venda que em cumprimento da *promessa* venha a realizar-se.

XII — Em face das considerações expendidas até aqui, chegou a altura de analisar o funcionamento da *preferência legal* e pormenorizar alguns aspectos mais importantes do seu regime jurídico.

---

[214] *Sic*: José de Oliveira Ascensão, *Direito Civil — Reais*, 5ª ed. revista e ampliada, Coimbra Editora, 1993, p. 564; Mário Júlio Almeida Costa, *Direito das Obrigações*, 10ª ed, reelaborada, Almedina, 2006, p. 441.

A — Importará, assim, começar por esclarecer que, ao proclamar-se no novo art. 1091-1, al. a), CC que tem o *arrendatário direito de preferência* "na compra e venda ou dação em cumprimento do local arrendado há mais de três anos", não ficará este imediatamente investido no poder de impor ao *proprietário* a *venda* ou *dação da coisa em cumprimento*; tem de esperar por que seja realizada a transmissão — e se esta nunca vier a ser feita, jamais poderá chegar a exercê-lo.

A *eficácia jurídica* do *direito de preferência* do *arrendatário* encontra-se, pois, dependente da ocorrência de um facto futuro e incerto — a transmissão do prédio ou fracção arrendada — cuja verificação, aliás, ele não poderá provocar.

Isto quer dizer que tal direito está dependente de uma *condição*, é um *direito condicional*[215].

Como opera a *condição?*

O n.º 4 do artigo, ao remeter-nos para o disposto nos arts. 416 a 418 e 1410 CC, dá-nos a resposta. O *proprietário*, querendo vender o prédio, "deve comunicar ao titular do direito o projecto de venda e as cláusulas do respectivo contrato" (art. 416-1 CC).

Que natureza jurídica tem esta "comunicação"?

Na doutrina italiana, digladiam-se sobre este ponto duas construções. Numa delas, configurar-se-ia unicamente uma *participação de notícia* destinada a fazer decorrer o prazo para o exercício do direito pelo preferente. Noutra, haveria já uma *proposta contratual* que, com a *aceitação* do preferente, completaria o efeito translativo da alienação[216].

Não cremos que, no âmbito do nosso direito positivo, se possa admitir a segunda construção, na sua plenitude, para aqueles casos em que a alienação deva realizar-se através de

---

[215] Neste sentido, entre nós, JOSÉ PINTO LOUREIRO, *Manual dos direitos de preferência*, 1944, I, p. 62.

[216] Cf., sobre o ponto, LUCIO MOSCARINI, *Prelazione* (*Enciclopedia del diritto*, XXXIV [1985], pp. 988-989).

escritura pública (art. 875 CC). Se a *aceitação* do preferente se faz por mero *escrito particular*, parece óbvio que não seria idónea para formalizar, sem mais, a aquisição.

Por outro lado, também não parecerá exaustivo restringir esta "comunicação" a uma simples *notificação*. Ela não se limita a dar conhecimento de um facto mas, no seu inteiro recorte, a dar conhecimento de um projecto firme de *venda* (ou de *dação em cumprimento*), com especificação das cláusulas respectivas, *oferecendo ao destinatário a alternativa de realização com ele da respectiva escritura pública*.

Em rigor, a "comunicação" do art. 416 CC apresentará, pois, a natureza jurídica de uma *declaração negocial que tem destinatário* (art. 224-1 CC) e, mais precisamente, de uma *proposta contratual* (art. 228 CC). Não, propriamente, uma *proposta de venda*, visto que lhe faltaria, para tanto, a forma legalmente requerida, mas *de celebração do contrato de venda mediante a competente escritura pública*. É, em suma e para dizer tudo de uma vez, uma *proposta de convenção de celebração de um contrato* (art. 410 CC) ou, por outras palavras, é uma *proposta de contrato-promessa de compra e venda*.

Sabendo-se que a obrigação imposta ao alienante consiste exactamente em impor-lhe que, querendo alienar, terá de transmitir a coisa ao titular da *preferência*, se este a pretender, será fácil de concluir que ela — para mais, devendo ser acompanhada das cláusulas do projecto de venda — tem a natureza jurídica de uma *proposta contratual*.

Desta qualificação resulta prontamente um consectário importante: é que a *comunicação* obriga o proponente a manter a sua proposta durante o prazo legal para a resposta (arts. 228 e 416-2 CC), não a podendo revogar, depois de recebida pelo destinatário (art. 230-1 CC), a menos que a tenha retirado antes ou tenha conseguido fazer chegar a retractação ao destinatário ao mesmo tempo que a recepção da "comunicação" (art. 230-2 CC).

Chegada esta ao seu destinatário, "deve o titular exercer o seu direito dentro do prazo de oito dias, sob pena de caducidade" (art. 416-2 CC), naturalmente também por *comunicação* dirigida ao proponente — a qual, como se faz em resposta à *proposta contratual*, no caso de ser afirmativa, terá a natureza jurídica de uma *aceitação contratual*.

É, pois, inaceitável a proposição consagrada no ac. do SUPREMO, de 6-5-1998, já atrás referido a outro propósito, de que, notificado o arrendatário habitacional para preferir na venda do prédio arrendado, a sua falta de resposta "não tem outro significado que não seja o de não valer como renúncia ao seu direito de preferência" (*BMJ* n.º 477, p. 425).

Em nosso parecer, semelhante proposição, admitindo a preferir o arrendatário que não deu qualquer resposta à comunicação de propósito de venda, viola frontalmente o preceituado no art. 416-2 CC.

Concluído assim, através dela, o *contrato-promessa*, extrair-se-ão daí as consequências próprias do regime jurídico dessa figura legal, em cujos pormenores não interessará embrenhar-nos; bastará aludir a que, em nossa opinião, o *preferente*, em caso de falta de comparência da contraparte à celebração da *escritura pública*, terá direito de pedir a *execução específica* do art. 830 CC, nos termos gerais.

Fechado dentro deste condicionalismo e em tal perspectiva o ciclo da *preferência legal*, poderemos ainda concluir que, perante a "comunicação", o direito do *arrendatário preferente* vem a exercer-se mediante uma manifestação de vontade a que não poderá o alienante opor nenhuma pretensão, cabendo-lhe apenas submeter-se passivamente à vontade soberana do *arrendatário*. Estamos, pois, em presença da categoria jurídica que na dogmática recebe a designação de *direito potestativo*.

Direito real, ou direito pessoal? Se o funcionamento do instituto ficasse por aqui, parece incontestável que não teríamos elementos para nos inclinarmos definitivamente para a primeira qualificação.

Simplesmente, com muita frequência ocorre que, na prática, o sujeito passivo da *preferência legal* ignore esta situação e omita a *denuntiatio*, celebrando directamente com terceiro a alienação, como se não fosse obrigado a oferecê-la, primeiro, ao *preferente*.

Como pode este reagir a tal violação do seu *direito potestativo*? A solução do nosso Direito positivo está consagrada especialmente a propósito da *preferência do comproprietário*, numa regra que é extensível a qualquer *preferente*. É a regra contida no art. 1410 CC, segundo o qual:

"1 — *O comproprietário a quem se não dê conhecimento da venda ou da dação em cumprimento tem direito a haver para si a quota alienada, contanto que o requeira dentro do prazo de seis meses, a contar da data em que teve conhecimento dos elementos essenciais da alienação, e deposite o preço devido nos 15 dias seguintes à propositura da acção.*

2 — *O direito de preferência e a respectiva acção não são modificados pela modificação ou distrate da alienação, ainda que estes efeitos resultem de confissão ou transacção judicial*".

Para esta hipótese, sendo único o *preferente*, não estabeleceu o Código de Processo Civil nenhum processo especial, cumprindo, pois, que proponha o preterido uma *acção com processo comum*, depositando o *preço devido* nos quinze dias seguintes à propositura, como se estabelece no preceito acabado de transcrever.

B — Cabe aqui uma brevíssima palavra sobre o alcance da expressão *preço devido*. O que se tem de depositar, nessa data, não é necessariamente a totalidade do preço da alienação. Só o será, se a alienação tiver sido realizada com pagamento imediato do preço.

Se, porém, este for parcelado em prestações, o preferente só terá de depositar nos quinze dias seguintes à propositura as prestações vencidas nessa data. As restantes serão depositadas dentro da cadência em que se forem vencendo. Doutro modo, o preferente não estaria a dar o *tanto por tanto*, como é de seu direito.

C — Contra quem deverá, por outro lado, ser proposta a *acção de preferência*?

O tema tem sido objecto de jurisprudência inconstante. Com efeito, o Supremo, depois de ter julgado repetidamente no sentido de que a acção deve ser proposta *unicamente contra o adquirente*, salvo no caso de se pedir também uma indemnização ao alienante pois, fora deste caso particular, este não terá interesse em opor-se à *acção de preferência*[217], parece ter apontado noutra direcção, após o seu acórdão de 14-5-1991 (*BMJ* n.º 407, p. 498), por influência determinante da doutrina sustentada por ANTUNES VARELA[218], que calorosamente aplaudiu a mudança ("*uma luz no fundo do túnel*")[219].

Este entendimento chegou a ser consagrado nos arts. 79 e 77 dos Anteprojectos de 1988 e de 1993, e no art. 28-A CPC da versão de 1995, mas veio a ser varrido do Código pela revisão do Decreto-Lei n.º 180/96.

Provavelmente, a importância da questão não justificará o calor da polémica nem as reviravoltas jurisprudenciais a que temos assistido.

Em favor da nova corrente, tem-se defendido, que tem o *adquirente legitimidade* para a acção porque com ela se pretende

---

[217] São neste sentido, entre outras, as suas decisões seguintes: SUPREMO, 18-12-1970 (*BMJ* n.º 202, p. 208); SUPREMO, 20-5-1975 (*BMJ* n.º 247, p. 155); SUPREMO, 1-2-1979 (*BMJ* n.º 284, p. 146); SUPREMO, 7-6-1979 (*BMJ* n.º 288, p. 307) e SUPREMO, 26-11-1980 (*BMJ* n.º 301, p. 433).

[218] Nesta data, podem arrolar-se as decisões seguintes, além da referida no texto: SUPREMO, 24-10-1991 (*BMJ* n.º 416, p. 719) e SUPREMO, 27-9-1994 (*BMJ* n.º 439, p. 502).

[219] *Rev.Leg.Jurs.*, 126.º, pp. 336-337.

sacrificar o seu direito. O *alienante* tem *legitimidade* para ser demandado porque transmitiu o bem com infracção do dever de o apresentar previamente à *preferência*.

A chamada dos dois ao processo, em *litisconsórcio passivo*, justifica-se "por ser um absurdo discutir judicialmente um direito nascido de um *facto ilícito* que lhe é imputado — e lhe poder trazer *consequências danosas* — sem a sua presença e com a negação aberta do princípio do *contraditório*"[220].

Além do mais, o *litisconsórcio necessário* terá, ao cabo de contas, a vantagem de evitar disparidade de julgados, se vierem a usar-se acções separadas para a preferência e para o exercício do direito de indemnização pelo facto ilícito do alienante[221].

Hoje em dia, em face da aludida opção do Decreto-Lei n.º 180/96 e da circunstância de se ter eliminado do art. 1410-1 CC a expressão "citação *dos réus*", que com este plural favorecia a tese do *litisconsórcio*, parece, todavia, revelar-se alguma inflexão do legislador contra ela.

Na verdade, não é muito convincente a ideia de que, baseando-se o autor da *acção de preferência* num *acto ilícito* do *alienante*, terá este legitimidade em contestar a acção, que lhe poderá, até, trazer *consequências danosas* — pois, a *acção de preferência* tem estritamente por objecto realizar o *ius retractionis* do preferente e, desde que se não cumule com ele nenhum pedido de indemnização ao alienante, nem este é prejudicado pela procedência do pedido, visto que já recebeu o preço da alienação, nem, evidentemente, sofre quaisquer consequências danosas da sua simples procedência: só em demanda ulterior poderá vir a ser condenado no ressarcimento dos danos que possa o seu *acto ilícito* ter causado.

O *acto ilícito* do alienante nem sequer pode ser encarado como elemento constitutivo do *direito de preferência* que se

---

[220] ANTUNES VARELA, *Rev.Leg.Jurs.*, 126.º, p. 365.

[221] ANTUNES VARELA, *Rev.Leg.Jurs.*, 126.º, p. 372.

pretende exercer. Não é o *acto ilícito* que possibilita o exercício da *preferência*, mas a *alienação*: facto constitutivo dela é, realmente, a *alienação* (sua primeira *conditio iuris*), aliada à *manifestação de vontade de exercício da preferência* através da acção (sua segunda *conditio iuris*).

Assim, e em vista do preceituado nos n°s 1 e 2 do art. 26 CPC, proclamando-se no primeiro que, nas suas palavras, o réu "é parte legítima quando tem interesse directo em contradizer" e acrescentando-se no segundo que, ainda nas suas palavras, o *interesse em contradizer* se exprime "pelo prejuízo que dessa procedência advenha", parece bem mais seguro recusar *legitimidade processual* ao *alienante* para a *acção de preferência* em que se não deduz qualquer pedido contra si do que impor a sua presença nessa acção em *litisconsórcio necessário*.

É esta, aliás, a tese que vem sendo consagrada na jurisprudência italiana para a *preferência legal* do herdeiro, na herança indivisa, e sobraçada na doutrina, estritamente para o caso de o preço da alienação ser satisfeito de imediato ou sem grande dilação; havendo uma dilação apreciável, já se admite a *legitimidade processual passiva* do *alienante*, visto que lhe não é indiferente a pessoa do devedor do preço nestas condições[222].

Análoga situação não litisconsorcial ocorre aliás, na Alemanha, onde, segundo pensamos, o exercício do *retracto*, no *direito real de preferência*, se dirige unicamente contra o proprietário do imóvel, ou seja, contra quem o é "à data em que o imóvel é vendido", "e, deste modo, nem mesmo contra quem tenha a propriedade *depois* da consumação da venda. Se V vende a C o seu imóvel, que se encontra onerado pelo direito de preferência de T, e o transmite a C, T tem de exercitar contra V o seu direito de preferência"[223].

---

[222] Cf., sobre este ponto, LUCIO MOSCARINI, *Prelazione* (*Enciclopedia del diritto*, XXXIV [1985], p. 992).

[223] MARTIN WOLFF, *Derecho de Cosas* (trad. espanhola), 2.°, Bosch, 1951, § 126, V, 1 (texto e nota 23), p. 140.

D — Nesta ordem de ideias e passando ao nosso Direito positivo, proposta a *acção de preferência* unicamente contra o *adquirente*, o seu objecto será *exercer um direito de retracto*, isto é, nas palavras do nosso art. 1410-1 CC, o de "haver para si a quota alienada".

Para tanto, não terá pois o *preferente* de pedir a anulação da transmissão realizada a favor do *adquirente*, como pretendia DIAS FERREIRA[224], visto o *direito de preferência* só poder ser exercido ante uma *venda* ou *dação em cumprimento* válidas; a transmissão que pretere o *direito de preferência* não está afectada, segundo a melhor doutrina, na sua validade, sendo apenas *ineficaz* em relação ao preferente.

Embora tal entendimento esteja muito difundido entre nós, parece que também não terá o preferente de pedir a sua *sub-rogação* nos direitos do adquirente, como sustentava BARBOSA DE MAGALHÃES[225] — porque, como tem demonstrado a moderna doutrina estrangeira sobre o tema, a construção dogmática da *sub-rogação* parece insatisfatória, visto o preferente poder exercer o seu direito não só em face de uma alienação mas de todas as sucessivas alienações que, por hipótese, venham a ocorrer[226].

O exacto sentido, pois, da expressão "haver para si", da nossa lei, em confronto com o alcance da inteira tutela legal do preferente preterido, é o de o autor da *acção de preferência*, depositando o preço e demais encargos da alienação, invocando a sua condição de preferente e manifestando a sua vontade de aquisição em lugar do alienante, dando, em suma, *o*

---

[224] *Código Civil Portuguez Anotado*, IV, Imprensa Nacional — Lisboa, 1875, p. 35. Já então, sustentava DIAS FERREIRA, à luz do art. 1681 do Código de SEABRA que, sobre o ponto não era mais explícito do que é o actual art. 1410, dever a acção ser proposta contra o *adquirente*.

[225] *Gaz.Rel.Lx^a^*, 39.º, p. 41.

[226] LUCIO MOSCARINI, *Prelazione* (*Enciclopedia del diritto*, XXXIV [1985], p. 985) e AA que cita.

tanto por tanto, pedir que se profira uma sentença que transfira directamente do alienante para si, com eficácia *ex tunc*, a propriedade da coisa onerada com a preferência legal.

A sentença favorável é, pois, uma *sentença constitutiva* que decreta a transmissão da propriedade do bem directamente do *alienante* para o *preferente*, e determina o cancelamento dos registos que tenham sido realizados em nome do réu, a favor do qual se mandará ainda reverter o preço depositado.

A eficácia *ex tunc*, que a caracteriza, deve ser esclarecida. É *ex tunc*, porque não vigora desde a data da sentença mas, retroactivamente, em nosso parecer, *desde a data da propositura da acção* — e não, como já se tem sustentado entre nós, por influência da ideia de *sub-rogação*, desde a *data da alienação ao demandado*[227].

Com efeito, se o *direito de preferência* está sujeito, como se viu, à *conditio iuris* do seu exercício pelo respectivo titular, não fará sentido haver o preferente a coisa *para si* desde uma data anterior a essa mesma *conditio iuris*.

E — Esta conclusão ilumina poderosamente todo o restante regime jurídico da *preferência legal*.

Nomeadamente, ela permite-nos apurar, com facilidade e com rigor, que direitos poderão ser reconhecidos ao *preferente* quanto aos *frutos* e *rendimentos* produzidos *medio tempore* pela coisa.

A regra será então, naturalmente, a de que, tendo o *preferente* de propor uma acção judicial para realizar o seu direito e tendo o poder legal de, através do recurso ao tribunal, *haver para si* a coisa alienada a terceiro, desde a data da propositura, desde essa mesma data se tornará titular da coisa e haverá para si os rendimentos produzidos.

---

[227] Neste sentido: José Pinto Loureiro, *Manual dos direitos de preferência*, II, Coimbra Editora, 1944, p. 273 (citando Colin/Capitant, *Cours élémentaire*, tomo III, p. 571 e Planiol, *Traité de droit civil*, tomo III, n.º 2458) e José Gualberto de Sá Carneiro (*Rev. Trib.*, 79.º, p. 38).

Na doutrina nacional, tem-se entendido, porém, que a constituição retroactiva da propriedade do *preferente*, operada pela sentença, não deve ser absoluta, deixando-se ao *adquirente* os rendimentos produzidos até um momento que não exprimem, algumas vezes, concretamente, mas que, em outros casos, se reportam à data do *depósito do preço*.

Assim, segundo VAZ SERRA, a propósito da *preferência convencional*, "só quando se declara a preferência é que o contrato entre o preferente e o alienante fica perfeito, só a partir de então havendo em princípio direito a rendimentos. Apenas nessa data recebe o adquirente o preço que desembolsou e é, por isso, razoável que conserve até esse momento o direito aos rendimentos"[228].

Como se vê, não equacionou a hipótese do exercício da *preferência* com recurso à mediação do tribunal.

PINTO LOUREIRO, porém, tinha já então sustentado abertamente, numa época em que só tinha o depósito do preço, pelo *preferente*, de fazer-se "antes de efectuada a entrega" (§ 1.º do art. 1566 CC SEABRA, após o Decreto n.º 19 126) e, portanto, apenas na fase executiva, que "grande injustiça haveria em privar o réu dos rendimentos da coisa antes de se pôr à sua disposição o montante do preço e despesas legais por ele desembolsadas... o preferente locupletar-se-ia por esse modo à custa do adquirente"[229].

Afinando pelo mesmo diapasão, SÁ CARNEIRO salientou que "todos estão de acordo em que seria injusto que o preferido fosse privado desses rendimentos antes de depositado o preço e que o preferente colhesse tais rendimentos sem a contrapartida do desembolso do preço" e acrescentou que o preferido tinha de ser considerado *possuidor de boa fé* "até ao

[228] *Obrigação de preferência* (*BMJ* n.º 76, p. 195).

[229] JOSÉ PINTO LOUREIRO, *Manual dos direitos de preferência*, II, 1944, p. 274.

momento em que lhe é exigida a entrega, após o pagamento do preço", devendo por isso fazer seus os frutos produzidos até então[230].

PIRES DE LIMA/ANTUNES VARELA propendem a sobraçar análoga conclusão, relativamente à *preferência legal*[231].

A jurisprudência, por seu turno, por influência de PINTO LOUREIRO e de JOSÉ GUALBERTO, repetidamente tem consagrado o princípio de que são do adquirente os *frutos* produzidos até ao *depósito* ou *pagamento do preço* pelo *preferente* — isto, mesmo após a entrada em vigor do Código Civil actual, que veio impor a realização do *depósito* pelo *preferente*, não já até à entrega da coisa, mas logo oito dias após o despacho de citação do adquirente para a *acção de preferência* — prazo este que, hoje em dia, está fixado, como se sabe, nos quinze dias ulteriores à própria propositura da *acção de preferência*[232].

Cremos que semelhante entendimento carece de ser precisado à luz das conclusões a que chegámos há pouco.

A aferição da conservação dos *frutos* pelo *adquirente* através da data do depósito não tem — e jamais teve — justificação dogmática aceitável.

Note-se bem.

Antes de mais, o adquirente não pode ser considerado *possuidor de boa fé*, desde a data da *citação*, por expressa disposição legal (al. *a)* do art. 481 CPC).

Depois, é contraditório atribuir-se à sentença eficácia *ex tunc*, e afirmar-se, simultaneamente, que só adquire o *preferente* a propriedade da coisa *após a data da sentença*.

---

[230] JOSÉ GUALBERTO DE SÁ CARNEIRO (*Rev. Trib.*, 79.º, p. 38).

[231] *Código Civil Anotado*, III (com a colaboração de M. HENRIQUE MESQUITA), reimp., Coimbra Editora, 1987, p. 339.

[232] É o que manifestamente ocorre, entre outros, no douto ac. da Relação de Évora, de 12-2-1981 (*Colectânea*, VI-I, p. 107) ou até mesmo no da Relação do Porto, de 2-11-1995 (*Colectânea*, XX-V, p. 195).

Além disso, não é efectivamente razoável que faça o *adquirente* seus os *rendimentos produzidos durante a delonga da lide* que ele contesta e assim provoca, pois é regra universalmente reconhecida a tal respeito a de *o litigante que tem razão não poder ser prejudicado pela demora do litígio.*

Por último, é bem de ver que se o *adquirente* só recebe o preço depositado com o trânsito em julgado ou após a execução a que foi obrigado o preferente, a si e à sua defesa injusta o deve.

Sabendo-se que, na prática, o *adquirente* não pode ignorar que a coisa adquirida está onerada com um *direito legal de preferência* e estando ele, nas mais das vezes, conluiado com o *alienante* que não cumpriu o seu dever de dar *preferência* ao respectivo titular *a quem fazem cara a vida*, causa até certa perplexidade que a nossa jurisprudência ainda se não tenha dado conta disso, nem sequer da alteração legislativa que se operou com o actual Código Civil, e venha neste aspecto seguindo acriticamente os referidos autores.

A nosso ver, sem sombra de dúvida, na *preferência legal*, segundo o regime jurídico respectivo e o equilíbrio razoável dos interesses, o *preferente* deve ser reembolsado dos rendimentos produzidos após a citação do *adquirente* para a *acção de preferência* (art. 481, al. *a)*, CPC).

F — Iluminada é também a questão da transmissibilidade ou intransmissibilidade da *preferência legal.*

A solução afirmativa impunha-se já, aliás, intuitivamente, como um princípio geral. Fosse ela, na verdade, um *direito real de aquisição* ou um mero *direito obrigacional* assistido de *uma espécie de sequela*, sempre constituiria, um *direito subjectivo*; *real* ou *pessoal*, mas sempre *direito subjectivo*. Como resume OLIVEIRA ASCENSÃO, entre nós, "a doutrina tem considerado sempre o direito de preferência como um verdadeiro direito"[233]; logo, só

---

[233] JOSÉ DE OLIVEIRA ASCENSÃO, *Direito Civil–Reais*, 5ª e., rev. e amp., Coimbra Editora, 1993, p. 575.

não seria transmissível se estivesse, por sua natureza, indissociavelmente ligado à pessoa do respectivo titular.

Estará a *preferência legal* de *arrendatário urbano* indissoluvelmente ligada à pessoa do seu titular e afectada então de intransmissibilidade?

O que ficou dito revela-nos que ela depende de uma dupla *conditio iuris*.

Por um lado, o *direito de preferência* está condicionado a que, validamente, o proprietário *venda* ou *dê em cumprimento* a coisa.

Além disso, a *pretensão de transmissão* para si, que a *preferência legal*, outorga ao respectivo titular, verificada esta *conditio iuris*, está, por sua vez, condicionada, como refere MARTIN WOLFF, "ao exercício daquele direito potestativo de aquisição" .

Anteriormente à transmissão da coisa, o *arrendatário* não tem ainda, inegavelmente, um *direito de preferência*, mas uma simples *expectativa* que, na feliz expressão de TRIMARCHI, é um "direito em formação"[234].

"A expectativa de um direito transmissível é, também ela, de regra, transmissível" — como acrescenta este autor, fundando-se num preceito do Código italiano, de estatuição semelhante à do art. 271-1 do nosso Código Civil, de acordo com o qual os actos de disposição "realizados na pendência da condição ficam sujeitos à eficácia ou ineficácia do próprio negócio, salvo estipulação em contrário".

Interessa-nos mais aqui, porém, apurar concretamente se o próprio *direito de preferência legal*, já perfeito e subjectivado, é efectivamente transmissível, por acto *inter vivos* ou *mortis causa*.

Se bem nos parece, a resposta à pergunta, para o direito já exercido e perfeito, é certamente afirmativa nos dois casos — mas a mera *expectativa* de *preferência legal* não deve considerar-se tal.

Porquê?

---

[234] Cf. PIETRO TRIMARCHI, *Istituzioni di diritto privato*, 11ª ed., Giuffrè, Milano, 1996, n.º 25, p. 62.

Porque a *preferência legal* é um direito dependente doutro direito e, portanto, como já o reconhecia o Saudoso Professor CASTRO MENDES, só é transmissível com a posição jurídica a que é inerente[235]. Quem é *arrendatário urbano, rural* ou *florestal* transporta, na garupa do seu *direito de arrendatário*, o *direito de aquisição condicional* do prédio arrendado, que só poderá passar a terceiro por efeito da transmissão da *posição de arrendatário* à qual inere.

Assim, enquanto *direito condicional*, a *preferência legal* não pode transmitir-se autonomamente: é simples *inerência do direito de arrendatário*, vai para onde este for.

Exercido porém o direito, já não há dúvida: o *direito de preferência*, até aí apenas *ao dispor* do respectivo titular, através da declaração formulada pelo preferente, *é obtido* por este.

Subjectivou-se na sua esfera jurídica. Passou a constituir um "direito adquirido", deixando de se consubstanciar, propriamente, num *direito a preferir* dando *o tanto por tanto*, para constituir um *direito de aquisição* da *quota ideal* alienada mediante o preço que está já fixado. A diferença entre os dois momentos é perfeitamente caracterizada na nomenclatura italiana, quando faz corresponder a este segundo momento o *retratto* que sucede à *prelazione*.

Com o *retracto*, a *preferência legal* autonomiza-se do direito a que ineria até aí, e consolida-se como um direito *a se*, com um conteúdo de evidente e incontestável *utilidade patrimonial*, na esfera jurídica do declarante. Assim como este, realizada finalmente a aquisição, pode dispor imediatamente do prédio, assim também, uma vez feita a *declaração de preferência*, pode prontamente alienar o seu *direito de aquisição* a terceiro, sem que se admita ao proprietário do prédio, no *estado de sujeição* em que já se encontrava e permanece, fazer qualquer oposição.

---

[235] JOÃO DE CASTRO MENDES, *Teoria Geral do Direito Civil*, I, AAFDL, 1978 (impressão de 1988), p. 371, nota 869.

A sua transmissibilidade decorre, portanto, da autonomização do direito de que dependia a *preferência legal* e do seu carácter *patrimonial*, que, como é sabido, se submete à *regra da transmissibilidade*, e pode portanto ser alienado sempre que não haja, como não há aqui, disposição em contrário. Note-se que, mesmo na *preferência convencional*, onde a intransmissibilidade é de regra, é-o apenas supletivamente, sendo admissível *estipulação em contrário* (art. 420 CC).

Afigura-se-nos, portanto, perfeitamente líquido que, proposta que foi a *acção de preferência*, mesmo antes da citação dos demandados já ficou preenchida a *conditio iuris* da manifestação da vontade de preferir e, portanto, *já está perfeita a preferência legal na esfera jurídica do seu titular*, sendo desde essa data transmissível a terceiro, *inter vivos* ou *mortis causa*.

G — Nada se tem preceituado propriamente quanto à *disponibilidade* das *preferências legais arrendatícias* e, assim, se serão ou não *renunciáveis* pelos respectivos titulares.

A propósito da *preferência legal* entre *comproprietários* já se sustentou entre nós que "nenhum comproprietário — e o mesmo se diga para os demais casos de preferências legais — pode renunciar *antecipadamente quanto a toda e qualquer alienação*... pois isso equivaleria a modificar o regime legal da compropriedade, que é fixado *imperativamente* pela lei"[236].

Quem, todavia, considere a *preferência legal* um *direito real de aquisição* tenderá, segundo cremos, a admitir a solução contrária, dado o conteúdo assinalado no art. 1305 CC ao *direito de propriedade* como um gozo pleno e exclusivo dos direitos de uso, fruição e *disposição*[237].

---

236 Pires de Lima/Antunes Varela (com a colaboração de M. Henrique Mesquita), *Código Civil Anotado*, III, Coimbra Editora, Limitada, 1987 (reimpressão), p. 370.

237 Cf., sobre este ponto, principalmente, José de Oliveira Ascensão, *Direito Civil-Reais*, Coimbra Editora, 1993, 5ª ed., ver. e ampl., p. 310 e bem

É, cremos, a solução preferível também quanto às *preferências legais arrendatícias*.

A nossa lei tem ultimamente tido o cuidado de assinalar carácter *imperativo* a normas determinadas do regime do *arrendamento urbano*. Nas próprias disposições introduzidas de novo no Código Civil, animadas de uma intenção central liberalizante, não foi abandonada esta prática e, assim, estabeleceu-se no novo art. 1080 CC que, no tocante à *cessação do arrendamento de prédios urbanos*, os respectivos preceitos têm natureza *imperativa*, salvo disposição legal em contrário.

Se outro tanto não foi imposto para a *preferência legal* do *arrendatário* de há mais de três anos ou do *senhorio* em caso de *trespasse*, é de crer que estamos aqui em presença de *direitos antecipadamente renunciáveis*.

XIII — Especificamente quanto à tramitação processual a seguir, para o exercício de *direito de preferência*, importará distinguir:

a) A *preferência legal do senhorio* em caso de *trespasse*;

b) A *preferência legal do arrendatário*.

A — O exercício da *preferência legal*, no *trespasse*, terá naturalmente uma tramitação distinta, consoante a transmissão da titularidade do *estabelecimento comercial ou industrial* se processe por *acto voluntário* ou, antes, numa *acção executiva*.

a — Comecemos a nossa análise pelo último, isto é, pela *transmissão forçada* num *processo de execução*, que constitui o caso mais complicado. Quanto a ele, vimos há pouco que a versão vigente do nosso Código de Processo Civil estabeleceu um formalismo complexo e nem sempre feliz para a realização da *penhora do estabelecimento*, no seu art. 862-A.

---

assim, António Menezes Cordeiro, *Direitos Reais*, II, Centro de Estudos Fiscais da Direcção-Geral das Contribuições e Impostos, 1979, p. 784.

Feita, nesses termos, a *penhora*, chegar-se-á por fim ao pagamento, que poderá, na hipótese, fazer-se, em princípio, ou por *adjudicação* ao exequente, nos termos do art. 875 CPC, ou por *venda* (arts. 886 ss CPC).

Suponhamos que foi pedido pelo *exequente* que lhe fosse *adjudicado* o *estabelecimento*.

Neste caso, terá de indicar o *preço* que oferece, que não poderá ser inferior a 70% do *valor de base dos bens* (arts. 875-3 e 889-2 CPC).

Seguidamente, e publicitado o pedido de adjudicação, designar-se-á dia e hora para "a abertura de propostas" (afirma a lei, com manifesta impropriedade de linguagem: não são *as propostas* que *se abrem*, mas os *sobrescritos* em que as *propostas* se encerram).

Este despacho *deverá ser notificado ao senhorio, com vista ao oportuno exercício do seu direito de preferência* (art. 876-2 CPC).

Observar-se-ão, depois, os termos processuais postos para a *venda* (art. 901-A CPC) — e cai-se, daí por diante, na segunda hipótese.

Passemos então à *venda forçada* do *estabelecimento*.

Esta será, geralmente, uma *venda mediante propostas em carta fechada*. Não será fácil que, mesmo sendo o *estabelecimento* de reduzido valor, seja susceptível de *venda directa*, pois os termos respectivos não se coadunam com o exercício da *preferência* pelo *senhorio* — o qual terá, então, de ser notificado do dia, hora e local em que se tornarão conhecidas as propostas formuladas (art. 892 CPC), na presença do juiz.

Conhecidas as *propostas* e realizada *licitação*, se for caso disso (art. 893 CPC), serão devidamente apreciadas e, aceita alguma delas, será o *senhorio* interpelado para exercer, querendo, o seu *direito de preferência* — pois é nesse acto que terá de o exercer (art. 896 CPC).

b — A tramitação do exercício da *preferência legal*, no caso de *transmissão voluntária* da titularidade do *estabelecimento comer-*

cial ou industrial, não se distingue essencialmente da que seja imposta para as outras transmissões *voluntárias* — pelo que será adiante analisada, conjuntamente com as restantes.

B — A *preferência legal* do *arrendatário* é afirmada, como vimos, relativamente à "compra e venda" ou "dação em cumprimento" do "local arrendado há mais de três anos" (al. *a)* do art. 1091-1 CC).

Poderá, em princípio, supor-se quanto à alienação sobre que se exerce a *preferência* não terá nada a ver com uma *transmissão forçada* em *acção executiva*; que só a *venda espontânea* do prédio, pelo *senhorio*, poderá fazer disparar o exercício da *preferência legal* pelo respectivo titular.

O preceito, aludindo a "compra e venda", parece sugerir que não terá cabimento a *preferência legal* quando a transmissão venha a verificar-se no âmbito de uma *acção executiva* — mas se, também aí, se configura uma *compra e venda* não se vê uma razão poderosa para a exclusão da *preferência* nesse caso, afigurando-se mais correcto, porventura, admiti-la ainda então.

Sendo assim, terão de ser chamados os *arrendatários* à diligência de conhecimento e aceitação da proposta vencedora, para exercerem sobre ela, querendo, o seu *direito de preferência* (arts. 892 e 896 CPC).

C — Se, pelo contrário, o que está em causa é uma espontânea *venda* ou *dação em cumprimento* do prédio arrendado há mais de três anos ou do *estabelecimento comercial ou industrial*, o processo para o exercício do *direito de preferência*, é, com as devidas adaptações, o determinado para as *preferências convencionais* (arts. 1091-4 CC).

O alienante deverá, pois, comunicar o projecto de *venda*, *dação em cumprimento* ou *trespasse* e as cláusulas do respectivo *contrato definitivo* — não apenas de um *contrato-promessa*, como se viu — ao titular do *direito de preferência*.

Uma de várias hipóteses pode então estar em causa: ou este titular *é único*, ou pode ser o caso de vários titulares *simultâneos* — ou ser, por fim, caso de se estar em presença de uma sucessão legal ou *cascata* de preferentes.

Analisemos cada uma destas hipóteses.

a — *O preferente é um único arrendatário ou um casal de arrendatários em regime de comunhão.* — É o caso mais simples.

O *proprietário* pode então eleger a opção *extrajudicial* e, nos termos do art. 416-1 CC, comunicar ao titular ou ao casal titular do direito o *projecto de venda* e as *cláusulas do respectivo contrato*, ficando qualquer deles com a obrigação de o exercer dentro do prazo de oito dias, sob pena de *caducidade* (arts. 1463 CPC, *a pari*, e 416-2 CC).

Este prazo é *civil*, sendo portanto de respeitar, para o seu cômputo, as normas da lei substantiva, *maxime*, as do art. 279 CC, e não as dos *prazos judiciais*, designadamente as do art. 144 CPC.

O projecto de venda deve ser acompanhado das "cláusulas do respectivo contrato", não podendo portanto considerar-se cumprido o dever de *comunicação* se não se indicarem os elementos fundamentais do contrato a celebrar — mas cremos que não deve levar-se esta regra ao extremo de considerar que não caducou o *direito de preferência* se o titular respectivo, não obstante a falta de pormenor, responder abertamente que não quer preferir, como já se tem aventado.

Admiti-lo, seria sancionar um *venire contra factum proprium*, pois, se o titular declarou, sem mais, que não estava interessado em exercer o seu direito, sem exigir os elementos em falta, demonstrou liminar e cabalmente estar desinteressado de preferir, independentemente da concretização das cláusulas que faltavam — e não deve poder voltar com a sua palavra atrás.

O *proprietário* pode, em vez da *comunicação extrajudicial* que lhe é facultada, optar pela via *judicial*[238]. Em semelhante hipótese, terá ao seu dispor o processo de *notificação para preferência*, previsto e disciplinado nos arts. 1458 e 1463 CPC[239].

O *preferente* será notificado (*ambos os cônjuges*, se o *preferente* for casado por nesse caso o *direito de preferência* lhes "pertencer em comum" — art. 1463 CPC[240]), com indicação do *preço* e das restantes cláusulas do contrato projectado[241], para exercer o

[238] A via *judicial* é de utilização facultativa, não necessária (Mário Júlio de Almeida Costa, *Direito das Obrigações*, 10ª ed. reelaborada., Almedina, 2006, p. 448, nota 1). No mesmo sentido: José Alberto dos Reis, *Processos Especiais*, 2.º, Coimbra Editora Lda., 1956, p. 523; Relação de Coimbra, 27-04-1948 (*BMJ* n.º 9, p. 265).

[239] Constitui um verdadeiro processo especial e não uma notificação avulsa — SUPREMO, 05-01-1965 (*BMJ* n.º 143, p. 182). — Não pode ser substituído por esta (*lug. prim. cit. na n. ant.*).

[240] — Com a entrada em vigor da Constituição de 1976, e mesmo antes da modificação introduzida no art. 1463 CPC pelo Decreto-Lei n.º 368/77, de 3 de Setembro, a notificação para o exercício do direito de preferência deve ser feita a ambos os cônjuges, para aplicação do princípio da igualdade jurídica estabelecida no art. 36, n.º 3, da Constituição — Assento de 25-6-1987 (*BMJ* n.º 368, p. 147).

[241] As cláusulas que terá o proprietário de dar a conhecer ao notificado serão "as que possam interessar-lhe para resolver se há-de preferir, ou não" (Vaz Serra, *Rev.Leg.Jurs*, 112.º, p. 316). — Entre elas, hão-de designadamente figurar as condições de pagamento do preço — SUPREMO, 31-05-1984 (*BMJ* n.º 337, p. 353).

Tratando-se de uma compra e venda do prédio arrendado, a notificação deve conter, "não só o montante do preço, mas ainda o prazo ou prazos do respectivo pagamento, a data e local da realização do negócio, as cláusulas acessórias nele inseridas e, relativamente a certos direitos de opção (pense-se, por exemplo, na preferência de comproprietários), também o nome do terceiro interessado na compra" — M. Henrique Mesquita (*Rev.Leg.Jurs.*, 126.º, pp. 59-60).

— Basta que ao titular do direito de preferência seja dito da parte do vendedor do prédio de que aquele é arrendatário, que certa pessoa concretamente especificada o pretende comprar por certo preço, também especificado, e ao mesmo tempo àquele seja perguntado se quer preferir — SUPREMO, 17-1-1985 (*BMJ* n.º 343, p. 301).

direito de preferência no prazo dentro do qual, "segundo a lei civil", pode ser exercido.

Semelhante prazo será, pois, de oito dias, tal como para a *comunicação extrajudicial* (art. 416-2 CC). A remissão do art. 1458-1 CPC para "a lei civil" e por conseguinte tanto para a sua dimensão como para as regras do seu cômputo bem revela que, apesar de tal prazo se inserir num processo judicial, continua a ter natureza *civil*, devendo o seu cálculo fazer-se pelos critérios do art. 279 CC, excluindo a aplicação do sistema do art. 144-3 CPC.

Mesmo neste caso, a questão pode complicar-se quando o contrato projectado compreenda, mediante um preço global, outra coisa além daquela sobre que incida a *preferência*.

É a hipótese que só veio a ser prevista no art. 417 CC e que a formulação de 1967 do Código de Processo Civil veio adjectivar com o seu art. 1459.

O último preceito admite que declare o notificado, então, que só quer preferir em relação à coisa sobre que tem *preferência*, "requerendo logo a determinação do preço que deve ser atribuído proporcionalmente à coisa".

A parte contrária pode deduzir oposição, "invocando que a coisa preferida não pode ser separada sem prejuízo apreciável" (art. 1459-2 CPC).

Se a oposição proceder, o preferente perde o seu direito, a não ser que exerça a *preferência* sobre todas as coisas.

Se improceder, seguem-se os termos estabelecidos nos n.ºs 2 a 4 do art. 1458 CPC (art. 1459-3 CPC)[242].

[242] Se a venda de edifício em propriedade horizontal abranger várias fracções autónomas, a alienar por um preço global, tornar-se-á aplicável o disposto no art. 417 CC (ANTUNES VARELA, *Venda judicial de fracções sujeitas ao direito de preferência do arrendatário* (*ColSTJ*, V-I, pp. 6-8).

b — *O exercício da preferência compete a uma pluralidade de preferentes concorrentes.* — Será, como vimos, a hipótese a que nos referimos acima (v. *supra*, VI e VIII, *in fine*).

Agora, parece já não haver *opção extrajudicial*, em vista da pluralidade de *preferências concorrentes*.

Seguem-se, na solução que considerámos preferível, os trâmites prescritos no art. 1464 CPC.

O alienante há-de requerer que sejam notificados todos os titulares do *direito de preferência* para comparecerem no tribunal, no dia e hora que forem designados.

Notificados nestes termos, perderão naturalmente o seu *direito de preferência* os que faltarem ou não se fizerem representar na diligência, salvo *justo impedimento*[243].

Apresentando-se a preferir mais de um titular, "o bem objecto de alienação é adjudicado a todos, na proporção das suas quotas" (art. 1464-2 CPC).

c — *O direito de preferência compete em abstracto a mais de uma pessoa, mediante uma ordem de sucessão em que a antecedente, ao exercer o seu, exclui o direito das colocadas posteriormente.* — É o caso, já equacionado (v. *supra*, VII), de um *comproprietário* (arts. 1409 e 2130 CC) ou proprietário de prédio vizinho que lhe dê *servidão legal de passagem* (art. 1555 CC).

Ele está adjectivado no art. 1461 CPC, nos termos do qual se poderá optar:

a) Ou pela notificação de todas as pessoas para declararem se pretendem usar do direito no caso de chegar a sua vez;

b) Ou pela notificação sucessiva de cada uma daquelas a quem, na ordem, for cabendo a vez de exercício do seu direito, em consequência de renúncia ou perda do titular antecedente.

---

[243] Alberto dos Reis, *Processos Especiais*, II, Coimbra Editora Lda., 1956, p. 531.

No primeiro caso, o processo prosseguirá em relação ao preferente mais graduado que tenha declarado eficazmente querer preferir[244].

d — *Omissão, pelo proprietário, de proporcionar ao preferente um meio de exercício do seu direito.* — Até aqui, temo-nos preocupado fundamentalmente com o cumprimento da *obrigação de comunicação* ou *notificação* do projecto de alienação do prédio ao titular do *direito de preferência*, mas — *e se esta obrigação não for cumprida?* Se não se lhe fizer a *comunicação* ou *notificação* que deve ser feita?

Então, disporá ele da *acção de preferência* a que se refere o art. 1410 CC, que se chama assim, embora não obedeça a qualquer forma de *processo especial*, seguindo antes os termos do *processo comum*, de declaração (art. 460-2, *in fine*, CPC) e que deverá ser proposta, em princípio, contra o adquirente, como se viu (cf. *supra*, XI-**C**).

Para a propositura da tal *acção judicial* terá o titular do *direito de preferência* o prazo (de *caducidade* — art. 298-2 CC) de seis meses, "a contar da data em que teve conhecimento dos elementos essenciais da alienação" (art. 1410-1 CC). Este prazo de propositura da acção, como prazo processual, que é (art. 144-4 CPC), está sujeito ao disposto no art. 144 CPC.

Com a propositura terá ainda, necessariamente, de depositar "o preço devido", nos quinze dias seguintes à propositura da acção (art. 1410-1 CC, na redacção do Decreto-Lei n.º 68/96, de 31 de Maio)[245].

---

[244] A nossa lei processual contempla ainda a hipótese de o *direito de preferência* competir concretamente, em comum, a mais de uma pessoa (cônjuges — art. 1463 CPC; co-herdeiros — art. 2130 CC, os dois últimos preceitos em conjugação com o art. 1464 CPC), que não analisamos aqui por terem pouco que ver com o nosso *arrendamento urbano*.

[245] Sobre o ponto, v. ALMEIDA COSTA (*Rev.Leg.Jurs.*, 129.º, pp. 194-198). A locução "preço devido", por seu turno, tem sido objecto de contro-

Se, em vez de um titular único do *direito de preferência* houver vários e não tiver sido recebida *comunicação* ou *notificação para preferência* por algum deles, o processo para a determinação do preferente segue os termos do art. 1460 CPC com as alterações determinadas pelo art. 1465 CPC.

Tinha se sustentado que não haveria, porém, obrigação de utilização desse meio, quanto ao qual poderia, inclusivamente, haver conhecimento particular e seguro da sua inutilidade, por desinteresse dos outros preferentes[246] — mas este entendimento foi rejeitado pelo SUPREMO que,

---

vérsia. O SUPREMO tem julgado predominantemente no sentido de que ela representa apenas a contraprestação paga ou a pagar pelo adquirente (cf. SUPREMO, 20-5-1986 — *BMJ* n.º 357, p. 418, e jurisprudência que cita); cf. ainda SUPREMO, 17-03-1993 (*BMJ* n.º 425, p. 564).

Pelo contrário, ANTUNES VARELA sustenta envolver ela ainda os *encargos* conhecidos pelo depositante ou que deva razoavelmente conhecer, no momento, sem prejuízo de ulterior correcção (*Rev.Leg.Jurs.*, 119.º, p. 111). No mesmo sentido se pronuncia também INOCÊNCIO GALVÃO TELLES: — Preço, para efeitos do art. 1410, n.º 1, CC, é todo o sacrifício patrimonial que a adquirente suportou como consequência necessária da aquisição feita e que aproveite ao preferente: o preço em sentido técnico e restrito, no caso de compra e venda, o valor do crédito extinto, no caso de dação em cumprimento; e, ainda, numa hipótese e noutra, a sisa paga, as despesas da escritura e do registo, quando obrigatório (*Direito de preferência/Colectânea*, IX-I, p. 5).

Mostrámos, em edições anteriores, a nossa preferência por este entendimento. Hoje em dia, porém, já não estamos tão seguros disso. A corrente jurisprudencial parece mais justa. A que título, por exemplo, deverá o preferente suportar o preço da *escritura* celebrada com o adquirente à sua revelia, e contra o seu direito?

[246] Neste sentido: ANTUNES VARELA *(Rev.Leg.Jurs.*, 116.º, pp. 286-288) e, na jurisprudência, ac. da Relação de Lisboa, 02-02-1984 (*Colectânea*, IX-1, p. 131).

O ac. da Relação do Porto, de 13-01-1987 *(Colectânea*, XII-1, p. 201), por nós relatado, está mal sumariado pela Redacção: não decidiu que era obrigatório o processo, mas apenas que a notificação do art. 1460 CPC era o processo adequado à determinação de preferente, que se tinha em vista *in casu*.

com o seu *assento* de 1-2-1995, estabeleceu que qualquer dos locatários preteridos, "como detentor de direito concorrente, não o poderá ver judicialmente reconhecido sem recorrer ao meio previsto no artigo 1465 do Código de Processo Civil, aplicável com as devidas adaptações" (*D.ºR.ª*, 20-4-1995).

Na mesma corrente:

— I. O co-arrendatário de determinado prédio não perde o seu direito de preferência na compra do mesmo prédio pelo facto de — por escolha dos vendedores — o ter adquirido. II. Qualquer dos outros co-arrendatários que pretenda exercer a sua preferência na dita compra, deve recorrer ao disposto no art. 1465 CPC, pedindo a notificação de todos os preferentes, incluindo co-arrendatário comprador — Relação de Lisboa, 6-5-1999 (*Colectânea*, XXIV-III, p. 86).

E — O rol de hipóteses de realização do *direito de preferência* acabado de enunciar é, como se vê, muito rico. Para mais fácil apreensão de uma sua vista de conjunto, a seguir apresentamos, portanto, um quadro sinóptico das *preferências legais arrendatícias*.

Exactamente este é ainda o alcance do ac. do SUPREMO, de 19-06--1986 (*BMJ*, n.º 358, p. 514).

QUADRO SINÓPTICO

- COMUNICAÇÃO DO ONERADO
  - PREFERENTE ÚNICO
    - ALIENAÇÃO DO PRÉDIO ISOLADAMENTE
      - EXTRAJUDICIAL — Projecto completo de alienação definitiva indicando a pessoa do candidato a adquirente — e o preferente para exercer o seu direito sob pena de caducidade (art. 416-2 CC)
      - JUDICIAL | arts. 1458 e 1463 CPC
    - ALIENAÇÃO EM CONJUNTO COM OUTROS BENS POR UM PREÇO GLOBAL — o preferente declarará que quer preferir e proporá logo acção de arbitramento (arts. 1459-1 e 1429 CPC)
  - PLURALIDADE DE PREFERENTES CONCORRENTES — só há opção judicial porque tem de haver licitação entre os preferentes — segue-se o processo do art. 1460 CPC
  - PLURALIDADE DE PREFERENTES SUCESSIVOS — só há opção judicial: segue-se o +processo do art. 1461 CPC

- OMISSÃO DO ONERADO
  - PREFERENTE ÚNICO — tem à sua disposição a acção de preferência (art. 1410 CC)
  - PLURALIDADE DE PREFERENTES — o processo para a determinação do preferente segue os termos do art. 1460 CPC com as alterações do art. 1465 CPC

XIV — Cabe agora uma palavra final para a *preferência do arrendatário*, não na *venda* ou na *dação em cumprimento do espaço arrendado*, mas no novo *arrendamento* deste, uma vez verificada a *caducidade* do *arrendamento* anterior.

Como começámos por salientar, o art. 1091-1 CC de *Reforma de 2006*, além de atribuir ao *arrendatário*, com mais de três anos, *preferência* na *venda* ou *dação em cumprimento do prédio* arrendado, concede-lha também, sem dependência deste prazo, "na celebração de novo contrato, em caso de caducidade do seu contrato por ter cessado o direito ou terem findado os poderes legais com base nos quais o contrato fora celebrado" (al. *b)*).

Ao contrário do que poderá parecer, à primeira vista — lembrando-nos de certas "preferências" na celebração de novos contratos que determinados diplomas avulsos do período conturbado que se seguiu ao 25 de Abril usaram, para impor a obrigatoriedade de o *senhorio* renovar o contrato com o *arrendatário* — aqui, teríamos um verdadeiro *direito de preferência.*

Este, com efeito, não se forma unicamente ante uma *venda* ou *dação em cumprimento*, podendo também surgir em presença de outras figuras compatíveis, designadamente de um *arrendamento.*

No Direito mais antigo, temos vários exemplos de *preferências legais* em *arrendamentos*, bastando lembrar aquela que se tinha estabelecido no art. 2309 do CC de Seabra em favor de *prédios encravados* ou onerados com *servidão de passagem*, nos *arrendamentos* por mais de dez anos de *prédios encravados* ou de *prédios servientes.*

A constante da al. b) do art. 1091-1 CC, como genuína *preferência legal*, consistiria, pois, na faculdade de se substituir ao novo *arrendatário* a quem o ora *senhorio*, em vista da *caducidade* do contrato anterior pela cessação do direito ou dos poderes legais com base nos quais tinha sido celebrado, se proporia arrendar o mesmo espaço.

Sendo a *preferência*, como vimos, um *direito condicional*, só se formaria se o respectivo titular pretendesse, de facto, arrendar o prédio ou fracção a terceiro.

Não o querendo arrendar, mas ocupá-lo pessoalmente ou graciosamente por algum descendente seu, por exemplo, não poderia o antigo *arrendatário*, decerto, preferir.

Simplesmente, todas estas considerações deixam de ter interesse, porquanto o legislador acabou por não conferir semelhante *preferência legal*.

Repare-se.

De acordo com o que se dispõe no n.º 2 do novo art. 1091 CC, a *preferência do arrendatário na celebração de novo contrato* só "existe enquanto não for exigível a restituição do prédio nos termos do artigo 1053".

Ora no art. 1053 estabelece-se que, em qualquer dos casos de *caducidade do contrato de arrendamento urbano*, a restituição do prédio "só pode ser exigida passados seis meses sobre a verificação do facto que determina a caducidade".

Se, pois, durante esses seis meses, o *senhorio* não pode celebrar novo contrato, porque não tem a disponibilidade do gozo do prédio, o *arrendatário* ficou, assim, com uma *preferência* legalmente impossível.

A lei deu-lhe, com a mão direita da al. b) do art. 1091-1, um direito que, com a mão esquerda do n.º 2 do art. 1091, conjugado com o art. 1053, logo lhe retirou.

Só poderia evitar-se esta atribuição frustrada se se pensasse que, durante os seis meses de espera da restituição do prédio, o *senhorio* ficaria obrigado a fazer novo contrato com o *arrendatário*.

Então, já não se trataria de um verdadeiro *direito de preferência*, mas da imposição de imediata celebração de outro contrato que substituísse o caducado.

Para tanto, porém, teriam de estabelecer-se, na lei, os respectivos termos, à semelhança do que se fazia no Direito anterior (um novo contrato de *renda condicionada*; da mesma renda mas *com prazo certo* de determinados anos; ou com a *duração indeterminada*, etc.).

Uma vez que nada disto foi estabelecido, o *direito de preferência* do *arrendatário* a novo contrato, da al. b) do art. 1091-1 CC, é, irremediavelmente, um nado-morto.

O intérprete não pode substituir-se ao legislador e criar, a seu talante, entre as modalidades acima enunciadas e à falta de um critério legal que pudesse apontar para alguma delas em preenchimento da eventual lacuna, os termos daquela que deveria preencher o contrato imposto.

À vista do preceituado no art. 59-2 NRAU, que só dispõe para a al. a) do art. 1091-1 CC, note-se que semelhante conclusão é ainda aplicável aos contratos antigos que subsistam nesta data, à luz do art. 59-1 NRAU e uma vez que não foi ressalvada a *facti species* legal daquela al. b).

De qualquer modo, esta imposição cessaria sempre, se não fosse concretizada dentro dos *seis meses* do art. 1053 CC.

79. Modificações objectivas

Os termos da distinção entre *modificações objectivas* e *modificações subjectivas* da relação arrendatícia não são verdadeiras categorias jurídicas, mas elementos puramente descritivos.

A própria distinção não se forma entre compartimentos estanques, sendo muitas vezes uma *modificação objectiva* determinada pela ocorrência de uma *modificação subjectiva.*

I — A *modificação objectiva* de um *arrendamento urbano* também pode surgir só por si, sem alteração dos sujeitos da relação, como quando *senhorio* e *arrendatário* acordem em modificar algumas cláusulas do contrato inicial ou introduzir-lhe outra.

O próprio *vinculismo* dos contratos antigos não proíbe essa prática, podendo as partes livremente estipular entre si as modificações que bem lhes parecerem, desde que não envolvam violação de alguma norma cogente.

Não a integra, segundo o comum entendimento dos autores, designadamente e apesar do bloqueio tabelar de rendas a que esteja o contrato sujeito, a *convenção de aumento de renda* acima dos coeficientes tabelados.

Na verdade, o alcance profundo do bloqueio deve ser entendido apenas como uma proibição de elevação unilateral pelo *senhorio* contra a vontade do *arrendatário*, mesmo que circunscrita ao montante da chamada *relocação implícita* e desde ela.

Não seria, por isso, aceitável a modificação a admitir um ulterior *aumento de renda*, fixado unilateralmente pelo *senhorio*.

II — A *forma das modificações convencionais* deve, em princípio, ser a mesma a que está sujeito o contrato constitutivo da relação arrendatícia, embora certas estipulações *menores* possam ser feitas informalmente, consoante se viu quando este tema foi estudado (v. *supra*, n.º 44-IV, vol. I, pp. 456-457).

Capítulo VIII

CESSAÇÃO DA RELAÇÃO DE ARRENDAMENTO URBANO

80. Noções gerais e terminologia

Ao ser publicado, em 1966, o Código Civil adoptou, para os factos extintivos do *arrendamento urbano*, uma terminologia bem caracterizada e precisa, de que se serviu geralmente com critério e rigor.

Podia discordar-se dos nomes com que baptizou alguns deles mas, para além desse aspecto — fundamentalmente, de pura convenção terminológica — a verdade é que perfilhou uma nomenclatura bem definida e de fácil assimilação.

O RAU pegou nesta feição positiva do Código e chegou mesmo a esboçar teorizá-la, declarando textualmente no seu art. 50: "O arrendamento urbano pode cessar por acordo entre as partes, por resolução, por caducidade, por denúncia ou por outras causas determinadas na lei".

Revelaram-se porém, naquele diploma, lapsos de revisão com trocas de designações em diversos pontos, que roubaram unidade ao sistema terminológico dele, e prenunciaram a modificação que veio a ocorrer com a reintegração da disciplina arrendatícia no CC, operada pela Lei n.º 6/2006, de 27 de Fevereiro, desta vez rigorosamente revista.

Também agora se teorizou sobre a nomenclatura adoptada, dispondo-se numa feição mais própria de manual o seguinte, no novo art. 1079 CC: "O arrendamento urbano cessa por acordo das partes, resolução, caducidade, denúncia ou outras causas previstas na lei".

A estreita semelhança entre os dois preceitos não faz suspeitar das efectivas mudanças de designação de algumas formas de cessação da relação arrendatícia, que só o ulterior desenvolvimento vem revelar.

Assim, com a referência ao *acordo das partes*, pretende esgotar-se a modalidade da *revogação* que, deste modo, se centra unicamente na *revogação bilateral*, reservando-se para a primitiva *revogação unilateral*, que em outros pontos do CC ainda continua a ser referida como tal, a designação de *denúncia* — isto é, precisamente o mesmo nome por que se designava até aqui a cessação afirmada para o termo do prazo do contrato, desactivando a *prorrogação automática* que se verifica, de regra, no *arrendamento*, como tradicionalmente vem sendo estabelecido no art. 1054 CC.

Esta figura passou a denominar-se *oposição à renovação*, que não se fez figurar no rol dos *casos de cessação do arrendamento urbano* enumerados no novo art. 1079 CC.

Durante os trabalhos preparatórios da *Reforma de 2004*, tivemos ensejo de manifestar a nossa discordância sobre a alteração terminológica que veio a predominar — mas uma vez que se tornou nomenclatura legal, vamos naturalmente adoptá-la na exposição subsequente.

Só não seguiremos a lei quanto ao seu enquadramento da *oposição à renovação* fora das formas de *cessação do arrendamento* porque, na verdade, é como efectiva modalidade de *cessação* que nós a vemos; que vinha ela sendo considerada na legislação anterior, e que boa parte da doutrina, com razão — quanto a nós — assim entende[247].

---

[247] Neste sentido: Luís Menezes Leitão, *Arrendamento Urbano*, 3ª ed., Almedina, 2007, p. 118.

Nesta ordem de ideias, sistematizaremos assim as diferentes modalidades de cessação da relação arrendatícia:

a) — Por determinação directa da lei;

b) — Por vontade das partes.

A cessação por *vontade das partes* ainda pode ser:

α) Por vontade bilateral ou *acordo*;

β) Por vontade unilateral, seja do *senhorio*, seja do *arrendatário*.

I — Relativamente à cessação por *determinação directa da lei*, os *factos extintivos* de maior interesse para a nossa matéria denominam-se *caducidade* e *confusão*.

A — A *caducidade* traduz-se na cessação, *ipso iure* e para o futuro, da eficácia do contrato, pela ocorrência de um evento a que a lei atribui essa relevância (*evento caducante*).

É o que sucede, designadamente, quando se verifica a *expropriação* ou a *perda do prédio arrendado*, ou quando *morre* o *arrendatário* sem que lhe sobreviva qualquer das pessoas para quem a relação contratual se transmitiria por *morte*, segundo a lei.

B — A *confusão* verifica-se quando, simultaneamente, se reúnam na mesma pessoa as qualidades de *senhorio* e de *arrendatário* do próprio prédio (ou parte de prédio) arrendado (cf. arts. 868 ss CC).

No fundo, parece poder dizer-se que será esta uma das "outras causas determinadas por lei", a que se refere o art. 50 RAU, na sua parte final.

II — A cessação do *contrato de arrendamento urbano* através de manifestação da vontade das partes pode, segundo a nova terminologia legal, revestir-se das formas seguintes: *revogação*; *oposição à renovação*; *denúncia* e *resolução*.

A — A *revogação* restringe-se agora, em matéria de *arrendamento urbano*, à *revogação bilateral*.

Só esta restrição é nova.

Com efeito, o *acordo das partes,* num *distrate* (*contrarius consensus*), tem sido tradicionalmente[248] denominado, entre nós, como *revogação* — vocábulo que, depois de utilizado no art. 1682-B CC, introduzido pelo Decreto-Lei no 496/77, de 25 de Novembro, foi adoptado no novo art. 1082-1 CC, onde passou a estabelecer-se que "as partes podem, a todo o tempo, *revogar* o contrato mediante acordo a tanto dirigido".

Esta ideia de *revogação* (bilateral) resultava já, aliás, do Código Civil de SEABRA, onde o art. 702 expressamente admitia que só podiam os contratos legalmente celebrados "ser *revogados* ... por *mútuo consenso*".

O termo serve, em semelhante acepção, para exprimir *a livre extinção, ex nunc, da relação gerada pelo contrato vigente, através de um novo acordo das partes* (*contrato extintivo* ou *abolitivo*, admitido para o direito geral no art. 406-1 CC, e que, em princípio, pode ter também eficácia *ex tunc*).

É a *revogação*, em sentido próprio.

A este respeito, convirá ainda lembrar que não precisa o *acordo* de se manifestar por declarações *expressas*, podendo igualmente, como se admite no art. 217-1 CC, constituir-se através de factos que com toda a probabilidade o revelem: teremos, nesse caso, a *revogação implícita*, de que se ocupou o ac. do SUPREMO, de 29-4-1992[249].

O problema particularmente suscitado por esta forma de *revogação* é o de saber se os *facta concludentia* carecem da *forma* prescrita na lei para a constituição do contrato.

---

[248] Cf. INOCÊNCIO GALVÃO TELLES, *Arrendamento*, Pro Domo, Lisboa, 1944-45, p. 238; JOÃO DE MATOS, *Manual do Arrendamento e do Aluguer*, II, Livraria Fernando Machado, Porto, 1968, pp. 164-165; VAZ SERRA, *Rev.Leg.Jurs.*, 112.°, pp. 29 ss; ANTUNES VARELA, *Das Obrigações em geral*, 2.°, 5ª ed., Almedina, Coimbra, 1992, pp. 277-278.

Na jurisprudência: SUPREMO, 08-06-1978 (*BMJ* n.° 278, p. 169).

[249] *Rev.Leg.Jurs.*, 125.°, p. 86, com comentário de M. HENRIQUE MESQUITA, pp. 92 ss.

A resposta geralmente dada na doutrina, e que se consagrou no citado acórdão, é a negativa, à luz do disposto no art. 221-2 CC.

Especialmente na hipótese de a *revogação implícita* resultar ou ser acompanhada de execução material do acordo abolitivo — *revogação real* — esta solução encontra-se expressamente prevista na parte final do art. 1082-2 CC e será, assim, incontestável.

B — A agora designada *oposição à renovação*, que na terminologia anterior recente[250] se denominava *denúncia* (a qual ainda continua a figurar, com este sentido, no n.º 3 do art. 26 da Lei n.º 6/2006, porque está a reportar-se aos antigos *contratos de duração limitada*), consiste na *manifestação de vontade de um dos contraentes perante o outro, comunicada com determinada antecedência, segundo os casos, de que cessará o contrato na data da expiração do termo respectivo, considerando-se deste modo excluída a sua "renovação"*.

Esta manifestação faz-se por carta registada com aviso de recepção (art. 9.º-1 NRAU). Se o destinatário se tiver recusado a recebê-la ou a não tiver levantado no prazo regulamentar, ou ainda quando o aviso venha assinado por pessoa diferente do destinatário, deverá "o senhorio remeter nova carta registada com aviso de recepção decorridos que sejam 30 a 60 dias sobre a data do envio da primeira carta" (art. 10-1-2-3 NRAU).

---

[250] Desde, se não estamos em erro, a primitiva formulação arrendatícia do CC_{1966}. Antes, chamava-se-lhe *despedimento*: "Presume-se renovado o contrato, se o arrendatário se não tiver despedido, ou o senhorio o não despedir ao tempo e pela forma costumados na terra" (art. 1624 CC_{SEABRA}).

O Decreto n.º 5:411, reproduziu-o substituindo-lhe apenas a parte final: "...no tempo e pela forma designados na lei" e, na própria doutrina anterior ao CC_{1966}, PINTO LOUREIRO a cada passo (cf. *maxime*, *Tratado da Locação*, II, Coimbra Editora, 1947, pp. 138-139) referia o *despedimento* para designar o que depois passou a denominar-se *denúncia* e, com a Lei n.º 6//2006, *oposição à renovação*.

A palavra *renovação*, respigada do teor legal, tem vindo a ser reproduzida da legislação anterior, mas, como veremos adiante (cf. *infra*, n.º 89-I), diga-se já que não designa com rigor o efeito jurídico resultante da declaração.

Na nomenclatura legal italiana, a *oposição à renovação*, da nossa nova lei, designa-se, para o *arrendamento*, por *disdetta*[251] [à letra, *desquite*, *desvinculação*] (arts. 1596, 1597, 1613 e 1614 CC_{it}.), e também pelos termos análogos *licenza* ou *sfratto* que, em rigor, dela se distinguem, tendo um alcance mais restrito.

A *disdetta* tem sido definida assim pela Cassação: "uma declaração unilateral receptícia pela qual uma parte comunica à outra que não consente a renovação tácita do contrato ou a sua prossecução"[252].

A mesma palavra tem sido adoptada na lei italiana para designar ainda um acto a que a doutrina assinala um conteúdo e função diversas: é aquele que se refere a um arrendamento sem prazo de duração convencionado ou legal, pelo qual uma das partes declara à outra, não naturalmente a *não renovação*, mas, autonomamente e equiparável a nossa *denúncia*, a dissolução do contrato — e que tem, assim, um conteúdo de *recesso*[253].

Além disso, anotemos prontamente que não é consensual a definição que acabámos de apresentar de *oposição à renovação*.

Na verdade, a falta de inclusão desta figura entre os casos de extinção do *arrendamento urbano* enumerados no art. 1079 CC não se deve a lapso legislativo; foi uma opção deliberada[254] que parece de algum modo inspirada nos arts. 1596 e

---

[251] Sobre esta categoria, v. Romagnoli, *Disdetta* (*Enciclopedia del diritto*, Giuffrè-Milano, XIII, 91 ss).

[252] Giulio Catelani, *Manuale della locazione*, 3ª ed., Giuffrè — Milano, 2001, p. 354, n.

[253] O termo está bem caracterizado nestas palavras: "il recesso produce la cessazione ad una data non predeterminata nè dalle parte nè dalla legge" — Mirabelli, *La locazione* (Tratado de Vassalli), UTET-Torino, 1972, p. 548.

[254] Mas rapidamente esquecida, na al. c) do art. 15-1 da Lei n.º 6/2006, onde expressamente se refere a autónoma natureza extintiva da *oposição à renovação*: "em caso de cessação do contrato por oposição à renovação...".

1597 CC^it — os quais, na parte que interessa, rezam assim (traduzindo):

Art. 1596 (*Fim da locação pelo expirar do termo*) — A locação por um tempo determinado pelas partes cessa com o expirar do termo, sem que seja necessária a oposição à renovação [*disdetta*].

A locação sem determinação de tempo não cessa, se antes da expiração estabelecida no art. 1574 [prazos de duração fixados supletivamente para certos casos] uma das partes não comunica à outra oposição à renovação [*disdetta*] no termo fixado pelas normas corporativas ou, na sua falta, no determinado pelas partes ou pelos usos".

Art. 1597 (*Renovação tácita do contrato*) — A locação tem-se por renovada se, findo o termo dela, o locatário permanece e é deixado na detenção da coisa locada ou se, tratando-se de locação por tempo indeterminado, não é comunicada a oposição à renovação (*disdetta*) do artigo anterior.

A nova locação é regulada pelas mesmas condições da precedente, mas a sua duração é a estabelecida para as locações por tempo indeterminado..."[255].

Como se vê, tem fortes similitudes com esta disciplina legal o entendimento de uma parte muito qualificada da doutrina portuguesa mais moderna, tendente a ignorar a *oposição à renovação* como forma autónoma de cessação do *arrendamento urbano*, preferindo configurar aqui uma autêntica hipótese de *caducidade* (o findar do prazo de duração do contrato estipulado ou estabelecido por lei), como tal contemplada na al. a) do art. 1051 CC — embora necessitando inexoravelmente da

---

[255] Nitidamente influenciada pelo preceito se pode dizer, ainda, a seguinte disposição brasileira da Lei n.º 8.245, de 18-10-1991, onde se estabelecia o seguinte:

"Art. 46. Nas locações ajustadas por escrito e com prazo igual ou superior a trinta meses, a resolução do contrato ocorrerá findo o prazo estipulado, independente de notificação ou aviso.

§ 1.º Findo o prazo ajustado, se o locatário continuar na posse do imóvel por mais de trinta dias sem oposição do locador, presumir-se-á prorrogada a locação por prazo indeterminado, mantidas as demais cláusulas e condições do contrato."

declaração receptícia de um dos contraentes, dirigida ao outro, *para a fazer funcionar* como tal.

Com a *oposição*, o contrato cessaria, assim, por ter findado o seu prazo, estipulado ou estabelecido por lei; logo, extinguir-se-ia, afinal, por *caducidade*, de acordo com o disposto na al. a) do art. 1051 CC.

A grande dificuldade que, porém, semelhante concepção logo suscita, a nosso ver, é a contradição nos termos em que supomos enredar-se quando reconhece que a *caducidade* opera *ipso iure*, mas neste caso precisaria de *um acto da parte que a fizesse funcionar.*

Que natureza, perante a *caducidade*, teria este acto, afinal?

Não são muito claros os seus seguidores a tal respeito.

Umas vezes denominam-no de *denúncia*, que não o seria em sentido técnico, mas apenas uma *denúncia/oposição à prorrogação*[256] — outras, de "denúncia que desencadeia a caducidade, na medida em que esta não opera de *per si*"[257].

Ora, se bem pensamos, uma *caducidade* destituída de eficácia extintiva *ipso iure* só poderia ser uma *caducidade em sentido não técnico* — e uma *caducidade em sentido não técnico* não poderá considerar-se verdadeira *caducidade*, não corresponderá, certamente, ao conceito dogmático de *caducidade*.

Do mesmo modo e igualmente salvo melhor opinião, se *o acto que a põe a funcionar* não seria uma *denúncia em sentido técnico*, também não corresponderia ao conceito dogmático de *denúncia*.

---

[256] M. Januário da Costa Gomes, *Arrendamentos para habitação*, 2ª ed., Almedina, 1996, p. 272: uma *denúncia* que "actua dirigida ao *funcionamento da caducidade*", mas rejeitando a imagem com que a pretendemos então traduzir, de "detonadora da caducidade". Neste entendimento, o I.A. abonou-se ainda em Menezes Cordeiro, por sua vez inspirado em Pessoa Jorge.

[257] Pedro Romano Martinez, *Da cessação do contrato*, 2ª ed., Almedina, 2006, p. 105.

Teríamos assim uma *caducidade* que não seria *caducidade*, efectivada por uma *denúncia* que não seria *denúncia*.

Na nossa perspectiva, temos, pelo contrário, desde sempre entendido que, com o findar do prazo estipulado ou estabelecido por lei para a *duração do contrato*, só fará sentido lembrar a sua *caducidade* quando *ele não está submetido a prorrogação automática*.

A tal respeito, logo na redacção de 1966, do art. 1054-1 CC e abrindo uma precípua excepção ao disposto na al. a) do art. 1051 CC, se proclamou que, "findo o prazo do arrendamento, o contrato renova-se por períodos sucessivos, se nenhuma das partes o tiver denunciado no tempo e pela forma convencionados ou designados na lei".

O mesmo, só com alteração de terminologia se estabeleceu na redacção actual, ao prescrever-se que, "findo o prazo do arrendamento, o contrato renova-se por períodos sucessivos, se nenhuma das partes se tiver oposto à renovação no tempo e pela forma convencionados ou designados na lei".

Ora se a própria lei declara que, se nenhuma das partes se opuser a isso, findo o prazo, o contrato se "renova", parece artificioso pretender-se que, nos contratos prorrogáveis automaticamente, o termo do seu prazo de duração produz uma *caducidade* que, em princípio, não funciona e só poderá operar se qualquer das partes tiver a iniciativa de emitir uma declaração no sentido de afastar a *prorrogação*.

Quanto a nós, muito pelo contrário, o exercício de tal oposição *impede*, de facto, a "*renovação*" *contratual* ou, melhor, a sua *prorrogação* — mas parece-nos mais conforme à realidade admitir que nem por isso se destinará ela a activar a *caducidade* do contrato.

Esta, por definição, não precisa de declarações de vontade para tornar eficaz o evento caducante e, em alguns casos (morte do arrendatário sem deixar quem legalmente possa ocupar o seu lugar, perda da coisa, expropriação, etc.), seria até absurdo admiti-los.

Tecnicamente, a *oposição à renovação* é, por conseguinte, uma "declaração de vontade do sujeito destinada a fazer cessar a relação que o vincula ao outro sujeito", um verdadeiro *negócio jurídico*, já que, como agudamente se salienta na Itália, desde Abello, e é reforçado por Mirabelli, "é o acto que determina, ele próprio, a cessação"[258].

Na nossa concepção da realidade, a *ineficácia* superveniente do contrato é, assim, um efeito directo da *vontade* do *opoente à renovação* (*rectius*, à *prorrogação*) — e, portanto, uma forma de *cessação do arrendamento urbano* distinta da *caducidade*.

A declaração destina-se a aproveitar o avizinhar-se da *prorrogação tácita* para, através de uma manifestação autónoma da vontade, afastar a sua verificação.

O real sentido jurídico desta manifestação não é, para nós, "venho disparar, detonar ou *fazer funcionar* (como se queira dizer) a *caducidade* do nosso contrato, no termo da sua duração" — ela, por definição, não precisa nem admite uma declaração que dê eficácia ao evento caducante — mas, simplesmente, "quero pôr termo ao nosso contrato para o fim da sua duração, declarando por este meio que não se prorrogará nessa data".

Não constituirá, portanto, uma *denúncia*, nem *em sentido não técnico* nem *em sentido técnico*, mas um *negócio jurídico típico*, quanto ao qual não se vê razão válida para ter sido expulso da enumeração constante do novo art. 1079 CC.

C — Uma das formas de cessação do *arrendamento* por *vontade unilateral* de um dos contraentes é a agora denominada *denúncia*, que veio substituir-se à antes designada *revogação unilateral*.

---

[258] Mirabelli, *La locazione* (Tratado de Vassalli), UTET-Torino, 1972, p. 549, texto e nota 3.

A denominação *revogação unilateral* era e é, certamente, reconhecida nalgumas legislações estrangeiras, em boa parte da doutrina (*revocación*; *révocation*; *revoca*)[259] e, ainda hoje, em vários passos da nossa lei civil, ora como uma iniciativa livremente assumida, como no caso do art. 265-2 CC (*revogação de procuração*), no do art. 448-2, 1ª parte (*revogação* do promissário de um contrato a favor de terceiro, não celebrado no interesse de ambos os contraentes) ou nos dos arts. 1170 a 1173 CC (*revogação do mandato*), ora como opção apenas legitimada com o concurso de determinado condicionalismo, como na hipótese do art. 974 CC (*revogação de doação por ingratidão do donatário*).

Teria, pois, para nós, salvo melhor opinião, sido preferível manter, neste passo, a designação anterior de *revogação* do que substituí-la, para mais, pela denominação de *denúncia*, até agora adoptada para definir um instituto diferente.

O Código Civil continua, aliás, a utilizar o termo *denúncia* com diferente sentido, em certos passos (art. 916 — *denúncia de defeito da coisa comprada*; arts. 1220, 1224-2 e 1225-2 — *denúncia dos defeitos de obra*).

Seja como for, em matéria de *arrendamento*, é de *denúncia* que temos agora de passar a falar.

Esta, não sendo embora definida na lei, consistirá assim, como podemos caracterizá-la, na *manifestação unilateral e receptícia de vontade de uma das partes perante a outra e com determinada antecedência, de pôr termo ao contrato antes de se completar a sua duração ou rompendo a sua duração indeterminada.*

Claramente se distingue, pois, da *oposição à renovação*.

A *denúncia*, na acepção actual da nossa lei, já não espera pelo termo de duração do contrato para aferir por ele a data da cessação da sua eficácia, como acontece com a *chamada oposição à renovação*: é um direito que, em certos casos, assiste ao seu autor, de pôr termo à relação contratual, umas vezes em qualquer altura da sua vigência e outras apenas depois de algum tempo decorrido sobre o início desta, *mas sempre mediante um prazo de aviso prévio*.

Nos próprios *contratos de arrendamento urbano com prazo certo*, o *arrendatário* — e só ele — tem a possibilidade de denunciá-los após decorridos seis meses de duração efectiva, mediante *aviso prévio* não inferior a cento e vinte dias (art. 1098-2 CC).

Nos *de duração indeterminada*, tanto o *senhorio* (al. *c)* do art. 1101 CC) como do *arrendatário* (art. 1100-1 CC) podem exercer a *denúncia*, variando apenas os prazos dos respectivos *avisos prévios*.

Quando a *denúncia* não é *potestativa*, mas *justificada* (cf. arts. 1101 a 1103 CC), apresenta assinaláveis pontos de contacto com a *resolução*. (v. infra, **E**).

D — A *resolução*, no âmbito do *arrendamento urbano*, pode definir-se como a *manifestação de vontade de um dos contraentes perante o outro, destinada a pôr termo imediato ao contrato e com eficácia* ex nunc, *em virtude de determinado incumprimento da contraparte que, pela sua gravidade ou consequências, lhe torne inexigível a manutenção do arrendamento.*

A designação deste tipo de extinção do *contrato de arrendamento urbano*, como *resolução*, surgiu apenas com o Código Civil de 1966 (arts. 1047-1050 e 1093-1094), em consonância, aliás, com a nomenclatura que este Código adoptou a respeito dos princípios gerais dos contratos (arts. 432 ss CC), segundo cremos por influência do Código Civil italiano (*risoluzione*, arts. 1453-1469), senão também da *Ley de Arrendamientos Urbanos* espanhola, de 1964 (*resolución* — art. 114), cuja terminologia a nova *Ley 29/1994*, aliás, conservou (art. 27).

Anteriormente, intitulava-se este caso, antes, de *rescisão*[260], de acordo com a terminologia do Código de SEABRA (arts. 1610 e 1611).

---

[259] Na doutrina nacional, v. JOÃO DE MATOS ANTUNES VARELA, *Das Obrigações em geral*, 2.º, 5ª ed., Almedina, Coimbra 1992, pp. 277-278; MÁRIO JÚLIO DE ALMEIDA COSTA, *Direito das Obrigações*, 10ª ed., reelaborada, Almedina, Coimbra, 2006, pp. 321.

[260] INOCÊNCIO GALVÃO TELLES, *Arrendamento*, Pró Domo, Lisboa, 1944-45, p. 241. Convirá atentar em que, na moderna terminologia italiana, a *rescisão* (*rescissione*) é estritamente reservada às hipóteses em que a vontade unilateral de cessação se funda em desequilíbrio dos valores recíprocos das

A dificuldade principal do uso do termo *resolução* está no efeito apenas *ex nunc* que, no nosso caso, lhe é assinalado, quando — diz-se — seria preferível reservar a denominação para, como por exemplo, se fazia na Lei n.º 2:030, exprimir apenas o próprio *efeito* extintivo, em si, e quando este fosse *retroactivo*.

A verdade é que a *locação* é um contrato de *execução continuada*, e o Código Civil, embora assinale, em regra, à declaração de vontade denominada *resolução* efeito retroactivo (art. 434-1), logo expressamente também afirma que, "nos contratos de execução continuada ou periódica a resolução não abrange as prestações já efectuadas" (art. 434-2).

Nesta base, não se vêem reservas sérias à adopção de semelhante terminologia para designar não apenas o efeito, mas o acto que propriamente o desencadeia, questão que, de resto, uma vez mais o dizemos, acaba por reconduzir-se sempre, como tal, a um puro problema de convenção[261].

---

prestações contratuais: *rescisão* de contrato celebrado em situação de perigo, em estado de necessidade e por alteração anormal das circunstâncias (cf. PIETRO TRIMARCHI, *Istituzioni di diritto privato*, Giuffrè, Milano, 1996, capítulo XL, n.os 239-242, pp. 340-342).

A terminologia do nosso Código actual estabilizou-se, tendo desaparecido a *rescisão* da nomenclatura obrigacional (INOCÊNCIO GALVÃO TELLES, *Direito das Obrigações*, 7.ªed. [rev. e act.], Coimbra Editora, 1997, pp. 454 ss).

[261] Em França, costuma reservar-se o termo *résiliation* para exprimir, ou uma *resolution* sem retroactividade ou uma *revocation* igualmente sem retroactividade (GÉRARD CORNU, *Vocabulaire juridique*, 1990, 2.ª ed., entrada *Résiliation*). Para o Brasil, veja-se ORLANDO GOMES, *Contratos*, 12.ª ed., 1987, pp. 188 ss.

Sobre o tema, podem ver-se, entre nós: INOCÊNCIO GALVÃO TELLES, *Manual dos Contratos em Geral*, 3.ª ed., n.os 172 e 173; *Direito das Obrigações*, 7.ª ed., 1997, pp. 454 ss, nota 1; VAZ SERRA, *Resolução do contrato* (*BMJ* n.º 68, pp. 153 ss) e *Rev.Leg.Jurs.*, 112.º, pp. 29 ss: JOSÉ CARLOS BRANDÃO PROENÇA, *A resolução do contrato no direito civil. Do enquadramento e do regime*, 1982; ANTUNES VARELA, *Das Obrigações em geral*, II, Almedina, Coimbra, 5.ª ed., 1992, pp. 272 ss e *Rev.Leg.Jurs*, 118.º, p. 60, nota; MÁRIO JÚLIO DE

O modo de operar esta *forma de cessação* do contrato, varia consoante a parte que se manifesta, e o concreto caso de *incumprimento* em jogo.

Assim, a *resolução* pelo *senhorio*, quando fundada em *mora do arrendatário* superior a três meses, bem como a *resolução* pelo *arrendatário*, em geral, operam pela *comunicação* à contraparte, onde se alegue o *incumprimento* ocorrido (arts. 1084-1 CC e 9.º-7 NRAU).

A *resolução* pelo *senhorio* nos outros casos porém em que também se torne inexigível, para si, a manutenção do contrato, designadamente nos casos típicos, por banda do *arrendatário*, de violação reiterada e grave das regras de higiene, sossego, boa vizinhança ou do regulamento do condomínio, de utilização contrária à lei, aos bons costumes ou à ordem pública, de uso do espaço locado para fim diverso, de não uso dele por mais de 1 ano, ou, em suma, de cessão total ou parcial ilícita, inválida ou ineficaz (als. *a)* a *e)* do art. 1083-2 CC) — terá de ser "decretada nos termos da lei de processo" (art. 1084-2 CC).

Quer isto dizer que se corporiza através de uma *petição* da acção ainda designada de *despejo*, a qual, já sem a natureza anterior de *processo especial*, seguirá a forma do *processo comum de declaração* (art. 14 da Lei n.º 6/2006).

E — Confrontando os efeitos práticos e a identidade dos *modi operandi* dos dois últimos institutos acabados de referir (a *denúncia* e a *resolução*), parece haver entre os dois, em certos pontos, uma estreita proximidade.

No Direito anterior, a *denúncia*, com este nome ou designada como *revogação* (unilateral), só passou a ser reconhecida no RAU e para dois casos pontuais e apenas em favor do *arrendatário*: o de discordância com a nova renda resultante da

---

ALMEIDA COSTA, *Direito das Obrigações*, 10ª ed., reelaborada, Almedina, Coimbra, 2006, pp. 317 ss.

actualização anual (art. 33-3 RAU) e, no contrato de duração limitada, livremente e a todo o tempo, mediante um *aviso prévio* de noventa dias (art. 100-4 RAU).

Na legislação actual é que se alargou enormemente o *direito de denúncia* do *contrato de arrendamento* que, como vimos, em certos casos, pode ser usada também pelo o *senhorio*.

Quanto ao seu *modus operandi*, umas vezes faz-se através de *comunicação* à outra parte, e outras "nos termos da lei de processo", tal como acontece com a *resolução*.

Assim o que, quanto a este, distingue os dois institutos é que, quando a *denúncia* é *potestativa*, tem de se observar um *pré-aviso* de cessação, ao passo que a *resolução* não está sujeita a ele.

Quando a *denúncia* tenha de ser *justificada* (e só o será a que provém do *senhorio*), o seu fundamento reconduz-se a uma *necessidade do senhorio* — ou de habitação ou de demolição, remodelação ou restauro profundos do prédio arrendado — enquanto a *resolução* se baseia num *incumprimento da outra parte*.

Em ambos os casos, estamos perante rupturas unilaterais do contrato que põem em confronto dois institutos afinal muito próximos um do outro

III — Sob a denominação de *meios de cessação do arrendamento*, o RAU disciplinava ainda, na Secção IX do seu Capítulo I, a *interpelação* e a *acção de despejo* — mas estes institutos, como referimos na 3ª edição da presente obra, não configuravam autênticas modalidades de *cessação do contrato* ou da relação arrendatícia, tendo a redacção actual louvavelmente eliminado esses pontos.

Secção I

CADUCIDADE

81. Premissa introdutória

A primeira das modalidades de cessação do contrato de *arrendamento urbano* que vamos estudar, obedecendo à nomenclatura da nossa lei, é a *caducidade* (arts. 1051 a 1056 CC e arts. 66 e 67 RAU).

I — O Código de SEABRA, se alguma vez utilizou esta designação, mesmo ocasionalmente e fora do seu sentido técnico rigoroso, do que não temos ideia, seguramente lhe não dedicou a menor disciplina própria e intencional.

Atentos à elaboração doutrinal estrangeira, cedo começaram, porém, os nossos civilistas a chamar a atenção para a destrinça que deveria fazer-se entre, por um lado, a extinção de uma obrigação, por não ter o respectivo credor curado de exigi-la durante certo prazo estabelecido na lei, dando ensejo à sua *prescrição* e, por outro lado, a cessação de um direito, por ele não ter sido usado, pelo seu titular, dentro do prazo imposto para o efeito[262].

---

[262] GUILHERME MOREIRA, *Instituições de Direito Civil*, I, Imprensa da Universidade, Coimbra, 1907, pp. 758-760, que não se referiu ainda a *caducidade*, mas a *termos prefixados*.

Às duas hipóteses corresponderiam, de acordo com esses autores, fundamentos e regimes distintos — o que a nossa jurisprudência, aliás, começou a admitir e veio a ser tema, ante a disparidade de julgados, do célebre *assento* de 18-4-1933, ulteriormente revogado, segundo o qual, "é de prescrição e não de caducidade o prazo para a propositura das acções"[263].

Além desta, no entanto (pelo *assento* destrinçada da *prescrição*), outra ideia de *caducidade*, bem distinta dela, veio a reflectir-se também na jurisprudência, no âmbito do *arrendamento*, embora a figura não seja privativa deste instituto, quando começou a julgar-se que, tendo ele sido concedido no uso de poderes susceptíveis de virem a cessar com o decurso do tempo ou outro evento (p. ex., em virtude de o arrendamento ter sido dado por usufrutuário ou pelo pai ou tutor de um incapaz), se tornava *caduco* ou *caducava* com a ocorrência dessa cessação.

Em duas mais importantes questões veio esta outra noção a interferir.

Na primeira de tais questões, esta segunda acepção de *caducidade* levaria a não se poder usar o *processo de despejo* para se fazer cessar judicialmente a ocupação que persistisse em manter-se para além dela, mas o *processo comum* — visto, nessa hipótese, ter o contrato cessado *ipso iure*, com a verificação do evento caducante.

Como semelhante conclusão não tivesse obtido uniformidade de julgados, veio a disparidade também aqui a ser dirimida em jurisprudência vinculativa, com o *assento* de 23-7-1929, a estabelecer que "a acção própria para o dono dum prédio obter a sua entrega, pela morte do senhorio usufrutuário, é a do processo ordinário"[264], e que depois deixou de ter valor,

---

[263] *Diário do Governo*, I série, de 4-5-1933: *Col.Of.*, 32.°, p. 96.

[264] O DIREITO, LXI, p. 127; *Rev.Leg.Jurs.*, 63.°, p. 14; *Rev.Trib.*, 47.°, p. 323; *Gaz.Rel.Lx.ª*, 43.°, p. 252; *Col.Of.*, n.° 28.°, p. 262.

com a promulgação do Código de Processo Civil de 1939, o qual, sobrepondo a conveniência prática à geometria conceptualista, preferiu mandar seguir nesse caso o *processo de despejo.*

Na segunda das apontadas questões, debatia-se se sim ou não esta *caducidade* do *contrato de arrendamento*, pela extinção do *usufruto* com base no qual fora dado, impediria a *prorrogação contratual* quando o proprietário tivesse continuado a receber a renda e passasse recibo — e ainda aqui a falta de uniformidade da jurisprudência teve de ser, ao tempo, resolvida pelo *assento* de 10-5-1950, a fixar que "no domínio da legislação anterior à Lei n.º 2:030 a caducidade do arrendamento feito pelo usufrutuário não se opera *ipso iure* com a extinção do usufruto. E se findo este, o proprietário recebeu a renda e passou o respectivo recibo, considera-se renovado o arrendamento"[265].

Ora repare-se que, apesar da homonímia, a *caducidade* a que tínhamos começado por aludir e que faz contraponto com a *prescrição*, é instituto distinto e bem demarcado da *caducidade* do contrato.

A primeira nomeia uma forma de *extinção de um direito* ou pretensão, em vista do seu *não uso* dentro de certo *prazo*. Tem profundas raízes mergulhadas no mais puro húmus do direito processual, constituindo uma *perempção* ou *preclusão*, pois se reconduz sempre, no fundo, a um *prazo* para o uso do direito, esgotado o qual, por *omissão* do seu titular, o direito cai — e por isso bem podemos referi-la, para melhor a distinguirmos da outra e encarando-a numa sua fundamental perspectiva, como um *prazo de caducidade*, correspondendo ao que, na terminologia doutrinal menos recente, se denominava por *caducidade por omissão* ou *caducidade em sentido próprio* (*caducidad, déchéance, decadenza, Ausschlussfriesten*, nas ordens jurídicas mais próximas da portuguesa).

---

[265] *Diário do Governo*, I série, de 20-5-1950; *BMJ*, n.º 19, p. 305; *Rev.Leg.Jurs.*, 83.º, p. 41.

O nosso Código Civil, na esteira do italiano, dedica-lhe pormenorizada disciplina de base, nos seus arts. 328 a 333 e, concretamente a propósito do *arrendamento de prédios urbanos*, consagra-lhe uma disposição de aplicação particular, a assinar *ao senhorio* o *prazo* de 1 ano para o exercício do seu *direito de resolução* do *arrendamento* (actual art. 1085 CC).

A segunda designa a *ineficácia ex nunc* de um negócio jurídico validamente celebrado, por efeito automático (*ipso iure*) de um evento susceptível de o fazer *cair* — e, daí, o denominar-se também de *caducidade*.

Situa-se entranhadamente no âmbito do Direito substantivo, arregimentando-se na antiga categoria das *caducidades por comissão* e constituindo o que, por outro lado, se tem designado hoje em dia de *caducidade imprópria*[266].

O nosso Código Civil autonomizou-a perante as outras formas de extinção, referindo-se-lhe expressamente e dando-lhe tratamento pontual a respeito de diferentes figuras, como quando proclama que *caduca* o *contrato de comodato pela morte do comodatário* (art. 1141); quando disciplina a *caducidade do mandato* (arts. 1174-1177); estatui a *caducidade* das convenções antenupciais a que não se seguir casamento válido dentro de 1 ano (art. 1716), ou enumera os *casos de caducidade das disposições testamentárias* (art. 2317).

Mais circunstanciadamente, dela se ocupou ainda a respeito da *locação*, nos arts. 1051 a 1056 — e, bem assim, em relação o *subarrendamento*, no art. 1089.

---

[266] Para as diferentes acepções jurídicas da palavra *caducidade,* a que aqui aludimos, veja-se DIAS MARQUES, *Teoria Geral do Direito Civil*, II, Coimbra Editora Limitada, 1959, pp. 273 ss e *Noções Elementares de Direito Civil*, (7ª ed., com a colaboração de PAULO DE ALMEIDA), Lisboa, 1992 p. 112.

MENEZES CORDEIRO designa-a por *caducidade em sentido lato* ou *em sentido amplo* (*Da caducidade no Direito português* [*Estudos em memória do Professor Doutor José Dias Marques*, p. 7; O DIREITO, 136.º-V, p. 829]).

É precisamente esta *caducidade*, no seu aspecto particular de *caducidade imprópria* do contrato de *arrendamento urbano*, que nos interessa agora — e é dela que vamos tratar seguidamente; não, da *caducidade proprio sensu*, que constitui o contraposto directo da *prescrição* e que, noutro passo da disciplina do *arrendamento de prédios urbanos* também se contempla e regula, como se referiu (art. 1085 CC).

II — A afirmação de princípios do nosso legislador quanto à *caducidade imprópria da locação,* para além dos antecedentes que se podem reportar-lhe, no domínio do Direito pregresso, há pouco referidos, assenta fundamentalmente no *Projecto* G*ALVÃO* T*ELLES*, onde tal figura se consagrou e explicou, em breve *exposição de motivos*, definindo-a exactamente como "a extinção automática do contrato, como mera consequência de algum evento a que a lei atribui esse efeito. Aqui o contrato resolve--se *ipso iure*, sem necessidade de qualquer manifestação de vontade, jurisdicional ou privada, tendente a extingui-lo"[267].

Foi precisamente esta ideia que se transpôs para o Código Civil, na primitiva e na actual formulação que, todavia, enunciando-a entre as *formas de cessação do arrendamento urbano* (novo art. 1079 CC), a não definiu.

É bem de ver, porém, que se reconduz à noção precisada com o *Projecto* G*ALVÃO* T*ELLES*.

Podemos então precisar que, pois, um contrato de *arrendamento urbano*, como aliás qualquer contrato, *caducará* quando, *tendo sido validamente celebrado, ocorra um evento a que a lei atribua o efeito de extinguir,* ex nunc *e* ipso iure*, a sua eficácia.*

Vamos ver em que precisos termos poderá isto ocorrer no *arrendamento urbano.*

III — O novo articulado do CC não desenvolveu uma disciplina específica da *caducidade* na parte dedicada ao *arrendamento urbano.*

---

[267] INOCÊNCIO GALVÃO TELLES, *Contratos Civis* (*BMJ* n.º 83, p. 114).

Limitou-se aí a estabelecer, entre os casos enunciados no art. 1051 para a *locação*, um regime especial para o enunciado na al. c) deste preceito: a *caducidade* por *cessação do direito* ou dos *poderes legais de administração* com base nos quais o contrato foi celebrado.

Ocorrendo um destes eventos, proclama-se agora, para o *arrendamento de prédios urbanos*, que terá o arrendatário "direito de preferência" "na celebração de novo contrato de arrendamento" (al. *b)* do art. 1091-1 CC).

Isto quer dizer, antes de mais, que não são afastados os restantes casos postos no art. 1051 para a *locação* e aplicam-se também, em princípio, aos *arrendamentos de prédios urbanos*.

Quer dizer ainda que, no próprio caso da al. c), a *caducidade* do *contrato de arrendamento* não deixará de se verificar; somente, o *arrendatário*, caducado o seu contrato, vê nascer a seu favor um "*direito de preferência*" na celebração de novo contrato.

Vale então a pena percorrer, um a um, os diferentes *casos de caducidade* da *locação*, para depois estudarmos as particularidades que poderão suscitar-se em presença dos arrendamentos urbanos.

Vejamo-los.

Prescreve-se no art. 1051 CC

"O contrato de locação caduca:

a) Findo o prazo estipulado ou estabelecido por lei;

b) Verificando-se a condição a que as partes o subordinaram ou tornando-se certo que não pode verificar-se, conforme a condição seja resolutiva ou suspensiva;

c) Quando cesse o direito ou findem os poderes legais de administração com base nos quais o contrato foi celebrado;

d) Por morte do locatário ou, tratando-se de pessoa colectiva, pela extinção desta, salvo convenção escrita em contrário;

e) Pela perda da coisa locada;

f) Pela expropriação por utilidade pública, salvo quando a expropriação se compadeça com a subsistência do contrato

g) Pela cessação dos serviços que determinaram a entrega da coisa locada".

Esta enumeração, que é restringida pelo preceito seguinte, a esclarecer que, em certas hipóteses em que isso poderia em princípio supor-se, *não haverá caducidade* (art. 1052 CC), suscita-nos uma questão prévia, na sua aplicabilidade ao *arrendamento urbano*, que será a de saber se ela é *taxativa* — ou se, pelo contrário, para além dos casos aqui enunciados, outros haverá que sejam susceptíveis de produzir a *caducidade* de um *arrendamento urbano*.

A expressão verbal do art. 1051 CC, poderia fazer pensar que só os aqui considerados poderiam fazer caducar o *contrato de arrendamento urbano*, mas parece fora de dúvida que, muito embora a enumeração em referência seja muito vasta e *tendencialmente exaustiva*, não terá real carácter *taxativo*, bem podendo ocorrer na prática, onde a imaginação criadora é sempre insuperável, eventos caducantes não cobertos por qualquer das descrições do preceito.

Pela própria natureza deles, de resto, será em princípio plenamente admissível a ocorrência de eficácia extintiva de certo evento, independentemente de ter sido como tal concretamente descrito na lei[268].

Um desses casos é o que tem sido considerado pela jurisprudência de *caducidade* do *arrendamento urbano* por *venda judicial*, nos termos do art. 824-2 CC.

---

[268] No sentido do carácter *exemplificativo* da enumeração dos casos de *caducidade* do art. 1051 CC se pronunciou também, no domínio do Direito anterior, CUNHA DE SÁ (*Caducidade do Contrato de Arrendamento*, I, Centro de Estudos Fiscais da Direcção-Geral das Contribuições e Impostos, 1968, pp. 90-91).

Ainda no mesmo domínio, v. ERIDANO DE ABREU, *Da caducidade do contrato de arrendamento de prédios urbanos* (O DIREITO, 92.°, fasc. IV). Mais recentemente, PEDRO ROMANO MARTINEZ, *Da cessação do contrato*, 2ª ed., Almedina, 2006, p. 327.

Segundo este preceito, com a *venda judicial*, "os bens são transmitidos livres dos direitos de garantia que os onerarem, bem como dos demais direitos reais que não tenham registo anterior ao de qualquer arresto, penhora ou garantia, com excepção dos que, constituídos em data anterior, produzam efeitos em relação a terceiros independentemente de registo".

A mais recente jurisprudência do SUPREMO tem unanimemente julgado que caduca o *arrendamento* anterior à garantia, na esteira do ac. de 03-12-98, assim sumariado, na parte que nos interessa:

— V — Na expressão "direitos reais" constante do artigo 824, n.º 2, do Código Civil inclui-se, por analogia, o arrendamento registado ou não. VI — Assim, a venda judicial, em processo executivo, de um imóvel hipotecado faz caducar o arrendamento, não registado, dessa coisa celebrado posteriormente à constituição daquela garantia real (*BMJ* n.º 482, p. 219).

No mesmo sentido:

— A venda judicial, em processo executivo, de fracção hipotecada faz caducar o seu arrendamento, não registado, quando posteriormente celebrado à constituição e registo daquela hipoteca, por na expressão "direitos reais" mencionada no art. 824, n.º 2, do CC se incluir, por analogia, aquele arrendamento (*ColSTJ*, VIII-II, 2000, p. 150).

E ainda no mesmo sentido: SUPREMO, 31-10-2006, (www.itij P.º 063241); SUPREMO, 15-11-2007 (www.itij P.º 07B3456); SUPREMO, SUPREMO, 27-05-2009 (www.itij P.º 5425/03.7TBSXL.S1).

Importa atentar, coisa que não foi considerada nos acórdãos em presença, em que a *caducidade do arrendamento* não opera imediatamente, mas apenas com uma dilação de seis meses (art. 1053 CC), como adiante referiremos mais largamente (v. *infra*, IV).

É de notar ainda que toda a jurisprudência se tem reportado a *arrendamentos vinculísticos*.

Quanto a estes, ela compreende-se perfeitamente, pois o *arrendamento* é então, economicamente, como o referiu em tempos OLIVEIRA ASCENSÃO, "uma oneração, é um peso ou gravame que nada distingue dos restantes que foram considerados no art. 695"[269] — e está certa.

Não assim, se o *arrendamento* foi celebrado em regime de *duração limitada*, depois do RAU, ou em qualquer forma depois da entrada em vigor do NRAU.

No primeiro caso, o comprador da *venda judicial* pode pôr termo ao contrato no seu termo de duração.

No segundo, se for celebrado *com prazo certo*, pode igualmente impedir a renovação do contrato nos termos do art. 1092 CC e, se for celebrado *por tempo indeterminado*, pode denunciar o contrato nos termos da al. c) do art. 1101 CC.

Nestes casos, o *arrendamento* já não pode considerar-se um gravame, mas um investimento ou rendibilização do bem hipotecado em que o *arrendatário* tem direito a que lhe seja respeitado o respectivo contrato.

A *hipoteca* não impõe que o bem hipotecado fique paralisado, sem qualquer aplicação até que venha, eventualmente, a ser executado.

A questão só poderá pôr-se se o *arrendamento* for ulterior a uma *penhora* ou *arresto* que estão já muito próximos da *venda executiva*, não se justificando que se proceda nesse intervalo a um *arrendamento*.

— I. É vedado às SGPS serem proprietárias de estabelecimentos comerciais, mesmo que locados a terceiros, bem como serem titulares do direito ao arrendamento do local onde eles funcionam. II. Se uma sociedade comercial comum, proprietária de um estabelecimento locado funcionar em local arrendado, se transforma em SGPS, caduca o respectivo arrendamento — SUPREMO, 29-9-1998 (*ColSTJ*, VI-III, pp. 38 ss).

Não será fácil de subscrever o entendimento consagrado neste acórdão.

Se, na verdade, uma *sociedade gestora de participações sociais* tem como *único objecto social* a gestão de *participações* noutras *sociedades* "como forma indirecta de exercício de actividades económicas" (art. 1.º-1 do Decreto-

[269] Cf. J. OLIVEIRA ASCENSÃO, *Locação de bens dados em garantia — Natureza jurídica da locação ROA*, 45.º [1985], II, p. 361.

-Lei n.º 495/88, de 30 de Dezembro), isso não lhe retira sequer legitimidade para *dar em locação um estabelecimento* que não pode ela própria gerir — e nem se vê como é que a mera *transformação* da *sociedade* que vinha explorando esse *estabelecimento* e que operou a respectiva cessão a terceiro, em *sociedade gestora de participações sociais*, terá virtualidade para fazer caducar a *locação do estabelecimento*.

Muito menos parecerá poder considerar-se que *caducou* o próprio *contrato de arrendamento* do prédio, por *transformação* da primitiva *sociedade* arrendatária em *sociedade gestora de participações sociais*, em conformidade com o que se dispunha no art. 114 RAU — preceito que nada tinha a ver com o tema, nem se percebe bem a que título terá sido invocado neste aresto (cf. p. 44).

Ao invés, pode acontecer — e acontece — que denomine a lei de *caducidade* certo facto extintivo do *contrato de arrendamento*, que não tenha afinal essa natureza jurídica.

É o que manifestamente acontece logo em relação à hipótese contemplada no art. 1793-2 CC segundo a qual, tendo sido dada de *arrendamento* a um dos *cônjuges*, perante o *divórcio*, a *casa de morada da família*, vir o tribunal ulteriormente a fazer cessar o *arrendamento* ("fazer caducar", na expressão legal), a requerimento do *senhorio*, "quando circunstâncias supervenientes o justifiquem".

Manifestamente, não será correcta a terminologia legal deste passo, pois a extinção da relação arrendatícia por *acto do juiz* não cabe no conceito técnico de *caducidade* que temos desenhado.

A hipótese corresponde antes, se bem nos parece, a um *caso de resolução* do contrato, por iniciativa do *senhorio* — e como tal a estudaremos adiante (v. *infra*, n.º 118).

IV — Note-se, por outro lado, que, para o *arrendamento*, em geral, seja de *prédio urbano* ou de *prédio rústico*, há tradicionalmente, entre nós, uma norma específica que disciplina especialmente o *efeito extintivo* dos *casos de caducidade* enumerados na lei: é a do art. 1053 CC.

Segundo esta disposição, "tratando-se de arrendamento", em qualquer desses casos, *excepto o da expiração do prazo de duração do contrato*, a restituição do prédio "só pode ser exigida passados seis meses sobre a verificação do facto que determina a caducidade", e, no *arrendamento rural,* "no fim do ano agrícola em curso no termo do referido prazo".

O prazo tradicionalmente adoptado para o *arrendamento urbano* era apenas de *três meses*, tendo este aumento para o dobro sido perfilhado logo com a frustrada *Reforma de 2004* — à primeira vista, sem fundamento aceitável: porquê *seis meses*, se a *oposição à renovação* pelo *arrendatário* se pode fazer com apenas *cento e vinte dias?*

O preceituado no art. 1053 CC desperta, portanto, a nossa atenção para um interessante aspecto que deve ser realçado.

A *caducidade* do *contrato de arrendamento* é apresentada na nossa lei como uma *caducidade de efeito retardado* — ou seja, a *ineficácia* do contrato, dela decorrente, não se iniciará no próprio momento em que se verifica evento caducante, mas apenas certo tempo depois[270].

Assim como, quando observamos ao longe, num espaço aberto, um carpinteiro martelando a 340 metros de nós, e vemos o martelo abater-se sobre a cabeça do prego, mas só ouvimos o som do impacte cerca de 1 segundo após, assim também, num *contrato de arrendamento,* o *caso de caducidade* ocorre num dado momento, mas a eficácia do contrato só cessará, consoante os casos, três meses depois da verificação do facto, no fim do ano agrícola em curso, 1 ou dois anos após o termo normal do contrato em vigor ou da sua prorrogação.

Isto é perfeitamente possível e, em princípio, não retira, só por si, natureza caducante ao evento.

---

[270] Não é, porém, o que se passa com o *subarrendamento*, que caduca *imediatamente*, com a extinção, por qualquer motivo, do *contrato de arrendamento* (art. 1102 CC).

O que acontece é antes — como veremos um pouco mais adiante — que, não por esta razão mas em vista do regime jurídico que lhes reserva a nossa lei, alguns dos chamados *casos de caducidade da locação* do art. 1051 CC não integrem afinal, para o *arrendamento*, como nos parece, o conceito dogmático de *caducidade*, na sua rigorosa acepção técnico-jurídica.

V — No Direito anterior à Lei n.º 2:030, de 22-6-1948, admitindo-se a extinção do *arrendamento* prestado pelo *usufrutuário* com a verificação do *termo do usufruto*, discutia-se se o recebimento ulterior das *rendas* pelo proprietário, inclusivamente com a passagem dos respectivos *recibos*, excluía, ou não, a *caducidade* do contrato em virtude da cessação do *usufruto* do contraente *senhorio*, como há pouco dissemos.

A tese afirmativa de que a passagem de tais recibos prorrogava o contrato fundava-se em que semelhante "*caducidade*" não tinha eficácia *ipso iure* — mas a ela opunha-se outra corrente, afirmando este efeito, e excluindo portanto a *prorrogação* do contrato com base no recebimento das rendas após a extinção do *usufruto*[271].

Foi a primeira tese, para o Direito intertemporal, que, já após a vigência da Lei n.º 2:030, veio a ser consagrada no *assento* de 10-5-1950, há pouco citado — mas, em contrapartida, a Lei n.º 2:030 expressamente estatuiu, no capítulo que dedicou à *caducidade do arrendamento*, não prejudicar o direito de obter o despejo "o recebimento das rendas pelo proprietário, depois da resolução do contrato" (art. 43-5)[272].

Simultaneamente, porém, introduziu no n.º 4 do artigo citado um temperamento dos efeitos de tal comando, ao

[271] Há uma síntese modelar dos termos da questão, por essa altura, em J. ALBERTO DOS REIS, *Transmissão do Arrendamento* (*Rev.Leg.Jurs.*, 80.º [1947], pp. 19-21).

[272] Na Lei n.º 2:030, a terminologia, nesta matéria, não era muito segura e estava ainda estreitamente influenciada pelo brocardo *resoluto iure concedentis resolvitur ius concessum*, usando-se o vocábulo *resolução* para referir a própria *caducidade* ou, melhor, para exprimir o efeito extintivo desta.

proclamar que, "em todos os casos, a acção [destinada a obter o despejo com fundamento na *caducidade* do arrendamento] caduca se não for intentada no prazo de 1 ano".

Isto parecia significar que a *caducidade* acabava por impor a obrigação de se propor a *acção de despejo*, sem o que não se extinguiria o *arrendamento*; logo, apesar da alteração legislativa, a *caducidade* do arrendamento por extinção do *usufruto* não operava *ipso iure*, mas apenas *ope iudicis*.

Foi assim que resistiu a querela, incólume, às novas regras da Lei n.º 2:030 e, já em pleno domínio da vigência deste diploma, pôde sustentar-se a tese de que não tinha a *caducidade do arrendamento*, na nossa lei, efeito *ipso iure*[273].

A doutrina contrária, porém, estava mais generalizada, estribando-se, na sua versão mais elaborada, em duas considerações fundamentais:

a) A lei de processo reconhecia então ao titular do prédio, meios de o reaver, em face da *caducidade*, que dispensavam qualquer *declaração judicial: a notificação avulsa e o aviso extrajudicial* (n.os 1 e 3 do art. 964 CPC, então em vigor);

b) Estes meios poderiam ser utilizados, tal como hoje, "sem necessidade de aguardar o fim do prazo do contrato ou da renovação" (n.º 1, *in fine*, do art. 970 CPC, vigente nessa época) — e, não havendo necessidade de esperar pelo fim do prazo, isso demonstraria que, pois, a *caducidade* extinguia, por si, os efeitos do *arrendamento*[274].

---

[273] Assim, J. Alberto dos Reis, que já defendera a tese do efeito *ope iudicis*, anteriormente à Lei n.º 2:030 (*Rev.Leg.Jurs.*, 72.º, p. 149), renovou-a durante a sua elaboração (*Rev.Leg.Jurs.*, 80.º, pp. 33 e ss), e J. G. Sá Carneiro, já em pleno domínio de tal diploma, sustentou o efeito *ope iudicis*, visto o *senhorio* ter, neste caso, unicamente a faculdade de pedir ao tribunal a declaração de *caducidade*: "quando não exerça esse direito e aceita como arrendatário a pessoa que ocupa o prédio, o arrendamento subsiste" (*Rev.Trib.*, 66.º, p. 244. V. ainda p. 260).

[274] Maria da Graça Barbosa de Carvalho, *A nova lei do inquilinato e caducidade do arrendamento*, (Separata do *Jornal do Fôro*), 1949, pp. 12-13.

Com a publicação do Código Civil, pode dizer-se que não foram os dados legislativos da questão substancialmente alterados, preceituando-se no art. 1056 que, "se não obstante a caducidade do arrendamento, o locatário se mantiver no gozo da coisa pelo lapso de 1 ano, sem oposição do locador, o contrato considera-se igualmente renovado nas condições do art. 1054".

Compreende-se bem, por isso, que, pelo mais estrénuo dos antigos defensores da tese do mero efeito *ope iudicis*, tenha sido suscitada, já após a entrada em vigor do Código Civil, uma *tese ecléctica*, segundo a qual a *caducidade do arrendamento* opera efectivamente *ipso iure* nos casos de:

a) Morte ou extinção do locatário, salvo convenção de sentido oposto;

b) Perda ou expropriação da coisa locada incompatível com a subsistência do arrendamento.

Nas demais hipóteses enunciadas na lei como *casos de caducidade,* que constavam das als. a), b) e c) do art. 1051 CC (mantidas nos seus estritos termos, na sua redacção actual), porém, o efeito extintivo só funcionaria *ope iudicis*, pois a cessação do contrato não resultaria, aí, do próprio evento que a determina, visto ser necessário, ao titular do prédio, obter a respectiva declaração judicial — porque, se nesses casos se mantiver a ocupação do *arrendatário*, sem oposição sua, por espaço de 1 ano, o *arrendamento* subsistirá, nos termos do art. 1056 CC.

De acordo com este preceito (que se mantém inalterado, hoje em dia) — acrescentou-se então, na doutrina, "tudo se

---

Anteriormente à vigência do Código Civil actual, escreveu também, a este respeito, I. Galvão Telles: "Algumas vezes os nossos tribunais, a propósito do arrendamento, têm sustentado a tese oposta de que a caducidade não opera automaticamente ou *ipso iure*, mas essa doutrina parece-nos infundada" (*Manual dos contratos em geral*, 3ª ed., *reprint*, Lex, 1965, p. 354).

passa como se não tivesse havido caducidade e o contrato considera-se igualmente renovado nos termos do art. 1054, que prevê a continuação do arrendamento por períodos sucessivos se nenhuma das partes o tiver denunciado no tempo, pela forma convencionada ou determinada na lei"[275].

Pensamos que, nesta conclusão, havia um inegável grande fundo de verdade, inteiramente quer depois, perante o RAU, quer actualmente, à luz da versão arrendatícia vigente do nosso CC — mas, antes de tudo, importará ponderar, em nossa opinião, que, como forma de cessação da eficácia de um contrato em virtude da ocorrência de um facto extintivo, o conceito dogmático de *caducidade* exige impreterivelmente *que a cessação resulte do próprio facto, em si*: sem efeito *ipso iure*, não pode haver *caducidade*.

Deste modo, a querela acerca do efeito *ope legis*, ou não, dos *casos de caducidade* do *arrendamento*, posta nestes simples termos, fica necessariamente desfocada.

Ela é, isso sim, a questão de saber se os eventos que na nossa lei se denominam de *casos de caducidade da locação* produzem uma verdadeira e própria *caducidade* do contrato de *arrendamento urbano*, ou se, pelo contrário, não passam de meros fundamentos de cessação mais rigorosamente enquadráveis em outra categoria jurídica.

Se bem pensamos, só o real regime jurídico instituído para aquilo que se denominou no Código como *caducidade do contrato de locação* poderá revelar-nos se o efeito *ipso iure* se verifica concretamente em relação ao *arrendamento urbano* e, portanto, se nesses casos estaremos em presença de verdadeira e própria *caducidade do contrato* — ou não.

[275] José Gualberto de Sá Carneiro, *Alguns problemas suscitados pela caducidade do arrendamento* (*Rev. Trib.*, 87.°, pp. 195 ss. O passo respigado é da p. 202).

O simples facto de a lei ter enumerado certos eventos como *casos de caducidade* do *contrato de locação* (art. 1051 CC) não basta para concluirmos, sem mais, que todos eles determinem a sua *caducidade*.

Apenas o regime jurídico — repete-se — e não unicamente o uso do seu nome, poderá ser decisivo para se concluir no sentido da consagração legal da *caducidade*, segundo o rigoroso alcance técnico-jurídico do termo.

Por outro lado, temos de dizer ainda que também nos não parecem procedentes os dois outros argumentos adiantados durante a vigência da Lei n.º 2:030 em favor da eficácia *ipso iure,* e há pouco referidos.

Com efeito:

a) A afirmação de que a susceptibilidade de uso do aviso *extrajudicial* ou da *notificação avulsa* demonstra essa eficácia, por dispensar uma *declaração judicial*, prova demais, quanto a nós, pois estes meios foram directa e expressamente previstos para a hipótese de possíveis *denúncias/oposições à renovação* locatícias (cf art. 964-1 CPC, então vigente) e, portanto, destituídas de efeito *ipso iure*;

b) Outro tanto se diga quanto ao argumento retirado da estatuição final do art. 970-1 CPC, então em vigor, a permitir que, em caso de *caducidade,* se propusesse a acção *antecipadamente*, sem aguardar pelo fim do prazo do contrato: se isso provasse a eficácia *ipso iure* do *caso de caducidade*, o mesmo teríamos que concluir a respeito da *denúncia/oposição à renovação*, uma vez que também para ela a correspondente acção judicial tinha de ser posta antecipadamente (anteriores arts. 1055 e 1097 CC).

Semelhantes aspectos apenas demonstravam, em nossa opinião, que tais *casos de caducidade* eram fundamentos de obtenção da *cessação do contrato*; não que eles produzissem *ipso iure* o efeito extintivo.

Ora, na verdade, o que sobretudo é preciso ter presente, em toda esta questão, é que tanto os primitivos como os actuais *casos de caducidade* enumerados no art. 1051 CC se referem à *locação*, em geral, e, quanto a esta, não repugnará admitir a exactidão, de princípio, da terminologia adoptada; não vamos discuti-lo.

As dificuldades surgem, todavia, quando, para o *arrendamento* — independentemente do que se verifique para a *locação*, em geral — se editam regras peculiares, que podem excluir, especificamente quanto a ele, a produção de verdadeira *caducidade* do contrato em algumas dessas hipóteses.

Assim, logo o primeiro dos eventos legalmente enunciados como um *caso de caducidade,* o *termo da duração contratual*, que é, em geral, um caso típico de *caducidade do contrato de locação* e, como tal, se inseriu na al. a) do art. 1051 CC, foi, para o *arrendamento,* através da instituição da *prorrogação automática*, prontamente excluído do regime da *caducidade*, para se inserir expressamente no âmbito da *oposição à renovação* (art. 1054 CC).

Deste modo, o *termo da duração do contrato de locação* determinará a *caducidade* unicamente no *aluguer*, constituindo no *arrendamento*, fora de toda a dúvida, um mero *fundamento de oposição à renovação*[276].

---

[276] O que parece demonstrar, decisivamente — como referimos *supra*, n.º 81-V-VI — e tínhamos sustentado já na 1ª ed., p. 485, nota, e na 2ª ed., pp. 442-445, do *Curso de Direito dos Arrendamentos Vinculísticos* — que a *renovação* a que alude o art. 1054 CC, na falta de tempestiva *oposição à renovação*, não é *renovação,* mas *prorrogação* do contrato primitivo por períodos sucessivos. Contra: Antunes Varela, *Código Civil Anotado*, II, (4ª ed.), Coimbra Editora, 1997, p. 399.

No sentido que vimos sustentando pode ver-se, também M. Januário Gomes, *Constituição da relação de arrendamento urbano*, Almedina, Coimbra, 1980, pp. 44-46 e *Arrendamentos para habitação*, 2ª ed., Almedina, Coimbra, 1996, p. 275 e *Disposições especiais do arrrendamento para fins não habitacionais* (o direito, 2005-II, p. 379 citando no mesmo sentido Inocêncio Galvão Telles).

A nossa concepção é desenvolvida a seguir, no texto, e, segundo ela, a destrinça entre *prorrogação* e *renovação* não tem que ver com a dimensão

Além deste caso, porém, outras particularidades do regime do *arrendamento* podem excluir *casos de caducidade da locação,* convertendo-os, desta feita, ou em autênticos *fundamentos de resolução*, ou de *oposição à renovação*, restringindo-se a *caducidade* afirmada na lei genericamente para a *locação*, nessas hipóteses, ao *aluguer*.

É isto que ressalta da norma do art. 1056 CC, quando considera "renovado" o *contrato de arrendamento*, "nas condições do art. 1054" se, não obstante a "caducidade", o *arrendatário* "se mantiver no gozo da coisa locada pelo lapso de 1 ano, sem oposição do locador".

Se, pois, mantendo-se o gozo do *arrendatário*, sem oposição do *senhorio*, o contrato se considera "renovado" nas condições do art. 1054, não é, decerto, o evento que produz neste caso, por si, a extinção do contrato, mas a *oposição do locador* — a qual, de resto, se não vier a verificar-se, fará com que se "renove" *naquelas condições* o contrato, isto é, se *prorrogue* automaticamente no seu termo de duração, como resulta do regime da apontada disposição.

Objectar-se-á, contra esta conclusão, que a necessidade de oposição do *senhorio*, para o contrato não se "renovar", pode não retirar natureza caducante ao evento, como tal previsto no

---

temporal ulterior do contrato, mas antes com a circunstância de este protelar a sua duração (caso em que haverá *prorrogação*) ou se extinguir para logo se constituir de novo (caso em que deverá falar-se antes de *renovação*). É este o sentido etimológico mais genuíno dos vocábulos e o que na doutrina italiana se pretende também fixar: MIRABELLI, *La locazione* (Tratado de VASSALLI), UTET-Torino, 1972, pp. 560-561 e autores que cita; v. ainda TABET, *La locazione-conduzione*, Giuffrè — Milano, 1972, p. 739.

A afirmação feita no texto segundo a qual o termo de duração só determinará a cessação do contrato no *aluguer*, visto que, nos outros casos, determinará necessariamente a *prorrogação da locação*, é contrariada por PEDRO ROMANO MARTINEZ, *Cessação docontrato*, 2ª ed., Almedina, 2006, pp. 44-45 e n. 58, o que geralmente se não aceita na doutrina.

art. 1051 CC: o contrato caducaria efectivamente, *ipso iure*, mas o gozo do prédio sem oposição, pelo prazo de 1 ano, viria a constituir uma *situação de facto* a que legalmente se associaria a consequência de produzir, retroactivamente, a *renovação* do contrato — aqui, verdadeira *renovação* e não *prorrogação*. Assim como a lei confere a certo facto efeito extintivo, assim também poderá conferir a outro facto poder de renovação retroactiva[277].

A semelhante objecção supomos, no entanto, dever contrapor-se que não passará, no fundo, de uma construção meramente hipotética e inadequada à *facti species* legal.

Na verdade, ela não explica nem justifica o fenómeno em presença: limita-se a afirmar que é possível à lei atribuir efeitos caducantes a um facto, e renovadores a outro.

Ora não pode deixar de se afigurar artificioso admitir semelhante sequência — pois, se a lei, de antemão, quer excluir que, em certas circunstâncias, ocorra determinado efeito extintivo de um contrato, normalmente não o deverá deixar produzir, para logo a seguir ressuscitar o contrato: *adiará, simplesmente, a extinção, até que essas circunstâncias se não verifiquem.*

Além disso, parece de ponderar que, se essa foi, apesar de tudo, a construção teórica que incontestavelmente inspirou o *Projecto* GALVÃO TELLES, sempre se poderá opor-lhe agora que, por um lado, o art. 57 do *Projecto* em que tal construção era concretamente reproduzida foi profundamente alterado no art. 1056 CC, em que veio a precipitar-se, de modo que, não só não se reproduziu a afirmação do *Projecto* segundo a qual "o

---

[277] É a construção de I. GALVÃO TELLES, na exposição de motivos que acompanhou o seu Projecto para esta parte do Código Civil (*Contratos Civis–BMJ*, n.º 83, pp. 152-153) e que CUNHA DE SÁ retomou e desenvolveu, já no domínio de vigência deste (*Caducidade do Contrato de Arrendamento*, I, Centro de Estudos Fiscais da Direcção-Geral das Contribuições e Impostos, 1968, p. 72 e II, pp. 61-73).

contrato considerar-se-á de novo em vigor, como se não tivesse findado", como ainda veio a afirmar-se (o que não sucedia no texto proposto) que a "renovação" se fará "nas condições do art. 1054", ou seja, na nossa perspectiva, *operando precisamente como prorrogação.*

Por último, não deixaremos de salientar que a concepção de um facto restaurador nos não parece realista, porque, no período que mediasse da *caducidade* até à *restitutio in pristinum*, viveriam as partes uma época de *situação de facto*, não coberta pelo direito — o que temos por indesejável e inconveniente.

Tudo isto levará antes a admitir, por conseguinte, que, nos *casos de caducidade da locação* em que, para o *arrendamento*, ocorra a *facti species* do art. 1056 CC, não se verificarão eventos caducantes, não estaremos em presença de hipóteses de verdadeira e própria *caducidade,* mas de autênticos fundamentos de cessação do contrato mediante declaração unilateral de vontade do *senhorio*, a enquadrar antes, conforme as respectivas situações, nas categorias de *resolução* ou de *oposição à renovação.*

VI — Sendo assim, tornar-se-á muito fácil fazer a análise da *facti species* do art. 1056 CC, em confronto com a enumeração dos *casos de caducidade da locação,* constante do art. 1051 CC.

Nas suas próprias palavras, prescreve aquele preceito: "se, não obstante a caducidade do arrendamento, o locatário se mantiver no gozo da coisa pelo lapso de 1 ano, sem oposição do locador, o contrato considera-se igualmente renovado nas condições do art. 1054".

Teria sido preferível que, referindo-se à *caducidade do arrendamento*, em vez de *locatário*, se aludisse antes concretamente ao *arrendatário*, mas isso não impede de concluirmos que, no art. 1056 CC, é segura e concretamente o *arrendatário* que se tem em vista e é a seu respeito que se perspectivam todas as situações de *caducidade do arrendamento* (não, da *locação*, em geral) que compreendam a possibilidade material de o *arrendatário* continuar a manter-se no gozo do prédio, apesar da verificação do facto susceptível de levar à cessação da relação arrendatícia.

Ora, passando em revista os diferentes casos de *caducidade da locação* enumerados no art. 1051 CC, na sua aplicação ao *arrendamento urbano,* prontamente verificaremos que, logo o primeiro, o *termo de duração* do *contrato* (al. *a)* do artigo), foi, para a modalidade locatícia de *arrendamento*, remetido para o regime da *oposição à renovação* (art. 1054 CC).

É aí que deverá ser estudado, exorbitando, por conseguinte, em matéria de *arrendamento urbano*, do âmbito da *caducidade* — não, pela porta do art. 1056 CC, mas por enquadramento na directa previsão legal daquele art. 1054 CC.

Passando à análise das restantes alíneas do art. 1051 CC, uma hipótese de natural permanência do *arrendatário* no prédio após a verificação do evento nelas previsto que logo salta à vista é o caso da primeira parte da sua al. b), a *verificação da condição resolutiva* a que as partes sujeitaram validamente o contrato.

Outra hipótese será a *cessação do direito ou dos poderes legais com base nos quais foi celebrado o contrato de arrendamento* (al. *c)* do art. 1051 CC).

Para além dela, apenas mais uma — se bem pensamos — cairá sob a alçada do art. 1056 CC: a constante da al. g), a *cessação dos serviços que determinaram a entrega da coisa locada.*

Deste modo, dos casos de *caducidade da locação* previstos no art. 1051 CC, a *verificação da condição resolutiva*, a *cessação do direito ou dos poderes legais de administração com base nos quais foi celebrado o contrato*, ou a *cessação dos serviços que determinaram a entrega da coisa locada* subsumem-se ainda à *facti species* do art. 1056 CC.

Exigindo assim a oposição do *senhorio* para produção do efeito extintivo, integrarão mais propriamente, em nosso parecer, efectivos fundamentos de *resolução* do contrato, em cujo âmbito deverão ser antes estudados com mais propriedade — a acrescer à hipótese, há pouco referida, da *resolução judicial* do *arrendamento da casa de morada da família* do art. 1793-2 CC.

Supor-se-ia que mais propriamente constituiriam casos de *oposição à renovação* — à semelhança das previsões legais coligadas da al. a) do art. 1051 e art. 1054 CC — pois, como se declara no art. 1056 CC, o *senhorio* teria, apesar da "caducidade", de deduzir *oposição* para o contrato *não se renovar.*

Não cremos, todavia, que deva entender-se tal.

A *oposição à renovação* é a figura pela qual, como há pouco referimos, o opoente (*senhorio* ou *arrendatário*), *respeitando determinada antecedência*, manifesta a sua vontade de *exclusão da prorrogação automática, fazendo cessar o contrato para o termo da sua duração.*

Aqui, pelo contrário, invocando um evento anterior, o *senhorio*, sem uma antecedência fixada mas necessariamente dentro do ano posterior a esse evento, exerce a sua vontade de *imediata cessação do contrato.*

São, pois, verdadeiros fundamentos legais de *resolução.*

As restantes figuras das diferentes alíneas do art. 1051 CC, ou sejam, a *não verificação ou insusceptibilidade de verificação da condição suspensiva* (segunda parte da al. *b)* do art. 1051); a *morte ou extinção do arrendatário*, no circunstancialismo relevante para o efeito (al. *d)* do art. 1051); a *perda da coisa locada* (al. *e)* do art. 1051)[278], e a *expropriação por utilidade pública* do bem arrendado (al. *f)* do art. 1051), não dão, evidentemente, margem à integração no quadro da imagem de facto constante do art. 1056 CC.

Estas não podem conduzir à *prorrogação contratual* por falta de oposição do *senhorio* — determinando por conseguinte, em nossa opinião, uma efectiva *caducidade do contrato*, no genuíno sentido técnico-jurídico do termo.

---

[278] A jurisprudência tem equiparado à *perda total* a *destruição parcial* que não permita a continuação do gozo do arrendatário para o fim convencionado: Relação de Lisboa, 4-2-1970 (*Jurs.Rels.*, 16.º, p. 42); Relação do Porto, 16-10-1979 (*Colectânea*, IV-3, p. 1289); Relação de Lisboa, 19-12--1985 (*Colectânea*, X-V, p. 118).

Só elas serão, portanto, estudadas a seguir, como os únicos casos, que são, de rigorosa *caducidade* do *contrato de arrendamento urbano*.

VII — Relativamente à aplicação no tempo da lei de *caducidade*, não se têm levantado dúvidas sérias.

Especialmente quanto à que resulta da *morte* do *senhorio usufrutuário*, tem sido consensualmente julgado que a *caducidade* operada por tal facto se rege pela lei vigente à data da sua morte[279].

VIII — *Procedimento* — A al. b) do art. 15-1 NRAU só declara *título executivo* o contrato que finda pelo *decurso do prazo* não renovável, por ser para *habitação não permanente* ou de *arrendamento para um fim especial transitório*.

Nestes casos, o *senhorio* deve mandar a *comunicação* da cessação do contrato ao *arrendatário*, nos termos do art. 9.º-1 NRAU, por carta registada e com aviso de recepção, e, se esta vier devolvida por o destinatário se ter recusado a recebê-la ou não tiver sido levantada, ou ainda se o aviso de recepção tiver sido assinado por pessoa diferente do destinatário, deverá remeter nova carta registada com aviso de recepção decorridos que sejam 30 a 60 dias sobre a data do envio da primeira carta (art. 10-2-3 NRAU).

Nos outros casos, o processo próprio é mesmo a *acção de despejo* com processo comum (art. 14 NRAU), como decorre da epígrafe do art. 1056 CC e da circunstância de não haver título executivo para o caso entre os enumerados pelo art. 15 NRAU.

---

[279] Cf., neste sentido: SUPREMO, 24-04-1985 (*BMJ* n.º 346, p. 235; Relação de Lisboa, 30-01-1992 (*Colectânea*, XVII-I, p. 150); Relação de Coimbra, 27-02-2007 (*Colectânea* n.º 196, p. 28).

Para a caducidade que desemboca num fundamento de *resolução*, a *acção de despejo* decorre ainda do que se dispõe no art. 1084-2 CC.

82. Não verificação ou certeza de que se não pode verificar a condição suspensiva

Na previsão completa da al. b) do art. 1051 CC, referem-se unicamente a *condição resolutiva* ou a *suspensiva*, mas parece inquestionável dever entender-se tal referência às duas *condições* num sentido mais amplo e compreensível também do próprio *termo extintivo incertus quando*.

A não ser assim, entraria ele como um caso a acrescentar à *enumeração exemplificativa* do preceito.

Já estudámos as circunstâncias e particularidades em que será admissível estipular-se em *arrendamentos vinculísticos* uma *condição* ou um *termo* (cf. *supra*, n.º 42-VII, vol. I, pp. 415-417).

Importará agora assinalar que este é, expressamente, o primeiro dos *casos de caducidade* previstos para a *locação* a que atribui o art. 1053 CC *efeito diferido* ou *retardado* para seis meses após a verificação do evento.

Quanto a tal efeito, parece no entanto dever distinguir-se a *condição resolutiva* (ou o *termo final ou extintivo incertus quando*[280] da *condição suspensiva*.

No primeiro caso, uma vez que tem o contrato sujeito a *condição* ou *termo resolutivos* logo uma eficácia jurídica que terminaria apenas com a ocorrência da *condição* ou *termo*, deveremos admitir, naturalmente, em face da norma especial do

[280] O termo extintivo *certus quando* reconduz-se à hipótese anterior de cessação do contrato por ter findado o prazo estipulado ou estabelecido na lei, hipótese que é prevista na al. a) do art. 1051.

aludido art. 1053 CC, que só crepitará o efeito extintivo com a correspondente eficácia *diferida* (*ex intervalo*).

No segundo, tal efeito extintivo produz-se — decerto sem dilação ou retardança, pois falta aí a ocupação do prédio que é condição *sine qua* do diferimento — logo que se torne certo que a *condição suspensiva* não pode verificar-se[281].

De facto, se o *arrendamento* tinha os seus efeitos principais, não prodrómicos, *em suspenso*, à espera de que viesse a produzir-se um evento *futuro e incerto* que, a dada altura, se fica já a saber que não poderá vir a ocorrer, torna-se óbvio e será elementar, de acordo com os princípios gerais (art. 275-1 CC), que não pode o contrato subsistir.

Seria o caso, por exemplo, de o *arrendamento* ter sido submetido à *condição suspensiva* do nascimento de um filho à senhoria — a qual, entretanto, se tornou incapaz de procriar. O contrato não poderia, decerto, ficar em suspenso *ad eternum*, à espera de um evento que jamais poderá vir a acontecer; logo, deve caducar imediatamente, em vez de permanecer com a sua eficácia suspensa por toda a eternidade.

O sentido do aludido passo da al. b) do art. 1051 CC é, assim, o de fazer coincidir o início da eficácia do evento caducante com o próprio momento em que se tornou certo que a *condição* já não tem a menor possibilidade de se verificar e de, em suma, poder disparar a eficácia plena do contrato.

83. Morte ou extinção do arrendatário

Na al. d) do art. 1051 CC um novo *caso de caducidade* do contrato de *locação* é considerado: a *morte do locatário* (ou "extinção", tratando-se de *pessoa colectiva*).

---

[281] Isto não tem, obviamente, que pôr-se em relação ao *termo inicial*, que é de verificação *certa*, por definição.

Já aludimos a esta matéria, a propósito da *transmissão da posição de arrendatário por morte ou extinção* (v. *supra*, n.º 72).

Vamos ver agora que só haverá propriamente *caducidade do contrato* no caso de *extinção* (*proprio sensu*) do *arrendatário pessoa colectiva*. Relativamente à *morte* do *arrendatário pessoa física*, seja este *arrendatário habitacional* ou *não habitacional*, a *caducidade*, em sentido técnico rigoroso, apenas ocorrerá, no primeiro caso, se o *arrendatário* não tiver deixado pessoas nas condições referidas nos arts. 1106 CC e 57 da Lei n.º 6/2006 e, no segundo caso, se não tiver deixado quem lhe possa suceder (arts. 1113 CC e 58 da Lei n.º 6/2006.

I — Com efeito, a *morte* ou *extinção* é, como já dissemos, *caso de caducidade* para a *locação*, em geral, "salvo convenção escrita em contrário", de acordo com o estabelecido na al. d) do art. 1051 CC.

Não é isso, todavia, o que acontece actualmente para qualquer modalidade de *locação* constituída pelos diferentes *arrendamentos de prédios urbanos*.

O *arrendamento habitacional* não caduca, hoje em dia, por *morte do arrendatário*, quando lhe sobreviva o *cônjuge* ou *pessoa que com ele convivesse em economia comum*, como expressamente se declara no art. 1106-1 CC, e outro tanto ocorre agora, como já anteriormente sucedia com os *arrendamentos não habitacionais*, que também não caducam por *morte do arrendatário*, pois se transmitem aos seus *sucessores* não renunciantes, nos termos do art. 1113 CC.

Só, pois, não deixando o *arrendatário* quem lhe suceda na sua posição contratual ocorrerá, certamente, a *caducidade do contrato*.

Se os deixar e eles não cumprirem o *dever de comunicação* a que se refere o art. 1107 CC, em conjunção com o disposto no art. 9.º NRAU (directamente ou através da remissão do art. 1113-2 CC), é que se poderia pensar também em *caducidade*, em virtude dessas omissões — mas, aí, cremos que, visto o preceituado no art. 1056 CC e a ocupação do espaço arrendado pelos *sucessores*, o que se verificará nem sequer constituiria um *caso de resolução pelo senhorio*, porquanto a *falta de comunicação* é hoje em dia, apenas, fundamento (teórico, pensamos nós) de indemnização dos prejuízos causados com a omissão (art. 1107 CC, directamente ou mediante a remissão do art. 1113-2 CC).

II — Tratando-se de *arrendatário pessoa colectiva*, a *extinção* desta não deixa *transmissários* ou *sucessores*, tanto no *arrendamento para habitação* como nos *não habitacionais*.

A *caducidade* do *contrato de arrendamento urbano* será, então, a consequência lógica do evento.

A determinação dos efeitos da *extinção* da *pessoa colectiva* foi no entanto, no domínio do Direito anterior, objecto de opiniões desencontradas que importará considerar, na sua transposição para a lei vigente.

O tema pode, naturalmente, equacionar-se também no âmbito do *arrendamento para habitação* — pois já vimos que uma *pessoa colectiva* tem *legitimidade negocial* para adquirir de *arrendamento para habitação* — mas é particularmente a propósito dos *arrendamentos não habitacionais* que tem sido debatido, e será sob este ângulo específico que vamos analisá-lo.

Efectivamente, foi ainda no domínio do Decreto n.º 5:411, de 17-4--1919, que julgou o SUPREMO não caducar o *arrendamento comercial ou industrial* com a *extinção* da *sociedade arrendatária*, visto o *estabelecimento comercial* ser um valor dela que tem de ser considerado na *liquidação e partilha*, sendo negociável[282].

Na doutrina, ALBERTO DOS REIS não aceitava a validade do fundamento, que entendia eivado de *petição de princípio*, mas abundava na mesma conclusão, apelando antes para a circunstância de o princípio da lei ser o da transmissibilidade: com a *dissolução* ou *extinção* da sociedade — acrescen-

---

[282] Ac. de 16-12-1948 (*BMJ* n.º 4, p. 179, e *Rev.Trib.*, 66.º, p. 41).

tava — o arrendamento "transmite-se à pessoa ou entidade para a qual passar o estabelecimento"[283].

Nessa altura, o art. 58 do Decreto n.º 5:411 (que foi ressalvado pelo art. 44 da Lei n.º 2:030) limitava-se a afirmar que, "não obstante a morte do senhorio ou do arrendatário", o *arrendamento de estabelecimentos comerciais ou industriais* subsistia

Com o novo Código Civil, porém, a disciplina legal veio a ter uma formulação mais precisa e desenvolvida — mas continuou geralmente a sustentar-se a subsistência fundamental da tese de ALBERTO DOS REIS, supomos que, principalmente, pelo peso da tradição, embora se diversificassem, depois, os entendimentos, num subjectivismo bastante cavado.

Assim, PIRES DE LIMA/ANTUNES VARELA sustentaram abertamente que aquela doutrina "era e é exacta em face do Código Civil"; simplesmente, não poderia ela fundar-se numa transmissão com base no art. 1113 CC (homólogo, exactamente, do actual art. 1113): "o caso é de transmissão entre vivos do estabelecimento e, portanto, um caso de trespasse previsto no art. 1118 [correspondente ao actual art. 1112 CC]. Não havendo transmissão do estabelecimento o arrendamento caduca, por força da al. d) do art. 1051"[284].

ISIDRO MATOS defendeu, por sua parte que, na verdade, "o legislador visou assegurar a continuidade do estabelecimento além da morte do arrendatário ou da extinção da pessoa colectiva", não vendo razão que possa tê-lo induzido "a regular de modo diverso situações inteiramente idênticas"[285].

Basicamente neste rumo de pensamento se situou também JANUÁRIO GOMES, especificando que, no caso de *morte* ou *extinção*, como já o tinha referido CUNHA DE SÁ[286], "a cessação da personalidade jurídica não determina, de per si, a caducidade do contrato", sendo de entender que, quando o art. 1113 CC falava em "sucessores", não excluía as *pessoas colectivas*, já porque a palavra *sucessão* pode ser utilizada na acepção muito ampla, de simples assunção de alguém ao direito de outrem, já porque as transmissões da posição de arrendatário não têm que ser necessariamente explicadas através do fenómeno sucessório[287].

---

[283] *Rev.Leg.Jurs.*, 81.º, p. 330.

[284] *Código Civil Anotado*, II, 3ª ed., Coimbra Editora, 1986, p. 636 — passo não reproduzido na edição seguinte.

[285] *Arrendamento e Aluguer*, Atlântida Editora, Coimbra, 1968, pp. 295 ss.

[286] *Caducidade do Contrato de Arrendamento*, I, Centro de Estudos Fiscais da Direcção-Geral de Contribuições e Impostos, 1968, p. 276.

[287] M. JANUÁRIO GOMES, *Arrendamentos Comerciais*, 2ª ed. remod., Almedina, Coimbra, 1986, pp. 33-34; 1991 pp. 267 ss.

O SUPREMO, por seu turno, num douto aresto relatado pelo Conselheiro Santos Carvalho, julgou constituir o art. 1113 CC (homólogo do actual, como se referiu) "um afloramento do princípio da subsistência e transmissibilidade do direito de arrendamento comercial, em caso de morte quando se trate de pessoa singular ou de dissolução ou extinção, no caso de pessoa colectiva. Esta dá lugar à adjudicação dos bens da sociedade extinta aos respectivos sócios pela partilha que necessariamente se lhe segue, não sendo, por isso, caso de transmissão entre vivos nem havendo que recorrer à figura jurídica do trespasse"[288].

Sobre este ponto poderá ter ainda interesse o ac. SUPREMO, de 29-9--1998 (*ColSTJ*, VI-III, p. 38) sumariado e comentado *supra*, n.º 81-III).

Pois bem. O nosso pensamento sobre o tema tem-se amoldado mais cingidamente à tradicional linha de expressão do art. 1113 CC (cuja versão primitiva tinha sido ainda integralmente reproduzida pelo art. 112-1 RAU).

Com o advento do Código Civil, com efeito, veio estatuir-se, de uma parte, quanto à *locação* em geral, expressamente o seguinte, tal como hoje: o contrato de locação *caduca* "por morte do locatário ou, tratando-se de pessoa colectiva, pela extinção desta, salvo convenção em contrário" (al. *d)* do art. 1051 CC).

Por outro, especificamente quanto ao *arrendamento comercial e industrial,* dispôs-se, no primitivo art. 1113 CC (como depois no art. 112-1 RAU — e, agora, no actual art. 1113-1 CC, para todo o *arrendamento não habitacional*) que "não caduca por morte do arrendatário, mas os sucessores podem renunciar à transmissão, comunicando a renúncia ao senhorio no prazo de trinta dias [agora elevado para três meses]".

Como se vê, a nossa lei, desde o Código Civil, reporta a *não caducidade* do *arrendamento não habitacional* (em excepção ao *princípio geral da locação* posto na al. d*)* do art. 1051 CC) apenas à *morte do arrendatário*, omitindo qualquer referência à *extinção da pessoa colectiva* a que alude a regra geral de *caducidade da locação.*

---

[288] Ac. de 19-06-1984 (*BMJ* n.º 338, p. 400).

Por que razão o terá feito?

Em nosso entender há, pelo menos, uma boa razão para isso: a excepção ao regime geral, introduzida para o *arrendamento comercial ou industrial* e, agora, ao *não habitacional*, tem o sentido de fazer corresponder um *fenómeno sucessório* à *não caducidade*.

Não o denuncia apenas a referência expressa da lei aos "sucessores" do *arrendatário*: é o próprio regime para que implicitamente remete que certamente o comprova.

Ninguém jamais ousou contestar que, com a exclusão da *caducidade* do *contrato de arrendamento*, o primitivo art. 1113 CC teve precisamente em vista, no caso que governava, remeter o regime do *direito de arrendatário* para as *regras sucessórias* — sendo efectivamente elas que se aplicavam então, continuaram a aplicar-se à luz da sua fiel reprodução pelo art. 112-1 RAU e se aplicam ainda agora, em face do actual art. 1113-1 CC.

Afigura-se-nos portanto, se bem nos parece e com o devido respeito pela opinião contrária, descabido e perturbador lembrar, a este propósito, que poderá o termo "sucessão" comportar, em Direito, uma acepção ampla que não tenha de ser necessariamente explicada pelo *fenómeno sucessório*[289].

Bem sabemos que sim, que tal acepção é também possível, em abstracto: acontece, simplesmente, que não foi esse o sentido que a lei teve concretamente em vista.

O art. 1113-1 actual (como o primitivo e como o art. 112-1 RAU) remete, realmente, para as regras sucessórias. Disso não há que duvidar; logo, é a *sucessão* própria do *direito sucessório* que ele tem em vista — e não outra qualquer.

Sendo assim, tornar-se-á inteiramente plausível que no preceito se refira unicamente a *morte* do *arrendatário indivíduo*, e se omita a *extinção* do *arrendatário pessoa colectiva*.

---

[289] Por MANUEL JANUÁRIO DA COSTA GOMES, *Arrendamentos Comerciais*, 2ª ed., Almedina, Coimbra, 1991 p. 273.

Realmente, esta, como se sabe, não determina a abertura de um *fenómeno sucessório*[290], realizando-se, em presença da respectiva *dissolução*, a destinação do seu património, através de *liquidação judicial* ou *extrajudicial*, segundo normas próprias que nada têm a ver com os princípios do *direito das sucessões*.

Nesta ordem de ideias, a omissão de referência à *extinção* da *pessoa colectiva* não era então, como o não é hoje, unicamente um imperativo de correcção terminológica: era, e é ainda, imposta pela circunstância de lhe não ser aplicável o regime *sucessório* para que se remete.

Ora se a *extinção* do *arrendatário pessoa colectiva* não foi contemplada na excepção aberta na lei para o *arrendamento não habitacional*, forçoso nos parecerá então de concluir que a hipótese cai na *regra geral*, de *caducidade da locação*, prevista na al. d) do art. 1051 CC.

Note-se bem a real relação entre os dois preceitos. A al. d) do art. 1051 CC *contém a regra* — a regra de *caducidade* da *locação* perante a *morte* ou a *extinção* do *arrendatário*.

O art. 1113-1 CC enuncia uma *excepção*. Ele ressalva dessa regra, para o *arrendamento não habitacional*, unicamente o caso de *morte do arrendatário individual*.

Não será admissível, pois, alargar este comando *excepcional* a outras hipóteses nele não previstas — nem faz o menor sentido, assim, ver nele o afloramento de um princípio geral de subsistência do *arrendamento não habitacional* em caso de *extinção* de *pessoa colectiva* — e por duas razões fundamentais.

A primeira, só por si já decisiva, é que *não há nenhum princípio geral de subsistência do arrendamento não habitacional em face da extinção do arrendatário pessoa colectiva*.

O SUPREMO afirmou-o, no douto aresto há pouco citado, mas certo é que nem sequer tentou demonstrar donde terá inferido semelhante princípio, na verdade inexistente.

---

[290] Sobre este ponto, v., designadamente, entre nós, JOSÉ DE OLIVEIRA ASCENSÃO, *Direito Civil — Sucessões*, 5ª ed., Coimbra Editora, 2000, p. 136.

A segunda é que, não referindo o art. 112-1 RAU (como, evidentemente, também não referia o art. 1113 CC e agora o art. 1113-1 CC) o caso de *extinção*, não poderá ser este mesmo preceito invocado como afloramento da regra de um caso *que ele próprio não refere*.

De tudo isto, ressuma ainda, e em conclusão, em nosso modesto parecer, a improcedência do argumento (aduzido por ISIDRO MATOS) da necessidade de tratamento igual da *morte* e da *extinção*, por constituírem "situações inteiramente idênticas".

Não o são, nem têm a mesma disciplina jurídica.

À *morte* segue-se o *fenómeno sucessório;* a *extinção* tem um regime específico muito diferente: ou se integra num quadro de *dissolução* com *liquidação e partilha* e, nesse caso, não dá origem a elas, pois apenas lhes sucede, no tempo (cf. art. 160-2 CSC), ou corresponde a uma *dissolução sem liquidação* e, aí, aquilo a que se chamará propriamente *extinção* será a cessação da personalidade jurídica por efeito da *dissolução* noutra ou noutras sociedades, sem *sucessão universal*, mas verdadeiramente, como se declara na Directiva 90/434/CEE, numa "transformação da sociedade contribuidora em estabelecimento estável da sociedade beneficiária"[291].

Como pode, então, pretender-se que são equiparáveis os casos de *morte* do *arrendatário não habitacional pessoa física* e a *extinção* do *arrendatário não habitacional pessoa colectiva?*

O que, em nossa opinião, deve pois entender-se é antes que, ocorrido um *facto dissolutivo* do *arrendatário não habitacional*, não haverá ainda *caducidade* dessa locação, que na al. d) do art. 1051 CC se associa unicamente à *extinção,* ou seja, ao *termo da personalidade jurídica* que se enquadra numa *dissolução com liquidação* (art. 160-2 CSC); não, na resultante de *dissolução sem liquidação*, que se traduzirá numa simples *transformação*.

---

[291] Aderindo a este entendimento, v. PIRES DE LIMA/ANTUNES VARELA, *Código Civil Anotado*, II, Coimbra Editora, 1997, (4ª ed. rev. act.), p. 707 e ARAGÃO SEIA, *Arrendamento Urbano*, Almedina, 2003, 7ª ed., nota ao art. 112.

Deste modo, o *arrendatário não habitacional, em dissolução,* terá ainda *legitimidade* para *trespassar* o seu *estabelecimento*, nos termos do art. 1112 CC — mas, atenção, não é o *facto dissolutivo* que produz automaticamente o *trespasse.*

Este terá de ser um *facto dos liquidatários*, que necessariamente deverá processar-se com a forma legal e em termos de oponibilidade ao *senhorio* (que acima estudámos, (cf. *supra*, n.º 77-I-**E**-**b**-**c**-**H**), sob pena de, não podendo considerar-se configurado, vir então a produzir-se a *caducidade do arrendamento*, com a *extinção* do *arrendatário*, à vista do disposto na referida al. d) do art. 1051 CC[292].

Na mesma corrente de pensamento, também terceiros, legitimados a obterem a *venda forçada* do *estabelecimento comercial* poderão, com isso, alcançar a transmissão do arrendamento do prédio onde o *estabelecimento* se encontre instalado, já na pendência da *dissolução* do *arrendatário*, mas ainda antes da sua *extinção.*

III — Quanto ao momento do início do efeito caducante, levanta-se um pequeno problema.

Por um lado, a hipótese não foi excluída da dilação de "seis meses sobre a verificação do facto", que se impõe no art. 1053

---

[292] Não parece portanto correcta, salvo o devido respeito, a decisão constante do citado ac. do SUPREMO, de 19-6-1984 *(BMJ* n.º 338, p. 336), uma vez que não respeitou as regras de transmissão voluntária do *estabelecimento* (art. 1118 CC), afirmando a subordinação da hipótese à disciplina do art. 1113 CC, quando nem este artigo se refere à *extinção* da sociedade nem manda aplicar as regras de liquidação e partilha da *dissolução social,* mas o estrito regime do *direito sucessório.*

No bom sentido:

— Não se opera qualquer transmissão do direito ao arrendamento do local de instalação de um estabelecimento comercial se, na escritura de dissolução da sociedade por quotas respectiva, se dá esta por liquidada, por inexistência de activo e de passivo — SUPREMO, 21-1-1986 (*BMJ* n.º 353, p. 475).

CC para todos os *casos de caducidade*, excepto o termo do prazo estipulado para a *duração do contrato*, ou estabelecido por lei.

Por outro, com a *morte* ou *extinção* do *arrendatário* cessa *ipso facto*, obviamente, o gozo da coisa, não se vendo motivo para o diferimento do efeito extintivo para depois desse evento.

Que solução deve prevalecer?

A última, certamente, por não poder admitir-se a eficácia do *arrendamento* em relação ao *arrendatário*, para além da sua *morte* ou *extinção* em circunstâncias insusceptíveis de evitar a *caducidade*.

84. Impossibilidade objectiva superveniente

Os *casos de caducidade* esparsos pelas als. e) (*perda da coisa locada*) e f) (*expropriação por utilidade pública que se não compadeça com a subsistência do contrato*) do art. 1051 CC reconduzem-se à hipótese de Direito geral da *impossibilidade objectiva da prestação,* como causa de extinção das obrigações (art. 790-1 CC), de que não representam mais do que simples aplicações particulares.

Apesar de o art. 1051 CC ter autonomizado os dois casos, não se aproveitou esta circunstância para destrinçar especificidades de regime dignas de nota. O legislador esqueceu-se até de as excluir dos *efeitos retardados* de *caducidade* que estabeleceu no art. 1053 CC.

É, porém, apodíctico que a *perda da coisa locada* produz, naturalmente, em todos os casos de *locação,* uma *caducidade de efeito imediato*, com a verificação do evento.

Forma-se deste modo uma *impossibilidade objectiva* de sobrevivência do contrato, que extingue a sua vigência.

Isto quer dizer, como vimos (cf. *supra*, n.º 63, 1.º vol.), que surge daí a *obrigação de restituição*[293], por parte do *arrendatário*,

---

[293] Como se desenvolve na doutrina italiana, "a restituição, sendo, como se disse, prestação devida em execução de uma obrigação contratual,

dos *salvados* do prédio perdido, passados três meses sobre a data do evento caducante (art. 1053 CC) e nos precisos termos do disposto na al. *i)* do art. 1038 CC — como, de resto o assinalámos oportunamente (cf. cit. n.º 63-II).

Se o não fizer, ficará decerto obrigado a prestar ao *senhorio* a *indemnização* do art. 1045 CC.

A este respeito, já depois da última edição do nosso volume I, foi proferido um interessante ac. do SUPREMO, que vale a pena analisar.

Vem sumariado assim:

— O preceituado no artigo 1045.º do Código Civil é inaplicável aos casos de caducidade do arrendamento por perda da coisa locada. Daí que, o artigo 1053.º, do mesmo diploma legal, se deve interpretar de modo hábil, excluindo da sua previsão o caso de o arrendamento "caducar" pela perda da coisa locada. (SUPREMO, 07-07-2009 — Processo N.º 360/ /09.8YFLSB).

O aresto é algo extenso, mas hipótese é muito simples e descreve-se em poucas linhas.

A proprietária de um imóvel da cidade do Porto deu-o de arrendamento a dois comerciantes que instalaram aí uma casa de pasto que foi sendo explorada até que, em 1998, houve um incêndio espontâneo que destruiu o edifício em termos de não poder voltar a ser utilizado.

Os *arrendatários*, porém, que pretendiam obrigar a *senhoria* a restaurar-lhe o prédio, não lho restituíram, vedando-lhe o acesso ao que dele restava e continuando a pagar-lhe as rendas, até que, querendo a proprietária libertar-se dessa ocupação, foi a juízo intentar contra eles uma *acção de despejo*, fundada na *caducidade do arrendamento*.

O pedido foi julgado procedente e o *despejo* decretado, mas a autora reconvinda ainda se viu condenada a reconhecer o facto de ter recebido as rendas desde o incêndio até Dezembro de 2003.

Transitada esta decisão, voltaram os *arrendatários* ao pretório, desta vez para intentarem eles contra a proprietária uma *acção* atinente a obter a sua condenação no pagamento das rendas por eles indevidamente pagas, desde a data do incêndio até Fevereiro de 2007, num total de € 25.473,83.

---

exterioriza-se necessariamente num comportamento do locatário, e é comummente afirmado quer não é suficiente o abandono, mas é necessária uma prestação positiva" MIRABELLI, *La locazione*, UTET, 1972, p. 486, citando TABET, GUARINO, ABELLO, FUBINI, GIANANATTASIO.

Contestada esta nova *acção*, invocando-se a ocupação indevida dos ora *autores*, já reconhecida no primeiro processo, deduziu-se ainda, por esse facto, um pedido reconvencional de indemnização de montante a liquidar em execução de sentença.

Esta nova *acção* foi, em 1ª instância, julgada procedente no saneador, mas improcedente o pedido reconvencional — o que, mediante recurso, então levado pela ré, veio a ser plenamente confirmado pela Relação do Porto.

Levado então recurso para o SUPREMO, foi confirmado o decidido, através das duas perturbantes proposições que principiámos por sumariar:

1ª — O preceituado no art. 1045 CC é inaplicável aos casos de caducidade por perda da coisa locada;

2ª — O art. 1053 CC tem de ser entendido de "modo hábil", excluindo da sua previsão o caso de o arrendamento "caducar" por perda da coisa locada.

Dissemos *perturbantes* porque, tendo-se dado por assente que a proprietária ficou privada desde a data do incêndio, em 1998, até Fevereiro de 2003, do acesso ao que restou do prédio, *por acto dos ex-arrendatários, a que só se conseguiu pôr termo por acto judicial, com o trânsito em julgado da sentença de despejo*, não se vê, logo à primeira vista, como será possível desligarmo-nos da aplicação ao caso dos mencionados preceitos.

O que, com efeito, se proclama no art. 1045 CC é precisamente isto:

"1. Se a coisa locada não for restituída, por qualquer causa, logo que finde o contrato, o locatário é obrigado, a título de indemnização, a pagar até ao momento da restituição a renda ou aluguer que as partes tenham estipulado, excepto se houver fundamento para consignar em depósito a coisa vendida.

2. Logo, porém, que o locatário se constitua em mora, a indemnização é elevada ao dobro".

Por seu turno, o art. 1053 CC estabelece insofismavelmente que "em qualquer dos casos de caducidade previstos nas alíneas b) e seguintes do artigo 1051 [logo, também no caso da sua al. *e)*, de "perda da coisa locada"] a restituição do prédio, tratando-se de arrendamento, só pode ser exigida passados seis meses [na altura eram três meses] sobre a verificação do facto que determina a caducidade".

Se o art. 1045 refere, latamente, "logo que finde o contrato", sem excepcionar a *perda da coisa*, e se, por seu turno, o art. 1053, sem nenhuma restrição, impõe um prazo de seis meses [na altura três] sobre o evento caducante para o *arrendatário* restituir o prédio ao *senhorio*, não parece fácil, na verdade, sem atentar contra lei expressa, deixar de aplicar estes preceitos à *perda da coisa locada*.

O SUPREMO afastou-os fazendo este raciocínio.

"É que se o contrato finda e a coisa locada continua a existir, compreende-se bem o regime sancionatório do artigo 1045.º. Não assim se o contrato finda pela singela razão de que a coisa, objecto do contrato, se perdeu.

Ali, extinta a relação contratual, justifica-se a aplicação de tal regime em homenagem ao equilíbrio prestacional que a norteou; aqui, o contrato findou, é certo, mas não há nada a liquidar, já que a coisa se perdeu e, portanto, deixou de haver qualquer possibilidade de gozo: injustificável, portanto, a pretensão da recorrente.

Daí que o artigo 1053.º do Código Civil se deva interpretar de modo hábil, excluindo da sua previsão, o caso de o arrendamento ter caducado por perda da coisa, pois não faria qualquer sentido a imposição de entrega da coisa que ... deixou de existir".

E mais adiante:

"É que, como é sublinhado no aresto impugnado, 'o que se mostra decisivo para solucionar a questão em análise nestes autos — saber se há ou não lugar à restituição das rendas recebidas pela senhoria — não é a posse das chaves, mas sim a impossibilidade de gozo do imóvel locado resultante da sua perda total'.

Resta dizer, para concluir, que os AA. têm toda a razão no pedido que formularam com base no instituto do enriquecimento sem causa, a qual, vistas bem as cousas, foi reconhecida pelo juiz que proferiu a sentença no processo instaurado pela aqui recorrente contra os aqui recorridos e que decretou o despejo, ao considerar que 'as rendas recebidas pela A. desde a data do incêndio até Dezembro de 2003, foram indevidas, devendo consequentemente ser devolvidas aos RR.'"

(A citação foi longa, mas pareceu-nos indispensável para bem se conhecerem as razões por que se decidiu assim).

Atentando nelas, com vagar, devemos então ponderar que as decisões do SUPREMO e das instâncias, com o devido respeito, nos parecem:

a) Estar inteiramente divorciadas da realidade que se lhes defrontava, enfermando ainda de uma ideia desfocada do instituto da *perda coisa locada*;

b) Desconhecer o real fundamento político da disposição contida no art. 1045 CC;

c) Pecar por se terem limitado a uma perspectiva meramente unilateral e incompleta do tema.

Raciocinaram, na verdade, como se a *perda da coisa locada* se traduzisse na sua *evaporação,* e esqueceram-se completamente, como daqui a pouco veremos, de que a *perda da coisa locada* pode ser *total* ou *parcial*, passando por cima de toda a realidade gritante provada nos autos e de que se dá conta no próprio acórdão.

A prova provada de alheamento da realidade *sub iudice* é, liminarmente, o próprio objecto material do contencioso suscitado.

Tratava-se, com efeito, de um prédio com três pisos acima do rés-do-chão que ficaram destruídos, *mas restou aquele*, com as paredes divisórias interiores destruídas e o espaço arrendado "inutilizável", concluindo-se, na respectiva acção de despejo (se a coisa tivesse desaparecido totalmente, como poderia ter-se decretado o seu despejo?) que, "após o incêndio, o estabelecimento ficou impedido de ser explorado".

A questão não configurava, portanto, o *vazio absoluto* em que assentaram o SUPREMO e as instâncias.

A continuação do pagamento das rendas não se deveu, aliás, a necessidade dos *arrendatários*, mas — relata-o o próprio acórdão — ao contencioso que entretanto eles abriram, através do qual continuavam a arrogar-se essa qualidade, *não restituindo as chaves*, porque pretendiam a restauração, pela *senhoria* da parte arruinada que ocupavam.

Perdido esse contencioso, por decisão transitada em julgado, e imposta, *manu iudicis*, a restituição à *senhoria* da parte até aí ocupada, embora sem exploração, pelos *arrendatários*, ficou *ipso facto* assente que não tinha, até aí, sido cumprida a *obrigação de restituição* e já não havia que falar em *rendas*, que não seriam devidas por não poder ser proporcionado o gozo dessa parte, mas em *indemnização*, como o próprio art. 1045 CC lhe chama, e bem, *pela privação da disponibilidade do resíduo sofrida pela senhoria em função do incumprimento por parte dos ex-arrendatários da obrigação de restituição, findo o contrato* (al. *i)* do art. 1038 CC — v. *supra*, n.º 63-III).

Aqui, como principiámos por opinar, nem as instâncias nem o SUPREMO evidenciaram compreender o real fundamento político da disposição contida naquele art. 1045 CC.

Torna-se isso bem patente quando, no acórdão, se refere — como se respigou há pouco — que, "desde que deixou de haver qualquer possibilidade de gozo", será "injustificável, portanto, a pretensão da recorrente".

O fundamento do preceito — repita-se — não é esse ou apenas esse, mas qualquer coisa de mais vasto e profundo, pois se destina a *indemnizar o senhorio* pela *privação da simples disponibilidade das faculdades em que se desdobra o direito com base no qual foi dado o arrendamento.*

Assim, mesmo que a destruição tivesse sido *total* e só restasse o *chão* de um edifício destruído, se os *arrendatários* tivessem, por hipótese, feito *demarcação de território*, impedindo o acesso da *senhoria* à sua propriedade, incumpririam, com isso, o seu *dever de restituição*, imposto na al. i) do art. 1038 CC, *incorrendo, portanto, na obrigação de lhe pagarem as indemnizações dos n.os 1 e 2 do art. 1045 CC.*

Mergulhadas neste equívoco, instâncias e SUPREMO acabaram, em nossa opinião, por incorrer no *vício da unilateralidade*.

O processo tem duas partes e o tribunal não pode fixar-se apenas nas razões de uma: tem de atender às duas partes.

Ora quando a Relação primeiro afirmou — e, depois, o SUPREMO subscreveu — que não era "a posse das chaves, mas sim a impossibilidade de gozo do imóvel locado resultante da sua perda total" que constituía o cerne do problema, parece evidente que só viram uma parte da questão.

Esta apresentava ainda outra face e decisiva para a solução do pleito: o ter-se, com a falta de restituição das chaves, impedido o exercício do domínio pela proprietária, tutelado, como se viu, pelos arts. 1045 e 1053 CC.

A *senhoria* não estava obrigada a restaurar o rés-do-chão para os *arrendatários* voltarem a usufruir a renda vinculística que lhes apetecia, mas estava no pleno direito de fazer do que restava do incêndio aquilo que bem quisesse, no que foi impedida pelos *arrendatários* até ela ter conseguido obter o *despejo* deles.

Este impedimento foi um *facto ilícito* e *culposo* dos *arrendatários*, incurso na responsabilidade civil contratual sancionada no art. 1045 CC.

Na visão condenavelmente unilateral destes julgados, não se atentou nisto, concluindo-se com uma formulação de *enriquecimento sem causa às avessas*.

Decidiu-se que a *senhoria* não podia fazer suas as rendas pagas até ao *despejo*, porque desse modo *enriqueceria sem causa* (quando afinal eles não pagaram para retribuir o *gozo*, mas para alimentar um contencioso que perderam) — e desatendeu-se o *pedido de indemnização* da *senhoria* pela falta de restituição dos *arrendatários*, oferecendo-lhes deste modo, inegavelmente, um *enriquecimento sem causa*, um verdadeiro *locupletamento à custa alheia.*

A dificuldade maior de qualificação deste fundamento de *caducidade* do contrato surge quando, em vez da *perda* (total) da coisa locada, materialmente ocorra, como é vulgar, um *perecimento apenas parcial.*

Sendo significativo tal *perecimento*, poderá já dizer-se que se verifica a *perda da coisa*, que determina a *caducidade* do contrato, ou que, pelo contrário, nos encontramos apenas ainda em presença de uma *deterioração* a inscrever na *obrigação do senhorio* de reparar os danos ocorrido?

Este é um tema a que já fizemos uma breve referência (v. *supra*, 48-IV, vol. I, pp. 510-512) e a que nos referiremos ainda adiante (v. *infra*, 108-II-**A**), mas sobre o qual temos de dar aqui algum desenvolvimento.

Na jurisprudência nacional (cf. neste sentido Relação de Lisboa, 21-10-2003/*Colectânea*, n.º 169, p. 111) e em certa doutrina, parece estar a notar-se a tendência para se lançar mão de um critério aferidor, à primeira vista razoável: é o *critério funcional*.

Haverá, assim, *perda do prédio arrendado* não apenas quando todo ele ou todo o espaço arrendado se tenha materialmente destruído, mas ainda quando, deteriorado apenas em parte, a *perda* sofrida seja tão significativa que determine *a impossibilidade de aplicação desse espaço ao fim para que foi arrendado*.

Na doutrina estrangeira, como temos visto nos locais acabados de referir, usa-se antes *um critério naturalístico* e, com base nele, apela-se para a distinção entre *reparar* e *reconstruir*: *o senhorio tem o dever de reparar; não tem o de reconstruir* — e, assim, se tem de *reconstruir paredes ou telhados* que ruíram sem culpa sua, por efeito, por exemplo, de um incêndio ou de um abalo sísmico, haverá *perda da coisa*, que determinará a *caducidade do contrato*.

Qualquer dos dois critérios poderá suscitar, no limite, sérias dificuldades de qualificação, que só poderemos superar, se bem pensamos, com uma apreciação caso por caso, aferida sem preconceitos proteccionistas, com equilíbrio, proporcionalidade e um são sentido de justiça distributiva.

No tocante ao *critério funcional*, importará ainda salientar que não vale aferi-lo pela simples recusa do *arrendatário* em continuar a ocupar o prédio, ou do *senhorio* em *restaurar a parte derrocada*.

Não soluciona o problema a disposição actual do art. 1083-4 CC, a dar ao *arrendatário* a faculdade de resolver o contrato em presença da não realização de obras que caibam ao senhorio, "quando tal omissão comprometa a habitabilidade do prédio", pois esta hipótese não serve para impor ao *senhorio* a *reconstrução de ruína parcial* mas, evidentemente, para o caso de *obras de conservação* cuja omissão está a comprometer a habitabilidade do espaço arrendado.

Também de pouco servirá para o efeito a mera *vistoria camarária*, a concluir que poderá o espaço arrendado continuar a ser utilizado, se forem realizadas as *obras* que se tornaram necessárias com a *destruição* ocorrida.

Não é a autarquia o juiz da *caducidade* ou *não caducidade* do contrato. Têm, em nossa opinião, de ser os tribunais a dizê-lo, segundo o seu prudente arbítrio, e como acabámos de referir: *caso por caso, sem preconceitos proteccionistas, mas com equilíbrio e proporcionalidade.*

A *expropriação por utilidade pública,* por seu turno, produz a *impossibilidade objectiva* da prestação do *senhorio* nos termos especialmente previstos no Código das Expropriações, impossibilidade que coincidirá cronologicamente, consoante os casos, com a *posse administrativa*, se a houver, ou com a *adjudicação da propriedade ao expropriante.*

Secção II

CONFUSÃO DAS POSIÇÕES DE ARRENDATÁRIO E DE SENHORIO

85. Premissa introdutória

A *confusão* em determinada pessoa das qualidades de *credor* e *devedor* da mesma obrigação é um modo típico de extinção do crédito e da dívida expressamente previsto no art. 868 CC e regulado neste e nos artigos seguintes, constituindo uma das formas clássicas de extinção das obrigações.

Também para a *locação*, em geral (e por conseguinte igualmente para o *arrendamento urbano*) se tem posto esta hipótese específica de cessação da relação locatícia, convindo portanto analisá-la *ex professo*.

86. Confusão das posições de arrendatário e de senhorio do mesmo imóvel ou fracção

Vimos oportunamente que não tem o *proprietário pleno legitimidade negocial* para simultaneamente prestar e adquirir para si, de arrendamento, a coisa própria (cf. *supra*, n.º 39-IV, vol. I, p. 380).

Ora pode acontecer — e é agora o momento de aludir ao caso — que aquele que é *arrendatário* venha, na vigência do contrato, a adquirir a *propriedade plena* da coisa locada.

Com semelhante aquisição, passará ele a reunir na sua mão as posições de *arrendatário* e de *senhorio* do mesmo imóvel, tornando-se simultaneamente *credor* e *devedor* das prestações de dação de gozo e de retribuição patrimonial; logo, assim se extinguirá a relação locatícia, por *confusão*, nos termos do art. 868 CC[294].

I — Convém todavia atentar em que a *confusão* só operará se houver perfeita correspondência quantitativa entre os direitos de gozo proporcionados nas duas situações: se for o *subarrendatário* (parcial) a adquirir a propriedade do prédio, não haverá extinção do *arrendamento*, mas apenas modificação da pessoa do *senhorio* e cessação das obrigações e créditos compensados do *subarrendamento*.

No caso de subarrendamento total, a *confusão* estará ainda em harmonia com o disposto no art. 1090 CC.

Por outro lado, uma vez que, na *compropriedade*, cada um dos comproprietários só pode servir-se da coisa comum desde que "não prive os outros consortes do uso a que igualmente têm direito" (art. 1406-1 CC), a aquisição de uma quota de *comproprietário* também não produzirá, evidentemente, a extinção, por *confusão*, nem da situação de *arrendatário* nem da de *subarrendatário*.

---

[294] Para análoga posição no Direito locatício italiano, vejam-se ABELLO, *Della locazione*, I, 1905, p. 285; RENATO MICCIO, *La locazione*, 2ª ed. rev., UTET, 1980, pp. 388-389; TABET, *La locazione-conduzione*, (*Trattato di diritto civile e commerciale*, de ANTÓNIO CICU/FRANCESCO MESSINEO), Giuffrè — Milano, 1972, p. 197. No Direito francês: JEAN-LUC AUBERT/PHILIPE BIHR, *La location d'habitation*, Editions Sirey-Paris, 1990, p. 194.

O ac. Relação de Lisboa, de 23-6-1988 (*Colectânea*, XIII-3, p. 163) considerou que, tendo o *arrendatário* subarrendado o prédio e, depois disso, adquirido a sua propriedade, não pode depois reivindicá-lo aos *subarrendatários* por, neste caso, a extinção do arrendamento não acarretar cessação do subarrendamento.

Menos óbvio será o caso de aquisição, pelo *arrendatário,* do direito de *usufrutuário*, de *superficiário* ou de *usuário*.

A chave para a solução de tais hipóteses estará em determinar se estes direitos proporcionarão, afinal, um *uso mais limitado* da coisa do que a *locação* em presença — porque, então, não se verificará naturalmente a *confusão*.

Servindo-nos deste critério, a resposta afirmativa intuir-se-á, a um primeiro relance, quanto ao *usufruto*, uma vez que, na definição da lei, consiste ele no direito de gozar, temporária mas *plenamente*, a coisa (art. 1439 CC) — o que parece conferir-lhe um gozo de âmbito mais vasto do que aquele que cabe ao de *arrendatário*.

Admita-se, contudo, um *arrendatário vinculístico* de arrendamento antigo que se torne *usufrutuário* da coisa por apenas cinco ou dez anos. Parece de considerar que, na hipótese, o *usufruto* será mais limitado do que será o *arrendamento urbano*, prorrogável indefinidamente, não devendo por isso operar-se neste caso a *confusão*.

A não ocorrência desta, com a assunção da posição de *superficiário* ou de *usuário* parece, por seu turno, não suscitar dificuldades de maior[295].

II — Outro caso que poderá vir a produzir a *extinção* do *contrato de arrendamento urbano* por *confusão* na mesma pessoa das posições de *arrendatário* e de *senhorio* é o previsto, hoje em dia, na al. c) do art. 48-4 da Lei n.º 6/2006, onde se determina que, não procedendo o *senhorio* a obras em prédio arrendado cujo estado de conservação seja inferior ao nível 3, fica obrigado a vendê-lo ao *arrendatário* pelo valor da avaliação feita nos termos do CIMI.

---

[295] Cf., a este respeito, TABET, *La locazione-conduzione*, (*Trattato di diritto civile e commerciale*, de ANTÓNIO CICU/FRANCESCO MESSINEO), Giuffrè — Milano, 1972, p. 197.

Já tivemos ensejo de referir esta situação (cf. *supra*, n.º 69-IV), revelando, de uma parte, a justa censura que a generalidade da doutrina tem oposto a esta determinação legal, de que não se conhecem lugares paralelos no Direito comparado e, de outra parte, o abrandamento que àquela disposição veio trazer a sua regulamentação no Decreto-Lei n.º 157/2006, de 8 de Agosto, admitindo o *direito do arrendatário* à venda compulsiva por parte do *senhorio* só no caso de não ser a omissão de realização de obras imputável à Administração, nomeadamente por *demora no licenciamento da obra* ou na decisão sobre a atribuição de *apoio à reabilitação do prédio* (art. 35-3).

Esta limitação, se não nos enganamos, vai dar ao caso muito escassa ou nula relevância prática, mas importa ainda acrescentar ao então referido que, entretanto, surgiu na doutrina um aliás tímido apoio à solução da lei, ponderando que, para o estudo da *constitucionalidade* da providência, convirá atender a uma comparação com diferentes regimes de Direito privado dos quais resulta, directa ou indirectamente, a perda de direitos — mormente de *propriedade* — de um sujeito a favor de outro.

Nesta base, conclui-se que, se for considerada *constitucional* a aquisição de *participações sociais* tendente à obtenção de *domínio total*, prevista no art. 490-3 CSC — e parece-nos que sim, evidentemente — "por maioria de razão, se deve entender que não deve ser considerada inconstitucional a alienação forçada de um imóvel que se encontra em estado de conservação qualificado de *mau* ou *péssimo*, com o fim de se proceder às obras necessárias à sua requalificação. Neste último caso, está em causa a segurança de todos os membros da sociedade, que podem sofrer um dano em virtude da degradação dos prédios carecidos de obras"[296].

---

[296] PEDRO ROMANO MARTINEZ/ANA MARIA TAVEIRA DA FONSECA, *Da constitucionalidade da alienação forçada de imóveis arrendados por incumprimento,*

Em nossa fraca opinião, porém, parece difícil de aceitar o argumento de *maioria de razão* no paralelo que pretende estabelecer-se entre a perda de *participações societárias* em certos casos constantes de normas idênticas às dos restantes países[297] com a *expropriação* do *direito de propriedade* do *senhorio* que se consagra na al. c) do art. 48-4 da Lei n.º 6/2006, sem paralelo no Direito comparado.

Uma *participação social* não é propriamente um *direito de propriedade*, cuja tutela constitucional directa se deva considerar compreendida no art. 62-1 CRP[298].

Em contrapartida, é claramente iníquo expropriar o *senhorio* do seu *imóvel*, depois de o ter longamente descapitalizado pelo *vinculismo* quase secular que lhe vem impondo.

Ainda por cima, quando a autarquia se recusou, ela própria, a realizar as obras em causa, cuja necessidade deixou engordar por falta de uma fiscalização que tinha a obrigação de exercer.

---

por parte do senhorio, do dever de realização de obras (O DIREITO, 139.º -I [2007], pp. 45 e 84).

Apesar deste título conclusivo, os IIAA acabam por limitar significativamente ou mesmo afastar a tese da *constitucionalidade*, tão laboriosamente construída, ponderando que, desde que a avaliação constante do CIMI não corresponda ao valor de mercado do bem (e nunca corresponde, acrescentamos nós), "pode questionar-se a justeza da solução" (*ob.cit.*, p. 85).

Não prescindem sequer de ponderar outros inconvenientes da solução legal, como o longo período de *reversão da propriedade* ao *senhorio* no caso de o *arrendatário* não cumprir o seu dever de restauro e a susceptibilidade de constituição judicial do prédio em *propriedade horizontal* em favor do *arrendatário*, que não existia para o *senhorio*.

297 Como luminosamente o referiu já MENEZES CORDEIRO, a propósito do disposto no nosso art. 490-3 CSC: "Trata-se de uma exigência equilibrada e razoável, própria do Direito dos grupos de sociedades, com equivalente nos outros Direitos europeus e no próprio Direito comunitário", *in Aquisições tendentes ao domínio total: constitucionalidade e efectivação da consignação* (O DIREITO, 137.º [2005], III, p. 462).

298 Neste sentido: Tribunal Constitucional, Ac. n.º 491/2002, de 26 de Novembro.

E, por sobre tudo isto, em favor de um *arrendatário* que, estando abonado para realizar a compra, não devia em boa e sã justiça vir, e continuar, a beneficiar do *favor vinculístico*.

De qualquer modo, a admitir-se esta possibilidade, aqui teremos um caso de *cessação do contrato de arrendamento* por *confusão*.

Secção III

REVOGAÇÃO

87. Restrição actual, no plano do arrendamento urbano, do conceito de revogação à revogação bilateral

A admissibilidade de um contrato a extinguir um anterior, celebrado pelos mesmos contraentes, é reconhecida, com âmbito geral, na nossa lei.

Estabelece-se efectivamente no art. 406 CC, para o contrato em geral, que este deve ser cumprido com pontualidade — mas pode, por *mútuo consentimento* dos contraentes (ou por lei), modificar-se ou *extinguir-se*.

A convenção que faz extinguir o primeiro contrato é, naturalmente, um novo contrato (*contrato de revogação; distrate*).

Ora, como a legislação vinculística se diz de *ordem pública*, e estabelece *vínculos* com carácter *imperativo*, levantava-se no Direito anterior a questão de saber se poderia admitir-se esta forma de *cessação* de um contrato de *arrendamento vinculístico*.

Não parecia, já nessa altura, duvidosa a solução afirmativa.

Assim como o *arrendatário* era livre de recusar a *prorrogação automática* do *contrato de arrendamento*, assim poderia também pôr-lhe termo, em acordo com o *senhorio*, num *contrato de revogação,* por ambos firmado.

Na jurisprudência, aceitou-se sem mais, por evidente, a legitimidade de semelhante acordo, qualificando-o como uma *revogação,* "a meio termo entre a *resolução* e a *denúncia*, operando com eficácia *ex nunc*" e com valor vinculativo, nos termos do art. 406 CC[299].

Efectivamente, o *contrarius consensus* de um *contrato de arrendamento*, visto este ser de execução continuada, deverá, como a *resolução,* em tal caso, (art. 434-2 CC), ter eficácia unicamente *para o futuro* e vincular as partes ao seu cumprimento pontual, nesta direcção, como qualquer outro contrato (art. 406-1 CC).

Semelhante entendimento, porém, que podia então fundar-se unicamente no terreno dos princípios, tem hoje, quanto ao *arrendamento de prédios urbanos,* expressa consagração legal. Declara-se, com efeito, no actual art. 1082-1 CC (aliás, à imagem do que se estabeleceu inicialmente no art. 62-1 RAU) que "as partes podem, a todo o tempo, revogar o contrato, mediante acordo a tanto dirigido".

Não pode, portanto, agora suscitar-se a menor dúvida — que já antes se não suscitava seriamente, aliás — da legitimidade de um segundo contrato, destruindo o primeiro para o futuro.

É o que se chama na lei *revogação*, aludindo exclusivamente à *revogação bilateral*, e desconhecendo a *revogação unilateral*, que passou agora a denominar-se *denúncia.*

Acompanhando a terminologia legal do CC para o *arrendamento*, a *revogação*, sem mais, é pois a *revogação bilateral*, o *acordo* celebrado entre *senhorio* e *arrendatário* com a finalidade de porem termo ao contrato arrendatício a que se tinham vinculado.

88. Forma da revogação

Anteriormente ao RAU, também não havia no CC, norma específica a disciplinar a *forma* da *revogação*, como bem se compreenderá, aliás, se tivermos em vista que só com aquele diploma,

[299] SUPREMO, 8-6-1978, (*BMJ* n.º 278, p. 169).

como se referiu, passou a haver uma consagração legal da figura que, até aí, era apenas difusamente reconhecida pela jurisprudência ou pela doutrina.

Nessa altura, de acordo com um velho entendimento entre nós frequentemente enunciado, o *contrato de revogação*, visto destinar-se a eliminar os efeitos produzidos e a produzir pelo *contrato revogado*, deveria submeter-se à *forma* deste.

Constituiu-se de tal modo um prolóquio de velha sabedoria jurídica, segundo o qual os *actos se desfazem pela mesma forma por que foram feitos*.

Especialmente após a vigência do Código Civil de 1966, não podia, no entanto, aceitar-se este princípio, de modo absoluto.

Na verdade, este Código veio estabelecer, no seu art. 221-2, que, se o contrato a extinguir estava legalmente sujeito a constituir-se através de documento, o *distrate* só ficaria submetido à mesma *forma* se lhe fossem aplicáveis razões idênticas às que ditaram aquela especial exigência da lei.

Se o contrato a revogar não estava legalmente sujeito a *forma* especial de constituição, mas tivesse sido realizado por documento, o *distrate* não precisaria de constar de documento de igual força ou sequer de documento, excepto se, para a *revogação*, a lei exigisse a *forma escrita* (art. 222-2).

Ora, estando o *arrendamento de prédios urbanos*, por mais de seis meses, legalmente sujeito a especial *forma de constituição*, como se viu (cf *supra*, n.º 47), a regra aplicável seria a enunciada em primeiro lugar: o *contrato de revogação* só estaria submetido à *forma* de constituição do *arrendamento urbano* a distratar, *se lhe fosse aplicável razão idêntica à que terá ditado a exigência formal da lei* — e cremos que efectivamente o era.

As exigências formais para o contrato de *arrendamento urbano* têm em vista a certeza jurídica e proteger as partes, especialmente o *arrendatário*.

Ocorreriam os mesmos riscos, se se admitisse a *revogação* do contrato sem obediência ao regime estabelecido para a sua constituição[300].

Hoje em dia, estes aspectos têm mero interesse histórico, uma vez que dispomos de um específico preceito regulador da forma da *revogação*: é o novo art. 1082-2 CC (que, com ligeira alteração de forma, veio reproduzir o art. 62-2 RAU, onde esta matéria se inaugurou para o nosso Direito positivo).

---

[300] Sobre o tema, veja-se VAZ SERRA (*Rev.Leg.Jurs.*, 112.º, p. 32).

Segundo a actual disposição, o acordo revogatório "é celebrado por escrito, quando não seja imediatamente executado ou quando contenha cláusulas compensatórias ou outras cláusulas acessórias".

A *revogação* imediatamente executada é a chamada *revogação real*.

Enquadrado o *distrate* na sua própria execução, não haverá fundamento para se estabelecer a seu respeito uma exigência de *forma legal*, e bem andou assim a lei em dispensar, para a *revogação real*, a *forma escrita*.

A *revogação* não enquadrada no abandono do prédio pelo arrendatário, por seu turno, deve portanto constar sempre de *escrito particular*.

Ainda que se trate de *revogação real*, a *forma escrita* será indispensável para a prova de "cláusulas compensatórias ou outras cláusulas acessórias".

Nesse caso, teremos então que, se o *arrendatário* abandonou a casa, sem receber as *prestações compensatórias* ou outras *acessórias*, se elas foram estipuladas por escrito, poderá ainda exigi-las; se, porém, foram estipuladas por mero *acordo verbal*, parece que já não poderão ser então exigidas, por *falta de forma*.

Ao referir-se à inclusão de *cláusulas compensatórias* no *acordo revogatório*, o art. 62-2 RAU terá então sugerido que seria legítimo ao *arrendatário* fazer incluir no acordo uma quantia a prestar pelo *senhorio* para *compensar a sua saída do prédio*.

Era, aliás, o que pareciam admitir MENEZES CORDEIRO/ /CASTRO FRAGA quando referiam que permitia o art. 14 do Decreto-Lei n.º 321-B/90 às partes acordarem, com a cessação do contrato, na entrega ao *arrendatário* de uma indemnização pelo locador, o que consideravam um negócio *limpo* (*Novo Regime do Arrendamento Urbano Anotado*, 1990, p. 46).

Nessa altura, o entendimento afigurava-se-nos extremamente duvidoso, pois esses recebimentos configuravam *luvas* que preenchiam claramente o *crime de especulação* assim descrito no mencionado art. 14: "os inquilinos que recebam qualquer quantia que não lhes seja devida, pela desocupação do local arrendado" — e era por isso que, na prática, elas costumavam ser disfarçadas, imputando-as nominalmente a compensação por *benfeitorias* ou por outras supostas despesas.

Com a revogação do Decreto-Lei n.º 321-B/90, parece termos de passar a admitir que foram branqueadas tais *luvas*, por mais repugnantes que não tenham deixado de ser.

Secção IV

OPOSIÇÃO À RENOVAÇÃO

89. Regime legal

Saudemos à cabeça a implosão do princípio institucional que se estabelecia no art. 1095 CC, segundo o qual o *senhorio* não gozava, no arrendamento urbano, do *direito de denúncia/oposição à renovação*.

Com a Lei n.º 6/2008, de 27 de Fevereiro, esta disposição, que transformava em *institucional* o *vinculismo* naturalmente *conjuntural*, desapareceu louvavelmente do normativo do nosso Código.

Assim, conforme se preceitua no art. 1054-1 CC, em qualquer *arrendamento*, em regra — e, portanto, não apenas no *arrendamento urbano* — findo o prazo da sua duração, "o contrato renova-se por períodos sucessivos, se nenhuma das partes se tiver oposto à renovação no tempo e pela forma convencionados ou designados na lei": é a chamada *renovação automática*.

Esta faz-se, na falta de estipulação contrário, por períodos mínimos de *três anos* (art. 1096-1 CC), mesmo quanto aos *antigos arrendamentos habitacionais de duração limitada*; nos *antigos arrendamentos não habitacionais de duração limitada*, haverá uma primeira *renovação* de cinco anos (art. 26-3 da Lei n.º 6/2006).

Também é legítimo estabelecer-se nos *arrendamentos habitacionais com prazo certo* que, após uma *primeira renovação por três anos*, ele passe a ser de *duração indeterminada* (art. 1094-2 CC).

A *oposição à renovação* (até à Lei n.º 6/2006 chamada *denúncia*, a qual passou, por esta lei, a designar outra realidade, como temos referido) é, pois, de acordo com a terminologia legal, o instrumento de que dispõe qualquer das partes para pôr fim ao contrato, no termo da sua duração, impedindo que ele se "renove", configurando-se, segundo a temos definido, como a *manifestação de vontade, revelada por parte de um dos contraentes perante o outro, com determinada antecedência, segundo os casos, a comunicar, afastando a prorrogação legal, que cessará o contrato com a expiração do termo respectivo.*

I — Podia ter-se aproveitado a oportunidade para rever e substituir o termo *renovação*[301], que não parece adequado, nem no plano vocabular nem, em nosso parecer, no próprio plano jurídico.

A tradição mais antiga vem estabelecendo em todos os Códigos, a respeito da *locação*, o princípio de que, tendo esta sido estabelecida com *prazo certo*, se *renova* no seu termo de duração, se o *locatário* se mantiver no uso da coisa locada e o *senhorio* não se tiver antecipadamente manifestado contra a sua *renovação*.

No nosso Direito positivo, tem-se mantido esta tradição terminológica, sendo de notar que, entre nós, a *renovação automática* do contrato tem sido afirmada restritamente ao *arrendamento*, e nem a todo ele.

Estabelece-se com efeito actualmente, no art. 1054-1 CC, que "findo o prazo do arrendamento, o contrato renova-se por períodos sucessivos se nenhuma das partes se tiver oposto à renovação no tempo e pela forma convencionados ou designados por lei".

Ainda assim e como se referiu, o princípio não vigora para todo o *arrendamento*, sendo excluídos desta *renovação automática*

---

[301] A referência à *renovação* do contrato vem já do Código de Seabra, mantendo-se inalterada desde então.

quer o *arrendamento florestal* (art. 21 do Decreto-Lei n.º 394/88, de 8 de Novembro) quer o *arrendamento para habitação não permanente* quer o celebrado *para um fim especial transitório* (art. 1096-1 CC).

Entretanto, vale a pena interrogarmo-nos sobre se o real efeito jurídico em causa será, na verdade, o de *renovação do contrato* ou, mais propriamente, o de uma *prorrogação*.

A doutrina italiana, a propósito da *locação* e perante uma terminologia legal insegura, ao estudar o regime jurídico da *prorrogação* e da *renovação* não tem sido unívoca, entrando os autores, por vezes, em contradição entre si e com a própria jurisprudência.

Num ponto fundamental, todos estarão de acordo.

A *renovação* constitui ou dá origem a uma *nova relação* com o conteúdo da precedente, que se desenvolve em período sucessivo com a mesma ou outra duração, passando para o novo contrato todo o *conteúdo* do anterior, inclusivamente as suas *cláusulas acessórias* ou *acidentais*, se ainda não exauridas.

A *prorrogação* consiste, muito simplesmente, no *protelar da mesma relação*, isto é, no seu prolongamento por período sucessivo ao precedentemente fixado[302].

A ideia de ver uma *renovação* — em vez de *prorrogação* — na hipótese de *locação* convencionada com *prazo certo* de duração que, findo ele, se o *locatário* permanecer no imóvel e o *locador* o deixar continuar no gozo da coisa, como se prevê no primeiro item do art. 1597 CC_{it}, será a mais intuitiva, se raciocinarmos na base seguinte.

As partes fixaram um prazo à duração do seu contrato — mas, depois, permanecendo o *locatário* na coisa locada, para

[302] Mirabelli, *La locazione* (Tratado de Vassalli), UTET-Torino, 1972, p. 560; Tabet, *La locazione-conduzione*, (*Trattato di diritto civile e commerciale*, de António Cicu/Francesco Messineo), Giuffrè — Milano, 1972, pp. 737 e 739 ss.

além desse prazo, e deixando-o o *locador* continuar nesse gozo, adoptam os dois um comportamento que, objectivamente, aponta para se ter assim criado, implicitamente, uma *nova relação* com o mesmo conteúdo; ou seja, que surgiu daí uma *renovação tácita*.

O *primeiro vínculo* estabeleceu-se para durar por certo prazo e, ultimado este, naturalmente extinguiu-se, chegou ao seu fim.

Ora se, em vez de agir em conformidade com a cessação, o *locatário*, como se aventou, permanece no gozo da coisa, e o *locador* não reagiu contra isso, tal comportamento de ambas as partes, milita no sentido de que terão, com ele, querido constituir um *novo vínculo* que vá ocupar o lugar deixado vazio por ter expirado o anterior[303].

Este é o raciocínio mais intuitivo e antigo, embora modernamente se tenham buscado outros para explicar o efeito legal, pois não se trataria propriamente de acto dos sujeitos de onde se deduziria uma vontade nesse sentido, mas de pura inércia das partes de que não seria legítimo inferir qualquer sentido voluntarista.

Mais recentemente, tem-se preferido, pois, fundamentar a *renovação*, encarando aquela inércia como um *comportamento negocial típico* a que a lei associa um vínculo entre os sujeitos, igual ao que eles teriam assumido através de um contrato, ou, se se preferir, como uma hipótese legal que produz os seus efeitos enquanto objectivamente existentes, independentemente da imputabilidade dos sujeitos entre os quais se constitui o vínculo[304] — ou ainda, em suma, que "a norma se baseia

---

[303] O fundamento da *renovação* na *vontade implícita* das partes parece ser o que se vislumbra no texto de ULPIANO onde se declara não se verificar a *renovação locatícia* quando o *locador* tenha, entretanto enlouquecido ou falecido (D., XIX, 2, 13 e 14).

[304] Sobre o ponto, v., por todos, na doutrina italiana, MIRABELLI, *La locazione* (Tratado de VASSALLI), UTET-Torino, 1972, pp. 553-560,

na tutela da parte que teria interesse na continuação da relação, evitando que a outra possa fazê-la cessar *ad libitum*, depois de ter permanecido inerte perante a ultimação do prazo"[305].

Simplesmente, estes ou outros fundamentos que têm sido excogitados para explicar o efeito renovatório do *arrendamento*, não são, na nossa perspectiva, específicos da extinção do *vínculo* inicial e da criação de outro com o conteúdo dele — *valendo* igualmente para o caso de continuidade do *vínculo* mediante a mera *prorrogação* do seu prazo de duração.

Por vezes, até são enunciados, como acontece com o último entendimento acabado de referir, como a tutela legal da "continuação da relação", apontando assim mais para esta do que para aquele — e, geralmente, não perdem tempo os autores a interrogarem-se se a chamada *renovação tácita*, que já de si, pelo seu fundamento, não deve dizer-se *tácita*, não designará antes, ao cabo de contas, uma *prorrogação*, em sentido próprio.

Ora, na nossa concepção, uma de duas:

a) Ou se justifica a disciplina legal na circunstância de o comportamento omissivo das partes dever ser entendido como correspondendo à vontade dos sujeitos por ele evidenciada — e, nesse caso, parece plena de verdade a ilação que, em jurisprudência constante e mais recente, a Cassação italiana vem consagrando, ao estabelecer que tais casos ou as cláusulas convencionais deste tipo "não são idóneas para mudar a natureza do contrato de locação de tempo determinado e não dão lugar a uma renovação em sentido próprio, mas à prorrogação tácita do contrato na base da regulação contratual originária,

---

salientando que não releva o *erro*, mas que permanecem aplicáveis as normas que respeitam à *capacidade dos sujeitos*, sendo requerida a *capacidade negocial plena*, "nonché le norme che regolano gli altri vizi della determinazione volitiva, violenza e dolo, giachè queste concernono non la consapevolezza, ma la liberta stessa del comportamento" (p. 556).

[305] TABET, *La locazione-conduzione*, (*Trattato di diritto civile e commerciale*, de ANTÓNIO CICU/FRANCESCO MESSINEO), Giuffrè — Milano, 1972, p. 729.

que resta inalterada em todas as suas cláusulas, aí compreendida aquela que regula a duração"[306];

b) Ou se justifica antes como um *comportamento negocial típico* que produz os seus efeitos enquanto objectivamente existentes, independentemente da imputabilidade dos sujeitos entre os quais se constitui o *vínculo* — e, então, fica por explicar por que se vão estabelecendo sucessivamente *novos vínculos* com o conteúdo primitivo, como clones dele, quando era mais simples e menos artificioso determinar a sua continuação, prorrogando-se o mesmo contrato sucessivamente.

É assim, aliás, que geralmente se reconhece haver uma efectiva *prorrogação* naqueles casos em que foi o próprio legislador a estabelecer que será proibido ao *senhorio* fazer cessar o contrato, no termo convencionado, impondo que se protele a duração deste pelo tempo por que permanecer o *arrendatário* no prédio arrendado — como acontece com os *arrendamentos vinculísticos*.

Aqui, não pode ver-se nem uma *presunção de vontade* do *senhorio* nesse sentido, nem um comportamento de *tácita formação* de *outro vínculo*, com o conteúdo do anterior, nem uma *renovação* imposta por lei independentemente de qualquer atenção ou homenagem ao *elemento volitivo dos sujeitos*, nem sequer uma *tutela da confiança* gerada pela inércia do *senhorio* no interesse do *arrendatário* na manutenção do contrato — pois a legislação respectiva, pelo regime jurídico que estabelece, aponta muito claramente para a *prorrogação* do vínculo primitivo, mesmo quando não acerta na terminologia e insiste em chamar-lhe *renovação*.

Quanto a estes *arrendamentos*, com efeito, doutrina e jurisprudência italianas confluem no entendimento de que se não dá, no termo convencional, a *renovação tácita* do contrato, mas a

---

[306] Segundo a informação neste sentido de GIULIO CATELANI, *Manuale della locazione*, 3ª ed., rev. e cor., Giuffrè — Milano, 2001, p. 355, n.

sua *prorrogação*, ou seja o prolongamento da primitiva relação contratual pelos novos prazos de vez em vez previstos na lei[307].

Ora, na nossa legislação vinculística, apesar de se adoptar geralmente o tradicional termo *renovação*, é também muito claro que se teve sempre em vista, não dar origem a um novo contrato, mas estabelecer a perduração do vínculo anterior, quer quando, p. ex., se proclamou, tanto na Lei n.º 828, de 28 de Setembro de 1917 (art. 2.º), como no Decreto n.º 5:411, de 17 de Abril de 1919 (art. 106), ser proibido aos *senhorios* e *sublocadores* "intentarem acções de despejo que se fundem em não convir-lhes *a continuação* do arrendamento"; quer quando se estabeleceram coeficientes de actualização das rendas *atendendo à antiguidade dos contratos desde a sua constituição*, como um todo unitário; quer ainda quando se proibiu e proíbe, no art. 107 RAU, a *denúncia* pelo *senhorio* de arrendamentos que perdurem há mais de trinta anos, através de sucessivas *prorrogações*, ou por período mais curto previsto em lei anterior e decorrido na vigência desta.

A construção da *renovação* mostra-se igualmente desajustada ao caso muito frequente, entre nós — e também já suscitado na doutrina italiana[308] — de, num *contrato de arrendamento urbano não vinculístico*, estipularem as partes um *prazo certo* de duração do arrendamento e, simultaneamente, que se protelará o

---

[307] Assim, PIAZZESE, *La nuova discciplina delle locazioni di immobili urbani*, Bologna, 1950, p. 62; GIUDICEANDREA, *Locazioni e sublocazioni di immobili urbani*, 2ª ed., Giuffrè . Milano, 1956, p. 84; GUARINO, *Locazione* (*Trattato di diritto civile* diretto da GIUSEPPE GROSSO e FRANCESCO SANTORO-PASSARELLI), Casa Editrice Dr. Francesco Vallardi, Milano, 1965, p. 39, n. 63; MIRABELLI, *La locazione* (Tratado de VASSALLI), UTET-Torino, 1972, p. 560; TABET, *La locazione-conduzione*, (*Trattato di diritto civile e commerciale*, de ANTÓNIO CICU/FRANCESCO MESSINEO), Giuffrè — Milano, 1972, pp. 739-741.

[308] Cf., sobretudo, as excelentes sínteses de GIOVANI SILVIO COCO, Locazione (*dir.priv.*)/*Enciclopédia del diritto*, XXIV, Giuffrè — Milano, 1974, pp. 980-981 e de GIULIO CATELANI, *Manuale della locazione*, 3ª ed., rev. e cor., Giuffrè — Milano, 2001, p. 355.

contrato por sucessivos períodos diferentes dos legais, se nenhuma das partes se manifestar em contrário.

Em tal hipótese, parece inegável que, pela própria vontade autónoma das partes, se estipulou, *ab initio*, *um só vínculo* com carácter de *trato sucessivo*, e não que, com os subsequentes períodos em pára-arranca, se vão formando, à cadência de cada um deles, novas relações com o conteúdo da primeira.

O que claramente se convenciona neste caso, se bem nos parece, é uma *prorrogação*; jamais, uma *renovação* do vínculo contratado.

Nem se diga que só haveria *prorrogação* numa estipulação posterior à celebração contratual: desde que se estipule a continuidade contratual após o prazo de duração primordialmente firmado, há *prorrogação*; não, *renovação*.

Outro tanto, naturalmente, sucederá, se se estipular, unicamente, um *prazo certo* para a duração do contrato de *arrendamento urbano*, porque, nesse caso, é a própria lei que determina a sua "renovação" "por períodos sucessivos" e, portanto numa relação única, sem solução, de continuidade, se nenhuma das partes se tiver oposto a ela na forma e no tempo designados na lei (art. 1054-1 CC).

Isto, apesar do emprego do termo *renovação*.

Para se fundar, neste caso, a formação de um *novo vínculo*, a cada cessação que viesse a ocorrer, principiou-se por considerar a inacção das partes ante o termo de duração estipulado como sendo uma *vontade implícita* ou *presumida* na sua criação, sustentando-se mais recentemente que, no fundo, a lei se alheia do elemento subjectivo e associa à omissão das partes os efeitos de um *novo vínculo*, ainda que falte aos sujeitos, designadamente ao *senhorio*, a consciência deste efeito jurídico da sua omissão[309].

---

[309] Cf., neste sentido, MIRABELLI, *La locazione* (Tratado de VASSALLI), UTET-Torino, 1972, p. 555 e AA que cita, italianos e alemães.

Simplesmente, tirante a denominação legal, não se vislumbra no regime jurídico da chamada *renovação tácita* qualquer particularidade que justifique e revele ter sido esta a opção legislativa, e não a de apenas *prorrogar* o vínculo inicialmente firmado pelas partes.

No Direito italiano, ainda se poderá querer ver um afloramento de *nova relação* na circunstância de não passarem para ela as garantias prestadas por terceiros, como se declara no primeiro item do art. 1598 CC_{it}, por sinal e para mais atrapalhar o intérprete, ligando esta consequência às "prorrogações (*prorroghe*) da duração do contrato".

Entre nós, nem isso acontece, uma vez que, com o art. 2.º-1 da Lei n.º 6/2006, foi revogado o art. 655 CC que, como se sabe, estabelecia uma providência análoga da italiana e, portanto, as *garantias de terceiros não cessam com a expiração do prazo de duração estipulado*.

Dir-se-á eventualmente, por último, que é livre o legislador, no *arrendamento com prazo certo* e ante a omissão das partes no termo dele, de estabelecer, não a *prorrogação automática* do contrato celebrado, mas a criação de uma *nova relação* com o conteúdo da anterior.

A confirmação de que terá sido isto mesmo que quis, até resultará muito claramente da letra da lei quando sistematicamente se refere, não à *prorrogação automática*, mas à *renovação do contrato* (art. 1054 CC); à *renovação automática* (arts. 1096, 1097 e 1098-1 CC); à *primeira renovação* (art. 1094-2 CC); à *oposição à renovação* (arts. 1055, 1097 e 1098 CC) ou que "qualquer das partes se pode opor à renovação" (art. 1096-2 CC) — ou quando, em suma e entre muitos outros casos, relativamente ao *arrendamento para habitação permanente com prazo certo*, afirma que ele "renova-se automaticamente no seu termo e por períodos mínimos sucessivos..." (art. 1096-1 CC).

Isto é verdade mas, salvo melhor opinião não prova nada.

O problema não está no nome. Bem sabemos que, desde sempre o nosso legislador optou deliberadamente pelo emprego da palavra *renovação*, que é comum a outras legislações que têm mais ou menos intensamente influenciado o Direito positivo nacional.

O problema — insistimos — não está no nome, mas no efeito jurídico promulgado.

Ora a verdade é que, não obstante a insistente opção terminológica, a nossa lei não fez corresponder à nomenclatura a menor consequência jurídica com ela consentânea — e a própria *extinção das garantias de terceiros* com o primeiro termo de duração contratual, que se harmonizava com o sistema de formação de um *novo vínculo* e podia denotá-lo, até ela, como referimos há pouco, foi varrida do nosso Direito positivo, com a revogação do art. 655 CC, ocorrida com a Lei n.° 6/2006.

Depois, se o termo *renovação* correspondesse à real consequência jurídica estabelecida, formando-se uma *nova relação jurídica* no lugar da primeira, decerto haveria de se respeitar também quanto a ela a *forma legal* imposta para a constituição locativa — e, a cada *renovação*, deveria corresponder nova *redução a escrito do contrato*, de acordo com o disposto no art. 1069 CC, e de onde constasse o novo período de duração, consoante o disposto nos arts. 1094-2 e 1096-1 CC.

A cada *renovação*, legitimamente entendida como tal, deveria corresponder nova declaração deste outro vínculo às Finanças e, naturalmente, um novo pagamento do respectivo *imposto do selo*.

Nada disto, porém, acontece, na prática, ou se preconiza na doutrina, o que, para nós, claramente revela que, com a chamada *renovação automática*, o contrato *não se renova*, isto é, *não nasce de novo*; não se estabelece *outro vínculo contratual* entre as partes, com o conteúdo do anterior — o que seria, aliás, artificioso e inútil, nem traduziria rigorosamente o efeito jurídico em presença — mas, verdadeiramente, *prorroga-se*, isto é, *mantém-se o mesmo, apenas dilatado pelo período legal mínimo de três anos ou o convencional mais dilatado, quando não passe a duração indeterminada* (arts. 1096-2; 1110-1 e 1094-2 CC).

II — Já sabemos que, nos velhos *arrendamentos vinculísticos*, que continuam a ser os mais numerosos entre nós, a *prorrogação* só pode ser afastada pelo *arrendatário* de *prédio urbano*, mantendo-se para o *senhorio* como um imperativo legal, apenas afastável em casos muito contados (arts. 68 ss RAU); mas, para os *arrendamentos de duração limitada* constituídos depois de 1990 e 1995 e para os novos *arrendamentos com prazo certo*, de 2006, qualquer das partes poderá opor-se a ela, livremente, mediante uma *declaração receptícia* dirigida à contraparte.

Esta, em nossa opinião, não restringe o seu alcance a uma simples *oposição à prorrogação legal do contrato*, mas tem o sentido, mais vasto, de constituir uma *declaração de vontade de extinção do contrato, no seu termo,* afastando a *prorrogação legal*, atribuída ao silêncio das partes (v. *supra*, n.º 80-II-**B**)[310].

III — A *oposição à renovação* é, por natureza, um instituto específico dos contratos dotados de *prorrogação automática*; logo, quanto ao *arrendamento de prédios urbanos*, é privativo dos *contratos com prazo certo*.

Os *arrendamentos de duração indeterminada* protelam-se no tempo. Não são susceptíveis de *prorrogação*, visto que não têm *termo de duração*.

Para eles, não faz sentido haver *oposição à renovação*, mas simplesmente a sua *denúncia*, quando esta seja admitida.

Ora, é nos arts. 1097 e 1098-1 CC que, para os *contratos com prazo certo*, se insere a disciplina fundamental da *oposição à renovação* do *arrendamento para habitação*.

---

310 No mesmo sentido: LUÍS MANUEL TELES DE MENEZES LEITÃO, *Arrendamento Urbano*, 3ª ed., Almedina, 2007, p. 118.

Em ambos os preceitos utiliza-se uma linguagem que não nos parece a melhor, ao fazer incidir o acento tónico do acto do respectivo contraente sobre o *impedimento da renovação* do contrato, em conformidade com um entendimento doutrinal menos aceitável, pois o objectivo fundamental do *opoente* é, incontornavelmente, *o de pôr termo ao contrato*, constituindo a *não prorrogação* apenas uma consequência reflexa ou mediata dessa vontade fundamental, ou, se se preferir, o momento para o qual se remete a cessação.

Curiosamente — nós diríamos que *fugindo-lhe a boca para a verdade* — o legislador, na al. c) do art. 15-1 da Lei n.º 6/2006, *refere expressamente a função extintiva* ao proclamar aí, *ipsis verbis*, "em caso de cessação do contrato por oposição à renovação...".

IV — Comparando, porém, o disposto nos arts. 1097 e 1098-1 CC, logo se verifica que foram agora aproximados os fundamentos de *oposição* de qualquer dos contraentes.

Apenas se diversificam os prazos de antecedência de cada um deles.

O *senhorio* tem de se opor à *renovação* mediante "comunicação ao arrendatário com uma antecedência não inferior a 1 ano do termo do contrato" (art. 1097 CC).

Ao *arrendatário* basta-lhe comunicá-la ao *senhorio* com uma antecedência não inferior a *cento e vinte dias* (art. 1098-1 CC).

Qualquer destas *comunicações* deve naturalmente obedecer ao disposto nos arts. 9.º a 12 NRAU[311].

Num caso e noutro, é portanto incontestável que pode o contrato estipular períodos mais longos do que estes para a *oposição à renovação*.

O que passará, porém, a fazer-se dos prazos de antecedência mantidos para a *oposição à renovação* no art. 1055 CC (de

---

[311] Cf. neste sentido LAURINDA GEMAS/ALBERTINA PEDROSO/JOÃO CALDEIRA JORGE, *Arrendamento Urbano*, 3ª ed., Quid juris, 2009, pp. 459 e 462

seis meses, se o prazo do contrato for igual ou superior a seis anos, de sessenta dias, se for de 1 a seis anos, etc.)?

Quanto aos prazos de antecedência dos arts. 1097 e 1098-1 CC, eles cobrem, decerto, toda a gama de *arrendamentos urbanos com prazo certo*: os *para habitação*, por directa disciplina; os *não habitacionais*, através da remissão constante do art. 1110-1, *in fine*, CC — disciplina que será aplicável, se não tiverem sido "livremente estabelecidas pelas partes" outras regras para a *oposição à renovação*, como neste caso é expressamente admitido.

Este regime aplica-se por igual aos *novos contratos com prazo certo* e aos antigos contratos de *duração limitada*, como ressalta, inequivocamente, do preceituado no art. 26-1 da Lei n.º 6/2006, de 27 de Fevereiro.

No tocante aos antigos *contratos sem duração limitada*, que eram todos os celebrados anteriormente a 1990 (os *habitacionais*) e a 1995 (os *não habitacionais*) — e a mais alguns que continuaram a celebrar-se *sem duração limitada* depois de tais datas — não era naturalmente este, nem passará a ser agora o regime aplicável.

Para tais contratos, enquanto a *denúncia/oposição à renovação do arrendatário* era *livre* — ele podia fazê-la sempre que quisesse, respeitando as antecedências legalmente estabelecidas para a *comunicação* no art. 1055 CC — a do *senhorio*, só era possível "nos casos previstos pela lei e pela forma nela estabelecida" (art. 68-2 RAU).

Queria isto dizer, em primeiro lugar, que só podia ser feita nos estritos casos em que era legalmente admitida e, em segundo lugar, que devia "ser feita em acção judicial, com a antecedência mínima de seis meses relativamente ao fim do prazo do contrato" (art. 70 RAU).

A alteração de regime agora operada, que vai ao encontro do que se tinha estabelecido com a instituição, em 90 e 95, dos contratos ditos de *duração limitada*, levanta um problema que deve ser solucionado prontamente.

O tema rege-se, quanto a este ponto, no art. 26 da Lei n.º 6/2006.

Os *contratos antigos de prorrogação forçada*, passam a regular-se pelas novas regras do CC para os *arrendamentos de duração indeterminada* — mas com certas particularidades ou restrições (art. 26-4).

Significa isto, antes de mais, que, para eles, não há susceptibilidade de *oposição à renovação* pelo *senhorio*.

Se se tornaram em *arrendamentos* de *duração indeterminada*, por definição, não será possível *prorrogá-los*, e aqueles fundamentos excepcionais de *denúncia/oposição à renovação pelo senhorio*, que dantes se previam, *transmudaram-se em casos particulares de denúncia, com o sentido agora estabelecido para o arrendamento urbano*, mas com certas particularidades ou restrições que se assinalam nas diferentes alíneas do n.º 4 do art. 26 da Lei e que estudaremos oportunamente, quando nos ocuparmos da cessação por *denúncia*.

Também neste caso, portanto, não terão cabimento os *prazos de oposição à renovação* do *arrendamento*, do art. 1055-1 CC, em conjunção com o disposto no art. 1054 CC.

Igualmente não terão aplicação os prazos daquele artigo e número à hipótese de *denúncia pelo arrendatário*, visto ser então de observar, certamente, a antecedência de *cento e vinte dias* do art. 1100-1 CC, *ex vi* do disposto no art. 26-4 da Lei n.º 6/2006.

Se, por outro lado, se tratar de *arrendamentos para habitação não permanente* ou para *um fim especial transitório*, não há, quanto a eles, *prorrogação automática* (art. 1096-1 CC) — e outro tanto ocorre, como vimos, com o *arrendamento florestal*.

Quanto ao *arrendamento rural*, por último, a *oposição à renovação ou denúncia* tem regra própria, a do art. 19 do Decreto-Lei n.º 294/2009, de 13 de Outubro.

Esgotada deste modo a escala dos *arrendamentos*, não sobra nenhum caso a que sejam aplicáveis os prazos estabelecidos para a *oposição à renovação* do art. 1055-1 CC, o qual, segundo parece, passou assim a constituir uma *norma em branco*.

V — Na doutrina italiana, tem sido afirmada a susceptibilidade de estipulação, em contratos de *arrendamentos não vinculísticos*, de várias categorias de *cláusulas derrogatórias* da chamada *renovação automática*.

Seria válida, inclusivamente, uma cláusula como esta: "a renovação tácita é excluída e a vontade de renovação deverá resultar sempre e só por escrito"[312].

Perguntar-se-á se, entre nós, poderá chegar-se à mesma conclusão.

Pensamos que sim.

Se as partes podem estabelecer um contrato de *arrendamento habitacional* ou mesmo *não habitacional*, por *tempo indeterminado*, naturalmente também o podem estipular com *prazo certo*, mas acrescentando que ele não se prorrogará automaticamente, mas apenas mediante declaração escrita do *senhorio*.

O alcance prático de semelhante cláusula seria o de inverter o ónus do *senhorio* de, com a antecedência não inferior a 1 ano ter de comunicar a sua *oposição à renovação* (art. 1097 CC).

Agora, não teria de fazer *comunicação* alguma.

A dúvida que pode suscitar-se é se, não sendo lícitas, como nos parece que não são, cláusulas abreviando os prazos legais de *oposição à renovação*, este não seria um meio de afastar esse prazo.

Cremos que não. Ao estipular-se a necessidade de *comunicação escrita* para o contrato se renovar, *ipso facto* se estabelece que, na falta dessa *comunicação*, com 1 ano de antecedência sobre o termo estabelecido, o contrato termina irremissivelmente no fim do seu prazo.

VI — A *oposição à renovação* opera por *comunicação* feita à contraparte, na forma estabelecida no art. 9.º da Lei n.º 6/2006,

---

[312] É a exactamente posta por TABET, *La locazione-conduzione*, (*Trattato di diritto civile e commerciale*, de ANTÓNIO CICU/FRANCESCO MESSINEO), Giuffrè — Milano, 1972, p. 733.

isto é, "mediante escrito assinado pelo declarante e realizado por carta registada com aviso de recepção" (art. 9.º-1), contendo o endereço completo da parte que a subscreve (art. 9.º-5) e enviada, quando outra coisa não se tenha estabelecido, para o local arrendado (art. 9.º-2).

Tratando-se de *casa de morada da família*, a *comunicação* por parte do *arrendatário*, além de obedecer aos requisitos do art. 9.º da Lei n.º6/2006, de 27 de Fevereiro, terá, em qualquer regime de bens, de ser subscrita por *ambos os cônjuges*, nos termos constantes da al. a) do art. 1682-B CC.

A remessa é feita com as antecedências constantes dos referidos arts. 1097 e 1098-1 CC (de 1 ano do termo do contrato, para a do senhorio e de cento e vinte dias do mesmo termo, para a do arrendatário) e contadas até à data da recepção pelo destinatário (art. 224-1 CC, e como também se sugere no que se dispõe nos n.ºs 6 e 7 do aludido art. 9.º).

A Lei n.º 6/2006 ainda prevê a susceptibilidade de a *comunicação*, em vez de através do correio, ser feita "por entrega em mão, devendo destinatário apor em cópia a sua assinatura, com nota de recepção" (art. 9.º-6) — prática que não antevemos com assinalável aceitação.

Não obedecida pelo *arrendatário* a *comunicação* feita pelo *senhorio*, restará a este lançar mão da *acção executiva para entrega de coisa certa*, servindo para ela de *título executivo* o *contrato de arrendamento*, acompanhado do *comprovativo da comunicação* (al. *c)* do art. 15-1 da Lei n.º6/2006).

Secção V

DENÚNCIA

90. Premissa introdutória

Como temos vindo a referir, a nossa lei denomina agora como *denúncia* a mesma realidade que, no Direito anterior — e ainda hoje em outros passos do CC — se chama *revogação* (*unilateral*).

É, pois, com o emprego da nova terminologia adoptada para o *arrendamento urbano* que vamos estudar este instituto.

A *denúncia, hoc sensu*, justifica-se em política legislativa relativamente aos contratos de longa duração.

Sendo o *arrendamento de duração indeterminada*, destina-se, como a própria denominação logo o sugere, a vigorar indefinidamente, mantendo os contraentes amarrados a um acordo cuja perduração pode, por vezes, tornar-se violenta para algum deles.

Reconheceu o legislador, neste caso, que seria injustificado vincular inquebrantavelmente as partes por todo o tempo por que foi convencionada a relação contratual e admitiu, em certos termos, a ruptura unilateral do contrato de *arrendamento urbano de duração indeterminada* — mas foi ainda mais longe.

Com efeito, mesmo a propósito dos *arrendamentos com prazo certo*, abriu uma excepção para o *arrendatário*, e permitiu-lhe, também aí e dentro de certo condicionalismo, *denunciar* o contrato antes do prazo por que se tinha obrigado.

Estamos, é claro, a referir os *novos arrendamentos habitacionais*, de que vamos ocupar-nos imediatamente.

Para os *arrendamentos não habitacionais*, foi estabelecida uma regra própria, no novo art. 1110 CC, de que só depois trataremos.

Por outro lado, para os *arrendamentos vinculísticos* herdados do passado, em que, em casos muito particulares, se permitia ao *senhorio* afastar a *prorrogação forçada*, a nova legislação veio considerá-los *arrendamentos sem duração limitada* e converteu para eles em novos casos de *denúncia* os que podiam antes fundamentar a *denúncia/oposição à renovação* pelo *senhorio*.

Assim, o regime legal da *denúncia*, no sentido actual, deve hoje distinguir os contratos celebrados já no domínio da nova legislação daqueles que vêm de trás.

Num caso e noutro, há ainda que considerar, pois são diferentes os respectivos regimes legais, a *denúncia do senhorio* e a *denúncia do arrendatário*, bem como, quanto a elas, as relativas aos *arrendamentos com prazo certo* ou, pelo contrário, de *duração indeterminada* — e mais: nos *arrendamentos habitacionais* e nos *não habitacionais*.

Devemos fazer ainda uma observação preliminar da maior importância.

Em muitos passos, o legislador reproduziu integralmente os textos do Direito anterior, ou apenas com ligeiras alterações, conservando assim a importância dos entendimentos doutrinais ou jurisprudenciais firmados no domínio do Direito pregresso, os quais, deste modo, vão ter de ser chamados à colação, a cada passo, para explicar ou ilustrar o alcance dos textos actuais.

Comecemos então pelos contratos novos.

§ 1.º

DENÚNCIA DOS NOVOS CONTRATOS

91. Denúncia do arrendatário de arrendamento habitacional de prazo certo ou de duração indeterminada

Nos novos contratos, o *arrendatário habitacional* pode romper o contrato de *arrendamento urbano* tanto quando esteja adscrito a um *arrendamento de duração indeterminada* como até quando o esteja a um *arrendamento com prazo certo.*

Neste caso, o *arrendatário* "após seis meses de duração efectiva" pode denunciá-lo "a todo o tempo, mediante comunicação escrita ao senhorio com uma antecedência não inferior a cento e vinte dias do termo pretendido" (art. 1098-2 CC)

Esta *comunicação* escrita faz-se por carta registada com aviso de recepção, dirigida ao *senhorio* (art. 9.º-1 NRAU). Se a carta for devolvida por o destinatário se ter recusado a recebê-la ou não tiver sido levantada no prazo regulamentar, ou se o aviso vier assinado por pessoa diferente do destinatário, deverá ser enviada nova carta com aviso de recepção "decorridos que sejam 30 a 60 dias sobre a data do envio da primeira carta" (art. 10 NRAU).

No *arrendamento de duração indeterminada*, o mesmo *arrendatário* "pode denunciar o contrato, independentemente de qualquer justificação, mediante comunicação ao *senhorio* com antecedência não inferior a cento e vinte dias sobre a data em que se pretenda a cessação, produzindo essa denúncia efeitos no final de um mês do calendário gregoriano" (art. 1100-1 CC; v. ainda arts. 9.º e 10 NRAU).

A faculdade de o *arrendatário* denunciar o contrato nos termos referidos não pode ser afastada no contrato, podendo dizer-se, assim, que é *imperativa*. Isto, porém, apenas em relação aos *arrendamentos habitacionais*. Relativamente aos *arrendamentos não habitacionais*, como resulta do disposto no art. 1110-1 CC pode ela ser livremente afastada

I — Em qualquer dos casos, em nossa opinião, trata-se de um benefício manifestamente injustificado, ao menos com a amplitude com que lhe é conferido.

Num contrato *com prazo certo*, as partes vinculam-se por toda a sua duração, a qual, atendendo à estabilidade que deve ter um *arrendamento*, terá por lei um mínimo de *cinco anos* (art. 1095-2 CC).

Ora o princípio geral da contratação é o de deverem as partes cumprir "pontualmente" aquilo a que se obrigaram (art. 406-1 CC).

Se se tivessem vinculado ao máximo da duração contratual (*trinta anos*), ainda se compreenderia que, perante uma tão longa vinculação, se oferecesse ao *arrendatário denúncia* idêntica à oferecida ao *senhorio* em contratos *de duração indeterminada* (após *cinco anos* de vigência — al. *c)* do art. 1101 CC).

O que parece injusto e desequilibrado é que, num contrato em que livremente o *arrendatário* se vinculou a um *prazo certo* de duração, por hipótese, pelo prazo mínimo legal, ele possa, ao fim de *seis meses* sobre a sua celebração, *dar o dito por não dito* para daí a *cento e vinte dias*, como lhe permite o art. 1098-2 CC, reduzindo assim para *dez meses* os *cinco anos* a que se tinha vinculado.

Ao atribuir semelhante prebenda ao *arrendatário*, o legislador revela falta de sentido de justiça e de sensibilidade das realidades práticas da vida.

É certo que, para os *contratos de duração limitada* instituídos pelo RAU, se admitia uma *denúncia* ainda mais breve (*noventa dias*, em qualquer altura do contrato — art. 100-4 RAU — o que, na prática, gerou não poucos casos de grande injustiça).

Era, contudo, já tempo de se ponderar que, por cada ruptura do contrato, só para relançar o seu prédio no mercado, terá em regra o *senhorio* de arcar com avultadas obras de restauro do espaço arrendado.

A despesa anda normalmente à roda de seis rendas mensais de mercado e deveria, teoricamente, ser suportada pelo *arrendatário*, nos termos do art. 1043-1 CC, mas, na realidade, raramente o é, porque, para haver a respectiva quantia, terá em geral o *senhorio* de ir a juízo, e então, como no velho provérbio americano, *para salvar uma vaca lá se vai o resto da manada.*

Nem sequer exige a nossa lei ao *arrendatário* uma justificação ponderável para esta ruptura unilateral, à semelhança da *denúncia justificada* do *senhorio*, admitida nas als. a) e b) do art. 1101 CC, para o *arrendamento de duração indeterminada.*

Não seria bem mais razoável, por exemplo, admitir a *denúncia do arrendatário* de *arrendamento com prazo certo*, apenas decorrida a primeira metade da duração contratada?

Pois pior acontece ainda quando o *arrendatário habitacional* se vinculou a um *arrendamento de duração indeterminada.*

Neste caso, nem o art. 1100-1 CC lhe exige qualquer duração efectiva de contrato.

Tal como está concebida a nossa lei, em termos literais, o *arrendatário habitacional* poderá assinar um *arrendamento de duração indeterminada* num dia e, no dia seguinte, comunicar ao *senhorio*, "independentemente de qualquer justificação", que denuncia o contrato para daí a *cento e vinte dias.*

Não vale, a favor desta solução, esgrimir com a ideia de que, sendo de *duração indeterminada*, o contrato até poderia, teoricamente, ter uma duração inferior à mínima legal dos contratos *com prazo certo*, pois esta indeterminação não se identifica com uma *habitação não permanente* nem com um *fim especial transitório* (art. 1096-1 CC), nem tende, ao fim de contas, a ser inferior à do *prazo certo* como, entre outras razões, resulta da antecedência fixada para o *senhorio* na al. c) do art.

1101 CC e do disposto, para os *arrendamentos não habitacionais*, no art. 1110-2 CC.

Valerá a pena lançar um breve olhar sobre o Direito comparado mais próximo de nós pela cultura e pela geografia para o compararmos com as nossas soluções.

Vejamos, então.

A — *Espanha.* Ao passo que, no nosso sistema, como vimos, sistematicamente, não se fracciona o prazo do *arrendamento com prazo certo*, e só se admite, portanto, uma *oposição à renovação* no termo da sua duração, a Espanha adoptou um critério flexível e, certamente, mais equilibrado do que nos parece o nosso.

A *duração* dos *arrendamentos para habitação* é a que for livremente convencionada mas, quando estipulada por um período inferior a cinco anos, prorrogar-se-á obrigatoriamente por prazos anuais, se o *arrendatário* não se opuser, nos termos das sucessivas prorrogações, à renovação do respectivo contrato, até que se alcance a *duração mínima de cinco anos.*

Pois bem. Durante este período de *prorrogações forçadas*, o *senhorio* poderá, se estiver previsto expressamente no contrato, relativamente a qualquer das aludidas prorrogações, utilizar a *oposição à renovação* com fundamento, apenas, na necessidade de ocupar a casa arrendada "para destinarla a vivienda permanente para sí" (art. 9.º-3 da Ley 29/1994).

Já no domínio do Decreto de 1964, que foi, visivelmente, fonte da disciplina arrendatícia do nosso Código Civil, e para contratos que se prorrogavam sucessiva e indefinidamente em favor do arrendatário, se estabelecia, entre outros casos que não vêm a propósito, poder o senhorio denunciar o contrato, quando necessitasse "para sí la vivienda o local de negocio o para que los ocupen sus ascendientes o descendientes legitimos o naturales" (art. 62, 1.º).

No mesmo diploma, estabelecia-se ainda que a necessidade de ocupação deveria ser justificada — mas prontamente se acrescentava que *se presumia essa necessidade*, além de outros casos, sempre que, habitando fora da área municipal em que se situe a casa arrendada, aí tenha de domiciliar-se; residindo embora na mesma área, aumentem as suas necessidades familiares; contraia casamento e, por esse efeito, tenha de domiciliar-se na localidade onde se situe o imóvel; estando domiciliado no lugar da casa arrendada, se veja obrigado, por causas absolutamente alheias à sua vontade, a desalojar a casa em que vivia.

Ao invés, no domínio do mesmo decreto, presumir-se-ia, não haver necessidade de ocupação, salvo prova em contrário, se o *senhorio* tivesse desalojado, nos seis meses anteriores à *denúncia/oposição à renovação* uma casa de características análogas em edifício de sua propriedade ou de familiar para quem se reclame a ocupação da casa arrendada (art. 63).

B — *França*. Com o Código Napoleónico, a França cortou com a tradição romanista, consagrada na lei *Æde*, segundo a qual não poderia fazer-se cessar imediatamente o uso da casa arrendada pelo *arrendatário*, a não ser que provasse o proprietário ser ela necessária para utilização própria[313] e impôs, nos seus arts. 1761 e 1762, que só poderia o *senhorio* lançar mão desta faculdade se ela tivesse sido especialmente convencionada.

Com o estabelecimento do *vinculismo* e em face da imposição da *prorrogação forçada* em favor do *arrendatário*, este continuou a poder *denunciar* livremente o contrato com um pré-aviso de *três meses* que, hoje em dia, podem reduzir-se a 1 mês no caso de obtenção de um primeiro emprego em outro lugar, de perda de emprego ou de novo emprego consecutivo a uma perda de emprego — mas, quanto ao senhorio, passou a admitir-se que poderia também usar do *congé* em situações especiais.

Atendo-nos, por imperativo de brevidade, à Lei 89-462, de 6 de Julho, que é o mais importante diploma em vigor, com alterações que lhe têm sido introduzidas, deverá respeitar um pré-aviso de *seis meses*, e as situações especiais legalmente consideradas são as seguintes:

a) Propósito de venda do espaço arrendado;

b) Propósito de habitação;

c) Motivo legítimo e sério.

O *propósito de venda* deve ser alegado e especificado com a indicação do preço e as condições de venda projectadas — e a *denúncia* (*congé*) tem o valor de oferta de preferência em favor do *arrendatário*, a menos que se destine a parentes até ao 4.º grau, sob a condição de ocuparem o alojamento até pelo menos, dois anos, e é válida durante os dois primeiros meses do pré-aviso (art. 15-II, com as modificações que lhe foram introduzidas).

É, no entanto *nula* a venda ao *locatário* em *violação do vínculo de prorrogação forçada* estabelecido a seu favor pela Lei n.º 75-1351, de 31 de Dezembro de 1975 (Lei n.º 2006-685, de 13 de Junho de 2006).

O *propósito de habitação* deve igualmente ser alegado com especificação do nome e direcção do beneficiário que só poderá ser o senhorio, o seu

---

313 Segundo a lei *Æde*, com efeito, a *locação* não podia ser unilateralmente revogada pelo senhorio, *nisi propriis usibus dominus eam necessarium esse probaverit* (C. IV. 65, 3).

cônjuge, "le partenaire auquel il est lié par un pacte civil de solidarité enregistré à la date du congé", a pessoa com quem vive de facto há pelo menos 1 ano à data da denúncia ("*son concubin notoire depuis au moins un na à la date du congé*"), os ascendentes ou descendentes, seus ou do cônjuge, ou do *partenaire*, ou do *concubino notório* (art. 15-I).

O *motivo legítimo e sério*, tido como uma *soupape de sûreté*, é naturalmente de dificílima aplicação prática, entendendo-se na doutrina que será certamente aplicável em caso de *comportamento infractor do arrendatário*, o que a coloca paredes meias com a *resolução* do contrato, e cria dificuldades adicionais para se destrinçarem os dois casos em certas situações concretas[314].

Em qualquer caso, o *senhorio* não poderá pôr termo ao contrato se o *arrendatário* tiver mais de *setenta anos de idade e* cujas fontes de receita anuais sejam *inferiores a uma vez e meia o salário mínimo anual* e lhe não for oferecido, nos limites geográficos previstos na lei, a menos que tenha o senhorio mais de *sessenta anos ou* o valor anual das suas receitas *seja inferior a uma vez e meia o salário mínimo anual* (art. 15-III)[315].

C — *Itália*. Também por imperativo de brevidade, restringiremos o nosso apontamento ao regime jurídico da lei do *equo canone*[316].

À luz deste diploma, o *senhorio* podia fazer cessar o contrato antes do termo da sua duração (*recesso del locatore*), mediante carta registada e com um pré-aviso de pelo menos seis meses, entre outros casos, quando tivesse necessidade, ocorrida depois da constituição da relação locatícia, da casa arrendada para a destinar a uso habitacional, artesanal ou profissional próprio, do cônjuge ou de parentes em linha recta até ao 2.° grau (al. *1)* do art. 59).

---

[314] Por exemplo, perante um arrendatário que causa perturbações de vizinhança com a presença de cães; atraindo e alimentando pombos; ou com ruído incómodo (*tapage*) diurno e nocturno. Sobre o ponto, v. BERNARD SAINTOURENS/JACQUES LAFOND/BÉATRICE VIAL PEDROLETTI, *Code des baux*, Litec — Paris, 2006, p. 154.

[315] Sobre o tema, podem ainda ver-se, principalmente: JEAN-LUC AUBERT/PHILIPPE BIHR, *La location d'habitation*, Sirey, Paris, 1990, pp. 183 ss; FRANÇOIS COLLART DUTILLEUL, *Les baux d'habitation*, Dalloz, Paris, 1994, pp. 87 ss; J. LAFON/F. LAFOND, *Les baux d'habitation à jour du décret du 28 août 1996*, Litec, Paris, 1997, 3ª ed., pp. 294 ss.

[316] Para a legislação vinculística anterior, v. F. LAZZARO/R. PREDEN/M. VARRONE, *Le locazioni in regime vincolistico*, 2ª ed., Giuffrè, Milano, 1978, pp. 349 ss.

Esta faculdade era admitida unicamente para os contratos existentes em 30 de Julho de 1978, porque, depois disso, a *denúncia* do *senhorio* tornava-se livre, não tendo cabimento recorrer a situações especiais para a recuperação do prédio[317]. Chegou a controverter-se a legitimidade constitucional da faculdade de *recesso* do senhorio, mas a Corte Constitucional rejeitou que ela infringisse o art. 3.º da Constituição[318].

Relativamente ao *arrendatário*, era sempre lícita a estipulação de uma cláusula de *denúncia antecipada* ou, havendo um motivo justificado, podia ela ser feita em qualquer altura do contrato, mediante comunicação com seis meses de antecedência.

Actualmente, está em vigor a Lei n.º 431, de 9 de Dezembro de 1998, segundo a qual "as partes podem estipular contratos de locação de duração não inferior a quatro anos, decorridos os quais os contratos se renovam por um período de quatro anos... No segundo termo do contrato cada uma das partes tem direito a activar o processo para a renovação em novas condições ou para a renúncia à renovação do contrato, comunicando a sua intenção por carta registada [*lettera raccomendata*] a enviar à outra parte ao menos seis meses antes do termo. A parte interpelada deve responder por meio de carta registada dentro de sessenta dias da data da recepção. Na falta de resposta ou de acordo o contrato considera-se caducado na data da cessação da locação. Na falta de comunicação no segundo período, o contrato é renovado tacitamente nas mesmas condições" (art. 2.º-1).

D — *Brasil.* A Lei n.º 8.245, de 18-10-1991, estabeleceu a *denúncia vazia* para as locações estipuladas por escrito com prazo igual ou superior a trinta meses (art. 46).

Assim, quando tenha sido ajustada, verbalmente ou por escrito, por um prazo inferior a este, prorrogar-se-á automaticamente por prazo indeterminado, mas o locador poderá retomar livremente a casa arrendada, "se a vigência ininterrupta da locação ultrapassar os cinco anos" (art. 47-V).

É o sistema flexível que foi depois adoptado pela Espanha, como se viu, porventura inspirada e influenciada pelo caso brasileiro.

Para o *locatário* não se estabeleceu regra própria.

Deste modo, entre os trinta meses e os cinco anos, somente poderá ser retomado o imóvel pelo *locador*, no aspecto que nos interessa, "se for

[317] Sobre o tema, v., principalmente, FRANCESCO TAMBORRINO, *Le locazioni abitative*, 13ª ed., Pirola Editore, Milano, 1991, pp. 1188 ss.

[318] MASSIMO DOGLIOTTI/ALBERTO FIGONE, *La locazione*, Giuffrè, Milano, 1993, pp. 260-261.

pedido para uso próprio, do seu cônjuge ou companheiro, ou para uso residencial de ascendente que não disponha, assim como seu cônjuge ou companheiro, de imóvel residencial próprio" (art. 47-III). "Destarte — como vaticina SÍLVIO DE SALVO VENOSA[319] — a tendência não será mais a utilização do pedido para uso próprio como um meio heróico para desalojar um inquilino que paga valor vil ou irreal de aluguel, mas como um instrumento útil à mão do locador, para manter viva a função social da propriedade".

II — Tratando-se de *casa de morada da família*, a *comunicação* a dirigir ao *senhorio*, além de obedecer aos requisitos do art. 9.° da Lei n.° 6/2006, de 27 de Fevereiro, terá, *em qualquer regime de bens*, de ser subscrita por *ambos os cônjuges*, nos termos constantes da al. a) do art. 1682-B CC.

III — Os novos *arrendamentos não habitacionais*, por seu turno, têm também (tal como para a *duração* e a *oposição à renovação*) regras próprias para a *denúncia*, que estudaremos oportunamente com mais pormenor (v. *infra*, n.° 96).

92. Denúncia, pelo senhorio, do arrendamento habitacional; ideia geral

Já referimos, a propósito da *oposição à renovação*, que desapareceu do CC o princípio institucional que se estabelecia no seu primitivo art. 1095, segundo o qual o *senhorio* não gozava, no *arrendamento urbano*, do direito de livre *denúncia/oposição à renovação*.

Propriamente quanto à *denúncia*, no sentido técnico actual, não dispõe, nos contratos novos para *arrendamento habitacional*, desse direito, relativamente ao *arrendamento com prazo certo*.

[319] *Nova Lei do Inquilinato Comentada*, 2ª tiragem, 1992, p. 168.

Obrigou-se por aquele prazo, tem de o cumprir, mesmo que tenha tido a ingenuidade de ter fixado o período máximo de *trinta anos*.

É uma regra injustificável do nosso Direito positivo — quanto à qual deverá, porventura, o intérprete, em casos de *arrendamento com prazo certo* de longa duração, fazer recurso à faculdade posta na al. c) do art. 1101 CC para os *arrendamentos de duração indeterminada*.

Relativamente a estes, com efeito, contempla expressamente a nossa lei dois tipos de *denúncia*:

a) *Denúncia livre* (*potestativa*);

b) *Denúncia justificada*.

A primeira é regulada na al. c) do art. 1101 CC.

O *senhorio* de *arrendamento para fim habitacional* pode, à luz deste preceito, sem necessidade de oferecer qualquer justificação, denunciar potestativamente o contrato "mediante comunicação ao arrendatário com antecedência não inferior a cinco anos sobre a data em que pretenda a cessação".

Terá no entanto ainda, sob pena *de ineficácia*, de *confirmar depois esta comunicação com nova comunicação ao arrendatário*, "com a antecedência máxima de quinze meses e mínima de um ano relativamente à data da sua efectivação" (art. 1104 CC).

Para estas comunicações, vejam-se ainda os arts. 9.º a 12 NRAU. Fazem-se por carta registada com aviso de recepção, dirigida ao *arrendatário* e remetida para o local arrendado (art. 9.º-1-2 NRAU). Se a carta for devolvida por o destinatário se ter recusado a recebê-la ou não tiver sido levantada no prazo regulamentar, ou se o aviso vier assinado por pessoa diferente do destinatário, deverá ser enviada nova carta com aviso de recepção "decorridos que sejam 30 a 60 dias sobre a data do envio da primeira carta" (art. 10 NRAU).

A *denúncia potestativa* é uma irradiação do *direito do senhorio* com base no qual deu o prédio ou fracção de *arrendamento*. Não pode, obviamente, ser afastada pela protecção da *casa de morada da família* estabelecida no art. 1793 CC, que se dirige exclusivamente àquela casa que é própria de um dos *cônjuges* ou *comum*.

Não abrindo o *arrendatário habitacional* mão do prédio, poderá então o *senhorio* fazer desocupar este coactivamente através do *processo de execução para entrega de coisa certa*, servindo de *título executivo* o *contrato de arrendamento*, acompanhado dos *comprovativos das comunicações* (al. *d)* do art. 15-1 da Lei n.º 6/2006).

No tocante à *denúncia justificada*, poderá o *senhorio* fazê-la em dois casos:

a) Necessidade de habitação pelo próprio ou pelos seus descendentes em 1.º grau (al. *a)* do art. 1101 CC);

b) Para demolição ou realização de obras de remodelação ou restauro profundos (al. *b)* do art. 1101 CC).

Em qualquer destas hipóteses, impõe expressamente a lei em vigor (novo art. 1103-7 CC) — e isto é muito importante — que "da denúncia não pode resultar uma duração total do contrato inferior a cinco anos".

Deste modo, ao contrário do que se permitiu ao *arrendatário habitacional* que, como se viu (cf. *supra*, n.º 91-I), mesmo no *arrendamento de duração indeterminada*, pode, sem necessidade de justificação, romper o contrato com apenas *cento e vinte dias de aviso prévio* (art. 1100-1 CC) logo, no dia seguinte à assinatura do contrato, o *senhorio*, pela sua parte, mesmo perante uma *necessidade súbita de habitação*, terá de respeitar, sempre, uma duração total não inferior a cinco anos por banda do seu *inquilino* (citado art. 1103-7 CC).

Convenhamos que não há, por parte do legislador, um tratamento equilibrado dos interesses em confronto.

Compreende-se perfeitamente que a doutrina tente, desesperadamente, temperar este desequilíbrio legislativo, preconizando que a respectiva *acção* pode ser antecipadamente intentada e até ser julgada favoravelmente antes de decorrido o lustro de vigência contratual, havendo apenas que esperar pelo seu completamento para se realizar a desocupação[320].

A *necessidade de habitação do senhorio* ou dos seus *descendentes em 1.º grau*, como fundamento de *denúncia*, na acepção actual, exige algum desenvolvimento, que vamos fazer já de seguida, deixando *para depois o fundamento da demolição, obra de remodelação ou restauro* profundos.

93. Denúncia pelo senhorio do arrendamento habitacional, justificada por necessidade de habitação

Como resulta da hipótese legal contemplada na al. a) do art. 1101 CC, a *necessidade de habitação* susceptível de fundamentar a *denúncia pelo senhorio de um contrato de arrendamento habitacional* tanto pode ser própria e — vale a pena acrescentar prontamente — do seu *agregado familiar*, como de um *descendente seu em 1.º grau*.

A lei utiliza a palavra no plural mas, evidentemente, não está em causa uma necessidade colectiva dos *descendentes em 1.º grau*.

Também, havendo *agregado familiar*, a *necessidade habitacional do senhorio* terá de ser entendida, não individualmente, mas no contexto familiar em que se enquadra.

Qualquer destas circunstâncias, assim entendida, será, por si, bastante para nela assentar a *denúncia do senhorio* que, deste modo, podemos referir genericamente como *denúncia para habitação*, pois a qualquer delas preside um regime comum que vamos estudar de seguida.

I — Tal ruptura do contrato terá, obviamente, de satisfazer a um *propósito de habitação própria do senhorio e do respectivo*

[320] *Sic*: MARIA OLINDA GARCIA, *A nova disciplina do arrendamento urbano*, Coimbra Editora, 2006, p. 35.

agregado familiar, ou de um seu *descendente em 1.º grau* — propósito que não poderá, decerto, circunscrever-se a uma *piedosa intenção*, mas terá mesmo de se efectivar materialmente, logo que desocupado espaço arrendado.

Nesta ordem de ideias, impõe expressamente a lei, com efeito, que deve o *senhorio* ou o *descendente em 1.º grau*, quando for essa a hipótese, "dar ao local a utilização invocada no prazo de seis meses e por um período mínimo de três anos" (art. 1103-2 CC).

A não ocupação nestes termos, salvo *caso de força maior*, "torna o senhorio responsável por todas as despesas e demais danos, patrimoniais e não patrimoniais ocasionados ao arrendatário, não podendo o valor da indemnização ser inferior ao de dois anos de renda, e confere ao arrendatário o direito à reocupação do locado" (art. 1103-6 CC).

Não se define na lei o que possa constituir *caso de força maior* impeditivo da ocupação do espaço cujo contrato foi denunciado, mas a redacção adoptada na formulação da lei anterior ajudará a compreender a actual, embora sem a exaurir.

Ressalvava-se então, concretamente, "a ocorrência de morte ou deslocação forçada do senhorio não prevista à data do despejo" (primitivo art. 1099-2 CC e art. 72-2 RAU).

Para além da *morte* ou *deslocação forçada*, será decerto ainda *caso de força maior*, para este efeito, *a simile*, do que, como tal se decreta para a não ocupação do espaço arrendado pelo *arrendatário*, a *doença* do próprio, do *cônjuge* ou de quem viva com o obrigado à ocupação em *união de facto* (art. 1072-2 CC).

Por outro lado, não bastará ao *denunciante* o mero propósito de habitar o prédio arrendado: para se ter direito a desalojar o *arrendatário* será ainda indispensável, nesta hipótese, como se declara na al. a) do art. 1101 CC, que *se verifique uma efectiva necessidade de habitação*.

Se o *senhorio* (ou, sendo caso disso, o *descendente*) *já está servido*, e apenas se move pelo objectivo de mudar de bairro, ou de casa no mesmo bairro ou concelho, por capricho ou um qualquer motivo fútil, não terá direito a *denúncia*.

Esta só é concedida, pois, para satisfazer a uma real *necessidade de habitação*, isto é, para obviar a um *estado de insatisfação de alojamento*[321].

Como semelhante noção, assim precisada, é ainda muito vaga, a lei tratou de a cercar de certos *requisitos delimitativos*, que constituem como que balizas ou pontos de referência *essenciais* à sua configuração legal. Sem algum desses requisitos, não poderemos portanto dizer que nos encontramos em presença de *necessidade de habitação*.

Foi todavia a lei ainda mais longe, pois estabeleceu, além disso, novas limitações ao *direito de denúncia* que nos parecem dever configurar-se como *requisitos negativos*, a acrescer aos *requisitos de denúncia* que tradicionalmente vinham sendo estabelecidos.

Os primeiros são formulados no art. 1102-1 CC. Os segundos constam da disposição estabelecida no art. 107 RAU — ainda aplicável e só aplicável, como veremos daqui a pouco, aos contratos anteriores à entrada em vigor da Lei n.º 6/2006 (al. *a)* do art. 26-4).

Os exigidos no art. 1102-1 CC para a susceptibilidade de *denúncia* do contrato pelo *senhorio*, no pressuposto da *necessidade de habitação*, são os seguintes:

a) Ser ele "proprietário[322], comproprietário ou usufrutuário do prédio, há mais de cinco anos, ou independentemente deste prazo, se o tiver adquirido por sucessão" (al. *a)* do preceito);

---

[321] Como se definiu no ac. (inédito) da Relação de Lisboa, de 11-12--1979 (Proc. n.º 13 548), a *necessidade* de casa para habitação não é uma qualidade avaliada e voluntariamente atribuída pelo juiz, em seu prudente arbítrio, mas um dado apreendido pelos sentidos como carência de ordem económico-material que constitui um *facto conclusão*.

[322] Esta qualidade, referida sempre nas formulações antecedentes, tinha sido omitida na publicação da Lei n.º 6/2006, por evidente lapso que foi

b) Não ter, há mais de 1 ano, na área dos concelhos de Lisboa ou do Porto e seus limítrofes, ou no respectivo concelho quanto ao resto do País, conforme a situação do prédio arrendado, casa própria ou arrendada que satisfaça às necessidades de habitação própria ou dos seus descendentes em 1.º grau (al. b*)* do citado número).

São, pois, os factos em que estes requisitos assentam que, como *condições da acção*, terá o *denunciante* de alegar e provar em juízo, para obter o decretamento do *despejo*, *denunciando* o contrato, pois, com efeito, esta *denúncia* — ao invés da do *arrendatário* (art. 1100 CC) ou da realizada pelo próprio *senhorio* com base na *caducidade* do contrato (al. *c)* do art. 1101 CC) — tem de ser feita "nos termos da lei de processo" (art. 1103-1 CC).

Por outro lado, "o direito de denúncia para habitação do descendente está sujeito à verificação do requisito previsto na alínea a) do n.º 1 relativamente ao senhorio e do da alínea b) do mesmo número para o descendente".

Que quer isto dizer?

No domínio da formulação primitiva do RAU, tinha-se suscitado uma corrente de jurisprudência a exigir, para se conceder a *denúncia* por *necessidade de habitação de descendente em 1.º grau*, que alegasse ainda e provasse o *senhorio*, ou *proprietário*, que, *além do descendente*, também *não dispunha o próprio denunciante de casa habitável pelo descendente.*

Condenámos tal jurisprudência.

Nessa perspectiva, tinha-se situado o ac. Relação do Porto, de 20-9--1994, quando julgou que, pretendendo o pai denunciar o contrato de arrendamento de que é *senhorio*, com fundamento em necessidade de habitação de um seu filho, terá de alegar e provar que tanto ele como esse seu filho não têm, há mais de um ano, na respectiva área, casa própria ou

---

prontamente corrigido com a Declaração de Rectificação n.º 24/2006, de 17 de Abril.

arrendada que satisfaça às necessidades de habitação daquele descendente — Relação do Porto, 20-9-1994 (*Colectânea*, XIX-IV, p. 187)[323].

Fundamento invocado pela Relação: não é justo que, tendo o *senhorio*, porventura, *outra casa de habitação*, além daquela que compartilhava com o casal do *filho carecido de habitação própria*, vá desocupar *o inquilino* para servir o *filho*: *sirva-o com esta segunda casa.*

Referimos então ser decerto louvável que as decisões judiciais intentem realizar a equidade, mas *est modus in rebus*.

No processo, como resultava do relatório do acórdão, jamais se tinha aventado a eventualidade de o denunciante possuir uma segunda habitação, disponível para o alojamento em causa. O que se deu como provado foi que ele habitava a fracção autónoma que constituía a cave de um prédio em regime de propriedade horizontal; era titular da fracção constituída pelo rés-do-chão do mesmo prédio, ocupada por outro filho; e, ainda, da fracção constituída pelo 1.º andar que se encontrava arrendada ao casal demandado.

A Relação reconheceu que, se compartilhava o filho da cave habitada pelos pais, decerto *tinha necessidade de habitação própria*, proclamando que "não é sem razão que a sabedoria popular consagrou na fórmula do rifão 'quem casa quer casa' a natural necessidade de os recém-casados constituírem o seu lar próprio" — mas, assaltada por uma dúvida oficiosa, recusou a *denúncia* que a 1ª instância tinha concedido, por não ter sido alegado e, consequentemente, não poder ser provado, que não dispunha o denunciante de "outra casa própria ou arrendada que satisfaça às necessidades de habitação do descendente considerado" (*Colectânea citada*, p. 190).

Em face de semelhante grau de exigência, apeteceria perguntar se não seria de ir mais longe e impor que se alegasse e provasse ainda (porque não?) que também os próprios pais da nora não tinham casa que pudesse abrigar o casal sem ter de desalojar um *inquilino*.

Não se tinha seguido o melhor entendimento e foi isso que prontamente se afastou através do n.º 3, acrescentado pelo Decreto-Lei n.º 329-B/2000, ao art. 71 RAU, agora integralmente reproduzido no n.º 3 do novo art. 1102 CC.

Fica definitivamente esclarecido que, fundando-se a *denúncia* na *necessidade de habitação do descendente*, o que tem de alegar-se

---

[323] Na mesma orientação: Relação de Lisboa, 28-11-1996 (*Colectânea*, XXI-V, p. 115).

e provar-se, quanto ao denunciante, é que ele é "proprietário, comproprietário ou usufrutuário do prédio", nos termos requeridos na al. a) do n.º 1 do mesmo artigo, e que, por outro lado, *não tem o descendente residência que satisfaça às suas necessidades de habitação*, nos termos da al. b) desse n.º 1.

II — Descendo agora à análise circunstanciada dos diversos requisitos estabelecidos no art. 1102 CC, para a *denúncia pelo senhorio* do *contrato de arrendamento urbano*, fundada em *necessidade de habitação*, temos de liminarmente atentar em que a redacção do preceito apresenta ainda deficiências, algumas delas importadas das anteriores formulações, que devemos evidenciar.

A primeira é a que se nota logo no princípio do n.º 1, quando aí se refere "o direito de denúncia para habitação do senhorio", logo depois de se ter proclamado, no artigo anterior, que tal *denúncia* também serve para a *necessidade de habitação* dos seus *descendentes em 1.º grau*.

Foi uma cópia negligente do primitivo art. 1098-1 CC que não teve em consideração que, nessa altura, ainda não abria a *denúncia/oposição à renovação* também ao *descendente em 1.º grau*.

A segunda era o lapso de escrita da omissão de referência ao *proprietário*, e que foi já corrigida com a Declaração de Rectificação n.º 24/2006. Não é só o *comproprietário* ou o *usufrutuário* que têm de o ser há mais de cinco anos. É também o *proprietário*, que sempre figurou em todas as formulações anteriores, a preceder o *comproprietário* e o *usufrutuário*.

A terceira é a imperfeição técnica do n.º 2 do art. 1102 CC, que vem de trás, e que continua a não ser corrigida.

Neste ponto, referindo-se à hipótese da escolha da casa cujo contrato se há-de *denunciar*, quando haja mais de uma, estatui-se que será sacrificada aquela que, "satisfazendo as necessidades de habitação própria e da família", esteja arrendada há menos tempo.

Ora, é mais do que evidente que a referência estrita à necessidade "de habitação própria e da família" do *senhorio* está desfasada: não alude à dos *descendentes em 1.º grau* — porque se atém a reproduzir acriticamente o art. 71-2 RAU, que, por sua vez, reproduzia *ipsis verbis* o primitivo art. 1098-2 CC, que não contava ainda com a *denúncia* por *necessidade habitacional de descendente em 1.º grau.*

A — Detenhamo-nos, então, nos requisitos estabelecidos na al. a), relativamente ao *senhorio*, embora aplicáveis, nesta base, tanto à *denúncia* fundada nas *suas necessidades de habitação* como, sendo essa a hipótese, nas de *habitação de descendente seu em 1.º grau.*

Requerendo-se, aí, que seja o *denunciante comproprietário* ou *usufrutuário*, (ou ainda, acrescentemos, *proprietário*), exclui-se implicitamente da titularidade do *direito de denúncia* o *senhorio* que tenha celebrado o contrato *no uso de poderes legais de administração*, sem deter alguma daquelas qualidades.

Só, pois, um *proprietário*[324] *comproprietário* ou *usufrutuário* poderá requerer a *denúncia* do contrato, se reunir ainda as restantes condições legais.

Pode, estando a *propriedade* parcelada em *nua propriedade* e *usufruto*, pôr-se em dúvida se, então, também terá o *nu proprietário* direito de *denúncia* ou se, neste caso, só o *usufrutuário* que preencha os restantes requisitos a poderá realizar.

Se, havendo diversos *comproprietários*, o direito de *denúncia* cabe, como tem sido entendido, a qualquer deles, parece que

---

[324] Já se tem, contra esta qualidade, sustentado a *nulidade* da aquisição da propriedade de casas económicas do Estado, alienadas contra o disposto nos arts. 40 ss. Decreto-Lei n.º 608/73, de 14 de Novembro, *ex vi* do disposto no art. 1.º-1 do Decreto-Lei n.º 376/76, de 19 de Maio (cf. ac. da Relação do Porto, de 31-1-1985 (*Colectânea*, X-I, p. 154).

nada obstará a que também o mero *radiciário* possa utilizá-la, cumprindo as outras condições legais[325].

A objecção mais impressionante que foi oposta a esta conclusão, no domínio das formulações anteriores, é da autoria de CARLOS LIMA. Para o Ilustre Advogado, o proprietário de raiz "não pode invocar tal direito pela simples razão de que é alheio à relação jurídica de arrendamento em que o mesmo se insere"[326] — entendimento que alcançou o pronto e valioso acolhimento de ANTUNES VARELA[327].

Em nosso parecer, porém, e salvo o devido respeito, o argumento, quando aturadamente ponderado, não deve merecer acolhimento.

É claro que, em princípio, só o *senhorio* do contrato celebrado com o *arrendatário* terá *legitimidade* para o *denunciar*; mas acontece que, em certos casos particulares, a lei confere *direito de denúncia,* e a jurisprudência tem-no justamente reconhecido, ainda a quem não terá propriamente essa posição, mas está numa determinada relação com ela.

Assim, o *comproprietário* pode *denunciar* o arrendamento, sem embargo de ter sido outro comproprietário o interveniente exclusivo na celebração do contrato.

O *herdeiro de herança indivisa*, como tem sido julgado, pode usar deste direito de *denúncia*, não obstante poder não vir ulteriormente a ser-lhe atribuída qualquer quota no prédio arrendado.

Ora o *radiciário* não é verdadeiramente alheio ao arrendamento celebrado pelo *usufrutuário*.

---

[325] Contra: ANTÓNIO PAIS DE SOUSA, *Extinção do Arrendamento Urbano*, 2ª ed., 1985, Almedina, p. 108 e, na jurisprudência, Relação do Porto, 20-12-1972 (*BMJ* n.º 22, p. 470); Relação do Porto, 4-2-1982 (*Colectânea*, VII-I, p. 283).

[326] Cf. *Arrendamento — Denúncia, Usufruto e Nua propriedade* (*ROA*, n.º 44.º [1984], I, p. 112).

[327] Cf. *Rev.Leg.Jurs.*, 120.º, pp. 48-54.

É de considerar que, no nosso Direito positivo, foi rejeitada a concepção do *usufrutuário* como um *proprietário temporário* — o que comprime a sua posição, em favor do *radiciário*.

Na vigência do arrendamento, é sobre este que impende a obrigação de realizar as *reparações extraordinárias* do prédio (art. 1473-1 CC). Ele pode inclusivamente opor-se à própria celebração do contrato de arrendamento, se não respeitar o destino económico da coisa (art. 1446 CC).

Findo o *usufruto*, fica o *nu proprietário* onerado a dar *preferência* na celebração de novo contrato com o *arrendatário*, nos termos do art. 1091-1, al. b), CC.

Porque não admitir que, necessitando ele do prédio para aí construir a sua *residência* ou para *habitá-lo*, possa intentar contra o *arrendatário* a respectiva acção de *denúncia?*

Tanto é aceitável este entendimento que mesmo aqueles que liminarmente o têm recusado acabam, por vezes, por vir a reconhecer ao *radiciário* direito de *denúncia* através de uma qualidade colateral e, para ele, verdadeiramente abnorme.

Com efeito, já se tem julgado e defendido que, tendo sido o *nu proprietário* quem, nessa qualidade, celebrou o *contrato de arrendamento* como *senhorio*, não se lhe poderá negar aquele direito[328].

É verdade que, no *prœmio* do art. 1102-1 CC (como, antes, no art. 1098-1 CC e no art. 71-1 RAU) se refere directamente ao "direito de denúncia para habitação *do senhorio*" — mas cremos que, com esta expressão, não houve o propósito legislativo de restringir o comando àqueles que, para além de *proprietários, comproprietários* ou *usufrutuários* reúnam em si a qualidade de *senhorio*[329].

---

[328] SUPREMO, 3-3-1983 (*BMJ* n.º 325, p. 548; *ROA*, 44.º-1, p. 105; *Rev.Leg.Jurs.*, 120.º, p. 45); ANTUNES VARELA, *Rev. Leg.Jurs.*, 120.º, p. 53.

[329] Como o sustenta CARLOS LIMA, *Arrendamento — Denúncia, Usufruto e Nua propriedade* (*ROA*, 44.º-I, pp. 114-115).

Se assim fosse, também o *usufrutuário*, quando não acumulasse com esta a qualidade de *senhorio*, não teria *direito de denúncia*, e tão-pouco o teria o *nu proprietário*, em tal construção, porque, sendo embora *senhorio*, não era *proprietário pleno*[330] — ou, então, que poderia o *radiciário*, como *senhorio*, usar a *denúncia*, mas para a habitação do *usufrutuário*, a quem cabe o gozo do prédio.

Todas estas construções parecem artificiosas e insatisfatórias.

Realmente, o art. 1102-1 CC (em reprodução do art. 71-1 RAU, por sua vez, repetindo o primitivo art. 1098-1 CC) não situa o *senhorio* como *titular do direito de denúncia*, apenas o reconduzindo à posição do sujeito que se substituirá ao *arrendatário* na habitação do prédio — e fá-lo, tão-somente, por ser essa a hipótese normal; não, porque tenha em vista excluir o *proprietário, comproprietário* ou *usufrutuário*, quando não for *senhorio* — ou, muito menos, para dar *direito de denúncia* a quem seja *senhorio*, sem todavia poder ser incluído nalguma daquelas categorias essenciais.

O *nu proprietário*, seja ou não *senhorio*, é *proprietário*; logo, em nossa opinião, tem pleno cabimento numa delas (*proprietário*) e, *só por esse facto*, já poderia denunciar o *contrato de arrendamento* para habitação própria e do seu agregado familiar, sem embargo de o gozo do prédio estar *temporariamente* encabeçado no *usufrutuário* — à imagem do que acontece com qualquer dos *comproprietários*, a despeito de a nenhum destes caber o uso exclusivo da coisa (art. 1406-1 CC).

Em contrário, mais recentemente, mas ainda no domínio da legislação anterior:

— O radiciário nu comproprietário, como tal, ainda que o seja há mais de cinco anos, não tem o direito de denúncia do contrato de arrendamento — Relação de Lisboa, 23-10-1997 (*Colectânea*, XXII-IV, p. 121).

---

[330] Como se diz no ac. do SUPREMO, de 3-3-1983, acima citado, e o recorda ANTUNES VARELA, *Rev.Leg.Jurs.*, 120.°, p. 52.

Este excelente aresto, relatado brilhantemente por VARGES GOMES, não obstante generosamente conceder alguma qualidade à nossa argumentação, pondera sermos o único autor a sustentar a susceptibilidade de *denúncia* do mero *radiciário*.

Relativamente ao panorama nacional, será porventura esse o caso — mas, se nos é permitido, sempre gostaríamos de acrescentar que não receamos estar sós enquanto estivermos convencidos da justeza e rigor do nosso entendimento. Cresce, todavia, a corrente que já vai admitindo essa susceptibilidade, antes recusada, ao nu proprietário *que tenha sido o senhorio do contrato*. Depois do Professor ANTUNES VARELA[331], podemos ainda passar a referir também, neste sentido, SEQUEIRA RIBEIRO[332], JANUÁRIO GOMES[333] e ARAGÃO SEIA[334].

Terá de reconhecer-se que representa isto já um consolador avanço no sentido do nosso entendimento — o qual, aliás, cremos que mais se reforçará se ponderarmos que, como resulta do disposto no art. 71-1 RAU, não bastará ser-se *senhorio* do contrato para se poder *denunciar* este: é preciso ser-se *proprietário*, *comproprietário* ou *usufrutuário* do espaço arrendado.

Ora se, impugnando a nossa tese, se sustentar que ele não é *proprietário*, como admitir que poderá denunciar o contrato, ainda que seja simples *senhorio?* Se, pelo contrário, se entender que lhe falta, para o efeito, a qualidade de *senhorio*, entraremos numa questão fundamentalmente adjectiva, e bastaria nesse caso exigir (nem vamos longe disso) que fosse o *senhorio usufrutuário* a denunciar o contrato, em favor do *radiciário*.

Já agora, não fecharemos este apontamento sem salientar que não se entendem entre si os seguidores desta construção quanto a saber se, sendo o *radiciário* o *senhorio* do *arrendamento*, a circunstância de não o admitir a denunciar representaria impedir também a denúncia ao *usufrutuário carecido de habitação* (é a conclusão de ARAGÃO SEIA — cf. o que refere o Saudoso Conselheiro a pp. 445), ou se conduziria antes a aceitar-se que ambos (*radiciário* e *usufrutuário*) teriam tal direito, o primeiro como *senhorio* e o segundo através duma *acção de reivindicação*, como parece ser o entendimento de CARLOS LIMA, ANTUNES VARELA, SEQUEIRA RIBEIRO e JANUÁRIO GOMES.

---

[331] *Rev.Leg.Jurs.*, 120.º, p. 53, e PIRES DE LIMA/ANTUNES VARELA, *Código Civil Anotado*, II, 4ª ed., Coimbra Editora, 1997 p. 628, aqui referindo a nossa opinião em contrário, "mas sem razões convincentes".

[332] Cf. *Sobre a denúncia no contrato de arrendamento para habitação*, p. 71.

[333] Cf. *Arrendamentos para habitação*, 2ª ed., Almedina, 1996, p. 291.

[334] *Arrendamento Urbano*, Almedina, 2000, 5ª ed., p. 446. Nas duas edições posteriores, manteve o entendimento.

A última destas soluções, como logo se notará, resolve-se numa construção muito próxima da nossa, de que só se afasta, afinal, enquanto rejeita ao *radiciário não senhorio* legitimidade para denunciar o contrato, em clara contradição com o que se admite para o *comproprietário não senhorio* ou para o *senhorio proprietário pai* (al. *a), in fine*, do art. 69-1 RAU, actualmente reproduzida pela alínea homóloga do número homólogo do art. 1102 CC) — e, para cúmulo, passando pela nossa desenvolvida argumentação contrapondo-se-lhe apenas, na expressão de ANTUNES VARELA, a não argumentativa qualificação de "sem razões convincentes"[335].

B — A seguir ao denunciante *proprietário*, admite a lei (al. *a)* do art. 1102-1 CC) a *denúncia* do contrato pelo *comproprietário*, do mesmo modo com fundamento em *necessidade de habitação* própria, ou de *descendente seu em 1.º grau*.

Este requisito, data apenas da primitiva formulação do Código Civil, não incluindo então o descendente em 1.º grau. Não constava ainda, expressamente, da Lei n.º 2:030, durante a vigência da qual, aliás, já a *denúncia* no caso de *pluralidade de titulares* do prédio arrendado era estudada e debatida fundamentalmente em relação aos *comproprietários* ou aos *co-herdeiros*.

Anteriormente à primitiva formulação arrendatícia do Código Civil, sustentava-se que a *denúncia* do arrendamento *para habitação própria*, por um dos *contitulares*, só poderia ser decretada mediante expresso e prévio *assentimento* dos outros[336].

O mesmo entendimento continuou a ser subscrito, após a vigência do Código, com fundamento em que este diploma afirmava só poder a *denúncia* ser usada *uma vez* (al. *c)* do art. 1098-1 CC, eliminada com o RAU)[337].

---

[335] Cf. PIRES DE LIMA/ANTUNES VARELA, *Código Civil Anotado*, II, 4ª ed., Coimbra Editora, 1997, p. 628, nota 7.

[336] ALBERTO DOS REIS, *Processos Especiais*, I, Coimbra Editora, 1955, p. 179.

[337] ISIDRO MATOS, *Arrendamento e Aluguer*, Atlântida Editora, Coimbra, 1968, p. 246; ANTÓNIO PAIS DE SOUSA, *Extinção do Arrendamento Urbano*, 2ª ed. cor. e aum., Almedina, Coimbra, 1985, pp. 110-111; PEREIRA COELHO, *Arrendamento*, 1980-1981, p. 212, nota 1; 1984, p. 228, nota 1; 1988, p. 70, nota 1.

Não era, no entanto, esta uma opinião pacífica, havendo pelo contrário quem sustentasse ter-se o Código Civil limitado a incluir entre os requisitos da *denúncia* o de ser-se *comproprietário* sem, neste caso, lhe ajuntar quaisquer limitações, o que bem inculcava ter querido prescindir da intervenção ou do *acordo* dos restantes.

Assim — acrescentava-se — se algum dos *comproprietários* porventura tivesse também interesse em ocupar o prédio, teria de ter a iniciativa de intervir na acção do *comproprietário denunciante*, alegando e provando que se encontrava nas condições legalmente exigidas, cumprindo então ao tribunal decidir a qual deles deveria ser atribuída a prioridade[338].

Em favor da primeira destas doutrinas e em desfavor da segunda, chegava a dizer-se que não se via qual o meio processual a ser usado contra o *denunciante* pelo *comproprietário* com melhor direito, o qual poderia inclusivamente só vir a dar pela *denúncia* do arrendamento após o trânsito em julgado da respectiva decisão[339].

Pela nossa parte, rejeitávamos a objecção.

O meio processual para a intervenção do *comproprietário* menos lesto será, em nosso parecer, obviamente, a *oposição espontânea* regulada nos arts. 342-346 CPC, que poderá ser deduzida enquanto não estiver designado dia para a audiência de *discussão e julgamento* da causa em 1ª instância ou, não tendo esta cabimento, "enquanto não estiver proferida sentença" (art. 342-2 CPC)[340].

---

[338] ANTUNES VARELA, *Rev.Leg.Jurs.*, 101.º, pp. 172-176. Esta doutrina veio a ser consagrada no douto ac. da Relação de Évora, de 26-3-1980 (*Colectânea*, V-3, p. 14).

[339] PAIS DE SOUSA, *Extinção do Arrendamento Urbano*, Almedina, Coimbra, 2ª ed. cor. aum., 1985, p. 111.

[340] Entendimento que veio mais tarde a ser também subscrito por ARAGÃO SEIA, *Arrendamento Urbano*, 5ª ed., Almedina, 2000, p. 447 — que tivéssemos dado por isso, desde essa edição, mantendo-se depois nas seguintes (cf. anotações ao art. 71).

Aliás, o *comproprietário* denunciante irá, em princípio, ocupar, na casa, a posição do *arrendatário* dos outros contitulares, não se pondo assim os problemas que na *compropriedade* poderiam suscitar-se perante o uso exclusivo da coisa comum por parte de um deles (art. 1406 CC).

Na verdade, não sendo natural que renunciem os restantes à quota-parte de renda que estavam a usufruir, e não podendo o denunciante, nos termos do citado preceito, locupletar-se com a utilização gratuita em proveito exclusivo, a investidura do comproprietário utente na posição de *inquilino* será, se bem nos parece, a solução mais intuitiva para a conciliação dos interesses em confronto.

A sua *denúncia*, se não houver acordo diferente com os restantes *comproprietários*, terá, pois, o alcance natural de se substituir, perante eles, ao *arrendatário* cujo contrato foi denunciado.

Deste modo, não parece que possam os restantes justificadamente queixar-se de que só tiveram conhecimento do facto após o trânsito da sentença, pois isso reflectirá bem a falta de interesse em se substituírem ao *arrendatário*.

Nesta ordem de ideias, poderá, porventura, pôr-se mesmo a questão de saber se não terá o *comproprietário* interessado o direito de submeter a *denúncia* ao tribunal contra a própria vontade dos restantes *comproprietários* não necessitados de habitação.

Propriamente quanto à afirmação da primeira das aludidas doutrinas, de que a *necessidade de acordo* dos restantes *comproprietários* se justificaria, porque a *denúncia* só pode ser feita *uma vez*, o argumento caiu pela base, com a entrada em vigor do art. 71-1 RAU, que eliminou pura e simplesmente a alínea c), que constava do primitivo art. 1098-1 CC, e exigia esse requisito, aliás já não interpretável, então, nesse sentido[341].

---

[341] Como temos desenvolvido desde o nosso *Curso de Direito dos Arrendamentos Vinculísticos*, 1988, 2ª ed., pp. 560-561.

C — Não basta, no entanto, ser-se *proprietário*, *comproprietário*, *ou usufrutuário* do prédio arrendado: é ainda necessário, para se preencher o requisito legal, que a *titularidade dure há mais de cinco anos*, salvo no caso de *sucessão*.

Tal período — ao contrário do que, como vimos, se tem defendido para os cinco anos mínimos de vigência do contrato, que se deve respeitar, nos termos do art. 1103-7 CC (cf. *supra*, n.º 92, *in fine*) — tem, naturalmente, de estar completado à data da propositura da acção, pois constitui uma *condição* desta, não podendo ultimar-se eficazmente apenas no decurso do seu exercício, por apelo ao disposto no art. 663 CPC.

A este propósito, importará referir ainda que aqueles que recusam ao *radiciário* a susceptibilidade de *denúncia* do arrendamento, nos termos em que a estamos estudando, sem embargo de ser *proprietário* do prédio, não podem deixar de a admitir quando se extinga o *usufruto* e nele se consolide, assim, a *propriedade plena*.

Curiosamente, costumam então sustentar que, para os cinco anos de titularidade exigidos já será suficiente o tempo passado em *nua propriedade*, não sendo de exigir que se inicie o cômputo unicamente desde a consolidação em *propriedade plena*[342], salvo no caso (exceptuado por alguns mais exigentes) de o *usufruto* ter cessado através de *renúncia*, em que só deverão os cinco anos contar-se desde a *renúncia*, para de tal jeito se evitar a possibilidade de fraude[343].

Em nossa opinião, nenhum destes entendimentos parece aceitável.

---

[342] SUPREMO, 9-7-1974 (*BMJ* n.º 239, p. 179); A. PAIS DE SOUSA, *Extinção do Arrendamento Urbano*, 1985, p. 109; ANTUNES VARELA, *Rev.Leg Jurs.*, 120.º, p. 53, nota.

[343] Relação de Évora, 16-5-1978 (*Colectânea*, III-4, p. 1382); A. PAIS DE SOUSA, *Extinção do Arrendamento Urbano*, 1985, p. 109.

Relativamente ao primeiro, será bem de ver que, se se começou por considerar que a qualidade de *nu proprietário* não cabe em nenhuma das categorias contempladas na al. a) do art. 1102-1 CC (*proprietário, comproprietário, usufrutuário*) — então, excluída ela do âmbito de aplicação da alínea, é evidente que de nada valerão os cinco anos de tal titularidade desse direito, visto que a *alínea só dá valor ao tempo de titularidade* de *algumas das situações que ela própria refere e compreende.*

Não faz sentido principiar por excluir o *radiciário* do rol das suas categorias, para o efeito de se lhe recusar o direito de *denúncia* do arrendamento e, logo a seguir, fazê-lo entrar numa delas para, de tal modo, se contar *esse tempo* de titularidade, por se ter entretanto tornado *proprietário pleno*, em cuja qualidade não completou, todavia, o requisito temporal.

Em semelhante construção, salta à vista o seu carácter compensatório da injustiça com que se tinha principiado por tratar o radiciário: é um *prémio de consolação.*

Em relação ao segundo entendimento, parece-nos óbvio o vício de que padece: ele *confunde a nuvem com Juno.*

Não é razoável deixar de reconhecer eficácia à *renúncia* ao *usufruto*, só porque ela poderá, *eventualmente*, esconder um comportamento fraudulento; e se, no caso concretamente considerado, a não esconde?

D — Semelhante requisito temporal é, todavia, dispensado se a titularidade do prédio tiver sido obtida através de *sucessão.*

Em semelhante hipótese, o *direito de denúncia* poderá ser exercido *imediatamente*, sem se esperar por qualquer prazo de prévia duração da titularidade.

a — O termo *sucessão* tem, na ressalva em apreço, um sentido próprio, que é o definido no art. 2024 CC: restringe a aquisição nela compreendida, portanto, ao âmbito do *Direito sucessório.*

Deste modo, não precisará de esperar por qualquer prazo e poderá propor imediatamente uma acção de *denúncia* do contrato o *herdeiro* ou *legatário* do prédio arrendado (art. 2030 CC), mas já terá de esperar pelos cinco anos, desde a sua aquisição, o adquirente por acto *inter vivos* do direito com base no qual foi celebrado o *contrato de arrendamento*, não obstante declarar-se no art. 1057 CC que ele *sucede* nos direitos e obrigações do *locador*.

b — Pode ocorrer na prática o caso de o *proprietário* ter adquirido, por compra ou permuta, o prédio arrendado, falecendo antes de completados os cinco anos necessários para lançar mão da *denúncia para habitação*.

Perguntar-se-á, se algum sucessor seu poderá usar imediatamente a *denúncia*, escudando-se no facto de ter adquirido a propriedade *por sucessão*.

Por um lado, poderá pensar-se que, não tendo o *de cuius* completado ainda tal prazo nem estando este cumprido à data do exercício da *denúncia*, faltará o requisito temporal constante da al. a) do art. 1102-1 CC: *nemo precise ad alium transferre potest quam ipse habet.*

Por outro, dir-se-á que, tendo o requisito em mira evitar a fraude de se alienar o prédio com vista ao exercício da *denúncia*, não se suscitaria aqui a *ratio legis*, e seria então de admitir o sucessor carecido de habitação a denunciar o contrato.

Cremos ser esta a solução mais adequada. Não impressiona a circunstância de o *de cuius* não ter o direito que é exercido pelo sucessor, pois este baseia-se numa circunstância pessoal — a necessidade de habitação — que poderia perfeitamente não existir, relativamente àquele.

III — O requisito posto na al. b) do art. 1102-1 CC, de não ter o *denunciante* (ou o seu *descendente em 1.º grau* — cf. n.º 3 do mesmo art. 1102) na localidade ou na área do concelho (e seus limítrofes, nos Lisboa ou do Porto) *casa própria* ou *arrendada,* há mais de 1 ano, está formulado em termos que carecem de esclarecimento adequado, a fim de se evitarem as confusões e equívocos que nesta matéria já desde as formulações anteriores têm sido frequentes e quanto aos quais a doutrina se tem visto, por vezes, em palpos de aranha para os explicar.

A — Antes de mais, não vá supor-se que, exigindo a lei para a *denúncia* que não se tenha casa *há mais de 1 ano*, na localidade ou região de concelhos de Lisboa e Porto (subentenda-se: em que se situe a do contrato a denunciar), não ficaria ela excluída quando se tivesse aí casa *só há 1 ano ou menos*[344].

Seria completamente absurdo que, estando já servido o *denunciante* ou o *descendente*, embora de fresca data, se pudesse, só por isso, desalojar o *arrendatário.*

B — Também, por outro lado, não deverá ser-se levado a pensar que, em face da exigência posta na alínea em referência, o *denunciante,* (ou *descendente*) teria de estar durante mais de 1 ano a viver na localidade ou região de concelhos de Lisboa ou Porto da situação do prédio arrendado, pernoitando com a família pelos bancos dos jardins, aboletado de favor em casa de

[344] Como já se terá pretendido, segundo o testemunho de ALBERTO DOS REIS, (*Processos Especiais*, 1.º, Coimbra Editora Lda., 1955, p. 180), mas o próprio Parecer da Câmara Corporativa sobre o *Projecto* que veio a converter-se na Lei n.º 2:030 expressamente repudiou (*Diário das Sessões,* de 1-4-1950, p. 731), e hoje unanimemente se recusa: ALBERTO DOS REIS, *lugar citado*; PINTO DE MESQUITA/POLÓNIO DE SAMPAIO, *Legislação sobre arrendamentos*, 1962, p. 149; PAIS DE SOUSA, *Extinção do Arrendamento Urbano*, 2ª ed. cor. e aum., Almedina, 1985 p. 113; PEREIRA COELHO, *Arrendamento* (ed. dact.), 1988, p. 271, nota 2; PIRES DE LIMA/ANTUNES VARELA, *Código Civil Anotado*, II, 4ª ed. rev. e aum., Coimbra Editora, 1997, p. 627.

parentes ou amigos, ou instalado num hotel, até poder exercer o *direito de denúncia*[345].

Estar num hotel ou, de *favor*, em casa de parentes ou amigos não descreve, obviamente, a situação de "ter casa *própria ou arrendada*", que se contempla na alínea como ressalva da formação do *direito de denúncia.*

No que, portanto, importa atentar é em que não se reveste de um grande rigor de linguagem o passo *casa própria*, devendo ser entendido, como geralmente o tem sido, num *sentido amplo*, que não se aterá unicamente à casa quanto à qual se tem um *direito de propriedade.*

Este passo da alínea b) deve relacionar-se com o requisito imposto na alínea a) do artigo: ser *proprietário*, *comproprietário* ou *usufrutuário.*

A expressão "não ter... casa própria" abrange, por conseguinte, todas as situações em que, ou o *denunciante* ou, se for o caso, o seu *descendente em 1.º grau*, habitem tal casa a título de *proprietário*, *comproprietário* ou *usufrutuário.*

Mais ainda: compreenderá *todas as situações em que a casa é habitada, com carácter permanente, só a título de arrendamento, como se contempla na parte seguinte da expressão.*

Por outro lado, importará salientar que a *necessidade de habitação*, que, segundo o preceito, a *denúncia* se destina a satisfazer, pode resultar e resulta, na maior parte dos casos, de uma *mudança de residência*, sendo a doutrina hoje unânime em entender que *basta a iminência desta* para logo se poder usar o *direito de denúncia.*

---

[345] Assim o julgou, p. ex., o ac. Relação de Coimbra, de 3-4-1951 (*BMJ* n.º 28, p. 328), perante o n.º 2.º da al. b) do art. 69 da Lei n.º 2:030, em que se inscrevia precisamente a expressão transposta *ipsis verbis* para a al. b) do art. 1098-1 CC — depois, para a al. b) do art. 71-1 RAU, com o acrescentamento da satisfação às *necessidades de habitação* e, nesta variante, para a al. b) do art. 1102-1 CC actual.

Foi, de resto, precisamente para fazer face a uma *mudança residência* que se concebeu, na Lei n.º 2:030, a previsão legal depois transposta para a formulação primitiva do Código Civil[346], depois para o RAU e hoje incluída, de novo, no CC.

Sob este ângulo de análise, resultará perfeitamente claro o pensamento legislativo. Quis, efectivamente, admitir-se a susceptibilidade de *denúncia* do contrato quando o *denunciante* (ou, se for esse o caso, o seu *descendente em 1.º grau*) mude a sua residência ou esteja em iminente perspectiva de mudança para a área do prédio cujo contrato se pretenda *denunciar,* e onde não só não tenha já casa *arrendada* como não ocupe alguma que satisfaça à sua *necessidade de habitação* a título de *proprietário, comproprietário* ou *usufrutuário* — *e, ainda, que a não tenha tido, nessas condições, há 1 ano, ou menos disso.*

É que, nesta eventualidade de já ter tido aí casa há menos de 1 ano, não só, na perspectiva do legislador, seria indecoroso que viesse o *proprietário, comproprietário ou usufrutuário* desalojar um *arrendatário*, tendo o beneficiário estado servido há tão pouco tempo, como haveria o risco de se ter praticamente forçado, abandonado essa casa, o exercício do *direito de denúncia*[347].

Com a alusão ao período de mais de 1 ano, tem a lei, pois, em vista estabelecer um *prazo intercalar,* de decoro e garantia, entre o exercício da *denúncia* e aquela eventualidade — prazo que, naturalmente, respeitará tanto a uma casa "*própria*" (no amplo sentido acima proposto) como a uma casa simplesmente *arrendada.* Em ambas as hipóteses, o beneficiário esteve eficazmente alojado.

Importa ainda não perder de vista, quanto a este *prazo intercalar,* que também ele é uma *condição de acção* e tem, por

---

[346] Cf. J.G. Sá Carneiro, *Rev. Trib.*, 66.º, p. 374.

[347] *Sic*: Relação de Coimbra, 17-1-1984 (*Colectânea*, IX-I, p. 41).

isso, de estar já completado à data da instauração do processo, não podendo ultimar-se eficazmente no decurso da causa[348].

Em síntese, temos assim explicado o alcance profundo da fórmula verbal expressa na alínea em apreço[349].

C — Quanto ao elemento geográfico do requisito em presença, estabelece a nossa lei dois regimes distintos, um para a área dos concelhos de Lisboa ou Porto e seus limítrofes; outro para o resto do País, numa directa delimitação formal alheia à mediação do juiz.

Assim, se o prédio cujo *contrato de arrendamento* se pretende denunciar fica situado naquela área, o *denunciante* não pode estar servido, ou já o ter estado ao longo do ano anterior, *dentro dessa mesma área*; portanto, o proprietário de uma casa arrendada na cidade do Porto, que viva em casa própria ou arrendada, suficiente para as suas necessidades, na área do concelho do Porto ou num limítrofe deste, p. ex., no de Matosinhos, não poderá denunciar o contrato de arrendamento do Porto a pretexto de querer ou ter de ir viver para a cidade — e, vice-versa, se viver aqui, também não poderá denunciar o arrendamento de Matosinhos, a fim de ir viver para lá.

---

348 No ac. da Relação do Porto, de 10-2-1950 (*Jurs.Rels*, 2.º, p. 188) admitiu-se a susceptibilidade de ultimação ao tempo do recurso da causa, e a ideia foi acompanhada por J.G. Sá Carneiro, *em face do preceito do art. 663.º CPC* (*Rev.Trib.*, 69.º, p. 29) — mas foi depois combatida, com justa razão, por José Alberto dos Reis (*Código de Processo Civil Anotado*, V, Coimbra Editora, 1952, p. 92) e outros autores, designadamente: Isidro Matos, *Arrendamento e Aluguer*, Atlântida Editora, Coimbra, 1968, p. 249; António Pais de Sousa, *Extinção do Arrendamento Urbano*, 2ª ed. cor. e aum., Almedina, Coimbra, 1985, p. 115.

349 Como já o salientava J.G. Sá Carneiro, no domínio da Lei n.º 2:030: "se o senhorio tiver tido, no último ano, casa própria ou arrendada em qualquer ponto das ditas comarcas, não pode requerer o despejo de prédio que possua na cidade de que a comarca é limítrofe. No resto do País a exigência abrange apenas a respectiva localidade" (*Rev.Trib.*, 66.º, p. 374).

Relativamente às formulações anteriores, substituiu-se agora, para Lisboa ou Porto, pela área dos *concelhos limítrofes*, a referência anterior à área das *comarcas limítrofes* e, quanto ao resto do País, a da "respectiva localidade" pela do "respectivo concelho". Torna-se pois conveniente adaptar os antigos entendimentos a respeito das áreas de *comarcas limítrofes* e da "respectiva localidade" às actuais áreas de *concelhos limítrofes* e à do "respectivo concelho".

A este respeito, chegou a decidir-se, quanto às antigas áreas, que tal restrição só se aplicaria ao caso de o *senhorio* pretender despejar uma casa de Lisboa ou do Porto, não vigorando para o caso inverso de pretender instalar-se numa *comarca limítrofe*, numa área de custo de vida menos elevado[350] (Relação de Lisboa, 8-11-1972/*BMJ*. n.º 221, p. 263, com o apoio de PIRES DE LIMA/ANTUNES VARELA /*Código Civil Anotado*, II, Coimbra Editora, 1981, p. 521; II, [3ª ed.], 1986, p. 579; II, [4ª ed.], 1997, p. 628) — mas a distinção, salvo o devido respeito, afigurava-se-nos especiosa e infundada: os *motivos* da mudança do *senhorio* são irrelevantes. A lei não se determina por eles nesta matéria, mas pela simples *necessidade de habitação*.

Noutra perspectiva do problema, parecia ainda menos aceitável a ideia de que, se o prédio cujo contrato se pretendia denunciar se situava numa *comarca* (hoje, dir-se-ia num *concelho*) limítrofe da (ou do *concelho*) de Lisboa ou do Porto, por exemplo em Odivelas ou Gaia, já não regeria o critério por comarcas limítrofes, mas o da área da *localidade* (hoje, do *concelho*) — como sustentava JANUÁRIO GOMES (*Arrendamentos para habitação*, 1994, p. 271 e 1996 [2ª edição], p. 295).

Este entendimento não podia, manifestamente, ser retirado das palavras da lei e, no âmbito do elemento racional da interpretação jurídica, parecia difícil de compreender que se recusasse a *denúncia* de contrato relativo a

[350] JANUÁRIO GOMES contestou o rigor desta imputação que fazemos a tal corrente, quanto a fundar-se ela no *custo de vida menos elevado*. Sustentou que tais autores "não colocam a tónica da sua posição no menor custo de vida das comarcas limítrofes (referência que é, no contexto, incidental) mas partilham o entendimento do ac. da Relação de Lisboa de 18/11/72..." (cf. *Arrendamentos para habitação*, 2ª ed., Almedina, 1996, p. 295).

Contrariámos tal objecção em edições anteriores desta obra (2ª ed., p. 889, n. 45; 3ª ed., pp. 925-926, n. 47) — mas não vale a pena agora insistir nela.

Lisboa em virtude de o *denunciante* já estar servido com casa, p. ex., em Santo António dos Cavaleiros (pertencente a *comarca limítrofe*), e já ela não se recusasse quando, em vez disso, servido à mesma em Santo António dos Cavaleiros, a *denúncia* fosse para uma casa de Loures, que é *localidade* distinta de Santo António dos Cavaleiros.

Na 2ª edição da referida obra, JANUÁRIO GOMES admitia estar já *menos seguro* da sua posição anterior, continuando todavia a pensar que a nossa argumentação seria "pouco convincente", e lembrando ainda que, conforme se depreendia do pensamento de PEREIRA COELHO, *a regra* é a de relevar a *localidade*, sendo Lisboa e Porto *as excepções*; assim, "as comarcas limítrofes de Lisboa e Porto inserem-se na regra" e seria relativamente à localidade em causa que teria de se averiguar a satisfação do requisito da alínea b) do n.º 1 do art. 71 RAU[351].

Para nós, porém, a circunstância da maior ou menor extensão geográfica dos casos previstos não autorizaria o intérprete a retirar daí a ideia de que a hipótese geograficamente mais vasta seria a regra e a menos vasta é a excepção.

Tanto pode, pois, dizer-se que é *a regra* o regime das *localidades*, e o de Lisboa e Porto *a excepção* — como o contrário.

De que seria o último antes *a regra*, sugere-o, aliás, ao contrário do que pretendiam os Ilustres Autores, a circunstância de vir descrito em primeiro lugar na *facti species legal*, só depois se referindo o da respectiva localidade "quanto *ao resto* do País": o primeiro seria, pois, o *regime fundamental*; o segundo era apenas *residual*.

Não cremos, todavia, que pudesse falar-se, aqui, de um *regime regra* e doutro *excepcional*, pois os dois casos são autónomos, são diferentes, *vigoram paralelamente*, não tendo, nenhum deles, a natureza de *ressalva do outro*.

Ainda, porém, que não fosse como referimos; ainda que tal argumentação fosse "pouco convincente" e que fosse antes *o do resto* do País o *regime regra* — como poderia então pretender-se que as *comarcas limítrofes* se situavam na *facti species* dessa *pretensa regra*, isto é, *no resto do País*, e não que, como com toda a evidência teria antes de concluir-se, que estavam contempladas, isso sim, na hipótese legal da *pretensa excepção*, e que seria descrita como "área das comarcas de Lisboa e Porto *e suas limítrofes*"?

A pequena alteração introduzida no articulado actual relativamente às formulações anteriores, substituindo *comarca* por *concelho*, não abala minimamente o entendimento que vínhamos

---

351 Cf. *Arrendamentos para habitação*, 2ª ed., Almedina, 1996, pp. 294-295.

fazendo sobre os temas que suscitaram desencontros de opinião; apenas teremos de adaptar esse entendimento às novas circunscrições territoriais abraçadas pelo actual art. 1102 CC.

Assim, o *direito de denúncia* contemplado na lei para Lisboa e Porto só existe se o *necessitado de habitação* não estiver já servido (ou se o tiver estado há menos de 1 ano) na área do *concelho* de Lisboa ou do Porto, consoante o caso, ou, ainda, na de um *concelho limítrofe* — e vice-versa.

Por outras palavras, quem esteja ou tenha estado servido em Lisboa ou Porto, também não poderá denunciar para *concelho limítrofe* de cada uma das respectivas cidades; não vale raciocinar que regeria então a pretensa *regra* do resto do País, e que poderia o *senhorio* denunciar o contrato por não estar servido na área do respectivo *concelho.*

Outro tanto se diga quanto à pretensão de *denúncia* para mudança de residência de um *concelho limítrofe* para outro *limítrofe* de Lisboa ou Porto, *embora não limítrofes entre si.*

Neste caso também ela não terá cabimento.

No domínio das formulações anteriores, tinha-se suscitado ainda uma *interpretação actualística* da lei, ante desdobramentos das *comarcas* primitivamente *limítrofes* de Lisboa ou Porto, e que deixaram geograficamente de o ser após a primitiva formulação arrendatícia do Código Civil.

As áreas em questão eram as correspondentes à divisão comarcã nessa data, devendo pois entender-se ainda como *limítrofes* as que, mesmo já não sendo, o eram naquela altura[352].

Com a alteração levada a cabo pela actual formulação da al. b) do art. 1102-1 CC para a área dos *concelhos limítrofes*, parece, porém, evidenciar-se o propósito legislativo de exautorar tal interpretação actualística.

---

[352] *Sic*: Relação de Lisboa, 19-5-1981 (*BMJ* n.º 312, p. 293), aliás, com o excesso de reportar a actualização à divisão comarcã vigente à data da Lei n.º 2:030 — o que não parecia de subscrever.

Agora *concelho limítrofe* é unicamente aquele que geograficamente o é nesta altura.

D — O requisito de *não ter casa* há-de referir-se, de acordo com a determinação expressa da al. b), a uma que "satisfaça *as* necessidades" de habitação própria.

O *não ter outra casa própria ou arrendada*, da alínea, há-de referir-se, como é óbvio, à concreta pessoa ou *família primária* em favor do qual se faz a *denúncia*[353].

No tocante à *facti species* constitucional da alínea, importará por outro lado acrescentar que semelhante *necessidade* se não confina à pura hipótese prática de *falta da casa para habitação*: à falta desta costumava assimilar-se já, à sombra do Direito anterior e depois de uma renitência inicial[354], a circunstância de se ter casa, *mas insuficiente para as necessidades do denunciante e seu agregado familiar* — pois, como começou por afirmá-lo Alberto dos Reis, a necessidade tanto existe quando se não tem casa alguma como quando se tem uma que se tornou de todo em todo *insuficiente*[355].

O n.º 2 do actual art. 1103 CC (que reproduziu idêntico número do art. 71 RAU, que, por sua vez, reproduziu o primitivo art. 1098-2 CC), ao referir que, tendo o *senhorio* diversos prédios arrendados, só poderá dirigir a *denúncia* contra o arrendado há menos tempo, que "satisfaça as necessidades de habitação própria e da família", fornece um argumento nesse sentido[356].

---

[353] Ver, sobre o ponto, Januário Gomes, *Arrendamentos para habitação*, 2ª ed., Almedina, 1996, pp. 307-309, e Pais de Sousa, *Anotações ao Regime do Arrendamento Urbano (RAU)*, 6ª ed., Editora Rei dos Livros, 2001, n. 12 p. 245.

[354] Opôs-se-lhe Sá Carneiro, *Rev.Trib.*, 68.º, p. 341.

[355] *Rev.Leg.Jurs.* 83.º, p. 88.

[356] Manifestaram-se nesta corrente, no domínio do Código: Isidro Matos, *Arrendamento e Aluguer*, Atlântida Editora, Coimbra, 1968, p. 248;

Nesta hipótese, o *denunciante* carecerá de *alegar concretamente*, na acção *respectiva,* os *factos reveladores da insuficiência da casa*, como adiante se desenvolverá; mas o apuramento que, em rigor, terá de ser feito sob este aspecto — diga-se já — não será propriamente o de um autónomo 4.º requisito da *necessidade de habitação*, mas o da *insuficiência,* em si, da casa em que ele vive para as concretas necessidades de alojamento do seu agregado familiar — a qual parece dever conceber-se, em nosso parecer, como um *facto conclusão* assente em dados apreensíveis pelos sentidos e ponderados segundo as *regras de experiência*, de acordo com as *exigências normais da vida* e do estado do *denunciante.*

Afigura-se-nos por isso serem de rejeitar frontalmente os critérios restritivos de que certas decisões por vezes se têm cercado, no domínio da legislação anterior, ajeitando a acomodação da família do *denunciante* em quartos de dormir colectivos ou em beliches, para se negar a *insuficiência* da casa ocupada.

Quanto a este aspecto, note-se ainda que não poderá também naturalmente prescindir-se da comparação das relativas *capacidades de alojamento* das casas em presença, pois se a pretendida tem a mesma ou menor capacidade a pretensão não poderá proceder.

Não terá, no entanto, o menor cabimento — embora já tenhamos topado com algumas decisões nesse sentido[357] — a

---

PAIS DE SOUSA, *Extinção do Arrendamento Urbano*, Almedina, 1980, p. 104, e 2ª ed., 1985, p. 116; PEREIRA COELHO, *Arrendamento*, (ed. dact.), 1980, p. 215, nota 2 e 1984, p. 231, nota 2 e 1988, nota 2, pp. 272-273; PIRES DE LIMA/ANTUNES VARELA, *Código Civil Anotado*, II, Coimbra Editora, 1986, 3ª ed., p. 579; 1997, 4ª ed. rev. e aum., p. 628 — e é este o sentido geral da jurisprudência.

[357] Veja-se um caso destes, referido no douto Parecer de INOCÊNCIO GALVÃO TELLES, publicado na *Colectânea*, VIII-5, caso contra o qual doutamente se manifestou o Ilustre Professor. Nesta mesma orientação se pronuncia ainda ANTUNES VARELA (*Rev.Leg.Jurs.*, 118.º, pp. 120-121).

comparação das carências relativas de *denunciante* e *arrendatário* com as dimensões das famílias respectivas: para o exercício do *direito de denúncia*, o que a lei tão-só exige é que não tenha o *proprietário, comproprietário* ou *usufrutuário*, em estado de *necessidade de habitação*, casa ou a tenha *insuficiente*; não, que se dirija a quem esteja menos carecido do que quem faz a *denúncia*.

E — Outra situação muito frequente e que deve considerar-se integrada pelo requisito negativo da al. b) do art. 1102-1 CC, que estamos analisando (não ter casa própria ou arrendada), é a de, na área do *concelho ou região de concelhos,* estar o *denunciante* (ou *descendente*) alojado *de favor* em casa de parentes ou amigos solícitos.

Obviamente e como já tivemos ensejo de o assinalar, de passagem, a hipótese não se traduz, não significa decerto *ter casa própria* ou *arrendada* — e nem mereceria ser lembrada aqui, concretamente, se não fosse a infeliz frequência com que a jurisprudência a tem invocado para excluir o *direito de denúncia* neste caso[358].

F — Pode acontecer que, na mesma área, o denunciante *tenha mais de um prédio arrendado a outrem.*

---

[358] O mais requintado expoente de tal jurisprudência, na vigência da primitiva formulação do CC, parece ser o ac. Relação do Porto, de 25-1-1979 (*BMJ* n.º 184, p. 182), segundo o qual, em semelhante hipótese, bem poderia acontecer que se estivesse em face de uma situação do inteiro agrado de favorecedor e favorecido.

Ulteriormente, porém, veio pedir-lhe meças o ac. SUPREMO, de 11-7-1985 (*BMJ* n.º 349, p. 456), que recusou a *denúncia* ao autor que vive em casa da sogra por se não ter provado que essa habitação fosse de mero favor e tolerância nem que não houvesse espaço para ele em tal casa.

No sentido ora renovado do texto, v. INOCÊNCIO GALVÃO TELLES (*Colectânea*, VIII-5, pp. 12-13) e ainda ANTUNES VARELA (*Rev. Leg. Jurs.*, 118.º, p. 117).

A lei prevê expressamente esta hipótese — já o referimos — estatuindo que a *denúncia* deverá então ser dirigida em relação àquele dos prédios que, "satisfazendo as necessidades de habitação própria e da família, esteja arrendado há menos tempo" (art. 1102-2 CC, reproduzindo neste passo os arts. 71-2 RAU e primitivo 1098-2 CC).

A antiguidade relativa dos *contratos de arrendamento* só deverá considerar os prédios da mesma área pertencentes ao titular, à *data do exercício do direito de denúncia,* não relevando, naturalmente, as alterações de antiguidade relativa dos *arrendatários*, decorrentes de anteriores mudanças de *proprietários*, *comproprietários* ou *usufrutuários*[359].

A atenção, porém, para que chama o preceito, ao referir a casa que satisfaça às *necessidades de habitação própria e da família*, admitindo que se escolha, entre várias, a que esteja nas condições, levará também, decerto, a conceder, para nós, que, sendo elas isoladamente diminutas, em si, mas contíguas, se poderão juntar duas ou mais, para perfazer uma com as dimensões requeridas, denunciando-se deste modo os respectivos arrendamentos na mesma acção[360].

---

[359] Contra: Relação de Coimbra, 1-7-1980 (*Colectânea*, V-5, p. 7).

No nosso sentido: Relação do Porto, 2-10-1984 (ac. inédito — Proc. n.º 3135).

Estamos, todavia, em condições de sumariar tal decisão, nesta parte, assim:

— A denúncia de arrendamento mais moderno, prevista na parte final do art. 1098-2 CC [actual 1102-2 CC], obedece a um critério de pura lógica objectiva; o arrendatário mais moderno, aí considerado, é o que na data da denúncia o for, apesar de só assim se ter tornado pela circunstância de outro, mais moderno do que ele, ter passado a ser arrendatário doutro condómino, com a constituição em propriedade horizontal do prédio, até aí mantido em simples compropriedade.

[360] Neste sentido: Relação do Porto, 6-1-1956 (*Rev. Trib.*, 74.º, p. 183); Relação de Lisboa, 19-7-1978 (*Colectânea*, III-4, p. 1321).

O preceito é omisso quanto à hipótese de serem da *mesma data* dois ou mais *contratos de arrendamento* cujos prédios satisfaçam igualmente às *necessidades* do agregado a instalar.

Parece dever, neste caso, dar-se preferência à *denúncia* que em concreto implique menores custos sociais ao respectivo *arrendatário*.

G — Conforme se entendia, à sombra dos preceitos anteriores, a *denúncia* não carecia de ser exercida só em relação a *casas de habitação*, sendo também legítimo opô-la, para este *fim habitacional*, a arrendamentos para *comércio ou indústria, para o exercício de profissão liberal*, ou "*para outra aplicação lícita*" — como dantes se referia.

Este entendimento podia então dizer-se pacífico, não obstante não faltasse quem, como JANUÁRIO GOMES o considerasse "de bondade duvidosa, nomeadamente quando a denúncia implique a condenação à morte de um estabelecimento comercial ou de um serviço de profissionais liberais com a consequente 'condenação' dos seus assalariados ao desemprego"[361].

Deve no entanto, em nossa opinião, contrapor-se que, se a bondade da solução fosse duvidosa, decerto não seria subscrita no Direito comparado — e é.

A ideia, aliás, de que poderia a *denúncia do arrendamento* constituir a *condenação à morte* de um *estabelecimento comercial* ou de um *serviço* de *profissionais liberais*, com o consequente desemprego dos respectivos assalariados está certamente enviesada e não deve aceitar-se, nos tempos que correm — pois parece bem de ver que, se o *estabelecimento* ou o *serviço* não comportam preços de mercado para se mudarem para outros espaços, constituem *operadores economicamente inviáveis*, e não têm razão para subsistir nem para serem alimentados artificialmente pelo Estado — nem, muito menos, pelo *senhorio*.

[361] Cf. *Arrendamentos para habitação*, 2ª ed., Almedina, 1996, pp. 283-284.

O que, pois, os matava não era a *denúncia* do *contrato de arrendamento*, mas a sua incapacidade funcional, o seu carácter *parasitário*.

Poderá, hoje, defender-se o mesmo entendimento para os novos contratos?

Em nossa opinião, o tema relaciona-se com o regime especialmente previsto para a *denúncia* dos *contratos de arrendamento não habitacional* no art. 1110 CC que, tal como a *duração contratual* ou a *oposição à renovação*, obedece às regras que forem "livremente estabelecidas pelas partes" (n.º 1 do artigo).

Se nada se convencionar — conclui o preceito — aplica-se "o disposto quanto ao arrendamento para habitação".

Assim, ou se tenha previsto expressamente ou, sendo o contrato omisso, a *denúncia para habitação* de um *arrendamento não habitacional* sempre será possível — no segundo caso, obedecendo, claro está, às regras postas para o *arrendamento habitacional*.

De qualquer modo, analisaremos o caso do *arrendatário não habitacional* só depois de nos termos debruçado sobre o sistema legal estabelecido concretamente, pela nossa lei, para o *arrendatário habitacional*.

IV — Para além dos dois requisitos contemplados no art. 1102-1 CC, acabados de analisar, controverteu-se, perante as correspondentes disposições legais aqui reproduzidas, se não teria ainda o *denunciante* de *autonomamente* alegar e provar um *terceiro requisito*: o da *necessidade de habitação*, em si.

O nosso Direito positivo imediatamente anterior conferia ao *proprietário, comproprietário* ou *usufrutuário* o direito de denunciar, em certas condições, o *contrato de arrendamento*, para satisfazer uma *necessidade de habitação* própria ou de descendente seu em 1.º grau.

Este objectivo global continua a figurar na parte inicial da al. a) do art. 1101-1 CC, retirada da al. a) do art. 69-1 RAU.

Ora, especificamente quanto à *necessidade de habitação,* importará apurar se ela será apenas um *pressuposto* que resultará, *per se*, do preenchimento das duas condições expressas nas als. a) e b) do art. 1102-1 CC, melhor dizendo, a *síntese concludente* das duas condições — ou se deverá constituir, antes, mais um requisito que terá de ser alegado e adicionalmente demonstrado, autónoma e concretamente?

O tema remonta à vigência da Lei n.º 2:030.

Não vamos agora retomá-lo, bastando referir que, quanto a nós, a *necessidade de habitação* é, certamente, o fundamento básico em que se alicerça a *denúncia.*

Sem o alegar e sem se estribar nele, não poderá o senhorio obtê-la judicialmente — mas parece inaceitável a jurisprudência que por vezes se formou a este propósito para recusar a *denúncia* quando se não tenha feito *prova directa* da *necessidade de habitação* — ou quando, em vez disso, considere o juiz, em seu *prudente arbítrio,* que *não é razoável o concreto propósito* do *denunciante*, por ele poder, afinal, decidir-se por habitar noutra localidade, evitando desta forma que venha *prejudicar* o arrendatário.

A *necessidade de habitação* não é, com efeito, um juízo de valor a formular pelo tribunal mas, como costumamos referir, um *estado de carência económico-material;* portanto, essencialmente um *facto* e, mais propriamente, um *facto* que não se evidencia directamente por si, mas como produto natural doutros *factos* (*factos meios* ou *instrumentais*) de que constitui o corolário lógico — um *facto conclusão*, em suma.

Para que exista a *necessidade de habitação* justificativa da *denúncia* — afirmou justamente o Prof. I. GALVÃO TELLES — bastará que decida o *senhorio* passar a viver no lugar da situação do prédio, que *pretenda* o agregado familiar fixar-se aí[362] ou, como referiu também o Prof. ANTUNES VARELA, no mesmo sentido:

---

[362] Cf. *Denúncia do Arrendamento para Habitação Própria* (*Colectânea*, VIII-5, pp. 11 e 13).

"quem tem legitimidade para se pronunciar sobre a *necessidade* de abandonar a casa paterna e retomar a casa própria locada a terceiro... é a filha, dona do imóvel arrendado, e não os tribunais"[363] ou ainda, como se proclamou no ac. da Relação do Porto, de 17-7-1984: se não se põe em dúvida "que há um propósito sério por banda da autora de se estabelecer no Porto, alcançada a sua colocação nesta cidade, não terá que se averiguar se esta mudança de residência obedece a um capricho ou a um *desejo pueril* de viver numa grande cidade. Quer vir para cá, definitivamente e decisivamente. Quer vir, porque assim lhe deu na real gana. É quanto basta"[364].

São estes *factos meios*, associados aos *factos instrumentais típicos* do art. 1102-1 CC que directamente preenchem o requisito da *necessidade de habitação*.

Recentemente, a Relação do Porto, no seu ac. de 11-02-2010 (*Colectânea* n.º 220, pp. 195-198) julgou um caso interessante em que considerou que o propósito de ir viver para a casa arrendada só por si, "não basta... para legitimar a denúncia com fundamento na necessidade do arrendado para habitação" (cit. *Colectânea*, p. 198).

A fundamentação não está certa, a nosso ver. Se a casa estava em condições de ser habitada pelo senhorio, bastava a vontade deste para se poder denunciar o contrato; não eram precisas quaisquer circunstâncias mais para se demonstrar a necessidade de viver na residência arrendada.

Ninguém pode ser obrigado a viver em casa de um familiar, de favor, tendo uma residência arrendada que poderá ocupar.

Na questão em apreço, o que se passava era o seguinte: o *senhorio* arrendou a casa e foi viver para a de um cunhado, mas ultimamente as suas

---

[363] Cf. *Rev.Leg.Jurs.*, 118.º, p. 118.

[364] *Colectânea*, IX-4, p. 207. No mesmo sentido: — A necessidade, autónoma ou não, referida no art. 1096-1 CC, é uma necessidade de habitação, não de vida no local da situação do prédio despejado. A residência nesse local escolhe-a o proprietário, potestativamente, por uma opção de vida que a Constituição da República lhe garante e o tribunal não tem de valorar ou sindicar. — Relação do Porto, 25-11-1986 (*BMJ* n.º 361, p. 607).

relações com os familiares dessa casa deterioraram-se de forma irreparável, tornando a sua permanência naquele imóvel intolerável.

Não se provou a deterioração da situação familiar e foi nessa base que a Relação, considerando que ele vivia lá há mais de vinte anos e tendo já mais de noventa anos de idade, não apresentava qualquer circunstância demonstrativa da necessidade de habitação.

Pensamos que o decidido só poderia justificar-se com base em *abuso do direito*, pois a simples vontade de ir ocupar a sua casa é bastante. Aqui o circunstancialismo em que se exerce essa vontade é que parece excessivo e abusivo.

Em casos particulares, ainda será de considerar, por exemplo, relativamente à *facti species* da al. b) do preceito (não ter casa na área do concelho ou das concelhos limítrofes em causa), e se o *denunciante* tiver *casa insuficiente* — *a alegação e demonstração dessa insuficiência*, no cotejo das casas em confronto.

Se o *senhorio* tem *vários prédios arrendados* na localidade ou áreas de comarcas, só lhe cabendo então denunciar o contrato mais recente, dentro dos prédios que satisfaçam às necessidades de habitação própria e da família (art. 1102-2 CC), será ainda ele quem terá de alegá-lo e demonstrá-lo, não satisfazendo com isso a um requisito autónomo de *necessidade de habitação*, mas inserindo-se perfeitamente no interior do requisito apontado no preceito em primeiro lugar (ser *proprietário*, *comproprietário*, etc.) — pelo que esta exigência deverá ser cumprida, ainda que haja, em relação aos prédios em causa, diferentes espécies de titulares (*proprietário* de um, *comproprietário* de outro e *usufrutuário* de um terceiro).

Se, contudo, o *denunciante* preenche todos os requisitos, na forma indicada, e algum facto há que seja susceptível de implicar a frustração do *fim* legal (como será o caso de o *denunciante* não morar na localidade e não projectar para aí mudar-se ou de ser já sabido e certo que não poderá ocupar a casa ao longo dos seis meses subsequentes à *denúncia* e por não menos de três anos — art. 1103-2 CC — pois, seguramente, terá de ir habitar para outro lugar), então estaremos verdadeiramente em presença de *factos impeditivos do direito de denúncia* estatuído no art. 1102-1 CC, e será ao *arrendatário* que cumprirá alegá-los e demonstrá-los (art. 342-2 CC).

É esta a solução decerto mais equilibrada e também a que mais adequadamente se ajusta à previsão legal do mencionado preceito.

Como bem se decidiu:

— Pretendendo o autor emigrante regressar a Portugal, onde não possui qualquer outra residência, verificadas que sejam as demais condições legais, a necessidade do arrendado é efectiva, séria e actual — Relação de Lisboa, 9-5-1996 (*Colectânea*, XX-III, p. 89)[365].

V — Aos requisitos das duas alíneas do art. 71-1 RAU (agora reproduzidas no art. 1102-1 CC), tinha o Prof. JANUÁRIO GOMES proposto, no domínio do RAU, que se acrescentasse o estar o espaço arrendado *licenciado* para o *fim habitacional*, pois o juiz não podia decretar o despejo para um fim que não era permitido pelo RGEU, certo sendo, segundo ainda acrescentava, que poderia o *senhorio* intentar a *acção de despejo* depois de ter requerido licença para afectação do local a habitação, instruindo depois o processo, que seguiria os "seus termos, com certidão da licença obtida"[366].

Na doutrina, porém, uma parte recusava aceitar mais este requisito para a *denúncia pelo senhorio*[367], enquanto outra parte

---

[365] Subscrevem este acórdão os Ilustres Desembargadores TORRES VEIGA (Relator), NASCIMENTO GOMES e MORAIS CAMILO.

[366] Cf. *Arrendamentos para habitação*, 1994, p. 263, e 1996 (2ª ed.), pp. 284-285.

[367] Foi o caso de ANTÓNIO SEQUEIRA RIBEIRO, *Sobre a denúncia no contrato de arrendamento urbano para habitação*, 1996, pp. 64-67, o que levou JANUÁRIO GOMES a acabar por admitir *não ter certezas nesta matéria* (cf. p. 285 da 2 ª edição).

se limitava a referi-la sem, todavia, chegar a assumir uma posição no debate[368].

A jurisprudência, por seu turno, não se debruçou especificamente sobre o tema, sem embargo de se ter decidido, incidentalmente, que a exigência legal da existência de *licença de construção* ou *de utilização* para a celebração de escrituras públicas que envolvam a transmissão da propriedade de prédios urbanos, constante do art. 44 da Lei n.º 46/85, de 20 de Setembro, têm carácter predominantemente administrativo, destinando-se "a garantir a salubridade, segurança e estética dos edifícios, não se destinando em primeira linha a proteger (nem apenas a proteger) os locatários mas sim e antes todo e qualquer usuário"[369].

Pela nossa parte, aderimos sem hesitações à solução preconizada por SEQUEIRA RIBEIRO, pois nos parecia a mais razoável, a mais conforme com os princípios e, em última análise, com a prática dos nossos dias.

A mais razoável, pois a ideia de sujeitar a *denúncia* para *habitação do senhorio* a *licença de utilização* — que só teria um fio de lógica, naturalmente, nos casos raros de se dirigir a *arrendamentos para fins não habitacionais* — dificilmente se livraria da sua aparência de não passar de mais um obstáculo oposto ao legítimo exercício do direito do *senhorio*: não fazia sentido entendê-lo como *requisito de denúncia*, porque, propriamente, é um *requisito de contrato* ou, como a designação indica, um *requisito de utilização*.

---

[368] Cf. ANTÓNIO PAIS DE SOUSA, *Anotações ao Regime do Arrendamento Urbano (RAU)*, Editora Rei dos Livros, 1997, 5ª ed., nota 5, p. 228. JORGE ALBERTO ARAGÃO SEIA, preconizou que não seria necessária a licença para a acção, mas depois, para a ocupação do prédio pelo senhorio (*Arrendamento Urbano*, Almedina, 2000, 5ª ed., pp. 433-434 — e, nas edições posteriores, nas respectivas anotações ao art. 69).

[369] Reportamo-nos, já se vê, ao ac. Relação de Lisboa, de 14-1-1993 (*Colectânea*, XVIII-I, p. 107), invocado, neste passo, por SEQUEIRA RIBEIRO em abono da sua tese.

De qualquer modo, deixada cair precisamente por quem primeiro a tinha levantado e, agora, com a nova legislação sobre o tema, parece dever considerar-se o assunto definitivamente encerrado.

Com efeito, conhecida, que era, a tese em referência, o novo legislador não acrescentou aos requisitos anteriores a necessidade de *licença de utilização* — demonstrando assim optar pela dispensa deste requisito para a *denúncia*.

Além disso, para a própria celebração do *contrato de arrendamento*, quanto à qual, desde o art. 9.º RAU, começou a exigir-se indiscriminadamente a *licença de utilização*, defendendo-se então na doutrina que, com isto, se tinha dado "o passo final" na evolução legislativa, "exigindo tal licença para todos os arrendamentos urbanos, emitida com uma antecedência que lhe dê um mínimo de conteúdo efectivo"[370] — a nova legislação veio, ao invés, dar uma machada nesta orientação, passando a estabelecer que a exigência de *licença de utilização* para o fim pretendido pelo contrato "não se aplica quando a construção do edifício seja anterior à entrada em vigor do Regulamento Geral das Edificações Urbanas, aprovado pelo Decreto-Lei n.º 38:382, de 7 de Agosto de 1951" (art. 5.º-2 do Decreto-Lei n.º 160/2006, de 8 de Agosto).

Em suma, para a *denúncia do arrendamento para habitação*, não terá o autor, em qualquer caso, de instruir o seu pedido com a *licença de utilização* do prédio, nem, agora, com o *certificado energético* que se exige para os *contratos de arrendamento*.

VI — Importa, por último, atentar no *modo de realização* da *denúncia*.

Esta é feita, como se declara no novo art. 1103-1 CC, "nos termos da lei de processo, com antecedência não inferior a seis meses sobre a data pretendida para a desocupação".

---

[370] ANTÓNIO MENEZES CORDEIRO/FRANCISCO CASTRO FRAGA, *Novo Regime do Arrendamento Urbano*, Almedina, 1990, p. 63, n. 3, *in fine*.

A "lei de processo" resume-se à utilização da *acção de despejo*, como a denomina o art. 14-1 da Lei n.º 6/2006, de 27 de Fevereiro, a qual "segue a forma de processo comum de declaração".

A *acção de despejo* é, aliás, o meio tradicional.

Simplesmente, aparece-nos agora alterado, para pior, segundo o exacerbado proteccionismo do demandado que, mais do que a virtude do regime, tem sido, pelo excesso e pelas suas consequências práticas, a pecha do sistema processual dos nossos dias.

Tradicionalmente, a *acção de despejo* era um *processo especial*, com uma *parte declarativa* pautada pelo *processo sumário*, fosse qual fosse o valor da causa, e com uma *parte executiva* muito expedita, constituída pelo imediato cumprimento do *mandado de despejo*, que só se sustava em circunstâncias muito específicas e de rápida solução (antigo art. 986 CPC e 60 RAU).

Se, nessa altura, já se arrastavam as desocupações por longos anos, como não será agora, que a *acção de despejo* constitui um *processo de declaração* como qualquer outro, a cuja sentença se terá de seguir um *processo de execução para entrega de coisa certa* (art. 14-5 da Lei n.º 6/2006)?

É caso para notar como é irrisório, nestas circunstâncias, proclamar-se com a maior circunspecção, no art. 1103-1 CC, que a *denúncia* é feita "com antecedência não inferior a seis meses sobre a data pretendida para a desocupação" — quando se sabe que jamais a desocupação será feita em menos de largos anos.

94. Indemnização ao arrendatário habitacional cujo contrato foi denunciado com fundamento em necessidade de habitação

Ao estabelecer o *direito de denúncia* de um contrato de *arrendamento para habitação*, o novo art. 1102-1 começa por afirmar, à cabeça, que tal direito "depende do pagamento do montante equivalente a 1 ano de renda".

Baixou-se o montante tradicionalmente admitido que, ainda perante o art. 72-1 RAU, era de dois anos e meio de rendas — mas é compreensível a redução, atenta liberalização arrendatícia operada com o novo regime.

De resto, se atentarmos em que, relativamente ao *arrendatário* que *denuncia o contrato*, não fica ele obrigado a *indemnização* alguma, a justiça distributiva da lei ainda deixa a desejar, como parece evidente.

95. Denúncia justificada pelo senhorio de arrendamento habitacional para demolição ou realização de obra de remodelação ou restauro profundos e simples suspensão do contrato

Além da hipótese legal de *denúncia do senhorio* com base em *necessidade de habitação*, própria ou de *descendente seu em 1.º grau*, acabada de analisar, a nossa lei contempla outros factos susceptíveis de invocação, para o mesmo efeito ou para *suspensão* do *contrato de arrendamento*: a *demolição* e a realização de *obra de remodelação* ou *de restauro profundos* (al. *b)* do art. 1101 CC).

Como se declarou no n.º 8 do novo art. 1103 CC, a *denúncia* com algum destes fundamentos devia ser objecto de legislação especial, que veio a ser publicada através do Decreto-Lei n.º 157/2006, de 8 de Agosto.

Este diploma, que se dedica também à disciplina da realização de *obras coercivas*, regulou ainda a "edificação em prédio rústico arrendado e não sujeito a regime especial" (al. *c)* do art. 1.º e art. 11).

I — Nele se definem *obras de remodelação ou restauro profundos* como *aquelas que, para sua realização, obrigam à desocupação do locado* (art. 4.º-1).

A lei não especifica o que seja *remodelação*, por um lado, e *restauro profundo*, por outro, deixando à prática a sua distinção, mas irmanando as duas categorias no regime jurídico.

Umas e outras, se é que não são denominadas em sinonímia, podem classificar-se em *estruturais* e *não estruturais*.

São *estruturais* quando *originem uma distribuição de fogos sem correspondência com a distribuição anterior* (art. 4.º-2).

A classificação tem importância porque, se a *remodelação* ou *restauro* não for *estrutural*, em vez da *denúncia do arrendamento*, haverá obrigatoriamente apenas a *suspensão* do contrato, pelo tempo que durarem as obras.

Se for *estrutural*, haverá ou não *denúncia*, consoante se não preveja a existência, após as *obras*, de local com características idênticas às do locado ou, pelo contrário, se prevejam essas características (art. 5.º-2).

Sendo caso de *denúncia*, *senhorio* e *arrendatário* podem acordar em que, pelo primeiro, sejam satisfeitas todas as despesas e danos, patrimoniais e não patrimoniais, suportados pelo segundo, não podendo esta indemnização ser inferior a dois anos de renda, ou em garantir-lhe o realojamento por período não inferior a cinco anos, no mesmo concelho e em condições análogas às do espaço arrendado (art. 5.º-3).

Não havendo acordo quanto a uma destas alternativas, ficará o *senhorio* obrigado a indemnizar o *arrendatário* das referidas despesas e danos (art. 6.º-2 do Decreto-Lei n.º 157/2006) em quantia nunca inferior a *dois anos de renda.*

O diploma estabelece ainda que tal *indemnização* "tem em conta o valor das benfeitorias realizadas e dos investimentos efectuados em função do locado" (art. 6.º-4) — mas importa advertir que só poderá ser assim quando não haja cláusula contratual a excluir a *indemnização por benfeitorias*, como é lícito e corrente estabelecer-se já desde há longos anos.

II — Estando antes em causa a hipótese de *demolição*, as referidas condições serão em princípio de observar, excepto quando, cumulativamente, ela seja necessária por força da degradação do prédio, incompatível tecnicamente com a sua reabilitação e geradora de risco para os respectivos ocupantes e estes pressupostos sejam atestados pelo município, ouvida a comissão arbitral municipal (als. *a)* e *b)* do art. 7.º-2).

Parece com isto querer dizer-se que, se a *demolição* é comprovadamente geradora de risco para os ocupantes pela degradação do edifício, a *denúncia* do arrendamento realiza-se, mas através de um processo próprio que deverá ser o *despejo administrativo*.

Só quando a *demolição* não tenha de ser imediata é que serão aplicáveis as normas postas para *as obras de remodelação ou restauro profundos*.

III — A *denúncia*, fora do caso de *demolição urgente*, há pouco apontado, efectua-se "mediante acção judicial" (art. 8.º-1 do Decreto-Lei n.º 157/2006) — que, como já afirmámos, é a *acção de despejo* a que se refere o art. 14 da Lei n.º 6/2006.

A respectiva *petição inicial* deve ser acompanhada de "comprovativo de aprovação pelo município de projecto de arquitectura relativo à obra a realizar" (art. 8.º-2) e, quando o *senhorio* não pretenda assegurar o realojamento, que será o caso mais comum, deverá depositar, nos quinze dias seguintes, quantia correspondente a *dois anos de renda* (art. 8.º-3).

Naturalmente, vindo a apurar-se uma *indemnização* superior, determina a lei que "a sentença não é proferida sem que se mostre depositada a sua totalidade" (art. 8.º-4). Mais plausivelmente, no que se deveria sobrestar seria na execução da *sentença*, e não na sua prolação.

Transitada em julgado, pode o *arrendatário* levantar a quantia depositada (art. 8.º-5).

IV — Em vez da *acção de despejo*, é possível processar-se a *denúncia* através de *tribunal arbitral*, se tiver havido convenção das partes nesse sentido (art. 8.º-6).

V — O que se acaba de expor é também aplicável, com as necessárias adaptações, à edificação em *prédio rústico não sujeito a regime especial* (art. 11 e al. *c)* do art. 1.º).

VI — Há pouco, referimos que, em vez de *denúncia*, é obrigatória a *suspensão* do contrato quando a *remodelação ou restauro profundos* não forem *estruturais*, devendo também ocorrer quando, sendo embora *estruturais*, se preveja a existência de espaços com características equivalentes às da fracção arrendada.

A *suspensão* não extingue o contrato.

Ela é apenas uma *modificação objectiva* e *temporária*, mas é tratada na lei conjuntamente com a *denúncia*.

Ela obriga o *senhorio* a assegurar o realojamento do *arrendatário* no mesmo concelho, durante a realização das *obras* (art. 9.º).

É uma hipótese que deverá vir a ser de verificação prática muito rara.

Se, porém, o *senhorio* vislumbrar a sua possibilidade e quiser efectivá-la, deverá fazê-lo através de *comunicação* ao *arrendatário*, que preencha os seguintes requisitos:

a) Intenção de realizar obras que imponham a deslocação do *arrendatário*;

b) Local e condições do realojamento fornecido;

c) Data do início e duração previsível.

O *arrendatário* poderá, no prazo de trinta dias, ou *denunciar* o contrato (hipótese contemplada na lei, mas de difícil verificação prática), ou responder que não aceita as condições propostas ou a própria susceptibilidade de *suspensão*, restando ao *senhorio* recorrer à *comissão arbitral municipal* (art. 10).

96. Denúncia pelo arrendatário e denúncia pelo senhorio, nos contratos de arrendamento para fins não habitacionais

Para os *arrendamentos não habitacionais*, a nova lei editou uma disposição própria — o art. 1110 CC — a declarar que são "livremente estabelecidas pelas partes" as regras relativas à *duração*, *denúncia* ou *oposição à renovação*.

Na falta de estipulação convencional, aplica-se o disposto quanto ao *arrendamento para habitação*.

Nada se tendo convencionado quanto à *duração*, "o contrato considera-se celebrado com prazo certo, pelo período de dez anos, não podendo o arrendatário denunciá-lo com antecedência inferior a 1 ano" (art. 1110-2 CC).

Como há pouco referimos, *no arrendamento habitacional com prazo certo, o senhorio não dispõe de direito de denúncia, mas unicamente de oposição à renovação* (v. *supra*, n.º 80-II-**B** e 89-III).

Também agora no *arrendamento não habitacional*, tornado *com prazo certo*, continua o *senhorio* a não dispor de *direito de denúncia*; o n.º 2 do art. 1110 CC admite-a unicamente, com razão, ao *arrendatário* e para proclamar, quanto a ele, que só poderá, aqui, denunciar o contrato "com antecedência não inferior a 1 ano".

Quanto à hipótese, possível, no *arrendamento não habitacional*, de expressamente se convencionar, relativamente à *duração*, que se celebra *por tempo indeterminado*, sem todavia, se estipular qualquer cláusula a respeito da respectiva *denúncia*, esta, de acordo com o previsto no art. 1110-1 CC, só será possível nos termos legalmente previstos para o *arrendamento habitacional de duração indeterminada*.

O *senhorio* poderá então, neste tipo de *arrendamento*, usar *a denúncia livre*, nos termos constantes da al. c) do art. 1101 CC, conjugados com os estabelecidos no art. 1104 CC; isto é, mediante *comunicação* ao *arrendatário* (art. 9.º NRAU) com, pelo menos, *cinco anos de antecedência*, e *confirmada*, "sob pena de ineficácia, com a antecedência máxima de quinze meses e mínima de 1 ano relativamente à data da sua efectivação".

Poderá ainda o *senhorio*, nas circunstâncias e termos aplicáveis constantes dos arts. 1101, als. a) e b), e 1103 CC servir-se da *denúncia justificada* — sendo então de assinalar em especial que, tendo proposto, em vez da *denúncia*, a *suspensão* do contrato, nos termos dos arts. 9.º e 10 do Decreto-Lei n.º 157/2006, de 8 de Agosto, o *arrendatário* poderá preferir a ela uma *indemnização* que será fixada pela *comissão arbitral municipal* (art. 10-4 deste diploma).

.As partes podem estabelecer no contrato que não pode o *arrendatário*, nestes *arrendamentos*, usar da faculdade, imperativa nos *arrendamentos habitacionais*, de *denunciar* o contrato nos termos dos arts. 1100-1 ou 1098-2 CC (v. *supra*, n.º 91, *in principio*).

§ 2.º

DENÚNCIA DOS CONTRATOS ANTIGOS

97. O regime intertemporal

Uma distinção basilar se impõe, á cabeça, para os *arrendamentos* anteriores, entre *contratos de duração limitada* e *contratos sem duração limitada* (os *arrendamentos vinculísticos*).

A uns e outros são, no entanto, aplicáveis as novas disposições do CC, por vezes sem mais, outras com alterações, de que daremos conta, a seu tempo.

I — Os anteriores contratos, ditos de *duração limitada*, regem-se estritamente pelas normas postas no CC para os novos contratos com *prazo certo*, como decorre do disposto no art. 26-3 da Lei n.º 6/2006, que se limitou a alterar-lhes os prazos de *prorrogação*, "quando não sejam *denunciados* por qualquer das partes, no fim do prazo pelo qual foram celebrados".

Não é a *denúncia*, na acepção actual, que se refere aqui mas o que se denomina agora de *oposição à renovação*.

Assim, o *senhorio* não poderá jamais *denunciá-los*, na terminologia inovada, sendo-lhe facultado unicamente *opor-se à sua renovação*, nos termos já estudados (v. *supra*, n.ºs 80-II-**B** e 89-III).

Só ao *arrendatário*, no *arrendamento habitacional*, é facultada esta *denúncia*, "mediante comunicação ao senhorio com uma antecedência não inferior a cento e vinte dias" (art. 1098-2 CC e 9.º NRAU).

Mesmo que não respeite a antecedência legal, será ela sempre eficaz, desde que se paguem as rendas correspondentes a tal período (art. 1098-3 CC).

Nos *arrendamentos não habitacionais*, de *duração limitada*, o *arrendatário* passa a só poder denunciá-los *com a antecedência mínima de 1 ano* (art. 1110-2 CC), quando antes — o que não era decerto louvável — o podia fazer com apenas *noventa dias* (art. 100-4, *ex vi* do art. 117-2 RAU).

II — Relativamente aos antigos *arrendamentos vinculísticos*, a regra é a de que passam a aplicar-se as normas levadas ao CC para os *contratos de duração indeterminada* — mas importa salientar liminarmente, em matéria de *denúncia*, que se produziu uma alteração de base, a que já nos temos referido.

As antigas excepcionais *denúncias* do *senhorio*, que constituíam o que se chama agora *oposição à renovação do contrato*, passaram, com as alterações tidas por convenientes, a funcionar como fundamentos de *denúncia*, na acepção actual.

Convenhamos que foi uma alteração feliz.

Anteriormente, por décadas e décadas de *vinculismo*, os *contratos de arrendamento* anteriores à instituição da *duração limitada* (1990 ou 1995) prorrogavam-se, forçada e quase indefinidamente, no termo da cada período.

Restava ao *senhorio*, mas apenas em casos muito restritos — agora repristinados, com algumas cambiantes — opor-se judicialmente a nova *prorrogação*, com a antecedência de seis meses relativamente ao fim do prazo do contrato.

Isto não casava muito bem com o seu funcionamento judicial, chegando-se a decidir, por vezes, que, tendo o *arrendatário* sido citado depois de decorrido este prazo, se tinha entretanto operado uma nova *prorrogação automática*, considerando-se por isso improcedente a acção.

Agora, louvavelmente, já não é assim.

Verificado o fundamento de *denúncia*, no seu alcance actual, o *senhorio* não tem de evitar ou opor-se a qualquer *prorrogação*. O velhos *contratos vinculísticos* passaram a ser encarados, para todos os efeitos, como *contratos de duração indeterminada*, deixando de comportar o instituto da *oposição à renovação*.

Feita esta prevenção liminar, vejamos os traços fundamentais de tal *denúncia*, quanto a eles.

A — Relativamente ao *arrendatário* do velho *arrendamento sem duração limitada*, as regras dos novos *arrendamentos de duração indeterminada* substituem a antiga *denúncia/oposição à renovação*, com as antecedências do art. 1055 CC:

a) Pela *denúncia livre* do art. 1100 CC, para os *arrendamentos habitacionais* (antecedência de cento e vinte dias ou pagamento das rendas relativas a esse período);

b) Pela do art. 1110-2 CC (antecedência de 1 ano ou pagamento das rendas relativas a tal período), para os *não habitacionais*.

B — Quanto ao *senhorio* desses antigos contratos *sem duração limitada*, importará salientar o que se segue.

a — Seja o *arrendamento habitacional* ou *não habitacional*, não há, em princípio, *denúncia livre pelo senhorio*, pois é, para tais contratos, liminarmente excluída a de antecedência mínima de cinco anos e respectiva confirmação, consagradas para os novos contratos de *duração indeterminada* na al. c) do art. 1101 e no art. 1104 CC (al. *c)* do art. 26-4 da Lei n.º 6/2006).

Em dois casos pontuais, será no entanto admitida esta *denúncia potestativa do senhorio*, com a *antecedência de cinco anos* e respectiva *confirmação*: quando, após a entrada em vigor da Lei n.º 6/2006, ocorra *trespasse* ou *locação do estabelecimento*, ou, sendo o *arrendatário* uma *sociedade*, se verifique, depois dessa entrada em vigor, a transmissão *inter vivos* de posição ou posições sociais que determina a alteração da titularidade em mais de 50% relativamente à situação existente à data dessa entrada em vigor (art. 26-6 da Lei).

Já tivemos ensejo de referir estes casos (v. *supra*, n.º 77-I-**I**; 77 I-**N** e 77-II), mas vamos ainda voltar a eles dentro em pouco (*infra*, n.º 98).

b — A *denúncia justificada*, pelo *senhorio*, é pois a regra.

São, neste caso, por ele invocáveis as mesmas *denúncias* estudadas há pouco para os novos *arrendamentos de duração indeterminada, habitacionais* ou *não habitacionais*, a saber: a *denúncia* contemplada na al. a) do art. 1101 CC, ou seja, a fundada em *necessidade de habitação* do *senhorio* ou de *descendente seu em 1.º grau*, e a prevista na al. b) do mesmo artigo, isto é, a motivada por *necessidade de demolição* ou de *realização de obra de remodelação ou restauro profundos*.

Vamos analisá-las, de seguida.

98. Denúncia potestativa, pelo senhorio, do arrendamento não habitacional

Como referimos, a *denúncia livre* (ou *potestativa*) *do senhorio*, nos contratos antigos, é admitida em dois casos, ambos de *arrendamento não habitacional*:

a) Trespasse de estabelecimento comercial ou industrial, que se verifique depois de 27 de Junho de 2006;

b) Transmissão *inter vivos* de posição ou posições sociais, depois da referida data, que determine a alteração da titularidade em mais de 50% *relativamente à situação existente nessa data*.

É o que se prevê no art. 26-6 da Lei n.º 6/2006.

I — O *senhorio* pode comunicar imediatamente ao *trespassário* a *denúncia* do contrato, com uma antecedência não inferior a *cinco anos* (al. *c)* do art. 1101 CC, *ex vi* das disposições conjugadas dos n.ºs 6, al. *a)*, e 4 do art. 26 da Lei n.º 6/2006).

Se o não quiser fazer logo, poderá, evidentemente, fazê-lo depois disso, em qualquer altura e sem nenhum limite temporal, mas com a mesma antecedência, que deverá ser sempre observada — pois a faculdade de *denúncia* nestes termos harmoniza-se com o estabelecido para os novos contratos ditos *de duração indeterminada*.

Já vimos que pode haver *trespasse* numa *transmissão forçada*, como, p.ex., na *alienação do estabelecimento* em *processo de execução para pagamento de quantia certa.*

Supomos que deverá entender-se restritivamente a al. a), não considerando abrangida por ela o *trespasse por transmissão forçada*, em vista de um crédito anterior a 28 de Junho de 2006, pois isso implicaria uma diminuição injustificada da garantia do credor.

II — O princípio posto para *o trespasse* de *estabelecimento comercial ou industrial* envolvendo um *arrendamento vinculístico* foi ainda alargado ao caso de, sendo o *arrendatário* uma *sociedade*, se transmitirem, entre vivos, *posição* ou *posições sociais* que determinem alteração da titularidade em mais de 50% relativamente à situação existente à data da entrada em vigor da lei (al. *b)* do n.º 6 do art. 26)[371].

A — Antes de mais, a alínea parece contrariar os princípios.

Se a *sociedade* é uma *pessoa jurídica* distinta das pessoas dos seus *sócios*, a que título poderá uma transmissão de *participação*

---

[371] Para um caso anterior o SUPREMO — revogando (e bem) a decisão da Relação de Lisboa em sentido contrário — julgou inaplicável a *desconsideração da personalidade colectiva* num caso destes, ocorrido com a sociedade anónima titular do Hotel Diplomático de Lisboa. O aresto vem publicado na *ColSTJ*, com um sumário que não refere minimamente o decidido, pois se desnorteou no extenso e árduo percurso da fundamentação. Preferimos, pois, sintetizá-lo assim, em conformidade com a súmula da p. 141:

— A transmissão da totalidade das acções representativas do capital social de uma sociedade anónima, titular de um estabelecimento hoteleiro, instalado em prédio urbano arrendado à mesma sociedade, não constitui um trespasse, que nem de perto nem de longe se mostra querido pelas partes, não sendo, pois, causa de desconsideração da personalidade colectiva — SUPREMO, 26-06-2007 (*ColSTJ*, n.º 200, pp. 131 ss).

social, nos termos referidos, determinar a susceptibilidade de *denúncia do arrendamento* pelo *senhorio*?

Ela é que é a *arrendatária*, e não pode o *direito de arrendamento* de que é titular ser beliscado por se alterar a sua composição interna, designadamente nas recíprocas percentagens das *participações societárias*, ou mesmo haver entradas e saídas de *sócios*, ou de todos os *sócios* por entrada de outros — pois, apesar disso, manterá, segundo os princípios, a sua identidade.

Continuará a ser a mesma *sociedade*, o mesmíssimo *sujeito de direito*.

A explicação desta aparente aberração está em que, ao determinar a susceptibilidade de *denúncia* pela referida modificação interna, a alínea estabelece uma clara *desconsideração da personalidade colectiva* — por ter ponderado que aquele facto constituiria um manifesto aproveitamento da forma societária para se infringir o sistema.

Com efeito, sendo o *arrendatário* uma *sociedade*, facilmente poderia alterar a titularidade do *estabelecimento*, fugindo à consequência legal imposta na al. a), através de uma *cessão da participação societária* para o candidato à aquisição dele.

Não se transmitiria assim, aquela *universalidade* ao seu pretendente, mas proporcionava-se a este uma posição societária através da qual o *estabelecimento* acabava por lhe vir parar às mãos, como no célebre prolóquio *se Maomé não vai à montanha que vá a montanha a Maomé*.

Para que dúvidas não restassem e o caso não ficasse meramente relegado à perspicácia e flutuações da jurisprudência, a al. b) estabeleceu, pois — e bem — uma pronta *desconsideração da personalidade colectiva*.

Apurada a sua razão de ser, resta agora determinar a efectiva amplitude deste preceito.

B — Ele alude a *sociedade*, em geral, sem distinguir se trata de uma *sociedade de pessoas* ou *de capitais*.

Não deve, no entanto, ser fácil aplicá-lo a *sociedades anónimas* de numerosos *accionistas* cuja composição flutua constantemente, muitas vezes, se a *sociedade* não é *aberta* e as *acções* são *ao portador*, sem apreciável visibilidade — nem se compreenderia bem incluir estas *sociedades* no âmbito da alínea.

As aquisições de *acções* não têm, na prática, o oculto objectivo de se chegar à titularidade dos respectivos *estabelecimentos* — e seria até estranho que, p.ex., com uma OPA a um banco, com centenas de balcões instalados em prédios arrendados, ou a uma seguradora nas mesmas condições, se aplicasse esta al. b), e ficassem todos eles atidos à *denúncia* dos respectivos *senhorios*.

Casos destes não estão, certamente compreendidos na *facti species* legal.

A sua razão de ser dirige-se obviamente às *sociedades de pessoas*, pois são estas que formam o caldo de cultura que a justifica.

Assentemos, pois, que a providência não se aplica às *sociedades anónimas*.

Quanto às primeiras, nenhuma dúvida poderá, por outro lado, decerto levantar-se acerca da não aplicação da alínea ao *aumento do capital* que mantém os mesmos *sócios*, e nem altera, dentro dos limites nela estabelecidos, as percentagens das respectivas titularidades das *participações sociais*. É um caso em que, evidentemente, não chega sequer a beliscar-se a hipótese legal.

C — Já poderá questionar-se a sua aplicabilidade se o aumento for, p.ex., subscrito por apenas um *sócio* e em montante tal que suba a sua participação, depois de 27 de Junho de 2006, em mais de 50%

Aqui, porém, claramente, não ocorre nenhuma *transmissão inter vivos*, mas tão-só um reforço da posição contratual antes existente.

Seria um patente exagero levar até aí a aplicação da alínea.

D — Suponha-se, em vez disso, um *aumento de capital social* subscrito por novo *sócio* que se torne, por este facto, maioritário.

Também agora não ocorre, notoriamente, uma *transmissão inter vivos*, como se exige na alínea, mas poderá, eventualmente, suspeitar-se de constituir um expediente destinado a iludi-la.

Importará, contudo, apurar se as circunstâncias de facto em que se verificou confirmam essa suspeição, pois bem pode ocorrer que se trate antes de uma simples *injecção de capital*, digna de tutela, inclusivamente por evitar uma possível *insolvência* ou simplesmente para aumentar a prosperidade societária.

Sobretudo, mantendo-se essencialmente os anteriores *sócios*, não parece haver razão para condenar esta hipótese à cominação da al. b).

Mesmo surgindo um *sócio* novo, capitalista, que se torne com a sua participação em *sócio maioritário*, não vemos ainda motivo para a condenação de semelhante prática, só por si.

O problema suscitar-se-á unicamente se, a par disso, se exonerarem *sócios* antigos, até aí detentores de *participações* que se modifiquem em percentagem superior à prevista na alínea.

Então, o *aumento do capital social* poderá, na prática, encobrir porventura a *cessão entre vivos*.

E — Outro caso que pode verificar-se será o de *transmissão forçada* da *quota* de um *sócio* em percentagem superior à prevista na alínea, provocada por credor seu.

A pretender-se aplicá-la a esta hipótese, desvalorizar-se-ia a garantia do credor.

A menos que se trate de um crédito cuja constituição esconda o propósito de alcançar a aquisição do *estabelecimento comercial* ou *industrial* iludindo um real *trespasse* que se pretenda afinal obter, não se vê motivo sério para fustigar a operação.

99. Denúncia do senhorio justificada por necessidade de habitação

Esta *denúncia*, quanto aos contratos antigos *sem duração limitada*, pauta-se pelos princípios acima expostos para os *novos contratos* com o mesmo fundamento (cf. *supra*, n.º 93) — mas agora há a assinalar duas particularidades notáveis:

a) Continuam a ser-lhes aplicáveis as limitações antes estabelecidas no art. 107 RAU — preceito que, para eles, se mantém pois em vigor;

b) O *montante da indemnização* a atribuir ao *arrendatário*, em face da *denúncia*, terá um novo cálculo.

Analisemos estes dois casos.

I — Liminarmente, não podemos deixar de referir que se nos afigura fortemente condenável que, tendo o aludido art. 107 suscitado, ao longo da sua vigência, importantes e ponderáveis controvérsias na doutrina e na jurisprudência, se tenha o legislador negligentemente limitado a remeter para ele, sem ter tido o cuidado que se lhe impunha, elementarmente, de assumir posição sobre os seus aspectos mais sensíveis e negativos, e nem sequer ter cuidado de associar a idade do *arrendatário* a um fraco rendimento económico.

Não o fez. É pena.

As limitações do art. 107 RAU são, na versão do Decreto-Lei n.º 329-B/2000, nada menos de cinco, distribuídas pelas duas alíneas do seu n.º 1.

Só a al. a), à sua conta, inclui quatro situações distintas.

São elas, relativamente ao *arrendatário*:

a) Ter sessenta e cinco, ou mais, anos de idade;

b) Encontrar-se na situação de *reforma*, por *invalidez absoluta*;

c) Sofrer de *incapacidade total para o trabalho*, embora não beneficie de pensão de invalidez;

d) Ser portador de *deficiência* a que corresponda *incapacidade superior a dois terços*;

e) Manter-se no prédio ou fracção arrendada há mais de trinta anos, ou por um período mais curto "previsto em lei anterior e decorrido na vigência desta".

II — Note-se, liminarmente, que estas limitações legais, embora se refiram sempre, nas palavras do art. 107-1 RAU, ao *arrendatário*, não têm em vista o *locatário* de *arrendamento não habitacional,* quando o contrato a denunciar, por *necessidade de habitação*, seja para algum daqueles fins.

Aplicam-se unicamente ao *arrendatário para habitação*; logo, ao *inquilino* — não, a todo o *arrendatário.*

A previsão do n.º 2 do aludido art. 107, reportando a qualidade de *arrendatário* a um caso de *arrendamento para habitação*, demonstra-o definitivamente[372].

Anteriormente ao RAU, já alguma jurisprudência começava a denotar afloramentos de ingénua sedução pelo expansionismo vinculístico, julgando, como no ac. Relação de Coimbra, de 19-12-1989 (*Colectânea*, XIV-5, p. 68), que seria o limite hoje constante da al. b) do art. 107-1 RAU aplicável tanto aos *arrendatários habitacionais* como aos *comerciais ou industriais.*

O RAU teve claramente o intuito de pôr cobro a semelhante entendimento.

Com interesse, foi também julgado, sob outro aspecto:

— A norma segundo a qual nos contratos de arrendamento de duração limitada não é possível o diferimento da desocupação por razões sociais imperiosas não viola o princípio constitucional da igualdade — Relação do Porto, 9-12-1996 (*Colectânea*, XXI-V, p. 214).

---

[372] Como então escreveram MENEZES CORDEIRO/CASTRO FRAGA, "o legislador pretende proteger o direito social de habitação; apenas este justifica, aliás, o sacrifício imposto aos senhorios" (*Novo Regime do Arrendamento Urbano*, Almedina, Coimbra, 1990, p. 146, nota 3 ao art. 107).

O caso tratado no último destes arestos é interessante. Ele julgou bem, na nossa perspectiva.

Continuemos, pois.

III — O requisito dos *sessenta e cinco anos de idade*, ou mais, reporta-se exclusivamente à pessoa do *arrendatário* ("ter o arrendatário"); melhor dizendo, à do *primitivo* arrendatário.

É perfeitamente irrelevante que tenha ou ultrapasse essa idade o *cônjuge* ou outra pessoa que viva em *união de facto* ou em *economia comum* com o *arrendatário*.

Isto é muito claro, à luz do preceituado no n.º 2 do art. 107 e independentemente da regra da *comunicabilidade* "nos termos gerais e de acordo com o regime de bens vigente", pois o preceito mantido em vigor só admite a passagem da limitação correspondente a estar no prédio arrendado há trinta ou mais anos, como *arrendatário*, para o *cônjuge*, a quem tal qualidade tenha sido transferida, (alínea *b)* do art. 107-1); não, quanto à idade do *cônjuge* que tenha sucedido ao *arrendatário* nem, muito menos, quanto à de outro "sobrevivente", dos então aludidos no art. 85-1 RAU, hoje transpostos para o novo art. 1106-1 CC.

JANUÁRIO GOMES, não opondo qualquer objecção à *idade do arrendatário*, ou à omissão da nossa lei à situação patrimonial dos sujeitos em confronto, reputava injusta, quanto ao *cônjuge do arrendatário*, esta opção legal, que constituiria mera sequela da *incomunicabilidade* da posição de *arrendatário habitacional* (*Arrendamentos para habitação*, Almedina, Coimbra, 1996, 2ª ed., p. 313).

O fundamento da limitação legal referido por MENEZES CORDEIRO/ /CASTRO FRAGA era o seguinte: só o *direito social de habitação* justificará este sacrifício imposto aos *senhorios*.

Restaria saber se, por um lado, seriam os *senhorios* — em vez do Estado, para o qual ainda há pouco tivemos ensejo de apontar — que deveriam suportar, sem contrapartida, o fardo do *direito social de habitação* e, por outro, que justificação política apontaria para a idade de *sessenta e cinco anos*, quando o limite de idade para o exercício de funções públicas era, e é, em geral, de *setenta anos*.

No Direito comparado, só em França encontrámos análoga tutela social, e unicamente desde 1982, com a *Lei Quilliot*. A amplitude actual desta limitação ao *droit de reprise* do *senhorio* resume-se ao seguinte: ter o *arrendatário* mais de *setenta anos de idade* e, ainda, *rendimento inferior a uma vez e meia o salário mínimo* — e isto, só desde que *não tenha o senhorio mais de sessenta anos* ou, com qualquer idade, tenha rendimento inferior a *uma vez e meia o salário mínimo*, ou, por último, não ofereça, dentro da área geográfica considerada, alojamento que satisfaça às necessidades do *inquilino*.

Compare-se, mesmo assim, o sofisticado tratamento francês com o tosco sistema português do RAU, conservado em vigor, para os contratos antigos, sem qualquer aperfeiçoamento.

A Lei n.º 6/2006 limitou-se a mandar aplicar o disposto no art. 107 RAU, *tal como ele é*, aos antigos *contratos sem duração limitada*, não parecendo de boa hermenêutica enxertar no conceito de *arrendatário* daquele artigo o de *arrendatário* estabelecido com a *comunicabilidade* no novo articulado do CC.

De resto e como já tivemos ensejo de o referir (cf. *supra*, n.º 18-I-**B**, vol. I, p. 177), a *comunicabilidade* do *direito de arrendatário* estabelecida *ex novo* no art. 1068 CC, "nos termos gerais e de acordo com o regime de bens vigente", *aplica-se exclusivamente aos contratos celebrados após a entrada em vigor deste preceito*.

É isto que, se bem nos parece, resulta dos próprios termos em que se encontra redigido o novo preceito quando funda a *comunicabilidade* "nos termos gerais" — e não por sua autónoma imposição — e "de acordo com o regime de bens vigente", ou seja, respeitando-se, em homenagem ao *princípio da imutabilidade*, o regime patrimonial que já existia para o caso particular do *direito de arrendatário habitacional*, quando o art. 1068 surgiu.

É, aliás, aquilo que melhor se harmoniza com a norma da aplicação no tempo formulada no art. 12-1 CC: "A lei só dispõe para o futuro; ainda que lhe seja atribuída eficácia retroactiva, presume-se que ficam ressalvados os efeitos já produzidos pelos factos que a lei se destina a regular".

Na verdade, o novo art. 1068 CC nem se arroga qualquer eficácia retroactiva, antes volve o seu comando para o futuro, nem, se o fizesse, poderiam ressalvar-se os efeitos já produzidos à sombra do Direito anterior com o facto da celebração do *contrato de arrendamento.*

Nesse momento, o *direito de arrendatário habitacional* tornou-se *próprio* do contraente, *fosse qual fosse o regime matrimonial,* nos termos dos arts. 83 RAU e primitivo 1110-1 CC.

O efeito ficou produzido. Não é agora possível, em relação a esses *arrendamentos habitacionais,* passar uma esponja sobre tal efeito, para deixar de ser um *direito próprio* e passar a ser *comum,* se o regime conjugal a tal conduzisse.

Não seria esse o bom caminho.

Outro ponto.

No domínio da legislação anterior ao RAU, suscitaram-se decisões desencontradas acerca do momento em que deveria a *idade* estar completada, umas vezes se tendo entendido dever ela estar completada à data de propositura da acção[373] e outras que excluiria a *denúncia* mesmo que só se perfizesse no decurso da causa[374].

A jurisprudência parecia, entretanto, estar a consolidar-se noutro sentido que se nos afigurava, então, o mais correcto: o momento a considerar deveria ser o *da data do termo do contrato ou da sua prorrogação*[375].

---

[373] Neste sentido: Relação do Porto, 5-2-1981 (*Colectânea,*VI-I, p. 156).

[374] Neste sentido: Relação de Lisboa, 2-3-1982 (*Colectânea,* VII-2, p. 153).

[375] *Sic*: SUPREMO, 7-6-1983 (*BMJ* n.º 328, p. 555); Relação do Porto, 29-3-1984 (*Colectânea,* IX-2, p. 222),

A Lei QUILLIOT, em França, atendia à data da citação (art. 14, 2ª parte). A Lei 89-462 manda atender, para a idade, à data do termo do contrato e, para os rendimentos, à data da citação (art. 15-III, 3.º inciso).

Foi o que, com louvável critério, o RAU veio consagrar, quando referiu, no corpo do n.º 1 do seu art. 107, que se verifica o limite quando ocorra "no momento em que deva produzir efeitos" a *denúncia*.

O momento em que *deva* produzir efeitos a *denúncia* era, decerto, o do termo contratual para que se pedia o *despejo* — não o de uma hipotética *prorrogação* que viesse a ocorrer na pendência da causa: depois da citação do demandado, não se produziam novas prorrogações contratuais; operava o art. 70 RAU.

Como logo se vê, este passo do art. 107 RAU, mandado aplicar, sem mais, reportava-se a uma *denúncia/oposição à renovação*, quando agora temos de encarar a *denúncia* com o antigo alcance de *revogação unilateral*.

Deve, pois, adaptar-se este passo à nova figura reconduzindo as circunstâncias descritas nas duas alíneas do art. 107 RAU, em particular o completamento dos *sessenta e cinco anos do arrendatário*, à *data pretendida para a desocupação*, na *acção de denúncia*, nos termos do art. 1103-1 CC.

Outro pormenor parece ainda digno de reflexão: é o das idades comparativas de *denunciantes* e *inquilinos*. Sendo esta limitação fundada num motivo de humanidade, parece que não poderá ser oposto a *denunciante* que *tenha a mesma ou mais avançada idade*.

A não ser assim, sustentamos decididamente que se violará frontalmente o *princípio constitucional da igualdade* dos cidadãos perante a lei (art. 13-1 CRP): a senectude do *senhorio* é tão digna de consideração quanto a do *inquilino*[376].

---

[376] A Lei QUILLIOT, em França, ia menos longe e exigia expressamente, para o *inquilino*, idade superior a 70 anos, desde que não tivesse o locador mais de 60 (art. 14, 3ª parte) e, além disso, que as receitas anuais do inquilino fossem inferiores a vez e meia o salário mínimo (SMIC), sem

O incómodo produzido no *arrendatário* pela *denúncia* só pode ser chamado à colação quando o *arrendatário* seja um *arrendatário habitacional e tenha uma fonte de rendimento modesta* — e, mesmo assim, não pode suplantar o *incómodo do senhorio*, o qual, se lhe não for admitida a *denúncia*, também *terá de ficar desalojado*, apesar de ter um direito mais forte sobre a casa ocupada: o *direito de propriedade*.

O entendimento oposto tinha, no entanto, sido sustentado pelo Conselheiro ARAGÃO SEIA.

Para o Saudoso Magistrado, o limite imposto à *denúncia do senhorio* carecido de habitação, pela idade, invalidez ou incapacidade do *arrendatário*, fundava-se no propósito de evitar o *desenraizamento* deste, na sua dificuldade de arranjar nova casa e de se adaptar a um novo ambiente, que a *denúncia* lhe acarretaria.

No momento em que se torna *arrendatário*, está confiante na renovação do contrato e "não está nos seus planos de vida arranjar outra residência" — o que não ocorre com o *senhorio* que, quando concede o gozo da casa, já sabe, de antemão, que a não poderá ir ocupar. Não será, pois, arbitrário não poderem contrapor-se-lhe idênticas *idade*, *invalidade* ou *incapacidade* do *senhorio*[377].

Cremos, todavia, que se trata de uma fundamentação sem suporte legal ou de política legislativa.

O limite dos *sessenta e cinco anos de idade*, estabelecido no RAU, como é bem de ver, não está associado nem depende de *qualquer duração de estada do arrendatário no prédio*.

O gozo do *espaço habitacional* pode, com efeito, ser prestado a um *arrendatário*, por exemplo, de sessenta e quatro anos e, inesperadamente, ser o *senhorio* entretanto transferido para o mesmo local, onde então neces-

---

que se lhe oferecesse alojamento correspondente às suas necessidades dentro de limites geográficos descritos.

A norma é reeditada no art. 15-III da Lei de 6 de Julho de 1989 (Lei 89-462).

É censurável que tenha o RAU guardado silêncio sobre este ponto, quando precisamente se preocupou, no art. 107, com outros que não são mais importantes do que este.

[377] *Arrendamento Urbano*, 2000, 5ª ed., pp. 548-549. O mesmo entendimento foi sucessivamente sobraçado nas duas ulteriores edições.

sitará da *habitação* para si — mas, se o *arrendatário* tiver, nesse ínterim, completado a idade de *sessenta e cinco anos* já não poderia, neste entendimento, ver denunciado o seu contrato, sem que, naturalmente, tivesse chegado a ter tempo para criar amigos, ou sequer raízes, na área do espaço arrendado.

Também por outro lado supomos que não corresponde à nossa realidade legislativa a afirmação de que, quando concede o gozo do prédio, o *senhorio* já sabe que não o poderá ir ocupar — pois, primeiro, desde as velhas *Ordenações* e passando pelo Código de Seabra, ao longo de séculos, até 1917 e, depois, desde 1948, com a Lei n.º 2:030 até à actualidade, sempre vem sendo admitido que ele ocupe a casa arrendada, logo que necessite desse espaço para *habitação própria.*

Como, porém, o caso veio a ser objecto de um litígio que atravessou as instâncias e acabou no Tribunal Constitucional, com um percurso de decisões digno de ser acompanhado, vale a pena fazer aqui a sua crónica — embora estejamos convencidos de que tal jurisprudência não se repetirá, apesar de, para os contratos antigos se ter, como se viu, mantido em vigor o art. 107 RAU, sem as alterações que se impunham.

Um casal de emigrantes portugueses, a residir em França, *há mais de trinta anos*, estando a mulher com *setenta e um anos* de idade e querendo regressar a Portugal, para passar a viver em Lisboa, num prédio de que ela era *senhoria* nesta cidade, foi ao 17.º Juízo Cível de Lisboa, intentar contra o *arrendatário* uma *acção de despejo* atinente à obtenção da *denúncia* do arrendamento por *necessidade de habitação.*

O réu contestou, alegando, com interesse, ter *mais de sessenta e cinco anos de idade*, e o juiz declarou-se habilitado a conhecer do pedido no saneador, onde prontamente julgou a acção *improcedente* em virtude de o *arrendatário* ter mais de *sessenta e cinco anos de idade* e *não ser inconstitucional não se atender à superior idade da senhoria.*

O tribunal ignorou a excepção legal então posta para os emigrantes, no art. 108 RAU, supomos que com base em não ser a autora ainda *senhoria*, à data do *arrendamento*, pois só chegou à compropriedade do prédio, por herança, menos de 10 anos antes da propositura da acção.

Da decisão da 1ª instância recorreram os autores para a Relação que, no seu ac. 28 de Outubro de 1999, cingindo-se às conclusões do recurso, curou estritamente da questão da *constitucionalidade* do não atendimento à superior idade do senhorio, e decidiu não haver *inconstitucionalidade* nesse tratamento desigual, fundamentalmente porque terá o nosso legislador pretendido proteger *a parte mais fraca.*

De resto — acrescentou — se a lei portuguesa quisesse fazer prevalecer a *idade do senhorio*, como acontece em França, decerto o teria feito.

A argumentação não se nos afigura convincente, sendo já mais que tempo para, de uma vez por todas, se banir da nossa jurisprudência e doutrina o *bordão* do *arrendatário como parte mais fraca*, o qual não pode evidentemente ser plangido ao acaso, sem se estabelecerem as concretas situações de vida dos sujeitos arrendatícios em presença.

Semelhante preconceito da nossa jurisprudência, e de grande parte da doutrina menos recente, é reprovado unanimemente pela doutrina estrangeira, bastando aqui recordar, independentemente do que adiante referiremos, o breve apontamento que fazemos *supra*, n.º 28-IV, vol. I, pp. 270-274, texto e nota 247.

Na hipótese, o *arrendatário* era mais novo; logo, por aí, *era parte mais forte*.

Por outro lado, nem sequer se sabe se, porventura, não era um bem sucedido homem de negócios ou profissional liberal, enquanto a *senhoria* não passava de uma empregada de hotel ou de restaurante, a tentar ganhar uns cobres para a sua reforma. Continuaria ela, neste caso, a ser a parte *mais forte* comparativamente com o próspero negociante ou profissional liberal, só porque este vive numa casa arrendada?

No tocante, por seu turno, à ideia de a nossa lei não ter querido seguir o exemplo francês, temos de ponderar que ela peca duplamente: peca porque a lei portuguesa precedeu a francesa, visto o RAU ter-se limitado a reproduzir a Lei n.º 55/79, que é anterior à Lei QUILLIOT e, portanto, não podia intencionalmente afastar-se de uma lei que então ainda não existia; e peca porque não se fez o quadro comparativo da bondade dos dois preceitos — em que, valha a verdade, o caso francês se superioriza, larga e incontestavelmente, ao português.

A nossa jurisprudência só ganharia em aproximar a interpretação do texto português à expressa disposição francesa. Ignorando-a, sobranceiramente, perdeu.

Não nos desviemos, porém, da questão central.

Da Relação, foi levado recurso para o Tribunal Constitucional que, pela sua parte, igualmente confirmou, apenas por maioria, o entendimento da *constitucionalidade*, no seu Acórdão n.º 420/00, de 11 de Outubro de 2000.

Como fundamentação, o aresto faz um escorço histórico do Direito arrendatício português, sustentando:

a) Que a regra da renovação obrigatória e automática do contrato de arrendamento habitacional "foi introduzida no nosso ordenamento jurídico pelo Decreto n.º 5:411, de 17 de Abril de 1919", tendo deixado de ser obrigatória para todos os contratos desse tipo nos termos dos arts. 98 a 100 RAU;

b) O legislador — "apenas com a excepção do contratos de duração limitada" — subtraiu o *arrendamento para habitação* à regra da *liberdade contratual* e impôs restrições ao proprietário privado em nome da "função social da propriedade, sobre a qual recai uma verdadeira *hipoteca social*, a qual, numa certa visão das coisas, se funda no destino universal dos bens";

c) O decidido no Acórdão n.º 151/92 do Tribunal Constitucional, segundo o qual não é *inconstitucional* fazer prevalecer a *necessidade de habitação do senhorio* sobre o *direito de habitação* do *arrendatário* não põe em causa a *constitucionalidade* da norma que estabelece o limite dos 65 anos, mesmo quando este seja oposto a *senhorio* com essa ou superior idade;

d) Em suma, e citando sem mais o disposto no art. 68-2 RAU (que reproduzia o art. 1095 CC) e proclamando que não pode o *senhorio* denunciar o contrato *ad nutum*, respigando ARAGÃO SEIA *pari passu*, pondera então que foi criada "uma relação duradoura" e, em vista disso, se, no que respeita à idade e à necessidade da casa, há entre *senhorio* e *arrendatário* "uma situação idêntica", a verdade é que, quanto à "mudança de vida que, nessa idade, importa uma mudança de casa", tal situação é algo que pode o *senhorio* suportar pois é ele próprio a ter a iniciativa da mudança; "já o inquilino, esse, vê-se forçado a mudar os hábitos e rotinas de vida, que foi criando pelo facto de viver muitos anos no mesmo sítio, e, bem assim, a afastar-se dos amigos que aí fez" — não sendo portanto *inconstitucional* deixar de reconhecer ao *senhorio* o *direito de denúncia*, apesar de ter a mesma ou superior idade.

Esta decisão não passou sem um justo voto de vencida da Conselheira MARIA DOS PRAZERES BELEZA, a considerar que a interpretação dada à hipótese envolverá efectiva contrariedade com o *princípio da igualdade*, pois não é relevante ser o *senhorio* a ter "a iniciativa da mudança" nem justificada a ideia de que "o inquilino se apresenta em situação mais carecida de amparo da lei" e, sendo pois iguais as duas situações, deveria prevalecer o direito de propriedade como se tinha julgado já no Acórdão n.º 151/92.

Pela nossa parte, sem que nos anime qualquer ideia de crítica pela crítica, mas tentando aprofundar e desenvolver, para melhor compreender e elucidar o tema, cremos que, na verdade, a tese maioritária deste acórdão enuncia alguns princípios que carecem de uma reflexão bem mais cuidada do que aquela que nos foi oferecida por esta infeliz decisão do Tribunal Constitucional.

Antes de mais, é de assinalar que inicia o acórdão a sua conclusão proclamando uma verdade insofismável: a de que "o senhorio, que pretende denunciar o contrato por ter necessidade da casa para sua habitação, se tiver sessenta e cinco anos de idade ou mais, encontra-se no que concerne à idade e à necessidade de habitação em situação idêntica à do inquilino que já tenha atingido aquela idade".

Era precisamente essa a única situação relevante em presença da *facti species* da al. a) do art. 107-1 RAU — e era, incontornavelmente, uma situação de *igualdade.*

Depois de reconhecer semelhante verdade elementar, porém, o voto maioritário partiu em demanda de desigualdades que, naturalmente, quaisquer que fossem, teriam de ser perfeitamente irrelevantes.

Fixou-se na *incomodidade do arrendatário*, como se afinal fosse cómoda a situação da *senhoria*, que queria voltar à Pátria e, *sendo proprietária de uma habitação*, estava *sem casa para habitar* — e, assim, o acerto da decisão ficou liminarmente comprometido.

Outros passos, no entanto, merecem ponderação.

Assim e logo na generalidade, o que, com efeito, mais nos impressiona nele é a completa ausência de análise da situação no Direito comparado, na doutrina e jurisprudência dos Estados mais próximos de nós pela cultura e pela geografia — e, dado que, como temos vindo a referir, tanto a nossa legislação arrendatícia como a doutrina portuguesa, com indesejável frequência, se têm afastado sensivelmente do que se considera fundamental lá fora, *semelhante omissão não poderia, também, deixar de inquinar seriamente o julgado em apreço.*

Se, com razão, vem sendo constantemente repetido que *não basta à jurisprudência vencer, é preciso convencer*, os Ilustres Juízes maioritários, limitando as suas leituras a dois autores nacionais, desprezando as indicações em contrário do Direito francês, referidas por um deles, além de outras que pudessem aportar, e confinando-se a reproduzir quase palavra por palavra a tese do outro autor que, por sinal omitia a existência de Direito positivo estrangeiro em sentido oposto, parece que só concorreram, afinal, para se poder afoitamente concluir que se preocuparam mais *com o vencimento do que com o convencimento.*

Tão descurado foi este aspecto que a própria citação desta nossa obra remeteu para uma edição já nessa altura, há tempo, substituída por outra mais recente — e, ainda por cima, deturparam-nos o nome, tão pouco familiar ele lhes era.

Outro ponto. É certamente inexacta a afirmação de que foi o Decreto n.º 5:411 que introduziu entre nós o vínculo da *prorrogação forçada.* Como o vimos oportunamente (cf. *supra*, n.º 25, vol. I, p. 224), já em 28 de Setembro de 1917 a Lei n.º 828 o tinha estabelecido, no seu art. 2.º (o que, aliás, tínhamos expressamente referido na edição citada pelo acórdão em apreço — cf. pp. 173-174 dessa edição).

Se tal inexactidão, no fundo, não passará de um simples e negligenciável *erro de efeméride*, mais relevante e prejudicial será decerto, porém, a circunstância de este se situar num enquadramento do vinculismo em que a tese maioritária pôs no mesmo saco toda a legislação arrendatícia do século XX, ignorando por completo o alcance da respectiva evolução, em que a parte final, sobretudo nas duas últimas décadas, revela uma curva descendente a que esteve desatenta.

Os arts. 98 a 100 RAU, com os seus complementos só introduzidos em 1995, dos arts. 117 e ss e 123 RAU, entre outras *passadeiras de saída* por ele estabelecidas, situam-se noutro tempo e noutro modo de vinculismo. A tese maioritária, ao ignorar e não compreender isto, acabou naturalmente por julgar segundo a filosofia da *curva ascendente* — e portanto incorrectamente — uma hipótese da *curva descendente* e *qualificativamente diversa* da primeira. A reflexão seguinte irá revelar, em nossa opinião, que é exactamente isto que definitivamente a inquina.

Passando então a um terceiro ponto e reportando-nos ao fundamento da *função social da propriedade*, sujeitando-a à chamada *hipoteca social*, também a tese maioritária, na forma como é aplicada, se torna para nós num motivo de grande perplexidade.

É admissível, decerto, que, em nome dessa função, se imponham *hipotecas sociais* consistentes, designadamente, em poder um imóvel ser expropriado, mediante justa indemnização, em vista de um relevante motivo de interesse público, ou em estabelecerem-se sanções para o não aproveitamento de certos bens ou, em suma, em oporem-se restrições à deslocação ou alienação para o estrangeiro de obras de arte classificadas, etc.; mas o que, salvo o devido respeito, constitui um autêntico contra-senso é impor-se como *hipoteca social* da propriedade imobiliária urbana, ao respectivo titular carecido de residir noutra localidade onde traga um fogo arrendado há longos anos e por uma renda irrisória, que obtenha a habitação de que necessita mediante um arrendamento para si próprio, a preços de mercado, *só para não privar o arrendatário, naquela localidade, da sua tertúlia de bairro*[378].

Em boa e sã doutrina, não é obviamente o *proprietário* de bens imóveis quem tem a *hipoteca social* de, a preços de favor e por toda a vida, fornecer *habitação* (em Portugal, fornecer até *escritórios* ou *lojas*) a quem esteja carecido e não disponha de suficientes meios económicos (no nosso Direito positivo, *mesmo tendo-os*): é o Estado.

Se este, em vez de cumprir a sua missão de *Estado Providência*, distribuindo *a hipoteca* pela generalidade dos contribuintes, a faz antes incidir

---

[378] Para mais desenvolvimentos e, no mesmo sentido do que sustentamos no texto, veja-se uma crítica certeira ao entendimento que apela à *função social da propriedade* para justificar certas soluções vinculísticas injustificáveis, *in* GIULIO CATELANI, *Manuale della locazione*, 3ª ed., Giuffrè Editore, 2001, pp. 27ss., *maxime*, pp. 28-29.

directamente sobre os *proprietários dos prédios urbanos* afectados ao *arrendamento*, adoptará com isso um comportamento *clamorosamente imoral* — que não deverão os tribunais sancionar sem um sobressalto de consciência.

Bem pode assim dizer-se que a afirmação apriorística do voto maioritário segundo a qual o *proprietário* — só porque é proprietário — "é chamado a ser solidário com o seu semelhante" — só porque este é *arrendatário* — constitui decerto, nos casos de rendas escandalosamente envilecidas, uma hipocrisia tão grande como aquela que prodigiosamente tentasse impor *ao hospedeiro de um parasita que se alimenta do seu sangue, que fosse solidário com ele.*

Outro ponto que, quanto a nós, demanda alguma reflexão é o tocante ao antagonismo que se levanta entre este acórdão e o n.º 151/92, e que é salientado no douto voto de vencida.

O voto maioritário estará efectivamente dentro da razão quando sustenta que a hipótese controvertida não colidia com a questão da *constitucionalidade* da norma que, perante as concorrentes *necessidades de habitação* de *senhorio* e *arrendatário*, dá prevalência ao *senhorio*, pela valoração do *direito de propriedade*: aqui, o que se confronta não será isso, mas as *idades comparativas* de *senhorio* e *inquilino*.

Simplesmente, os Ilustres Juízes vencedores acabaram por se desinteressar de tal comparação, para atenderem unicamente ao *transtorno* da *mudança do arrendatário*, em presença da *iniciativa da senhoria* — a qual, no fundo, é fruto do seu *direito de propriedade*. Ora, ao dar prevalência ao *transtorno da mudança* do *arrendatário* (que está presente em todas as *denúncias* do contrato pelo *senhorio*) sobre o *direito de propriedade* em que se fundava a *denúncia*, incontornavelmente se contradisse o que se tinha firmado no Acórdão n.º 151/92.

Propriamente quanto ao *incómodo*, aliás, é visível a parcialidade ou unilateralidade da análise do voto maioritário. Na verdade, ele inclinou-se, compassivo, ante o *incómodo do arrendatário* — e não deu por que, ao lado desse incómodo, outro provocou, inevitavelmente; o da *senhoria*, que, *sendo proprietária de casa apta à satisfação das suas necessidades habitacionais, teve de ficar na rua, à espera de arrendar uma para si.*

Este conflito tinha de ser arbitrado, não numa perspectiva *unilateral* e *parcial*, mas num plano objectivo e bilateral: perante *os dois incómodos* em conflito, e havendo *igualdade de idades*, o *direito de propriedade* teria de ser, mais uma vez, decisivo.

Passemos a outro passo do voto maioritário que se nos afigura não menos perturbante.

É o que firma a situação duradoura do *arrendatário*, blindado ante as investidas do *senhorio*, na disposição, sem mais, do art. 68-2 RAU, como se este preceito que era simples cópia do primitivo art. 1095 CC e que não existe, que se saiba, em mais nenhum Código conhecido, fosse normal — quando não é.

Na verdade, ele estabelecia, com carácter *institucional* e *comum*, uma limitação à *autonomia privada* que só é admissível *transitoriamente* e em situações *conjunturais*: que não podia o *senhorio*, definitiva e institucionalmente, denunciar o contrato no termo da duração fixada pelas partes senão em casos excepcionais, previstos na lei.

Este preceito, *único no contexto do Direito comparado*, banido pela Lei n.º 6/2006, tinha entrado para o nosso Código Civil contra o sábio aviso do Professor Inocêncio Galvão Telles, durante os trabalhos preparatórios: "É possível, e até provável — ponderou o Insigne Professor — que o princípio aceite a título excepcional e provisório, venha a enraizar-se na legislação mesmo para além do eventual desaparecimento das circunstâncias de ordem económica e social que lhe deram origem. Mas ainda é cedo para formular um juízo seguro; e sobretudo não conviria de maneira nenhuma incorporar desde já num código, que por sua natureza aspira à estabilidade, uma solução como esta, que por enquanto se apresenta como anómala e transitória e que constitui na verdade um fundo desvio ao princípio do igual tratamento das partes contraentes. Seria dar solidez ao que ainda não se sabe de certeza se virá a ser definitivo"[379].

Isto foi escrito na década de 50 do séc. XX, em pleno pós guerra, revelando um insuperável bom senso, uma visão esclarecida a que não deram os revisores finais atenção.

Tentando vislumbrar que sério motivo os terá animado para resistir a tão irresistível aviso, só conseguimos descobrir o seguinte, em matéria de fundamentação do art. 1095 CC: "Esta solução, que apareceu com carácter transitório em quase todos os Estados que suportaram a crise de habitação subsequente à guerra de 1914, pode hoje considerar-se como normal"[380].

Como se vê, trata-se de *uma pura afirmação*, e limitada ao *arrendamento habitacional*, quando o art. 1095 CC se alargava a todo o *arrendamento urbano*.

Não foram enunciadas quaisquer fontes estrangeiras que necessariamente a teriam de ilustrar. À falta delas, acrescentou-se apenas a panóplia dos diplomas portugueses que durante e após a I Guerra Mundial estabeleceram o vinculismo, mas *com expresso carácter de excepção* e de *transitoriedade*[381].

---

[379] Cf. *Rev.Fac.Dir.Univ.Lxª*, IX, pp. 193-195.

[380] Pires de Lima/Antunes Varela, *Código Civil Anotado*, II vol., 3ª ed., Coimbra Editora, 1986, p. 570.

[381] "Enquanto subsistir a crise que o motiva" — declarava o Decreto n.º 1 097, de 23 de Novembro de 1914; "enquanto durar o estado de

Na nossa perspectiva, a verdade é que tal afirmação estava, de facto, em completo desacordo com a realidade do Direito comparado.

Nenhum Estado consagrou semelhante norma com *carácter institucional*[382] — e, pelo contrário, no ano da graça de 1986, em que a citada afirmação foi publicada, há muito vinha já o *vinculismo* primitivo a desembaraçar-se, em toda a Europa, do fantasma da *sistemática repetição transitória* da *prorrogação forçada*.

Recordaremos apenas, a tal respeito, uma das mais interessantes sentenças da *Corte Costituzionale*, concretamente ditada para o *arrendamento habitacional* e ponderando um aspecto caro à nossa jurisprudência — o da mítica *fraqueza* do *arrendatário*, só *porque é arrendatário*, ante a *fortaleza* do *senhorio*, só *porque é senhorio*.

É a decisão de 22 de Abril de 1986, a declarar que a prorrogação generalizada infringe o art. 3.º da Constituição [*princípio constitucional da igualdade*], pois não está subordinada a uma valoração comparativa das condições económicas do arrendatário e do senhorio, valoração que, pelo contrário, seria necessária para evitar que categorias de arrendatários mais fortes se enriqueçam em prejuízo de senhorios mais débeis[383].

Em suma e propriamente quanto às *idades comparativas* do *arrendatário* e da *senhoria*, tanto quanto pudemos investigar, nem na lei italiana, nem na lei espanhola, alemã ou belga, nem em suma em qualquer das mais conhecidas, encontramos nós um *limite de idade do arrendatário* à *denúncia do senhorio* fundada *em necessidade* para seu uso do prédio arrendado, como o posto pelo RAU, compilando o arroubo revolucionário tardio da Lei n.º 55/79, de 15 Setembro[384].

Só em França.

---

guerra e até seis meses depois de assinado o tratado de paz", condicionava a Lei n.º 828, de 28 de Setembro de 1917; "até 31 de Dezembro de 1925", estabelecia-se na Lei n.º 1 662, de 4 de Setembro de 1924, depois prorrogada por sucessivos diplomas até que, pelo Decreto n.º 14 630, de 28 de Novembro de 1927, foi mantida *transitoriamente* em vigor "até à publicação de um novo diploma".

[382] Inclusivamente entre nós, acabou por cair com a Lei n.º 6/2006, de 27 de Fevereiro, como temos referido.

[383] *Foro italiano*, 1986, I, p. 1145.

[384] Com um fundamento curioso, aliás: o de que se tratava de uma providência "de natureza transitória" (MENEZES CORDEIRO/CASTRO FRAGA, *Novo Regime do Arrendamento Urbano*, Almedina, Coimbra, 1990, nota 1 ao art. 107 RAU, p. 146).

Aí, em 1982, quando subiu ao Poder uma coligação socialista/comunista e se preparava a aprovação daquela que veio a ser designada como *Lei* QUILLIOT, o seu projecto não continha qualquer disposição limitativa à *oposição à renovação* pelo senhorio no sentido que aquela nossa lei consagrava.

Foi unicamente durante a primeira leitura do seu texto, na Assembleia Nacional, que foi depositada (e veio a ser aprovada) uma série de emendas ao projecto, pelo Grupo Comunista, todas tendentes a eliminar a susceptibilidade prevista pelo projecto de *denúncia para habitação* ou *para venda*, desde que fosse oposta a um inquilino com *mais de setenta anos de idade* e, além disso, com um *rendimento inferior a uma vez e meia o salário mínimo*.

Se bem que estas preocupações humanitárias tivessem impressionado a unanimidade dos deputados, o Governo manifestou prontamente o receio de que tal regime proteccionista se voltasse contra os próprios idosos, levando os *senhorios* a recusar arrendar-lhes as suas casas.

Depois de debate, a proposta de emenda então apresentada pelo Secretário de Estado do Ministério da Solidariedade para as Pessoas Idosas, substancialmente retocada pela Comissão Parlamentar, resultou finalmente no texto que veio a ser aprovado e que, essencialmente, se mantém hoje em dia no art. 15-III da Lei 89-462: a *denúncia* (*congé*) para utilização própria, para venda ou "por um motivo sério e legítimo", não pode ser oposta a um inquilino com *mais de setenta anos* de idade e cujos *rendimentos anuais sejam inferiores a uma vez e meia o montante anual de salário mínimo*, sem que lhe seja oferecido um alojamento que satisfaça às suas necessidades e às suas possibilidades, dentro dos limites geográficos considerados numa lei de 1948; esta limitação cessa, todavia, se o *senhorio* for uma pessoa física com *mais de sessenta anos*, ou se os seus rendimentos forem *inferiores a uma vez e meia o montante anual de salário mínimo*[385].

Na nossa perspectiva, ignorar isto e decidir ao seu revés, como ocorreu no voto maioritário do Tribunal Constitucional, a que nos reportamos, é admitir *arbitrárias desigualdades* — e, perdoar-se-nos-á, mas em última análise é incorrer numa efectiva violação do *princípio da igualdade* consagrado no art. 13 da nossa Constituição[386].

---

[385] Sobre o ponto: ALAIN BOITUZAT, *La Loi Quilliot du 22 juin 1982*, 1982, pp. 119-120; JEAN-LUC AUBERT/PHILIPE BIHR, *La location d'habitation*, Sirey-Paris, 1990, p. 182.

[386] Esta nota intercalar é constituída pelo apontamento de parte da nossa Conferência, integrada no *Curso sobre Arrendamento Urbano — Análise e linhas de evolução de uma década após o* RAU, da Faculdade de Direito de Lisboa, e proferida em 28 de Março de 2001.

IV — A *reforma* por *invalidez absoluta*, a que se refere a al. a) do art. 107-1 RAU, não suscita dificuldades de maior.

O vocábulo *reforma* está empregado em sentido amplo, abrangendo todas as situações em que está afastado do exercício da sua profissão, pela *incapacidade laboral* de que foi afectado, um trabalhador, mesmo da função pública, chame-se-lhe *reforma* ou *aposentação*.

Essa *incapacidade* tem de constituir uma *invalidez absoluta*. Não pode, portanto, falar-se de *invalidez absoluta*, se o *reformado* exerce outra função remunerada, mesmo em *tempo parcial*.

Parece-nos, pois, irrepreensível a jurisprudência que vinha sendo firmada, segundo a qual uma *grande invalidez* não preenche o conceito de *invalidez absoluta* (Relação de 28-5-1987/*Colectânea*, VII-III, p. 100).

Afigura-se-nos lapidar o princípio consagrado no ac. Relação de Coimbra, de 9-2-1993, brilhantemente relatado pelo Desembargador Silva Graça, segundo o qual "a invalidez absoluta tem, assim, de ser entendida como a incapacidade total para o trabalho, ou seja, a situação do trabalhador que não dispõe de capacidades físicas residuais para o desempenho da sua ou de qualquer outra profissão ou actividade, sem que daí advenha grave prejuízo para a sua saúde ou possua limitação física ou intelectual para o desempenho das mesmas" (*Colectânea*, XVIII-I, p. 45. Atenção: o sumário deste aresto, constante de p. 43 da publicação citada, *dá errónea ideia da solução consagrada*, pois associou à definição de *invalidez absoluta* os elementos descritos a seguir no acórdão, como integradores doutro conceito, o de *invalidez relativa*).

V — Ao mesmo conceito se reconduz a *incapacidade total para o trabalho*, que na alínea a) do art. 107-1 RAU se refere em penúltimo lugar.

A sua previsão legal reforça o entendimento fixado para a *invalidez absoluta*. As duas expressões equivalem-se, e este caso especifica-se unicamente pela particularidade de faltar, nele, uma *pensão de reforma*: a *incapacidade total* releva, mesmo que não receba o *inquilino pensão de reforma*.

VI — O quarto requisito negativo só foi introduzido no nosso Direito positivo com o Decreto-Lei n.º 329-B/2000: *deficiência a que corresponda incapacidade superior a dois terços.*

O preâmbulo do diploma limitou as suas referências às inovações legislativas referentes ao regime jurídico das *obras coercivas*, ficando assim o intérprete sem saber que motivos terão determinado o legislador a acrescentar à primitiva formulação da al. a) do art. 107-1 RAU este requisito negativo, *inédito no Direito comparado.*

Independentemente disso, que não estará agora em causa, esta limitação sofria e continuará a sofrer de *inconstitucionalidade material.* É, decerto, muito louvável proteger um *grande incapaz*; o que não se admite é que seja o *senhorio* a suportar um fardo que repousa, em primeira linha, sobre o Estado.

Apertar as malhas do *vinculismo*, no ano da graça de 2006, está em clara contradição com a totalidade do Direito positivo mais evoluído.

VII — O quinto e último limite exclui o *direito de denúncia* quando o *inquilino se mantenha no local arrendado há trinta anos ou mais, nessa qualidade*, ou por um "período de tempo" mais curto previsto em lei anterior e decorrido na vigência desta" (al. *b)* do art. 107-1 RAU, na redacção do Decreto-Lei n.º 329-B/2000).

Reporta-se, portanto, ao *primitivo arrendatário*, mas, no caso de ter havido transmissão do *arrendamento* ao *cônjuge* do *inquilino* nos termos dos arts. 84 e 85 RAU (hoje, em conformidade com o art. 1106-1 CC), o cômputo dos *trinta anos* poderá — só neste caso — incluir o tempo decorrido a favor do transmitente, somando os dois períodos (art. 107-2 RAU).

Uma vez que, com a Lei n.º 6/2006 (al. *a)* do art. 26-4), se ressalvou a vigência do art. 107 RAU, tal como ele existia à data da entrada em vigor da nova lei, vale a pena estabelecer o quadro em que tal disposição surgiu e as vicissitudes que foi sofrendo até à actualidade.

A aludida duração do *arrendamento*, como *requisito negativo* do *direito de denúncia*, surgiu na nossa ordem jurídica — e, tanto quanto conseguimos apurar, *igualmente sem paralelo no Direito comparado* — unicamente com a Lei n.º 55/79, de 15 de Setembro, que se contentava com apenas *vinte anos*, mas severamente aplicáveis, em saldos do "processo revolucionário em curso", aos contratos existentes, mesmo com *acções de denúncia pendentes*, desde que não tivessem ainda "decisão final com trânsito em julgado" (art. 5.º).

Foi o RAU que, logo na sua primitiva formulação, em vez de ter revogado semelhante indecoroso resquício revolucionário, timidamente limitou-se a ampliar a dimensão temporal do requisito para *trinta anos*, o que — entre outros problemas, alguns já sem actualidade — desencadeou, por vezes, equívocos, e jurisprudência desencontrada e nem sempre bem fundada.

Parece-nos útil, portanto, começarmos por tentar, ainda, fazer o rigoroso enquadramento dogmático deste período de *trinta* ou de *vinte anos* — para, com base num princípio teórico suficientemente firme, podermos alcançar as soluções mais satisfatórias.

A este respeito, tinha-se começado por sustentar que a dimensão temporal em presença constituía um *prazo de caducidade,* como resultaria do disposto no art. 298-2 CC.

Assim, quando à data da entrada em vigor do RAU já tivessem decorrido os *vinte anos*, anteriormente exigidos, a *denúncia* não renasceria; "quando, porém, esse prazo estivesse ainda em curso, aplicava-se o prazo novo — *trinta anos* — mas computando-se todo o tempo decorrido desde o início — artigo 297 CC"[387].

---

[387] MENEZES CORDEIRO/CASTRO FRAGA *Novo Regime do Arrendamento Urbano*, Almedina, Coimbra, 1990, p. 146, nota 4 ao art. 107.

No mesmo sentido, podem citar-se MARIA DOS PRAZERES PIZARRO BELEZA, *Denúncia. Prazo do Arrendamento* (*ColSTJ*, I-I, p. 279); RITA CABRAL, *Contagem do prazo da denúncia do arrendamento para habitação própria* (*ROA*, 1992, II, pp. 717 ss); ANTÓNIO PAIS DE SOUSA, *Anotações ao Regime do Arrendamento Urbano*, 5ª ed., Editora Rei dos Livros, 1997, notas 10 a 12, pp. 306-309.

Na jurisprudência, consagram este entendimento: Relação do Porto, 18-11-1991 (*Colectânea*, XVI-V, p. 191); Relação de Lisboa, 30-4-1992

Na jurisprudência, esta perspectiva começou a ser contestada, se não estamos em erro, desde o ac. da Relação de Lisboa, de 28-11-1991[388] — secundado, quase um ano depois, pelo ac. da mesma Relação, de 19-11--1992 (*Colectânea*, XVII-V, p. 124), relatado com aguda inteligência pelo Ilustre Desembargador MARTINS RAMIRES.

Julgou-se no último — um notável aresto — que não estávamos aqui em presença de um *prazo de caducidade*, pois tais prazos "são períodos de tempo fixados pela lei para o exercício de certos direitos", e o *direito de denúncia* "só nasce quando surge a necessidade de o locador instalar no arrendado a sua habitação".

O facto em presença era, assim, meramente *impeditivo da denúncia*, e, deste modo, o novo período, estabelecido pelo RAU, impedia "o exercício do direito de denúncia em questão independentemente de se haverem completado na vigência da Lei n.º 55/79 os 20 anos de permanência que este diploma legal então previa" (p. 126).

Semelhante entendimento veio a ser consagrado, em ulteriores decisões[389], e foi sustentado na doutrina por JANUÁRIO GOMES, em nosso parecer com irrepreensível rigor dogmático.

Para o Ilustre Professor, a *caducidade* contemplada no art. 298-2 CC reconduzia-se ao facto de um direito dever ser exercido dentro de certo prazo, mas a al. b) do n.º 1 do art. 107 nada tinha a ver com isso: "30 anos não são o prazo para o exercício do direito de denúncia por parte do senhorio, mas é o 'tempo de arrendatário' 'relevante para obstar ao exercício da denúncia...' — é o tempo limite para que o 'tempo de arrendatário' não constitua obstáculo ao exercício da denúncia".

Nesta ordem de ideias, concluiu que, como *tempo de arrendatário*, o novo prazo seria de aplicar aos contratos anteriores, mesmo que, à data da entrada em vigor do RAU, já tivessem decorridos os *vinte anos* anteriores, como resulta do disposto no art. 12-2 CC, uma vez "que a nova lei dispõe directamente sobre o *conteúdo da relação jurídica de arrendamento*, abstraindo do facto que lhe deu origem"[390].

(*Colectânea*, XVII-II, p. 163); Relação de Coimbra, 29-9-1992 (*Colectânea*, XVII-IV, p. 77); Relação de Évora, 21-1-1993 (*Colectânea*, XVIII-I, p. 265).

[388] Cuja publicação a *Colectânea* omitiu. Veio a ser dado à estampa pela *ROA*, 52.º-II, p. 707.

[389] Assim: Relação de Lisboa, 11-2-1993 (*Colectânea*, XVIII-I, p. 193); Relação do Porto, de 14-3-1994 (*Colectânea*, XIX-II, p. 201 — acórdão magnífico, brilhantemente relatado pelo Ilustre Desembargador REIS FIGUEIRA).

[390] *Arrendamentos para habitação*, 1994, pp. 291 e 292.

Foi oposto a esta conclusão que ela conduzia "a uma solução injusta, por mais brilhantes que sejam os argumentos jurídicos em que se alicerça e que não afastam definitivamente os contrários"[391], ou que constitui uma "monumental injustiça para o inquilino" [392] — mas parecia evidente a sem razão de semelhante juízo.

Na nossa perspectiva e salvo o devido respeito pelas opiniões em contrário, seria de recusar que a *facti species* legal em referência configurasse um caso de *caducidade*.

Já vimos que, na dogmática, a palavra serve para designar um de dois conceitos distintos: a *caducidade imprópria*, ou *por comissão*, e a *caducidade própria*, ou *por omissão*. A primeira é a ineficácia *ipso iure*, superveniente, de um negócio jurídico válido, em virtude da ocorrência de um evento a que é atribuída essa virtualidade. A segunda é a extinção de um direito ou pretensão, em vista do seu *não uso* dentro de determinado prazo.

É decerto à segunda categoria que a corrente respectiva pretendia assimilar a manutenção do *arrendatário* "no local arrendado há trinta ou mais anos, nessa qualidade", a que se refere a al. b) do art. 107-1 RAU — mas, para tanto, teria então de se admitir que a *caducidade* operaria só quando o *direito de denúncia* do *senhorio*, com base em *necessidade de habitação* e uma vez surgida esta *necessidade*, não viesse a ser exercido até o *arrendatário* completar os trinta anos de *arrendamento*, extinguindo-se, de tal modo, pela *omissão* do respectivo titular.

Por outro lado, parece de ponderar que, em rigor, os *prazos de caducidade* são estabelecidos quando o legislador persiga o propósito de evitar o dano para o tráfico — e até a injustiça, em certos casos, para a outra parte, que, de boa fé e sem culpa grave, acreditou no não exercício do direito, em vista de tão dilatado *não uso* — que a *incerteza* resultante da perduração do *não exercício* do direito por longo tempo pode acarretar.

É por isso — pensamos nós — que tais prazos são, em regra, muito curtos (art. 332-1, *in fine*, CC: 2 meses; art. 1841-2 CC: 60 dias; na generalidade dos casos: 1 ano; 2 e 3 anos, em raros casos: arts. 2178, 1643, 1644 CC; 10 anos, numa única hipótese: art. 2308-1 CC; 20 anos, no caso excepcional da al. b) do art. 1569-1 CC).

É isto que se passa com a disposição da al. b) do art. 107-1 RAU?

Bem certo que não.

---

[391] ANTÓNIO PAIS DE SOUSA, *Anotações ao Regime do Arrendamento Urbano (RAU)*, 1994, p. 280, nota 11 ao art. 107; 1997 (5ª ed.), p. 308.

[392] Voto de vencido do Desembargador ALMEIDA VALADAS no citado ac. da Relação de Lisboa de 19-11-1992.

Com ela, não se tem em vista pôr termo a qualquer *incerteza* gerada pela *perduração indefinida* do não exercício do *direito de denúncia*, mas alcançar um objectivo de *justiça social*, aliás de duvidosíssimo fundamento (tão duvidoso, que, não nos cansamos de o repetir, *a norma é única, no contexto do Direito comparado*) — e constituiria, além disso, o maior dos absurdos pretender conjurar a *incerteza* da pendência no exercício do direito pelo seu titular, assinalando-se-lhe um prazo de *trinta anos*, que é superior ao próprio prazo máximo da *prescrição*.

Acresce que a susceptibilidade legal de *denúncia* nasce, para o *senhorio*, como é evidente, *no próprio momento* em que surge a *necessidade de habitação* (als. *a)* do art. 69-1 RAU e 1101 CC) — e isto sem que se preveja, para o exercício do respectivo direito, qualquer prazo que funcione como uma imposição de diligência.

O *senhorio* pode assim, no limite, *precisar de habitação* há *vinte e nove anos*, e só exercer a *denúncia* para um dia antes de se completarem os trinta anos de *arrendatário*.

Pode, pelo contrário, ter-se defrontado com essa *necessidade* no próprio dia em que se completa a antecedência fixada para a instância de *denúncia* (art. 1103-1 CC) — e já não lhe será então legítimo exercê-la, sem embargo de não ter ocorrido um só dia de *não uso*.

Em semelhante perspectiva, aconteceria esta característica singular: apesar de, no art. 329 CC, se ter estabelecido que, se a lei não fixar outra data, o *prazo de caducidade começa a correr no momento em que puder o direito legalmente ser exercido* — aqui, poderia mesmo acontecer que fosse o direito afinal um *nado morto* porque, *ao nascer, já não poderia exercer-se*.

Todas estas considerações revelam por conseguinte que, em nossa opinião e à viva luz, os prazos de *vinte* e de *trinta anos* (o primeiro da Lei n.º 55/79, e o segundo da al. *b)* do art. 107-1 RAU), porque não se contam desde o início da *necessidade de habitação* nem têm em vista conjurar a *incerteza* e o risco para a *segurança jurídica* gerados pela perduração do não uso do direito, não constituem *prazos de caducidade*; não são o prazo que tem o *senhorio* para propor a *acção de denúncia para habitação* mas, como bem o tem entendido a melhor jurisprudência e doutrina, a *antiguidade de arrendatário* que se torna num *requisito negativo* da *configuração legal* da faculdade de *denúncia*, relativamente ao *senhorio*, um requisito análogo ao, também negativo, da al. b) do art. 1102-1 CC (não ter casa própria ou arrendada há mais de 1 ano), e ao positivo da al. a) desta disposição (ser proprietário, comproprietário, etc.).

Ainda, porém, que constituíssem *prazos de caducidade*, daí decorreria então que tais prazos só poderiam começar a contar-se, mesmo para os contratos anteriores, desde a *data em que a necessidade de habitação se tivesse configurado* — nunca desde a *data da celebração do contrato*, como se tem pretendido.

Quem considere semelhante conclusão *injusta,* decerto não pondera, além do mais, que a limitação dos *vinte anos* só surgiu em 1979, com a Lei n.º 55/79, de 15 de Setembro — e, portanto, em 15 de Novembro de 1990, quando entrou em vigor o RAU, só poderia haver *inquilinos* com *vinte anos* de antiguidade cujos contratos fossem muito anteriores a 1979 (exactamente, de 15 de Novembro de 1970 para trás) e que, por conseguinte, *tinham sido celebrados sem essa garantia.*

Não era, pois, lesivo do *arrendatário* quanto ao qual não tivesse sequer chegado a ser decretada algum dia, assim como o não seria se, criada por lei durante a vigência de contrato anterior, viesse o benefício inesperado a ser restringido ou mesmo abolido por uma nova lei, enquanto não estivesse coberto pelo *exercício do direito pelo respectivo titular.*

Para que se admitisse com alguma razoabilidade que a Lei n.º 55/79, introduzia aqui uma providência de protecção social do *inquilino*, de aceitável aplicabilidade retroactiva, seria necessário demonstrar, primeiro, a justiça desta providência, tendo em vista o Direito comparado e as circunstâncias próprias da nossa sociedade.

Ora, em vez de se fazer esta análise e a sua demonstração, que jamais alguém, entre nós, tentou sequer fazer, aquilo com que deparamos é que, se houvesse um pingo de justiça na concessão de semelhante garantia ao *inquilino,* à custa do *senhorio,* no Direito positivo português, não se compreenderia *o não haver em todo o mundo outra legislação que a outorgue.*

Não constituindo então os *trinta anos* de *arrendatário* constantes da al. b) do art. 107-1 RAU um *prazo de caducidade* do *direito de denúncia pelo senhorio*, como o não eram os vinte anos da Lei n.º 55/79 — o que serão?

Que figura dogmática preenchem?

Em rigor, parece bem de ver que integram *dimensões temporais da relação arrendatícia* que preenchem uma *circunstância impeditiva* da própria formação, na esfera jurídica do *senhorio,* da *simples susceptibilidade* — e, por maioria de razão, do *direito* — de *denúncia* do contrato.

Em presença de *arrendatário* com uma duração de posição contratual de *trinta anos* — como relativamente a *arrendatário* com *sessenta e cinco anos* de idade, ou que seja um *reformado por invalidez absoluta*, etc. — o *senhorio*, mesmo que *necessite da casa arrendada para sua habitação*, não reúne os requisitos essenciais à formação de um *direito de denúncia* e, muito menos, ao exercício respectivo.

Nesta base, parece incontestável que a formulação primitiva do RAU, ao dilatar o prazo de duração arrendatícia de *vinte* para *trinta* anos, sem preceituar minimamente sobre a sua aplicação intertemporal, se teria submetido à norma da segunda parte do art. 12-2 CC, visto que *dispôs directamente sobre o conteúdo da relação arrendatícia, abstraindo do contrato que lhe deu origem*.

A dilatação que decretou seria assim *de aplicação imediata*, sem retroactividade, aos *arrendamentos* já existentes no dia 15 de Novembro de 1990, data da sua entrada em vigor — mas como se faria esta aplicação imediata, sem sobressaltos, às diferentes situações jurídicas já então existentes?

O problema, tal como nós o configuramos, estaria em saber se o RAU, ao estabelecer um novo prazo, mais amplo, teria pretendido derrogar (como indubitavelmente o podia fazer) a Lei n.º 55/79, substituindo a sua estatuição intensamente retroactiva pela que de novo implantou, mais branda e menos draconiana — ou se, apesar de tudo, teria abandonado o problema intertemporal ao critério geral do art. 297 CC[393].

A solução jurisprudencial que veio a prevalecer, não equacionando a questão exactamente nestes termos, de algum modo, ao levar em conta os prazos da Lei n.º 55/79, se aproximava da última das referidas alternativas.

[393] A ideia de que não passa o art. 297 CC "de uma aplicação directa dos critérios gerais do direito transitório" foi já sustentada por BAPTISTA MACHADO, *Introdução ao Direito e ao Discurso Legitimador*, 1983, p. 242. Ver também o mesmo autor em *Sobre a aplicação no tempo do novo Código Civil*, 1968, p. 162.

Com efeito, o Tribunal Constitucional, chamado a pronunciar-se sobre a fixação em *trinta anos* do tempo de *inquilino* para oposição à *denúncia do senhorio*, oscilou entre a declaração de *inconstitucionalidade orgânica*[394], por não se conter na autorização legislativa correspondente, e a *inconstitucionalidade material*, por violação do art. 2.º da Constituição, "quando interpretada no sentido de abranger os casos em que já decorrera integralmente, no domínio da lei antiga, o tempo de permanência do arrendatário, indispensável, segundo essa lei, para impedir o exercício do direito de denúncia pelo senhorio"[395].

A ideia de *inconstitucionalidade*, por contradição com o art. 2.º da nossa Lei Fundamental, como tivemos ensejo de referir e desenvolver na edição anterior desta obra, estava claramente deslocada: bastaria ponderar que tal artigo se limita a proclamar que "a República Portuguesa é um Estado de direito democrático, baseado... no respeito e garantia da efectivação dos direitos e liberdades fundamentais".

Parecer-nos-ia mais adequado apontar para o art. 18-3 CRP, segundo o qual "as leis restritivas de direitos, liberdades e garantias têm de revestir carácter geral e abstracto e não podem ter efeito retroactivo nem diminuir a extensão e o alcance do conteúdo essencial dos preceitos constitucionais" mas, nesse caso, só uma visão muito forçada e unilateral da realidade poderia pretender que, ao afrouxar a limitação para *trinta anos*, o RAU teria adoptado uma norma atentatória de direitos, liberdades e garantias do *arrendatário* — ao mesmo tempo que a Lei n.º 55/79, que a si mesma atribuiu força retroactiva, não teria incorrido em simétrico vício em relação ao *senhorio*.

Foi, no entanto, a tese da *inconstitucionalidade orgânica* que veio a prevalecer, através do Acórdão n.º 97/2000, de 16-02-00 (*D.ºR.ª*, I-A, de 17-03-00), tirado com *força obrigatória geral*, que simultaneamente se desembaraçou da embaraçosa tese da *inconstitucionalidade material*, ao prescindir de firmar posição sobre ela, porquanto, "alcançada a inconstitucionalidade orgânica de toda a norma, não se torna necessária a sua apreciação, na dimensão em que foi julgada parcialmente inconstitucional".

---

[394] Declarada nos arestos seguintes: Ac. n.º 70/99, de 03-02-99 (*D.º R.ª*, 2ª série, de 06-04-99); Acs. n.º 269/99 e n.º 273/99, ambos de 05-05-99 (*D.º R.ª*, 2ª série, de 06-08-99), e acs. n.º 246/99, n.º 476/99 e n.º 682/99 — estes inéditos.

[395] Ac. n.º 259/88, de 5-03-98 (*BMJ* n.º 275, p. 124). No mesmo sentido: Acs. n.º 270/99 (*D.º R.ª*, 2ª série, de 13-07-99) e n.º 682/99 (inédito).

Foi portanto com estes antecedentes que, munindo-se de concreta *autorização legislativa* sobre o ponto, o Decreto-Lei n.º 329-B/2000 veio estabelecer, para a al. b) do art. 107-1 RAU, uma redacção que, implantando uma vez mais o limite mínimo de *trinta de anos*, do mesmo passo lhe acrescentou a ressalva do limite mais curto, previsto em lei anterior, defendendo-se não apenas da proclamada *inconstitucionalidade orgânica* mas também da *inconstitucionalidade material* sobre que nem mesmo o aludido *assento*[396] do Tribunal Constitucional ousou pronunciar-se.

Na sua versão actual, a al. b) do art. 107-1 RAU está, redigida aproveitando a formulação inicial ("manter-se o arrendatário no local arrendado há trinta ou mais anos, nessa qualidade"), a que se fez o acrescento seguinte: ou por um "período de tempo" mais curto previsto em lei anterior e decorrido na vigência desta.

Foi ela que de novo e reforçada na sua legitimidade constitucional foi mandada aplicar pelo art. 26-4 da Lei n.º 6/2006,

A questão da *inconstitucionalidade orgânica* do limite temporal à *denúncia do senhorio* fundada em *necessidade de habitação* muito menos poderá agora, por conseguinte, levantar-se seriamente; mas valerá ainda a pena interrogarmo-nos sobre se a solução eclética por que se ficou a actual redacção terá sido a melhor.

Pela nossa parte, supomos que não, *de iure condendo*.

Ponderemos: em primeiro lugar, que legitimidade abonaria o limite primeiramente posto pela Lei n.º 55/79, para mais, com efeito retroactivo até ao trânsito em julgado de processos pendentes?

---

[396] Empregamos aqui o termo, obviamente, na sua acepção tradicional de *decisão judicial com força obrigatória geral*, que consagrava o Código Civil no seu art. 2.º, em relação aos tribunais, e que, segundo se tem entendido, o art. 282-1 da Constituição terá reservado ao Tribunal Constitucional.

Haveria porventura, em 1979, guerra em Portugal ou no mundo, cataclismo ou destruição do parque imobiliário nacional que justificasse o *atentado à autonomia privada*, que aquela Lei inegavelmente representou?

Como conciliá-la com o princípio constitucional de que "as leis restritivas de direitos, liberdades e garantias têm de revestir carácter geral e abstracto e não podem ter efeito retroactivo" (art. 18-3 CRP)?

Esta é decerto, para nós, uma pergunta pertinente, que jamais o Tribunal Constitucional, tentou formular a si próprio, apesar de constituir uma questão essencial à solução equilibrada do tema sobre que repetidamente se pronunciou.

Em segundo lugar, interroguemo-nos ainda: vislumbra-se alguma justificação, para além da notória e já endémica falta de autoridade do Estado, para a modesta *aspirina* da dilatação do limite mínimo para *trinta anos?*

A verdade é que, libertar o *inquilino* com certo número de anos de situação contratual de uma acção de *denúncia do senhorio* fundada em *necessidade de habitação*, constitui uma providência legislativa que, como o referimos já, não é minimamente admitida em parte alguma do mundo civilizado; que infringe o salutar limite temporal máximo da locação, estabelecido no art. 1025 CC, assemelhando assim o nosso *arrendamento urbano* à *enfiteuse* feudal — e que, mesmo entre nós, jamais fora utilizada, nem sequer ao longo de duas guerras mundiais, só tendo, afinal, vindo a ser isoladamente estabelecida em 1979, precisamente num ano em que a democracia e a liberdade aqui começavam a consolidar-se.

Quanto a nós, a solução que verdadeiramente se impunha, à luz da Constituição, de acordo com aquilo que se deve respigar do Direito comparado e parece mais sensato e equilibrado, seria muito simplesmente varrer do nosso Direito positivo o art. 107 RAU.

Não tendo o legislador, porém, assim procedido, e independentemente da *inconstitucionalidade material* do sistema em apreço que continua efectivamente a inquiná-lo, em nossa opinião, restará apurar que entendimento deverá ser dado às disposições conjugadas da Lei n.º 55/79 e da al. b) do art. 107-1 RAU, na redacção que a esta imprimiu o Decreto-Lei n.º 329-B/2000.

Recordemos, então, que a alínea exclui a *denúncia do arrendamento pelo senhorio* quando o *arrendatário* se mantenha no imóvel ou fracção "há trinta ou mais anos, nessa qualidade, ou por um período de tempo mais curto previsto em lei anterior e decorrido na vigência desta".

O seu proémio estabelece, *sem retroactividade* — como se vê — um novo limite mínimo, de *trinta anos*, para a exclusão da *denúncia pelo senhorio*.

É para nós seguro que, com efeito, a estatuição deste prazo *não tem carácter retroactivo*, não se aplica aos contratos anteriores à data da entrada em vigor do Decreto-Lei n.º 329-B/2000 (22 de Janeiro de 2001) — pois o diploma não o declara minimamente, e é princípio geral das leis, quando doutro modo não dispuserem, só serem elas aplicáveis para o futuro (art. 12-1 CC).

Não pode sequer, quanto a nós, defender-se que tenha *carácter interpretativo* a al. b) do art. 107-1 RAU, instaurada por aquele diploma, além do mais porque, como vamos ver, *inovou em relação à disciplina anterior.*

É que, voltando-se, na segunda parte da estatuição que contempla, para o período antecedente à sua entrada em vigor, *dispôs também para o passado*, reservando seguramente para ele o limite mínimo da Lei n.º 55/79, de *vinte anos*, que do mesmo passo quis ainda ressalvar — e como o fez?

Atentemos na expressão final da alínea: "... e decorrido na vigência desta".

Aquilo que tal expressão prontamente sugere é, pois, que, ao contrário do que se dispunha antes, os *vinte anos* mínimos têm de decorrer *durante a vigência* da Lei n.º 55/79 e, por conseguinte, entre 16 de Setembro de 1979 e 21 de Janeiro de 2001.

Também a retroactividade desta lei foi, por conseguinte, claramente excluída, devendo os respectivos prazos serem sempre contados apenas desde o início da respectiva vigência: pretender levar em linha de conta os limites mais estreitos da Lei n.º 55/79 relativamente a contratos anteriores a tal data constituirá decerto um entendimento em aberto contraste com a expressão legal "*decorrido na vigência* desta".

Seguramente, em face da nova redacção da al. b) do art. 107-1 RAU, o limite mínimo de *vinte anos* só se destinará, portanto, a *arrendatários* cujos contratos vigorem desde 16 de Setembro de 1979, porque foi esta a data da entrada em vigor da Lei n.º 55/79, e completarem aquele limite antes da entrada em vigor da nova redacção da al. b) do art. 107 RAU até 16 de Setembro de 1999 — ou seja, todos aqueles que, depois de 16 de Setembro de 1979, se tenham constituído até 21 de Janeiro de 1981, pois os posteriores a esta data não atingirão até 2001 o limite mínimo de *vinte anos*, ressalvado pela Lei n.º 55/79.

Quererá isto significar que, para estes *arrendatários* (os ulteriores a 21 de Janeiro de 1981) ficarem a coberto de *denúncia*, visto a última redacção da alínea pretender, decisivamente, afastar aplicações retroactivas, quer quanto ao limite mínimo de *vinte anos* quer quanto ao de *trinta anos*, terão de esperar, à imagem do bíblico Jacob, que decorram *trinta anos*, unicamente a contar de 22 de Janeiro de 2001?

Não o cremos. Na verdade, o limite mínimo de *trinta anos* não poderá dizer-se *retroactivo* se for aplicado à luz do sábio art. 297-2 CC: "a lei que fixar um prazo mais longo é igualmente aplicável aos prazos que já estejam em curso, mas computar-se-á neles todo o tempo decorrido desde o seu momento inicial".

De acordo com a norma deste preceito, tais *arrendatários* só estarão isentos da *denúncia do senhorio* realmente depois de completarem *trinta anos* de arrendamento, mas contados desde a data dos respectivos contratos: perfeitos os primeiros *vinte anos* depois de 21 de Janeiro de 2001, começarão, daí em diante a somar ao tempo anterior todo o que ainda faltar para se alcançarem os *trinta anos* que constituem o novo limite mínimo.

Nesta ordem de ideias, estarão unicamente a coberto de *denúncia*, com fundamento em *necessidade de habitação, própria ou dos descendentes em 1.º grau*, aqueles que tenham sido *arrendatários desde 16 de Setembro de 1979 a 21 de Janeiro de 1981* (naturalmente, porque só esses completarão o mínimo de *vinte anos* de contrato antes da substituição, em 22 de Janeiro de 2001, pelo limite de *trinta anos*), enquanto os restantes, porque apenas para esta data veio a ser estabelecido tal limite mínimo — e *sem retroactividade* — só o poderão estar *quando se completarem trinta anos* de *arrendamento sem duração limitada*, mas contados, nos termos do preceituado no art. 297-2 CC, *desde a data de celebração dos respectivos contratos, ulterior a 21 de Janeiro de 1981.*

Sobre esta matéria, o ac. Relação de Lisboa, de 4-3-2004, fez uma aplicação surpreendente e, salvo o devido respeito, claramente incorrecta.

Numa *denúncia*, intentada em 25 de Outubro de 2002, e, portanto, ulteriormente à nova redacção da al. b) do art. 107 RAU, aplicou a Lei n.º 55/79, com fundamento em que a declaração de *inconstitucionalidade* pelo Tribunal Constitucional, no seu ac. n.º 97/2000 era de aplicação retroactiva (*Colectânea*, n.º 174, p. 81).

O erro de paralaxe parece-nos evidente. A declaração de *inconstitucionalidade* respeita à primitiva redacção da alínea, e não àquela que se encontrava em vigor, quando a acção foi proposta, e à luz da qual a decisão tinha de ser, obviamente, a inversa daquela que foi firmada.

VIII — A outra especificidade da aplicação das novas normas dos *arrendamentos de duração indeterminada* aos antigos contratos *sem duração determinada* respeita à *indemnização* a pagar pelo *senhorio* que lança mão da *denúncia justificada*, a que daqui a pouco nos referiremos (v. *infra*, n.º 100).

IX — Aos *arrendamentos para habitação sem duração limitada*, que venham do passado mas em que tenha havido *transmissão por morte* para *filho* ou *enteado* após a entrada em vigor da Lei n.º 6/2006 (28 de Junho), são-lhes também aplicáveis as normas dos novos *arrendamentos de duração indeterminada* sem todavia se atender nem ao art. 107 RAU nem ao montante actualizado de renda por que se pauta a *indemnização* em *arrendamentos antigos* (art. 26-5 da Lei).

100. Indemnização ao arrendatário habitacional cujo contrato foi denunciado com fundamento em necessidade de habitação

A introduzir os requisitos da *denúncia* do *arrendamento* pelo *senhorio* fundada em *necessidade de habitação*, o art. 1102-1 CC estabelece prontamente o montante da indemnização que deverá ser paga ao arrendatário: *1 ano de renda.*

O art. 72 RAU estabelecia uma quantia equivalente a dois anos e meio de renda.

Não se conhece que fundamento político terá levado a reduzir tão sensivelmente esta indemnização.

O seu pagamento deverá fazer-se no mês seguinte ao trânsito em julgado da decisão que determina a *denúncia* (art. 1103-5 CC).

Como se estabelece na al. b) do art. 26-4 da Lei n.º 6/ /2006, a *indemnização* de 1 ano de rendas a que, nos termos do novo art. 1102-1 CC, está sujeito o *senhorio* que denuncia o contrato com fundamento em *necessidade de habitação*, "é calculada nos termos dos artigos 30 e 31".

Esta remissão é insuficiente. Os arts. 30 e 31 da Lei não estabelecem nenhum cálculo do montante da renda. Limitam-se a referir, o primeiro, que podem as rendas "ser actualizadas até ao limite de uma renda determinada nos termos previstos no artigo seguinte" e o segundo que tal actualização, realizada "nos termos da presente secção tem como limite máximo o valor anual correspondente a 4% do valor do locado".

No fundo, o que se pretende significar é que aquele montante se afere pela *actualização de rendas* estabelecida na Lei n.º 6/2006 e respectivo diploma complementar.

101. Denúncia pelo senhorio para demolição ou realização de obra de remodelação ou restauro profundos e simples suspensão do contrato

Aqui são aplicáveis os princípios já estudados para os contratos novos, sem particularidades especiais (v. *supra*, n.º 95).

O *senhorio* terá pois de propor contra o *arrendatário* uma *acção de despejo*, tendo em conta o disposto no Decreto-Lei n.º 157/2006, de 8 de Agosto, bastando-nos agora com remeter para o que foi exposto no citado n.º 95.

Secção VI
RESOLUÇÃO

102. Noções gerais

Concluído um contrato, as partes ficam definitivamente vinculadas às obrigações nele estabelecidas, não podendo nenhuma delas, em princípio, dar-se unilateralmente por desobrigada, de modo arbitrário.

Há, assim, uma regra de estabilidade contratual que costuma exprimir-se através da máxima latina *pacta sunt servanda* e que, na nossa lei, recebeu consagração no art. 406-1 CC: "o contrato deve ser pontualmente cumprido, e só pode modificar-se ou extinguir-se por mútuo consentimento dos contraentes ou nos casos admitidos na lei".

Não havendo acordo na *revogação* do contrato, cada um dos contraentes apenas poderá, pois, libertar-se dele, excepcionalmente, em casos pontuais concretamente "admitidos na lei".

Se assim não fosse, se uma das partes pudesse, contra a outra, a qualquer momento e unicamente porque lhe desse na vontade, desprender-se das obrigações a que se vinculou, o contrato perderia a sua força e deixaria de poder ser considerado como a *lex privata* que verdadeiramente constitui.

Compreende-se perfeitamente, pois, que, ao longo da sua duração, só possa ele ser rompido por efeito da vontade de apenas um dos contratantes "nos casos admitidos na lei".

Já vimos aqueles em que se admite ou a *denúncia livre* ou a *denúncia justificada*.

Diverso tem de ser o princípio justificativo da *resolução*.

Aqui, há um *rompimento* unilateral, imediato, do contrato, sem *aviso prévio* ou *confirmação,* afrontando o princípio *pacta sunt servanda e* em contraponto com a sua natureza de *contrato sinalagmático,* em que a prestação de um dos contraentes tem por causa e depende da prestação do outro.

Já vimos isso (cf. *supra*, n.º 34-III, vol. I, p. 357), e então dissemos que, dessa natureza, resulta a legitimidade do *direito de resolução* com base no *incumprimento* da outra parte.

A *resolução* do *arrendamento de prédios urbanos* assentará, pois, no princípio geral dos contratos bilaterais de reacção ao *incumprimento* da outra parte e que recebeu consagração exprimida no nosso art. 801-2 CC, agora moldado a este *arrendamento*, no novo art. 1083 CC, que reza assim:

"*1 — Qualquer das partes pode resolver o contrato, nos termos gerais de direito, com base no incumprimento da outra parte.*

2 — É fundamento de resolução o incumprimento que, pela sua gravidade ou consequências, torne inexigível à outra parte a manutenção do arrendamento, designadamente, quanto à resolução do senhorio:

a) A violação reiterada e grave de regras de higiene, de sossego, de boa vizinhança ou de normas constantes do regulamento do condomínio;

b) A utilização do prédio contrária à lei, aos bons costumes ou à ordem pública;

c) O uso do prédio para fim diverso daquele a que se destina;

d) O não uso do locado por mais de 1 ano, salvo nos casos previstos no n.º 2 do artigo 1072;

e) A cessão, total ou parcial, temporária ou permanente e onerosa ou gratuita, quando ilícita, inválida ou ineficaz perante o senhorio.

3 — É inexigível do senhorio a manutenção do arrendamento em caso de mora superior a três meses no pagamento da renda, encargos ou despesas, ou de oposição pelo arrendatário à realização de obra ordenada por autoridade pública, sem prejuízo do disposto nos n.ºs 3 e 4 do artigo seguinte.

4 — É fundamento de resolução pelo arrendatário, designadamente, a não realização pelo senhorio de obras que a este caibam, quando tal omissão comprometa a habitabilidade da casa."

I — Uma primeira observação não poderá deixar de se fazer relativamente aos aspectos formais que foram neste preceito negligenciados pelo legislador, sem se ter em conta que ele se destinava a ser inserido num diploma com a dignidade do Código Civil.

Assim, num simples artigo, o *espaço arrendado* é impropriamente designado ora pelo todo, como *prédio*, (utilização *do prédio*, na al. *b)*; uso *do prédio*, na al. c*)*, ambas do n.º 1); ora com omissão parcial simplificativa e coloquial de certo jargão judicial, tão-somente como *o locado* (não uso *do locado*, na al. *d)* do n.º 1); ora, por fim, como *casa* (a habitabilidade *da casa*, do n.º 4).

Na al. d), do n.º 1, há uma total omissão do objecto a que respeitará a *cessão total ou parcial, temporária ou permanente e onerosa ou gratuita, quando ilícita, inválida ou ineficaz perante o senhorio.*

Cessão de quê? O preceito, para ser bem redigido, deveria referir "da posição de arrendatário".

II — No tocante ao fundo, salta à vista a substituição que se operou relativamente ao Direito anterior, em matéria de *resolução contratual* — que distinguia frontalmente os respectivos fundamentos consoante o agente da *resolução* fosse o *arrendatário*, ou antes o *senhorio*.

Quanto ao primeiro, regiam os princípios gerais.

Na primitiva formulação do CC, por simples omissão de qualquer referência particularizada. No RAU, por declaração expressa: "O arrendatário pode resolver o contrato nos termos gerais de Direito, com base no incumprimento pela outra parte" (art. 63-1 RAU).

Quanto ao *senhorio*, não valia qualquer *incumprimento,* e as *causas de resolução* estabeleciam um rol *taxativo* dos únicos casos em que poderia ele resolver o contrato.

Agora, houve uma modificação, à primeira vista, quase radical.

Logo no n.° 1 do novo art. 1083, proclama-se, categoricamente: "*Qualquer das partes pode resolver o contrato, nos termos gerais de direito, com base no incumprimento da outra parte*".

Assustado, porém, com este desplante liberalizador, prontamente recuou o legislador, no n.° 2, restringindo-a apertadamente: "*É fundamento de resolução o incumprimento que, pela sua gravidade ou consequências, torne inexigível à outra parte a manutenção do arrendamento*".

A manutenção dos dois números, sem solução de continuidade, não deixa de constituir uma contradição: o primeiro considera *fundamento de resolução* o *incumprimento nos termos gerais de Direito*; logo, atento o princípio da interdependência das prestações dos contratos bilaterais, *qualquer incumprimento definitivo*, de acordo com o art. 801-2 CC; o segundo não se contenta com o primeiro, mas requer o *incumprimento* que especifica.

Se pois, não o contraria, ao menos torna-o inútil.

Quanto a nós, bastaria o n.° 2 do novo art. 1083 para dizer tudo.

Não será *qualquer incumprimento definitivo* da outra parte que facultará a *resolução do contrato* — mas unicamente aquele que, "pela sua gravidade ou consequências, torne inexigível à outra parte a manutenção do arrendamento".

Também o *incumprimento* não tem de se cingir às *cláusulas contratuais*, mas estende-se a todas as obrigações que, pelo facto do contrato, decorram da própria lei.

O *incumprimento* tem esta feição quer parta do *senhorio* quer do *arrendatário* — como resulta da bilateralização das chamadas *justas causas de resolução*, que se operou da frustrada *Reforma de*

2004 (em que se enunciavam, de um lado, *justas causas de resolução* do *senhorio* [art. 1086, de então] e, de outro, as do *arrendatário* [art. 1087]), para a *Reforma de 2006*, em que, abolindo a referência à noção, ainda mais difusa, de *justa causa*, se aponta directamente para o *incumprimento grave* de qualquer das partes que, só por si, torna resolúvel o contrato pela outra.

Também o *arrendatário* não poderá resolver o contrato com base num simples *incumprimento definitivo* do *senhorio*, nos termos gerais de Direito, mas em facto deste que, *pela sua gravidade ou consequências, torne inexigível a manutenção do arrendamento pelo arrendatário.*

Em especial para o *senhorio*, intenta-se precisar de algum modo esta noção de *incumprimento*, de contornos mal definidos, acrescentando-lhe um *enunciado exemplificativo* de cinco casos (a que se adita mais um, no n.º 3) que tipicamente representam *hipóteses legais de incumprimentos do arrendatário que tornam inexigível a manutenção do arrendamento pelo senhorio.*

São, portanto, obviamente, *casos típicos de resolução*; não, meras *presunções ilidíveis* de *inexigibilidade da manutenção do arrendamento* pelo *senhorio.*

Provados tais, factos, nenhum juízo de valor se tem de lhe acrescentar para se constituir ou afastar o direito à resolução por parte do senhorio.

Pretender, porventura, o contrário, numa reviravolta de trezentos e sessenta graus em relação ao Direito anterior, será contrariar frontalmente o propósito legislativo que decorre, à cabeça, das próprias palavras da lei, mais impressivas, ainda, da frustrada *Reforma de 2004*, para a efectiva, de 2006.

Naquela, o art. 1086-1 CC, declarava, numa fórmula carregada de tons de alguma incerteza e abstracção: "*Pode* constituir, designadamente, *justa causa* de resolução... o *comportamento que...traduza, implique ou faculte...*".

Era, quanto a nós, uma fórmula redonda, com o inevitável risco para a segurança e certeza jurídicas das disposições indeterminadas.

Agora, o discurso aparece mais directo e incisivo: "*É fundamento de resolução* o incumprimento que, pela sua gravidade e consequências torne inexigível à outra parte a manutenção do arrendamento, designadamente, quanto à resolução pelo senhorio...".

Os casos que se enunciam a seguir são, assim, autênticos *fundamentos de resolução*, como lhes chama a lei; não, meras *presunções iuris tantum* da inexigibilidade ao *senhorio* da manutenção do contrato.

Verificado qualquer deles, não poderá pois, ainda, provar-se que, não obstante a sua ocorrência, não será inexigível ao *senhorio* a manutenção do contrato, afastando-se deste modo a *resolução* — permita-se-nos o plebeísmo — pela *porta do cavalo*.

A construção oposta, seria, aliás, uma ideia reaccionária e contra a corrente, quando confrontada com o estabelecido durante o *vinculismo* puro e duro, à sombra do qual o *senhorio* não dispunha apenas de meras *presunções de factos resolutivos*, mas de seguras e inilidíveis *causas de resolução*.

Por último, sempre parece ainda de ponderar, quanto às *facti species* legais agora exemplificadas no novo art. 1083-2 CC, que se fundaram no propósito, expresso em trabalhos preparatórios, de reproduzir as *causas de resolução*, pelo *senhorio*, do Direito anterior; logo, com o mesmo valor constitutivo deles.

Como justamente refere o Prof. MENEZES CORDEIRO, a este respeito, "Esta alíneas vêm sintetizar e actualizar o elenco do artigo 64 do RAU. Palavra por palavra, elas foram ponderadas para cobrir o essencial, tendo como pano de fundo o perfeito conhecimento do sistema actual e importantes elementos comparatísticos"[397].

---

[397] Cf. ANTÓNIO MENEZES CORDEIRO, *A modernização do Direito português do arrendamento urbano* (O DIREITO, 36.°, 2004, II-III, p. 249).

Deve, de resto, ponderar-se, no sentido que defendemos no texto, que também assim se entende consensualmente em Espanha, onde a *Ley de Arrendamientos Urbanos* 29/94, de 24 de Novembro, tal como nós agora

III — O intérprete tem aqui um seguro esteio, reforçado pelas palavras da lei, mais incisivas ainda na sua formulação definitiva, para encarar qualquer dos antigos *casos de resolução*, não como banidos dos novos textos, mas como conservados e reforçados *fundamentos de resolução pelo senhorio*, à luz do Direito actual.

A interpenetração daquelas *facti species* com estas será sempre, para nós, um exercício exegético esclarecedor e enriquecedor do alcance dos fundamentos actuais.

Se o eram então, não deixam de o ser agora. Simplesmente, aos expressos na lei anterior acrescerão todos aqueles que, não tendo sido aqui exemplificados ou como tal declarados em outras disposições legais, devam ser encarados como susceptíveis de tornar *inexigível ao senhorio a manutenção do contrato*.

IV — Este é o consectário mais significativo da opção pelo sistema exemplificativo dos *fundamentos de resolução*, claramente exteriorizado através da sua enunciação precedida do advérbio "designadamente", que se lê no corpo do n.º 2 do novo art. 1083 CC.

---

fizemos, substituiu as anteriores *causas taxtativas de resolução* pelo *incumprimento*, em geral, do *arrendatário*, seguido da enumeração exemplificativa de várias causas.

Declara-se aí, com efeito, ter o preceito ganho um carácter misto: "Se de uma parte há uma remissão genérica para o artigo 1124 CC (número 1), de outra regulam-se *causas expressas de resolução* [grifado, nosso] (número 2)" — FERNANDO PANTALEÓN PRIETO/LUÍS ROJO AJURIA/JOSÉ MANUEL FÍNEZ/MARIA EUGENIA FRAILE, *Comentário a la Ley de Arrendamientos Urbanos*, Editorial Civitas SA, 1995, p. 304. Em análoga orientação, mais ou menos explicitamente: JUAN RAMOS NIETO, *Análisis de los Arrendamientos Urbanos desde la Nueva Ley 29/1994*, Colex, 1996, pp. 361 ss; RODRIGO BERCOVITZ/RODRIGUEZ CANO, *Comentários a la Ley de Arrendamientos Urbano*, 2ª ed., Aranzadi, 1997, p. 622 ("em tais previsões, já não será necessário entrar a a examinar se esse concreto comportamento é ou não incumprimento de uma obrigação principal"); PEDRO L. YÚFERA SALES, *Arrendamientos Urbanos*, 2ª ed., BOSCH, Barcelona, 2001, p. 511.

Foi a solução certa, inaugurada com a frustrada *Reforma de 2004* — mas, nós que tanto a desejámos e por ela pleiteámos, tememo-nos agora, neste primeiro momento, do perigo para a *segurança* e a *certeza jurídica* que poderá resultar da *cláusula geral* introduzida com a norma deste n.º 2.

MENEZES CORDEIRO, minimiza este risco, lembrando quanto às causas taxativas do Direito pregresso, as "dúvidas interpretativas infindáveis" que suscitaram[398].

Não esquecemos, quanto ao sistema anterior, os desencontros de opiniões e julgados então realmente ocorridos — mas, para sermos justos, também não poderemos olvidar que nem seriam, talvez, tão *infindáveis* como se declara, circunscrevendo-se mais propriamente a grandes grupos de divergências, nem estas eram, muitas vezes, injustificadas.

Com frequência indesejável, topava-se com a imperfeição da lei — que deveria ter sido melhorada ao longo das alterações que sofreu, e não o foi, nesses pontos controversos.

Outra prejudicial — e esta não é fácil de desvanecer tão depressa — foi o pendor vinculístico de parte da nossa doutrina e jurisprudência, tendente a ajeitar sentimentalmente os textos legais ao estereótipo do *arrendatário pobre diabo*, ainda agora nem sempre ausente da Lei n.º 6/2006, de 27 de Fevereiro, e ao abuso hiperbólico da *função social da propriedade*.

O intérprete avisado deverá pois, se bem pensamos, estar prevenido contra os exageros do passado e compreender que, com o NRAU, o propósito geral legislativo foi, muito mais, o de alargar a *autonomia contratual do arrendamento* do que de restringi-la.

V — Um tema importante, suscitado pela previsão da *cláusula geral* da *resolução do contrato de arrendamento* e pela natureza

[398] Citada *A modernização do Direito português do arrendamento urbano* (O DIREITO, 36.º, 2004, II-III, p. 249).

exemplificativa da enumeração tipizada a respeito da *resolução pelo senhorio*, é o da legitimidade actual de estipulação de *cláusulas contratuais de resolução*.

Semelhante ideia foi primeiro suscitada, no âmbito dos trabalhos preparatórios da frustrada *Reforma de 2004*, então ainda em termos muito restritos, que porventura se justificavam, à luz desse texto, baseado em *justas causas* consagradas diversificadamente para o *senhorio* e para o *arrendatário*.

Para o primeiro, funcionavam *subjectivamente*, isto é, só o admitiriam, a resolver o contrato, aquelas *justas causas* que *fossem censuráveis ao arrendatário*.

Para o segundo, pelo contrário, funcionavam *objectivamente*, podendo ele resolver o *contrato de arrendamento* mesmo quando o fundamento invocado *não fosse censurável ao senhorio*[399].

Este sistema, como temos de reconhecer, não foi seguido pela *Reforma de 2006*.

A referência às *justas causas* foi banida, e os *fundamentos de resolução pelo senhorio*, consagrados na lei, se já antes dificilmente poderiam cingir-se a *incumprimentos censuráveis ao arrendatário*, muito menos o poderão ser agora.

Bastará pensar que se considera inexigível do *senhorio* a manutenção do *arrendamento* em caso de *mora por mais de três meses* no *pagamento da renda* (art. 1083-3 CC), quando é certo que poderá ela ocorrer por absoluta falta de meios, não censurável ao *arrendatário*.

Sem *justas causas* e sem a essencialidade da *censura do arrendatário* para a susceptibilidade de *resolução pelo senhorio*, não restam dúvidas de que se tornou mais ampla a faculdade de previsão de *fundamentos convencionais de resolução*.

---

[399] António Pinto Monteiro/Paulo Videira Henriques, *A cessação do contrato no Regime dos Novos Arrendamentos Urbanos* (o direito, 36.º, 2004, II-III, pp. 293-294).

A simples estipulação, como tal, já revela que a sua ocorrência prática constituirá um caso de *inexigibilidade de manutenção do contrato pela outra parte.*

De qualquer modo, não parece poder considerar-se ilegítima, em princípio, a liberdade de as partes declararem qualquer facto como determinante da *inexigibilidade da manutenção do contrato* e, portanto, como *fundamento de resolução.*

Se a concreta previsão contratual não for, em si, contrária à *lei*, aos *bons costumes* ou à *ordem pública*, não se vislumbrará motivo sério para a aceitação da sua validade e vigor.

Assim, por exemplo, no Direito pregresso, estabelecia-se como *causa de resolução pelo senhorio* a violação da cláusula contratual proibitiva da aceitação de *hóspedes* pelo *arrendatário* (al. *e)* do art. 64-1 RAU) — mas agora, entre os casos exemplares referidos no novo art. 1083-2 CC, não encontramos nenhum que, de perto ou de longe, possa configurá-lo.

Pois bem. Parece perfeitamente admissível — e até aconselhável, para evitar indesejadas surpresas das prováveis flutuações de jurisprudência, e acautelar as armadilhas da *cláusula geral* do corpo do n.º 2 do novo art. 1083 CC — a estipulação de uma *cláusula de resolução* que, para além de a afirmar como tal, declare especificamente constituir a residência de *hóspedes*, contra a proibição contratual, um facto que *tornará inexigível a manutenção do arrendamento pelo senhorio.*

Isto não significa — acrescente-se de pronto — que, não tendo sido estipulada uma cláusula nesse sentido, o facto não constitua já, por si, um fundamento de *resolução* enquadrável na previsão legal do art. 1083-2 CC.

Também agora, como a seu tempo referimos, passou a ser permitido estipular a proibição do exercício de determinada ou, genericamente, de qualquer *indústria doméstica* (art. 1092-1 CC); logo, é de elementar prudência que, clausulando-se tal proibição, expressamente se declare ainda que a respectiva violação torna inexigível a manutenção do contrato pelo *senhorio*, constituindo, pois, *fundamento de resolução.*

Outro caso quanto ao qual devem os incautos prevenir-se. É conhecido que a realização de *obras*, pelo *arrendatário*, no espaço arrendado, salvo na situação excepcional prevista no art. 1036 CC, *só é permitida quando seja facultada pelo contrato* ou *autorizada, por escrito, pelo senhorio* (art. 1074-2 CC).

Previa-se mesmo concretamente, no Direito anterior, como *causa de resolução pelo senhorio*, a realização, pelo *arrendatário*, de *obras que alterassem substancialmente a sua estrutura externa ou a disposição interna das suas divisões* ou, em suma, de actos que causassem *deteriorações consideráveis* (al. *d)* do art. 64-1 RAU).

Agora, o legislador esqueceu esta louvável e utilíssima constante do nosso Direito positivo, que não se enquadrará facilmente em nenhum dos exemplos figurados nas alíneas do art. 1083-2 CC — sem que, só por isso, deixe de constituir um *fundamento de resolução pelo senhorio*, à luz deste preceito.

Bem andarão, pois, os *senhorios* em consagrar, em futuras celebrações, uma *cláusula de resolução* expressamente declarando ser inexigível a manutenção do contrato para a outra parte a realização de *obras* que, não estando legitimadas pelo disposto no art. 1036 CC, *não tenham sido autorizadas por escrito.*

Só mais um caso. As proibições de *animais de companhia*, fora das hipóteses já cobertas pela al. a) do art. 1083-2 CC, ou de *sobrelotação do espaço arrendado* poderão, licitamente, ser convencionadas, sancionando-se a respectiva violação com a ruptura imediata do contrato pelo *senhorio*.

VI — No Direito anterior, foi controvertida a susceptibilidade de se incluir entre os *fundamentos de resolução* estabelecidos para o *arrendamento urbano* a *alteração anormal das circunstâncias*, prevista no art. 437 CC.

A questão parecia, em geral, divorciada dos *arrendamentos vinculísticos*, quanto aos quais o *senhorio* só podia resolver o contrato com fundamento em casos muito contados, taxativamente previstos na lei (primitivo art. 1093-1 CC e art. 64-1

RAU), e o próprio *arrendatário* tinha de esperar, "nos termos gerais de Direito", pelo *incumprimento definitivo do senhorio* (antigo art. 1047 CC e art. 63 RAU).

Na verdade, um facto imprevisto que de imediato arrebatasse o interesse de uma das partes ou lhe tornasse inesperadamente muito gravosa a manutenção do contrato, ou teria de esperar, para a ruptura contratual, pelo fundamento resolutivo muito pouco provável da outra parte, ou pela alternativa, se a ela pudesse recorrer, nos termos específicos da lei arrendatícia, da hoje chamada *oposição à renovação*.

Não faltou, apesar disso, quem tivesse defendido a aplicabilidade aos *arrendamentos vinculísticos* desta *válvula de segurança resolutiva*.

Não vale a pena reproduzir aqui os termos da controvérsia então suscitada, nem insistir na impropriedade, em nosso parecer, das ilustrações então oferecidas para a *alteração anormal das circunstâncias* em matéria arrendatícia, bastando remeter os interessados em maiores desenvolvimentos para a edição anterior desta obra[400].

Recordamos todavia que, rejeitando frontalmente, embora, a sua aplicação aos exemplos apresentados, ainda admitíamos e continuamos hoje a admitir a sujeição, dos próprios *arrendamentos vinculísticos*, ao mecanismo legal da superveniente *alteração anormal das circunstâncias* no tocante à *turbação da equivalência* circunscrita ao confronto da *renda legal* com o valor de prestações acessórias do *senhorio* que formem *encargos* de sua conta.

Era o caso da hipótese, que teve certa frequência em Lisboa nas décadas de 40 e 50, de o *arrendamento habitacional* compreender a prestação de aquecimento central nos meses mais frios do ano, mediante caldeira

---

[400] *Manual do Arrendamento Urbano*, 3ª ed. rev. e act., Almedina, 2001, pp. 755-760.

instalada em dependência do prédio, com funcionamento e combustível a cargo do *senhorio* — o que, com a inflação e o *choque petrolífero*, ultrapassou em custo o próprio valor bruto das rendas[401] e acabou por ter uma execução prática da *alteração anormal das circunstâncias* á margem de qualquer intervenção judicial.

Foi ainda o caso, entre 75 e 85, de *rendas de fracções autónomas* de prédios em *propriedade horizontal* se terem tornado significativamente inferiores à prestação de condomínio a pagar pelo *senhorio*.

No domínio do Direito actual e, naturalmente para os novos contratos, a solução afirmativa é abertamente sustentada por MENEZES LEITÃO, que não vê obstáculos legais a que seja solicitada pelo *senhorio* a *resolução do contrato* ou a sua *modificação segundo juízos de equidade*, "sempre que as circunstâncias em que as partes fundaram a decisão de contratar tiverem sofrido uma alteração anormal, se a exigência do cumprimento das suas obrigações afectar gravemente os princípios da boa fé e não estiver coberta pelos riscos próprios do contrato (art. 437, n.º 1)"[402].

Estamos porém aqui perante um simples enunciado dos princípios gerais. Nenhuma aplicação concreta do instituto ao *arrendamento urbano* é analisada, e há até quem, arrancando da mesma ideia de aplicabilidade de princípio da figura da *alteração anormal das circunstâncias* ao *arrendamento urbano*, logo a restrinja tão significativamente como com a afirmação de que não poderá ela sobrepor-se aos *mecanismos específicos de desvinculação do senhorio*, como seria "se se admitisse a resolução por alteração anormal das circunstâncias com base numa necessidade

---

[401] É — note-se — uma hipótese diferente da contemplada nos acs. do SUPREMO, de 18-4-1985 (*BMJ.* n.º 346, p. 229) e da Relação de Lisboa, de 7-6-1984 (*Colectânea*, IX-3, p. 145), em que a prestação de aquecimento central foi objecto de contrato autónomo, coligado ao *arrendamento*, e contra um preço ajustável segundo os custos do *thin fuel oil.*

[402] LUÍS MANUEL TELES DE MENEZES LEITÃO, *Arrendamento Urbano*, 3ª ed., Almedina, 2007, pp. 105-106.

superveniente da habitação do senhorio, fora dos casos de denúncia para habitação que a lei contempla"[403].

Pela nossa parte, pensamos que a disciplina da *alteração anormal das circunstâncias* terá, decerto, aplicação ao *arrendamento urbano*, naqueles casos em que a própria lei, inspirada na ocorrência de uma *anormal alteração*, editou regras próprias para a *locação*, como aquela que determina a *caducidade do contrato* em virtude de *perda* ou *expropriação* da coisa locada (als. *e)* e *f)* do art. 1051-1 CC) ou as que prevêem o regime próprio da *impossibilidade* da prestação (arts. 790 ss CC) — e bem assim, a constante do art. 47 da Lei n.º 6/2006, de 27 de Fevereiro, para a *actualização extraordinária de renda antiga*.

Aí, não temos dúvidas em considerar presente no *arrendamento urbano*, por concretas consagrações legislativas, a *alteração anormal das circunstâncias*.

Fora disso e num plano geral, convém atentar em que, na verdade, o remédio do art. 437-1 CC tem o seu campo de eleição no plano das vinculações *económicas* do contrato.

Resulta isso, claramente, da principal fonte inspiradora do nosso preceito, que foi o art. 1467 do Código Civil italiano, onde a susceptibilidade de *resolução* é expressamente reportada à *eccessiva onerosità* superveniente da prestação a que se obrigou o contraente — e resulta ainda, não só do facto de o nosso legislador se ter baseado na disposição italiana, como também de o nosso próprio art. 437-1 referir expressamente o "lesado" e estar, portanto, a pensar igualmente na *base económica* do contrato.

É, aliás, geralmente reconhecido entre nós que se consagrou na nossa lei a *teoria da base negocial*[404], provendo, com a

---

[403] MARIA OLINDA GARCIA, *Arrendamentos para comércio e equiparados*, Coimbra Editora, 2006, p. 215.

[404] VAZ SERRA (*Rev.Leg.Jurs.*, 113.º, p. 367); ANTUNES VARELA (*Rev.Leg.Jurs.*, 119.º, p. 85).

resolução (ou a *modificação,* segundo a equidade), a uma *turbação de equivalência* de que, como pondera a doutrina alemã, se terá de falar quando, "em consequência de uma imprevista alteração da situação num contrato bilateral, as obrigações de ambas as partes se tornaram numa 'grosseira não relação', de modo que não pode o contrato já cumprir o seu sentido como contrato de troca. A razão de tal turbação de equivalência pode estar numa depreciação da moeda, numa alteração da legislação ou na situação política"[405].

Ora, na perspectiva da *base económica* do contrato, parece fora de toda a dúvida que a *válvula de segurança* do art. 437-1 CC muito dificilmente poderá aplicar-se ao *senhorio lesado*, de um *arrendamento urbano,* por ser aí o próprio legislador quem, através de normas injuntivas, contra ventos e marés, tem vindo a impor a manutenção da *base negocial,* ou a vai corrigindo, em seu critério, com acertos pontuais.

Ao *senhorio* não sobra, assim, mesmo nos novos contratos, apreciável margem de manobra para, por cima dessas correcções e das hipóteses legalmente enunciadas como *casos de resolução* ou de *denúncia*, romper o contrato de *arrendamento urbano* ou obter a sua modificação segundo *juízos de equidade*, com base em *alteração anormal das circunstâncias*.

Isto mesmo tem sido, aliás, reconhecido na jurisprudência da Cassação italiana e, em geral, na doutrina da mesma nacionalidade, em face do art. 1467 do *Codice civile*, fonte do nosso art. 437 CC, jurisprudência e doutrina que sempre têm proclamado a inconciliabilidade do regime arrendatício com a *resolução* por *eccessiva onerosità,* admitindo-a só, de quando em vez, mas restritamente para aquelas prestações não concretamente sancionadas por uma explicita proibição de modificação da contraprestação — o que, ainda assim, não deixa de ser

[405] LARENZ, *Lehrbuch des Schuldrechts*, 1968, I, § 20, II.

combatido, com fundamento em que tal concessão representaria um atentado à *ratio* da lei arrendatícia[406].

VII — Com a nova legislação, redobraria de interesse prático o problema que por vezes se pôs, durante a vigência nesta

---

[406] Veja-se, sobre o ponto, principalmente, TABET, *La locazione-conduzione*, (*Trattato di diritto civile e commerciale*, de ANTÓNIO CICU/FRANCESCO MESSINEO), Giuffrè — Milano, 1972, pp. 789-790.

Durante os trabalhos preparatórios do nosso Código Civil, aliás, já se tinha consciência certa do entendimento italiano do art. 1467, escrevendo então VAZ SERRA que este não era aplicável ao *arrendamento de prédios urbanos* "seja qual for a relação em que o valor de uso do prédio venha a estar com a renda permitida pela legislação especial" (*Resolução ou modificação dos contratos por alteração das circunstâncias/BMJ* n.º 68, p. 353).

Ao pendor mais recente da doutrina italiana sobre o tema, podemos tirar o pulso nos seguintes excertos de que damos nota:

"Desequilíbrio, pelo contrário, deriva da aplicação da legislação especial de bloqueio de rendas para as locações de imóveis urbanos e para o *affitto* de prédios rústicos; mas as consequências de tal desequilíbrio têm sido reguladas com remédios cada vez mais adequados pela própria legislação especial. E, de facto, quando se pôs o problema de excesso de valor das prestações acessórias do locador (despesas de condomínio, fornecimento de água, reparações extraordinárias) sobre o valor da retribuição correspondente (*del corrispettivo*) devida em execução das leis de bloqueio, as mesmas leis previram fazer reverter sobre o locatário, se não totalmente, ao menos em medida equitativa, o ónus correspondente" — MIRABELLI, *La locazione* (Tratado de VASSALLI), UTET-Torino, 1972, pp. 565-566.

"O remédio [do art. 1467] não é todavia para as locações sujeitas a prorrogação legal ou bloqueio da renda, ode o sacrifício do locador (conexo ao desequilíbrio entre valor locativo e renda legal) encontra a sua justificação nas superiores exigências públicas que inspiram a legislação vinculística e não é portanto obviável, pela proibição legal de aumentos, mediante a oferta, da parte do locatário, nos termos do art. 1467, último inciso, da *reductio ad equitatem*" — LAZZARO/PREDEN/VARRONE, *Le locazione in regime vincolistico*, Giuffrè, Milano, 1978, p. 281.

"A resolução por excessiva onerosidade é, pelo contrário, excluída a respeito de locações vinculadas, considerando-se tal remédio incompatível com as disposições vinculísticas" — RENATO MICCIO, *La locazione*, 2ª ed., rev., UTET, 1980, p. 421.

matéria do Código Civil, da *aplicação no tempo* das suas normas atinentes à *resolução* pelo *senhorio*.

Chegou a julgar-se que semelhantes normas só teriam aplicação aos contratos celebrados posteriormente à entrada em vigor daquele diploma, continuando os anteriores submetidos à lei vigente à data da sua celebração[407].

Citava-se invariavelmente, em abono deste entendimento, a doutrina de BAPTISTA MACHADO[408], segundo a qual, "sendo um contrato um acto de previsão e um acto de autonomia negocial, as partes tomam em conta, quando o celebram, a lei que então se acha em vigor e que é em função dessa lei que elas realizam o equilíbrio das suas convenções" — mas esta construção foi elaborada para os contratos, em geral, e no âmbito de aplicação do princípio da *autonomia da vontade*, como resulta dos próprios termos através dos quais ela se desenvolve.

Semelhante princípio geral cede o passo àqueles casos em que a lei nova restringe a liberdade contratual fixando o estatuto fundamental das pessoas através de normas de carácter público, tal como vemos claramente nos *arrendamentos vinculísticos*, que constituem, ainda hoje, a maioria dos contratos vigentes.

Nesses casos, a lei nova é de aplicação imediata, pois o legislador, como se declara na segunda parte do art. 12-2 CC, dispõe sobre o conteúdo da relação jurídica, abstraindo dos factos que lhe deram origem.

A tese contrária, sobraçada na jurisprudência, era, por conseguinte, completamente inaceitável, afigurando-se-nos infundado

---

[407] Relação do Porto, 20-10-1983 (*Colectânea*, VIII-4, p. 263); SUPREMO, 1-7-1986 (*BMJ* n.º 359, p. 661).

[408] BAPTISTA MACHADO, *Sobre a aplicação no tempo do novo Código Civil*, 1968, p. 108. Outros passos citados da mesma obra reportam-se a pp. 103 e 117.

e abusivo o recurso que fazia aos passos citados de BAPTISTA MACHADO para a fundamentar[409].

Foi a jurisprudência ultimamente firmada a tal respeito pelo SUPREMO, como se retira do seguinte douto acórdão, brilhantemente relatado pelo Ilustre Conselheiro COELHO RIBEIRO:

— A consequência da morte do senhorio usufrutuário no que respeita à caducidade do arrendamento [celebrado em 1/7/76] terá que ser apreciada à luz do RAU — SUPREMO, 4-3-1997 (*ColSTJ*, V-I, p. 117).

Deve acrescentar-se que a Lei n.º 6/2006 se perfilou, em geral, por esta corrente, dando prevalência à aplicação imediata da nova lei (cf. arts. 26-1, 27 e 59), tendo posto um grande cuidado no Direito intertemporal, que disciplinou com louvável pormenor em várias disposições.

No tocante aos *fundamentos de resolução*, mesmo quanto aos velhos *arrendamentos vinculísticos*, é aplicável a lei nova às relações contratuais que subsistam, sem prejuízo das normas transitórias constantes dos arts. 26 e 27 (citado art. 59-1).

Importa, neste caso, distinguir os *fundamentos resolutivos* ocorridos e completados no domínio de vigência da lei anterior, *que continuarão a ser regidos por ela*, dos que, mesmo iniciados durante esse âmbito de aplicação, se prolonguem para o império da lei nova, sem que tenha o *senhorio*, p. ex., até aí suscitado a *resolução do contrato* — hipótese em que já terá de submeter-se ao disposto no art. 1083 CC, apesar de o facto resolutivo vir de trás.

Valerá também aqui, sem margem para dúvidas importantes, o dispositivo do art. 12-2 CC, no passo em que determina que, quando a lei dispõe sobre os seus efeitos, "entende-se, em caso de dúvida, que só visa os factos novos".

---

[409] Bastará termos na devida conta o que este autor assinala, de pp. 122 a 124 da obra citada, para disso termos segura ideia.

No sentido do texto: Relação do Porto, 2-7-1987 (*Colectânea*, XII-4, p. 199).

Em suma e como se decidiu no ac. da Relação de Coimbra, de 08-09-2009:

— De acordo com o disposto no art. 59, n.º 1, da Lei n.º 6(2006, de 27 de Fevereiro, que aprovou o NRAU, conjugado com o art. 12, n.º 1, do CC, são regidos pela lei antiga os fundamentos de resolução ocorridos e completados no domínio da sua vigência e, pela lei nova, os fundamentos iniciados durante a vigência da lei anterior e que se prolonguem no império da nova lei, ou ocorridos na vigência desta — *Colectânea* n.º 217, p. 5.

VIII — A *resolução* do contrato pelo *arrendatário,* quando admitida, constitui uma *manifestação unilateral de vontade* destinada a pôr termo imediato ao *contrato de arrendamento* e deverá realizar-se nos termos concretamente previstos na segunda parte do novo art. 1084-1 CC: "por comunicação à contraparte onde fundamentalmente se invoque a obrigação incumprida".

É de louvar a substituição da *interpelação*, de que se socorria o RAU e a própria *Reforma de 2004*, pela *comunicação* (art. 9.º NRAU).

A *resolução pelo senhorio* opera geralmente por *via judicial*, mediante o recurso à *acção de despejo* (art. 1084-2 CC, 14 da Lei n.º 6/2006 e 15, *a contrario*, desta Lei).

Ainda se pretendeu agilizar a *resolução do senhorio* fundada em *mora no pagamento da renda*, ao estabelecer que será feita, neste caso, por *comunicação ao arrendatário* (art. 1084-1, primeira parte, CC) mas, como esta não é geralmente acatada, expressamente se previu, no art. 15-1, al. e), da Lei n.º 6/2006, que são *título executivo* da *execução para entrega de coisa certa* o comprovativo tal *comunicação*, acompanhada do *contrato de arrendamento*.

Neste ponto, inovou-se pouco e, em nossa opinião, insatisfatoriamente: em vez de se estruturar um meio rápido e eficaz de *desocupação coactiva* do espaço arrendado, manteve-se a *acção executiva* para a *resolução fundada na falta de pagamento de renda* (art. 15-1, al. *e)*) e, nos outros casos, a velha *acção de despejo* que "segue a forma do processo comum declarativo", mas onde é substituída a sua primitiva e expedita parte executiva por uma subsequente e pesada *acção executiva para entrega de coisa certa* (art. 14-1-5 da Lei).

103. Resolução do contrato pelo senhorio

Substituída a taxatividade dos *fundamentos de resolução* do contrato pela *cláusula geral* do art. 1083-2 CC e pela subsequente enunciação exemplificativa dos mais salientes, parece importante fazer uma análise algo desenvolvida desses casos típicos.

Algumas ideias preliminares devem, todavia, ser ainda espraiadas.

I — Os distintos *fundamentos típicos de resolução* são — salvo o da *mora no pagamento da renda*, a que alude o art. 1083-3 CC, de que adiante nos ocuparemos mais desenvolvidamente — sempre *irrefragáveis*, na acepção em que, apurada a sua verificação pelo tribunal, implicarão, imprescindivelmente, a *resolução* do contrato, de acordo com o princípio definido na máxima latina *quod ab initio vitiosum est non potest tractu temporis convalescere*.

Fora da mencionada excepção, não será relevante que tenha o caso ocorrido entretanto cessado. A decisão terá sempre de considerar verificado o *fundamento de resolução* e de decretar a *cessação da situação jurídica do arrendamento* (art. 14-1 da Lei n.º 6/2006).

II — Como vimos, quando começámos pela transcrição do art. 1083 CC, enunciam-se no seu n.º 2, vários fundamentos típicos de *resolução pelo senhorio* mas, logo no n.º 3 do mesmo artigo, contempla-se concretamente o da *falta de pagamento de rendas* — e há ainda outros *casos de resolução* de que teremos de nos ocupar.

De todas essas hipóteses ou, pelo menos, das mais importantes vamos fazer de seguida uma análise destacada, recordando e observando também outras que, surgindo embora identificadas na lei com institutos diferentes, têm regime de verdadeira e própria *resolução*.

Em boa técnica jurídica, é aqui, se bem nos parece, que deverão ser estudadas — e, por isso, ultimada a análise das hipóteses previstas directamente no CC como *fundamentos de resolução*, não concluiremos a matéria sem volver ainda o nosso olhar também para essas outras.

Analisaremos portanto, ainda como *fundamentos de resolução pelo senhorio*, a *execução pelo arrendatário de "quaisquer obras" não autorizadas no espaço arrendado*, a *prestação de hospedagem a mais de três hóspedes ou contra proibição contratual*, o *exercício de indústria doméstica em violação de proibição contratual*, a *cobrança pelo arrendatário ao subarrendatário de renda superior ao limite legal*, a *cessação do direito* ou dos *poderes legais de administração* com base nos quais foi prestado o *arrendamento urbano*, a *cessação dos serviços que determinaram a entrega da coisa locada* e, em suma, a *resolução judicial do arrendamento de casa de morada de família*, nos termos do art. 1793-1 CC.

104. Mora do arrendatário superior a três meses no pagamento de renda; *purgatio moræ*

A primeira e mais elementar obrigação de todo o *locatário*, como tal enunciada na alínea a) do art. 1038 CC, é a de pagar oportunamente o *aluguer* ou *renda* estipulada.

Compreende-se bem, portanto, que seja precisamente pela violação de semelhante dever primário que vamos iniciar a nossa análise.

I — Historicamente, vinha sendo este, aliás, o primeiro caso de *resolução pelo senhorio* que se consagrava no nosso Direito positivo.

Ainda na frustrada *Reforma de 2004* ele figurava à cabeça da enumeração constante do art. 1086 do respectivo *Anteprojecto*.

Tradicionalmente, também, semelhante violação tanto existia quando pura e simplesmente o *não pagamento* se verificasse como quando o *arrendatário* tivesse satisfeito apenas *parte* do montante devido: em ambas as hipóteses, havia *falta de pagamento*, considerando-se então preenchido o *caso de resolução* pelo *senhorio* com o mero *incumprimento* pontual, sem qualquer *termo de graça*.

— O facto de o senhorio ter contemporizado com atrasos anteriores, por parte do inquilino, no pagamento das rendas nunca pode consubstanciar, da sua parte, uma conduta vinculante para o futuro — Relação de Lisboa, 25-6-1998 (*BMJ* n.º 476, p. 441).

Ainda com algum interesse:

— Penhorado em acção executiva o "direito ao arrendamento e trespasse" do estabelecimento comercial instalado no prédio arrendado e entregue o mesmo a fiel depositário, incumbe a este o giro do estabelecimento bem como a obrigação de pagar as rendas (art. 843 CPC)" — SUPREMO, de 24-11-1987 (*BMJ* n.º 371, p. 427).

II — Com a *Reforma de 2006*, porém, este fundamento estava destinado a levar uma grande volta.

Por um lado, preceituou-se no art. 21-2 NRAU que, "quando o senhorio pretenda resolver judicialmente o contrato por não pagamento de renda, a impugnação (da *consignação em depósito*) deve ser efectuada em acção de despejo a intentar no prazo de 20 dias contados da comunicação do depósito" e, no art. 1048-1 CC, que "o direito à resolução do contrato por falta de pagamento da renda ou aluguer caduca logo que o locatário, até ao termo do prazo para a contestação da acção declarativa ou para a oposição à execução destinadas a fazer valer esse direito, pague, deposite ou consigne as somas devidas e a indemnização referida no n.º 1 do artigo 1041".

Por outro lado, estabeleceu-se no art. 1084-1 CC que "a resolução pelo senhorio quando fundada em causa prevista no n.º 3 do artigo anterior (*mora* no pagamento da renda superior a três meses) bem como a resolução pelo arrendatário (por oposição à realização de obra ordenada pela autoridade pública) operam por comunicação à contraparte onde fundamentadamente se invoque a obrigação incumprida" e, no art. 15-1, al. e), NRAU, que, não sendo o locado desocupado na data devida por lei ou convenção das partes, podem servir de base à *execução para entrega de coisa certa* "o contrato de arrendamento acompanhado do comprovativo da comunicação prevista no n.º 1 do artigo 1084 do Código Civil" (v., para a *comunicação*, os arts. 9.º a 12 do NRAU).

À primeira vista, supor-se-ia que, no caso de *falta de pagamento da renda*, restaria ao *senhorio* a *resolução extrajudicial* de *comunicação* seguida da respectiva *execução*, só sendo caso de *acção de despejo* por falta de pagamento de rendas quando houvesse uma *consignação em depósito* e o *senhorio* quisesse resolver o contrato, para o que teria de a propor, como se refere no art. 21-2 NRAU, nos 20 dias contados da comunicação do depósito.

A *caducidade* do *direito de resolução* do contrato por *falta de pagamento de renda* até ao termo do prazo para a *contestação* da *acção declarativa*, a que alude o art. 1048-1 CC, teria precisamente em vista esse caso.

Não é, porém, assim que se tem interpretado.

Na doutrina e na jurisprudência, tem-se entendido que dispõe o *senhorio*, em caso da *falta de pagamento de renda* de uma faculdade optativa.

Ou propõe logo uma *acção de despejo* ou segue a *via extrajudicial* com a *comunicação*, mas apenas passados três meses de *mora* (arts. 1083-3 CC), seguida da competente *execução para entrega de coisa certa*[410].

Não nos parece que tenha sido aquele primeiro caminho o objectivo do legislador ao prever a *comunicação de resolução* do

---

[410] É este o pensamento expresso por FERNANDO DE GRAVATO MORAIS, *Novo Regime de Arrendamento Comercial*, reimp. Almedina, 2006, pp. 104 e 105;, LAURINDA GEMAS, *Revista do CEJ*, 2.º semestre de 2006, n.º 5, pp. 90 ss; NUNO MANUEL PINTO OLIVEIRA, *Resolução do contrato de arrendamento* (*Sc.Ivr.*, n.º 308, Outubro-Dezembro, 2006, p. 648); FERNANDO BAPTISTA DE OLIVEIRA, *Resolução do Contrato no Novo Regime do Arrendamento Urbano*, Almedina,2007, p. 83; LAURINDA GOMES/ALBERTINA PEDROSO/JOÃO CALDEIRA JORGE, *Arrendamento Urbano — Novo Regime Anotado*, 3ª ed., Quid juris, 2009, pp. 376-377 e DAVID MAGALHÃES, *A Resolução do Contrato de Arrendamento Urbano*, Coimbra Editora, 2009, pp. 217 ss.

Na jurisprudência respigamos os acórdãos seguintes:

— Apesar de a Lei (Nova Lei do Arrendamento Urbano) prever que a resolução do contrato fundado em mora superior a três meses no pagamento da renda opere extrajudicialmente, continua a ser possível o recurso à acção de despejo, para se obter a resolução judicial do contrato de arrendamento, com esse fundamento — Relação de Guimarães, 29-11--2007 (ITIJ/2205/07).

— I — O senhorio não tem que aguardar por mora superior a três meses no pagamento de uma renda mensal para recorrer à via judicial e ver declarada a resolução do contrato por esse fundamento, em virtude da violação contratual do inquilino. II — A lei não retira o direito do senhorio recorrer à via judicial, em alternativa à resolução extrajudicial, nos casos previstos nos arts. 1083, n.º 3 e 1084, n.ºs 1, 3 e 4 do CC, na redacção do NRAU, e, muito menos, fora da referida previsão legal, que sempre se deve ter como norma excepcional — Relação do Porto, 31-01-2008 (n.º 0736573 Net). Este aresto vem ainda publicado na *Colectânea*, n.º 204, p. 185, com um sumário diferente.

— Por violar o princípio constitucional do direito à justiça, não é hoje exigível ao senhorio aguardar pelo prazo de três meses, contados a partir da comunicação operada no sentido da resolução do contrato por falta de pagamento de rendas, para só depois fazer uso da via executiva — Relação do Porto, 07-05-2009 (*Colectânea* n.º 215, p. 178).

art. 1084-1 CC, mas antes estabelecer um *termo de graça* de três meses a favor de todos os *arrendatários* com rendas em dívida, só podendo o *senhorio* lançar mão da *acção de despejo* tendo havido *consignação em depósito* (art. 21-2-3 NRAU).

O preâmbulo assim o indicia.

"As partes — proclama-se aí — devem pautar-se pelo princípio da boa fé no cumprimento das obrigações, dando um sinal ao mercado de que o arrendatário deve primar pelo pontual cumprimento das obrigações, prevendo-se expressamente que *é sempre inexigível ao senhorio a manutenção do arrendamento em caso de mora no pagamento da renda superior a três meses...*"(*itálico, nosso*).

Como quer que seja, tal ideia, pelos vistos, não passou, e o *termo de graça* não terá, pois, aplicação se o *senhorio* haja ou não *consignação em depósito das rendas*, propuser logo uma *acção de despejo* — e só para a *comunicação extrajudicial de cessação do contrato* terá de esperar os três meses e mais os outros três meses que ao *arrendatário* são dados no n.º 3 do art. 1084 CC quando aí se proclama que fica sem efeito a *comunicação* de *resolução do senhorio* "se o arrendatário puser fim à mora no prazo de três meses"[411].

Assim, se tiver esperado os três meses, poderá ir logo para a *comunicação* (notificação avulsa ou contacto pessoal de advogado, solicitador ou solicitador de execução) e, de seguida, se não

---

[411] No sentido de que há assim seis meses para o *arrendatário* fazer cessar a *mora* v. FERNANDO DE GRAVATO MORAIS, *Novo Regime de Arrendamento Comercial*, reimp., Almedina, Coimbra, 2006, pp. 104 e 105 e DAVID MAGALHÃES, *A Resolução do Contrato de Arrendamento Urbano*, Coimbra Editora, 2009, p. 9. Estes novos três meses não se contam, porém, em nossa opinião, a partir da *comunicação*, como pensam GRAVATO MORAIS (*Novo Regime de Arrendamento Urbano,* Almedina, 2006, p. 104) e FERNANDO BAPTISTA DE OLIVEIRA (*A Resolução do Contrato no Novo regime do Arrendamento Urbano*, Almedina, 2007, p. 121), mas no seguimento dos três meses anteriores. Não há nenhuma razão para a *comunicação* interromper o prazo anterior.

obtiver o pagamento desejado, lançar-se na *execução* sem ter de passar pelo calvário da *acção de despejo*.

Fica-lhe no entanto a faltar o pagamento coercivo das rendas e outros encargos que terá sempre de passar pela *execução para pagamento de quantia certa*, para a qual também tem *título executivo* (art. 15-2 NRAU).

Há ainda o entendimento doutrinal de DAVID MAGALHÃES (*A Resolução do Contrato de Arrendamento Urbano*, Coimbra Editora, 2009, pp. 221-222) a sustentar que não se aplica o *termo de graça* aos *arrendamentos vinculísticos* ainda em vigor.

E porquê?

Porque, segundo escreve, nesses *arrendamentos* "não será minimamente exigível ao locador permanecer adstrito a uma vinculação sem fim à vista (e por isso particularmente onerosa) quando a contraparte não cumpre a sua principal obrigação, fazendo perigar o próprio equilíbrio vinculístico".

Salvo o devido respeito, não nos parece aceitável semelhante doutrina.

A lei não distingue, e a razão apontada para a destrinça não justifica a restrição que pretende fazer-se-lhe, pois seria precisamente nos *arrendamentos vinculísticos*, em que se parte do princípio de que é o *arrendatário* a parte mais fraca, que se compreenderia o favorecimento do *termo de graça*. Não, nos *arrendamentos* de regime contratual geral, onde também não se justifica a excepção à grande regra segundo a qual o contrato deve ser pontualmente cumprido (art. 406-1 CC).

O legislador fê-lo aqui, e em termos genéricos, porque se baseou no princípio romântico em que está mergulhado desde o século passado do *arrendatário pobre diabo* preso nas garras do *senhorio* capitalista especulador.

III — Outra questão se suscita ainda perante o mal cerzido tecido normativo sobre estes temas.

Assim, o art. 1048-1 CC declara acerca da *resolução do contrato de arrendamento* que ela caduca, não apenas até "ao termo do prazo para a contestação da acção declarativa", mas também até ao termo do prazo para a "oposição à execução", se o *arrendatário* pagar até essas alturas as somas devidas e a indemnização do art. 1041-1 CC.

Como compreender esta referência à *oposição à acção executiva*?

Se houve uma *acção declarativa* prévia a que depois se dá *execução* é evidente que o *arrendatário* só poderá fazer caducar a *resolução* até ao termo do prazo para a *contestação*; não vai ter um prazo suplementar para depois, na *execução*, e até à sua *oposição*, pagar as somas devidas.

Por seu turno na forma de *resolução* por *comunicação extrajudicial*, esta pressupõe a *mora* superior a três meses que leve o *senhorio* a fazer a *comunicação* do art. 1084-1 CC para depois se lançar a *acção executiva* — e o art. 1084-3 CC afirma aí muito claramente que a *comunicação* fica sem efeito "se o arrendatário puser fim à mora no prazo de três meses".

Também aqui não se compreenderia que o *arrendatário* tivesse outro prazo para pôr fim à *mora* até ao termo do prazo para a *oposição à execução*.

Temos assim de concluir que a alusão do art. 1048-1 CC à "oposição à execução" não faz sentido e tem de se considerar como não escrita[412].

---

[412] Sobre o ponto podem ver-se: NUNO MANUEL PINTO OLIVEIRA, *Resolução do contrato de arrendamento* (*Sc.Ivr.*, n.º 308, Outubro-Dezembro, 2006, pp. 657-659; FERNANDO BAPTISTA DE OLIVEIRA, *Resolução do Contrato no Novo Regime do Arrendamento Urbano*, Almedina, 2007, pp. 126-128.

DAVID MAGALHÃES parece admitir o pagamento até ao termo do prazo da oposição à execução (*A Resolução do Contrato de Arrendamento Urbano*, Coimbra Editora, 2009, p. 219) — mas o art. 1084-3 CC é taxativo: "a resolução do senhorio... fica sem efeito se o arrendatário puser fim à mora no prazo de três meses" e não faz sentido que depois destes três meses ainda tenha outro prazo para purgar a sua *mora*.

Sobre o ponto foi recentemente proferido um acórdão de que importa dar aqui o seu sumário:

— I — Se deduzida oposição, o executado/arrendatário não procedeu ao pagamento das rendas vencidas e respectiva indemnização, não tendo de igual forma procedido ao depósito daqueles valores ou à consignação em depósito, daqui resulta que não fez o executado caducar o direito à resolução do contrato, nos termos do art. 1048 n.º 1 CC.

II — A lei estabelece dois prazos — o da contestação da acção declarativa e o da oposição à execução — (para duas hipóteses distintas) dentro dos quais, se o locatário pagar, depositar ou consignar em depósito a quantia em mora acrescida de 50%, se considera que o direito de resolução do senhorio caduca.

III — O alcance do pagamento não é rigorosamente o mesmo nestas duas hipóteses. Na primeira, ou seja, a de o locatário pagar dentro do prazo para contestar a acção declarativa, pode dizer-se que existe caducidade do direito de resolução do locador, já que a resolução do contrato ainda não tinha sido decretada. Na hipótese de o pagamento ocorrer dentro do prazo de oposição à execução, o pagamento faz com que a resolução do contrato (entretanto operada) fique sem efeito. O contrato renasce *ope legis*.

IV — Quer a caducidade do direito à resolução do contrato de arrendamento, quer o facto de se haver sem efeito a resolução operada, não podem confundir-se com o efeito consistente na «suspensão da execução», prevista no art. 930-B CPC.

V — Quando a execução se funde em título extrajudicial (formado nos termos do art. 15.º Lei 6/2006) a oposição à execução é o principal meio de defesa do arrendatário executado. Por essa via, averiguar-se-á, então, se ao senhorio assistia o direito de extinguir o contrato ou de exigir a entrega do imóvel, bem como a regularidade do concreto modo de exercício desse direito. — Relação de Lisboa, 17-12-2008 (www. 6225/ /2008-6)

IV — A *mora do arrendatário* tanto pode respeitar ao valor da *renda, stricto sensu*, como dos *encargos*, legal ou convencionalmente de conta dele.

Estes acrescem ao simples *valor de gozo* do prédio, consubstanciado na *renda stricto sensu*, e formam conjuntamente com esta, o *total retributivo* imposto ao *arrendatário*, constituindo assim a *renda, lato sensu*, que sobre ele impenderá.

É certo que, quando a lei alude simplesmente à *renda*, terá geralmente em vista a acepção restrita do conceito, e que, tradicionalmente, alguma doutrina relutava em admitir um sentido amplo para ela, afirmando que têm os *encargos* de *conta do arrendatário* uma natureza diferente da *renda*: "não são o preço de uma prestação realizada pelo locador, mas o reembolso de uma despesa suportada por ele em lugar do locatário"[413].

À face da nossa lei actual, não haverá dúvidas importantes a suscitar nesta matéria.

O que fez o *vinculismo* de particular foi restringir a *retribuição* à expressão mais simples da *prestação do senhorio*; bloqueá-la, e proibir que as *prestações acessórias* ou *encargos* se reflectissem naquele preço.

Com o afrouxamento dos laços vinculísticos, porém, algumas delas passaram a poder ser imputadas ao *arrendatário* e, sendo assim, terão, naturalmente, a natureza da *retribuição* a prestar por este.

Ora, com a Lei n.º 6/2006, permitiu-se expressamente a estipulação a cargo do *arrendatário* da realização de *obras de conservação*, *ordinárias* ou *extraordinárias* (art. 1074-1 CC), e, bem assim, o regime dos *encargos* e *despesas* (art. 1078-1 CC).

Tais *encargos* são, pois, encarados como uma *renda acessória*, submetendo-se ao regime da *renda stricto sensu*, em matéria de *cumprimento* e de *não cumprimento*.

Isto ressalta muito claramente do disposto no actual art. 1083-3 CC, quando se refere à *mora do arrendatário* "no pagamento da renda, encargos ou despesas".

Não é preciso, pois, que se configure a *mora* cumulativa destes elementos, bastando que compreenda, ou só a *renda stricto sensu*, ou só os *encargos ou despesas*, embora possam naturalmente cumular-se.

---

[413] JEAN-LUC AUBERT/PHILIPPE BIHR, *La location d'habitation*, Sirey-Paris, 1990, p. 100.

Além disso se o arrendatário quiser pôr fim ao fundamento de despejo há de pagar uma indemnização "igual a 50% do que for devido" (art. 1041-1 CC) — o que quer dizer que envolve as *rendas* e os *encargos*.

Já se tem posto a dúvida se a expressão "for devido" envolve também os encargos ou apenas as *rendas*[414] — mas parece que a hesitação não tem razão de ser uma vez que a expressão é suficientemente clara: "o que for devido" é tudo quanto se dever e não apenas a renda *stricto sensu*.

Além disso, o art. 1083-3 CC milita também neste sentido quando expressamente declara ser inexigível ao *senhorio* "a manutenção do arrendamento em caso de mora superior a três meses no pagamento da renda, encargos ou despesas".

V — Parece-nos que a simples falta de pagamento, ainda que meramente parcial, de uma *renda*, que seja, por mais de três meses, será *fundamento de resolução pelo senhorio* através de *comunicação* ao *arrendatário* e *execução* imediata.

À imagem do *vinculismo habitacional* italiano, não será ainda de pretender que só poderá haver *resolução* depois de se cumularem mais de *três meses de rendas* em atraso.

De acordo com o próprio teor literal da nossa lei, a *inexigibilidade de manutenção do contrato pelo senhorio não depende de se perfazerem mais de três meses de rendas* mas, tão-somente, *mais de três meses de mora*, ainda que de uma só *renda* ou *parte de renda* ou, inclusivamente, só dos *encargos acessórios lícitos* ou só de parte deles.

A *resolução* do *contrato de arrendamento* por *falta de pagamento de encargos de conta do arrendatário*, através da *acção de despejo*, não é inédita entre nós. Já no Decreto-Lei n.º 25:851, de 14 de Setembro de 1935, se tinha

---

414 Nuno Manuel Pinto Oliveira, *Resolução do contrato de arrendamento* (*Sc.Ivr.*, n.º 308, Outubro-Dezembro, 2006, pp. 657-659; Fernando Baptista de Oliveira, *Resolução do Contrato no Novo Regime do Arrendamento Urbano*, Almedina, 2007, pp. 120-121 n.

estabelecido que a parte da *contribuição predial* correspondente a rendimento colectável excedente à *renda* deveria ser satisfeita pelo *arrendatário*, ficando a respectiva falta de pagamento equiparada, para todos os efeitos à falta de pagamento daquela (v., sobre o ponto, PINTO LOUREIRO, *Tratado da locação*, Coimbra Editora, 1947, II vol., pp. 283 ss).

VI — A nossa jurisprudência, vinha ultimamente aplicando a *exceptio non adimpleti contractus* para reconhecer que não terá o *arrendatário* a obrigação de pagar a *renda* devida enquanto o *senhorio*, por sua parte, não procedesse às *reparações* que corressem de conta deste, e sem as quais houvesse uma impossibilidade, total ou parcial, do gozo do prédio.

— O locatário só pode suspender o pagamento da renda (de toda a renda) quando se trate de não cumprimento do locador que exclua totalmente o gozo da coisa; no caso de privação parcial do gozo imputável ao locador, o locatário apenas poderá suspender o pagamento de parte da renda — SUPREMO, 11-12-1984 (*BMJ* n.º 342, p. 355).

— Se o locatário paga a renda e o locador não repara as deteriorações do imóvel que é obrigado a garantir, aquele pode suspender o pagamento de toda a renda, quando se trate de não cumprimento que exclua totalmente o gozo da coisa ou de parte dela, no caso de privação parcial do gozo imputável ao locador — Relação de Lisboa, 9-5-1996 (*Colectânea*, XXI-III, p. 87).

Esta jurisprudência oferecia, já então, margem a sérias objecções, a saber:

a) O incumprimento da realização de obras, ainda que conduzisse à total impossibilidade de utilização do prédio, nunca poderia ser encarado — parece-nos — como *incumprimento total* do contrato pelo senhorio, pois outras obrigações, por força do contrato, impendiam sobre os seus ombros e, por suposto, essas estavam a ser cumpridas;

b) Faltava entre a obrigação de realização das obras e o pagamento das rendas a *interdependência recíproca ou dialela* das duas obrigações, para se poder estabelecer rigorosamente entre elas a *exceptio*;

c) O disposto nos arts. 14 a 16 RAU parecia de resto excluir muito claramente a *exceptio*, uma vez que, não cumprida a obrigação imputada ao senhorio pelo seu arrendatário, reconduzia este para o estabelecimento de contacto com a câmara municipal e o admitia, antes, a realizar directamente as *obras*, de conta do senhorio, e a depositar a diferença de renda a aumentar em face das obras por que a câmara fez a notificação (art. 14-1 RAU).

Não constituiria isto a prova provada de que não podia o *arrendatário*, por sua alta recreação, suspender pura e simplesmente o pagamento das rendas?

Mais recentemente, porém, e no sentido que vimos defendendo, mas ainda à luz do Direito anterior:

— A excepção de não cumprimento do contrato pressupõe que a prestação exigida e a que se invoca para justificar a recusa sejam correlativas ou recíprocas. Se a arrendatária entrou no gozo da coisa e nesse gozo de manteve até ao despejo, não tendo, assim, a ocorrência das invocadas deficiências implicado a cessação do gozo, improcede "a exceptio" — SUPREMO, 4-4-2006 (*ColSTJ* n.º 192, p. 33).

E também:

— I — O incidente da acção de despejo previsto no art. 58 do RAU, de despejo imediato por falta de pagamento das rendas vencidas na pendência da acção, apenas admite como oposição relevante a prova do pagamento ou do depósito das rendas em falta. II — Não releva, para tal, a alegação por parte do inquilino de excepção de incumprimento por parte do senhorio ou de direito de retenção do locado para garantir direito de indemnização por benfeitorias nele realizadas — SUPREMO, 5-12-2006 (*ColSTJ* n.º 195, p. 144).

Aquilo que será aplicável, hoje em dia, por expressa disposição da lei, é antes a susceptibilidade de *resolução do contrato pelo arrendatário* (art. 1083-4 CC).

105. Violação reiterada e grave, pelo arrendatário, de regras de higiene, de sossego e de boa vizinhança ou de normas constantes do regulamento do condomínio

Este exemplo de causa de *resolução pelo senhorio*, levado à al. a) do art. 1083-2 CC, foi inovado pela Lei n.º 6/2006, no seguimento do que já constava, aliás, do *Anteprojecto* de 2004.

No Direito anterior, o *senhorio* não podia resolver o contrato com este acervo de fundamentos.

I — A opção — que, de resto, tinha já sido adoptada na lei espanhola de 1994, e também se pratica em França, com recurso ao *motif légitime et serieux*[415] — parece de louvar, pois se trata de casos censuráveis ao *arrendatário* que, quando *graves* e *reiterados*, como se refere no preceito, tornam inexigível ao *senhorio*, razoavelmente, a manutenção do contrato.

A violação, repare-se, não tem de ser apenas *grave*, isto é, *sensível*, *macroscópica*. Tem de ser, ainda, *reiterada*.

Estes dois requisitos são cumulativos — e tanto quanto às regras de *higiene*, de *sossego* e de *boa vizinhança* como relativamente às *normas constantes do regulamento do condomínio*.

Quer a violação da *higiene* quer a do *sossego* são, naturalmente, indissociáveis da *boa vizinhança* — mas a alínea tem o cuidado de a especificar autonomamente, fazendo sentir que, independentemente da preterição das *regras de higiene* e da produção de *ruído incómodo*, a *boa vizinhança* poderá ser ainda afectada em si mesma, ou por outros meios que não os dois referidos.

Afectada em si própria é o que, segundo pensamos, se verificará quando ocorra *incivilidade do trato* que perturbe e atinja, grave e reiteradamente, a vida normal de outros vizinhos.

É o caso sancionado pela jurisprudência francesa, como referimos na nota de rodapé anterior, de *comportamento agressivo* para com os outros vizinhos.

Quanto à *má vizinhança*, em si, já se decidiu o seguinte, num caso de habitação atribuída pelo município a "pobres ou indigentes":

— As ofensas verbais não são fundamento razoável por si só para que se peça que o agregado familiar, que foi fundamental para a concessão do alvará, deixe de habitar o fogo em questão — Relação do Porto, 26-03-2007 (JusNet 1652/2007).

---

[415] Relegado para o prudente arbítrio do juiz. Têm sido admitidas como tal, designadamente, as perturbações causadas pela *presença de cães*, pelo facto de *atrair e alimentar pombos* ou pelo *comportamento agressivo* para com os vizinhos (cf. BERNARD SANTOURENS/JACQUES LAFOND/BÉATRICE PEDROLETTI, *Code des baux*, Litec, Paris, 2007, p. 154).

Tratava-se de uma habitação concedida à autora pela Câmara Municipal do Porto, *a título precário*, mediante *alvará* de 24 de Fevereiro de 1986, em conformidade com o disposto no Decreto n.º 35:106, de 6 de Novembro de 1945.

Para o efeito, a autora tinha constituído um agregado familiar formado por ela, um seu sobrinho e a mulher deste.

A dada altura, em vésperas do Natal de 2003, o sobrinho dirigiu insultos à autora e cortaram se as relações entre a titular do alvará e o casal com ela coabitante.

Dai, a acção, intentada no tribunal comum, a pedir a condenação do casal na entrega à autora da parte de casa que ocupa.

A Relação, em consonância com a 1ª instância, considerou que as ofensas verbais não são suficientes para a pretendida desocupação — mas parece-nos difícil, naquelas circunstâncias, impor a continuidade da coabitação quando as relações estão cortadas e os insultos foram dirigidos a uma idosa de 70 anos de idade.

De qualquer modo, o que nos provoca maior perplexidade, ainda, é o facto de se ter considerado — e bem — que a relação habitacional constituída não tinha origem contratual, mas decorria de actividade administrativa munida de *ius imperii* e, não obstante isso, ter-se considerado competente a jurisdição comum para dirimir este pleito.

Parece que a questão deveria ter sido remetida para a decisão da autarquia.

Há, de resto, uma destrinça a fazer. A habitação concedida nos termos do Decreto n.º 35:106 não forma um *arrendamento social* nem integra uma *locação* mas, verdadeiramente, aquilo que, na dogmática, se designa por *precário oneroso* (cf. *supra*, n.º 9-VI, vol. I, pp. 89-91).

Só o chamado *arrendamento social*, de *renda apoiada*, constitui verdadeiro e próprio *arrendamento* (cf. *supra*, n.º 68, vol. I) — e não era esta figura que estava em causa nem era o seu regime jurídico o aplicável.

Para a configuração de mais modalidades de *má vizinhança* lembremos as perturbações enunciadas no art. 1346 CC: *fumo*, *fuligem*, *vapores*, *cheiros*, *calor* ou *ruídos*, *trepidações* e factos semelhantes.

No tocante à ofensa às *regras da higiene*, não há que devassar a intimidade ou a vida privada do *arrendatário* para averiguar se ela existe. Na verdade, só se torna relevante se interferir na esfera dos vizinhos e constituir um incómodo que faz *má vizinhança*. É no fundo, como principiámos por salientar, uma das modalidades desta, expressamente referida na al. a) do novo art. 1083-2 CC.

O mais corrente dos casos, relevantes, de *violação da higiene* é a colocação, por períodos mais ou menos prolongados, em áreas comuns do prédio, de resíduos deteriorados ou rebotalhos fétidos de cozinha, sujeitos a putrefacção rápida.

A perturbação do *sossego*, por seu turno, traduz-se geralmente na emissão de *ruídos incómodos*, incluindo a própria música em registo elevado e a desoras, que se propagam para os espaços vizinhos, dificultando o sono ou a simples tranquilidade e bem-estar.

Um dos casos mais frequentes de *ruídos incómodos* é o produzido por certos *animais de companhia*.

II — A *má vizinhança* e, em geral, a perturbação da tranquilidade das pessoas é objecto de uma tríplice tutela:

a) A de natureza pública, exercida mediante *regulamentos administrativos*;

b) A que se estabelece no seio de uma *propriedade horizontal*;

c) A respeitante ao *arrendamento urbano*, através da alínea referida há pouco, acrescentada ao nosso CC com a *Reforma de 2006*.

São como que três círculos distintos, mas que se intersectam.

Os *regulamentos administrativos* impõem princípios e comportamentos que, para lá do regime que estabelecem, não podem deixar de influenciar e de ajudar a caracterizar o fundamento de *resolução arrendatícia*.

Quando não existia esta alínea, o princípio era o de os casos de *má vizinhança* só poderem resolver-se pela *via administrativa*.

Ainda assim, houve jurisprudência, digamos precursora, que já então se imiscuiu pela *má vizinhança*, admitindo-a como *fundamento de resolução*, à luz da protecção do *direito de personalidade* consagrado no art. 70 CC.

Exaramos aqui o sumário de um interessante aresto neste sentido:

— Tendo-se provado que, no andar arrendado a uma sociedade comercial para os seus escritórios a gabinete de estudos e elaboração de projectos de construção, casais novos não identificados, no máximo em número de dois, nele entravam de noite, com frequência, procurando evitar ser vistos e conhecidos, fazendo suspeitar que aí iam praticar actos sexuais, e, além disso, aí ouviam música ruidosa, perturbando, assim, a tranquilidade moral e física dos habitantes do prédio, justifica se a resolução do arrendamento com base na alínea c) do artigo 1093, n.° 1, do Código Civil, já que o prédio era aplicado para práticas imorais e desonestas e ainda para práticas hoje ilícitas (ruídos nocturnos...) em virtude da protecção concedida pelo artigo 70 do actual Código Civil, à personalidade física da pessoa, em que cabe, perfeitamente, o direito ao sono ou sossego nocturno — Relação de Lisboa, 11-02-1976 (*BMJ* n.° 256, p. 165).

Analisaremos o primeiro fundamento quando, daqui a pouco, nos ocuparmos do respectivo *caso de resolução.*

Quanto ao segundo, ele estaria certo se já houvesse tutela arrendatícia da violação do referido *direito da personalidade* — mas a verdade é que ainda a não havia, e, nessa altura, as *causas de resolução* pelo *senhorio* eram taxativas.

Em nossa opinião, só restavam pois, aos lesados, os meios administrativos para a cessação do ruído nocturno.

Por sua vez, o contencioso da propriedade horizontal é chamado à colação pelo próprio Direito arrendatício quando a nossa alínea expressamente manda atender ao respectivo *regulamento*, considerando a sua ofensa como *fundamento de resolução* invocável pelo *senhorio*.

III — Reportando-nos aos *regulamentos administrativos*, salientemos particularmente o Decreto-Lei n.° 146/2006, de 31 de Julho, que transpôs para a ordem jurídica interna a Directiva n.° 2002/49/CE, do Parlamento Europeu e da Comissão, de 25 de Junho, sobre a elaboração de mapas estratégicos de ruído, e, principalmente, o Decreto-Lei n.° 9/2007, de 17 de Janeiro, que aprova o *Regulamento Geral do Ruído* em vigor.

Em relação a *animais de companhia*, importará atentar, fundamentalmente, no Decreto-Lei n.° 313/2003, de 17 de

Dezembro, que criou o *Sistema de Identificação de Caninos e Felinos* (SICAFE) e bem assim, num primeiro momento, num importante diploma, o Decreto-Lei n.º 312/2003, de 17 de Dezembro, que dispôs sobre a posse e detenção de *animais perigosos* e *potencialmente perigosos*, em regulamentação do qual foi publicada a Portaria n.º 422/2004, de 24 de Abril — ambos com alterações introduzidas pela Lei n.º 40/2007, de 31 de Agosto. Foi ainda publicada a Portaria n.º 585/2004, de 29 de Abril, que definiu o capital mínimo e outros critérios necessários para a celebração do contrato de seguro referido no artigo 13 do Decreto-Lei n.º 312/2009.

No respeitante a *animais susceptíveis de raiva*, na mesma altura publicou-se ainda o Decreto-Lei n.º 314/2003, de 17 de Dezembro, em regulamentação do qual surgiu a Portaria n.º 421/2004, de 24 de Abril[416].

Posteriormente, porém, a Lei n.º 82/2009, de 21 de Agosto, autorizou o Governo a criminalizar os comportamentos correspondentes à promoção ou participação com animais em lutas entre estes, bem como a ofensa à integridade física causada por animal perigoso ou potencialmente perigoso, por dolo ou negligência do seu detentor.

No âmbito desta autorização, foi promulgado e está agora em vigor o Decreto-Lei n.º 315/2009, de 29 de Outubro, que revogou o Decreto-Lei n.º 312/2003.

Apesar de aquele decreto-lei, no n.º 2 do seu art. 44, ter estabelecido que, "na data da entrada em vigor dos correspondentes diplomas regulamentares do presente decreto-lei, são

---

[416] Exorbitam já do nosso interesse, naturalmente, os diplomas legais que estabelecem normas protectoras dos *animais de companhia*, tais como o Decreto n.º 13/93, de 13 de Abril, que aprovou a *Convenção Europeia para a Protecção dos Animais de Companhia*; o Decreto-Lei n.º 276/2001, de 17 de Outubro, que regulamentou este decreto; e o Decreto-Lei n.º 315/ /2003, de 17 de Dezembro, que alterou numerosas disposições deste e o republicou em anexo.

revogadas as Portarias n.os 422/2004, de 24 de Abril, e 585/2004, de 29 de Abril", a verdade é que não foram editados nenhuns diplomas regulamentares nem qualquer portaria, entendendo a Direcção-Geral de Veterinária que as duas portarias se encontram, pois, plenamente em vigor, não estando prevista a publicação de outros diplomas sobre esta matéria.

A — O *Regulamento Geral do Ruído* tem por objecto a prevenção do *ruído* e o controlo da *poluição sonora*, visando a salvaguarda da saúde humana e o bem-estar das populações.

Na parte que nos interessa mais directamente, define como *ruído de vizinhança* "o ruído associado ao uso habitacional e às actividades que lhe são inerentes, produzido directamente por alguém ou por intermédio de outrem, por coisa à sua guarda ou animal colocado sob a sua responsabilidade, que, pela sua duração, repetição ou intensidade, seja susceptível de afectar a saúde pública ou a tranquilidade da vizinhança" (al. *r)* do art. 3.º).

Quanto ao tempo da sua produção, prevê "períodos de referência": são, em geral, o *diurno*, das 7 às 20 horas; o do *entardecer*, das 20 às 23 horas; e o *nocturno*, das 23 às 7 horas (als. *p)*, *i)*, *ii)* e *iii)*, do art. 3.º).

Assim e quando uma situação seja susceptível de constituir *ruído de vizinhança*, estabelece a lei que as autoridades policiais podem ordenar ao produtor do *ruído* entre as 23 e as 7 horas a adopção das providências adequadas à *cessação imediata da incomodidade* (art. 24-1) — e, ao de *ruído* entre as 7 e as 23 horas, *fixar um prazo para o fazer cessar* (cf. art. 24 do *Regulamento*).

As actividades ruidosas temporárias nas proximidades de edifícios de habitação são interditas no período compreendido entre as 20 e as 8 horas, e aos sábados domingos e feriados, salvo licença especial (al. *a)* do art. 14 e art. 15-1 do *Regulamento*).

As *obras* de *recuperação*, *remodelação* ou *conservação* no interior de habitações apenas podem produzir *ruído* nos dias úteis entre as 8 e as 20 horas (art. 16-1 do *Regulamento*).

Além disso, há todo um amplo conjunto de disposições e diplomas que impõem planos municipais de ordenamento do território que tenham em vista assegurar a qualidade do ambiente sonoro, mapas de ruído e exigências de emprego de materiais de insonorização nas novas construções.

Se a *imissão* de *ruído de vizinhança* é infractora das *regras regulamentares administrativas* podem desencadear as providências policiais atinentes à sua cessação e à aplicação das correspondentes *coimas* por *contra-ordenação*, que não estão aqui em causa — e podem ainda, para nós com particular interesse, e em relação ao *arrendatário* que nelas reiteradamente incorrer, constituir um *fundamento de resolução* pelo *senhorio*, nos termos da al. a) do art. 1083-2 CC.

Convém todavia evitar alguns zelos de noviça na jurisprudência que venha a sair daqui, sobretudo tendo em vista a tendência que por vezes se tem revelado, não propriamente no âmbito do Direito arrendatício, mas no da tutela dos *direitos da personalidade*, quando se pondera que deverá esta atender à sensibilidade do lesado "tal como ele é, na realidade" e sem atender a uma *tolerabilidade normal* ou, ao menos, *razoável* — mandando silenciar o *ruído* imitido ainda quando ele se situe sensivelmente abaixo dos limites regulamentares e fazendo incorrer o *causador* em responsabilidade civil, apesar da observância da disciplina regulamentar.

Como nos parece ter sido o caso do ac. da Relação do Porto, de 27-04-95 (*Colectânea*, XXIX-II, p. 213) — cuja apreciação crítica foi objecto de um excelente estudo apresentado em 16-01-2007 pelo mestrando JOÃO PIRES CARDOSO ALVES, no âmbito de um Seminário de Análise Crítica de Legislação e Jurisprudência realizado pela Universidade Lusíada de Lisboa.

Tratava-se de um litígio com um banco, que tinha instalado um aparelho de ar condicionado no edifício que ocupava, a cerca de 1 metro de distância da janela mais próxima do proprietário do prédio vizinho.

Não se apurou o facto essencial do *período de frequência do ruído* e, muito perfunctoriamente, estabeleceu-se, sem mais que, "com o funcionamento do ar condicionado e por causa do ruído que em funcionamento repercute na habitação dos autores, têm estes sido afectados nas suas necessidades de repouso e descanso e na sua saúde. O que significa dizer que, por causa da conduta do réu, os autores têm sido atingidos e lesados na sua personalidade física. Essa ofensa é ilícita, não obstante o nível sonoro do ruído produzido pelo sistema de ar condicionado ser inferior ao limite permitido de dez decibéis" (p. 215)

O *ruído médio* apurado foi de 4,8 decibéis, não ultrapassando em *carga máxima* 5,7 decibéis (p. 214) quando o limite máximo então regulamentarmente fixado era de 10 decibéis.

Em nossa modesta opinião, parecia evidente que, sem ter sido apurado (o acórdão é inteiramente omisso a esse respeito) se o *ruído* compreendia o *período nocturno*, não podia concluir-se que perturbava o *repouso* e *descanso*: dorme-se de noite; não, de dia.

O aresto ainda ponderou — e bem — que havia que confrontar o direito do banco que se encontrava em circunstâncias regulamentares com o direito à saúde e ao repouso mas, salvo o devido respeito, fê-lo em termos muito pouco rigorosos.

É apodíctica a superioridade deste direito ao de procurar um aperfeiçoamento climático para o respectivo ambiente de trabalho, aliás, também em tutela da saúde e conforto próprios — mas o que tem de se respeitar, numa *colisão de direitos*, é a máxima conciliação do conflito, e não, como prontamente se fez, o sacrifício de um em favor do outro.

O lesado, se tinha uma sensibilidade superior à regulamentarmente admitida, tinha um dever: o de tentar insonorizar a sua janela — e não o fez.

Não pode, como por vezes tem sido julgado, atender-se à sensibilidade do lesado, preterindo *à la légère* a do *homem médio*, sem se apurar se a sua específica *sensibilidade* será *razoável*, sob pena de se tutelar o *direito ao repouso* contra o simples zumbido de uma mosca.

Já profissionalmente nos confrontámos com o caso de um *inquilino* que, pretendendo a ruptura imediata do contrato perante o *senhorio*, se queixava de que não conseguia dormir por causa do *ruído* da remoção nocturna, pela Câmara, dos contentores de resíduos domésticos, a qual, aliás, fazia-se em condições regulamentares, e foi apurado que não demorava mais de dez minutos, entre as 23,50 e as 0 horas; em virtude do ruído de um anúncio luminoso de prédio fronteiro, a ligar e a desligar automaticamente — e, por sobre tudo isto, ainda havia, contemporaneamente à remoção camarária dos resíduos e a prolongar-se pelo resto da noite, o insuportável ressonar do vizinho do lado, cujo sono passava, incólume, sobre as sonoridades que, a si, lhe interrompiam o repouso.

Incomodado, o *senhorio,* acabou por não lhe resistir, *e* concedeu-lhe a imediata *revogação* do contrato — mas parece de acentuar que não devem os nossos tribunais levar a tutela dos *direitos da personalidade* ao ponto de sacrificarem as normas regulamentares administrativas, sobretudo a *hipersensibilidades caprichosas* e alheias ao correspondente dever de colaboração com obras de *insonorização*.

Sobre este ponto e independentemente das aplicações concretas que fizeram e que já exorbitam do estrito plano do arrendatício, afiguram-se-nos seguramente razoáveis as seguintes proposições jurisprudenciais.

— A ilicitude de um comportamento ruidoso, que prejudique o repouso, a tranquilidade e o sono de terceiros, está no facto de, injustificadamente e para além dos limites do socialmente tolerável, lesar tais baluartes de integridade pessoal — SUPREMO, 17-01-2002 (http//www.dgsi.pt/jstj.nsf/38f33c44b0c8358280256879006bc013? Create Document).

— I — Não se pode — em abstracto e *a priori* — sacrificar radicalmente os direitos de natureza patrimonial aos direitos inerentes à integridade física ou moral do indivíduo. II — Perante as contradições e colisões normativas desses direitos deve o intérprete, caso a caso, estabelecer limites e condicionalismos de forma a conseguir — dando assim cumprimento ao princípio constitucional da proporcionalidade (art. 18, n.° 2, CRP) — uma harmonização ou concordância prática entre eles — ac. 15-01-2003 (http://www.dgsi.pt/jstj.nsf/954f0ce6ad9dd8b980256b5f003fa814/ab06a9da43f514db80256e350058c6d5?OpenDocument).

— A definição de superioridade de um direito em relação a outro tem de ser feita em concreto apreciando casuisticamente a situação e após ponderação séria dos interesses que se procuram alcançar de modo a atingir uma solução que o princípio da proporcionalidade — ac. de 20-09-2005 (*ColSTJ* n.° 187, p. 33).

B — Quanto aos *animais de companhia*, independentemente do referido Decreto-Lei n.° 313/2003, de 17 de Dezembro, que, como se disse, instituiu um *Sistema de Identificação de Caninos e Felinos*, importará atentar, principalmente, no regulado agora no Decreto-Lei n° 315/2009, de 29 de Outubro, (regulamentado pela Portaria n.° 422/2004, de 24 de Abril, que, como também se referiu, continua em vigor), o qual estabelece normas aplicáveis à *detenção de animais perigosos e potencialmente* *perigosos enquanto animais de companhia* — e, bem assim, no Decreto-Lei n.º 314/2003, de 17 de Dezembro (regulamentado pela Portaria n.º 421/2004, de 24 de Abril), que aprovou o *Programa Nacional de Luta e Vigilância Epidemiológica da Raiva Animal e Outras Zoonoses*, e regulou ainda o *alojamento de cães e gatos em prédios urbanos*.

a — No tocante ao conceito de *animal perigoso*, a delimitação legal é esta: é-o qualquer animal que se encontre numa das seguintes situações:

a) "Tenha mordido, atacado ou ofendido o corpo ou a saúde de uma pessoa";

b) "Tenha ferido gravemente ou morto um outro animal fora da propriedade do detentor";

c) "Tenha sido declarado, voluntariamente, pelo seu detentor, à junta de freguesia da sua área de residência, que tem um carácter e comportamento agressivos";

d) "Tenha sido considerado pela autoridade competente como um risco para a segurança de pessoas ou animais, devido ao seu comportamento agressivo ou especificidade fisiológica" (al. *b)* do art. 3.º do Decreto-Lei n.º 315/2009).

Por outro lado, *potencialmente perigoso* é qualquer animal que, "devido às características da espécie, comportamento agressivo, tamanho ou potência de mandíbula, possa causar lesão ou morte a pessoas ou outros animais, nomeadamente cães pertencentes a raças que venham a ser incluídas em portaria do Ministro da Agricultura, Desenvolvimento Rural e Pescas, bem como cruzamentos de primeira geração destas, entre si ou cruzamentos destas com outras raças, obtendo assim uma tipologia semelhante a algumas das raças referidas" (al. *b)* do art. 2.º).

À data em que escrevemos, as *raças de cães potencialmente perigosos* foram enunciadas na Portaria n.º 422/2004, de 24 de Abril como sendo as seguintes:

I) Cão de fila brasileiro.

II) *Dogue* argentino.
III) *Pit bull terrier.*
IV) *Rottweiller.*
V) *Staffordshire terrier* Americano.
VI) *Staffordshire terrier bull terrier.*
VII) *Tosa inu.*

A detenção, como *animais de companhia*, de *cães perigosos ou potencialmente perigosos* carece de licença emitida pela *junta de freguesia* da área de residência do detentor (art. 3.º-1).

b — Quanto aos *animais de companhia* não perigosos nem potencialmente perigosos, estabelece-se no art. 3.º do referido Decreto-Lei n.º 314/2003:

1 — *O alojamento de cães e gatos em prédios urbanos, rústicos ou mistos, fica sempre condicionado à existência de boas condições do mesmo e ausência de riscos higio-sanitários relativamente à conspurcação ambiental e doenças transmissíveis ao homem.*

2 — *Nos prédios urbanos podem ser alojados até três cães ou quatro gatos adultos por cada fogo, não podendo no total ser excedido o número de quatro animais, excepto se, a pedido do detentor, e mediante parecer vinculativo do médico veterinário municipal e do delegado de saúde, for autorizado alojamento até ao máximo de seis animais adultos, desde que se verifiquem todos os requisitos higio-sanitários e de bem-estar animal legalmente exigidos.*

3 — *No caso de fracções autónomas em regime de propriedade horizontal, o regulamento do condomínio pode estabelecer um limite de animais inferior ao previsto no número anterior*

4 — *Nos prédios rústicos ou mistos podem ser alojados até seis animais adultos, podendo tal número ser excedido se a dimensão do terreno o permitir e desde que as condições de alojamento obedeçam aos requisitos estabelecidos no n.º 1.*

5 — *Em caso de não cumprimento do disposto nos números anteriores, as câmaras municipais, após vistoria conjunta do delegado*

de saúde e do médico veterinário municipal, notificam o detentor para retirar os animais para o canil ou gatil municipal no prazo estabelecido por aquelas entidades, caso o detentor não opte por outro destino que reúna as condições estabelecidas pelo presente diploma.

6 — *No caso de criação de obstáculos ou impedimentos à remoção de animais que se encontrem em desrespeito ao previsto no presente artigo, o presidente da câmara municipal pode solicitar a emissão de mandado judicial que lhe permita aceder ao local onde estes se encontram e à sua remoção.*

IV — A regulamentação de que acaba de se deixar nota insere-se, como referimos, no âmbito da *disciplina administrativa*, mas — convém acrescentar agora — porque relacionada com o dever de *boa vizinhança* arrendatícia, terá necessariamente a ver, também, com o *fundamento de resolução* do *contrato de arrendamento.*

Se um dos *arrendatários* ultrapassa o número regulamentar de animais legalmente autorizados, tanto bastará para o *senhorio* poder resolver o contrato à luz da al. a) do art. 1083-2 CC.

Se não o ultrapassa, mas algum dos seus animais é grave e reiteradamente *incómodo*, constitui-se o *fundamento de resolução.*

Não virá a despropósito lembrar o velho caso dos galos de Santarém, que foram objecto de um pleito que se tornou célebre nos anos 60 do século passado, dirimido ainda à luz do Código de SEABRA, uniformemente das instâncias ao Supremo, que rematou a questão assim:

I — Na falta de disposição legal que proíba aos habitantes de uma localidade o possuírem aves domésticas nos quintais das suas residências, o possuí-las nessas condições está dentro do poder de gozo da coisa que a lei (art. 2170 CC de 1867) confere ao respectivo proprietário ou arrendatário. II — Os ruídos normalmente provocados pelo cantar ou cacarejar dessas aves não podem considerar-se lesivos do direito à integridade física dos moradores das casas vizinhas, mesmo quando estes sejam doentes do foro oftalmológico, internados numa clínica da especialidade por virtude de intervenções cirúrgicas a que tenham sido submetidos, e carecidos de condições de tranquilidade e de repouso — SUPREMO, 06-05-69 (*Rev. Leg.Jurs.*, 103.°, p. 371).

O aresto foi tirado por maioria, com dois votos de vencido do mesmo teor, manifestamente demagógico: *entre o prejuízo da saúde dos doentes e a utilidade de possuir no quintal uns galináceos que esses doentes perturbam, fui pelos doentes*.

VAZ SERRA comentou desfavoravelmente a tese que fez vencimento com base em o direito à saúde e ao repouso essencial à existência física serem direitos da personalidade mais importantes em confronto com o de manter animais incómodos (*Rev.cit.*, p. 374).

A lição que retiramos deste caso é que não se pode, como vimos há pouco e a jurisprudência já tem correctamente distinguido, resolver a questão pelo simples confronto abstracto entre o *direito à saúde* e o *direito de propriedade*.

Os críticos — e os próprios juízes vencidos — esqueceram dois pontos concretos essenciais, resolvendo a questão pelo simples enunciado de princípios gerais e abstractos.

Primeiro ponto. Quando a clínica, se instalou, já "todos ou quase todos os vizinhos possuíam galináceos" (*Rev.cit.*, p. 371) — e, portanto a situação dita incómoda tinha a seu favor a *prioridade, e nem se resumia ao caso isolado dos galos invocados em juízo*.

Se a clínica foi licenciada perante esta situação imissiva e o titular aceitou instalá-la nessas circunstâncias, incorre em *venire contra factum proprium* se depois se voltar contra os vizinhos opondo-lhes uma incomodidade que já existia e tinha a obrigação de conhecer.

Segundo ponto. A situação concreta durou quinze anos sem qualquer queixa — o que, quanto a nós, comprova que a *incomodidade* não era *intolerável* ou, ao menos, *considerável* ou *importante*, mas apenas um pretexto para se dar largas a um desentendimento entretanto ocorrido entre vizinhos.

É evidente — e nem a tese vencedora foi contra isso — que, *em termos absolutos* e *a priori*, entre o prazer idílico da companhia dos galináceos e a saúde dos doentes, esta é prevalecente, mas hoje em dia, a doutrina e a jurisprudência estão mais evoluídas.

Com razão, sustenta GOMES CANOTILHO ser incorrecto juridicamente proclamar, *a priori* e em abstracto, que "pesa", "vale mais" ou é "mais forte" o ambiente "do que o direito de propriedade ou o direito de iniciativa económica privada"[417].

Concretamente, porém, não era isso, que estava afinal em causa.

---

[417] JOAQUIM GOMES CANOTILHO, *Protecção do Ambiente e Direito de Propriedade*, Coimbra Editora, 1995, p. 90. Na mesma perspectiva, para outro tema, cf. o que referimos a respeito do *vinculismo*, e os AA que citamos, *supra*, n.º 27, vol. I, pp. 262-263.

V — Em suma, as *normas do regulamento de condomínio* reportam-se aos prédios constituídos em *propriedade horizontal.*

Semelhantes violações inserir-se-iam, mais propriamente, na *relação de condomínio* (em cujo âmbito se dirimiria o respectivo contencioso) do que na de *proprietário-arrendatário* da fracção arrendada em que não cumpra o *arrendatário*, grave e reiteradamente, o *regulamento.*

Parece que se quis, com a al. a) do art. 1083-2 CC, chamar à colação o *senhorio* para ele, através da *resolução do contrato*, pôr termo às violações do seu *arrendatário.*

O exemplo de um caso destes, oferecido durante os trabalhos preparatórios, foi o relativo a *animais de companhia*[418].

As infracções de tais regras, perpetradas pelo próprio *condómino*, como habitante da sua fracção, naturalmente, hão-de resolver-se, em contencioso da *propriedade horizontal*, mas podem igualmente ser suscitadas pelo *senhorio*, como fundamento de resolução da al. a) do art. 1083-2 CC, no caso de a fracção ocupada pelo infractor estar a ser utilizada a título de *arrendamento.*

O caso seguinte foi julgado em contencioso de *propriedade horizontal*, porque se tratava de *infractor condómino*, mas podia igualmente qualificar-se como *fundamento de resolução* pelo *senhorio* se, em vez de *condómino*, fosse *arrendatário de um condómino.*

— I — É legalmente possível que o regulamento ou Estatuto de Condomínio proíba a detenção de animais na parte comum ou própria, sobretudo se atentarem contra o repouso, saúde e tranquilidade dos condóminos. II — O administrador do condomínio tem legitimidade para mover acção contra o condómino pedindo que este seja obrigado a retirar o animal — Relação do Porto, 10-02-2004 (http://www.dgsi.pt/jtrp.nsf/0/12907d70eda9a52b80256e4500351247?OpenDocument)

---

[418] António Pinto Monteiro/Paulo Videira Henriques, *A cessação do contrato no Regime dos Novos Arrendamentos Urbanos* (o direito, 136.°, 2004, II-III, p. 293).

106. Utilização do prédio, pelo arrendatário, contrária à lei, aos bons costumes ou à ordem pública

Passemos à análise do fundamento de *resolução* descrito na al. b) do art. 1083-2 CC como a utilização do prédio, pelo *arrendatário*, "contrária à lei, aos bons costumes ou à ordem pública" — o qual, numa formulação muito próxima desta, tem tradicionalmente surgido na nossa legislação.

O preceito actual é, com efeito, homólogo do anteriormente descrito como o facto de o *arrendatário* "aplicar o prédio, reiterada ou habitualmente, a práticas ilícitas, imorais ou desonestas" (primitivo art. 1093-1, al. *c)*, CC e art. 64-1, al. *c)*, RAU).

Agora, prefere-se pôr o acento tónico na utilização *contrária à lei*, aos *bons costumes* ou à *ordem pública*.

Analogamente ao que já antes se sustentava geralmente na jurisprudência e na doutrina, tais atentados não têm de se cumular; basta que sejam só ou *ilegais*, ou *contrários aos bons costumes*, ou à *ordem pública*, para que a *causa de resolução* se tenha por preenchida[419].

Também não sofrerá dúvida, embora se tenha deixado de o afirmar expressamente, que tais violações devem ser *continuadas* ou *reiteradas*.

Ao referir-se a *utilização*, vocábulo que já por si sugere a ideia de continuidade, supôs-se — cremos nós — que estaria implicitamente afirmado o carácter *reiterado* do comportamento do *arrendatário*.

Não bastará assim, para preencher a *facti species* legal, uma violação *isolada* e *instantânea*.

Pesa ainda neste sentido o carácter genericamente referido no corpo do n.º 2 do art. 1083 CC de não relevar *um incum-*

---

[419] Cf., para o Direito anterior, Relação do Porto, 22-10-1985 (*Colectânea*, X-4, p. 250) e, na doutrina, António Pais de Sousa, *Extinção do arrendamento urbano*, Almedina, Coimbra, 1985, p. 142; Mário Frota, *Arrendamento Urbano,* Coimbra Editora, 1987, p. 249.

primento menor do arrendatário, mas unicamente aquele que, "pela sua gravidade ou consequências, torne inexigível à outra parte a manutenção do arrendamento"; a gravidade e as consequências dependem, naturalmente, muito da *reiteração*, pois só raramente um uso esporádico apresentará *gravidade* ou acarretará consequências ponderosas.

A questão maior que continua a suscitar-se é, porém, a de desvendar o alcance preciso de cada um dos conceitos caracterizadores deste *fundamento de resolução*: a *contrariedade à lei*, por um lado, aos *bons costumes*, por outro, e à *ordem pública*, por fim.

Tentemos contudo, aprofundando o tema, determinar estas noções com o rigor possível.

I — A *contrariedade à lei*, com interesse para a nossa análise, poderá ser entendida numa de três perspectivas fundamentais: a *ilicitude penal*, a *ilicitude de contra-ordenção* e a *ilicitude civil*.

A — Sem desenvolver estes pontos e servindo-nos tão--somente de noções conclusivas, o *Direito Penal* — podemos dizê-lo — aproveita a ideia de *ilicitude*, também por vezes dita *antijuridicidade*, para integrar o conceito de *crime* que é, assim, um *comportamento* (acção ou omissão) intrinsecamente ilícito[420].

Como, porém, saber quando será *ilícito* ou *antijurídico* um dado facto, constituindo um crime? O Direito Penal encontrou um expediente muito prático e preciso para responder a esta pergunta, através da *tipicidade*.

É *crime* todo o facto voluntário descrito na lei como tal. Precisamente assim, era ele definido no art. 1.º do Código Penal de 1886: "Crime ou delito é o facto voluntário declarado punível na lei penal" — e não é diferente o sentido da

[420] Como se diz, na feliz expressão de ARTURO ROCCO, hoje clássica, a *ilicitude* é "a própria essência, a natureza intrínseca, *o em si* do crime" (*L'oggetto del reato*, 1913, p. 475).

formulação mais pesada e angulosa do Código de 1995, acentuando a *tipicidade da ilicitude,* "Só pode ser punido o facto descrito e declarado passível de pena por lei anterior ao momento da sua prática" (art. 1.º-1).

Que levará o legislador a descrever um dado facto como passível de pena?

A resposta tem que ver com a função assinalável ao Direito penal, e que, segundo a concepção que se nos apresenta como a mais perfeitamente elaborada, se destinará a assegurar as condições fundamentais da vida colectiva e, assim, a promover o aperfeiçoamento da vida em sociedade[421].

Sempre que determinado facto é de natureza tal que atente contra estes valores ou os ponha em perigo, será então tipizado na lei, associando-se-lhe a inflicção de uma pena.

Naturalmente, este será o *ilícito* mais grave, entre as previsões da al. b) do art. 1083-2 CC, e aquele que mais frontalmente deverá levar à *resolução* do contrato de *arrendamento urbano.*

Importa ponderar, todavia, que não basta aplicar a casa arrendada, isto é, utilizá-la, na prática de um *crime*: a utilização terá de ser, como tradicionalmente se estabelecia, *reiterada* ou *habitual.*

Assim, o *inquilino* que, numa sangrenta cena de tiros a que deram os órgãos de comunicação a maior ressonância, assassinou várias pessoas na residência arrendada, prejudicando a "reputação do prédio", não dará, com esse facto, fundamento a *resolução* do contrato: *falta a reiteração.*

Outro tanto sucederá na hipótese do *arrendatário não habitacional* que é condenado por uma infracção isolada contra a economia ou contra a saúde, levada a cabo no prédio arrendado.

---

[421] Francesco Antolisei, *Manuale di dirito penale*, Giuffrè, Milano, 1963, p. 4.

Já o ladrão *reincidente*, que, na casa arrendada, costuma guardar os objectos das suas infracções ou o receptador que continuada e repetidamente recolhe na casa arrendada as mercadorias furtadas estarão, decerto, atidos a ver resolvidos os respectivos *contratos de arrendamento*[422].

B — O pendor crescente da intervenção do Estado nos diferentes sectores da vida contemporânea, criando a necessidade de garantir a consistência prática das suas injunções normativas, deu origem a um cruciante dilema entre o excessivo e pernicioso alargamento do âmbito do Direito penal, para acorrer a essas outras situações, e o deixar pelo contrário os novos ilícitos menores ao cuidado de um autónomo corpo de normas, menos severo na reprovação e mais expedito na reacção.

Foi por esta hipótese que enveredou o legislador português, primeiro referindo-o expressamente na Constituição (al. *d)* do art. 168-1 e art. 182-3) e, depois, instituindo e definindo o chamado *ilícito de mera ordenação social* (numa expressão abreviada, a *contra-ordenação*) com a lei-quadro do seu regime jurídico: o Decreto-Lei n.º 433/82, de 27 de Outubro.

A *contra-ordenação* está, como o *crime*, sujeita à regra da *tipicidade*. Na definição legal, ela é assim formada por "todo o

---

[422] Hipótese curiosa, mas que se não tem posto, é a do devedor incurso no crime de *insolvência dolosa*. Na prática, tem sido corrente a negociação do *trespasse* do *estabelecimento comercial ou industrial* do *insolvente* pela *administração da insolvência*, vindo o *senhorio*, quando a classificação vier a ser proferida, a ser colocado perante o facto consumado da transmissão do *arrendamento*.

A *insolvência dolosa* (art. 227 CP) ou *gravemente negligente*, embora *não intencional*, (art. 228 CP), é, todavia, um *ilícito penal* que, por natureza, se reconduz a *práticas reiteradas* com utilização do prédio arrendado, integrando decerto a *facti species* da al. c) do art. 1083-1 CC.

Afigura-se-nos por isso dever admitir-se a oposição que pretenda o *senhorio* deduzir contra a negociação imediata do *trespasse*, na pendência de autos de indiciação de *insolvência criminosa*.

facto ilícito e censurável que preencha um tipo legal no qual se comine uma coima" (art. 1.° do Decreto-Lei n.° 433/82).

O grau de reprovação ético-jurídica deste *ilícito*, que se denuncia pelo seu carácter *censurável* (art. 1.°-2), é naturalmente menos intenso do que aquele que se encontra presente no *crime*.

Será pois, em princípio e salvo porventura os casos menores de *ilícitos mínimos*, perfeitamente admissível o enquadramento de uma *contra-ordenação* no âmbito da expressão "utilização contrária à lei" da al. c) do art. 1083-1 CC, desde que *reiteradamente* cometida com utilização do espaço arrendado.

Semelhante enquadramento parecer-nos-á particularmente adequado, designadamente no caso de, num *arrendamento não habitacional*, à *contra-ordenação* concretamente cometida, ter sido aplicada uma *pena acessória* de cassação de licenças ou autorizações relacionadas com o exercício da actividade do *arrendatário* (al. *b)* do art. 6.°-1 do Decreto-Lei n.° 191/83, de 16 de Maio) ou de interdição de exercício da profissão ou actividade (al. *e)* do preceito citado).

C — Com a substituição da taxatividade pelo carácter exemplificativo dos fundamentos típicos, exemplificados na lei, deixou de ter cabimento a dúvida sobre se a *ilicitude civil* estaria também abrangida na fórmula da al. b) do art. 1083-2 CC.

Agora, "qualquer das partes pode resolver o contrato nos termos gerais de direito, com base em incumprimento pela outra parte" (art. 1083-1 CC).

Ponto é que tal incumprimento, "pela sua gravidade e consequências, torne inexigível à outra parte a manutenção do arrendamento" (art. 1083-2 CC).

Parece hoje em dia, pois, seguro que, qualquer utilização do espaço arrendado contrária à *lei civil*, que, pela sua gravidade e consequências, torne inexigível a manutenção do contrato pelo *senhorio*, integrará este segmento da *facti species* legal, e constitui, sem mais, *fundamento de resolução*.

Cremos, no entanto, que persiste como válido o entendimento que, no domínio do Direito anterior, nos foi censurado por ANTUNES VARELA (v. *Rev.Leg.Jurs.*, 122.°, p. 157).

O Saudoso Professor, a propósito da pretensão de despejo contra um oculista casado da Marinha Grande que na loja arrendada tinha furtivos encontros amorosos, encarava as *práticas ilícitas* então contempladas na alínea c) do art. 64-1RAU (e, no essencial, transportadas para o referido passo da al. *b)* do art. 1083-2 CC), à luz dos *parâmetros* mencionados no art. 483 CC, abrangendo, por conseguinte, a própria violação dos direitos absolutos de raiz familiar, "como é, segundo a melhor doutrina, a infracção do dever de fidelidade conjugal".

Insistindo posteriormente na sua ideia primitiva segundo a qual a alínea (neste passo reproduzida na lei actual) investia contra o "*dever* (geral) *acessório de boa fé* (igual a *lisura, rectidão, compostura* ou *lealdade*) com que deve ser gozado o prédio alheio", acrescentou que a nossa construção era destituída de fundamento, ainda, porque "a acção cível de despejo nada tem que ver, é evidente, com a acção policial ou criminal contra a prática da prostituição, da corrupção de menores, etc."[423].

Se bem interpretamos, porém, o que quer que se quisesse exprimir com a referência aos "parâmetros" do art. 483 CC, insere-se no quadro da *responsabilidade extracontratual* — e não se vê, portanto, a que título seriam eles chamados à colação, para definir um dado facto como *incumprimento contratual* e fundamento de *resolução do contrato,* pois é disso que se tratava então, como se trata agora.

Não temos nada a opor a que, nos termos do aludido preceito do Código Civil, seja a *infidelidade conjugal* passível de *responsabilidade civil* perante o cônjuge lesado.

Recusamos é que semelhante *responsabilidade civil* corresponda a uma infracção *do contrato de arrendamento* (porque, na verdade, se alguma relação contratual apresenta, é, antes, com o *contrato (?)*[424] *de casamento*) — e que possa integrar, assim, um fundamento de *resolução* daquele contrato.

II — A segunda espécie referida na al. b) do art. 1083-2 CC é a utilização do espaço arrendado contrária aos *bons costumes.*

---

[423] PIRES DE LIMA/ANTUNES VARELA, *Código Civil Anotado*, Coimbra Editora, II (4ª ed. rev. e act.), 1997, pp. 600-601.

[424] Sobre o ponto, v. FRANCISCO PEREIRA COELHO/GUILHERME DE OLIVEIRA (com a colaboração de RUI MOURA RAMOS), *Curso de Direito da Família*, I, 3ª ed., Coimbra Editora, 2003, pp. 243-246.

Aqui, foi substituída a noção de *imoralidade* e *desonestidade*, de que se servia a fórmula anterior, pelas de contrariedade aos *bons costumes* ou à *ordem pública*.

É, quanto a nós, a tradução em letra de lei do pensamento de MENEZES CORDEIRO[425].

Parece-nos pois indispensável adaptar o texto legal à conceptologia do Ilustre Professor.

Nesta base, será atentatória dos *bons costumes* a utilização que viole regras de *comportamento familiar e sexual* ou *códigos deontológicos profissionais*.

Todas as regras? Cremos que só relevam aquelas que, pela sua gravidade e consequências, tornem inexigível a manutenção do arrendamento pelo *senhorio*.

Assim, embora no plano familiar seja decerto contrária aos *bons costumes*, a utilização do oculista da Marinha Grande há pouco referida, nem mesmo a esta luz deverá considerar-se como *fundamento de resolução* pelo *senhorio*, pois situou-se na esfera de intimidade do *arrendatário*, parecendo exagerado considerar-se como um facto que torne inexigível ao *senhorio* a manutenção do arrendamento.

Também por outro lado, mas no mesmo rumo, não parece fundamento de *resolução do contrato de arrendamento*, a circunstância de o *arrendatário*, sendo casado, viver notória mas pacatamente em mancebia com pessoa também casada, no espaço arrendado, ao invés do que em tempos chegou a julgar-se[426].

---

[425] Cf., ultimamente, *Manual de Direito das Sociedades*, I, 2ª ed., Almedina, Coimbra, 2007, pp. 726-727.

[426] Relação de Lisboa, 10-2-1956 (*Jurs.Rels.*, 2.º -1, p. 75).

Na mesma corrente: — As relações sexuais extramatrimoniais reiteradas da mulher do arrendatário, além de ilícitas perante o direito civil e criminal também são de considerar imorais e desonestas segundo o juízo dominante em todas as camadas sociais da comunidade nacional, pelo que integram a hipótese prevista pela al. c) do n.º 1 do art. 1093 CC — Relação do Porto, 15-5-1974 (*BMJ* n.º 237, p. 303). Ainda na mesma linha: Relação de Lisboa, 11-2-1976 (*BMJ* n.º 256, p. 165).

No correcto sentido: Relação de Lisboa, 18-12-1969 (*Jurs.Rels.*, 10.º -V, p. 908); Relação de Lisboa. 10-11-1971 (*BMJ* n.º 211, p. 321); Relação

Ao invés, a aplicação do espaço arrendado à prática da *prostituição* é sem dúvida fundamento de resolução em sintonia, aliás com a jurisprudência que sobre este ponto decretou, sob o domínio do Direito anterior, a *resolução* do *arrendamento urbano* com base na utilização *reiterada* ou *habitual* do prédio para semelhante prática[427].

No tocante às *infracções à deontologia* profissional, o ponto não tem sido debatido, entre nós, mas parece-nos seguro que as punições por faltas deontológicas graves do *arrendatário*, cometidas no prédio, devem considerar-se susceptíveis de integração do fundamento de *resolução* em apreço.

Assim, a *parteira abortadeira*, condenada como tal, ou o *advogado* irradiado da *Ordem* por atentado à deontologia, poderão ser despejados pelo *senhorio* do espaço arrendado onde os factos tiveram a sua sede.

III — A terceira e última espécie referida na al. b) do art. 1083-2 CC é a utilização contrária à *ordem pública*.

No plano dogmático, a *ordem pública* constitui *uma limitação à autonomia privada resultante de princípios não expressamente formulados na ordem positiva, mas ínsitos no sistema e que dele se induzem pela interpretação ou mais latamente, a construir pela ciência jurídica*[428].

Os seus contornos, perante os *bons costumes* não podem dizer-se perfeitamente definidos, variando entre os autores a

---

do Porto, 22-10-1985 (*Colectânea*, X-4, p. 251); Relação de Coimbra, 9-5-1989 (*Rev.Leg.Jurs.*, 122.°, p. 121 — com anotação discordante de ANTUNES VARELA, que não acompanhamos: cf. o que referimos no texto).

[427] SUPREMO, 1-10-1971 (*BMJ* n.° 210, p. 110); Relação do Porto, 22-10-1985 (*Colectânea*, X-4, p. 250); Relação de Évora, 21-2-1991 (*Colectânea*, XVI-I, p. 303); Relação de Lisboa, 9-5-1991 (*Colectânea*, XVI-III, p. 134).

[428] MENEZES CORDEIRO identifica-a assim: "o sistema não inclui apenas normas a retirar das fontes pela interpretação: ele abrange, antes, também princípios, a construir pela Ciência Jurídica" — *Tratado de Direito Civil Português*, I, Parte Geral, tomo I, Almedina, Coimbra, 2000, p. 507.

inclusão de alguns aspectos de fronteira ora num ora noutro destes institutos.

Atendo-nos ao pensamento do inspirador deste passo da nossa lei, parece inserir-se na contrariedade à *ordem pública* o caso, até aqui com alguma frequência nos tribunais, da aplicação do espaço arrendado à *prática de jogo de azar*, suscitando o problema da sua qualificação.

A tal respeito, a jurisprudência tem adoptado, por vezes, uma posição permissiva, restringindo a *resolução* do arrendamento aos *casos de jogo de azar* naquela acepção apertada do termo que, com os olhos postos nas concessões a casinos, é legalmente definida apenas por aquele cujos resultados são *exclusivamente dependentes da sorte*.

Pensamos que não será a melhor solução, pois a *ordem pública* não requererá que rigorosamente se trate dos mais refinados *jogos de azar*, abarcando unicamente os *jogos de casino*, mas de todos aqueles que contrariem os princípios imanentes ao sistema, os quais não poderão deixar de compreender outros jogos a dinheiro, com paradas altas, onde o resultado é ainda em grande parte dominado pelo acaso, como o *pocker*, o *burro americano*, o *bluff*, a *buraca*, o *jogo do bicho* e semelhantes.

107. Uso do espaço arrendado para fim diverso daquele a que se destina

O fundamento de *resolução* exemplificado na al. c) do art. 1093-2 CC corresponde à directa contrariedade da obrigação expressamente imposta ao *locatário*, em geral, na al. c) do art. 1038 CC, de não aplicar a coisa locada a "fim diverso daqueles a que ela se destina".

Também em qualquer *arrendamento,* o fim a que se destina o espaço arrendado poderá ser expresso no *contrato*, mais ou menos claramente, mais ou menos especificadamente, ou determinar-se por aplicação supletiva da lei.

I — Como se declara no art. 1027 CC, "se do contrato e respectivas circunstâncias não resultar o fim a que a coisa locada se destina, é permitido ao locatário aplicá-la a quaisquer fins lícitos, dentro da função normal das coisas de igual natureza".

Tratando-se, porém, de *prédio urbano* e não resultando do contrato a que *fim* se destinará o seu gozo, determina-se no n.º 2 do novo art. 1087 CC que poderá o espaço arrendado "ser gozado no âmbito das suas aptidões, tal como resulta da sua licença de utilização".

No que nos parece uma fórmula redonda, o n.º 3 do mesmo artigo determina ainda: "Na falta de licença de utilização, o arrendamento vale como habitacional se o local for habitável ou como não habitacional se o não for, salvo se outro destino lhe tiver vindo a ser dado".

Parece que se pretende abranger aqui *arrendamentos* antigos, celebrados sem *licença de utilização*, e que subsistem nos termos em que foram constituídos.

Para o futuro, "o arrendamento urbano só pode recair sobre locais cuja aptidão para o fim do contrato seja atestada pelas entidades competentes designadamente através de licença de utilização, quando exigível" (novo art. 1070-1 CC).

II — Normalmente, porém, os *contratos de arrendamento* não são omissos quanto ao *fim* a que deve ser aplicado o espaço arrendado, utilizando-se geralmente fórmulas empíricas que podem exprimi-lo e soberanamente delimitar pela simples referência a um *genus* socialmente típico (habitação, comércio, exercício de profissão liberal) — haverá neste caso violação unicamente se se passar de um *genus* para outro — ou, pelo contrário, referindo-se uma *species* (exercício da profissão de advogado, de arquitecto... comércio de perfumaria, de peles, de ourivesaria, para casa de café, para venda de móveis, para venda de artigos eléctricos e seus congéneres, para exploração de negócio de abertura de taberna, para comércio de mercearia e salsicharia ...)[429], havendo agora infracção, *se mudar a espécie*.

É claro que, antes de mais, o apuramento da destinação contratual do espaço arrendado será função da *interpretação do negócio jurídico*, a que deverá naturalmente proceder-se, não apenas através do seu elemento *literal*, mas de acordo com o cânone da totalidade hermenêutica[430] e tendo em atenção as regras postas nos arts. 236 a 239 CC, que assim a convertem numa *questão de direito*.

III — Integrando-se a destinação do prédio ou fracção fixada no contrato na regulamentação de interesses estipulados pelas partes, a simples *mudança do fim*, sem mais, *infringe* a *vinculação negocial* a que *ficou adstrito o arrendatário,* não relevando, portanto, nem que seja o novo fim mais *adequado* às qualidades concretas do prédio[431] nem que não tenha resultado daí qualquer prejuízo, antes vantagens, para o *senhorio*[432].

Sempre se considerou assim, tradicionalmente, e este entendimento não é minimamente afectado pela exigência da nova formulação arrendatícia do CC de o incumprimento só relevar quando se torne inexigível à outra parte a manutenção do *arrendamento*: se o fim foi designado especificamente, claro que

---

[429] TABET, *La locazione-conduzione*, (*Trattato di diritto civile e commerciale*, de ANTÓNIO CICU/FRANCESCO MESSINEO), Giuffrè — Milano, 1972, p. 463.

[430] MIRABELLI, *La locazione* (Tratado de VASSALLI), UTET-Torino, 1972, p. 512.

[431] MIRABELLI, *La locazione* (Tratado de VASSALLI), UTET-Torino, 1972, p. 514.

[432] MIRABELLI, *La locazione* (Tratado de VASSALLI), UTET-Torino, 1972, p. 514; MICCIO, *La locazione*, 2ª ed., rev., UTET, Torino, 1980, pp. 145-146; V.G.LOBO XAVIER, *Contrato de arrendamento; interpretação; aplicação do prédio a ramo de negócio diverso do convencionado e teoria do acessório* (*Rev.Leg.Jurs.*, 116.°, pp. 179-180); JOÃO BAPTISTA MACHADO, *Resolução do Contrato de Arrendamento Comercial — Uso do prédio para ramo de negócio diferente* (*Colectânea*, IX-2, pp. 16-18). Ainda no mesmo sentido: MANUEL HENRIQUE MESQUITA (*Rev.Leg.Jurs.*, 126.°, p. 281).

se torna inexigível, *ipso facto*, a manutenção do *arrendamento*, se ele for mudado em infracção do contratado.

IV — Embora a expressão formal da lei ("uso... para fim diverso") possa sugerir a ideia de *substituição*, não é essencial que esta se configure, verificando-se o fundamento de *resolução*, igualmente, quando ao *fim se aditar outro*, diverso dele.

Neste caso, foi em tempos considerado, à sombra do preceito homólogo anterior, que não poderá o *senhorio* resolver o contrato, se o *fim aditado* tiver ligação ou conexão com o consentido, e for meramente *acessório* dele: *accessorium sequitur principale*[433].

O desenvolvimento da destinação estabelecida no contrato a *ramos de negócio* ou *fins conexos* (*preterdestinação*) *excede-a*, alterando o equilíbrio da regulamentação de interesses que se convencionou, constituindo efectiva *infracção contratual*, além de que a natureza *acessória* em relação ao *fim principal* pode nem ser inócua, mas gravemente prejudicial, como quando se alargue a *actividade perigosa para o prédio,* ou que venha a ser *concorrencial* de actividades prosseguidas pelo próprio *senhorio*[434].

---

[433] *Rev.Trib.*, 50.°, p. 130; *Rev.Leg.Jurs.*, 64.°, p. 406 e 79, p. 311; ISIDRO MATOS, *Arrendamento e aluguer,* Atlântida Editora, Coimbra, 1968, pp. 108-110; JOÃO DE MATOS, *Manual do arrendamento e do aluguer*, II, Livraria Fernando Machado, Porto, 1968, p. 205.

A jurisprudência também, por vezes, se tem feito eco deste entendimento, conquanto o tenha recusado em outras ocasiões. Exemplo recente do primeiro — não recomendável, em nossa opinião:

— Dado de arrendamento um prédio destinado ao exercício da indústria de alfaiataria e comércio derivado desta, e tendo-se passado a exercer no locado, além daquela, também como estabelecimento de pronto-a--vestir, destinado à venda de artigos de vestuário confeccionados e fabricados por terceiros fora do estabelecimento, esta última actividade é um complemento da primeira e por isso deve considerar-se implicitamente autorizada, não constituindo fundamento de resolução do contrato — Relação do Porto, 19-3-1998 (*Colectânea*, XXIII-II, p. 211).

[434] Veja-se sobre este tema e neste mesmo sentido, V. G. LOBO XAVIER, *Contrato de arrendamento; interpretação; aplicação do prédio a ramo de negócio*

Em qualquer caso é, pois, sempre de rechaçar a aplicação da *teoria do acessório* a este fundamento, justificando-se a *resolução* do contrato, mesmo quando o *fim diverso* é meramente *subsidiário e acessório* do principalmente exercido, que é o único legítimo[435] — assim como não releva que só uma parte do espaço arrendado utilize o *fim diverso*.

V — Questão distinta será, todavia, a de ser de *escassa importância* a dimensão do *fim diverso*, já porque se reconduziu a um *acto esporádico* já porque, embora *permanente*, se traduza numa diversificação *insignificante* e *negligenciável* do destino legítimo.

Segundo o Direito geral, o credor não poderá *resolver* o *negócio jurídico*, "se o não cumprimento parcial, atendendo ao

---

diverso do convencionado e teroria do acessório (*Rev.Leg.Jurs.*, 116.°, pp. 117 ss., *signanter*, pp. 156 ss.).

[435] Também neste sentido: RODRIGUES BASTOS, *Dos contratos em especial*, Almedina, Coimbra, 1974, II, p. 156. PAIS DE SOUSA que, na 1ª ed., parecia integrar-se nesta orientação, esclareceu depois o seu pensamento afirmando que, "se o locatário continua a explorar a título principal o ramo de negócio convencionado, exercendo apenas acessoriamente uma nova actividade, não se estará perante um motivo de resolução do contrato". Sugeriu mesmo que seria esta a lição de V.G. LOBO XAVIER (cf. *Extinção do Arrendamento Urbano*, Almedina, Coimbra, 1985, pp. 235-236).

Em face do que referimos no texto, a precisão, salvo o devido respeito, não foi feliz e nem sequer parecia exacta a atribuição de pensamento idêntico ao Saudoso Professor que, no estudo citado, é muito claro em proclamar a tese de que, "se o arrendatário continua a explorar a *título principal* o ramo de negócio convencionado, apenas *acessoriamente* exercendo uma nova actividade, não se estará perante um motivo de resolução do contrato ... não pode de modo algum aceitar-se nos termos em que costuma ser formulada". "É que o exercício da actividade *acessória* assim definida" — acrescenta ainda — "poderia, de igual modo, lesar os interesses do senhorio" (cf. *estudo cit.*, *Rev.Leg.Jurs.*, 116.°, pp. 157-158). Registe-se, neste sentido, mais uma importante adesão: a de ANTUNES VARELA (PIRES DE LIMA/ANTUNES VARELA, *Código Civil Anotado*, II (4ª ed. rev. e act.), Coimbra Editora, 1997, nota 3, d), ao art. 64 RAU, p. 600).

Este nos parece o entendimento preferível à luz da legislação actual.

seu interesse, tiver escassa importância" (art. 802-2 CC) — e não se vê razão plausível para excluir o *arrendamento urbano* de semelhante princípio[436].

Importa é que não sirva isto para, na prática, se fazerem entrar pela janela comportamentos do *arrendatário* a que a lei fechou a porta.

VI — O *fim diverso* não precisa de constituir um *uso pessoal do arrendatário*, para que sirva de fundamento à *resolução*. Basta, como se proclamava na al. b) do art. 64-1 RAU, que ele consinta que "outrem use o prédio para fim ou ramo de negócio diverso".

Continua a aplicar-se, embora não tenha sido expressamente reproduzido na formulação actual, decerto por se considerar este ponto já incluído na proibição do *uso* para *fim diverso*: é irrelevante que seja directamente levado a cabo pelo próprio como por outro com o seu consentimento.

VII — Relativamente à diversidade de fim que se traduza numa específica *mudança de ramo de negócio*, não havendo uma definição legal do conceito, terá este de ser fixado caso a caso, parecendo imprescindível o recurso à *Classificação Portuguesa de Actividades Económicas* (CAE-Rev. 3).

Casos interessantes julgados à luz da formulação anterior da lei:

— Estipulado na escritura de arrendamento que este é dado para "restaurante de 2ª classe", há mudança de fim se se verifica que no local

---

[436] *Sic:* V.G.Lobo Xavier, *Contrato de arrendamento; interpretação; aplicação do prédio a ramo de negócio diverso do convencionado e teroria do acessório* (*Rev. Leg.Jurs.*, 116.°, p. 180).

Perante homólogo preceito do Código Civil italiano, é também aí específico o entendimento a que aderimos: Mirabelli, *La locazione* (Tratado de Vassalli), UTET-Torino, 1972, p. 514; Renato Miccio, *La locazione*, 2ª ed., rev., UTET, 1980, pp. 143-144.

funciona uma "casa de pasto" — Relação de Lisboa, 28-11-1989 (*Colectânea*, XIV-5, p. 123).

Semelhante decisão parece não levantar dúvidas de maior.

Pelo contrário, inaceitável será, quanto a nós, a jurisprudência seguinte:

— A actividade de exposição de produtos (ferragens) e da sua venda em prédio arrendado há várias décadas, com destino a "retém de ferragem", não representa afectação do mesmo a fim diverso do contratado, mas traduz uma concepção mais consentânea aos tempos actuais — Relação de Lisboa, 5-5-1994 (*Colectânea*, XIX-III, p. 87).

Como o acórdão considerou provado, o espaço arrendado, segundo o contrato firmado em 1910, destinava-se a "retém de ferragens".

Com esta finalidade, expressa na escritura respectiva, foi trespassado em 1984, tendo o *trespassário*, em 1986, pedido *autorização* ao *senhorio* para "transformar parte do locado em salão de exposição e venda ao público, autorização essa que não foi concedida".

Foi em infracção, pois, da vontade do *senhorio* que passou o *arrendatário* a fazer, do espaço arrendado para *retém de ferragens*, uma *loja* de venda ao público e exposição de mercadorias.

O destino do prédio arrendado é soberanamente fixado pela vontade individual, e a Relação excedeu-se, decerto, admitindo a afectação do *armazém* a um fim diferente do contratado, sobrepondo-se ditatorialmente à vontade expressa do *senhorio*.

Parece óbvia a confusão que fez o acórdão, a pretexto de que tinha de *actualizar* a vontade das partes aos tempos modernos, entre *loja* e *armazém*. O que, porventura, estará hoje fora de uso é a expressão *armazém de retém*, não a mera função de *armazenagem*, que a ela corresponde, que a CAE — Rev. 3 integra na classe 5210, e expressamente então se contemplava no art. 5.º-2, al. e), RAU — ou a mera palavra *armazém*.

A interpretação *actualística* da Relação desconheceu a realidade histórica mais elementar, parecendo ter sido traída pela tradução por *armazém* das palavras, francesa *magazin*, e inglesa *store*, que na segunda metade do século XIX passaram a designar *grandes superfícies de comércio integrado* — uma realidade bem distinta da mera *armazenagem*, a que a velha designação *armazém de retém* se referia com precisão e era, evidentemente, aquela para que tinha sido arrendado o espaço em causa.

Na verdade, quando o *arrendamento* foi celebrado, em 1910, já há muito havia em Lisboa e eram célebres os *Armazéns Grandella*, abertos ao público no último quartel do século XIX, e os *Grandes Armazéns do Chiado*, que datam do ano da graça de 1894.

A palavra é a mesma e tem a mesma origem etimológica (do árabe, *al-mahazan*, vulgarmente pronunciada *al-mahazén=almazem*, do português antigo; ou, simplesmente, *mahazan=magazin*, francês e *magazzino* italiano), mas a ela correspondiam já nessa altura dois sentidos perfeitamente diferenciados: o importado da França e de Inglaterra, correspondente ao de *grandes lojas,* e o de mero *depósito de mercadorias* (ou ainda de *estabelecimento de secos e molhados*) — que era especificamente designado pela expressão *armazém de retém.*

Não parecia legítimo, pois, apelar para a evolução histórica para converter uma finalidade de *depósito de mercadorias* em afectação a lugar de *vendas ao público.* Justamente se tem salientado, aliás, na doutrina estrangeira, que as circunstâncias a que se tem de atender para apurar a destinação do objecto arrendado pelas partes são as "existentes no momento da estipulação contratual, e não outras, que surjam sucessivamente"[437].

Mais jurisprudência sobre este tema, proferida sob o império do art. 64-1 RAU.

— Constando de um contrato de arrendamento que o locado se destina apenas a escritório, é de considerar verificada a causa de resolução inscrita no art. 64, n.º 1, al. b) do *Regime do Arrendamento Urbano*, se naquele são ministradas aulas de formação a pessoas em horário pós-laboral — Relação de Lisboa, 19-10-1995 (*BMJ.* n.º 450, p. 542).

— I — O contrato de arrendamento só será nulo por contrário à lei se a disposição legal por ele afrontada tiver natureza imperativa, por visar a satisfação de interesses de ordem pública. II — O contrato de arrendamento de fração autónoma para fim diverso do previsto em título constitutivo de propriedade horizontal colide com a proibição estabelecida no artigo 1422 n.º 2 al. c) do Código Civil, mas esta proibição não prossegue qualquer interesse público, defendendo-se apenas os interesses dos condóminos contra utilizações inesperadas das frações integrantes da propriedade hporizontal, que poderiam frustrar as suas expetativas conferidas pelo conteúdo do título. III — Por conseguinte, não tendo a regra do artigo 1422 n.º 2, al. c) do Código Civil natureza imperativa, tal contrato de arrendamento não é nulo. IV — Todavia, relativamente aos demais condóminos, uma vez que deve ser salvaguardado o seu direito de impedirem que qualquer fração para fim diverso do constante do título constitutivo da propriedade horizontal, não pode o arrendatário opor-lhes o seu direito locatício, pelo que o contrato de arrendamento é ineficaz relativamente a esses condóminos, podendo estes impor-lhes a proibição do uso contrário ao fim dessa fração — Relação de Coimbra, 09-05-2006 (*Colectânea*, n.º 191, p. 6).

---

[437] MIRABELLI, *La locazione* (Tratado de VASSALLI), UTET-Torino, 1972, p. 301; TABET, *La locazione-conduzione*, (*Trattato di diritto civile e commerciale*, de ANTÓNIO CICU/FRANCESCO MESSINEO), Giuffrè — Milano, 1972, p. 317.

108. Não uso do espaço arrendado por mais de 1 ano

Com a al. d) do art. 1083-2 CC, a Lei n.º 6/2006 adoptou um exemplo típico que não constava da frustrada *Reforma de 2004*, mas figurava no nosso Direito positivo anterior, em particular, da primitiva formulação do CC e do art. 64-1, als. h) e i) RAU.

Passou assim a ser exemplo de *fundamento de resolução pelo senhorio* o *não uso* do espaço arrendado pelo *arrendatário*, "por mais de 1 ano, salvo nos casos previstos no n.º 2 do artigo 1072".

Os casos ressalvados que se encontram previstos neste art. 1072-2 CC são os seguintes, em grande parte já vindos do Direito anterior: *caso de força maior* ou de *doença*; *ausência por não mais de dois anos devida ao cumprimento de deveres militares ou profissionais* do próprio *arrendatário*, do *cônjuge* ou de quem viva com o *arrendatário em comunhão de facto*; ter sido *mantida a utilização* por quem, tendo o direito de usar o espaço arrendado, o fizesse *há mais de 1 ano*.

Com este fundamento exemplificativo, a nova formulação reuniu num único tipo, conglobado, os dois tipos de *casos de resolução* que se encontravam dispersos, nas formulações legais anteriores por duas alíneas diferentes, uma prevendo o encerramento por mais de 1 ano do prédio *arrendado para comércio, indústria* ou *exercício de profissão liberal* (als. *h)* dos arts. primitivo 1093-1 CC e 64-1 RAU) e a outra reportando-se à *desabitação* por mais de 1 ano ou à *falta de residência permanente* (als. *i)* dos arts. primitivo 1093-1 CC e 64-1 RAU).

O acrescentamento operado pela Lei n.º 6/2006 desta previsão actual parece-nos louvável, não só porque dissipa frontalmente qualquer dúvida acerca de que tal matéria continua a ser um caso em que *se torna inexigível ao senhorio a manutenção do contrato* como ainda porque, de uma penada, ao unificar as duas anteriores *causas de resolução*, se desfaz uma densa teia de desencontros jurisprudenciais e doutrinais que se tinham suscitado à sombra da anterior dispersão[438].

[438] MENEZES CORDEIRO condena o aditamento deste exemplo resolutivo, quando ainda em *Projecto*, sugerindo a sua eliminação. O preceito — escreve — "impõe um uso efectivo que não se justifica para o futuro; uma pessoa pode querer tomar de arrendamento um local para o ter disponível; se pagar a renda e respeitar o contrato, não há obstáculo" (*O novo regime do arrendamento urbano* [O DIREITO, 137.°, 2005, II, pp. 334-335]).

Com a formulação definitiva em lei, o preceito tornou-se, porém (numa opção decerto discutível), também aplicável aos *arrendamentos antigos*, para os quais não podia realmente deixar de ser previsto.

Relativamente aos *arrendamentos futuros*, desde que se impõe ao *senhorio*, sob sanções fiscais, o lançamento no mercado dos prédios devolutos, não parece curial que fosse disponível o prédio, nas mãos do *arrendatário*, quando o seria, com muito mais razão, nas do seu proprietário — e não o é.

Fora disso e salvo melhor opinião, não deve atender-se unicamente ao interesse do *arrendatário* em ter o espaço arrendado disponível, mas também ao do *senhorio*, que poderá ser precisamente o oposto.

Nesta perspectiva global, parece que, perante um contrato no qual, sem mais, se presta arrendamento para determinado fim, o simples *não uso* pelo arrendatário do espaço arrendado por mais de 1 ano (dois, no caso excepcional tradicionalmente consagrado na al. *b)*) torna *inexigível do senhorio a sua manutenção.*

As partes podem, todavia, contratar agora o *não uso* por determinado período, ou até segundo o livre critério do *arrendatário*. É uma cláusula que supomos *lícita*, em princípio.

Vale a pena referir ainda, sobre este ponto, que, em Espanha, onde a lei de 1994 manteve o mesmo fundamento de *resolução* pelo *senhorio*, se equipara o *não uso* à *mudança de destino*, argumentando-se deste modo: "A falta de uso ou a mudança de destino supõem, portanto, um incumprimento contratual grave, que pode produzir prejuízos ao senhorio, a quem não é indiferente que a habitação não seja efectivamente usada, porque em tais circunstâncias lhe faltará o cuidado e a manutenção de que todo o imóvel necessita" — RODRIGO BERCOVITZ/RODRÍGUEZ CANO, *Comentários a la Ley de Arrendamientos Urbano*, 2ª ed., Aranzadi, 1997, p. 646. Citam, em apoio, uma sentença do tribunal de Pontevedra, de 20-02-96, segundo a qual o arrendatário não tem direito a ser indemnizado pelas deteriorações sofridas por infiltrações e humidades na habitação porque, entre outros motivos, "infra-utilizava [infrautilizaba] o prédio arrendado, ao estar ausente durante largos períodos".

Agora, é um dado certo que, estejamos perante o *encerramento* de espaço arrendado para *comércio, indústria ou exercício de profissão liberal*, ou então perante a *desabitação* ou *simples falta de residência permanente* do espaço arrendado *para habitação*, sempre, em qualquer destes casos, a *falta de uso por mais de 1 ano* torna *inexigível a manutenção do contrato por parte do senhorio*, é fundamento de *resolução* por este.

Em suma, deixou de haver a nossa anterior distinção entre *falta de residência permanente* e *desabitação*: o *não uso* tanto pode consistir numa *total desocupação* do espaço arrendado como apenas numa simples *residência intermitente* ou *não permanente*, quando o *arrendamento* tenha sido dado para a *residência primária* do *arrendatário* e *seu agregado familiar*.

Tudo isto é, actualmente, *não uso efectivo* do espaço arrendado "para o fim contratado", a que se refere o art. 1072-1 CC — e quer se trate de *arrendamento para habitação* quer *para fins não habitacionais* (art. 1110-1 CC).

Complementarmente, a utilização da expressão *não uso* substitui com vantagem o termo *encerramento* ou a expressão *conservar encerrado*, dos diplomas anteriores.

Efectivamente, o *encerramento*, como de resto a *cessação da actividade*, eram meros *índices ostensivos* ou factos reveladores do que, no fundo, se traduzia no *não uso* do espaço arrendado — e é este *não uso* que, na sua essência, torna inexigível a manutenção do *arrendamento* por parte do *senhorio*, e justifica a ruptura contratual, pois a *não utilização* sujeita o prédio a desgaste e deterioração que causa dano digno de tutela.

A substituição da expressão legal não teve por conseguinte em vista arredar o alcance da lei anterior, mas formulá-lo mais expressivamente no seu preciso conteúdo, esclarecendo-o poderosamente, não apenas para o futuro, mas também relativamente aos casos ocorridos à luz da lei anterior.

Pode dizer-se com perfeita segurança que, neste sentido, ia já a jurisprudência mais esclarecida e frequente que se ocupou do tema, tanto no domínio ainda da primitiva redacção arrendatícia do Código Civil como perante o Regime do Arrendamento Urbano.

Respiguemos os sumários das decisões mais importantes a tal respeito.

— Não pode considerar-se encerrado o prédio onde está instalado um estabelecimento comercial cujo proprietário continua a vender a mercadoria do seu ramo que tem em armazém, embora a porta da rua deixasse de se encontrar aberta (Relação de Évora, 02-12-76, *BMJ* n.º 265, p. 289).

— O facto de o arrendado ter deixado de ser o local principal do estabelecimento, e passando a ser um simples armazém de mercadorias, não integra o conceito de encerramento do estabelecimento, para o efeito da resolução do contrato (Relação do Porto, 20-05-80, *Colectânea*, V-III, p. 78).

— Se a loja, a fábrica ou o escritório estiverem encerrados por muito tempo, o arrendamento deixa de ter justificação. Acresce que, para além de o edifício se estragar, o local desvaloriza-se, o que se traduz num prejuízo injusto para o senhorio. E também para o interesse geral que se não compadece com logradouros não aproveitados (Relação do Porto, 07-10-80, *BMJ* n.º 300, p. 448).

— Não há encerramento se, destinando-se o prédio a actividade industrial, passa a ser usado como armazém de matérias-primas e produtos acabados, directamente relacionados com aquela actividade (Relação de Évora, 16-01-86, *Colectânea*, XI-I, p. 222).

— O encerramento do locado só fundamenta a resolução do contrato se, para o arrendatário, nada ali existe de relevante (Relação do Porto, 11-03-93, *BMJ* n.º 425, p. 618).

— Mantendo-se o local arrendado a funcionar como armazém, não pode considerar-se que o prédio está encerrado, mesmo que não se exerça ali outra actividade ou não permaneçam lá empregados da arrendatária, se estiver compreendido aquele uso no destino que, contratualmente, se lhe pode dar (SUPREMO, 02-03-95, *BMJ* n.º 445, p. 441).

I — A regra é, pois, a de esta *falta de uso* integrar o *fundamento de resolução* — e vale aqui, quanto à noção de *não uso*, a conclusão, que já era consensual no domínio das formulações anteriores, de que *não o interrompem* os simples *usos intercalares*, entretanto ocorridos ao longo de um *não uso continuado*.

Não relevam, como bem se julgava já, anteriormente, meras utilizações ou *aberturas esporádicas*, que não descaracterizam o *estado de desocupação* em que é essencialmente mantido o espaço arrendado com o seu *não uso*.

Foi exactamente por isso que, com a redacção do RAU, se eliminou o advérbio *consecutivamente,* que sempre tinha figurado nas formulações das leis anteriores, e a despeito das quais se entendia geralmente já assim: para evidenciar que as breves aberturas *esporádicas* não relevam; não, para retirar ao *encerramento* o *trato contínuo* ou *permanente* (na acepção de *não intermitente*), que devia ter.

Este *fundamento de resolução* está, de resto, em perfeita harmonia com o princípio, firmado expressamente no n.º 1 do art. 1072 CC segundo o qual "o arrendatário deve usar efectivamente a coisa para o fim do contrato, não deixando de a utilizar por mais de 1 ano".

Violado este *dever,* sujeita-se à *resolução pelo senhorio.*

Um problema preliminar pode, no entanto, suscitar-se em presença do que já tem sido por vezes tratado na jurisprudência: se o *subaproveitamento* do espaço arrendado equivalerá ao *não uso.*

— Concluindo-se ter-se verificado o subaproveitamento do local arrendado, quanto a um dos locatários, este deficiente aproveitamento é uma das razões de ser (aquela que tem características de interesse público) do estabelecimento do direito à resolução do contrato — artigo 1093, n.º 1, alínea *h),* do Código Civil — SUPREMO, 19-09-89 (*BMJ* n.º 389, p. 537).

— Um contrato que tem por objecto um imóvel, tenha ou não mais do que um número de polícia, vale como um todo, pelo que se não pode fraccionar a parte que está ser utilizada da que se mostra encerrada, decretando-se o despejo em relação à parte encerrada e mantendo-se na parte restante mesmo com redução do montante da renda, sem acordo do locatário. Tal situação, para além de não se mostrar legalmente prevista, violaria os princípios gerais de direito, uma vez que implicaria a redução ou conversão unilateral do contrato de arrendamento noutro com objecto diferente — Relação de Lisboa, 02-03-2006.

II — O princípio geral de *resolução por não uso* cede, todavia, nos casos ressalvados referidos há pouco.

São, como se disse, os genericamente enunciados para ambos os tipos de *arrendamento urbano*, os contemplados no n.º 2 do art. 1072 CC:

a) Caso de *força maior* ou de *doença*;

b) Ausência não superior a *dois anos*, devida a cumprimento de *deveres militares* ou *profissionais* do *arrendatário*, do *cônjuge* ou de quem viva com o arrendatário em *união de facto*;

c) Se se mantiver a utilização por quem, tendo direito a usar o espaço arrendado, o fizesse há mais de 1 ano.

Esta previsão legal inspirou-se em disposições anteriores esparsas pelo final das als. h) (dos arts. 1093-1, primitivo, CC e 64-1 RAU) e pelos n.os 2 (dos mesmos artigos).

A concentração operada na lei actual é certamente meritória, pois tende a acabar com as injustificáveis diferenças de regime que surgiam na legislação anterior para as ressalvas dos *arrendamentos não habitacionais*, por um lado (als. *h)*), e dos *habitacionais* (als. *i)*), por outro.

Sustentava-se que, para os primeiros, as ressalvas só valiam por *dois anos*, como se referia expressamente nas als. h), enquanto para os segundos os *dois anos* só se aplicavam à ressalva da *ausência*, a única, nas als. i), que se referia aos *dois anos* de limite de duração justificativa.

Cremos que, no fundo, semelhante diferença resultava unicamente de não ter havido, quando da elaboração final destes passos na redacção do CC, uma profunda reflexão e adequado aproveitamento dos textos anteriores, o que deveria ter confluído na unificação dos regimes legais.

Em face deste compreensível *lapsum legislatoris*, enveredou-se depois, por parte de certa doutrina, não pelo esforço interpretativo que de algum modo o minimizasse — mas, arrancando de uma interpretação meramente literal da lei, por tentar descobrir um fundamento para a injustificável diferença de regimes.

Defendeu-se então que tal destrinça tinha "a sua justificação na *maior necessidade* de *tutela* que tem o *direito do indivíduo à habitação* do que o direito do comerciante à *reserva* de *instalação* material para um estabelecimento comercial *encerrado...há mais de dois anos*"[439].

Com o devido respeito, esta justificação enfrentava diversas dificuldades que sempre nos pareceram insuperáveis.

Em primeiro lugar, porque é que a *ausência* do *arrendatário habitacional*, em cumprimento de deveres militares, no exercício de outras funções públicas ou de serviço por conta de outrem só relevava durante *dois anos*,

[439] ANTUNES VARELA (*Rev.Leg.Jurs.*, 116.°, p. 220).

para excluir a *resolução*, e já valia, "sem dependência de prazo", se resultasse de comissões de serviço público civil ou militar?

Em segundo lugar, por que relevavam estas *ausências* para o *arrendatário habitacional* — e, para o *não habitacional*, só a "ausência forçada" excluía a *resolução?*

Em terceiro lugar, porque é que a *doença* excluía a *resolução* perante o *arrendatário habitacional*, nos termos da al. a) do n.º 2 do art. 64 RAU, e só a ressalvava se fosse compreendida na expressão *caso de força maior*, da al. h) do art. 64-1 RAU?

Em quarto e último lugar, é evidente a necessidade de mais forte tutela, em princípio, do *direito de arrendatário habitacional* do que a do *arrendatário não habitacional* — mas o que ficava por saber era se isso justificava a diferença de regimes neste ponto e, inclusivamente, se se guardava a necessária proporcionalidade quando, numa hipótese, o *caso de força maior* ou a *ausência forçada* só eram atendidos até uma duração de *dois anos*, enquanto na outra operavam mesmo que perdurassem indefinidamente, excepto as *ausências* que também para ela (primeira parte da al. *b)* do art. 64-2 RAU) se limitavam a *dois anos*.

Se, pois, não há dúvida de que se encontram agora — e bem — unificadas para todos os *arrendamentos urbanos* as ressalvas de *resolução pelo senhorio*, por *não uso* por parte do *arrendatário*, sobrou ainda, do aproveitamento muito substancial e preguiçoso que se fez de textos da antiga legislação, um discurso de entendimento não muito claro.

Só para a *ausência* se afirmou um limite temporal, de *dois anos*, de eficácia da ressalva. Para os factos contemplados nas als. a) e c) do novo art. 1072-2 CC, não se estabeleceu qualquer referência ao respectivo período de relevância excludente do fundamento de *resolução pelo senhorio*.

Na verdade, proclama-se na primeira destas alíneas, sem mais, que, no caso de *força maior* ou de *doença*, o *não uso* pelo *arrendatário* é lícito.

Na segunda, declara-se, pura e simplesmente, que, lícito, será este *não uso*, se se mantiver uma utilização do espaço arrendado por quem, tendo esse direito, o exercesse há mais de 1 ano, isto é, já o ocupasse ao longo deste período quando se iniciou o *não uso* do *arrendatário*.

O que perguntamos, perante o silêncio literal da lei, é por quanto tempo impedem estes factos a *resolução do senhorio?*

A entender-se que seria por tempo ilimitado, isso conduziria a eternizar a não ocupação do *arrendatário* e, inclusivamente, à substituição deste, na prática, pelas pessoas contempladas na al. c) do art. 1072-2 CC, quando fosse esse o caso.

A optar-se pela solução oposta, as ressalvas das als. a) e c) acabavam por não funcionar, pois duravam apenas pelo mesmo tempo de 1 ano de *não uso* que se exige para se constituir o *fundamento de resolução*.

Se o *senhorio* já não pode resolver o contrato pelo *não uso* durante 1 ano, que utilidade teria então o recurso ao *caso de força maior*, à *doença* ou à ocupação pelas pessoas da al. c) apenas durante esse período?

Não dispomos de trabalhos preparatórios que nos ajudem a dar resposta ao problema — mas, pela nossa parte, pensamos que deve liminarmente rejeitar-se qualquer das duas apontadas opções, pelo seu extremismo: incontestavelmente, se a ressalva perdurasse por largos anos, não seria nada razoável protelar-se o *não uso* do *arrendatário* por todo esse tempo; por outro lado, não faz sentido que a lei conceda um *termo de graça* de 1 ano para a *resolução*, ao mesmo tempo que ressalva certas causas de justificação, e depois admita que, não obstante a ocorrência destas, o prazo se mantenha intacto, como se nada se tivesse passado.

A solução que nos parece equilibrada e mais conforme à lei terá de simultaneamente limitar o *não uso* do *arrendatário* e de ter em conta a ressalva verificada, obviamente, antes de completado o ano imposto na al. d) do art. 1083-2 CC.

Ocorrida ela durante este período, o *não uso* do *arrendatário* "é lícito".

O *senhorio* terá, portanto, de esperar pela sua cessação, e só se o *não uso* se prolongar, já sem ressalva, é que, passado mais de 1 ano, a contar daí, poderá resolver o contrato.

Se acaso ela perdurar por mais de 1 ano, ao ultrapassar esta meta, parece evidente que deixará de ter virtualidade para tornar *lícito* o *não uso* do *arrendatário*.

É como se tivesse sobrevindo só após a consumação daquele período — e não é para tal caso que, no começo do n.º 2 do art. 1072 CC, se considera *lícito* o *não uso* do *arrendatário*.

Assim, decorrido o ano a contar do início dessa ressalva, poderá o *senhorio*, respeitando ainda mais 1 ano de *termo de graça* consignado na al. d) do art. 1083-2 CC, resolver o *contrato de arrendamento*.

No moderno Direito espanhol, é uma solução análoga que sustenta a doutrina a respeito da justificação do *não uso* pelo *arrendatário*[440].

A — Por outro lado, a referência ao *caso de força maior* parece-nos despegada do sistema estruturado no nosso CC, surgindo aqui como simples e indesejável sobrevivência de velhas e obsoletas disposições legais.

O *caso de força maior* era uma figura já conhecida do Direito romano, onde se contrapunha directamente ao *caso fortuito*.

Ulpiano distinguia-os pela *irresistibilidade* que caracterizava o primeiro, ante a *imprevisibilidade* em que se resolvia o segundo.

Deste modo, o *casus maior* designava *omnem vim cui resisti non potest,* enquanto o *casus fortuitus* se definia como aquele quanto ao qual *nullum humanum consilium prævidere potest.*

Era, fundamentalmente, nesta base que, no Código Civil de Seabra, se admitiam as duas figuras, integrando-as entre as três causas justificativas do incumprimento contratual: o *facto do outro contraente*, a *força maior* e o *caso fortuito* (art. 705).

O velho Código, sem embargo de as utilizar em numerosas disposições, não definia nem a *força maior* nem o *caso fortuito*, reconduzindo as duas figuras às noções de Ulpiano que a doutrina se limitava, então, a desenvolver e aplicar.

---

[440] Cf., por todos, Rodrigo Bercovitz/Rodríguez Cano, *Comentários a la Ley de Arrendamientos Urbano*, 2ª ed., Aranzadi, 1997, p. 647.

Na verdade, entendia-se, geralmente, que não havia, de facto, uma distinção de regime jurídico entre a *força maior* e o *caso fortuito*, salvo em áreas especiais de responsabilidade, como as dos *acidentes de viação* ou dos *acidentes de trabalho*, devendo para a generalidade dos efeitos falar-se indiferentemente de *força maior* ou de *caso fortuito*, em consonância, aliás, com a circunstância de, tanto no Código de SEABRA como no Código Comercial, serem elas referidas quase sempre conjuntamente.

Nesta base, distribuíam-se essas áreas por três classes de factos que as podiam produzir: os cataclismos desencadeados pelas forças da natureza (tempestades, terramotos, inundações...), o acto de autoridade (*factum principis*) e o acto de terceiro (no qual se inclui a *guerra*)[441].

No fundo, independentemente da sua origem e natureza, todos estes factos vinham a traduzir-se numa situação relevante — a *impossibilidade de cumprimento* por *causa não imputável ao devedor*.

É, efectivamente, a este conceito que recorre o Código Civil em vigor, no seu art. 790-1, em detrimento das antigas categorias da *força maior* e do *caso fortuito*.

Realmente, proclamando-se no art. 790-1 CC, como um princípio geral, que a obrigação se extingue "quando a prestação se torna impossível por causa não imputável ao devedor", compreende-se mal que, depois, no tratamento pontual das hipóteses em que essa *impossibilidade* se manifeste, volte a referir-se esta lançando mão das velhas expressões *força maior* ou *caso fortuito*.

As referências que ainda se encontrem no Código à *força maior* (p. ex., arts. 321; 505; 509-2, e os revogados 1093-1, al. h*)*, 1093-2, al. a*)* e 1099-2) devem ser tidas, em geral, como puras reminiscências de textos anteriores, que nele afloraram por mera inconsideração.

É o caso da que nos ocupa agora e que, da al. h) do primitivo art. 1093-1 CC, foi transposta acriticamente para o actual art. 1072-2 CC, directamente respigada do art. 64-1 RAU.

---

[441] Por todos, no domínio de vigência do Código de SEABRA, v. INOCÊNCIO GALVÃO TELLES, *Manual de Direito das Obrigações*, Coimbra Editora, 1957, I, pp. 197-201.

O alcance da expressão *força maior*, usado no actual preceito do CC, deverá compreender assim, em nossa opinião, as hipóteses tradicionalmente apresentadas como ilustrações da *força maior* e do *caso fortuito,* mas enformadas segundo o molde do art. 790-1 CC, isto é, modelando-se como uma *impossibilidade* de ocupação do prédio, que seja *objectiva*, e *não imputável ao arrendatário.*

Esta era, de resto, a jurisprudência consagrada pelo SUPREMO (ac. de 6-1-1983 — *BMJ* n.º 323, p. 352; *Rev.Leg. Jurs.*, 119.º, p. 251 — brilhantemente relatado por MÁRIO DE BRITO), a propósito do *caso de resolução* da *não habitação* ou *falta de residência permanente.*

Subscrevemos pois, sem reservas, a tese fundamental sobraçada pelo SUPREMO, nesse aresto, e o alcance que deve ser atribuído à ressalva da *força maior*, a que aludia a al. h) do primitivo art. 1093-1 CC: o *não uso* pelo arrendatário, por mais de 1 ano, do espaço arrendado, não será fundamento de *resolução* do contrato de arrendamento pelo *senhorio* se foi determinado por factos naturais, da autoridade ou de terceiros, constitutivos de *impossibilidade objectiva de utilização, não imputável ao arrendatário.*

Nesta ordem de ideias, rejeitamos a ideia, por vezes sustentada na doutrina, de encarar esta *impossibilidade* no âmbito de um *juízo de valor* acerca da *razoabilidade* do comportamento omissivo do *arrendatário*: do que se trata é de uma *impossibilidade*, não de uma *causa de justificação* ou de uma *não exigibilidade.*

A esta luz, definem-se claramente as soluções de algumas das hipóteses mais frequentes que põem em jogo o conceito de *força maior* justificativa do *não uso* até ao limite de dois anos, tratadas até aqui quer a propósito do *encerramento* do espaço arrendado para fim não habitacional quer relativamente à *desabitação* ou *falta de residência permanente.*

a — Afigura-se-nos actual a jurisprudência firmada no sentido de a impossibilidade em que estará colocado o *arrendatário* de realizar por si, *ab initio,* a exploração a que se destina o estabelecimento, lhe é imputável, e não poderá assim, atento o disposto no art. 790 CC, considerar-se *força maior* impeditiva [apenas até aos dois anos, obviamente] da *resolução* por encerramento há mais de 1 ano — como bem se julgou no ac. Relação do Porto, de 7-4-1987 (*Colectânea*, XII-2, p. 231).

Não só a impossibilidade inicial mas ainda a subsequente *deterioração económica da actividade* desenvolvida no prédio pelo *arrendatário*.

De um modo geral, convirá a este respeito atentar em que, atendendo à regra estabelecida no art. 791 CC, a *impossibilidade subjectiva* só releva quanto à prestação de *facto infungível*.

O *encerramento* resultante de *dificuldades económicas* do *arrendatário* ou da sua *insolvência* constituirá, portanto, ou uma simples *dificultas præstandi* ou uma *impossibilidade* meramente *subjectiva*, insusceptíveis de integrar *força maior*.

Nesta matéria, deverá, pois, em nossa opinião, considerar-se paradigmático, pelo acerto da sua decisão, o aresto assim sumariado:

— Não constitui motivo de força maior o facto de a arrendatária comercial, atendendo à concorrência, ter vindo a sofrer prejuízos que a levaram a encerrar o estabelecimento. Assim, tal encerramento, durante mais de 1 ano, é causa de resolução contratual e de consequente despejo — Relação de Évora, 4-11-1982 (*Colectânea*, VII-5, p. 261).

A própria *declaração de insolvência*, constituindo uma *impossibilidade* meramente *subjectiva*, não deve ser entendida como *força maior*[442], impondo-se a realização do *trespasse* e regresso à actividade dentro do ano, no âmbito do processo respectivo, sem o que a *massa insolvente* perderá o *direito de locação* do *insolvente*.

Na mesma ordem de ideias e por maioria de razão, não se configura a *força maior* quando o *estabelecimento* (ou apenas o seu *recheio*) seja objecto de *penhora* ou *arresto*. Estas providências constituem simples *apreensões judiciais*, meras afectações ao fim processual prosseguido, que não envolvem o *encerramento* e não impossibilitam, senão *subjectivamente*, a continuidade da sua laboração.

---

[442] Foi no que não atentou o ac. Relação de Lisboa, de 4-5-1975 (*BMJ* n.º 247, p. 208), ao considerar como *força maior* a *insolvência* não propositadamente provocada pelo *arrendatário*, esquecendo-se de que a *inevitabilidade* tem de ser *objectiva*, e não apenas *subjectiva*, de que podia, com o *trespasse*, evitar-se o *encerramento* e, por cima de tudo isto, de que, em qualquer caso, o *encerramento* jamais poderia protelar-se para além de dois anos sem que, então inexoravelmente, determinasse a resolubilidade do contrato pelo *senhorio*, mesmo que existisse *força maior*.

Importará aliás não esquecer que, nestes casos, é o comportamento do *depositário* (*gestor* ou *liquidatário*) *judicial* que releva, e será a sua omissão, coberta ou não pelos titulares dos interesses que representa, que integrará o fundamento de *resolução* do contrato pelo *senhorio*, como bem se compreenderá e como referimos logo no início deste número.

b — Outra das questões que têm sido controvertidas é a da *deterioração do edifício*, tornando-o impróprio para a aplicação do *estabelecimento* ao fim a que se destina, ou para habitação primária, sem que se realizem as *obras* de *reparação* necessárias.

α — No ac. da Relação do Porto, de 3-2-1981 (*Colectânea*, VI-1, p. 146), julgou-se que a chuva introduzida pelas fendas do telhado no interior de um estabelecimento comercial, tornando-o impróprio, constitui, em si, *força maior* justificativa do seu encerramento pelo arrendatário.

Para este acórdão, a chuva "é, para o arrendatário, força maior que ele não pode evitar 'dentro das suas forças normais' (cf. J. MATOS, *Arrendamento e Aluguer*, p. 114)".

Em nosso parecer, a qualificação não foi rigorosa: nem o *arrendatário* nem o *senhorio* podiam, decerto, evitar que chovesse, mas este facto não era impeditivo da laboração do estabelecimento.

O estado de conservação do edifício é que era o facto interferente na laboração — e a vencibilidade dessa situação estava, pelos vistos, ao alcance de qualquer das partes, não podendo, de modo nenhum qualificar-se como *força maior.*

Era, portanto, por outro rumo que deveria ser resolvida a controvérsia, não por este — quanto ao qual, aliás, nem curou o aresto de saber se já teriam passado os dois anos, caso em que, mesmo havendo *força maior*, a *resolução* teria de ser decretada.

Deu-se efectivamente como provado que se encontrava, "há anos", o prédio "em estado lastimoso e impróprio para o exercício de qualquer actividade".

A *necessidade de obras* só, porventura, em hipóteses muito especiais poderá pois, em nossa opinião, ser tida como *força maior* dilatória da *resolução* por dois anos de *não uso.*

β — Em sentido diferente da nossa concepção, foi defendida, a propósito de uma hipótese versada pelo SUPREMO, no seu acórdão de 6-1-1983 (*BMJ* n.º 323, p. 352), uma aplicação da *força maior* como *causa justificativa* da *não residência permanente,* com base em esta omissão do *arrendatário* ser, no caso, *aceitável, compreensível* e *perfeitamente explicável.*

A controvérsia era a seguinte: em 25 de Maio de 1978, ruiu a parte sul de um prédio da Rua Saraiva de Carvalho, de Lisboa, afectando a parte sul de outro, que ficou por isso sem uma das paredes de duas das nove divisões do andar que no último prédio estava arrendado por 750$00 mensais.

Depois disso, em Abril de 1979, o *arrendatário* mudou a mobília para outra casa que arrendou, no mesmo bairro, e onde passou a fazer a sua vida doméstica.

Na acção de despejo movida pela *senhoria* do andar da Saraiva de Carvalho contra o arrendatário, por *falta de residência permanente*, deu-se como provado que "foi o facto de a autora não ter feito obras no andar arrendado que levou o réu a procurar outra casa".

O SUPREMO julgou configurada a *força maior*, na perspectiva da *impossibilidade* do art. 790-1 CC — pois a derrocada que destruiu a parede das duas divisões era um facto que tornava impossível, por causa não imputável ao *arrendatário*, gozar o andar arrendado, para os fins a que este se destinava, sendo irrelevante, para o efeito, poder o arrendatário realizar as *obras de reposição* necessárias, com direito a reembolso.

Comentando este aresto, o Saudoso Prof. ANTUNES VARELA, aprovou a conclusão jurisprudencial e desaplicou o art. 790-1 CC, sustentando que, ao afastar o *direito de resolução* com base em *força maior* ou em *doença*, a lei queria "efectivamente abranger os casos em que a não habitação ou a falta de residência permanente se torna *compreensível, aceitável, perfeitamente explicável*", em consequência daqueles factos.

Nesta perspectiva, a causa justificativa da saída do *locatário* não estava propriamente em o andar ter deixado de satisfazer à sua necessidade ou em se ter tornado *impossível* ao *arrendatário* gozar o andar arrendado para o fim a que se destinava, mas "em ele, *compreensivelmente, justificadamente, razoavelmente*, o *não querer* habitar, em consequência do facto de força maior registado" (*Rev.Leg.Jurs.*, 119.°, p. 275; *os sublinhados da citação são do próprio texto, evidentemente*)[443].

---

[443] Na mesma orientação: JANUÁRIO GOMES, *Arrendamentos para habitação*, Almedina, Coimbra, 1994, p. 234 e, segundo parece, ANTÓNIO PAIS DE SOUSA, *Anotações ao Regime do Arrendamento Urbano (RAU)*, 6ª ed., act., Editora Rei dos Livros, 2001, p. 220, nota 53.

Não se pense, porém, que não há jurisprudência representativa desta orientação. Com efeito, relativamente a um prédio urbano que ruiu parcialmente em consequência de um sismo, nos Açores, e quanto ao qual o *arrendatário* insistia em querer continuar a habitar o rés-do-chão respectivo, que ameaçava também ruir, foi julgado, a dado passo: "a imperiosidade de

Permanece para nós como inaceitável, neste acórdão, o ter-se convertido a *força maior* (que é uma *força superior* e *insuperável*) numa simples razão *atendível, justificável, compreensível* — e isto era tanto mais inaceitável quanto era certo que a intenção legislativa tinha sido a de cortar as asas ao *arbítrio judicial*, impedindo uma "prudente" mediação do julgador na caracterização dos *casos de resolução* pelo *senhorio*[444].

γ — A *falta de residência permanente*, relacionada com *deteriorações não reparadas* pelo *senhorio*, foi encarada em perspectiva diferente pela Relação do Porto, numa decisão que considerou o comportamento do *arrendatário* enquadrável na *excepção de não cumprimento*, e excluiu por esta porta o *caso de resolução* da al. i) do art. 64-1 RAU.

Decidiu-se, com efeito:

— Justifica-se a falta de residência permanente do arrendatário no prédio locado, se os tectos desse imóvel, por se encontrarem em precário estado de conservação, ameaçarem ruína, pondo em perigo a integridade física dos moradores. Trata-se de uma excepção de não cumprimento do contrato por parte do locatário e não de um caso de força maior — Relação do Porto, 16-1-1992 (*Colectânea*, XVII-I, p. 226. V., sobre este acórdão, a anotação de António Pais de Sousa [relator do aresto], nas suas *Anotações ao Regime do Arrendamento Urbano (RAU)*, 1994, 3ª ed., p. 186, nota 46).

Em 1972, pela renda mensal de 700$00, tinha sido arrendado para habitação o 1.º andar de um prédio urbano situado em Águas Santas — Maia.

---

proceder à demolição do prédio tornou precária a continuação do apelante [o *arrendatário*] no gozo do rés-do-chão conforme o fim para que foi arrendado.... impõe-se concluir que a caducidade do arrendamento operou-se então temporalmente com a produção do sismo" — Relação de Lisboa, 19-12-1985 (*Colectânea*, X-5, p. 118).

[444] Cabe chamar aqui de novo atenção para a regra de "direito certo", anotada por Pires de Lima — e ainda para estes passos, referidos à aplicação a fim diferente, mas plenamente adaptáveis ao nosso caso, porque de índole geral: "não há aqui violações *não abusivas* ou *pouco abusivas*" — Vasco Lobo Xavier (*Rev.Leg.Jurs.*, 116.º, p. 179, nota 27); "... é doutrina comum que, no caso de se verificar certa violação do contrato que, por virtude de uma *cláusula resolutiva*, é fundamento de resolução, já não cabe ao juiz apreciar a *importância* dessa violação para efeitos resolutivos" — J. Baptista Machado (*Resolução do contrato de arrendamento comercial/ Colectânea*, IX-2, p. 18).

Em data não precisada pelo relatório do acórdão, os tectos começaram a ameaçar ruína, em consequência da humidade, tendo mesmo o tecto do quarto de dormir acabado por desabar, em data igualmente não referida — deterioração que foi reparada pelo *arrendatário*.

Apesar das instâncias deste, o *senhorio* jamais reparou o tecto e, antes que ele desabasse, o casal *arrendatário* pediu abrigo ao pai ou sogro dos respectivos cônjuges, indo estes residir para Ermesinde, onde passaram a fazer a sua vida.

Com estes dados, a Relação concluiu que, "embora o inquilino seja obrigado a residir permanentemente no imóvel... pode residir noutro local enquanto o senhorio não lhe assegurar o gozo do local com o mínimo de segurança", e era assim "manifesto que em seu favor tinha de funcionar a *exceptio non adimpleti contractus*" (p. 227).

A descrição do acórdão apontava para que deveriam as *obras* em causa considerar-se de *conservação extraordinária*.

A ser assim, o *senhorio* só seria então obrigado a realizá-las (salvo havendo acordo escrito nesse sentido), *se a sua execução lhe fosse ordenada pela câmara municipal competente* (art. 13-1 RAU).

O *arrendatário*, em presença da necessidade de *obras de conservação extraordinária* tinha, pois, de requerer à câmara que as determinasse — o que, no caso afirmativo, daria direito a *actualização das rendas* (art. 13-2 RAU).

Não o fazendo, de uma coisa, quanto a nós, não poderia certamente lançar mão sem incorrer num autêntico *venire contra factum proprium*: era retirar-se para Ermesinde até à consumação dos séculos, e vir invocar depois, contra a *falta de residência permanente*, a necessidade dessas mesmas *obras* cujo decretamento pela câmara ele não instaurou.

Sobre o mesmo tema decidiu-se ainda:

— I. Rupturas na canalização de água em termos de, logo que aberta a respectiva torneira de segurança, a água se infiltrar e cair no andar inferior não traduz o caso de força maior a que se reporta a al. a) do n.º 2 do art. 64 RAU. II. Não há entre a obrigação de realização de obras na casa arrendada e o ónus de habitação por parte do arrendatário a correspectividade justificativa da invocação da excepção de incumprimento — Relação de Lisboa, 11-3-1999 (*Colectânea*, XXIV-II, p. 89).

Concordamos plenamente com estas conclusões do douto aresto.

c — Outro caso que se tem analisado, no âmbito da *força maior*, é o de *não habitação* ou *falta de residência permanente* ocorrida em virtude de *prisão* do *arrendatário*.

No sentido de que a *prisão*, em *cumprimento de pena*, deve ser considerada *força maior* que impossibilita o *arrendatário* de viver com carácter de permanência na casa arrendada e, portanto, exclui a *resolução* pelo *senhorio*, decidiu-se no acórdão da Relação de Lisboa, de 5-4-1961 (*Jurs. Relações*, 7.º-II, p. 275).

Em contrário, julgou-se, porém, no ac. Relação de Coimbra, de 8-11--1988 (*Colectânea*, XIII-5, p. 69), a considerar procedente a conclusão do recurso de acordo com a qual "o cumprimento de uma pena de prisão como consequência da prática de um crime tipificado na lei, é um evento absolutamente previsível, consequente, evitável e com cuja verificação o agente, ao cometer tal crime praticamente se conforma, não renunciando, apesar de poder prever a cominação da pena, a agir dessa forma" (p. 70).

Na doutrina, PAIS DE SOUSA assumiu uma posição ecléctica, distinguindo a prisão em *cumprimento de pena*, que não seria caso de *força maior*, da *prisão preventiva incaucionável*, hipótese em que poderia o *arrendatário* "alegar e provar que foi indevidamente preso e pronunciado por não ter cometido o crime".

No primeiro caso, não haveria *força maior* e a *resolução* seria decretável; no segundo, não (*Extinção do arrendamento urbano*, 1985, 2ª ed., p. 291).

Em publicação ulterior, porém, o Ilustre Magistrado não faz distinção alguma e, aderindo à tese de ANTUNES VARELA do *caso de força maior* "compreensível, justificável, perfeitamente razoável, aos olhos de um julgador compreensivo e avisado", passa a sustentar que "a pena de prisão não é caso de força maior" (*Anotações ao Regime do Arrendamento Urbano (RAU)*, 6ª ed., act., Editora Rei dos Livros, 2001, nota 53, p. 220).

Em nossa opinião, é esta a conclusão preferível.

A *resolução* do contrato de *arrendamento* não é uma *pena acessória* e, portanto, seja a *não habitação* ou *falta de residência permanente* devida a *cumprimento de pena* ou a mera *prisão preventiva,* sempre constitui ela uma *impossibilidade* que lhe é imputável.

Não tem a menor relevância para o caso a *presunção de inocência* do arguido até à condenação com trânsito em julgado.

Esta consideração respeita ao puro campo penal; não tem nada a ver com a *resolução* do contrato de arrendamento, que é, neste caso, admitida pelo legislador, em proveito do *senhorio*, sem atinência à culpa criminal e relevando unicamente a não imputabilidade da impossibilidade de habitação a facto do arrendatário.

Por maioria de razão e em face do que ficou dito acima, não há que levar em linha de conta a razoabilidade da omissão do *arrendatário*: a *impossibilidade* tem de ser apurada *objectivamente*, em *direito certo*; não, segundo o *prudente arbítrio* do julgador.

d — Sobre o *ónus da prova* decidiu-se, ainda, com interesse.

— O caso de força maior ou [a] ausência forçada do arrendatário surgem na alínea b) do art. 1093 CC como factos impeditivos da resolução do arrendamento, a provar, portanto, pelo arrendatário (réu), conforme dispõe o n.º 2 do art. 342 CPC — Relação de Évora, 12-12-1995 (*BMJ* n.º 452, p. 503).

B — Além da *força maior* ou da *doença*, também a *ausência* (esta por expressa e particular exigência, *que não perdure por mais de dois* anos) constitui motivo de sanação do *ilícito* do *não uso,* como *fundamento de resolução.*

Na doutrina, esta categoria legal, antes qualificada como *ausência forçada*, não tinha concitado grandes desenvolvimentos.

Disse-se, por um lado, que a *ausência forçada* "engloba os casos especialmente ligados à pessoa do arrendatário, que o impeçam de estar no local à testa do estabelecimento"[445].

Outras vezes, limitava-se o esclarecimento do conceito legal a um seu possível exemplo — o *serviço militar*[446].

Obviamente, a *ausência* não é aplicável ao caso de o *arrendatário* ser uma *pessoa colectiva.* Só tem cabimento equacioná-la relativamente ao *arrendatário pessoa individual* e, no fundo, não integra um novo fundamento, mas apenas uma aplicação particular da *força maior* que, em boa técnica, nem precisava sequer de ser enunciada, para além da *impossibilidade.*

A referência específica ao caso deriva de se ter querido assinalar-lhe uma duração de eficácia própria, mais longa, decorrente da sua especificidade.

C — O último caso de sanação da *ilicitude* do *não uso* é, como vimos, o de se ter deixado, no espaço arrendado, quem o continue a utilizar, suprindo a omissão do *arrendatário.*

---

[445] ANTUNES VARELA (*Rev.Leg.Jurs.*, 116.º, p. 192).

[446] PEREIRA COELHO, *Arrendamento* (ed. dact.), Coimbra, 1988, p. 285.

A hipótese que, como se referiu, está prevista na al. c) do novo art. 1072-2 CC, tem de afastar, para ter autonomia, os outros casos (de *força maior*, de *doença* ou de *ausência em cumprimento de deveres militares ou profissionais*).

É uma previsão legal que vem sendo tradicionalmente prevista na nossa legislação arrendatícia, agora numa *facti species* mais ampla: as leis anteriores aludiam aos *familiares*, e hoje em dia refere-se latamente que pode ficar na utilização do espaço arrendado, durante o *não uso* do seu *arrendatário*, "quem, tendo direito a utilizar o locado, o fizesse há mais de 1 ano".

No fundo, abrangem-se aqui, mais claramente, não apenas os *parentes* ou *familiares*, mas *todas as pessoas que vivam em economia comum com o arrendatário*, pertençam ou não à sua *família*[447].

A este respeito, parece continuar a justificar-se a anterior jurisprudência segundo a qual o requisito deixava de se cumprir no caso de, com a *omissão de uso* pelo *arrendatário*, *se desfazer a economia em comum*[448].

III — Já se pôs a questão de saber se é admissível a dilatação do prazo de ressalva de *resolução* por vontade do *senhorio*, concluindo-se então pela negativa, pois a outorga legal do *direito de resolução* não tutela aqui, unicamente, o interesse do *senhorio*, mas também o *interesse público* na ocupação útil dos prédios[449].

A antiga ideia de a lei também proteger neste caso um *interesse público*, diferente do *interesse particular do senhorio* é, para nós, uma autêntica falácia, pois só ao *senhorio* é atribuída legiti-

---

[447] Este era já o alcance que MENEZES CORDEIRO/CASTRO FRAGA atribuíam à lei anterior (*Novo Regime de Arrendamento Urbano*, Almedina, Coimbra, 1990, p. 111, nota 4 ao art. 64).

[448] Como tradicionalmente vem sendo sustentado: ANTÓNIO PAIS DE SOUSA, *Anotações ao Regime do Arrendamento Urbano (RAU)*, 6ª ed., Editora Rei dos Livros, 2001, pp. 221-222; JORGE ALBERTO ARAGÃO *Arrendamento Urbano*, 7ª ed., Almedina, Coimbra, 2003, anotações ao art. 64 RAU.

[449] SUPREMO, 16-5-1985 (*BMJ* n.º 347, p. 394).

midade para propor a *acção de despejo* — ele dispõe, para isso, de um *prazo de caducidade* que se não extingue enquanto permanecer o *facto duradouro* do *não uso* (o que pode protelar este por toda a eternidade) — e não tem o menor dever de reactivar o espaço arrendado, após a obtenção do *despejo*.

É portanto hoje em dia, em nossa opinião, claramente legítima a estipulação convencional de outros prazos, e até de *nao uso*, de acordo com circunstâncias concretamente estipuladas.

IV — A prova do *não uso*, reportando-se a um *facto negativo*, não é muito fácil, na prática[450]. É clássico, a tal respeito, o brocardo latino *negativa non sunt probanda*.

Hoje em dia, não é esta a regra, em matéria de *repartição do ónus da prova*, mas pensamos que deve o aforismo, ainda assim, servir para lembrar ao tribunal a dificuldade de prova relativamente a estas omissões, impondo-lhe um cuidado redobrado para poder atingir soluções equilibradas.

Geralmente, os *senhorios* oferecem, nestes casos, as poucas testemunhas que acederam a ir depor e documentos comprovativos da queda nas despesas do *arrendatário* em água, luz e gás.

Estes documentos são geralmente a pedra de toque do convencimento do tribunal — e com razão, pois são um dado objectivo revelador da falta de ocupação pelo *arrendatário*, em confronto com os depoimentos das testemunhas, geralmente contraditórios entre os de uma parte em relação às da outra.

---

[450] "É questão de facto apurar, através das provas dos autos, se o arrendatário tem a casa completamente fechada e desabitada, se a ocupa sempre, se a ocupa intermitentemente e neste caso quais as circunstâncias desta ocupação intermitente.

É questão de direito decidir, em face dos factos materiais apurados, se o arrendatário tem na casa residência permanente" — J. ALBERTO DOS REIS, *Código de Processo Civil Anotado*, VI, Coimbra Editora Lda., 1953, p. 46.

É, pois, com alguma perplexidade que encaramos a seguinte jurisprudência assim sumariada.

— Os consumos mínimos de água e de energia eléctrica não permitem concluir, só por si, que o locatário não tenha no arrendado residência permanente. Cumpria aos locadores provar essa falta de residência — Relação do Porto, 11-3-1996 (*Colectânea*, XXI-II, p. 184).

Tratando-se de um prédio situado numa rua da Póvoa do Varzim, será, razoavelmente, de admitir que a arrendatária tivesse mesmo residência *permanente* no prédio *sem gastar água nem luz*, se os consumos mínimos eram os cobrados de tabela? Não terá a Relação sido especiosa, aqui, contemporizando com uma situação que, temos de lembrar, seria infractora?

Razoável nos parece, pelo contrário, a seguinte jurisprudência.

— Dormir no locado não é suficiente para se concluir que o réu tem aí a sua residência permanente — Relação de Coimbra, 25-6-1995 (*BMJ* n.º 448, p. 444).

O Tribunal Constitucional tem julgado *inconstitucional* o fornecimento de dados constantes de facturas especificadas de telecomunicações[451] — mas isso, que está certo, pois essas facturas desvendam os contactos com terceiros cuja revelação devassa a intimidade do titular, nada tem que ver com os dados relativos aos *consumos de gás*, *electricidade* e *água* de um utente, para instrução de um processo em que se discuta o *uso ou não uso do espaço arrendado.*

Sonegar o fornecimento destes elementos ao tribunal, em nome de uma reserva da vida privada mal entendida, corresponderia a impedi-lo futilmente de conhecer um facto relevante para a decisão do pleito que, embora privado, não pode dizer-se verdadeiramente íntimo ou desproporcionado do interesse no seu conhecimento judicial.

Se o tribunal não pudesse averiguar se houve diminuição de consumos, então também deveria ser proibido de apurar onde esteve o *arrendatário* a residir ou, em última análise, se ele esteve, afinal, a habitar a casa arrendada, porque também este é um facto da sua vida privada — mas que se encontra em litígio e é o fundo da causa; logo, que pode e deve ser sindicado, sob pena de denegação de justiça.

---

[451] Cf., neste sentido, por exemplo, Tribunal Constitucional n.º 241/02, de 29-05-2002 (http://w3.tribunalconstitucional.pt/acordaos/acordaos02/201-300/24102.htm)

109. Cessão total ou parcial, temporária ou permanente e onerosa ou gratuita do gozo do espaço arrendado, quando ilícita, inválida ou ineficaz perante o senhorio

De acordo com a previsão constante da alínea e) do novo art. 1083-2 CC, é ainda exemplo de *fundamento de resolução pelo senhorio* do contrato de *arrendamento urbano* "a cessão total ou parcial, temporária ou permanente e onerosa ou gratuita, quando ilícita, inválida ou ineficaz perante o senhorio".

Cessão de quê? Supomos poder dizer-se que do *gozo do espaço arrendado* — mas o legislador não estava dispensado de o referir expressamente, em boa técnica jurídica.

O princípio fundamental é o de o *arrendatário* não poder transferir para outrem o *gozo* total ou parcial, definitivo ou temporário, onerosa ou gratuitamente, do espaço arrendado, como ressalta do estabelecido na al. f) do art. 1038 CC, onde, entre as diferentes *obrigações do locatário* se enuncia a de "não proporcionar a outrem o gozo total ou parcial da coisa por meio de cessão onerosa ou gratuita da sua posição jurídica, sublocação ou comodato, excepto se a lei o permitir ou o locador o autorizar".

Cotejadas as duas disposições, esta, que se mantém inalterada desde a primitiva formulação locatícia do CC, ficou mais casuística e menos genérica do que a primeira.

Parecendo embora desejável que se tivessem harmonizado as duas redacções, resulta ao menos, desta diversidade, que se torna uma explicativa da outra.

Assim, o termo *cessão*, que integra o *fundamento de resolução pelo senhorio*, constante da citada al. e) do novo art. 1082-2 CC, compreende tanto uma *cessão de posição contratual* (art. 424 CC), como um *subarrendamento* (novo art. 1088 CC) ou um simples *comodato* (art. 1129 CC).

Qualquer destes casos é, em princípio, proibido ao *arrendatário*; o primeiro, no começo da al. f) do art. 1038 ("cessão onerosa ou gratuita da sua posição jurídica"); o segundo e o terceiro, logo a seguir, na mesma alínea ("sublocação ou comodato"); o segundo, ainda, no novo art. 1088 CC.

As diferentes hipóteses descritas no preceito constituem fundamento de *resolução*, ainda que as figuras adoptadas sejam "inválidas por falta de forma ou ineficazes em relação ao *senhorio*" que as não tenha reconhecido.

O *arrendatário* não pode, pois, refugiar-se no *vício de forma*, para pretender que não fez a *cessão*.

Só estará liberto da *resolução* "se a lei o permitir ou o locador o autorizar".

A *autorização do senhorio* relativa à *cessão da posição jurídica de arrendatário*, segundo supomos (art. 425 CC, referido ao novo art. 1069 CC), ou ao *subarrendamento* (art. 1088-1 CC), só é válida se for dada por *escrito*. A que for dada para *comodato*, parece que poderá ser apenas *verbal*.

Em qualquer caso, a falta de *autorização* é sempre sanada pelo *reconhecimento do senhorio* (art. 1049 CC).

— A transmissão da posição de locador, resultante da venda do prédio arrendado, integra o consentimento do primitivo senhorio para a sua utilização que vinha a ser feita por terceiro, por tolerância do arrendatário — SUPREMO, 15-10-1996 (*ColSTJ*, IV-III, p. 45).

No tocante à *permissão da lei*, têm-se em vista os casos de *locação de estabelecimento* (art. 1109-2 CC), de *trespasse* (al. a*)* do art. 1112-1 CC) e de *transmissão da posição de arrendatário para o exercício da mesma profissão liberal ou sociedade profissional* (al. b*)* do art. 1112-1 CC).

I — No Direito anterior, chegou a sustentar-se o entendimento de que a *resolução* pelo *senhorio* seria excluída se a situação criada pelo *arrendatário* tivesse *carácter de precariedade*[452].

Como então opinámos, é preciso distinguir os actos através dos quais ele proporciona a outrem um gozo de que, de facto, se demitiu, total ou parcialmente — o que será sempre fundamento de *resolução*, mesmo que a cessão seja gratuita e a título *precário* — dos de recebimento ocasional em casa de convidados seus, por cortesia e amizade, ou de aproveitamento de *curta* ausência, inclusivamente para guarda.

A redacção formalmente muito ampla, imprimida à al. e) do art. 1083-2 CC ("a cessão, total ou parcial, temporária ou permanente e onerosa ou gratuita") favorece claramente — salvo melhor opinião — o nosso entendimento de então.

II — A enumeração dos três casos que facultam a *resolução* do *contrato de arrendamento* pelo *senhorio*, como ressalta claramente da aproximação deste passo do art. 1083-2 com a al. f) do art. 1038 CC, deve ser entendida a título meramente exemplificativo, parecendo-nos afastada certa antiga jurisprudência que recusava a *resolução* com fundamento em que, embora houvesse ocupação do prédio por estranhos, se não tinham provado factos caracterizadores de alguma das três antigas figuras[453].

— Ceder a terceiros o gozo do locado é matéria de facto que corresponde a um conteúdo concreto a que o comum das testemunhas pode

---

452 Defendido na doutrina por António Pais de Sousa, *Extinção do Arrendamento Urbano*, Almedina, Coimbra, 1980, pp. 220-221; 1985, p. 263, e utilizado em alguns arestos: Relação do Porto, 24-10-1978 (*Colectânea*, III-4, p. 1262); Relação do Porto, 21-7-1983 (*BMJ* n.º 329, p. 620).

453 Relação de Lisboa, 09-01-1985 (*Colectânea*, X-1, p. 137).

Na mesma orientação deste aresto e contra o que sustentamos no texto, pronunciou-se, no domínio da legislação anterior, Eridano de Abreu (*ROA*, 44.º [1984], I, p. 100).

responder, e não juízo de facto ou de valor — Relação de Coimbra, 7-12-1995 (*BMJ* n.º 452, p. 504).

110. Oposição do arrendatário à realização de obra ordenada pela autoridade pública

Como sabemos, é *obrigação do locador* assegurar ao *arrendatário* o *gozo da coisa para os fins a que se destina.*

Nessa base, o *senhorio* fica, em princípio, obrigado a realizar "todas as obras de conservação, ordinárias ou extraordinárias, requeridas pelas leis vigentes ou pelo fim do contrato" (art. 1074-1 CC).

Só assim não será, se se tiver estipulado que tais *obras* correm *de conta do arrendatário*, como a própria lei o legitima, na parte final da disposição acabada de citar.

Ora cabendo em princípio ao *senhorio* realizar tais *obras* e tendo uma delas sido imposta pela própria *autoridade pública*, não caberá ao *arrendatário*, naturalmente, opor-se à sua realização.

Fazendo-o, incorre em *fundamento de resolução pelo senhorio*, segundo a expressa previsão do art. 1083-3 CC.

A lei ainda concede uma tolerância de *três meses* para o *arrendatário* cessar essa oposição (art. 1084-4 CC).

Cessando a oposição, dentro deste prazo, o *fundamento de resolução* cessa. Se persiste para lá dele, o fundamento subsiste.

111. Execução, pelo arrendatário, de "quaisquer obras" no espaço arrendado, sem autorização escrita do senhorio

De acordo com as formulações antecedentes (als. *d)* dos arts. 1093-1 CC e 64-1 RAU), era ainda *caso de resolução* do contrato o facto de o *arrendatário* fazer "no prédio, sem consentimento escrito do senhorio, obras que alterem substancialmente a sua estrutura externa ou a disposição interna das suas divisões, ou praticar actos que nele causem deteriorações consideráveis, igualmente não consentidas e que não possam justificar-se nos termos dos artigos 1043 do Código Civil", ou 1092 ou 4.º de cada um destes diplomas[454].

Não se pense, em face da omissão de referência deste caso, entre as enumerações do novo art. 1083-2 CC, que terá deixado de constituir *fundamento de resolução pelo senhorio* a realização de *obras* no espaço arrendado, pelo *arrendatário*, sem prévia autorização, *por escrito*.

A não reprodução resulta de se ter expressamente previsto, agora, quanto ao *arrendatário*, que ele "apenas" pode executar "quaisquer obras" quando "o contrato o faculte ou quando seja autorizado, por escrito, pelo senhorio" (art. 1074-1 CC).

---

[454] Sobre este *caso de resolução* assim contemplado no nosso Direito imediatamente anterior: Carlos Lima, *Arrendamento de prédios urbanos: deteriorações consideráveis* (o direito, 104.º [1972], p. 60); Rabindranath Capelo de Sousa, *Acção de despejo. Obras não autorizadas e deteriorações consideráveis* (*Colectânea*, XII-5, pp. 17-27); Menezes Cordeiro, *Acção de despejo; obras sem autorização do senhorio; exercício do direito de resolução* (o direito, 120.º [1988], I-II, pp. 214-241); Armindo Ribeiro Mendes, *A acção de resolução de arrendamento (art. 1093, n.º 1, al. d) do Código Civil): construção de uma dependência no jardim do arrendatário...* (*Trib.Justiça*, n.os 45-46 [1988], pp. 1-12); M. Henrique Mesquita, *Rev.Leg.Jurs*, 126.º, pp. 173 ss; José de Oliveira Ascensão/ *Resolução do arrendamento com fundamento na realização de obras não autorizadas* (o direito, 125.º-III-IV, pp. 417-438); José de Oliveira Ascensão, *Resolução do contrato de arrendamento* (o direito, 125.º-III-IV, pp. 321-330); M. Januário Gomes, *Resolução do contrato de arrendamento em consequência da feitura de obras que alteram substancialmente a disposição interna das divisões do prédio* (o direito, 125.º -III-IV, pp. 439-478).

No Direito actual: Luís Teles de Menezes Leitão, *Arrendamento Urbano*, 3ª ed., Almedina, 2007, p. 103;

O legislador foi, na nova legislação, muito mais longe do que anteriormente na limitação à liberdade do *arrendatário* de dispor da estrutura física do espaço arrendado.

Dantes, como actualmente, o *arrendatário* podia realizar *pequenas deteriorações*, quando se tornassem "necessárias para assegurar o seu conforto e comodidade", que depois era, e é, obrigado a reparar antes da restituição do espaço arrendado (antigo art. 1092 CC e actual art. 1073 CC) — mas só constituíam *fundamento de resolução* as obras que, *sem consentimento escrito*, *alterassem substancialmente a sua estrutura externa* ou *a distribuição interna das suas divisões*, ou que, em suma, constituíssem actos que nele causassem *deteriorações consideráveis* (als. *d)* do anterior art. 1093-1 CC e do art. 64-1 RAU).

Agora — repetimos — "quaisquer obras" não autorizadas por escrito são fundamento de *resolução*.

I — Aquele princípio da licitude de *pequenas deteriorações* "necessárias para assegurar o conforto e comodidade" do *arrendatário* parece uma pouco feliz forma de expressão, que tem sobrevivido a todas as revisões e continua a aparecer no actual art. 1073-1 CC.

Na nossa perspectiva, não se concebem facilmente, com efeito, *deteriorações* que se destinem a assegurar o *conforto* ou *comodidade* — a menos que se tratasse de um *arrendatário troglodita*.

Deteriorar é *estragar*. O que poderá um *arrendatário prudente* estragar para, precisamente, assegurar o seu conforto e comodidade?

Antunes Varela revelou que tal afirmação do Código Civil (o primitivo art. 1092) constituía uma inovação trazida pelo *Anteprojecto* Galvão Telles, e exemplificava assim as *pequenas deteriorações* voluntariamente provocadas no prédio para assegurar o *conforto* e *comodidade* do *arrendatário*, depois de proclamar que também elas não contrariavam as regras da *utilização prudente* do prédio: introdução nas paredes de canos para o aquecimento, colocação de postes ou de antenas para o serviço de rádio ou de televisão, introdução de pequenos suportes para a colocação de espelhos, retratos, gravuras, armários, abertura de uma janela ou postigo para ventilação da casa, abertura e colocação de uma porta destinada a facilitar a comunicação entre duas salas da casa[455].

Em nossa opinião, porém, por um lado, os casos apontados não podem considerar-se como verdadeiras *deteriorações*, mas como *adições* ou *obras de beneficiação* (pelo menos, *alterações*) e, por outro lado, se caíssem sob a alçada das regras de *prudente utilização*, ou tornariam inútil o preceito que as refere ou o colocavam em conflito com a disposição do art. 1043-1 CC, segundo o qual, "na falta de convenção em contrário, o locatário é obrigado a manter e restituir a coisa no estado em que a recebeu, ressalvadas as deteriorações inerentes a uma prudente utilização, em conformidade com os fins do contrato".

A lei faz pois aqui, se bem nos parece, uma confusão simplista entre *deteriorações* e *inovações materiais*, confusão que importará deslindar, para uma compreensão perfeita do tema e do próprio significado profundo do texto da lei.

Ora no sentido rigoroso do termo, as *deteriorações* constituem o *desgaste produzido através do uso do prédio ou por directa acção do arrendatário*. É propriamente a elas que se refere, para a *locação*, a ressalva final do art. 1043-1 CC.

A — As *inovações materiais*, por seu turno, correspondem a uma realidade distinta. São *transformações ou acrescentamentos à identidade estrutural do prédio, mais ou menos importantes, que se destinam a conservá-la, a melhorá-la ou a dar-lhe aptidão para proporcionar ao utente certo uso recreativo.*

Não constituem, portanto, *uma forma de uso*, mas *uma obra* ou *implantação*, uma e outra destinadas a manter ou elevar a qualidade, ou a proporcionar algum recreio ao *uso do arrendatário*.

---

[455] Pires de Lima/Antunes Varela, *Código Civil Anotado*, II, 4ª ed., Coimbra Editora, 1997, p. 485. Para mais exemplos, na mesma corrente de pensamento a à luz do Código Civil: Mário Frota, *Arrendamento Urbano Anotado e Comentado*, Coimbra Editora, 1987, pp. 225-226.

O nosso Código Civil chama-lhes *benfeitorias*, que define como "todas as despesas feitas para conservar ou melhorar a coisa" (art. 216-1), e distribui-as por três modalidades específicas: as *benfeitorias necessárias*, as *benfeitorias úteis* e as *benfeitorias voluptuárias* (art. 216-2).

Oliveira Ascensão considera duplamente incorrecta a definição do nosso Código Civil. Por um lado — nota — a *benfeitoria* pode não representar uma *coisa*, como quando consiste na simples pintura do prédio; por outro, pode não representar uma *despesa*, como quando tenha exigido apenas trabalho[456].

Na verdade, nós não nos situámos na perspectiva patrimonial do Código, quando tentámos dar ideia da *inovação material*, reconduzindo-a a uma simples *despesa*, mas iluminando a própria realidade material consistente na *obra*, ou *implantação* que a *inovação* ou *benfeitoria* encerra.

Ainda assim, cremos que a crítica do Ilustre Professor será excessiva, pois o nosso Código Civil, no seu art. 216-1, não define a *benfeitoria* como uma *coisa*, mas como uma *despesa para conservar ou melhorar a coisa* (e a pintura das paredes envolve, inegavelmente, uma *despesa*); por outro lado, o mero trabalho aplicado na sua realização também não deixa de ser uma *despesa*, porque, como costuma dizer-se, *o trabalho custa dinheiro*.

Como já tem sido precisado na doutrina estrangeira, umas vezes, estas *inovações* ou *benfeitorias* constituem modificações "na essência intrínseca da coisa", denominando-se então *intrínsecas*, porque se unem e incorporam, sem identidade própria, na substância mesma do prédio, sendo absorvidas pela essência dele — e *extrínsecas*, quando são separadas ou, embora unidas e incorporadas na estrutura do prédio, não chegam a fundir-se na sua essência, permanecendo com autónoma identidade[457].

---

[456] Cf. *Direito Civil-Reais*, 1993, 5ª ed. rev. e ampliada, Coimbra Editora, p. 109.

[457] Sobre o tema, em especial, podem ver-se: Andrea Tabet, *La locazione-conduzione*, (*Trattato di diritto civile e commerciale*, de António Cicu/ /Francesco Messineo), Giuffrè — Milano, 1972, pp. 571-579; Massimo

Tanto as *inovações* ou *benfeitorias* como as *deteriorações* podem, naturalmente, ser *de maior ou menor importância* e classificar-se, nessa perspectiva e adoptando a nomenclatura da nossa lei para as *deteriorações*, em *consideráveis* ou, pelo contrário, *pequenas* ("pequenas deteriorações" — art. 1073-1 CC).

Neste preceito, quando se declara que "é lícito ao arrendatário realizar pequenas deteriorações no prédio arrendado quando elas se tornem necessárias para assegurar o seu conforto ou comodidade", rigorosamente o que se tem em vista não são *deteriorações*, mas *benfeitorias*.

É quanto a estas que, no termo do contrato, o *arrendatário*, para o efeito do seu levantamento ou indemnização pelo *senhorio*, "salvo estipulação em contrário", é equiparado no art. 1046 CC ao *possuidor de má fé*.

Com semelhante equiparação, remete-se implicitamente para os arts. 1273 a 1275 CC, onde se disciplina o regime legal das *benfeitorias necessárias*, *úteis* ou *voluptuárias* do *possuidor de boa* ou, pelo contrário, *de má fé*.

Dizem-se *necessárias* as *benfeitorias indispensáveis à conservação da coisa*.

São *úteis*, na preciosa expressão do Código de SEABRA, aquelas que, "não sendo indispensáveis à conservação da coisa, lhe aumentam todavia o valor" (§ 1.º do seu art. 499).

São *voluptuárias*, na definição do mesmo Código, "aquelas que, sem aumentarem o valor da coisa a que são aderentes, servem só para recreio do possuidor" (§ 1.º do art. 500).

Deste modo, o *arrendatário*, como *possuidor de má fé*, tem direito a ser indemnizado das *benfeitorias necessárias* que tenha feito (primeira parte do art. 1273-1 CC).

DOGLIOTTI/ALBERTO FIGONE, *La locazione*, Giuffrè Editore — Milano, 1993, pp. 122-126; FORTUNATO LAZZARO, *Le locazioni per uso abitativo*, 2ª ed., Giuffrè Editore — Milano, 1993, pp. 449-462.

Quanto às *benfeitorias úteis*, terá apenas direito a levantá-las, *se o puder fazer sem detrimento da coisa* ou, não o podendo, *a ser indemnizado segundo as regras do enriquecimento sem causa* (segunda parte do art. 1273-1 CC) — ou seja, deverá o *senhorio* prestar-lhe "tudo quanto tenha obtido à custa do empobrecimento ou, se a restituição não for possível, o valor correspondente" (art. 479-1 CC).

Relativamente às *benfeitorias voluptuárias*, como *possuidor de má fé*, não pode nem levantá-las nem haver o valor delas: perde-as, em qualquer caso (art. 1275 CC).

No tocante aos contratos anteriores ao RAU ou ao Decreto-Lei n.º 257/95, a Lei n.º 6/2006 trouxe, no entanto, uma inovação: o *arrendatário*, quanto a esses contratos, na sua cessação e "salvo estipulação em contrário", passa a ter direito de *compensação* "pelas obras licitamente feitas, nos termos aplicáveis às benfeitorias realizadas por possuidor de boa fé" (art. 29-1).

Esta disposição deve ser aproximada do estatuído no novo art. 1074-5 CC, para os *contratos posteriores*, segundo a qual, também *salvo estipulação em contrário* e no final do contrato, o *arrendatário* terá direito a uma *compensação* "pelas obras licitamente feitas, nos termos aplicáveis às benfeitorias realizadas por possuidor de boa fé".

O *direito à compensação* no final do contrato, estabelecido nos dois preceitos, parece perfeitamente compreensível, dado que se reportam ambos a *obras lícitas*, realizadas pelo *arrendatário* no *espaço arrendado*.

É justo que seja indemnizado — e dado que não se está agora, como há pouco, perante *deteriorações feitas para maior conforto e comodidade*, parece-nos perfeitamente aceitável a sua aferição pelos direitos do *possuidor de boa fé*.

No fundo, porém, a diferença entre as duas perspectivas (a do *possuidor de má fé* e a do de *boa fé*) afigura-se-nos insignificante, e traduz-se nisto.

Quanto às *benfeitorias necessárias* e *úteis*, a *compensação* não varia de um caso para outro.

Quanto às *voluptuárias,* o *arrendatário* poderá levantá-las, "não se dando detrimento da coisa" (art. 1275-1 CC, segunda parte).

B — As *benfeitorias* constituem, no fundo, *obras* realizadas no espaço arrendado, recorrendo os textos legais mais recentes a utilizar esta terminologia, de preferência a denominá-las de *benfeitorias*.

Assim, ao referir-se às *obras*, o RAU apresentou uma *tipologia das obras* que deverá decerto ser aproveitada na legislação que está nesta altura em preparação.

Distinguiu-as em *obras de conservação* e *obras de beneficiação.*

As de *conservação* ainda podiam ser de *conservação ordinária* ou de *conservação extraordinária.*

As *obras de conservação ordinária* eram as de reparação e limpeza geral do prédio e suas dependências; as impostas pela Administração Pública; e, em geral, as destinadas a manter o prédio nas condições requeridas pelo fim do contrato e existentes à data da sua celebração.

As *obras de conservação extraordinária* eram as ocasionadas por defeito de construção do prédio, por *caso fortuito* ou de *força maior* e, em geral, as que não sendo imputáveis a *acções ou omissões ilícitas do senhorio*, ultrapassem no ano em que se tornem necessárias, dois terços do rendimento líquido do prédio.

Eram, enfim, *obras de beneficiação* as restantes (cf. art. 11 RAU).

Confrontando os dois conceitos, as *benfeitorias necessárias* correspondem às *obras de conservação*, enquanto as *úteis* e as *voluptuárias* coincidem, fundamentalmente, com as *obras de beneficiação*.

C — A disciplina que ficou descrita é meramente supletiva, podendo ser afastada por *convenção em contrário* — como expressamente o declarou logo na primitiva formulação o art. 1046-1 CC, e ora se ressalva nos citados arts. 29-1 da Lei e 1074-5 CC.

a — Semelhante cláusula sempre foi geralmente considerada *legítima*; ela vê agora reforçada a sua *legitimidade* pelas referidas ressalvas — e tem, aliás, uma utilização muito frequente, na prática.

Raro era o formulário dos antigos dos contratos que não contivesse uma cláusula como esta: "Não poderá o arrendatário fazer quaisquer obras sem prévia licença escrita do senhorio nem alegar retenção nem pedir indemnização por benfeitorias voluptuárias, necessárias ou úteis, ou por montagem de instalações eléctricas nem levantar as que fizer na casa, as quais só poderão ser executadas com autorização escrita do senhorio".

A articulação desta cláusula com o dever de realização de *obras* que impende, em princípio, sobre o *senhorio*, nos termos do preceituado, em geral, na al. b) do art. 1031 CC e, em particular e para o *arrendamento urbano*, no art. 1074-1 CC é matéria de que já nos ocupámos desenvolvidamente (cf. *supra*, n.º 48-III-IV-V, vol. I, pp. 501-513), não se justificando repetir agora o que em devido tempo ficou referido.

b — Repare-se todavia em que, hoje em dia, mesmo independentemente desta cláusula, há um princípio legal a estabelecer o seguinte: "O arrendatário apenas pode executar quaisquer obras quando o contrato faculte ou quando seja autorizado por escrito pelo senhorio" (art. 1074-2 CC).

Interessa determo-nos um pouco na exigência formal da autorização do *senhorio*.

Segundo o preceito, não bastará a concedida apenas oralmente: ela tem de ser dada *por escrito*.

Já se tem, apesar disso, lembrado que, se o *senhorio* conceder à realização de certa obra uma autorização verbal — e depois resolver o contrato com base na *falta de escrito*, poderá equacionar-se a hipótese de *abuso do direito* com base num *venire contra factum proprium*[458].

A observação é pertinente, mas exige que nos debrucemos um pouco mais detidamente sobre este ponto.

Pela nossa parte, supomos que, com esta imposição formal da lei, não se terá estabelecido uma exigência *ad substantiam*, mas simplesmente *ad probationem*.

Em vista de o comportamento do *arrendatário* que incorre na *facti species* legal exceder claramente o seu direito de *uso*, o legislador quis eliminar toda a margem de incertezas e de manipulação da *prova testemunhal* acerca de um alegado *consentimento verbal* do *senhorio*.

Se, pois, este confessa que deu uma *autorização verbal*, deve ser tida em conta a sua confissão e legitimar-se o comportamento do *arrendatário*.

Fora disso, porém, o *consentimento verbal* não releva — e, muito menos, o meramente *implícito*.

Doutro modo, a exigência legal de *autorização por escrito* ficaria reduzida a zero.

Nesta linha de pensamento, o rigor legal deve impor ainda ao intérprete alguma circunspecção e uma exigência de certeza na determinação do âmbito que deve ser atribuído à concreta *autorização escrita*.

Atentará claramente contra o espírito da lei, em nossa opinião, fixar um sentido ampliativo à *declaração negocial*.

Parece-nos ter incorrido nesse vício, salvo o devido respeito, o SUPREMO, no seu acórdão de 14-1-1997 (*BMJ* n.º 463, pp. 574 e 582), há pouco citado, quando, a propósito de uma cláusula inserida no texto do

---

[458] LUÍS MANUEL TELES DE MENEZES LEITÃO, *Arrendamento Urbano,* 3ª ed., Almedina, 2007, p. 103.

contrato de arrendamento, do seguinte teor "o arrendatário fica autorizado a efectuar no rés-do-chão arrendado as obras que julgue convenientes à instalação dos serviços da sua agência, tanto interiores como exteriores..." fixou o sentido de a autorização valer tanto para a instalação como para as obras que vieram a ser realizadas *vinte anos depois dessa instalação*.

Diferente é a hipótese considerada no acórdão assim sumariado:

— Se no contrato de arrendamento foi clausulado que o inquilino pode colocar reclames ou letreiros no exterior do prédio, esse direito mantém-se ainda que o prédio tenha sido posteriormente constituído em propriedade horizontal e a assembleia de condóminos tenha reagido contra a manutenção desses reclames — SUPREMO, de 23-11-1999 (*ColSTJ*, VII-III, p.98).

Depois, não se inserindo essas *obras* alegadamente *autorizadas só verbalmente* (ou exorbitantes, segundo o senso comum, da *autorização escrita*), entre aquelas pequenas "deteriorações" que são lícitas ao *arrendatário* quando "se tornem necessárias para assegurar o seu conforto ou comodidade" (art. 1073-1 CC), atingem, manifestamente, o *direito de propriedade* (de *usufruto*, etc.) *do senhorio*.

Não lhe será, pois, exigível que mantenha o contrato, apesar delas — o que vai dar à previsão resolutiva do art. 1083-2 CC.

O *senhorio* não terá, então, apenas o direito de resolver o contrato, mas de exigir ainda do *arrendatário* a restituição do prédio arrendado *ao statu quo ante*.

Com esta perspectiva, aproximámo-nos do Direito italiano, onde a doutrina mais recente e a própria jurisprudência têm reconhecido ao *senhorio*, ante as *benfeitorias* (*migliorìe* ou *miglioramenti*) realizadas pelo *arrendatário*, sem autorização sua, o direito de exigir a todo o tempo a repristinação do prédio e, bem assim, de obter a pronúncia da *resolução do contrato*, por se considerar que elas constituem um *incumprimento* da obrigação do *arrendatário* de restituir a coisa no estado em que a recebeu[459].

---

[459] FORTUNATO LAZZARO, *Le locazioni per uso abitativo*, 2ª ed., Giuffrè Editore — Milano, 1993, p. 450.

Entre nós, pois, mesmo nos contratos antigos e ainda que, nos novos contratos, não tenha sido concretamente convencionada como *fundamento de resolução*, não será assim preciso, hoje em dia, nem que se verifique a afectação *substancial da estrutura externa do edifício*, nem a alteração da *disposição interna das suas divisões*, nem em suma, que tais *obras* constituam *deteriorações consideráveis*.

Basta que não constituam *pequenas deteriorações* destinadas a assegurar o conforto ou comodidade do *arrendatário*.

O âmbito resolutivo do contrato pelo *senhorio* foi, assim, substancialmente alargado em homenagem ao direito de *propriedade* (de *usufruto*, etc.) *do senhorio*.

É de notar, por último e como tradicionalmente vem sendo entendido, que não precisam as *obras* levadas a cabo pelo *arrendatário*, ilicitamente, de afectar a superfície estritamente por si ocupada, num prédio afectado a mais locações, sendo igualmente susceptíveis de servir de base ao fundamento resolutivo as que respeitem ao prédio em si, embora noutra área[460].

Não parece, assim, correcta a jurisprudência que mais recentemente julgou assim:

— Não integra alteração substancial da estrutura externa, fundamento de resolução do contrato de arrendamento, a realização de obras no local arrendado, consistindo na substituição do material da parede de madeira e cal por tijolo rebocado e cimento — Relação de Coimbra, 08-09-2009 (*Colectânea* n.º 217, p. 5).

Se as obras não estavam autorizadas por escrito, já não interessa que afectem a *estrutura externa* ou a disposição interna das suas divisões: toda a obra não facultada pelo contrato ou não autorizada por escrito è ilícita (art. 1074-2 CC) e é fundamento de *resolução* nos termos deste artigo e do art. 1083-2 CC.

---

[460] Ver, neste sentido, o interessante comentário de CARLOS LIMA, *Arrendamento de prédios urbanos: deteriorações consideráveis* (O DIREITO, 104.º [1972], p. 60).

— A instalação pelo inquilino de relvado sintético em campo de futebol, em substituição de piso em terra batida, instalação essa removível, imposta pela Federação Portuguesa de Futebol e não geradora de danos materiais para o senhorio, não constitui, sem mais, alteração substancial ou deterioração considerável do prédio, não conferindo ao senhorio o direito de exigir ao inquilino a reposição do mesmo no estado anterior — Relação de Lisboa, 11-02-2010 (*Colectânea* n.º 220, p. 102).

À face do disposto no art. 1074-2 CC, aplicável em vista do disposto no art. 50-1 NRAU, esta decisão não parece correcta.

II — Em contrapartida, também expressamente passou a ser admitido ao *arrendatário* resolver o contrato quando o *senhorio* não realize as *obras* que a este caibam, "quando tal omissão comprometa a habitabilidade do locado" (art. 1082-4 CC).

112. Prestação pelo arrendatário de hospedagem a mais de três pessoas, ou contra proibição contratual

Tradicionalmente, a nossa legislação arrendatícia vem permitindo ao *arrendatário habitacional* que residam consigo até um máximo de *três hóspedes*.

A primitiva formulação do art. 1109 CC até estabelecia este princípio, "não obstante cláusula em contrário", oferecendo margem a supor-se que nem sequer poderia excluir-se esta prerrogativa do *arrendatário* convencionalmente.

A regra era violenta, apenas compensada com a correspondente previsão de uma *causa de resolução pelo senhorio*, quando o *arrendatário* excedesse o número consentido.

Um dos taxativos *casos de resolução*, nos termos al. e) do primitivo art. 1093-1 CC, era precisamente o de o *arrendatário* dar "hospedagem a mais de três pessoas das mencionadas no n.º 3 do artigo 1109, quando não seja esse o fim para que o prédio foi arrendado".

Ainda assim, o comando não deixava de ser chocante e, deste modo, entre as aberturas à autonomia privada do RAU, em 1990, com o seu art. 76-1, al. b), substituiu-se a expressão "não obstante cláusula em contrário" por "salvo cláusula em contrário" — uma pequenina alteração formal, mas que fazia toda a diferença.

Só dez anos depois, porém, com o Decreto-Lei n.º 329-B/ /2000, de 22 de Dezembro, se ajustou o *caso de resolução* do contrato pelo *senhorio* à realidade legislativa, acrescentando ao *caso de resolução* moldado nos termos primitivos a expressão: "ou violar cláusula contratual, estabelecida nos termos da alínea b) do n.º 1 do mesmo artigo".

Ora bem. Com a Lei n.º 6/2006, reproduziu-se aquele preceito do RAU no novo art. 1093-1, al. b), CC — mas entre os *fundamentos de resolução pelo senhorio* enunciados no art. 1083-2 CC, não se incluiu algum correspondente ao anterior *caso de resolução*.

Pensamos que, com isto, não se quis excluí-lo, e que continuará a poder ser invocado em termos semelhantes[461].

Não se compreenderia, na verdade, quanto aos *arrendamentos antigos* e numa época em que se interditava a cláusula de proibição de *hospedagem até três hóspedes*, que pudesse então fazê-lo quando se ultrapassasse este número — como ocorria no domínio de vigência do primitivo art. 1093-1, al. e), CC — e não pudesse agora o *senhorio* resolver o contrato, precisamente, quando já desde a al. b) do art. 76-1 RAU, se acabou com a ilicitude da cláusula.

A omissão actual de um fundamento semelhante resultará antes, decerto, de se ter considerado que a violação da cláusula proibitiva ou do número máximo de hóspedes antes permitido caem claramente sob a alçada genérica da previsão legal do art. 1083-2 CC: "incumprimento [da primeira parte da al. b) do novo art. 1093-1 CC, ou da sua segunda parte, consoante

---

[461] No mesmo sentido: Luís Manuel Teles de Menezes Leitão, *Arrendamento Urbano,* 3ª ed., Almedina, 2007, p. 104.

o caso] que, pela sua gravidade ou consequências, torna inexigível à outra parte a manutenção do arrendamento".

Tem portanto interesse analisar este *fundamento de resolução*, entre todos os demais, atípicos, que, não constando da enumeração das diferentes alíneas do novo art. 1083-2 CC, continuam no entanto a funcionar como tal.

I — Nestes termos, dando *hospedagem* a *mais de três pessoas*, se nada estiver previsto no contrato a tal respeito, ou violando directamente uma expressa *cláusula proibitiva de hospedagem*, sempre infringirá o *arrendatário* o cumprimento pontual do contrato, sujeitando-se a vê-lo resolvido por esse *incumprimento*.

O conceito de *hospedagem* foi por nós oportunamente precisado, ao destrinçar esta figura da que é constituída pela *locação* (v. *supra* n.º 9-III e 31-II-C).

Bastará, portanto, lembrar agora, apenas, que a *hospedagem* é indirectamente definida no art. 1093-3 CC, quando este preceito declara que "consideram-se hóspedes as pessoas a quem o arrendatário proporcione habitação e preste habitualmente serviços relacionados com esta, ou forneça alimentos, mediante retribuição".

II — Qual a sorte, porém, de uma *cláusula proibitiva de hospedagem* anterior à entrada em vigor do RAU? Defendia-se, por vezes durante o âmbito de vigência deste, que não poderia, "obviamente", ser ela eficaz — porque, no domínio da primitiva formulação do Código Civil, atentava contra uma norma *injuntiva*, sendo portanto *nula*, não se conhecendo qualquer mecanismo jurídico que permitisse a sua "ressurreição"[462].

---

[462] Cf. M. JANUÁRIO C. GOMES, *Arrendamentos para habitação*, 2ª ed., Almedina, Coimbra, 1996, p. 17. No mesmo sentido se tinham já pronunciado ANTÓNIO MENEZES CORDEIRO/FRANCISCO CASTRO FRAGA, *Novo Regime do Arrendamento Urbano*, Almedina, Coimbra, 1990, p. 120.

Nunca nos pareceu tal solução assim tão óbvia.

Suponha-se que, num contrato anterior a 1966, se incluiu uma *cláusula proibitiva de hospedagem*, que foi sendo inteiramente acatada pelas partes, até que, já depois de 15 de Novembro de 1990, veio o *arrendatário* a admitir um *hóspede*.

Quando o contrato foi celebrado, a cláusula era *lícita*, como se sabe, e o *senhorio* poderia certamente responsabilizá-lo pela sua violação.

Com a primitiva formulação arrendatícia do Código Civil, ilegalizou-se uma estipulação nesse sentido — mas cremos que, em face da regra constante da última parte do art. 12 CC, constituindo o art. 1109 CC uma disposição *sobre o conteúdo* da relação arrendatícia, que *abstraía dos factos que lhe deram origem*, uma de duas conclusões seria, em princípio, admissível:

a) Ou se entendia que a cláusula permanecia válida, por ser anterior;

b) Ou tornava-se ilícita.

No primeiro caso, o *senhorio* poderia responsabilizar o *arrendatário*, embora não pudesse resolver o contrato porque não tinha fundamento de *resolução*, visto nessa época os *casos de resolução* constituírem um *numerus clausus*.

Em qualquer das hipóteses não seria possível a resolução e o *arrendatário* tinha passado a poder desacatar a estipulação proibitiva sem sofrer semelhante consequência.

Suponha-se que não o fez então, permitindo que, entretanto, o legislador, dispondo, à mesma, na al. b) do art. 76-1 RAU, *sobre o conteúdo* da relação arrendatícia e *independentemente dos factos que lhe deram origem*, viesse legitimar as estipulações contratuais nesse sentido.

Seria razoável que, invocando a *nulidade* da cláusula, à luz do Código Civil, pudesse agora investir contra ela, com o argumento de que aquilo que é *nulo* não tem "ressurreição"?

A verdade é que semelhante *nulidade* só poderá basear-se, nesse caso, em violação de uma norma injuntiva, e essa *já foi revogada* — e também ela não pode *ressuscitar*. Ela só poderá continuar a reger os *factos passados* — e não os há, nesta hipótese.

Cremos portanto, e concluindo, que a estipulação negocial arrendatícia *proibitiva de hospedagem*, de contrato anterior à vigência do RAU, ainda que estabelecida apenas no domínio do Código Civil, deverá, hoje em dia, considerar-se válida, só não podendo aplicar-se a concessões de *hospedagem* efectivamente realizadas durante esse âmbito de aplicação, pois estaremos então em presença de um *facto passado*, imune à lei nova.

Em suma e utilizando a terminologia de ROUBIER, as normas relativas à concessão de *hospedagem* pelo *arrendatário para habitação*, tanto a do primitivo art. 1109 CC como a da al. b) do art. 76-1 RAU, não pertencem ao *estatuto contratual*, mas ao *estatuto legal*[463].

113. Exercício de indústria doméstica pelo arrendatário em violação de expressa proibição contratual

Outra violação contratual do *arrendatário* que vale a pena analisar como *fundamento de resolução pelo senhorio* é a do exercício de uma *indústria doméstica* pelo *arrendatário habitacional*, em violação de expressa proibição contratual.

Se o contrato for omisso, é-lhe tradicionalmente permitido incluir no *uso residencial* "o exercício de qualquer indústria doméstica, ainda que tributada" (actual art. 1092-1 CC).

Já dissertámos largamente sobre o que deva entender-se por *indústria doméstica* — para onde agora remetemos (cf. *supra*, n.º 30-II-**B**, vol. I, pp. 291-303).

O tema foi largamente debatido porque só naqueles casos que, próximos embora, não pudessem ser considerados como

[463] Cf. ROUBIER, *Le droit transitoire*, 2ª ed., 1966 p. 423.

indústria doméstica se configurava o *caso de resolução* de *usar ou consentir que outrem usasse o prédio arrendado para fim ou ramo de negócio diverso daquele ou daqueles a que se destinava* (al. *b)* do primitivo art. 1093-1 CC e do art. 64-1 RAU).

Ainda hoje, esses casos, mesmo que não haja cláusula proibitiva do exercício de *indústria doméstica*, até porque não o integram, constituem o *fundamento de resolução* previsto na al. c) do art. 1083-2 CC.

Sobre esses não há mais a assinalar.

Sobre aqueles em que foi estipulada a proibição de determinada ou, genericamente, de qualquer *indústria doméstica* é que convém agora não deixar passar em claro que, com o estabelecimento dessa cláusula, o *senhorio* revela, implicitamente, que a sua violação pelo *arrendatário* tornará inexigível, para si, a manutenção do contrato.

Nesta perspectiva, verifica-se, pois, um *fundamento de resolução pelo senhorio* enquadrável na *facti species* legal do corpo do art. 1083-2 CC.

Ainda assim e como já tivemos ensejo de o recomendar, deverá haver o cuidado de expressamente se declarar tal consequência na cláusula proibitiva.

114. Cobrança do arrendatário ao subarrendatário de sub-renda superior ao limite legal

A al. g) do primitivo art. 1093-1 CC, reproduzida pelo art. 64-1 RAU, previa ainda um *caso de resolução* do contrato de *arrendamento urbano* pelo *senhorio* consistente em, no caso de subarrendamento autorizado, o *arrendatário* "cobrar do subarrendatário renda superior à que é permitida nos termos do artigo 1062 do Código Civil".

O limite imposto pelo art. 1062 CC era, e continua a ser, visto que tal preceito se mantém inalterado, o dos 20%

proporcionalmente superiores ao que é devido pelo contrato de *locação*, "salvo se outra coisa tiver sido convencionada com o locador".

Assim, sendo permitido o *subarrendamento*, a cobrança em montante superior ao limite legal, não convencionalmente afastado, constitui uma violação dos deveres legais decorrentes do contrato e constituía, portanto, nos termos do art. 406 CC um *incumprimento contratual*.

Como, porém, os casos de resolução eram taxativamente estabelecidos, foi preciso prever este incumprimento na mencionada al. g) para poder ser considerado relevante como *caso de resolução pelo senhorio*

Tendo desaparecido, com a Lei n.º 6/2006, a taxatividade, deixou de ser necessária uma expressa previsão deste *incumprimento* para poder considerar-se *fundamento de resolução*.

A sua relevância mantém-se exactamente no mesmo pé, tornando-se claramente inexigível a manutenção do contrato pelo *senhorio*, perante um incumprimento desta gravidade, que desestabiliza em dimensão relevante o equilíbrio económico estabelecido convencionalmente.

Não restam dúvidas, quanto a nós que, não obstante não figurar a hipótese entre os exemplos de *fundamentos de resolução pelo senhorio*, enumerados no actual art. 1083-2 CC, este caso resolutivo tradicional continua a subsistir como tal[464].

Não se têm levantado dificuldades de maior na sua aplicação.

Com interesse, convirá atentar fundamentalmente em que, como já foi referido na jurisprudência, no domínio das formulações legais anteriores, não será *a mera estipulação* de *subrenda* superior ao limite que integrará o *fundamento de resolução,* mas a efectiva *cobrança*.

---

[464] Sensivelmente, neste sentido: Luís Manuel Teles de Menezes Leitão, *Arrendamento Urbano,* 3ª ed., Almedina, 2007, p. 104.

Uma subtileza, em tema de prova, a que se tem de estar atento.

115. Verificação da condição resolutiva

De acordo com o disposto na al. b) do art. 1051 CC, a *locação* caduca, verificando-se a *condição resolutiva* a que as partes subordinaram o contrato.

Vimos oportunamente que por força do que se dispõe no art. 1056 CC a *caducidade* não se verifica se o *locatário* se mantiver no gozo da coisa pelo lapso de 1 ano, sem oposição do *locador* — e que, portanto, nessa hipótese, a *oposição do senhorio* para evitar a *prorrogação automática* do contrato no fim desse ano opera como uma verdadeira *resolução*: não há *caducidades não ipso iure*.

Será, no entanto, legítima a aposição de uma *condição resolutiva* a um *contrato de arrendamento urbano?*

Já tivemos ensejo de analisar o tema em relação aos *arrendamentos vinculísticos*, concluindo então que não é legítima a *condição resolutiva* aposta num desses contratos (cf. *supra*, n.º 42-VII, vol. I, pp. 424-426).

Nos contratos novos, *para habitação, com prazo certo*, pensamos que também não será legítimo subordiná-los a uma condição resolutiva que venha a verificar-se anteriormente ao prazo mínimo legal, pois esse prazo é *imperativo* (art. 1095-2 CC).

Não assim, porém, nos *arrendamentos não habitacionais*, onde, neste ponto, prevalece a *autonomia privada* (art. 1110 CC) — e, bem assim, nos próprios *arrendamentos habitacionais de duração indeterminada*.

Nestes tipos legais arrendatícios é certamente legítimo estipular-se uma *condição resolutiva* que, a verificar-se, determinará o *direito de resolução* do *senhorio*.

116. Cessação do direito ou dos poderes legais de administração com base nos quais foi dado o arrendamento

As formulações arrendatícias de 1966 e de 1990 não incluíam entre os *casos de resolução* a *cessação do direito com base no qual foi dado o arrendamento* nem a *cessação dos poderes de administração* de acordo com os quais ele tinha sido dado.

Como temos referido (cf. *supra*, n.º 81-V-VI), estas hipóteses foram designadas, na al. c) do art. 1051 CC, como factos produtores da *caducidade* da *locação*, em geral, tendo o art. 66-1 RAU depois proclamado que, "sem prejuízo do disposto quanto aos regimes especiais, o arrendamento caduca nos casos fixados pelo artigo 1051 do Código Civil".

A opção da nossa lei de determinar a extinção do *arrendamento* com a *cessação do direito* ou dos *poderes legais de administração* que detinha o locador, não nos parece muito coerente com a regra *emptio non tollit locatum* que se consagrou no art. 1057 CC.

Será uma opção discutível; de qualquer modo, ocorrendo por outro lado que, nestes casos, o *contrato de arrendamento urbano* se prorrogava, se o *senhorio* não se opusesse, no prazo de 1 ano, à *ocupação do arrendatário*, como expressamente se estabelece, ainda hoje, no art. 1056 CC, vinha e vem daí que tais factos acabam afinal por não acarretar efectivamente a *caducidade* do *arrendamento*, convertendo-se, como temos dito, em novos *casos de resolução*, a acrescer aos como tal enumerados no art. 1083-2 CC.

É portanto nesta altura que vamos estudá-lo.

I — A ocorrência que mais frequentemente ilustra a hipótese de *cessação do direito com base no qual foi prestado o arrendamento*, embora não seja a única, é a da *extinção do usufruto* cujo titular tinha prestado o *arrendamento*.

Extinto o seu direito, na expressão do art. 1056 CC, terá o *locador* de opor-se à continuidade da ocupação, sob pena de o *arrendamento* se "renovar".

Refere-se aqui, decerto, à pessoa que passou a assumir este pólo da relação, ao cessar o direito; não àquela que interveio no contrato nessa qualidade, e que já não tem qualquer interesse em fazê-la cessar ou, inclusivamente, já tiver falecido, como no caso do *usufruto vitalício*.

Tem, pois, de ser o novo titular do espaço arrendado a deduzir a *oposição*, e a propor a *acção de despejo* (art. 1084-2CC), se o *arrendatário* não quiser sair *a bem*, pois — quanto a nós — é ele que se tornará *senhorio*, nos termos do preceituado no art. 1057 CC.

O *fundamento de resolução* não se verificará, porém, naturalmente, se o *usufrutuário* tiver deixado de o ser, por se ter consolidado nele o *direito de propriedade* do prédio (al. *a)* do art. 1052 CC).

II — A *cessação dos poderes legais de administração* (v. *supra*, n.º 37) é um caso paralelo do acabado de analisar e que a lei não quis deixar de referir também, para maior clareza.

São-lhe aplicáveis, *mutatis mutandis*, as soluções propostas para a hipótese anterior.

— Já no domínio da legislação anterior ao CC de 1966 o *cabeça de casal* tinha existência jurídica desde a morte do autor da herança e não apenas se e quando houvesse inventário. Assim, um arrendamento feito em 1965 pelo herdeiro a quem incumbia o cargo de *cabeça de casal* invocando tal qualidade não estava afectada de invalidade, embora ficasse (como hoje acontece *ex vi* do art. 1051, c*)*, CC) sujeito ao regime de caducidade, por cessação dos poderes legais do administrador — Relação de Coimbra, 19-3-1996 (*Colectânea*, XXI-II, p. 13).

Parece-nos duvidoso, porém, que se possa considerar o termo da administração de bens indivisos como uma cessação dos poderes legais com base nos quais foi dado o arrendamento, para o efeito de se obter a *sua resolução*, nos termos do art. 1056 CC.

III — Em ambos os casos, deve notar-se que, num primeiro momento, se terá querido porventura, com a disposição constante da al. b) do art. 1091-1 CC, atribuir ao *arrendatário* um *direito de preferência na celebração de um novo contrato*, mas, como vimos a seu tempo, se chegou a haver algum propósito nesse sentido, ter-se-á gorado (cf. *supra*, n.º 78-XIII).

117. Cessação, pelo arrendatário, da prestação dos serviços que determinaram a entrega do prédio arrendado

Na alínea j) do art. 64-1 RAU considerava-se ainda como *caso de resolução*, da iniciativa do *senhorio*, deixar o *arrendatário* "de prestar ao proprietário [do prédio] ou ao senhorio os serviços pessoais que determinaram a ocupação do prédio".

Era a reprodução, *ipsis verbis*, da disposição de idêntica alínea que constava já do primitivo art. 1093-1 CC, que a recolheu de anterior legislação, pois tem vindo a constar do nosso Direito positivo desde o Decreto n.º 13:980, de 25-7-1927.

Na edição anterior desta obra, manifestámos a opinião de que não se estava aqui perante um *incumprimento contratual de arrendatário* mas, no fundo, de uma hipótese legal de *caducidade do arrendamento*, em virtude da cessação da prestação de serviços pessoais, análoga à que se verifica no *subarrendamento,* perante a extinção do *arrendamento.*

A cessação de tais serviços funcionava como uma *condição resolutiva* que produzia a *caducidade* do *contrato de arrendamento*, de acordo com a previsão constante da al. b) do art. 1051 CC.

A previsão da hipótese na al. j) do primitivo art. 1093-1 CC, reproduzida no art. 64-1 RAU, entre os *casos de resolução*, explicava-se, em nosso parecer, pela *prorrogação* do contrato que, segundo o disposto no art. 1056 CC, ocorreria, se não houvesse *oposição do senhorio* à ocupação ulterior do prédio.

A configuração do facto como um caso de *caducidade do contrato* veio a ser admitida com a frustrada *Reforma de 2004*, que prontamente a acrescentou à nova formulação do art. 1051 CC, de que passou a constituir a al. g), que foi conservada com a Lei n.º 6/2006.

A *cessação dos serviços* que determinaram a entrega da coisa locada é, pois, um caso de *caducidade do contrato de arrendamento* quanto ao qual, mantendo-se o *arrendatário* no gozo da coisa, determina a necessidade de oposição do *senhorio*, através da *resolução do contrato*, nos termos do art. 1056 CC, visto que, doutro modo, a *caducidade* cessa, ressuscitando o *arrendamento*.

I — Tem sido frequente — e, convenhamos, dilatória — no uso da faculdade concedida ao juiz no art. 279 CPC, suspender o tribunal comum a instância da *acção de despejo* da porteira, intentada pelo patrão, a aguardar a decisão do tribunal do trabalho acerca do *despedimento* impugnado pelo trabalhador.

Foi a prática adoptada pela Relação de Lisboa, no processo em que veio a ser depois proferido o ac. do SUPREMO, de 21-3-1995, a revogar a decisão daquele tribunal (*ColSTJ*, III-I, p. 128).

Que não será de bom aviso tal suspensão, demonstra-o exuberantemente, se bem pensamos, o ac. do SUPREMO: nessa "famigerada acção" — as palavras não são nossas, mas do Ilustre Conselheiro Relator CARLOS CALDAS — durante mais de onze anos, jogando habilmente com a suspensão da instância, pôde a *porteira* obstar ao *despejo*, e manter-se olimpicamente nas instalações, sem pagar renda, apesar de estar despedida com *justa causa*, mediante competente processo disciplinar.

É claro que, ao invés, não deixaria também de ser chocante que se despejasse imediatamente a *porteira* e, tempos depois, ela viesse a ganhar a impugnação do *despedimento*, tendo de ser admitida de novo ao trabalho, e com a sobrecarga de ter tido, entretanto, de arrostar o drama do alojamento do seu agregado familiar.

Há efectivamente aqui um confronto de dois interesses antagónicos, e o caso exemplar sobre que debruçou o citado ac. do SUPREMO, de 21-3-1995, revela que se tutelou, exagerada e abusivamente, o interesse da *porteira*, em detrimento grave e condenável do interesse dos condóminos.

Se, em princípio, quiséssemos preservar, razoavelmente, o interesse de alojamento do agregado familiar da porteira perante um *despedimento* possivelmente injusto e ilegal, não deveríamos ir além da *suspensão da instância* prevista no art. 97 CPC.

A *acção de despejo* é um processo expedito, que não pode, obviamente, esperar onze anos pela solução de uma *questão prejudicial*. Na base do citado preceito, o tribunal comum esperaria apenas 1 mês e, depois, decidiria, ele próprio, a questão do *despedimento*, para o estrito objectivo de conceder ou não o *despejo*.

II — No Direito actual, o procedimento a adoptar pelo *senhorio* para a *resolução do contrato* continua a ser a *acção de despejo* (art. 1084-2 CC, referido ao art. 14 da Lei n.º 6/2006, de 27 de Fevereiro).

No decurso desta acção, a *porteira* permanecerá obviamente obrigada a pagar as *rendas* devidas (art. 14-3 da Lei n.º 6/2006) — e, se o não fizer, parece que não poderá *compensá-las* com os salários a que eventualmente terá direito se, por hipótese, vier a decidir-se que foi mal despedida (art. 847 CC).

Nesta base, no domínio da lei anterior, o *senhorio* poderia, em face do *não pagamento*, pedir o *despejo imediato* (art. 58 RAU) — mas agora, que tanto se propagandeia a simplificação e a aceleração da justiça, a Lei n.º 6/2006 veio, pelo contrário, embaraçar o acabamento do processo.

Decretou, para qualquer que seja o tipo de *arrendamento* (a grosseira originalidade portuguesa que já tivemos ensejo de denunciar — cf. *supra*, n.º104-II), uma *espera de três meses de não pagamento*.

Decorridos estes, notifica-se o réu para, no prazo de dez dias, proceder ao *pagamento* ou *depósito das rendas em dívida.*

Se, dentro de tal prazo, estas não tiverem sido pagas ou depositadas, o *senhorio* poderá, não, obter o *despejo imediato*, como dantes, mas pacientemente pedir certidões, as quais constituem *título executivo* para uma subsequente *acção executiva para entrega de coisa certa* — só no termo da qual poderá, exangue, ver finalmente decretado o *despejo* (cf. n.ºs 3, 4 e 5 do art. 14 da Lei n.º 6/2006).

118. Resolução judicial do arrendamento da casa de morada de família

Temos visto que a nossa lei admite ainda uma hipótese muito especial de *arrendamento urbano:* o *arrendamento judicial da casa de morada da família*, que se prevê e disciplina no art. 1793 CC, e poderá ser estabelecido pelo tribunal, se assim o entender quando tenha decretado o *divórcio dos cônjuges.*

Admite-se também no mesmo preceito que venha o tribunal, ulteriormente, a "fazer caducar" o *arrendamento,* a requerimento do *senhorio*, "quando circunstâncias supervenientes o justifiquem".

Já tivemos ensejo de salientar (cf. *supra*, n.º 81-III e VI) que não está então empregado o termo *caducar* em sentido técnico rigoroso.

A *caducidade* é um efeito que decorre automaticamente da verificação de um facto a que a lei associa essa eficácia, quando aqui a cessação do arrendamento resulta antes de um *acto de vontade* do tribunal, que a decretará, ou não, consoante entender que haverá, ou não, circunstâncias supervenientes que justifiquem a sua opção.

Temos pois antes, neste caso, uma verdadeira hipótese de *resolução* do *arrendamento*, decretada por vontade discricionária do tribunal; por isso lhe damos a denominação de *resolução judicial,* e é bem este o lugar onde ela deverá ser estudada — visto, ainda assim, partir da iniciativa do *senhorio.*

Da regulamentação estatuída no n.º 2 do art. 1793 CC ressalta, com efeito, antes de mais, que a providência não pode ser decretada *oficiosamente*, mas apenas, como no preceito se diz, "a requerimento do senhorio".

Por outro lado, não se estabelecem as circunstâncias concretas ou determinadas, de fundo, em que poderá o tribunal basear-se para impor a providência judicial.

O juiz poderá sentenciar a *resolução* do *arrendamento*, pura e simplesmente, quando, em seu *prudente arbítrio*, se convencer de que as concretas circunstâncias perante ele demonstradas a justificam.

Naturalmente, isso ocorrerá em todos os casos em que se formem hipóteses semelhantes às previstas no art. 1083-2 CC — mas a lei vai aqui mais longe, pois admite certamente que, em outras circunstâncias não subsumíveis àquelas, se determine ainda a extinção do *arrendamento judicial.*

Serão, segundo cremos, hipóteses em que venha a ser demonstrado que, em tais circunstâncias fácticas, supervenientes ao despacho determinativo do arrendamento, *não será razoável a manutenção dele.*

Neste caso, não há direito certo para a *resolução*, admitindo-se a *resolução do arrendamento* com a mediação do tribunal.

Não há, por outro lado, processo próprio para se requerer o decretamento da *resolução* prevista neste art. 1793-2 CC.

Nós supomos que deverá ela ser objecto de um *incidente atípico*, a suscitar, na própria *acção de divórcio* onde o *arrendamento* foi determinado, pelo *ex-cônjuge* que tem a posição de *senhorio.*

119. Caducidade do direito de resolução

A pendência de um *fundamento de resolução,* por utilizar, especialmente num *contrato de execução continuada* como é o *arrendamento*, gera uma situação de *incerteza*, que seria inconveniente deixar perdurar indefinidamente.

Constituiria flagrante injustiça, decerto, admitir o seu exercício até tão tarde que confiasse o outro contraente, já então de *boa fé* e sem *culpa grave*, no convencimento da continuação da vigência do contrato.

A lei deverá, portanto, impor ao titular do *direito de resolução* o ónus de exercê-lo num prazo certo e breve, sob pena de não poder depois disso vir a invocá-lo.

Semelhante exigência justifica-se tanto para as violações *instantâneas do arrendatário* como para as que se consubstanciam num facto *duradouro* ou *permanente*, pois em ambas as hipóteses subsiste, obviamente, a mesma situação de *incerteza* quanto à continuidade contratual e idêntico estado psicológico de *confiança* no não exercício do *direito de resolução*, que constituem o fundamento profundo, a causa determinante da estatuição da lei, e explicam que, decorrido que seja o *prazo de caducidade*, se perca a susceptibilidade de *resolução* do contrato, apesar de a contraparte se encontrar ainda em infracção.

Se não se aceitar isto, jamais se surpreenderá o genuíno alcance da necessidade de tutela legal, verdadeiramente assente num princípio sensato de política legislativa.

Naturalmente, estamos aqui em presença de uma *caducidade por omissão*, a que se aplicam os princípios gerais dos arts. 328 a 333 CC.

I — Ora, como se tinha estabelecido já na Lei n.º 1:662, de 4-9-1924, o direito de o *senhorio* intentar *acção de despejo*, pelos fundamentos de *resolução* então admitidos, *prescrevia, no fim de 6 meses*, contados da data em que, por qualquer meio, o *senhorio* tivesse notícia da "transgressão" (§ 8.º do art. 5.º).

Mal avisada, a Lei n.º 2:030 revogou esta disposição — mas prontamente o novo Código Civil voltou ao bom caminho, estatuindo exactamente assim, para os *casos de resolução* enumerados no seu art. 1093-1:

"A acção de resolução deve ser proposta dentro de 1 ano, a contar do conhecimento do facto que lhe serve de fundamento, sob pena de caducidade" (art. 1094 CC).

Surpreendentemente, este preceito, que parecia redigido em termos de grande clareza, despertou funda divisão na jurisprudência e acesa polémica na doutrina, quanto a saber se o cômputo deste prazo se aplicava apenas aos *factos instantâneos,* ou se vigorava também quanto aos *factos continuados* ou *duradouros.*

II — À controvérsia pretendeu pôr cobro o *assento* de 3-5--1984 (*Diário da República*, 3-7-1984), segundo o qual, "seja instantâneo ou continuado o facto violador do contrato de arrendamento, é a partir do seu conhecimento inicial pelo senhorio que se conta o prazo de caducidade estabelecido no artigo 1094 do Código Civil".

A solução não agradou, porém, a certos sectores[465] e, cinco anos mais tarde, optou o Legislativo pela condenável e *incons-*

---

[465] Na doutrina, as opiniões acerca do *assento* dividiram-se. Enquanto ANTUNES VARELA o considerou *uma das muitas pedras negras* que na edificação da ordem jurídica o SUPREMO coloca (PIRES DE LIMA/ /ANTUNES VARELA, *Código Civil Anotado*, II, Coimbra Editora, 1986, p. 368), nós, pelo contrário, defendemos que a proposição do *assento* se nos afigurava "basicamente correcta" (1ª ed. desta obra, 1984, p. 429) e, posteriormente, ORLANDO DE CARVALHO foi ainda mais longe e sustentou que, aplicado estritamente em relação às als. b), d), e), f) e g), a sua lição "é inteiramente exacta, constituindo mesmo uma tardia, mas justíssima reposição do sentido da lei", não sendo, porém aplicável a sua solução "para as violações sucessivas ou reiteradas das als. c), h), i) e j) — *Alguns aspectos da negociação do estabelecimento* (*Rev.Leg.Jurs.*, 118.º, p. 233).

titucional iniciativa de exautorar o *assento,* aprovando a Lei n.º 24/89, de 1 de Agosto, que veio dar ao art. 1094 CC a redacção seguinte:

"1 — A acção de resolução deve ser proposta dentro de 1 ano a contar do conhecimento do facto que lhe serve de fundamento, sob pena de caducidade.

2 — O prazo de caducidade previsto no número anterior, quando se trate de facto continuado ou duradouro, conta-se *a partir*[466] da data em que o facto tiver cessado"[467].

Foi esta redacção do preceito do Código Civil que, depois, o art. 65 RAU reproduziu, *ipsis verbis*.

Pretendeu-se significar, assim, que, se o facto em que assenta o *direito de resolução* for *continuado* ou *duradouro,* o *senhorio* pode conhecê-lo desde o início da sua verificação e deixá-lo protelar indefinidamente, sem que daí resulte *caducidade*.

O prazo desta só começará a correr quando o *arrendatário cessar a violação continuada*. Se a não cessar nunca, não caducará nunca o *direito de resolução* do *senhorio*.

Tratando-se, pelo contrário, de *facto instantâneo*, o *prazo de caducidade* começará a correr no próprio dia em que foi

---

[466] O legislador deveria ter evitado o emprego desta expressão, que é condenada pelos gramáticos (v. LEITE DE VASCONCELOS, *Lições de Filologia*, p. 382; VASCO BOTELHO DE AMARAL, *Dicionário de dificuldades da língua portuguesa*, 1938). Podia perfeitamente ter grafado, antes, "desde a".

[467] A Assembleia da República tem, certamente, toda a legitimidade para legislar como muito bem entender sobre as matérias da sua competência, e podia, assim, em qualquer altura, modificar a lei de arrendamento ou o Código Civil. Não tem, todavia, o direito de interferir na esfera de actuação dos tribunais, aproveitando a sua competência legislativa para a exercer com *desvio do fim* para que lhe foi constitucionalmente atribuída, *exclusiva* e *abertamente* com o sentido de *inutilizar uma sentença judicial*.

A exautoração do *assento* de 1984, nos termos em que foi levada a cabo pela Lei n.º 24/89, não constituiu portanto, em nossa opinião, unicamente uma deselegância para com o Poder Judicial, mas uma verdadeira e clara violação dos princípios contidos nos arts. 114-1 e 208-2 da Constituição.

conhecido do *senhorio* (art. 329 CC, referido, então, ao art. 65-1 RAU).

Em nosso parecer, semelhante destrinça de regimes entre *factos instantâneos* e *factos continuados* tinha sido uma invenção da nossa jurisprudência, de que ela própria já se arrependera, com o *assento* de 3-5-1984, e que a doutrina deveria ter prontamente enterrado, não sendo louvável a opção legislativa da Lei n.º 24/89, que acabou por ser acolhida pelo RAU[468].

Pareciam de fácil aplicação as regras enunciadas — e, todavia, não foram poucos os desencontros das opiniões doutrinais e dos julgados, afigurando-se-nos inevitável que viriam a ressurgir, com a reabertura da distinção entre *factos continuados ou duradouros* e *factos que não o são.*

Não é de estranhar assim que, quando nos foi dado ensejo de opinar sobre a frustrada *Reforma de 2004*, logo tivéssemos combatido a manutenção de idêntico preceito na nova formulação do CC.

Ainda sugerimos um n.º 2 para o respectivo projecto de artigo, a declarar: "Se, porém, o facto continuado persistir para além de expirado o prazo de caducidade sem invocação do respectivo direito, poderá a todo o tempo ser assinado ao seu autor prazo razoável para a cessação do facto, sob pena de voltar a correr contra ele um novo e último prazo".

A sugestão não foi, no entanto, acolhida e, assim, já com a *Reforma de 2006*, o n.º 2 do novo art. 1085 CC veio manter a disposição legal anterior, mas nos termos seguintes: "Quando se trate de facto continuado ou duradouro, o prazo não se completa antes de decorrido 1 ano da sua cessação".

A expressão formal adoptada agora é extremamente censurável. Ao referir-se que não se completa o prazo *antes de decorrido 1 ano da sua*

[468] Para maior desenvolvimento deste tema, no âmbito do Direito anterior, pode ver-se o nosso *Curso de Direito dos Arrendamentos Vinculísticos*, Almedina, Coimbra, 1988, pp. 531-547.

cessação, está a admitir-se que poderá completar-*se ainda depois de completado 1 ano de cessação* e, simultaneamente, *a considerar-se a cessação, também ela, duradoura*.

A expressão formal da *Reforma de 2004*, pelo contrário, era irrepreensível.

Ao menos, bem podia o legislador tê-la copiado. Rezava assim: "Quando se trate de facto continuado ou duradouro, o decurso do prazo inicia-se na data da sua cessação".

Na nossa perspectiva e salvo o devido respeito pela opinião contrária, para além das dificuldades de qualificação dos incumprimentos do *arrendatário* em *instantâneos* e *duradouros*, também nos não parece justificável, em termos de política legislativa, que se faça iniciar o cômputo do *prazo de caducidade* na data em que eles *tenham cessado*: pode assim protelar-se a negligência do *senhorio* por longo tempo, perdurando a situação de incerteza acerca da *resolução* quase indefinidamente.

Temos vindo a defender que, em semelhantes situações, o *senhorio* deve, primeiro, convidar o *arrendatário* a pôr termo ao *estado de resolução*, só podendo avançar com a *resolução*, se não for atendido — e esta, ressalvado sempre o devido respeito, continua a parecer-nos a solução preferível.

Aresto interessante, proferido no domínio da anterior formulação legislativa.

— O facto constitutivo do direito de resolução previsto na alínea d) do art. 64-1 RAU é o acto de realizar as obras, e não os respectivos efeitos, operando-se a caducidade decorrido 1 ano sobre o conhecimento do facto por parte do senhorio. Não tem eficácia interruptiva a anterior demanda — Relação do Porto, 27-6-1995 (*BMJ* n.º 448, p. 430).

III — Nos casos de *pluralidade de senhorios* (*cônjuges* ou *comproprietários de prédio indiviso*), tem a jurisprudência enfrentado o problema de saber se o *conhecimento* do *fundamento de resolução*, por um deles se, *comunica aos outros* — e, bem assim, se esse *conhecimento* será oponível ao *novo senhorio* que suceda ao anterior.

A — Quanto a um caso resolutivo que seja unicamente do *conhecimento* de um *cônjuge senhorio*, não o sendo do outro, a jurisprudência firmou o seguinte princípio, por enquanto sem mais decisões conhecidas sobre o tema.

— Se o conhecimento é só do marido, a caducidade não se verifica — Relação de Coimbra, 23-10-1990 (*Colectânea*, XV-IV, p. 81). No mesmo sentido: Relação de Évora, 23-9-99 (Apel. N.º 577/98).

Estamos hoje em dia inteiramente convencidos de que semelhante jurisprudência não segue o bom caminho, pelas seguintes razões que sumariamente passamos a expor.

a) — Pode na prática haver, nesta matéria, *conhecimento* do marido, que não o seja também da mulher de que não está judicialmente separado de pessoas e bens, ou só de facto?

Pela nossa parte, afigura-se-nos que, segundo o *quod plerumque accidit*, os conhecimentos fundamentais à sobrevivência da relação arrendatícia por parte de um deles transmitem-se prontamente ao outro, devendo assim estabelecer-se, nesta matéria, uma presunção *hominis* de *comunicabilidade* dos mesmos conhecimentos ao outro *cônjuge*.

b) — Se um dos *cônjuges* não tem conhecimento dos factos que integram o *caso de resolução* do contrato, só poderá naturalmente valer-se deste *caso de resolução*, arrimado ao conhecimento do outro *cônjuge* e, sendo assim, não será razoável admitir-se um *taquit* quanto ao outro.

c) — De acordo com o disposto no art. 1678 CC, de resto, a *administração dos bens comuns* incumbe a *ambos os cônjuges* e, portanto, o conhecimento de um deles é *conhecimento de administrador*, ou seja, de *representante da comunhão* (art. 996-1 CC), por cujos actos "ou missões" esta responderá (art. 998-1 CC), não podendo, portanto, fazer-se prevalecer o desconhecimento do outro; como se proclama na doutrina germânica, a respeito dos administradores de sociedades, *die Kenntniss jeden Gesellschaftsführers ist die Kenntniss der Geselschaft.*

B — No caso específico de *compropriedade de prédio indiviso*, a jurisprudência não tem sido uniforme.

— Em princípio, contra todos os consortes deve ser feita a prova do conhecimento há mais de um ano do facto que fundamenta a acção de despejo, devendo considerar-se feita contra todos, quando se demonstrou o conhecimento de três administradores, designados por acordo de todos os consortes, havendo assim um conhecimento *directo* daqueles, e *indirecto* destes — SUPREMO, 20-7-1982 (*BMJ* n.º 319, p. 282 — o sumário é da nossa responsabilidade, pois o que figura no *Boletim* desfigura a decisão fundamental do aresto).

— O réu, para conseguir a declaração de caducidade de acção de despejo, pertencendo o prédio arrendado a vários comproprietários, tem de provar que todos eles têm conhecimento, há mais de um ano, do facto que serve de fundamento à acção. Só assim não será se os consortes tiverem confiado à administração do prédio a um deles, caso em que tudo se passa como se só este fosse o dono do prédio — Relação de Coimbra, 13-1-1987 (*Colectânea*, XII-1, p. 29).

— A caducidade do direito à resolução do contrato quanto a um dos co-senhorios é extensiva aos demais — Relação de Lisboa, 12-11-1987 (*Colectânea*, XII-5, p. 104).

A doutrina tem-se pronunciado geralmente contra ambas as teses.

Directamente sobre a *pluralidade de senhorios*, também já se tem decidido.

— Havendo duas senhorias, a excepção de caducidade do direito de acção delas só pode verificar-se provando-se o conhecimento, por ambas, do facto em causa em tempo que leve a concluir pelo decurso do prazo respectivo antes da propositura da acção. — Relação de Lisboa, 9-6-1994 (*Colectânea*, XIX-III, p. 111).

C — Mais antiga e numerosa é a jurisprudência acerca da oponibilidade da *caducidade* ao *novo senhorio*.

A solução negativa foi consagrada no ac. da Relação de Lisboa, de 15-3-1972 (*BMJ* n.º 215, p. 279), com fundamento em que, numa alienação *inter vivos*, o que se transmite é a *qualidade de senhorio*, e não o *facto conhecimento* que marca o início da contagem do prazo[469].

---

[469] Na mesma orientação, situaram-se: ANTÓNIO PAIS DE SOUSA, *Extinção do arrendamento urbano*, 2ª ed., Almedina, Coimbra, 1985, pp. 306-307; Relação de Lisboa, 28-9-1989 (*Colectânea*, XIV-IV, p. 134); Relação de Lisboa, 19-4-1990 (*Colectânea*, XV-II, p. 162).

A mesma Relação tem, todavia, decidido também no sentido contrário:

— A continuação da relação contratual locatícia entre o adquirente do prédio e o locatário, no caso de transmissão da coisa locada por acto entre vivos, entra na categoria de uma sub-rogação legal no contrato de locação e não na de cessão do contrato. Por isso, o sucessor vem a encontrar-se na mesma posição concreta em que se encontrava o autor da sucessão, pelo que não pode invocar factos que fundamentam o despejo se conhecidos pelo transmitente em prazo excedente ao da caducidade — Relação de Lisboa, 23-1-1976 (*Colectânea*, I-1, p. 208)[470].

Das duas, parece-nos a última a corrente mais bem fundada.

D — As rendas vencidas há mais de 1 ano, e não pagas, não estão abrangidas pela *caducidade* do *direito de resolução.*

A sua obrigação de pagamento subsiste pelo prazo da respectiva *prescrição* — o quinquénio estabelecido na al. b) do art. 310 CC.

120. Procedimento de resolução

A *resolução*, quando parta da iniciativa do *arrendatário*, torna-se muito simples: ele comunica à outra parte a ruptura contratual, invocando, fundamentalmente, a obrigação incumprida (segunda parte do art. 1084-1 CC).

Sendo o *arrendatário casado* e tratando-se da *casa de morada da família*, a *comunicação* terá de ser subscrita, como já o vimos para a *oposição à renovação* e para a *denúncia*, por *ambos os cônjuges* (al. *a)* do art. 1682-B CC).

---

[470] Na mesma linha: Relação de Lisboa, 9-1-1979 (*Colectânea*, IV-1, p. 75); Relação de Lisboa, 29-5-1990 (*Colectânea*, XV-III, p. 130).

Além disso, terá de obedecer aos requisitos exigidos no art. 9.º NRAU.

De harmonia com esta *comunicação*, retira-se ou retiram-se do espaço arrendado e aguardam, cómoda e passivamente, que, da parte do *senhorio*, seja suscitado algum contencioso que, geralmente, não chega a ocorrer.

Bem mais complicada é a *resolução* da iniciativa do *senhorio*.

Constituindo uma ruptura imediata do contrato ante o *incumprimento* da contraparte, desencadeia, normalmente, um contencioso que só se dirimirá numa *acção judicial* contra o *arrendatário* que, regra geral, não abandonará o espaço arrendado senão depois de longo e tormentoso pleito.

Tradicionalmente, dispunha o *senhorio* da *acção de despejo*, que constituía então um processo especial contendo uma *fase declarativa*, abreviada, seguida de uma *fase executiva especial* e muito simples, constituída fundamentalmente pela *execução do despejo* "contra quem for o detentor do prédio" — como continuava a declarar-se no art. 60-1 RAU.

Ainda assim, este meio processual foi considerado pouco expedito e, para os novos *contratos de duração determinada*, instituídos em 1990, erigiu-se a *acção executiva para entrega de coisa certa* para se desocupar o espaço arrendado cujo contrato não fora prorrogado, reservando-se a *acção de despejo* para os restantes casos de cessação do contrato.

Com a legislação actual, a *resolução do contrato* pelo *senhorio*, consoante os casos, admite dois processos distintos:

a) A desocupação funda-se em *mora do arrendatário* no pagamento das rendas;

b) A desocupação baseia-se antes noutro motivo de *resolução* pelo *senhorio*..

I — No primeiro caso, a *resolução* opera por *comunicação* à contraparte (art. 1084-1 CC).

Essa *comunicação*, "destinada à cessação do contrato por resolução, nos termos do n.º 1 do artigo 1084 do Código Civil, é efectuada mediante notificação avulsa, ou mediante contacto pessoal de advogado, solicitador ou solicitador de execução, sendo neste caso feita na pessoa do notificando, com entrega de duplicado da comunicação e cópia dos documentos que a acompanhem, devendo o notificando assinar o original".

O comprovativo de tal *comunicação* pelo *senhorio* (v. art. 9.º-7 NRAU) e o *contrato de arrendamento* servem de *título executivo* (al. *e)* do art. 15 da Lei n.º 6/2006) para a respectiva *execução para entrega de coisa certa* a levar a cabo no caso de o *arrendatário* não sair do prédio

II — A opção pela *execução para entrega de coisa certa*, como temos denunciado, não constitui um meio processualmente muito mais expedito do que constituía a primitiva *acção de despejo* para a desocupação do espaço arrendado.

Bastará atentar em que, constituindo uma *execução* cujo *título executivo* não é uma *sentença*, são possíveis, além dos aplicáveis quando a *execução* se baseia em *sentença*, todos os fundamentos "que seria lícito deduzir como defesa no processo de declaração" (arts. 929-1 CPC e 816 CPC).

Citado, pois, o *executado* para, no *prazo de vinte dias*, fazer a entrega do imóvel arrendado ou *opor-se à execução* (art. 928 CPC), deduzida a *oposição*, por *apenso ao processo de execução* e, se não for caso de *indeferimento liminar* (art. 817-1 CPC), será notificado o *exequente* para, também *em vinte dias*, "contestar, seguindo-se, sem mais articulados, os termos do processo sumário" (art. 817-2 CPC).

Descamba-se deste modo *num autêntico processo declarativo*, no *apenso à execução*, a qual, entretanto, *é suspensa* com o *recebimento da oposição* (al. *a)* do art. 930-B-1, na redacção do art. 5.º da Lei n.º 6/2006).

Neste *apenso* ainda poderá ser enxertado um incidente de *diferimento da desocupação*, quando esteja em causa um imóvel arrendado *para habitação*, fundado em que a desocupação causa ao *executado* um prejuízo superior à vantagem conferida ao *exequente*; em que, fundando-se a *execução* na *falta de pagamento de rendas*, esta se deve a carência de meios do *executado*; ou em que este é portador de *incapacidade* [permanente] superior a 60% (art. 930-C CPC, na redacção da Lei n.º 6/2006).

Este incidente assume *carácter de urgência*, devendo ser logo notificado o *exequente* para, no prazo de dez dias, o contestar e oferecer as provas, indicando testemunhas em número não superior a três (n.º 2 do art. 930-D CPC).

O juiz deve decidir o pedido no prazo máximo de trinta dias, a contar da sua apresentação (n.º 4 do art. 930-D).

Em suma, o *diferimento*, a conceder segundo o *prudente arbítrio do tribunal* e tendo em conta as *exigências da boa fé*, o não dispor o *executado* imediatamente de outra habitação, e atendendo ainda ao número de pessoas que com ele habitem, a sua idade, o seu estado de saúde e, em geral, a situação económica e social das pessoas envolvidas — "não pode exceder o prazo de dez meses a contar da data do trânsito em julgado da decisão que o conceder" (n.º 2 do art. 930-C CPC e n.ºs 3 e 5 do art. 930-D CPC).

Nesses dez meses não estará, com certeza, ultimada a *execução*.

Quando esta se reconduzir, *in casu*, à *execução* da *sentença* proferida em acção de despejo e, portanto, se baseie num *título executivo* que é uma *sentença*, não serão os seus termos processuais mais expeditos que a *execução* que se fazia na *acção de despejo* (arts. 59-61 RAU).

III — Embora o art. 1083-3 CC seja expresso em proclamar que "é inexigível ao senhorio a manutenção do arrendamento em caso de mora superior a três meses no pagamento da renda" e, por outro lado, se declarar no art. 1084-3 CC que "a resolução pelo senhorio, quando opere por comunicação à contraparte e se funde na falta de pagamento da renda, fica sem efeito se o arrendatário puser fim à mora no prazo de três meses", supondo-se, deste modo, que o *senhorio* teria de esperar três meses para tentar a via executiva, já se tem posto a questão de saber se esta *resolução extrajudicial* não será apenas optativa podendo o *senhorio*, em vez da *comunicação ao arrendatário* do art. 1084-1 CC, seguir logo que a *mora* ocorra para a via judicial e, nesse caso, para uma *acção de despejo*.

A resposta a esta interrogação tem sido, como vimos (cf. *supra*, n.º 104-II), afirmativa, o que quer dizer que, na prática, ainda há quem não queira esperar pelos três ou seis meses para a comunicação e imediata *acção executiva*, lançando-se prontamente numa *acção de despejo* que não raro leva cinco ou seis anos para se concluir.

IV — Nos restantes *casos de resolução*, o *senhorio* lança mão da chamada *acção de despejo*, como decorre do disposto no art. 1084-2 CC, a qual segue a forma do *processo comum de declaração* (art. 14-1 da Lei n.º 6/2006), parecendo dever classificar-se como uma *acção declarativa constitutiva* (al. *c)* do art. 4.º-2 CPC).

Quando respeite à *casa de morada da família do arrendatário*, terá de ser proposta também contra o *cônjuge* deste, em *litisconsórcio passivo necessário* (art. 28-A-2, *in fine*, CPC).

Proferida a *sentença* decretória da *resolução do contrato*, terá agora de se seguir a *acção executiva para entrega de coisa certa*, em execução dessa *sentença*.

Aqui, com a nova legislação, tornou-se muito mais lenta e complexa a eficácia judicial.

Bastará referir que, na antiga *acção de despejo*, inseria-se uma *fase executiva* muito abreviada, regulada nos arts. 59 a 61 RAU, que permitia desocupar prontamente o espaço arrendado, com todas as garantias para as partes e, em especial, para o despejado.

O sistema vinha sendo aplicado há longos anos, sem problemas.

A inovação vem protelar, notoriamente, a execução prática da lei: em vez de simplificar a *desocupação*, alongou o respectivo processo e burocratizou-o, trazendo à memória os versos imortais de CORNEILLE sobre a lentidão da justiça:

"Vous savez qu'elle marche avec tant de langueur
Qu'assez souvent le crime échappe à sa longueur".

V — Importa analisar para as antigas *acções de despejo* que estão ainda a correr seus termos nos nossos tribunais se a sua execução, proferida a *sentença* final, se deve processar pelo *processo executivo* ou pela forma que era específica deste processo, o *mandado de despejo*, ultimamente disciplinado pelos arts. 59-61 RAU.

A este respeito, um recente acórdão da Relação do Porto, de 29 de Novembro de 2007, julgou, segundo cremos contraditoriamente, que "a aplicação das normas adjectivas da Lei 6/06 se faz segundo a regra geral de aplicação imediata do n.º 1 do art. 12 [do CC].

O regime adjectivo da Lei 6/06 aplica-se assim mesmo aos processos pendentes, havendo apenas que ressalvar a validade dos actos processuais praticados ao abrigo da lei anterior (art. 142, n.º 1, do CPC).

Quanto à forma de processo aplicável, rege o disposto no n.º 2 do mesmo art. 142, determinando-se a mesma pela lei vigente à data em que a acção é proposta" (Processo n.º 0735767).

Ora se, segundo o disposto no art. 142-2 CPC, "a forma de processo aplicável determina-se pela lei vigente à data em que a acção é proposta", como é que se pode dizer que o regime adjectivo da Lei n.º 6/2006 se aplica mesmo aos processos pendentes?

O que se regula pela lei nova é a *forma dos actos processuais* (art. 142-1 CPC). A *forma do processo*, de acordo com o referido n.º 2, continua a mesma desde a data em que é proposta até à sua finalização.

Assim, se o *processo de despejo* é uma *acção declarativa-executiva* deve manter esta forma até ao seu termo e, pois, é pelo *mandado de despejo* dos arts. 59-61 RAU que deverá reger-se a sua execução, não pelo processo *de execução para entrega de coisa certa*.

A *acção executiva* aplica-se tão-somente aos novos processos intentados depois da Lei n.º 6/2006, cujas normas transitórias se reportam unicamente ao *direito substantivo*.

Durante a vigência do RAU, aliás, era assim que se procedia já para os *arrendamentos* antigos, não obstante ter-se estabelecido para os *arrendamentos de duração limitada* a desocupação dos imóveis por *acção de execução para entrega de coisa certa* (art. 101 RAU).

Laurinda Gemas/Albertina Pedroso/João Caldeira Jorge sustentam que, quanto às normas do NRAU de natureza adjectiva ou procedimental, como as atinentes ao *título executivo* ou às *comunicações entre as partes*, em princípio, não vêem "obstáculo à sua aplicação nas acções pendentes, embora reconhecendo que isso é susceptível de gerar algumas dificuldades de ordem prática" — e citam o caso do *diferimento da desocupação do prédio*, que se prevê nos arts. 102 a 106 RAU, para ser suscitado durante a *acção de despejo*, mas já não na *execução para entrega de coisa certa*. Portanto — continuam — "a partir do momento em que entrou em vigor a Lei n.º 6/2006, já não é possível ao senhorio, mesmo que disponha de sentença proferida em acção de despejo anteriormente transitada em julgado, requerer a passagem de mandado de despejo, ao abrigo do art. 59 do RAU (que foi revogado), antes tendo de instaurar execução para entrega de coisa imóvel arrendada"[471].

O obstáculo que nós vemos na aplicação da lei nova é a própria lei.

---

[471] Laurinda Gemas/Albertina Pedroso/João Caldeira Jorge, *Arrendamento Urbano*, 3ª ed., Quid Juris, 2009, p. 140.

Se o art. 142-2 CPC manda, como vimos, que "a forma de processo aplicável determina-se pela lei vigente à data em que a acção é proposta", violará decerto esta norma todo o procedimento que se destine a alterar pela lei nova a tramitação do processo que está a desenrolar-se à sombra da lei antiga.

Na lei de processo em que a regra é a aplicação da lei nova, a reserva à lei antiga da forma de processo tem um fundamento importante: é que a aplicação imediata da lei nova poderia acarretar a inutilização de alguns actos anteriores contra a legítima expectativa das partes e até o espírito da lei nova[472].

Na *acção de despejo* do RAU, ou da lei anterior a este, o processo respectivo comportava uma *execução por mandado de despejo*. Substituir este pela *execução para entrega de coisa certa* que se estabelece na lei nova é passar por cima do que se dispõe no art. 142-2 CPC: "A forma de processo aplicável determina-se pela lei vigente à data em que a acção é proposta".

O RAU, todo o RAU e não apenas o seu art. 59, foi revogado, decerto, mas a lei de processo manda continuar a aplicá-lo aos processos anteriores à sua revogação e daqui não há que sair.

---

[472] Cf., neste sentido, ANTUNES VARELA/J. MIGUEL BEZERRA/SAMPAIO E NORA, *Manual de Processo Civil,* 2ª ed. rev. e act., Coimbra Editora, 1985, p. 54 e JOSÉ LEBRE DE FREITAS/JOÃO REDINHA/RUI PINTO, *Código de Processo Civil Anotado*, 1.º, COIMBRA EDITORA, 1999, p. 245.

ÍNDICE ANALÍTICO

A

B

C

D

E

F

G

H

I

J

K

L

M

N

O

Q

R

S

T

U

V

W

ÍNDICE GERAL

Capítulo VII
MODIFICAÇÃO DA RELAÇÃO DE ARRENDAMENTO URBANO

Capítulo VIII
CESSAÇÃO DA RELAÇÃO DE ARRENDAMENTO URBANO

Secção I
CADUCIDADE

Secção II
CONFUSÃO DAS POSIÇÕES DE ARRENDATÁRIO E DE SENHORIO

Secção III
REVOGAÇÃO

Secção IV
OPOSIÇÃO À RENOVAÇÃO

Secção V
DENÚNCIA

§ 1º
DENÚNCIA DOS NOVOS CONTRATOS

§ 2º
DENÚNCIA DOS CONTRATOS ANTIGOS

Secção VI
RESOLUÇÃO